中国印刷年鉴

CHINA GRAPHIC ARTS ANNUAL

2012

中国印刷技术协会 编

机械工业出版社
China Machine Press

图书在版编目（CIP）数据

中国印刷年鉴 . 2012/ 中国印刷技术协会编 . —北京：机械工业出版社，2012.12

ISBN 978-7-111-40613-6

I. ①中… II. ①中… III. ①印刷工业—中国—2012—年鉴 IV. ① F426.84-54

中国版本图书馆 CIP 数据核字（2012）第 287616 号

机械工业出版社（北京市百万庄大街 22 号　　邮政编码 100037）
责任编辑：张珂玲　张震一
北京盛通印刷股份有限公司
2012 年 12 月第 1 版第 1 次印刷
210mm×285mm· 20 印张 · 58 插页 · 704 千字
定价：380.00 元

购书热线电话（010）59361848
封面无机械工业出版社专用防伪标均为盗版

《中国印刷年鉴》编辑委员会

编辑说明

《中国印刷年鉴》是我国印刷行业唯一一本大型资料性工具书。本卷为总第25卷。收编的主要内容为记录2011年印刷行业发展的资料。

为综合反映我国印刷业2011年的发展情况，本卷年鉴共设9个专栏：特载、综述、地方印刷、纪事、文摘、专题、法规政策、标准汇编和统计。为加强对印刷及关联产业各专业工作概况的评述，有些栏目还增设了二级子栏目。

本卷年鉴的“特载”栏目刊载了国家新闻出版总署署长柳斌杰在2012年1月4日全国新闻出版工作会议上的报告（摘选）；“综述”栏目主要反映了2011年印刷及相关行业的发展概况，涉及书刊、包装印刷业，印刷机械器材行业及造纸工业等；“地方印刷”栏目收录了除个别省份以外的全国各地2011年印刷行业概况；“纪事”栏目摘录了2011年全国印刷及相关行业发展的重要事件；“文摘”栏目以简明扼要的文字摘编了有关2011年国内、国外最新技术发展趋势与行业现状的短篇新闻，2011年中国印刷及相关工业的基本数据资料，以及有关印刷市场、行业发展前景的分析性文章；“法规政策”栏目收录了2011年出台的与印刷行业相关的法规政策条例；“标准汇编”栏目主要收录了近两年实施的印刷行业相关标准；“分类统计”栏目收录了2011年国内骨干书刊印刷企业、包装印刷企业、报纸印刷企业及印刷机械制造企业的主要经济指标完成情况；“海关统计”栏目收录了2011年我国印刷机械及器材的进出口情况。统计资料内容主要由国家新闻出版总署、国家统计局及中国印刷及设备器材工业协会提供，所列数据具有一定的权威性。由于各统计数据按需要所选取位数不同，末位存在统计偏差，请酌情参考。为回顾中国绿色印刷发展所走过的道路，本卷年鉴特别推出“绿‘印’”专题，记录了绿色印刷自实施以来所开展的系列活动以及所取得的阶段性成果。

在编纂本卷年鉴的过程中，得到国家新闻出版总署有关司局、全国各地新闻出版局的关心和指导，得到各地印刷协会、海内外印刷界专家和学者、广大读者、印刷及相关企业的帮助和支持。在此，谨致谢忱。由于本卷年鉴的资料来源广泛，数据统计口径不一，加上在编写过程中难免存在疏漏、错误之处，请广大读者批评、指正。

目录 CONTENT

特载

综述

地方印刷

纪事

目录

综合信息

目录

目录

APP
金光集团·工业用纸
宁波中华纸业有限公司
宁波亚洲浆纸业有限公司
林浆纸一体化大循环
废纸回收小循环
DANCE WITH NATURE
与自然共舞
开启一扇
绿色之门
我们与“环保有约”
APP(中国)致力于推动林浆纸一体化，为生活和生态搭建一条可持续的绿色循环发展之道。APP工业用纸事业部，实践着变废为宝的造纸小循环，生产优质纸品，成功的成为中国绿色造纸的模范生。感谢您对我们的支持与爱护，我们将持续精进，为您提供完美的产品及服务。
PRINT SOLUTIONS
Your Good Choice
Your Good Partner
优质产品 + 绿色造纸
APP工业用纸
中国前列工业用纸生产基地
宁波中华纸业 / 宁波亚洲浆纸业
荣获PEFC / ISO14064 / ISO9001 / ISO14001 / ISO14025
OHSAS18001 /国家环境友好企业....多項殊荣
● 优质白卡纸系列：
超高松厚度
高松厚度高档白卡
JINOU
宁波之星
CHIEFTAIN
未来之星
亚洲之星
ASIA STAR
金采
● 优质铜版卡系列：
CAIDIE
OMNISTAR
欧尼卡
CHIEFTAIN
ARTCO
服务热线 HOTLINE
4008810998
为您提供全方位产品咨询及相关售后服务!
Http : www.zhonghua-paper.com
infor@mail.zhonghua-paper.com
APP FOR YOU

目录

广告索引

目录对页

海德堡（中国）有限公司
国望机械集团有限公司
APP工纸事业部
王子制纸商贸（中国）有限公司
上海太阳机械有限公司
中国印刷
山东斯道拉恩索华泰纸业有限公司

彩色插页

爱克发感光器材（深圳）有限公司
三菱重工纸工机械株式会社
高斯图文印刷系统（中国）有限公司
富士胶片（中国）投资有限公司
浙江国威印刷机械有限公司
芬欧汇川（中国）有限公司
奥西办公设备（上海）有限公司
网屏印刷器材（上海）有限公司
曼罗兰（中国）有限公司
乐凯华光印刷科技有限公司
德阳市利通印刷机械有限公司
力嘉创意文化产业园
塞拉尼斯（中国）投资有限公司
东洋油墨集团
北京嘉和顶新科贸有限公司
盐城宏景包装机械有限公司
天津东洋油墨有限公司
威誉领先科技（深圳）有限公司
旺昌机械工业（昆山）有限公司
爱色丽（亚太）有限公司
昆山诺丹舜蒲胶辊有限公司
上海紫宏机械有限公司
杭州东信光电科技有限公司
苏州科斯伍德油墨股份有限公司
杭华油墨化学有限公司
苏州紫兴纸业有限公司
无锡双龙信息纸有限公司
洛阳圣瑞机电技术有限公司
威海滨田印刷机械有限公司
潍坊华光精工设备有限公司
长沙奥托机械股份有限公司
深圳市石头记环保科技有限公司
广州绿印家环保科技有限公司
上海明治橡胶制品有限公司
上海激光（集团）总公司
上海满色精细化工科技有限公司
上海立德精细化工有限公司
贝克牌气泵设备（上海）有限公司
汕头市东田转印有限公司
无锡天德印艺技术有限公司
北京中科纳新印刷技术有限公司
东莞市晟图钉装机械设备有限公司
深圳职业技术学院
北京康得新复合材料股份有限公司
浙江华岳包装机械有限公司
上海出版印刷高等专科学校
上海印刷技术研究所
北京盛通印刷股份有限公司
安徽新华印刷股份有限公司
黑龙江新华印刷二厂有限责任公司
湖南天闻新华印务有限公司
江西新华印刷集团有限公司
上海烟草包装印刷有限公司
北京一二零一印刷厂
深圳中华商务安全印务股份有限公司
中华商务联合印刷（广东）有限公司
荣成三星印刷有限公司
四川新华彩色印务有限公司
内蒙古爱信达教育印务有限责任公司
重庆新华印刷厂
北京印刷集团有限责任公司印刷二厂
重庆华林印务有限公司
东莞金杯印刷有限公司
新疆新华印刷厂
广西迪美印务有限责任公司
河南省瑞光印务股份有限公司
天津新华二印刷有限公司
山西臣功印刷包装有限公司
南充市宏瑞印务有限公司
山西新华印业有限公司
云南国防印刷厂
兰州石化职业技术学院印刷厂
中印南方印刷有限公司
无锡市证券印刷有限公司
河北新华第一印刷有限责任公司
皖南海峰印刷包装（集团）有限公司
天津金彩美术印刷有限公司
中闻集团福州印务有限公司
重庆旭阳印务有限公司
上海新华印刷有限公司
上海界龙实业集团股份有限公司
北京汇林印务有限公司
北京中融安全印务公司
北京京师印务有限公司
东莞市翔盈印务有限公司
上海印刷（集团）有限公司
山东临沂新华印刷物流集团有限责任公司
沈阳天择彩色广告印刷有限公司
青海新华印刷厂
河北省零五印刷厂
潮安新纪源实业有限公司
保定市中画美凯印刷有限公司
郑州市毛庄印刷厂
浙江双溪印业有限公司
云南新华印刷实业总公司
黑龙江新华印刷集团
江西新华九江印刷有限公司
湖北新华印务有限公司
南通印刷总厂有限公司
启东市人民印刷有限公司
杭州日报报业集团盛元印务有限公司

中國印刷 CHINA PRINT
中闻印务：改制成就精彩蜕变
谭卓贤，绿色印刷播种者
凤凰制版，巨人肩上的舞者
刘学智和他的冠军团队
张国生，将精细化管理进行到底
宋延林，纳米绿色制版技术领航者
高木新：管理，从“尊重人”开始
范斐然的亚华情结
郭景松，奔走在创新路上
王晓军和他的创新精神
蔡志勇，率领“装订世家”焕新颜
葛巍的幸福时光
滕方迁，执着于事业的先行者
余世班：开启“新华”新纪元
胡雄卿，激情燃烧的岁月

目录

标准汇编

统计

分类统计

海关统计

目录

目录 CONTENT

Special Insertion

General Circumstance

Parochial Printing

Printing Chronicle

Digest

Statute and Policy

Standards

Statistic

Sort Statistic

Custom Statistics

Advertising Index

2009
SONY
Cyber-shot
디지털 카메라
语文
YUWEN
METRO
儿童文学
工会信息
TRADE UNION
南都娱乐周刊
苏州印刷
SUZHOU PRINT

落实党的十七届六中全会精神
推动新闻出版业跨越发展

——在2012年1月4日全国新闻出版工作会议上的报告（摘选）

国家新闻出版总署署长　柳斌杰

2011年是我国新闻出版改革发展的重要一年。全年工作围绕发展规划、法规修订、精品生产、深化改革、公共服务、做强做优、治理教辅、市场管理、国际交流等关键问题展开，特别是从纪念建党90周年、辛亥革命100周年主题出版宣传到党的十七届六中全会精神的学习宣讲，从制定实施新闻出版业“十二五”时期发展规划到召开新闻出版走出去表彰大会，从少数民族新闻出版“东风工程”扩展到农家书屋工程决战，从深化报刊业改革到出版传媒集团上市，从打击侵权盗版、“扫黄打非”专项行动到报刊整治、新闻采编规范，各地各战线都有精彩的表现，形成了良好的态势和奋进的局面。

一、精心组织谋划精品力作生产

突出建设社会主义核心价值体系，精心策划出版了一批弘扬主旋律优秀作品，影响大、效果好。围绕纪念建党90周年、辛亥革命100周年、西藏和平解放60周年，倾力打造2 000多种阐述科学发展观、中国特色社会主义理论以及反映中共党史、中国革命史和中华民族发展史等方面的精品出版物，《中国共产党历史》（第二卷）、《历史的轨迹：中国共产党为什么能》《孙中山传》等成为年度热销图书，这是2011年的新亮点。围绕阐释党的理论创新成果、马克思主义理论研究和建设工程以及社会热点问题解说，精心组织出版了一大批马克思主义中国化、时代化、大众化的通俗读物，广受社会赞誉。围绕六中全会的召开，组织出版了一批宣传六中全会“决定”、繁荣社会主义文化的精品力作，达到了前所未有的广度和深度。进一步充实中国共产党思想理论资源数据库，深入实施重点文艺作品扶持工程、优秀少儿作品创作工程，1 397个代表国家水准的重点出版项目圆满完成。一大批新兴数字原创精品引起社会反响，原创网络文学和手机出版物成为年度阅读文化现象。

二、新闻出版体制改革取得新突破

2011年新闻出版体制改革有三大“深入”。一是深入推进非时政类报刊出版单位体制改革，列入首批改革的中央各部门、各单位非时政类报刊出版单位转企改制工作全面展开，地方非时政类报刊出版单位体制改革取得明显进展。二是深入推动出版传媒企业落实“三改一加强”，实现跨地区、跨部门、跨行业联合重组，完成中央三大国有大型出版传媒集团公司组建工作，积极推进南北两大出版物发行集团公司建设。三是深入拓展投、融资渠道，壮大企业实力。长江出版集团、凤凰传媒、浙报传媒、中原出版传媒4家出版传媒企业成功上市。到目前，全国已组建120多家新闻出版企业集团，48家涉及新闻出版业务的企业集团上市。

三、政府主导加快构建公共服务体系

农家书屋工程建设全面提速，全年新建农家书屋24.86万家，全国累计建成农家书屋50.5万家，已覆盖全国84%的行政村，数字农家书屋试点工作稳步推进。城乡阅报栏（屏）工程建设全面推开，农村发行网点建设取得新突破。少数民族新闻出版“东风工程”扎实推进，二期资金落实15亿元，新闻出版系统援藏、援疆工作力度加大。制定了民文出版基地规划方案。成功举办全国首届百种优秀民族图书推荐活动，五种民族文字的500种图书走进千村万校。实施全民阅读工程五年规划，举办“党在我心中”“红色数字阅读”和多种形式的读书活动，全国7亿多人参与其中。发动社会各界掀起“爱心辞典”捐赠热潮，向民族边疆地

区捐赠《中国家庭应急手册》680万册。扶持“中国无障碍电影”“有声读物”出版发行，中国盲文图书馆新馆建成并投入使用，极大地丰富了盲文阅读。

四、战略布局推动产业健康快速发展

制定并实施《新闻出版业“十二五”时期发展规划》及11个专项规划。新建5个国家级新闻出版产业基地，已累计建成各类国家级产业基地（园区）27个，产业聚集效应充分发挥。全国58个省市级印刷园区总投资210亿元、产值217亿元，9个国家级数字出版基地建设成效显著。国家出版基金资助项目、《大中华文库》项目和四大科技创新工程深入实施。新闻出版改革发展的400多个项目获中央和地方资金支持，中央文化产业发展专项资金支持达9.3亿元。新闻出版九大专项资金获财政拨款近24亿元，增长26%。战略性新兴出版传媒产业快速增长。第7届深圳文博会、第21届全国书博会、2011年北京图书订货会成果丰硕。初步统计，2011年新闻出版行业总产出超过1.5万亿元。

五、四大项目带动走出去成效显著

以项目为中心落实走出去战略，从产品、市场、渠道等方面提高走出去实效。制定《关于加快我国新闻出版业走出去的若干意见》，召开《大中华文库》出版工程暨新闻出版走出去先进单位表彰大会。国际传播力工程、“经典中国”国际出版工程、中国图书对外推广计划、文化产品和服务出口重点企业与重点项目奖励计划等扎实推进。与拉加代尔集团麾下的3 100家书店合作开辟国际主流营销渠道，开展百家海外华文书店联展活动，开设亚马逊“中国书店”，中国出版物国际营销网络构建初见成效，中国原创网络游戏海外收入达到3.6亿美元。成功举办第43届开罗国际书展中国主宾国活动，第63届法兰克福书展中国展团版权输出再创历史新高，第18届北京国际图书博览会交易成果突出。实现对台版权输出和出版机构实体入岛双突破。与古巴等国家政府及英、美等国家的跨国企业集团签署战略合作协议。我国新闻出版国际传播力、影响力进一步提升。

六、新闻出版行政管理手段不断创新

继续深化行政审批制度改革，依法清权确权，科学配置资源，政府行政效能进一步提高。修订并经国务院颁布《出版管理条例》《音像制品管理条例》，清理和完善相关规章和规范性文件。出台《关于严防虚假新闻报道的若干规定》和《新闻采编人员不良从业行为记录办法》，舆论引导能力进一步增强。开展出版物质量管理年活动，深入推进印刷复制专项检查和“3·15”少儿出版物质检活动。继续深入开展打击侵犯知识产权和制售假冒伪劣商品专项行动，政府软件正版化取得阶段性成果，企业软件正版化工作扎实推进，版权服务、质押评估和交易平台建设取得重大进展，版权执法能力进一步增强。深入开展“扫黄打非”斗争，日常监管与专项行动有机结合，严厉打击、查堵非法出版物和有害信息，坚决清除淫秽色情等文化垃圾，打击各类侵权盗版、非法出版活动，重点整治非法报刊，全年共收缴各类非法出版物5 200万件，查处各类案件1.8万余起，维护了市场秩序。

七、群众反映强烈问题逐步破解

以“治散治滥、打盗打非”为重点，整合全系统力量，依法查处重点违法违规案件89起，中小学教辅材料出版发行秩序进一步规范。开展专项行动，查处侵权盗版案件3 381起，侵权盗版高发势头得到了有效遏制。追查重点案件，打击“两非一假”获得阶段性成果。开展报刊记者站治理“百日行动”，199家记者站被依法处罚，“新闻敲诈”和“有偿新闻”等严重违法违规行为得到初步治理。整治学术期刊违规行为，健全学术期刊编辑准入制度，学术出版违规行为在期刊出版领域得到遏制。强化基础性、制度性建设，新闻出版行业诚信体系建设取得新成效。规范了行业协会和社会中介组织行为，管理机制不断完善。

八、自身建设进一步加强

用党的六中全会精神来衡量，我们还有许多工作亟待加强。主要是坚持先进文化前进方向还没有成为每个新闻出版单位的自觉行为，精品力作创作生产的引导机制还不够健全，体制改革中根本性的问题因缺乏强有力政策支持而难以突破，“三改一加强”的任务还相当艰巨，落实重大项目、培育产业新增长点的措施还不够有力，公共文化服务体系建设还有待进一步加强，在开放透明环境下如何形成融合、统一、科学、高效的宏观管理体制也需深入探索，推动中华文化走向世界依然任重道远。这些问题要引起大家的足够重视，并下大气力加以解决。要看到，切实解决好这些矛盾和问题，大力推动新闻出版跨越式发展，关系文化产业成为国民经济支柱性产业，关系建设社会主义文化强国，关系实现全面建设小康社会奋斗目标，关系社会主义现代化建设。我们一定要准确把握我国经济社会发展的新要求，准确把握当今时代文化发展新趋势，准确把握各族人民精神文化生活新期待，进一步增强责任感、使命感，继续解放思想，切实转变观念，抓住机遇，以更加坚决的态度、更加坚定的信念、更加扎实的工作、更加务实的作风，创造性地做好各方面工作，奋力开创新闻出版工作新局面。

九、2012年新闻出版业的工作重点

2012年新闻出版工作总体要求是：深入学习贯彻落实党的十七届六中全会精神，以邓小平理论和“三个代表”重要思想为指导，深入贯彻落实科学发展观，按照高举旗帜、围绕大局、服务人民、改革创新的总要求，紧紧围绕科学发展主题和转变发展方式这条主线，大力实施新闻出版业“十二五”时期发展规划，继续巩固发展思想文化主阵地，继续当好改革创新的排头兵，继续成为文化产业的主力军，继续创造繁荣发展的好环境，努力在建设社会主义核心价值体系方面取得新进展，在文化改革发展方面迈出新步伐，在推进文化与科技融合方面取得新突破，在拓展国际文化市场方面取得新成效，以优异成绩迎接党的十八大胜利召开。

（一）全面学习贯彻落实六中全会精神

党的十七届六中全会是我们党领导文化工作的里程碑式会议，集中了我们党对文化建设的认识和实践，是今后十年我国文化工作的纲领。全面贯彻六中全会精神，是2012年新闻出版工作的头等大事。

1. 要进一步深刻领会六中全会的精神实质

要深刻理解和把握文化改革发展面临的形势和任务，切实增强新形势下推进新闻出版改革发展的责任感、紧迫感；要深刻理解和把握推进文化改革发展的指导思想和重要方针，自觉贯穿于新闻出版工作全过程；要深刻理解和把握中国特色社会主义文化发展道路的丰富内涵和基本要求，确保新闻出版工作始终沿着正确的方向前进；要深刻理解和把握建设社会主义文化强国的战略目标和到2020年文化改革发展的奋斗目标，不断加快建设新闻出版强国步伐；要深刻理解和把握新形势下推进文化改革发展的主要任务和重大举措，大力推动新闻出版跨越式发展。

2. 要进一步联系实际落实六中全会部署

2011年新闻出版工作，既是实施“十二五”规划的起步开局，也是贯彻六中全会精神的新的实践。我们一定要保持新闻出版行业贯彻六中全会精神形成的良好态势，推动新闻出版业跨越式发展。

（二）大力推进社会主义核心价值体系建设

推进社会主义核心价值体系建设，是新闻出版的根本任务。必须按照“融入、贯穿、体现”的要求，以高质量工程建设和高水平重大主题出版引领社会思潮，熔铸民族之魂，巩固马克思主义在意识形态领域的指导地位。

1. 认真组织实施社会主义核心价值体系出版工程

要重点抓好马列经典、党的理论创新成果等国家重大出版项目的出版发行，推出百种优秀理论和百种优秀通俗读物，启动中国共产党思想理论资源数据库与传播工程二期建设，推动学习实践科学发展观活动向深度和广度拓展。要落实好年度重点出版物选题计划和“十二五”重点出版物规划，着重在主题出版、红色出版等方面，推出一大批人民喜爱的优秀出版物。

2. 精心策划和组织实施有关党的十八大出版发行工作

要把迎接党的十八大作为一项重要政治任务，及早策划、精心部署。要会同有关部门，围绕“展示辉煌成就、展望光辉前景”宣传主题，全面展示十六大以来党带领人民推进中国特色社会主义伟大事业取得的辉煌成就。

3. 加快实施主流媒体传播能力建设工程

要扎实推进“三项学习教育”和“走基层、转作风、改文风”等活动的深入开展，提高社会主义核心价值体系说服力、感召力、凝聚力。要切实做好党的十八大前后重点报刊审读和重点网站专题监测工作，掌握动向，把握导向，及时解决带有倾向性的问题，确保主流舆论影响力。

（三）切实加强精品力作创作生产传播

要全面贯彻“二为”方向和“双百”方针，立足发展先进文化、建设和谐文化，生产更多精品力作，充分发挥新闻出版引领风尚、教育人民、服务社会、推动发展的作用。

1. 加强规划引导，推动精品战略深入实施

要实施动态管理，调整和充实“十二五”时期出版规划，增加精品出版物数量至3 000种。要完善出版单位评估办法和评估指标体系、中国出版政府奖评选办法，启动第二次出版单位评估工作，加大出版单位在精品力作出版方面文化影响力、贡献力的考核比重。要实施报刊出版综合质量分类评估制度和退出机制，健全名报、名刊培育长效机制，扶持品牌报刊。

2. 发展健康向上的网络出版

要继续实施“民族网络游戏出版工程”，为内容健康、技术先进、富有民族文化特色的国产原创网络游戏出版提供“绿色通道”。要打造一批有影响力的网络文学、网络游戏、网络文献数据库等网络出版服务特色网站。

（四）大力推进新闻出版惠民工程建设

各级新闻出版行政机关要牢固树立服务文化民生理念，按照公益性、基本性、均等性、便利性要求，切实加强新闻出版公共服务体系建设，确保人民群众共享新闻出

特

载

版发展成果。

1. 扎实推进“东风工程”

要管好用好民族文字出版专项资金，重点围绕马克思主义祖国观、民族观、宗教观、文化观推出一批民文精品力作。启动民族文字出版基地建设，提高民族地区民文出版生产能力、传播能力和市场监管能力。继续做好新闻出版系统援藏、援疆工作。

2. 确保在党的十八大前高标准完成农家书屋工程建设

要进一步推动工程项目、资金、进度、质量等责任落实，并面向社会，加强监督，进一步完善农家书屋建、管、用长效机制，使农民长期受益。要加快推动农家书屋信息系统建设，切实解决书屋出版物补充更新和使用问题，积极开展数字农家书屋、城乡对口支援、图书交流交换等试点工作。

3. 以各类“书香”活动拓展全民阅读工程

要进一步健全政府推动、全民主动、城乡互动、各方联动的全民阅读活动长效机制。广泛开展各类“书香”活动，创新活动组织方式，搭建各类读书平台，把读书活动与精神文明创建、公共文化服务体系建设结合起来。

（五）推动新闻出版产业跨越式发展

贯彻六中全会精神，深入实施新闻出版业“十二五”时期发展规划，必须突出战略重点，明确主要任务，全力以赴调结构、转方式、保增长、增效益，发展和壮大新闻出版业整体实力。

1. 加快落实“十二五”时期发展规划

各级新闻出版行政机关要抓紧制定配套政策，用好用足国家和各地的一系列优惠政策。要通过争取发展专项资金、银企合作、引进外资、加大补助和奖励力度等方式，切实加大投入。要深入实施项目带动战略，从实际情况出发，分类指导，有序推进。

2. 大力拓展新闻出版产业跨越式发展增长点

要继续组织好数字印刷和印刷数字化、印刷环保体系建设，开展“电子书包”可行性调研，加大数字出版产品和服务的政策扶持力度，大力开发新业态、新产品。继续推动动漫出版业、音乐出版业快速发展。要不断完善改革发展项目库的运行管理机制。

3. 扩大新闻出版产品和服务的消费

加强城乡出版物发行网点建设，积极支持并规范出版物电子商务，推动各种方式的出版物连锁经营和实体销售。要创新营销模式和服务方式，开发特色消费市场，形成多样化消费方式和新的消费增长点。

（六）创新体制机制推动改革向纵深发展

新闻出版体制改革正处于关键时期，要进一步增强紧迫感、责任感、使命感，按照中央加快转制、“三改一加强”的统一部署和要求，推动改革向纵深发展，力争在党的十八大前完成既定任务。

1. 要继续深化改革，着力培育一批新型市场主体和投资主体

要启动第二批非时政类报刊出版单位转企改制和非独立法人报刊编辑部体制改革工作，加快推进报刊出版业结构调整。要继续指导推动已转制新闻出版企业建立现代企业制度，推动一批具备条件的出版企业实施股份制改造，支持符合条件的新闻出版企业上市。

2. 加快技术改造，形成面向市场的新产品研发和技术创新机制

鼓励和支持企业运用高新技术和先进设备改造传统基础设施，推动传统出版单位和印刷复制企业加快数字化改造。积极发展数字出版新业态，加快新媒体新产品研发和推广。

（七）开拓国际市场渠道

文化走出去不仅是中华文化的影响力问题，更是中华文化的发展空间问题。在信息全球化和国际出版市场高度竞争条件下，必须从战略高度合理谋划走出去宏观布局，面向世界求发展。

1. 利用好国际平台推广中国文化

要深入实施“经典中国”国际出版工程，精心打造具有重要影响力的新闻出版和版权国际交易平台，探索建立以边疆省（区）为中心、辐射周边国家的国际合作交易平台，以信息共享、互联互通为重点，搭建多语种走出去信息服务平台。全力办好2012年伦敦书展中国主宾国活动，继续深入实施海峡两岸出版工程。

2. 大力拓展走出去国际渠道

要大力实施中国出版物国际营销渠道拓展工程。加强与全球性和区域性大型连锁书店的积极合作，整合海外华文出版物营销网络和渠道，搭建数字内容资源跨境投送平台，实施网络书店等海外销售计划。

3. 以本土化战略推动企业、资本走出去

要努力实施重点新闻出版企业海外发展扶持计划，支持各种所有制新闻出版企业通过独资、合资、合作等方式到境外建社建站、办报办刊、开厂开店，鼓励和支持有条件的新闻出版企业以多种方式兼并、收购境外企业，鼓励有条件的新闻出版企业通过参股、控股等方式扩大境外投资。

2011年印刷复制管理工作综述

国家新闻出版总署印刷发行管理司

2011年恰逢中国共产党成立90周年、辛亥革命100周年和西藏和平解放60周年，各项重大事件和纪念活动密集，印刷复制业处于监管的特殊时期，监管工作任务更为繁重。在国家新闻出版总署党组的领导下，印刷发行管理司紧紧围绕总署的中心工作，加强印刷复制监管，为党中央工作大局服好务。同时，推动印刷复制业转变发展方式，加快实现结构调整和转型升级。

一、加强印刷复制监督管理

1. 加大监管力度，组织开展多次印刷复制专项检查

为做好2011年特殊时期的监管工作，印刷发行管理司组织开展了多次专项检查，严肃查处了违规印刷复制企业。

（1）落实打击侵犯知识产权和制售假冒伪劣商品专项行动任务。2011年1月4日—8日，根据国家新闻出版总署、全国“扫黄打非”工作小组办公室、公安部的统一部署，印刷发行管理司会同反非法和违禁出版物司、版权管理司对天津、山东、江西、四川、河南和浙江等地开展打击侵犯知识产权和制售假冒伪劣商品专项行动，并对全国“扫黄打非”工作小组办公室等五部门挂牌督办的第二批侵权盗版重点案件进行了督查。同时，还对当地部分印刷复制企业和图书、软件、音像制品市场进行了抽查。

（2）组织开展“两会”和国庆节前的印刷复制发行专项交叉检查。2011年2月18日和9月7日，国家新闻出版总署分别印发了《关于在“两会”前开展印刷复制企业和出版物市场专项检查的通知》和《关于在国庆节前开展印刷复制企业和出版物市场专项检查的通知》，分别对“两会”和国庆节前专项检查工作进行部署，并要求各地严格落实印刷复制行政执法报告制度，加强对印刷复制发行行政执法的指导。2月22日—28日和9月19日—29日，印刷发行管理司抽调地方印刷复制发行管理部门有关负责人组成3个督查组，会同当地新闻出版行政部门以及文化市场综合执法部门对北京、山西、江苏、江西、山东、福建、湖南、四川、云南、陕西和甘肃等地的印刷复制企业及出版物市场进行了交叉检查。

（3）严肃查处违规印刷复制企业。2011年6月14日，印刷发行管理司根据总署相关工作部署，按照全国“扫黄打非”工作小组办公室提供的线索，组织力量赴河北省廊坊市，对三河市华文科达印刷有限公司、华新科达彩色印刷有限公司、杨庄振兴装订厂等3家印刷装订企业进行了突击检查，对涉嫌违规印制的《我是黎智英》等在制品进行了查扣。经省、市、县三级新闻出版管理部门充分调查取证，3家印刷装订企业均被处以吊销印刷经营许可证的行政处罚。其中，华文科达印刷有限公司和杨庄振兴装订厂还被处以没收违法所得、处违法经营额7倍罚款的行政处罚，相关责任人被移交司法部门追究刑事责任。

2. 提高质量意识，继续打造“3·15”质检活动品牌

2011年3月，总署印发了《关于2011年继续开展“3·15”少年儿童读物类出版产品质量监督检测活动的通知》，对2011年“3·15”质检活动进行了部署。2011年质检活动对598家出版单位出版的9 112种图书、报纸、期刊和光盘进行了印制质量检测，并对其中102种成品样书、半成品样书和包装装潢印刷品进行了挥发性有机物和重金属残留量的检测。检测结果表明，此次抽检的少年儿童读物类出版产品整体印刷质量良好，在环保质量检测方面，大部分检测样品中挥发性有机物或有毒有害重金属存量均在标准控制范围之内。

2011年11月19日，印刷发行管理司会同总署质检中心在西安召开了2011年“3·15”质检活动总结表彰会议，对质检活动作了总结，并对31家质检活动先进单位进行了表彰。阎晓宏副署长出席会议并做重要讲话，他指出，“3·15”质检活动开展5年来，为我国新闻出版业持续健康发展提供了有力的质量保障，在新闻出版行业创立了自己的品牌。各地要认真学习贯彻党的十七届六中全会精神，进一步认识质量管理工作在社会主义文化大发展大繁荣中

的地位和作用，以实际行动履行监管职责，做好质量管理工作。

3. 创新监管手段，实施印刷复制行政执法报告评价制度

2011年1月，印刷发行管理司起草并经总署批准印发了《全国印刷复制行政执法报告评价制度实施办法》。该办法在全国建立了以各地定期报送印刷复制检查和处罚情况、总署对报送情况进行评价为主要内容的印刷复制行政执法报告评价制度，是国家新闻出版总署全面、及时掌握各地开展印刷复制检查和查办案件有关工作情况的重要手段。据统计，2011年1月—10月全国各地共出动检查人员31.82万人次，检查印刷复制企业11.91万次，查处违法违规印刷复制企业1.03万家。其中，构成犯罪的11起案件已移交司法机关进行查处。依照《全国印刷复制行政执法报告评价制度实施办法》的有关规定，印刷发行管理司确定以“优中选优”“均衡性”和“一票否决”为原则开展2011年评价工作。在汇总梳理各地报送情况的基础上，综合“两会”和国庆节前的实际检查情况，并征求行业协会等有关单位意见，确定河北省新闻出版局、上海市新闻出版局、湖南省新闻出版局和北京市文化市场行政执法总队4家单位的评价结果为优秀，其余31家单位评价结果为合格。

4. 完善监管体系，出台《数字印刷管理办法》

印刷发行管理司根据管理实践对《印刷业管理条例》有关管理原则进行具体细化，经多次研讨、调研，起草并经总署批准印发了《数字印刷管理办法》。该办法明确了数字印刷企业的设立条件，调整了数字印刷连锁经营企业的审批程序，完善了数字印刷连锁经营的监管职责和法律责任，并重申了企业在接受委托印刷出版物时必须坚持委托书制度等内容。该办法的出台为数字印刷业管理、行政执法提供了新的依据，并有力地促进了数字印刷业的健康发展。

5. 掌握行业信息，组织开展2011年印刷复制企业年度核验工作

2011年，印刷发行管理司同时开展印刷企业年度核验和复制单位的年度核验工作。总署向全国印发了《关于开展2011年印刷企业年度核验工作的通知》和《关于开展2011年复制单位年度核验工作的通知》。鉴于印刷复制行业发展中出现的新情况和新趋势，此次年度核验特别对数字印刷发展、高清光盘复制和产业园区建设等情况进行了统计。

截至2010年底，全国有各类印刷企业104 414家，印刷从业人员366.37万人，资产总额9 102.48亿元，印刷总产值7 706.50亿元，利润总额683.10亿元，对外加工贸易额661.65亿元。印刷企业年度核验结果显示，数字印刷增长速度加快，专营数字印刷的企业数量比2009年增长44.87%，生产型数字印刷机装机总量较2009年增长103.55%。各地印刷园区建设初具规模，全国共有17个省市建设了总计58个印刷园区。印刷园区总投资额209.77亿元，共有1 050家印刷企业入驻，占全国总数的1%，印刷产值217.25亿元，占全国总数的2.82%。这说明印刷园区建设在培育产业集群、实现跨越发展方面起到了重要的作用。

全国复制单位共有209家（光盘复制单位121家，磁介质复制单位89家），从业人员2.42万人，资本总额99.36亿元，复制总产量69.72亿片（盒），总产值60.31亿元。复制单位年度核验结果显示，光盘复制业发展呈现下滑趋势，光盘复制单位利润大幅度下滑，但只读类和可录类大容量高清光盘比2009年分别增长78.17%和202.87%，光盘产品结构逐步向高端转移。

6. 加强管理培训，宣传贯彻新出台的政策法规

（1）宣传贯彻新修订的《出版管理条例》和《音像制品管理条例》。印刷发行管理司利用光盘工作委员会召开2011年理事大会的机会，向各省（区、市）复制管理部门负责人和全国100余家光盘复制企业负责人提出有关复制监管和产业发展的工作要求。会议邀请了国家新闻出版总署法规司有关负责人在全面简要介绍新修订的《出版管理条例》和《音像制品管理条例》的基础上，重点讲解了与光盘复制环节相关的条款修改情况，同时还邀请了总署综合业务司有关负责人向参会代表通报了总署行政审批工作情况。

（2）举办全国绿色印刷标准和《数字印刷管理办法》培训班。2011年8月16日，印刷发行管理司在贵州举办了“全国绿色印刷标准和《数字印刷管理办法》培训班”。培训班上通报了前一阶段各地印刷复制行政执法上报的情况，对总署新颁布的《数字印刷管理办法》和《全国印刷复制行政执法报告评价制度实施办法》进行了解读，并印发了《生产型数字印刷机目录（2011年）》。培训班邀请了北京印刷学院教授介绍当前全球数字印刷技术发展情况，中国印刷技术协会相关负责人介绍绿色印刷企业认证程序年和方法，环境保护部环境发展中心相关负责人讲解平版绿色印刷标准。培训班上，数字印刷应用企业代表还就数字印刷发展新模式作了介绍。

（3）举办全国绿色印刷质量管理培训班。2011年8月

24 日，印刷发行管理司会同国家新闻出版总署质检中心在上海举办了“全国绿色印刷质量管理培训班”。此次培训主要侧重地方印刷复制管理部门和当地出版产品质检机构的一线管理人员。培训班在宣贯绿色印刷标准的同时还邀请了上海理工大学以及印刷产品检测单位的专家、行业管理负责人和学者分别就常用印刷技术标准、印刷业电子政务管理、数字印刷和绿色印刷产品检测程序与办法等进行了讲解。

二、促进印刷复制健康发展

1. 加快推进绿色印刷实施

实施绿色印刷战略是促进我国印刷业发展方式转变、加快建设印刷强国、推动生态文明和环境友好型社会建设的重要举措。印刷发行管理司结合印刷行业的现状，积极搭建工作机制，大力推动标准制定，深入开展宣传引导，全面加强教育培训，逐步推进绿色印刷实施。

（1）出台绿色环保印刷标准。自 2009 年以来，印刷发行管理司配合环境保护部科技标准司指导中国印刷技术协会组织有关专家开始制定绿色环保印刷标准。经过多次现场调研论证，2011 年 3 月 2 日，环境保护部正式颁布了平版绿色印刷标准《环境标志产品技术要求　印刷　第一部分：平版印刷》，为下一步工作的开展提供了必要的依据。

（2）深入开展宣传贯彻培训。除举办面向管理部门层面的全国绿色印刷标准培训班和绿色印刷质量管理培训班以外，印刷发行管理司还指导中国印刷技术协会于 2011 年 1 月 16 日至 3 月 1 日分别在北京、西安、武汉、南京、广州连续举办了面向印刷企业的华北东北片、西北片、华中片、华东片、华南西南片绿色印刷宣贯会议，全国 31 个省（区、市）先后有 400 多家企业 700 多人参加了培训。

（3）推动绿色印刷企业认证。印刷发行管理司指导中国印刷技术协会与环境保护发展中心建立联合协调工作机制，共同推动国内绿色印刷企业的认证工作，总计有近 350 家印刷企业提出认证申请，首批有 60 家企业通过绿色印刷企业认证。

（4）联合发布《实施绿色印刷的公告》。2011 年 10 月 8 日，国家新闻出版总署、环境保护部联合发布《关于实施绿色印刷的公告》（2011 年第 2 号）。公告明确了实施绿色印刷的范围和目标，指出了实施绿色印刷的依据和途径，并就实施绿色印刷的工作安排和配套保障作出了部署。

（5）组织“绿色印刷宣传周”活动。2011 年 11 月 1 日—4 日，印刷发行管理司召开绿色印刷推进会，并发布了以国家新闻出版总署和环境保护部两部门名义编写的《绿色印刷手册》（2011 年绿皮书），对首批通过绿色印刷认证的企业进行了授牌。宣传周期间还安排了上海金山国家绿色创意印刷示范园区和北京绿色印刷包装产业技术研究院开展相应活动，增强了对绿色印刷的宣传力度，扩大了此次活动的影响。

2. 继续大力推进印刷复制产业重大工程

国家发展和改革委员会于 2010 年 10 月对总署推荐申报的“数字印刷和印刷数字化工程”“绿色印刷环保体系建设工程”两大工程共计 10 个项目给予了 5 420 万元的资金扶持。为核查项目落实情况，印刷发行管理司会同中央纪委、监察部驻国家新闻出版总署纪检组、监察局于 2011 年 6 月 20 日—24 日分北方片区和南方片区开展印刷产业发展专项项目督查工作，并对下一步申报工作进行了部署。印刷发行管理司在总结 2010 年申报经验的基础上，会同中国印刷技术协会对项目申报流程进行了梳理，编写了《印刷复制产业发展专项项目申报指南》。同时，要求各地印刷复制管理部门切实负起责任，主动与当地印刷行业协会沟通，对印刷行业进行广泛调研，摸清本地印刷企业、印刷设备器材厂商等企业情况，为申报做好准备。2011 年 9 月 28 日—29 日，印刷发行管理司指导中国印刷技术协会和中国音像协会光盘工作委员会组织印刷复制业内专家，对 2011 年上报的印刷复制产业发展专项项目进行了评审。9 月 30 日，印刷发行管理司将通过评审的 29 个项目向国家发改委进行了推荐。

3. 编制出台《国家印刷复制示范企业管理办法》

根据印刷业“十二五”发展规划的要求，印刷发行管理司在征询多方意见的基础上，草拟了《国家印刷复制示范企业管理办法》。12 月 6 日，该办法经总署批准正式印发执行。该办法就规模、效益、环保、技术创新、管理等方面提出标准，凡经过认定的国家印刷复制示范企业将会优先享受到国家项目发展资金的扶持，并在产业政策、设备进口等方面享受到有别于一般印刷复制企业的优惠支持。特别是在外资政策方面，挂牌成为国家印刷复制示范企业的中外合资、中外合作出版物印刷企业、其他印刷品印刷企业或者只读类光盘复制企业，外方可以控股或者占主导地位，但中方比例或者权益不得低于 30%。该办法的实施将有利于优势企业加快做大做强步伐，进一步推进整个印刷复制产业的结构调整。

2011年书刊印刷企业面临的机遇和挑战

中国印刷及设备器材工业协会书刊印刷专业委员会

“十二五”开局之年，书刊印刷企业在市场的推动以及政策的扶持下，努力改变经营思路，探索新的经营模式，在变化中求稳定、求发展，不断的变革促使了书刊印刷企业的持续发展，技术得到迅速提高，设备越来越先进，出版周期越来越短。

书刊印刷企业围绕国家新闻出版总署协调申报的印刷产业两大工程——“数字印刷与印刷数字化”和“印刷环保体系建设及绿色印刷新技术开发”开展工作。首批获得绿色认证的60家企业中有33家是书刊印刷企业。

一、从数据看书刊印刷企业现状

1. 印刷企业的基本情况

根据国家新闻出版总署的统计数据，2010年我国有印刷企业10.44万家，从业人员366.37万人，印刷总产值7 706.5亿元，来料加工出口印刷661.65亿元，利润总额683.1亿元。2010年印刷总产值比2009年增加了1 338.77亿元，增长率为21.02%。其中，出版物印刷1 301.7亿元，包装装潢印刷5 238.9亿元，其他印刷品印刷835.29亿元，其他330.61亿元。在刚刚过去的“十一五”期间，印刷总产值平均年增长率为19.34%。

2. 书刊印刷企业的行情

根据中国印刷及设备器材工业协会2010年提供的我国印刷行业的有关数据，全国印刷工业产值为5 760亿元，书刊印刷只占17.53%。2005—2010年书刊印刷年产值呈逐年增长态势。2010年印刷业产值见表1，2005—2010年书刊印刷产值见表2。

表1　2010年印刷业产值

项目	2010年产值（亿元）	占总量（%）
印前	280	4.86
书刊印刷	1 010	17.53
报业印刷	600	10.42
包装装潢印刷	2 000	34.72
本册印刷	180	3.13
商业印刷	210	3.65
外贸印刷	565	9.81
标签印刷	160	2.78
丝网印刷	125	2.17
大型广告	65	1.13
其他印刷	565	9.81
合计	5 760	100

表2　2005—2010年书刊印刷产值

年份	2005年	2006年	2007年	2008年	2009年	2010年
产值（亿元）	750	810	850	890	955	1 010
同比增长（%）	6.10	8.00	4.94	4.71	7.30	5.76
书刊产值占总印刷产值比例（%）	24.19	21.32	19.32	18.74	18.54	17.53

以上数据显示，2008年受世界经济危机影响，增长较2007年缓慢，2009年增长率高于2008年近3个百分点，2010年增长率低于2009年1.54个百分点，书刊印刷产值占总印刷产值比例却逐年下降。

3. 2011年书刊印刷企业的经济效益情况

中国印刷及设备器材工业协会书刊印刷专业委员会汇集了全国119家书刊印刷（含其他印刷）企业2011年主要经济效益指标完成情况。这些企业分布在全国31个省、自治区、直辖市。其中，北京隆达印刷包装集团6家，天津新闻出版局5家，上海印刷（集团）有限公司4家，在京部队印刷企业8家，中央在京各部委印刷企业及其他在京印刷企业31家，分布在各省的印刷企业65家。主要经济指标总量、主要产品产量完成情况及印刷企业盈利情况如下：

主要经济指标总量情况：2011年全国书刊印刷企业工业总产值107亿元，较上年减少0.2亿元，同比降低0.19%；工业销售产值110亿元，较上年增加2.7亿元，同比提高2.52%；工业增加值（生产法）36亿元，较上年减少3亿元，同比降低7.69%；主营业务收入113亿元，较上年增加4.1亿元，同比提高3.76%；实现利税10.6亿元，较上年增加0.5亿元，同比提高4.95%；实现利润3.8亿元，较上年减少0.3亿元，同比降低7.32%；人均创利税20 425元，较上年增加2 557元，同比提高14.31%；人均工资35 296元，较上年增加5 237亿元，同比提高17.42%。

主要产品产量完成情况：2011年全国书刊印刷企业照相排字总收入39.6亿元，较上年增加5.9亿元，同比提高17.51%；书刊印刷用纸2 904万令，较上年增加136万令，同比提高4.91%；胶印印刷14 390万对开色令，较上年增加553万对开色令，同比提高4%；书刊装订3 197万令，较上年增加397万令，同比提高14.18%。

印刷企业盈利情况：2011年利润在100万元至200万元之间的书刊印刷企业有45家，较上年少1家；利润在200万元至300万元之间的有37家，较上年多2家；利润在300万元至500万元之间的有30家，较上年多2家；利润在500万元至1 000万元之间的有23家，较上年多2家；利润在1 000万元以上的有13家，较上年少3家。2011年实现利税1 000万元以上的书刊印刷企业有26家，较上年多1家；实现利税500万元的有48家，较上年多7家。

从2011年主要经济指标总量和主要产品产量完成情况看，工业销售产值、主营业务收入、实现利税、人均创利税、人均工资五项经济指标和四项产品产量与上年同期相比增加，工业总产值、工业增加值、实现利润与上年同期相比减少。尽管减少的幅度并不大，但是可以看出，传统的书刊印刷业在当前信息化发展冲击下，已经开始走向下坡。主要原因是：在119家书刊印刷企业中，国有书刊印刷企业占90%，长期以来由于工价太低、原材料价格上涨，加之教材循环使用、电子阅读对出版物印刷的冲击，特别是国有企业机制不灵活，致使2011年三项指标与上年同期相比减少。

书刊印刷企业大部分有三十年或更长的历史，长期以来与出版社等相关单位建立了牢固的业务关系，特别是教材印刷业务，大部分书刊印刷由于政府部门的扶持，仍有30% ~ 50%是教材任务。近年来，国内印后设备的品种增多、质量提高、价格降低，书刊印刷企业为了提高质量、稳定质量、减少用工成本、增加效益，开始购置印后设备，使装订产量大幅增加。从2010年开始，国家提倡绿色印刷、数字印刷和发展文化产业，促进了书刊印刷业的发展，可喜的是，2011年九项印刷经济和产量指标比去年同期均有所增加。

二、积极应对变革，抓住机遇、迎接挑战

1. 数字印刷与印刷数字化和绿色印刷势在必行

2010年，国家新闻出版总署收到国家发展和改革委员会的正式批复，从中央预算内投资的结构性调整资金中专项拨付5 420万元，对印刷产业两大工程“数字印刷与印刷数字化”和“印刷环保体系建设及绿色印刷新技术开发”中的10个项目给予中央预算内投资支持。10个项目所获投资额分别是：北大方正集团数字喷墨技术与设备产业化项目1 280万元；北京中印周晋科技有限公司热敏数字化直接制版机（CTP）产业化项目340万元；北京科印近代印刷技术有限公司免化学处理CTP版材产业化项目180万元；北人印刷机械股份有限公司数字化单张纸对开多色胶印机产业化项目1 090万元；北京康得新复合材料股份有限公司数字预涂膜技术研发及产业化项目540万元；中国印刷科学技术研究所印刷环保技术产业化重点实验室建设项目90万元；无锡市万力粘合材料有限公司PUR书本装订热熔胶产业化项目200万元；新东方油墨有限公司食品包装用环保油墨项目820万元；广东天龙油墨集团股份有限公司水性油墨及其核心树脂研发及产业化项目550万元；陕西北人印刷机械有限责任公司宽幅卫星式高速柔性版印刷机产业化项目330万元。

项目带动战略是“十二五”期间推动印刷产业发展的三大战略之一，即以项目建设带动印刷产业整体发展，加快印刷技术的创新升级。项目带动战略的实施将鞭策并带

动印刷产业在制约升级转型的关键性技术及产业化能力方面有所突破。

推动印刷产业转型升级和技术改造主要依托印刷装备的技术研发和改造，两大工程主要侧重于喷墨数字印刷设备和绿色环保印刷设备以及相关材料的研发。数字印刷和印刷数字化工程旨在实现当今世界最先进的数字印刷技术并使之产业化，同时对传统印刷产业进行数字化技术改造，以加快我国印刷产业结构调整和转型升级步伐。印刷环保体系建设及绿色印刷新技术开发工程旨在落实国务院关于节能减排的工作部署，通过研发我国自主知识产权的绿色环保印刷设备、技术、工艺和原材料，加快推进印刷企业的环保生产，推动整个印刷产业实现节能减排。

2011 年，国家新闻出版总署正式发布的《新闻出版业“十二五”时期发展规划》和《数字出版“十二五”时期发展规划》中提出，到 2015 年，数字出版总产值要达到新闻出版总产值 25% 的奋斗目标，并提出加快在数字出版领域组织一批重大工程、实施一批重大项目、研发一批重大技术、开发一批重点产品、培育一批龙头企业、打造一批知名品牌的重点任务，带动和提升新闻出版业整体实力进一步增长。

2. 数字印刷与印刷数字化、绿色印刷两大工程发展迅猛

近年来，数字阅读消费需求日益旺盛。截至 2011 年底，中国网民总数达到 5.13 亿人，手机网民总数达到 3.56 亿人。在线阅读、手机阅读等移动终端阅读消费需求日益旺盛。现在，在全球范围内手持阅读器、平板电脑、智能手机等数字阅读终端销量均呈现大幅增长的势头，一个庞大的新兴数字出版消费市场正在形成。

无论是出版业还是印刷业，均处于数字革命的大潮中。出版业数字化极大地冲击着下游印刷业，印刷企业要想获得发展就必须融入数字技术的洪流中。这也是提出数字印刷与印刷数字化目标的原因之一。可以说，目前印刷企业已经具备了数字化的理念，很多印刷企业甚至早已开始实践，并做出了一定成绩。数字化印刷工作流程、CTP 等已成为企业必要的配置。而这两年数字印刷技术也不断得到普及，在书刊企业也多有应用。

从 2010 年开始实施绿色印刷认证工作至今，绿色印刷已经成为多数印刷企业谋求发展的共识。参与绿色认证的企业数量日益增加，对认证工作也提出了越来越高的要求。在这种形势下，行业相关部门的产品检测能力也逐渐加强，国家新闻出版总署质检中心以及各地检测站逐渐获得了绿色印刷产品的质量检测资质，绿色印刷产品的质量检测能力达到了环境保护部的要求，检测场地、使用仪器、检测人员素质等方面都在逐步完善。2011 年 3 月 2 日，国家环境保护标准 HJ 2503—2011《环境标志产品技术要求　印刷　第一部分：平版印刷》正式颁布，2012 年下半年，凹版印刷和商业票据印刷国家环境保护标准也将出台。绿色印刷认证以及认证咨询有了依据，为实现“十二五”期末印刷企业通过绿色认证数量达到 30% 的目标奠定了基础。

三、利用优势促进改革

1. 加快数字化技术改造，实现绿色环保印刷

2011 年，国内很多印刷企业开始加快数字化技术改造，向绿色环保方向发展。以山东临沂新华印刷物流集团有限责任公司（原山东新华印刷厂临沂厂）为例，该公司“绿色印刷数字化印刷技术提升”项目经临沂市发展和改革委员会批复，并在山东省省委宣传部和国家新闻出版总署立项。该项目共需投资 1.07 亿元。其中，2011 年已投资 6 500 万元，2012 年计划投资 4 000 万元，企业银行贷款和自筹 200 万元。

以山东临沂新华印刷物流集团为主研发的水性胶覆膜技术，已经获得山东省科技厅省级科技成果鉴定证书。山东临沂新华印刷物流集团是全国印刷标准化技术委员会成员单位，参与了水性胶覆膜国家标准制定；受全国印刷标准化技术委员会的委托，参与印后材料分类、精装、平装三项国家标准的起草工作，全国有关专家已进行评审鉴定。

2. 提升印刷物流信息化水平，扩大印刷物流规模

山东临沂新华印刷物流集团同样在提升印刷物流信息水平，扩大印刷物流规模方面做出了成绩。山东省省委、省政府印发的《山东省文化产业发展专项规划（2007—2015）》中明确提出“建设以临沂为重点的印刷、物流基地”，并作为山东省三大基地之一。临沂市委、市政府也明确要求以临沂新华印刷物流集团为龙头，建设山东一流、全国有影响的印刷物流集团。为此，山东临沂新华印刷物流集团成立了物流公司，新建 30 000m^2 仓储库房，通过与临沂多家物流公司合作，将承印的图书直接配送全国，使出版社减少了发行环节，缩短了图书配送时间，降低了 20% 的运行成本，收到了良好的经济效益和社会效益。由于具有印刷物流的优势，目前，山东出版集团、人民教育出版社、教育科学出版社、清华大学出版社等十几家著名出版社图书配送基地均已落户临沂新华印刷物流集团，印刷物流已成为其在激烈的市场竞争中开拓市场的利器。山东省以及临沂市经济和信息化委员会将新华印刷物流集团基地列为临沂生产服务物流四大基地之一，拟将其作为省物流税收试点企业，并同意支持部分物流发展技改基金。为了进一步扩大规模和提升信息化水平，2012年计划投入3 500万元，主要用于建设物流信息化平台，如增加仓储面积、配置物流设备、购买运输工具等。通过扩大物流规模和提升物流水平，逐步向第三方物流发展，真正使临沂新华印刷物流成为全国知名的文化产业品牌。

3. 充分利用地方政策支持，谋求企业发展

一些书刊印刷企业充分利用地方政策的支持，获得了进一步的发展，如新疆新华印刷厂。2011年，新疆维吾尔自治区新闻出版局、财政厅等相关部门给予企业多方关怀和政策支持，使新疆新华印刷厂获得了文化产业发展专项资金、所得税减免、增值税先征后返、流动资金贷款贴息、"东风工程"出版物的印发等优惠政策扶持，为企业发展创造了很好的外部环境。

4. 选择适合企业自身发展的道路

2011年，在书刊印刷行业，一些企业结合自身特点，找到了适合本企业的发展道路，并形成了独有特色。如上海柯创、上海金汇通与中荣印刷三家企业虽然规模不大，但它们已经走在同行的前列，并且走出了自己的特色。以印刷起家的上海柯创，为了企业的可持续发展，通过儿童读物这一突破口，重新走上自主编辑、自我印刷、自办发行的道路，并在2011年又开始涉足儿童音像读物领域。上海金汇通与中荣印刷也是如此，它们都不满足于传统的根据客户要求完成加工生产的模式，走上了"为客户提供一体化解决方案，帮助客户增加终端卖场的销售量"这样一条崭新的道路。2011年上海金汇通实现销售额2.6亿元，创造利润5 800万元，由创意设计带来的利润是传统加工型企业不能奢望的。这些成功的企业案例告诉我们，书刊印刷企业要想获得持续的成功就必须变革，中国要从印刷大国成为印刷强国，印刷企业应该更多地关注这些成功企业，学习它们不走寻常路的精神、敢于创新发展的精神和从实际出发脚踏实地工作的精神。

四、书刊印刷企业面临的问题和对策

现在，市场竞争日趋激烈，印刷工价持续低迷，印刷原材料价格不断上涨，招人难、留人更难，印刷企业生存发展困难。此外，企业生产规模不断扩大与人才短缺之间的矛盾也越来越突出。近几年，书刊印刷企业引进新设备、新工艺较多，操作人员的技术水平不能完全达到要求，职工队伍存在知识结构老化、年龄结构偏大等问题，跟不上企业发展的需要。全国承印中小学教材的部分印刷企业基础工作还很差，ISO9000质量管理体系认证、ISO14000环境管理体系认证、ISO27000信息安全体系认证、GB/T28000职业健康安全体系认证等都没有完成。对于目前的重点绿色认证工作，有些企业还在观望。其中，有些是对中国环境标志认证的印刷原辅材料认识不清，还有的是不知在何处采购获证的原辅材料（油墨、胶黏剂、预涂膜等）。这些都需要我们加大宣传力度，将绿色认证工作作为行业的头等大事来抓。同时，应加大人才选拔、引进、培养的力度，进一步增强系统性、实效性、创新性工作，大力实施挖潜降耗，实现高效化生产，努力开发新的经济增长点。转型、求变、抓管理将是书刊印刷企业的主基调。在此基础上进行开源节流、转型、统筹管理、集约经营、稳中求变、全面发展。

书刊印刷企业要紧跟党中央的指示精神，坚持走中国特色新型工业化道路和推进经济结构战略性调整，根据科技进步新形势，积极发展结构优化、技术进步、清洁安全、附加值高、吸纳就业能力强的现代化产业体系，提高企业发展的质量和效益，努力从印刷大国向印刷强国发展。

2011年我国包装印刷行业发展状况

李志伟

我国包装印刷行业在2011年平稳发展的基础上进入了2012年。回顾过去的一年，世界金融危机对我国经济影响尚未完全消除，经济形势复杂多变，出口包装因产品出口总量的下滑而减少，国内经济增速放缓。受双重经济形势的影响，我国包装印刷工业总产值连续数年高速增长的态势随之回落。

一、包装印刷在我国印刷工业中的发展情况

根据中国印刷及设备器材工业协会包装印刷分会的综合经济数据统计、分析、汇总，2011年包装印刷工业总产值完成2 240亿元，比2010年增长12%。

我国包装印刷企业目前已形成不同经济类型、不同层次、国有、集体、民营、个体、股份制、外资等多种所有制经济共存的格局。从统计资料分析，国有、集体体制所有制的企业比例在逐年减小，民营、股份制企业所占比例明显上升。多年来包装印刷行业的发展证明市场主体多元化有利于企业间公平竞争和资源合理配置，有利于包装印刷行业向市场化发展。

包装印刷企业不断引进新设备、新技术。对技术改造趋于理性，对自身的装备改造与更新，要以客户产品加工装备的需求进行决策。总体上印刷设备要以单张纸、厚纸型、高印速为首选。在印后装饰装备方面则应该要求加工速度高、操作人员少、功能齐备。

在硬件投入的同时，企业对于人力资源的配置也十分重视，人材的引进和员工的培训力度加大。企业的管理和发展方向逐步走向专业化、规模化，具有了一定应对市场变化的能力，有着良好的发展前景。

印刷及设备器材工业协会包装印刷分会年度统计数据表明，有一定规模的龙头企业2011年销售总额仍保持良好的增长势头。如力嘉包装、四川宜宾丽彩、浙江广博、浙江新雅投资集团、上海画中画、上海古林、北京利丰、北京印刷集团二厂等。反之，规模较小，尤其是年产值不足千万元的中小包装印刷企业，业绩有所下滑。有些企业已步入难已维持正常经营的困境。从产品加工分类看，烟酒包装印刷企业、医药印刷包装、票据印刷企业、高档标签印刷企业都保持着良好的增长态势。上游客户的经营状况直接影响到包装印刷企业的发展与生存。

印刷行业有不少企业是上市企业，上市公司的营业总收入增加一成多，而净利润只微涨一点。经计算可知，2011年14家公司共实现营业总收入约290亿元，同比增长12.38%。

中印工协印刷器材分会的年度统计数据表明，2011年，全国胶印版材生产量为3.71亿m^2，比2010年增长7.11%。其中，PS版生产量为1.93亿m^2，比2010年下降14.28%；CTP版生产量为1.78亿m^2，比2010年增长46.74%。胶印版材实际总销售量为3.61亿m^2，比2010年增长8.16%。其中PS版销售量为1.90亿m^2，比2010年下降12.34%；CTP版销售量为1.71亿m^2，比2010年增长45.89%。版材的销售量验证了印刷行业的总体运行状况。

纵观2011年，我国包装印刷行业的总体发展呈现出先扬后抑的态势。从2011年前三个季度来看，国内无论印刷企业还是设备制造企业一直保持着良好的发展形势，但从10月下旬开始，全行业的发展形势急转直下，均出现了订单骤减、业绩下滑的情况。

国家统计局公布的2011年上半年我国宏观经济运行数据，更进一步表现出人们不断减弱的消费意愿。上半年社会消费品零售总额为85 833亿元，同比增长16.8%，增速较上年同期下滑1.4个百分点。数据还显示，上半年我国GDP同比增长9.6%。前后比较显示，上半年我国城镇居民的人均收入增速慢于经济增长速度。物价上涨，通胀压力加大，影响居民消费意愿。市场整体消费需求下降必然导致产品生产企业生产下降，随之影响到下游包装印刷业。因此，包装印刷的工业总产值和国家总的经济形势是绑在一起的。

二、2011年包装印刷工业的发展趋势和亮点

1. 包装产品的发展方向

包装产品向中高档、多样、多色化方向发展，并且在功能上向易运输、易进行仓储、轻量化方向发展，最大程度体现出在为客户提供"服务"。

2. 低克重、高强度、轻量化的高档纸箱、纸盒发展趋势

包装不单起到保护产品的作用，更要表现出其使用功能，还可以作为礼品体现出内在产品的质量具有高品质、高文化内涵。所以，包装设计的投入比包装制作的要求更高出一筹。

3. 微型瓦楞纸

从2002新型的微瓦楞纸板问鼎欧洲市场，以其强度、抗弯刚度、破裂强度、抗压性好的优势得到市场的认可，更好地满足了对包装的重量轻、稳定性好的要求，它的外观精美、漂亮的优点在近几年获得了快速发展，且部分替代了350 ~ 400g卡纸类折叠纸盒，在食品、饮料、酒类、茶品、保健品、小家电、服装、玩具、体育用品、电子等行业产品的包装领域有广泛的应用。

目前，我国拥有大大小小的纸箱厂数以万计，共有瓦楞纸生产线7 000余条。由于国内对瓦楞纸箱需求量逐年增加，一批瓦楞纸板加工设备制造企业已先后出现，国产瓦楞生产线在国内市场占有率在逐年上升。

三、开展绿色印刷认证

2011年绿色印刷的呼声在印刷行业中持续走高，虽然印刷行业不是我国污染最重的行业，但是，VOC污染的排放一直较高。印刷企业要积极推动绿色印刷，开展绿色认证。随着国家环境保护力度的加强和人们对空气质量要求的提高，国家对印刷行业的环保要求也将提高。

在推行绿色印刷的实践中，各省协会、印刷集团推出了很多操作性较强的做法。如上海印刷行业协会组建了绿色印刷工作部，请专家解读绿色环保政策，为企业提供服务；江苏印刷协会召开现场会，举办培训班，传播环保知识；北京隆达印刷包装集团公司组织相关的职能部门下到各所属分公司现场指导绿色印刷认证工作。

国家新闻出版总署2010年开展了秋季中小学教材使用环保材料印制试点工作，并提出了3年内实现中小学教材绿色印刷全覆盖的目标。为实现这一目标，2011年教材印制企业将率先开始绿色印刷认证，没有获得认证的企业不能印制中小学教材。目前，已有100多家印刷企业经过培训、审核并取得了绿色印刷的资质认可。这些企业为此投入了很大的人力和物力。企业在管理上建立了绿色印刷相关的程序，培训了员工，同时在社会层面也尽到了企业的社会责任。

广东省印刷行业协会对包装印刷品进行了VOC残留量的检测工作，准备出台包装印刷制品的绿色标准，国家印刷标委会在深圳召开的印标委会上，也准备制定有关包装印刷材料及环保标准。

绿色印刷、企业资质的认证是一个系统工程，100多家印刷企业取得绿色印刷的资质认可与全国10万多家印刷厂相比较，还是一个刚刚起步的开端。如何从倡导到推行，使整个印刷行业步入绿色与环保的轨道，还有很长的路要走。政府在政策调控和引导方面的作用十分重要，必须考虑减轻印刷企业因使用环保设备、原辅材料而带来的生产成本提高的负担，对获得绿色印刷资质的企业给予相应的政策优惠和财政补贴，以调动印刷企业实施绿色印刷的积极性，让绿色印刷得到可持续的发展。

四、印刷行业的文化建设

近年来，我国相继建立了印刷博物馆，如北京印刷学院的中国印刷博物馆、上海理工大学出版印刷学院的上海印刷博物馆、扬州的中国雕版印刷博物馆。建设企业博物馆将成为一个潮流。

继中华商务联合印刷（广东）有限公司、上海烟草包装印刷有限公司建成企业印刷博物馆后，上海界龙、上海新星印刷器材、东港安全印务、天津长荣等公司的印刷及印机企业，都在筹建专业性印刷包装博物馆。力嘉包装（深圳）公司创建了12万m^2的创意印刷文化区，作为深圳文博会的分场所。印刷行业的文化建设，有助于弘扬中华民族辉煌的印刷文化，彰显我国印刷业的发展成就，推动印刷包装业科学进步和企业自身的文化建设。

五、数字印刷与传统印刷

随着社会文化素质的提高，人们对个性化包装的设计有了更高的要求，个性化创意设计、按需印刷为包装印刷业带来一个新的经济增长点。印刷技术的进步和印后加工的多样化，使产品包装的色彩更为丰富，迎合了时尚和个性化包装的需求，满足了消费者的消费心理和消费品位。数字印刷作为一种新技术、新印刷方式冲击着包装印刷企业多年来延用的传统技术。许多包装印刷企业开始关注数字印刷，积极开拓数字印刷的市场，力求在数字印刷领域

有所作为。有些企业已经添置了数字印刷设备，设立了市场开发部进行尝试性的经营。几乎所有的印刷媒体宣传数字印刷是今后印刷的发展方向，数字化印刷和印刷数字化现已成为永恒的主题。

从目前包装印刷行业看，可变数据印刷方式具有传统印刷所不具备的优越性，数码印刷技术、设备、相关的耗材要在不断的市场实际应用中改进和发展。数码印刷是具有很大发展潜力的一种新的印刷方式。在包装印刷行业中传统印刷方式还是主流，数字化印刷作为一种补充，会挤占一定的份额。但从目前包装印刷市场的需求来看，传统印刷方式的主导地位毋庸质疑还将持续相当长的时间。

在包装印刷领域，传统印刷设备完善，印前、印刷、印后的技术工艺成熟，产品质量稳定，在大批量、高画质的高端精品包装印刷领域具有绝对的优势，其产品在色彩的耐久性、光泽度及产品的色差、单个产品的成本方面均被市场所接受。所以，在处理数字印刷与传统印刷的关系上，不要一哄而上，不能认为数字印刷一定要取代传统印刷。对于一个企业而言，印刷方式的选择取决于其所服务的客户及其产品，要树立稳步推进、长期发展的理念，传统印刷与数字印刷是相辅相成的互补关系。传统印刷的企业要适时根据自身企业的发展引入数字化印刷的技术、设备和人才。

六、印刷企业的多元化经营

经济环境的波动、印刷行业的竞争、微利时代的到来，使不少包装印刷企业思考并实施多元化经营。企业的多元化经营，是企业在其多年的经营活动中逐步认识到的，需要对企业未来盈利能力进行评估，调整战略定位以迎接不断变化的挑战和威胁。近两年来，印刷行业的经济环境的波动，国际经济危机所带来国内经济走势的下滑，企业的多元化经营已成为企业家共同关注的新问题。

企业的多元化经营是企业壮大竞争实力的需要，在其生产产品上增加品种的多样性。有些企业在主业经营的同时，开拓延伸相关的增值服务；有些企业跨行业，利用已有的自身资源开拓另一行业，最大限度地利用市场资源获取最大的利润；有些企业在本身经营的产品上进行升级转型，如有些原本是印刷企业，现涉足印机制造、印刷材料制造。总之，企业多元化经营的目标是提升企业的绩效，保持企业的持续发展。

七、对2012年包装印刷业的发展估计

国资委在2011年年底曾发出信号，要中央企业“充分认识当前形势的严峻性和紧迫性，抓紧做好3～5年的渡难关、过寒冬的应对准备”。这是国资委对全球经济大局的一个判断。

自2011年下半年以来，企业已经有“过冬”的意识。进入2012年后国际经济大环境的许多不确定因素，全球经济回暖步伐仍然迟滞，国内经济又处在转型期，随着购买力的下降，人工成本提高，原材料价格上涨，企业的经营环境变得更加严峻。

“过冬”的困境对所有企业是一样的，消化新的成本上涨，捕捉新的增长机遇是企业唯一的途径，把握市场需求是唯一的选择。

多年来，我国包装印刷行业发展的特点是行业内企业素质、规模参差不齐，企业分布多集中在沿海的经济发展带，产业集中度不高，大企业相对少。这是我国地域广大、经济发展不平衡等诸多因素所造成的。包装印刷作为服务性、配套性、从属性行业，能够满足当地的市场需求，促进产业的发展，符合产业发展的规律即可。在经济发展不平衡的客观存在条件下，要求包装印刷行业追求齐、高、大的发展是不客观的。

包装印刷发展的先决条件是要发展当地的经济，当地的经济发展必然会有包装的需求，有需求、有市场就会有相关的包装印刷产业来支持，并且随其需求程度，从低端到中高档包装，逐步发展壮大。随着国家宏观调控的经济布局，包装印刷业随着经济的发展会全面崛起。

展望2012年，就印刷行业而言，文化创意将改变传统印刷的概念和范围，促进传统印刷企业“改型”换代，个性化需求将为数字印刷打开发展通道，文化创意给印刷企业带来发展机遇。随着国家调控政策的实施，我国包装印刷业仍然会保持良性的平稳增长而不会受国际经济大动荡的干扰。伴随我国经济的发展与世界经济全球化的推进，我国包装印刷行业将会随着经济的发展创造出更大的经济效益。

（作者系中国印刷及设备器材工业协会包装印刷分会秘书长）

新空间里抓机遇 新发展中迎挑战

2011年1—4季度印刷机械行业68家企业经济指标完成情况分析

张致远

2011年是“十二五”起始之年，1—4季度，除利润总额外，主要经济指标与同期比较呈增长态势，其幅度一般为两位数，基本上是个好开局。但是，季度之间比较，增幅回落，预计未来将走上平稳增长的正常轨道。

第一部分 2011年经营运营情况

一、主要经济指标情况分析

（一）主要经济指标对比情况

2011年1—4季度主要经济指标情况见表1。

表1 2011年1—4季度主要经济指标情况

（单位：万元）

指标名称	2011年1—4季度	2010年1—4季度	同比增长(%)	2011年4季度	2011年3季度	同比增长(%)
工业总产值	781 303	673 209	16.06	207 747	195 554	6.24
工业销售产值	757 504	682 896	10.93	197 501	183 825	7.44
工业增加值	228 603	203 473	12.35	52 346	47 469	10.27
产品销售收入	745 209	676 416	10.17	195 922	177 624	10.30
利润总额	61 466	64 017	-3.98	15 048	14 202	5.96
成本费用总额	665 384	604 101	10.14	174 062	166 246	4.70
出口交货值	70 524	59 255	19.02	18 819	18 716	0.55
新产品产值	459 811	371 274	23.85	155 513	110 159	41.17

（二）主要经济指标的季度对比情况

2011年1—4季度主要经济指标的季度对比情况详见表2。

表2 2011年1—4季度主要经济指标的季度对比情况

（单位：万元）

指标名称	一季度	二季度	三季度	四季度
工业总产值	171 839	206 163	195 554	207 747
工业销售产值	169 971	206 207	183 825	197 501
工业增加值	54 447	74 341	47 469	52 346
产品销售收入	167 487	204 176	177 624	195 922
利润总额	22 213	18 010	14 202	15 048
成本费用总额	164 431	160 645	166 246	174 062
出口交货值	13 843	19 146	18 716	18 819
新产品产值	86 113	108 026	110 159	155 513

（续）

从表2主要经济指标的季度对比情况可以看出2011年各项指标完成情况，基本走势是一季度回升，二季度顶峰，三季度下降，四季度微增。

（三）主要企业主要经济指标情况分析

1. 利润总额增幅低于产品销售收入增长

在68家企业中，产品销售收入同比增长的49家占企业总数的72%，同比减少的19家占28%。其中，产品销售收入超过亿元的20家，占29%。首次突破亿元关口的有海贺胜利和汕樟轻工，青岛瑞普和上海紫宏又恢复至以前较高的水平，再次破亿元大关。

在68家企业中，利润总额同比增长的35家占企业总数的51.5%，同比减少的20家占29.4%；亏损的13家占19.1%。其中，赢利超千万元的有14家，他们分别是：天津长荣17 609万元、高斯图文7 354万元、大族冠华4 727万元、中山市松德4 056万元、中景集团3 047万元、深圳市精密达2 754万元、华光精工2 196万元、海贺胜利1 681万元、潍坊东航1 491万元、汕樟轻工1 232万元、陕西北人1 216万元、上海紫光1 159万元、好利旺1 107万元、光华光神1 102万元。

2. 重点企业主要经济指标完成出色

按照新颁布的企业规模标准，将年度产品销售收入超过5 000万元以上的38家大中型企业的产品销售收入、工业增加值和利润总额做统计比较。2011年38家大中型企业的产品销售收入，工业增加值和利润总额见表3。

表3　2011年38家大中型企业的产品销售收入、工业增加值和利润总额

企业简称	产品销售收入			工业增加值			利润总额		
	2011年	2010年	同比增长（%）	2011年	2010年	同比增长（%）	2011年	2010年	同比增长（%）
北人	103 523	104 064	-0.52	22 026	16 000	37.66	2 431	5 618	-56.73
※高斯	60 165	52 305	15.02	17 547	16 212	8.23	7 354	6 944	5.91
光华	42 178	44 853	-5.96	4 725	11 055	-57.26	-458	1 465	
※长荣	57 366	39 805	44.12	24 889	16 491	50.92	17 609	9 153	92.39
大族冠华	35 631	38 074	-6.42	17 998	19 316	-6.82	4 727	13 161	-64.08
陕西北人	37 165	30 491	21.89	10 272	9 617	6.81	1 216	1 448	-16.02
中景	24 186	23 752	1.83	9 973	9 856	1.19	3 047	3 079	-1.04
昌昇	21 596	21 551	0.21	5 250	5 311	-1.15	559	793	-29.51
※松德	24 739	20 158	22.73	8 988	5 750	56.31	4 656	3 537	31.64
※华光精工	18 577	18 196	2.09	7 672	6 489	18.23	2 196	2 153	2.00
※亚华	18 539	15 011	23.50	4 795	1 736	176.21	503	451	11.53
精密达	10 954	12 951	-15.42	6 565	6 513	0.80	2 754	1 163	136.8
威海	12 415	12 320	0.77	7 582	8 373	-9.45	936	966	-3.11
紫光	13 767	12 271	12.19	4 380	4 428	-1.08	1 159	1 624	-28.63
华太	10 620	10 510	1.05	1 539	425	262.12	425	425	持平
菏泽	11 919	10 129	17.67	2 327	2 101	10.76	60	164	-63.41
※瑞普	10 497	9 823	6.86	1 791	1 761	1.70	718	575	24.87
神力	9 603	9 765	-1.66	528	469	12.58	224	203	10.34
※汕樟	12 076	9 745	23.92	1 280	832	53.85	1 232	786	56.74
※紫宏	10 471	9 714	7.79	3 734	3 359	11.16	736	600	22.67
※海贺胜利	13 817	9 641	43.32	5 680	2 936	93.46	1 681	953	76.39
※东航	9 385	9 231	1.67	5 325	5 205	2.31	1 491	1 488	0.20
蓝宝	9 252	8 050	14.93	2 997	2 932	2.22	470	547	-14.08
滨田	6 346	8 008	-20.75	3 379	1 402	141.01	408	241	69.29
※申威达	9 050	8 007	13.03	3 034	3 660	-17.10	404	164	146.34
紫明	5 841	7 872	-25.80	886	1 944	-54.42	-446	391	
通业	7 176	7 034	2.02	2 350	2 767	-15.07	295	376	-21.54
※爱凯思	7 095	6 836	3.79	2 560	2 355	8.70	742	673	10.25
※光华光神	8 754	6 531	34.04	3 032	1 695	78.88	1 102	1 082	1.85
咸阳超越	4 942	6 247	-20.89	2 293	3 359	-31.74	495	700	-29.29
※德拉根	7 865	6 080	29.36	965	680	41.91	246	230	6.96
※利通	6 132	6 052	1.32	2 313	2 326	-0.56	374	370	1.08
※新星	6 828	5 879	16.14	1 205	1 646	-26.79	888	639	38.97
※好利旺	6 433	5 581	15.27	1 899	1 336	42.14	1 107	908	21.92
※北人富士	6 828	5 849	16.74	2 730	2 328	17.27	204	85	140.00
※正博	5 526	5 168	6.93	1 199	1 109	8.12	324	310	4.52
※长春印机	5 352	5 008	6.87	2 079	1 961	6.02	304	179	69.83
华威	4 907	5 058	-2.99	1 056	1 308	-19.27	343	309	11.00

在38家企业中，产品销售收入和利润总额较2010年“双增长”的企业有20家（带“※”的企业），他们在行业完成2011年各项指标中起着举足轻重的作用。

3. 新产品产值占总产值比重大

2011年新产品研制工作成绩突出，产值达459 811万元，占总产值的58.9 %，较上年同期增长3.8 %。据22家科技进步调查表统计，共研制新产品77种，申报专利200项。其中，发明专利56项，占28%；实用专利135项，占68%；外观专利7项，占4%。22家企业科技总投入24 147万元，占产品销售收入的5.8%。天津长荣、陕西北人、深圳精密达、上海华太、上海紫光、长春印机、浙江蓝宝、浙江通业、上海紫宏、上海光华、华光精工、威海印机和青岛瑞普等企业表现突出。

2011年国家颁布的一系列政策和产业指导方针，都十分明确而突出地提出“数字印刷”和“绿色印刷”两大主题，这也正是印机行业“十二五”期间要不遗余力去奋斗突破的两大科技题目。经过一年的努力，行业中涌现了不少创新先行者。

上海电气集团全资收购高斯国际，实行产地战略转移后，高斯图文（中国）首台环球75彩色轮转胶印机落户中国市场。该产品印刷速度7.5万份/h，具备自动色彩跟踪、遥控调墨、自动喷墨上水、预调墨系统、全自动高速接纸等功能。

天津长荣不断推出新产品、首创MK21060TE机组式双工位烫金模切机和MK420多镜头式品质检查机，为印刷业提升印后加工效率、空间利用率以及降低产品损耗带来了全新的节能降耗产品。为了扩充国际市场的影响力，成立长荣股份日本有限公司及长荣日本爱用俱乐部。

深圳精密达与美国柯达公司合作推出两款世界首创的按需印刷一体化设备。数码机器人500型是一款集单张纸印刷和胶装一体化设备。设备自动化程度高，整机只需一个人操作，最高设计工作速度500本/h，适合于交货周期短、小批量、个性书籍的生产。数码机器人2000型是一款高速的集卷筒纸张印刷和胶装一体化设备。设备自动化程度高，整机只需一个人操作，最高设计工作速度为2 000本/h，适合于交货周期短、较大批量书籍的生产。

上述书刊数码印刷一体化设备，解决了全过程的污染问题。电脑直接排版→数码印刷→印后的工作流程中减少了印前制版环节，从根本上解决了印前物料污染问题，而且大大降低了印刷成本。在印刷过程中，数码印刷取代了传统印刷，用环保喷墨物料取代油墨并解决了印刷中洗车水、润版液的污染和成本问题。

上海紫光与北大方正合作研制PM520数码喷墨印刷机，紫光负责印刷机的机械部分。这一产品不仅填补了国内空白，而且完全可以与国际品牌产品相媲美。

北人富士绿色柔版书刊印刷机（890mm幅宽），以特有的技术性能和制造工艺，完全达到了宽幅柔版印刷规格满足窄幅柔性版精细图文印刷的要求，实现了产业化，成功打入上海市场。

杭州科雷机电工业有限公司是目前中国最大的CTP制造基地，是国内一家拥有热敏CTP、UV-CTP、紫激光CTP和超大幅面CTP生产技术能力的企业。最近推出的超大面UV直接制版系统VLF，满足了高档印刷厂和大型包装厂对超大幅面设备的市场需求。

华光精工的华光数码设备公司诞生于2010年，生产数码印刷设备、CTP系统印前设备及印刷系统集成等主导产品。他们将传统技术与数字技术相互融合，兼容并蓄。目前生产的半自动HG-T83、HG-T116和自动HG-T 83A、HG-T116A，都已进入市场并形成产业规模。

大族冠华研制的HD1160、HD670和HD560热敏计算机直接制版机等，均采用多种智能化系统，如64路激光集成模组、智能激光恒温控制系统、全自动数字化成像调节系统等。

德阳利通深入研究微机程控切纸机产品的节能降耗技术，针对传统切纸机的电动机功率为液压系统和裁切系统功率之和的原理，利用储能器在刀床裁切时间段将油泵卸载，电动机不再叠加液压系统，减少了电动机功率，节能降耗25%以上。

温州国望、国威、华岳等切纸机制造企业，研制成功由升降机、闯纸机、程控切纸机和自动卸纸机组成的生产线，提高了工效，减少了消耗。

上海德拉根研制的数字除粉喷码上光机，采用自动送纸技术、自动纠偏技术及真空喷码等核心技术，实现由自动输纸机、除粉机、纠偏、喷码机、干燥、固化、上光、自动收纸机组成的自动化生产线。

玉田元创包装制造有限公司，实施“差异化”的战略，经过三年的努力走出了具有产品个性化的发展之路，PM1040全自动喷码机广泛适用于医药、食品包装、彩票、门票及制卡等领域，这对有喷码需求的企业来说是一种理想的专业喷码设备。

陕西北人新研制出无溶剂环保型复合机，温州天铭节水型的双过滤磨刀机（滤金属、滤砂粒）等。上海华太在研究高性能自动墨量控制装置、自动水墨平衡控制技术、高速度高精度纸张控制系统和CIP3、CIP4数字化及网络化的印刷流程方面都取得了产业化成果，与行业内企业广泛配套应用。

江苏昌昇的产品近几年发展较快，其主要经验是走引进消化吸收、集成创新道路，缩短产品研究周期，不再去重复人家已经探索过的道路。目前，零部件已实施国际化采购，下一步将从整机设计、研发上全面进行国际合作。在条件成熟时，也会与日本、德国同行共同探讨资金合作、技术合作、市场合作、品牌合作的模式，以达到迅速提升产品档次的战略目标。

以上仅列举部分企业科技创新成果，有大企业，也有小企业，有主机产品企业，也有配套企业，他们的共同之处是紧紧围绕数字印刷和绿色印刷，不断改进和提升传统产品，向高档制造进军，我们要向这些先行者学习！

4. 产品出口不稳定

由于国际经济复苏仍处于不稳定状态，显得乏力。欧洲债务危机又给全球经济带来新的威胁。因此，2012 年的出口形势不容乐观。据统计，2011 年出口交货值是“前低中间高后又低”的状况。第一季度 68 家企业出口交货值为 13 843 万元；第二季度 68 家企业出口交货值为 19 046 万元，增长 37.6%；第三季度 68 家企业出口交货值为 18 716 万元，减少 1.7%；第四季度 68 家企业出口交货值为 18 919 万元，增长 1.1%。

5. 平张纸多色胶印机小幅增长

2011 年 11 家多色胶印机生产企业（含新乡印机公司）的市场销售情况详见表 4。

表 4　2011 年 11 家多色胶印机生产企业（含新乡印机公司）的市场销售情况

（台 / 万元）

产品 / 年度	八开机		四开机		对开机		全张机		合计	
	台	金额	台	金额	台	金额	台	金额	台	金额
2011 年	449	27 193	896	102 441	113	41 471	27	12 044	1 485	183 151
2010 年	508	34 725	772	92 373	115	39 978	17	6 238	1 412	173 314
同比增长（%）	−11.7	−21.7	16.0	10.9	−1.8	3.7	58.8	93.1	5.2	5.7

在平张纸多色胶印机中，北人销售时速 1.5 万对开机共 20 台，做到了替代进口。在对开机生产企业中，又增添了威海印机、华光精工和大族冠华 3 家，变成了 7 家。从产品结构上看，八开机呈现减少态势，四开机呈现增长较快的态势，全张机呈现增幅较大的态势。反映出平张纸多色胶印机由小幅面向大幅面方向调整。

二、2011 年 1—4 季度经济效益综合指数

2011 年 1—4 季度经济效益综合指数详见表 5。

表 5　2011 年 1—4 季度经济效益综合指数

指标	经济效益综合指数（%）	总资产贡献率（%）	资产保值增值率（%）	资产负债率（%）	流动资产周转率（次）	成本费用利润率（%）	全员劳动生产率（元 / 人）	产品销售率（%）
标准值	100	10.7	120	60	1.52	3.71	16 500	96
2011 年 1—4 季度	176.99	9.02	105.00	46.23	1.07	9.24	127 761.1	96.95
2010 年 1—4 季度	178.48	10.57	104.79	48.79	1.11	10.60	114 452.1	101.44
增长值（增长率）	−1.49	−1.55	0.21	−2.56	−0.04	−1.36	（11.63）	−4.49

第二部分　2011 年 1—4 季度行业主要经济指标排序

一、工业经济效益综合指数排行榜

2011 年工业经济效益综合指数排行榜详见表 6。

表 6　2011 年工业经济效益综合指数排行榜

序号	单　位　名　称	经济效益综合指数（%）
1	天津长荣印刷设备股份有限公司	528.32
2	好利旺机械（上海）有限公司	376.99
3	深圳市精密达机械有限公司	361.25

（续）

序号	单 位 名 称	经济效益综合指数（%）
4	辽宁大族冠华印刷科技股份有限公司	301.52
5	高斯图文印刷系统（中国）有限公司	299.89
6	河北海贺胜利印刷机械集团有限公司	299.42
7	中山市松德包装机械股份有限公司	289.45
8	潍坊华田精工设备有限公司	273.88
9	江西中景集团有限公司	258.00
10	威海印刷机械有限公司	255.36

注：国家规定标准值 100%，机械行业 330.83%。

二、总资产贡献率排行榜

2011 年总资产贡献率排行榜详见表 7。

表 7　2011 年总资产贡献率排行榜

序号	单 位 名 称	总资产贡献率（%）
1	广东汕樟轻工机械有限公司	25.90
2	深圳市精密达机械有限公司	25.85
3	汕头市欧格包装机械有限公司	24.85
4	好利旺机械（上海）有限公司	24.27
5	河北海贺胜利印刷机械集团有限公司	21.79
6	天津长荣印刷设备股份有限公司	20.55
7	浙江蓝宝机械有限公司	20.26
8	中山市松德包装机械股份有限公司	18.63
9	温州正博印刷机械有限公司	16.61
10	瑞安市华威印刷机械有限公司	17.94

注：国家规定标准值 10.7%，机械行业 16.46%。

三、资本保值增值率排行榜

2011 年资本保值增值率排行榜详见表 8。

表 8　2011 年资本保值增值率排行榜

序号	单 位 名 称	资本保值增值率（%）
1	深圳市精密达机械有限公司	139.73
2	浙江蓝宝机械有限公司	136.62
3	潍坊华光精工设备有限公司	127.79
4	河北海贺胜利印刷机械集团有限公司	122.38
5	长春印刷机械有限责任公司	115.68
6	辽宁大族冠华印刷科技股份有限公司	115.32
7	淮南光华光神机械电子有限公司	113.93
8	江西中景集团有限公司	110.26
9	潍坊东航印刷科技股份有限公司	110.21
10	中山市松德包装机械股份有限公司	110.11

注：国家规定标准值 120%，机械行业 131.25%。

四、流动资金周转率排行榜

2011 年流动资金周转率排行榜详见表 9。

表 9　2011 年流动资金周转率排行榜

序号	单 位 名 称	流动资金周转率（次）
1	上海德拉根印刷机械有限公司	4.77
2	温州正博印刷机械有限公司	3.25
3	南通海盟罗兰机械有限公司	2.87
4	方邦机械有限公司（浙江、江苏）	2.79
5	瑞安市华威印刷机械有限公司	2.73
6	潍坊华田精工设备有限公司	2.72
7	浙江蓝宝机械有限公司	2.46
8	常州市永盾机械有限公司	2.44
9	汕头市欧格包装机械有限公司	2.42
10	白山市轻工机械厂	2.37

注：国家规定标准值 1.52 次，机械行业 1.23 次。

五、全员劳动生产率排行榜

2011 年全员劳动生产率排行榜详见表 10。

表 10　2011 年全员劳动生产率排行榜

序号	单 位 名 称	全员劳动生产率（元/人）
1	天津长荣印刷设备股份有限公司	466 960.60
2	好利旺机械（上海）有限公司	333 157.89
3	高斯图文印刷系统（中国）有限公司	291 478.40
4	辽宁大族冠华印刷科技股份有限公司	252 780.90
5	潍坊华田精工设备有限公司	249 433.96
6	威海印刷机械有限公司	244 580.65
7	浙江国威印刷机械有限公司	240 000.00
8	威海滨田印刷机械有限公司	225 266.67
9	深圳市精密达机械有限公司	218 833.33
10	上海爱凯思机械刀片有限公司	215 126.05

注：国家规定标准值 16 500 元/人，机械行业 333 490 元/人。

六、2011 年 1—4 季度产品销售收入排行榜

2011 年 1—4 季度产品销售收入排行榜详见表 11。

表 11　2011 年 1— 4 季度产品销售收入排行榜

序号	单位名称	销售收入（万元）
1	北人集团公司	103 523
2	高斯图文印刷系统（中国）有限公司	60 165
3	天津长荣印刷设备股份有限公司	57 366
4	上海光华印刷机械有限公司	42 178
5	陕西北人印刷机械有限责任公司	37 165
6	辽宁大族冠华印刷科技股份有限公司	35 631
7	中山市松德包装机械股份有限公司	24 739
8	江西中景集团有限公司	24 186
9	江苏昌昇集团股份有限公司	21 596
10	潍坊华光精工设备有限公司	18 577

七、2011 年 1—4 季度出口交货值排行榜

2011 年 1—4 季度出口交货值排行情况详见表 12。

表 12　2011 年 1—4 季度出口交货值排行榜

序号	单 位 名 称	出口交货值（万元）
1	高斯图文印刷系统（中国）有限公司	12 725
2	北人集团公司	6 402
3	天津长荣印刷设备股份有限公司	5 515
4	上海亚华印刷机械有限公司	4 570
5	青岛瑞普电气有限责任公司	4 500
6	方邦机械有限公司（浙江、江苏）	3 401
7	陕西北人印刷机械有限责任公司	3 288
8	神力集团有限公司	3 132
9	辽宁大族冠华印刷科技股份有限公司	2 793
10	上海光华印刷机械有限公司	2 418

第三部分　机遇 · 挑战

一、充分利用政策抓住新空间中的机遇

自 2010 年起至 2011 年止，党中央、国务院以及有关部门，先后围绕振兴文化产业发布了一系列重大政策，其中，都涉及到与印刷机械息息相关的印刷复制产业，这种政策支持史无前例，这种支持力度焕发新意。下面重点摘抄八个文件的重点内容。

《中共中央关于深化文化体制改革推动社会主义文化大发展大繁荣若干重大问题的决定》中指出：要在重点领域实施一批重大项目，推进文化产业结构调整，发展壮大出版发行、影视制作、印刷、广告、演艺、娱乐、会展等传统文化产业，加快发展文化创意、数字出版、移动多媒体、动漫游戏等新兴文化产业。要发挥文化和科技相互促进的作用，深入实施科技战略，增强自主创新能力。抓住一批全局性、战略性重大科技课题，加强核心技术、关键技术、共性技术攻关，以先进技术支撑文化装备、软件、系统研制和自主发展，重视相关技术标准制定，加快科技创新成果转化，提高我国出版、印刷、传媒、影视、演艺、网络及动漫等领域技术装备水平，增强文化产业核心竞争力。

国务院《国民经济和社会发展第十二个五年规划纲要》中指出了制造业发展重点方向是：推动装备制造由生产型向服务型制造转变，推进产品数控化、生产绿色化和企业信息化。发展战略性新兴产业及基地设施等重点领域所需装备。加快发展文化产业。推进文化产业结构调整，大力发展文化创意、影视制作、出版发行、印制复制、演艺娱乐、数字内容和动漫等重点文化产业，培育骨干企业，扶持中小企业，鼓励文化企业跨地域、跨行业、跨所有制经营和重组，提高文化产业规模化、集约化、专业化水平。

国务院《文化产业振兴规划》中指出：发展重点文化节产业。以文化创意、影视制作、出版发行、印刷复制、广告、演艺娱乐、文化会展、数字内容和动漫等产业为重点，加大扶持力度，完善产业政策体系，实现跨越式发展。出版业要推动产业结构调整和升级，加快从主要依赖传统纸介质出版物向多种介质形态出版物的数字出版产业转型。出版物发行业要积极开展跨地区、跨行业、跨所有制经营，形成若干大型发行集团，提高整体实力和竞争力。印刷复制业要发展高新技术印刷、特色印刷，建成若干各具特色、技术先进的印刷复制基地。

国家新闻出版总署《印刷业“十二五”时期发展规划》中明确总体目标是：到“十二五”期末，实现从印刷大国向印刷强国的转变取得重大进展，争取在新闻出版业中提前实现强国目标。在“十二五”期间，我国印刷业总产值增长速度与国民经济发展基本保持同步。到“十二五”期末，我国印刷业总产值预计超过 11 000 亿元，成为全球第二印刷大国，使我国成为世界印刷中心。加快国家印刷示范企业建设步伐，培育一批具有国际竞争力的优势印刷企业。到“十二五”期末，产值超过 50 亿元的印刷企业有若干家，产值超过 10 亿元的印刷企业超过 100 家。

以中小学教科书、政府采购产品和食品药品包装为重

点，大力推动绿色印刷发展。到“十二五”期末，基本建成绿色环保印刷体系，力争绿色印刷企业数量占到我国印刷企业总数的30%。以数字印刷、数字化工作流程、CTP和数字化管理系统为重点，在全行业推广数字化技术。到“十二五”期末，数字印刷产值占我国印刷总产值的比重超过20%。

国家新闻出版总署《关于加快我国数字出版产业发展的若干意见》。数字出版是指利用数字技术进行内容编辑加工，并通过网络传播数字内容产品的一种新型出版方式，其主要特征为内容生产数字化、管理过程数字化、产品形态数字化和传播渠道网络化。目前，数字出版产品形态主要包括电子图书、数字报纸、数字期刊、网络原创文学、网络教育出版物、网络地图、数字音乐、网络动漫、网络游戏、数据库出版物、手机出版物（彩信、彩铃、手机报纸、手机期刊、手机小说及手机游戏）等。数字出版产品的传播途径主要包括有线互联网、无线通信网和卫星网络等。由于其海量存储、搜索便捷、传输快速、成本低廉、互动性强及环保低碳等特点，已经成为新闻出版业的战略性新兴产业和出版业发展的主要方向。

发展指标。到“十二五”末，我国数字出版总产值力争达到新闻出版产业总产值的25%，整体规模居世界领先水平。在全国形成8 ~ 10家各具特色，年产值超百亿元的国家数字出版基地或国家数字出版产业园区，形成20家左右年主营业务收入超过10亿元的具有国际竞争力的数字出版骨干企业。到2020年，传统出版单位基本完成数字化转型，其数字化产品和服务的运营份额在总份额中占有明显优势。加快推动传统印刷复制企业数字化改造。推动传统印刷复制企业积极采用数字和网络技术，改造印刷生产流程和设备，大力发展数字印刷，提高对消费者多样化、个性化需求的服务供给能力。数字化产品和服务的运营份额在总份额中占有明显优势。

国家新闻出版总署与环境保护部签署《关于实施绿色印刷战略合作协议》和《关于实施绿色印刷的公告》中明确：力争三年实现中小学教科书绿色印刷全覆盖；推行凹版绿色印刷，在膨化食品包装印刷、软饮料包装印刷、药品包装印刷等方面强制执行绿色印刷标准；逐步实行票据绿色印刷的全覆盖。

《国务院关于加快培育和发展战略性新兴产业的决定》。确定我国七大新兴产业：节能环保、新一代信息技术、生物、高端装备制造、新能源、新材料、新能源汽车。

工业信息化部装备司《印刷机械行业“十二五”发展规划》中明确提出重点发展产品：

（1）数字印刷及印刷数字化技术装备。主要包括：数字印刷机，重点是喷墨数字印刷机；计算机直接制版机；数字化工作流程和数字技术在高端多色印刷机领域的应用。

（2）高端印刷机械。主要包括：高端单张纸胶印机、高端卷筒纸胶印机、多色柔版印刷机及多色凹版印刷机。

（3）高端印后设备。主要包括：高端联动生产线、模切机和烫金机；全自动裁切生产线。

上述一系列政策的发布，都表明印刷复制业是文化产业重点之一，是政府扶持的产业；传统与科技结合，文化与科技结合，实施数字印刷和绿色印刷是发展空间大的朝阳产业。印刷机械要走高端装备制造之路，高端装备制造要体现数字技术的应用、绿色环保技术的应用和智能化技术的应用，这种传统与高科技的结合定会拓展印刷机械发展的空间，所以不是“夕阳”而是结构变化调整将带来的“新朝阳”。

二、看准方向，迎接新发展中的挑战

1. 印刷复制业发展空间广阔，升级换代促增长的潜力大

2010年国家新闻出版总署发表的产业分析报告中指出，印刷复制业（包括出版物印刷、包装装潢印刷、其他印刷品印刷、专项印刷、打字复印、复制和印刷物资供销）实现总产出8 178.2亿元，较2009年增长22.3%；工业增加值2 120.6亿元，增长13.7%；营业收入7 918.1亿元，增长22.6%；利润总额578.4亿元，增长24.7%。

印刷复制、出版物发行和数字出版分居前3位，三者合计分别占到全行业总产出的87.8%、增加值的82.3%、营业收入的87.8%和利润总额的81.3%，印刷复制和出版物发行两个类别合计占全行业单位数量的96.2%、总产出的79.6%、增加值的74.0%、资产总额的79.8%。

2. 包装装潢印刷市场新地域、新领域扩展的潜力大

据印刷年鉴统计：2006年包装印刷工业总产值1 235亿元；2007年为1 400亿元，增长13.4%；2008年为1 560亿元，增长11.4%；2009年为1 715亿元，增长9.9%；2010年为1 980亿元，增长15.4%；“十一五”平均以12.9%的速度增长。根据历年统计分析，在包装装潢印刷的四类基材中：纸质约占50%、塑料约占25%，金属、玻璃约占25%。而新型包装的环保材料不断推出，将会打破传统的四大基材比例，扩展新领域。在印刷复制业里，东北、中西部仅占总产值的20% ~ 30%，其地域的扩张潜力极大。

3. 高端印刷机械进口增速超常，替代进口的潜力大

据海关统计：2006年进口总量16.5亿美元；2007年进口总量17.8亿美元，增长7.9%；2008年进口总量17.3亿美元，下降3%；2009年进口总量14.2亿美元，下降18%；2010年进口总量22.9亿美元，增长61.3%（2009年基数低）；2011年1—4季度进口总量25.4亿美元，增长10.6%。

4. 2011年印刷机械产品进口的特点

（1）平张纸多色胶印机进口量最大。平张纸胶印机（含单、双色胶印机和多色胶印机）进口额为105 406万美元，较2010年净增8 635万美元，占总进口额41.51%，是进口第一大户。特别值得一提的是高档平张纸四色以上的胶印机，2011年进口额为56 250万美元，较2010年净增15 533万美元，增幅为15.46%。

（2）柔版、凹版印刷机突增。据统计，2011年凹版印刷机进口92台/13 722万美元，按额度计算较2010年增长221.01%；2011年柔版印刷机进口69台/4 464万美元，按额度计算较2010年增长79.28%。

（3）数字印刷机连续三年增长不衰。2009—2011年进口数字印刷机情况详见表13。

表13　2009—2011年进口数字印刷机情况

年份	数字印刷机		数字喷墨印刷机	
	进口金额（万美元）	增长（%）	进口金额（万美元）	增长（%）
2009年	5 523	87.41	14 581	10.00
2010年	8 388	17.06	20 828	42.84
2011年	9 067	10.86	23 755	14.05

（4）进口产品单台价格涨多落少。2011年15种进口产品单台价格上涨的有9种，详见表14。

表14　2011年15种进口产品单台价格情况

产品名称	2011年单台价（万美元）	2010年单台价（万美元）	涨幅（%）
计算机直接制版机	10.17	9.42	7.96
平张纸四色胶印机	55.41	53.81	2.97
平张纸四色以上胶印机	135.22	119.70	12.97
卷筒纸凸版机	12.94	10.81	19.70
柔版机	64.70	46.98	37.72
凹版机	149.15	63.64	134.37
数字喷墨机	0.12	0.09	33.33
切纸机	2.95	0.31	851.61
制包袋机	23.07	16.03	43.92

从以上9种涨价产品中分析，人民币升值是其中因素之一，这就意味着2010年以同样价格，可以购买更多含金量高的进口印刷机械设备；另外，也看出印刷企业正在调整产品结构，追求高水平、高质量、高附加值的高档印刷设备，以适应下一步产业转型升级，赢取竞争的优势。

5. 印刷机械出口量大，中高档替代中低档产品潜力大

据海关统计：2006年出口总额5.3亿美元；2007年出口总额6.9亿美元，增长30.2%；2008年出口总额9.8亿美元，增长42%；2009年出口总额5.9亿美元，减少40%；2010年出口总额10.9亿美元，增长84.7%（2009年基数低）；2011年1—4季度出口总额12.2亿美元，增长11.9%。

6. 2011年印刷机械产品出口特点

（1）传统的平张纸胶印机需求增长，传统书刊印后设备需求下降。据统计，2011年与2010年书刊的锁线机、胶订机和和书本装订机等产品增长幅度较2010年与2009年增长幅度大大下降，锁线机下降33.29%，胶订机下降53.19%，书本装订机下降333.03%。反映出国内、国外印刷市场在多媒体的影响下，需求结构都在发生变化，书刊、报纸影响的力度首当其冲，书报刊印刷机械的需求从旺转滞、从高变低趋势毫无悬念。而传统平张纸胶印机一直没有停止技术革新、专利技术和技术创新的脚步，不断推出新工艺、新技术及新产品，注入新兴内容，致使百年传统胶印机始终充满活力，成为商业印刷、包装装潢印刷业的主打设备。2011年平张纸胶印机的出口销售额均增长两位数，四色以上胶印机销售更是增长55.23%，其市场单台售价也增长15%。由此可见，只要做的好，平张纸多色胶印机出口前景广阔，获利机会也很多。

（2）新兴数字喷墨印刷机械出口量连续增长。2005年出口额为7 895万美元；2006年出口额为10 626万美元，增长34.59%；2007年出口额为11 160万美元，增长5.03%；2008年出口额为11 653万美元，增长4.41%；2009年出口额为12 018万美元，增长3.13%；2010年出口额为33 429万美元，增长178.15%；2011年出口额为45 864万美元，增长37.20%；2005—2011年，七年时间内数字喷墨机出口额增长近6倍，是19种主要出口产品中增速最快、增长期最长、增长量最大的产品。2011年出口额高达45 864万美元（约4.6亿美元），占总出口额122 433万美元的37.46%。只需在国产化技术含量上下功夫，不仅出口量逐年增加，在盈利上也可做到同步。

（3）出口产品售价与进口产品售价相比，天壤之差。8种主要产品的售价情况详见表15。这种硬拉在一起的同类产品，其规格、技术参数、自动化水平、功能配置等均不可比拟，但如此大的价格反差，起码可以看出，我国出口的产品，仍处在低端、低价值的位置。

表 15　8 种主要产品的售价情况

产　品	进口单价（万美元）	出口单价（万美元）	进出口价差比
计算机直接制版式机	10.22	4.8	2.13
卷筒纸胶印机	168.71	16.20	10.42
平张纸四色胶印机	55.41	18.33	3.03
平张纸四色以上胶印机	135.22	21.01	6.44
柔版印刷机	64.70	2.69	20.06
凹版印刷机	149.15	1.85	80.63
数字印刷机	0.60	0.24	2.5
胶订机	11.33	0.01	1133

（4）市场太分散，集中度极低，主市场始终未形成。据统计，锁线机 4 899 台 /157 万美元的数量和销售额分布在 56 个国家（地区）；胶订机 64 617 台 /565 万美元的数量和销售额分布在 91 个国家（地区）；卷筒纸胶印机 152 台 /2 462 万美元的数量和销售额分布在 60 个国家（地区）；平张纸四色胶印机 57 台 /1 045 万美元的数量和销售额分布在 20 个国家（地区）；平张纸四色以上胶印机 120 台 /2 521 万美元的数量和销售额分布在 28 个国家（地区）。市场分布广，给出口印刷机械的各种服务性管理工作带来不便，而且造成外贸管理费用成本的增加，降低了“中国”品牌的市场影响力和竞争力。

三、2012 年要壮大民族实力

2008 年以来，全球经济被危机的阴影笼罩。回首 2011 年发生的诸多改变，或许将不亚于2008年。变化仍将持续，在 2012 年，变化或许会在更多的地方升级为改革。

2012 年，对世界经济发展非常关键，对中国经济更关键。从微观看，企业库存增加、应收货款增加、应收款回收质量低、设备订单不足等，都反映出 2012 年市场形势偏紧，不可低估形势。从宏观上看，2011 年温州民营企业“跑路”现象给中国经济发出警报，赢得了民间借贷制度层面的合法地位；产品的物价指数（CPI），逼迫我们审视曾经的货币政策，央行提出适时适度预调微调货币政策；2011 年前十个月，我国外贸进出口总值达 2.9 万亿美元，超过了 2010 年 29 740 亿美元的水平，其中，进出口增速均高于 2010 年平均水平，贸易顺差 1 240.2 亿美元，收窄 15.4%。人民币汇率的缓慢升值，有利于进口的增加，再加上国家扩大内需，平衡国际贸易收支，未来进口增速将会继续强于出口。2012 年小微民营企业的发展、通货膨胀的走势、人民币汇率稳定均衡升值的趋势及外贸进出口政策的调整等都正在从不平衡到平衡的调控之中，但是要解决深层次的问题，化危为机，必须继续改革。

面对 2012 年的严峻形势，我们改革什么？不能再只靠资源发展，印刷机械快速发展隐藏的问题不容忽视。一定要清醒地认识到企业收入几乎是靠资源换取的，靠劳动密集换取的，靠环境污染换取的。因此，要改革，一定要依靠民族产品、民族品牌和民族实力发展。

1. 不能过度依赖出口

欧债危机和世界经济缓慢复苏，外部印刷机械需求受到巨大冲击，部分出口型企业，将面临更大的挑战。因此，未来产品结构要更进一步向内需方向倾斜，将刺激内需成为未来经济的核心。未来出口产品要向中高档结构调整，不能走量大值低的中低档产品出口老路。

2. 不能粗线条规划未来

在多变的今天，企业战略决定一个企业走向，决定了一个企业用什么样的方式参与市场竞争，也决定了企业的商业模式。印刷机械企业处于同一个外部经济环境、市场环境及政策环境下，印刷机械企业中成功的很多，失败的也有，区别在于不同的企业确立了不同的定位，采用了不同的策略和战略。部分印刷机械企业尚没有清晰的战略，现有的战略较粗放。例如，我们要做什么产品，做多大规模？产品做到什么样的高度和水平？产品主攻什么市场，市场上占据什么样优势？打造产品竞争力和品牌还缺乏什么？

3. 不能低小散发展

印刷机械行业的十个产业聚集地里，有优势龙头企业，但尚有相当数量的企业技术水准低、规模小、区域分布散，在转型升级中，既没有技术再生能力，又没有资本和人才储备，只好跟形势、追潮流盲目发展，稍有风吹草动，便摇摇欲坠，难以维继。这些小微企业，要走整合提升的道路，整合是指在产业集群里同类产品的企业走向联合，组建相对较大的企业。第二步才是升级转型。

4. 不能只埋头机械技术的创新

印刷机械行业中许多企业都是传统机械制造起家，对机械制造富有经验，沉积底蕴。改革开放后，吸取了国外先进技术，不断消化，不断创新，大大提升了我国印刷机制造业水平。但是，当前科技日新月异，网络技术、数字技术、智能技术广泛应用于各行各业，给各行各业的发展带来了本质的变化，形成新的效益增长点，给人们的工作和生活创造了一个美好的空间。而我们有些企业对新兴产业不接触、不了解、不熟悉、不参与、不结合、不推进。

固守传统，坐等新兴。“十二五”印刷行业将继续走科技创新之路，大力发展数字印刷、绿色印刷及产业化建设。在美国罗克韦尔自动化的论坛上，芝加哥联邦储蓄银行高级经济学家 Robert.D 指出“IT 技术的应用将在未来美国制造业升级中发挥重要作用。IT 技术将带动智能制造的发展，而智能传感器和仪表更快更可靠的网络、微型控制器的应用、可视化软件的普及等都将使制造业迎来变革”。机械制造要紧紧与 IT 行业结合，要与数字制造业结合，要与智能化技术结合，抓紧走工业化和信息化相结合的发展之路，把产业联盟、技术联盟和产学研用相结合的工作，将“高不成、低过剩”的产品结构的调整工作落在实处。行业中的前车之鉴，引以为戒。

5. 不能忽视人才培养

随着技术更新，产品的升级和企业转型，人才是一个重要课题。高端制造业所需人才，既要受过良好的基础教育，也要有实践的经验，掌握机械、电气，甚至数字、经济等知识的全方位人才更需规划和培养，以保企业持续发展。2012 年，我们要理性地、积极地、主动地改革，以改革促转型。

国家信息中心经济预测部研究员张荣楠曾说：“要素价格总水平的上涨会深刻改变中国未来的经济走向和增长速率。事实上，生产要素价格低估是中国现有经济增长模式以及经济内外失衡和产业结构低级化的症结所在。中国以其低劳动力成本、低土地成本、低环境成本和较好的产业配套体系克服了资本边际收益递减的规律，使得中国成为全球的价值洼地。然而，中国劳动力成本上升、人民币升值以及环境、资源等遭遇瓶颈，意味着中国生产要素价格重估的开始，中国低成本的优势将逐步消失。如果中国不能真正建立国家的创新基础，又无法与低劳动力成本国家竞争，将会导致低端制造和高端制造优势的双重流失，这是中国未来十年的挑战。

中国经济无近虑有远忧，制约中国经济增长的‘瓶颈效应’正逐步凸显，中国必须有能够承受增速放缓的心态和适应性。如果中国经济还在单纯为保增长而不计代价，并延误了经济转型的时机，那才是中国最大的风险成本。”这段话表述深刻、精辟，值得细细琢磨。

（作者系中国印刷及设备器材工业协会印刷机械分会名誉理事长）

2011年印刷器材行业发展概况

袁建湘　岳德茂　夏丽峰

2011年中国印刷业平稳发展，印刷总量继续增长，印刷器材产品的社会需求也在不断增长。在经历了2008—2009年的国际经济危机影响和2010年的经济快速回升之后，2011年印刷器材产品进入缓慢增长通道，国内需求没有降低，国外市场对中国印刷器材产品的需求仍在延续。所以，在以欧债危机为标志的经济大环境下，中国印刷器材行业发展并没有出现衰落，但是，增长速度明显放缓。回顾2010年，我国印刷器材行业的年增长率在10%以上，有些产品年增长率甚至接近20%。而2011年印刷器材行业年增长率平均只有5%~8%，与印刷行业的增长率基本相当。目前，除了极少数产品仍需进口外，我国印刷器材生产基本实现了国产化，产品的门类和产品的档次基本满足了我国印刷工业发展的需要。特别是高端产品的市场占有率明显增长，如印刷橡皮布中气垫橡皮布已达八成以上，胶印版材中CTP版销量已近五成。由于印刷器材产能快速增长，产品逐步向国外市场扩展，出口量仍保持一定规模，有些产品已经成为国际市场的主导产品，如胶印版材2011年出口量仍超过1亿m^2。2011年印刷器材类的出口金额已占到印刷设备器材出口总金额的三成以上。

一、印刷用纸和纸板

根据中国造纸协会关于我国造纸工业2011年度报告，2011年全国纸和纸板生产企业共计3 500多家。全国纸和纸板生产量9 930万t，较2010年的9 270万t增长7.12%；消费量9 752万t，较2010年的9 173万t增长6.31%。2011年国际金融危机已持续数年，中国的纸业发展也受到了不小的冲击，尤其是对“十一五”后两年的纸业发展和经济运行产生了不小的影响。面对起伏不断的国际经济形势和国内纸业市场需求不断下滑的情况，大部分企业出现了生产和经营困难，行业局面不容乐观。但是，在国家“十二五”规划的第一年，通过造纸界同仁的共同努力，行业的众多企业克服了能源、原料价格上涨、人力成本上扬，综合生产成本增加所带来的诸多困难，基本实现了全行业的平稳过渡，连续多年使纸及纸板的年产销量平稳增长。2001—2011年纸和纸板生产量年均增长11.99%，消费量年均增长10.23%。

通过行业学会和广大造纸工作者的努力，造纸业保持着理性发展和稳步增长，充分发挥造纸这个产业所具有的“低碳、绿色、可持续”的特点。为提升行业的综合竞争能力，促进行业的可持续发展，还应该加快调整产业结构的力度，加速转变发展模式，促进行业更快地向低消耗、低污染、低排放转变，力争在“原料、环境、结构”等多个方面取得更大进展。2010年与2011年全国纸和纸板产量、销费量比较见表1。

表1　2010年与2011年全国纸和纸板产量、消费量比较

	总产量（万t）	总消费量（万t）	人均消费量（kg）
2010年	9 270	9 173	68
2011年	9 930	9 752	73
增长率（%）	7.12	6.31	5（13.4亿人）

纸和纸板绝大多数都用于新闻出版、包装、广告、票据的印刷，尤其是包装、广告印刷业的发展，必将推动相关纸业的发展。2011年主要纸品种情况见表2。

表 2　2011 年主要纸品种情况

项目	新闻纸	未涂布书写印刷纸	涂布印刷纸	其中铜版纸	白纸板和白卡纸	箱纸板	瓦楞原纸
生产量（万 t）	390	1 730	725	640	1 340	1 990	1 980
比 2010 年增长（%）	-9.30	6.79	13.28	15.32	7.20	5.85	5.88
消费量（万 t）	389	1 687	599	532	1 322	2 073	1 991
比 2010 年增长（%）	-8.04	6.10	9.11	10.83	5.42	6.53	5.40
出口量（万 t）	2	83	163	138	97	10	6
进口量（万 t）	1	40	37	30	79	93	17

据国家统计局和中国造纸协会有关资料，2011 年 2 620 家造纸企业实现工业总产值（当年价）6 911 亿元，同比增长 23.10%；主营业务收入 6 714 亿元，同比增长 21.54%。其中，有 287 家企业亏损，占统计企业数的 10.95%。目前国内大型、先进的产能不断增加，而原料趋于短缺，应该引起有关方面的重视。

二、油墨

2011 年油墨行业缓步发展，全国油墨产品总生产量为 57.5 万 t，比 2010 年增加 4t，年增长约 7.5%。工业总产值 133 亿元，比 2010 年增长 7.3%。产品销售收入 144 亿元，比 2010 年增长 11.6%。全行业利润总额约 7.1 亿元，比 2010 年下降 28.3%。国内全年消费 58 万 t，比上年增长 6.4%。据行业统计，过去六年，仅有爆发经济危机的 2008 年和 2011 年，年增长率在个位数，其他年份年增长率均在两位数以上。表 3 为 2006—2011 年全国油墨生产量和增长情况。

表 3　2000—2011 年来全国油墨生产量和增长情况

	2006 年	2007 年	2008 年	2009 年	2010 年	2011 年
年产量（万 t）	33.5	39	41.5	47	53.5	57.5
同比增长（%）	12.7	16.4	7	13	13.5	7.5

我国油墨行业近十年发展迅速，大大小小的油墨厂千家左右，目前主营业务收入在 500 万元以上的油墨生产厂有 300 家左右，从业人员 2 万多人，全行业年综合生产能力 60 万 t 以上。在众多生产企业中，年产量在 10 000t 以上的有十几家；年产量在 3 000 ~ 10 000t 的有 30 家左右；其余的厂家在 3 000t 以下。年生产量 3 000t 以上的有四五十家，其产量约占全国年总产量的 3/4，产业集中度和区域分布集中的特点也较为明显。表 4 为 2011 年油墨产量前 10 位企业，表 5 为 2011 年油墨销售收入前 10 位企业，表 6 为 2011 年油墨销售利润前 10 位企业。

表 4　2011 年油墨产量前 10 位企业

名次	公司名称	产量（t）
1	洋紫荆油墨（集团）有限公司	49 043
2	天津东洋油墨有限公司	39 197
3	珠海乐通化工股份有限公司	35 835
4	杭华油墨化学有限公司	30 354
5	迪爱生（太原）油墨有限公司	25 575
6	广东天龙油墨集团股份有限公司	23 705
7	东莞市英科水墨有限公司	20 778
8	浙江永在化工有限公司	19 832
9	上海 DIC 油墨有限公司	15 192
10	上海牡丹油墨有限公司	14 139

表 5　2011 年油墨销售收入前 10 位企业

名次	公司名称	销售额（万元）
1	洋紫荆油墨（集团）有限公司	119 721
2	杭华油墨化学有限公司	90 239
3	天津东洋油墨有限公司	88 360
4	上海 DIC 油墨有限公司	65 443
5	珠海市乐通化工股份有限公司	53 839
6	广东天龙油墨集团有限公司	39 783
7	浙江永在化工有限公司	36 998
8	上海牡丹油墨有限公司	32 597
9	迪爱生（太原）油墨有限公司	30 681
10	深圳市深赛尔股份有限公司	30 073

表 6　2011 年油墨销售利润前 10 位企业

名次	公司名称	利润（万元）
1	洋紫荆油墨（集团）有限公司	6 783
2	天津东洋油墨有限公司	5 007
3	深圳市深赛尔股份有限公司	4 710

（续）

名次	公司名称	利润（万元）
4	苏州科斯伍德油墨有限公司	4 583
5	杭华油墨化学有限公司	3 575
6	浙江永在化工有限公司	2 586
7	广东天龙油墨集团有限公司	2 553
8	上海深日油墨有限公司	1 923
9	新东方油墨有限公司	1 846
10	天津天女化工集团股份有限公司	1 659

注：表 4 ~ 表 6 数据为油墨协会提供。

2011 年油墨出口 2.71 万 t，比上年下降 5.24%；出口金额 1.16 亿美元，比上年增长 6.42%。进口数量 3.26 万 t，比上年下降 11.89%；进口金额 4.12 亿美元，比上年增长 1.23%。从油墨进出口的情况看，全年进出口的总量都比上年有所下降，但进出口的金额却双双有所增长。这说明出口单价提高，我国出口油墨中高端产品的比例在逐步提高了；出口单价的提高也反映了在原材料价格上扬的情况下油墨市场价格的理性定位。但是，在油墨进出口方面，存在多年的一个老问题仍没有改变，即出口金额单价远远低于进口单价，出口油墨以中低档的大路货为主，出口地区以东南亚、中东、中亚地区和中国香港为主；进口油墨则以高档油墨为主，国内某些高档油墨生产还不能满足需要，仍需进口。

在油墨的种类方面，目前我国印刷油墨仍以传统油墨为主，胶印油墨约占 45%，凹印油墨约占 35% 以上，其他为网印、柔印、UV 油墨等。近几年，我国胶印油墨通过不断技术改进，质量水平有了长足进步，已经基本达到了高档印刷品的要求，但是，胶印油墨的产量比重明显下滑。目前凹版印刷油墨市场需求持续旺盛，在包装材料印刷中被广泛使用，产量有所上升，但凹印油墨生产和凹印印刷过程中还存在着甲苯、二甲苯等有害物质，印刷品中也有很多残留物，对环境和人体健康都有很多不利影响。作为替代物的水性油墨尽管不用有害溶剂，但在性能和印刷质量上仍然不能满足溶剂型凹印油墨的标准，影响了水性油墨的市场推广。随着人们环保意识的提高和对健康的日益重视，水性油墨在技术上不断改进，质量不断提高，必将取得越来越大的市场份额。目前，柔性版印刷油墨需求量有所上升，产量约占国内油墨总产量的 10% 左右。随着柔性版制版设备及其他消耗材料国产化率的提高，价格会随之下降，应用范围越来越广，柔性版印刷将会在我国快速发展，柔性版印刷油墨的需求也会快速增长。数字印刷技术的发展将带动喷墨技术应用于印刷领域，喷墨印刷将是未来印刷发展的亮点，而喷墨印刷专用油墨未来也将会有较大发展。喷墨印刷用的油墨也称喷墨墨水，它具有与传统油墨不同的特质，原材料和生产工艺流程都完全不同，目前，国内生产商不少，但尚未形成规模，更没有知名品牌。抓住印刷技术发展的脉搏，加大研发力度，为印刷业提供适销对路的产品将是油墨生产企业的重要课题，也是油墨企业持续发展的重大机遇。

随着绿色、环保理念深入人心，印刷企业将大量使用无毒、无污染的绿色环保型油墨。特别是政府有关部门决定从 2011 年开始，中小学教材要逐步达到绿色环保的标准，五年内书刊要达到绿色环保的标准，这为油墨企业生产起到了明确的导向作用。目前，环保型油墨在整个油墨总产量当中占的比例还较小，受价格因素影响以及人们对印刷品传统评价观念的影响，水性油墨等环保油墨的推广还有较大难度。但是，环保型油墨将成为油墨生产企业未来发展的重点项目，醇溶性油墨、大豆油墨、UV 油墨、水性油墨等使用量会越来越大，应用范围也会越来越广。

三、胶印版材

1. 2011 年胶印版材的基本状况

2011 年胶印版材行业有卷筒式生产线的企业近 70 家，正常生产的生产线 80 多条。产品除满足国内需求外，还大量出口，产品行销全世界 100 多个国家和地区。目前，我国是世界上胶印版材生产量最大的国家，各种版材总生产能力 4 亿多 m^2，年生产总值 87 亿元。2011 年胶印版材生产销售情况见表 7。

表 7　2011 年胶印版材生产销售情况

	实际生产量（亿 m^2）	同比增长（%）	总销售量（亿 m^2）	同比增长（%）	全年销售额（亿元）	同比增长(%)	出口量(亿 m^2)	同比增长(%)
总计	3.71	7.11	3.61	8.16	87	1.45	1.12	–3.67
PS 版	1.93	–14.28	1.90	–12.34	40		0.57	–10
CTP	1.78	46.74	1.71	45.89	47		0.55	3.87

我国胶印版材行业曾经有过高速发展的历史，前几年版材总产量年平均增长率可达 20% 以上。但 2011 年受印刷市场低迷的影响，胶印版材年增长率仅为 7%，大大低于前几年的平均增长率。其中，传统产品 PS 版下降 14%，而CTP 版则增长 46% 以上。这一现象表明继 2010 年的“CTP年”之后，2011 年胶印版材行业技术升级换代的趋势更加

明朗。作为印前新技术代表的CTP制版技术已经被广泛采用，整个胶印版材行业转型升级已被快速推进。这主要得益于我国CTP制版机装机总量快速发展的结果。2010年、2011年两年全国CTP制版机装机总量增加约2 000台以上，至2011年底CTP制版机保有量应在4 500 ~ 5 000台。装机量的增加使得2011年CTP版的国内消费不仅在数量上，而且在销售金额上首次超过PS版，约占胶印版材销售额的54%左右。

胶印版材的出口多年来一直占据着印刷器材类出口金额的榜首。近几年出口数据如下：2005年出口量为2 900万 m^2，2006年出口量为4 700万 m^2，2007年出口量为8 326万 m^2，2008年出口量为1.01亿 m^2，2009年出口量为0.91亿 m^2，2010年出口量1.16亿 m^2，除了2009年因国际金融危机导致出口量减少外，其余年份都呈增长态势。而2011年出口量为1.12亿 m^2，与上年相比略有下降。其中，主要是PS版出口明显下降，而CTP版则有所上升。在胶印版材出口构成中，CTP版和PS版数量的比例也基本持平，CTP版的出口金额则达到了2.28亿美元，大大超过了PS版的出口金额。尽管2011年我国胶印版材出口量下降，但中国制造仍然是国际市场中一支重要力量，起着举足轻重的作用。当然，在国际市场中，我们的大部分产品还处于中低端水平，高档产品的市场份额还不够多，一方面要继续培育巩固这个市场，使之健康发展；另一方面要尽快提高科技含量，努力提升具有高附加值的CTP版材的出口数量。

2. CTP版突飞猛进

继2010年快速发展之后，2011年CTP版材又有了更快的增长。全国CTP版不仅在产量上增速较快，而且外销和国内CTP版的使用量也有明显增加，这说明CTP版材取代PS版的步伐正在加快。更多的版材厂家加入到了CTP版的生产行列，更多的印刷厂选择了CTP技术和CTP版材。回顾2011年CTP版材的发展，可总结出如下突出特点：

（1）CTP版的产销量发展速度大大超过了PS版。由于CTP技术的快速发展，受到印刷业界对于直接制版技术的青睐，尤其是在新增产能的部分，大多数厂家选用了CTP版，不再选用PS版的传统晒版方法，使得CTP版材迅猛增长，PS版的需求减少。2006—2010年的四年中，PS版的年销售量一直在2.1万 m^2 左右徘徊，这说明PS版已经发展到了顶峰，之后将会缓慢下降。这种下降趋势突出表现在2011年，当年PS版的总产量为1.93亿 m^2，总销售量为1.9亿 m^2，分别比2010年下降了14.28%和12.34%。这一情况说明PS版在经过多年发展之后，已经发生了转折性的变化。2004—2011年CTP版和PS版总销售量的发展速度对比详见图1。

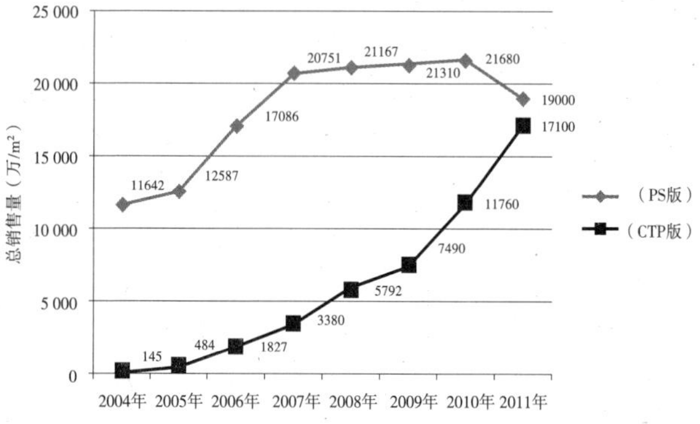

图1 2004—2011年CTP版和PS版总销售量发展速度对比

从图1中可以看出，PS版总销售量连续三年基本上为平行发展，而CTP版则连续五年成斜线上升的发展趋势，CTP版材的总销量与PS版的销量的差距只有千余万平方米了。

（2）2011年国内CTP版的使用量已经接近PS版。从2011年开始，国内PS版使用量已经进入负增长，2008年为15 225m^2，2009年为15 530m^2，2010为年15 345m^2，这三年中PS的使用量变化不大，而2011年国内PS版的使用量有了显著下滑。与此相反，四年来CTP版的使用量一直在上升，造成2011年CTP版所占的消费比例大大提高，已达46%。2008—2011年CTP版和PS版在国内消费量对比如图2所示。

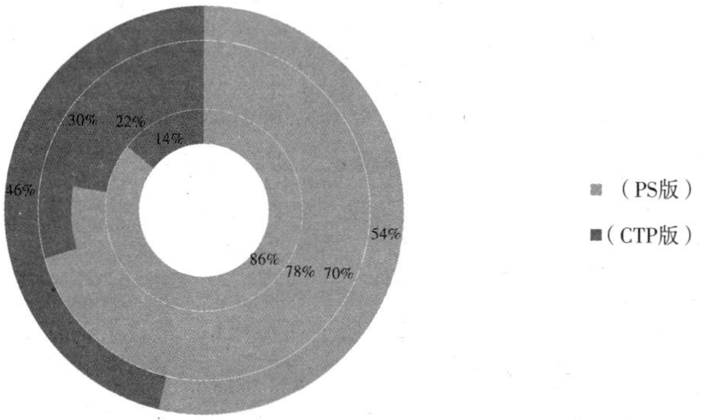

图2 2008—2011年CTP版和PS版在国内消费量对比

注：从内圈至外圈分别为2008年、2009年、2010年和2011年

图2的数据可以充分说明，2008—2010年国内CTP版使用量占总版材的比例分别为：14%、22%和30%，而2011年猛增至46%，预计不久就可达到与PS版平分秋色的水平。

（3）CTP版快速发展的内在因素。2011年，CTP版高速发展，原因如下：在实际应用中人们已经看出从价格、环保、人力资源等方面，CTP版都要比PS版占有发展优势。

从技术发展的储备来看，CTP技术也占有优势，这主要是激光制版机的制造水平在提高，CTP版的制造水平在发展，以及应用CTP制版机的水平更熟练，这些都符合用户的需求。另外，还有一个重要因素就是国内近几年制版软片生产量大量减少，多数软片需要进口，造成软片价格的大量上升，给复制制版带来了成本的上涨，而选择CTP技术之后免去了这种烦恼。在生产版材厂家方面，由于PS版近年来经营上的困难，使得版材厂家必须寻找出路，因此，今后会有更多的厂家开辟CTP版的生产。CTP版需求量增加，PS版需求量下降，是必然的趋势。当然，PS版需求量的下降也会是一个较长期的过程。其主要原因是国内技术发展不平衡，作为已经非常成熟的DTP排版系统，并以软片输出的制版模式，不会很快消失。从大城市淘汰下来的大批制版设备会转入中小城市。其次是印刷产品的情况多种多样，有些适宜用PS版印制的产品使得人们对他的青睐不易改变，况且国际市场上发展更不平衡，一些欠发达国家对于PS版的需求不会停止。当然，版材制造业的竞争将会更加激烈，只有那些质优价廉的产品才能得到更好的发展。

四、制版软片

2011年，国内制版胶片生产约1 060万m^2，比2010年减少了一半左右。加上数量不菲的进口，国内制版胶片整体需求的绝对数量仍很可观。但是，制版胶片需求的大幅减少确是不争的事实。由于计算机直接制版技术的发展，传统晒版工艺方式逐渐减少。2010—2011年，制版软片的主要原材料——白银的国际市场价格暴涨，胶片成本急剧上升，市场售价随即抬升，不使用胶片的计算机直接制版的技术和成本优势逐步显现，这带动了印前CTP技术的普及，制版软片的消费量越来越少。由于需求逐步下降，企业对这种夕阳产业投资动能不足，不愿大量投资。目前，国外品牌制版胶片占据我国大部分消费市场，这在印刷器材诸大类产品中是唯一的，这种局面近期内仍将延续。

五、印刷橡皮布

印刷橡皮布是印制过程中传递图文信息的媒介，是实现网点完美再现、获得精美印刷品质的重要元素。目前，国内常见的有普通橡皮布和气垫橡皮布两种。气垫橡皮布以其科技含量高、印刷适应性好、具有良好的回弹性和网点还原性等性能，正在被广泛使用。产品两级分化进一步加剧，高档产品所占比例逐步提高。2011年，由于印刷企业落后产能逐步淘汰，国内中高档橡皮布制造和使用已占70%，有关资料显示，全国有一定规模的橡皮布生产企业大约有11家。据中国印刷及设备器材工业协会不完全统计，2011年总产量166万m^2左右，总销售收入3.73亿元左右。由于生产企业的归属、涉及的行业类型、规模不同，统计非常困难，只能依据现有统计到的情况，对整个橡皮布生产领域发展情况进行推断。

根据有关专家的介绍，国内印刷橡皮布的总产量已经占世界总产量的1/4，但是，由于国内研制起步较晚，产品的稳定性等方面还是与美国、日本产品有一定的差距，因此，诸如迪克、明治、康泰迪克等品牌在国内市场还占有一定份额。这也表明气垫橡皮布的本土化制造还有很大空间，一些特种需求的科技含量高的橡皮布随着胶印机的发展而进入市场。

六、印刷胶辊

我国印刷胶辊行业，总体的情况是厂家众多。据有关资料称有4 000多家，规模很小，大多数生产技术、装备比较落后，有一大部分是家庭作坊式。所生产的胶辊大都是中低档次，高档产品依然是进口国外的产品。可喜的是近几年国内一些大型的企业不断引进新的设备、原料和技术，产品质量的档次不断提高，例如河北春风银星胶辊有限公司、诸丹舜蒲胶辊有限公司等。同时，国内胶辊的落后产能也在不断被淘汰。印刷胶辊生产情况统计比印刷橡皮布更加困难，且产量的计量单位不统一，一部分是以立方厘米计量，也有一部分是以胶辊支数计量，不大好比较。只能根据现有数据了解其发展趋势。2011年与2010年比较，印刷胶辊产量与销量都有不同程度的下滑，出口量也下滑程度较大，在20%左右。这可能与在强大的市场作用下一些小企业关停有关。

七、电化铝

目前，我国电化铝已经形成多系列、多色彩、多功能的结构，高中低档产品齐全。尤其是研制出了全息定位烫印防伪标识产品，总体技术有了较大提高。但是，在关键技术上还远远落后于世界领先水平。国内现有电化铝生产企业100多家，80%分布于长三角和珠三角地区，大多数规模不大。历年相关统计工作十分困难。产品也多以中低档次为主。根据有关资料报道，高档产品依然被外企或台资企业所垄断。据有关资料表述，年产量800万卷，其中大约20%出口，产值8亿元左右。

（作者袁建湘系中国印刷及设备器材工业协会印刷器材分会秘书长，岳德茂、夏丽峰系分会高工）

2011年中国造纸工业年度报告

中国造纸协会

一、全国纸及纸板生产及消费情况

据中国造纸协会调查资料，2011年全国纸及纸板生产企业有3 500多家，全国纸及纸板生产量9 930t，较上年9 270万t增长7.12%。消费量9 752万t，较上年9 173万t增长6.31%，人均年消费量为73kg（13.40亿人），比上年增长5kg。2011年比2001年生产量增长210.31%，消费量增长164.78%。2001—2011年纸及纸板的生产量和消费情况见图1。

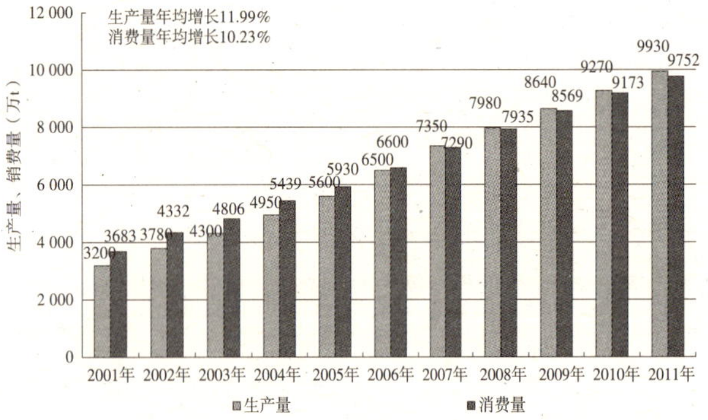

图1　2001—2011年纸及纸板的生产和消费情况

在主要产品中：新闻纸生产量390万t，占纸及纸板总产量的3.93%，比上年减少9.30%，消费量389万t，占纸及纸板总消费量3.99%，比上年减少8.04%；未涂布印刷书写纸生产量1 730万t，占纸及纸板总产量17.42%，同比增长6.79%，消费量1 687万t，占纸及纸板总消费量17.30%，同比增长6.10%；涂布印刷纸生产量725万t，占纸及纸板总产量7.30%，同比增长13.28%，消费量599万t，占纸及纸板总消费量6.14%，同比增长9.11%；其中，铜版纸生产量640万t，占纸及纸板总产量的6.45%，同比增长15.32%，消费量532万t，占纸及纸板总消费量5.46%，同比增长10.83%；生活用纸生产量730万t，占纸及纸板总产量7.35%，同比增长17.74%，消费量674万t，占纸及纸板总消费量6.91%，同比增长18.87%；包装用纸生产量620万t，占纸及纸板总产量6.24%，同比增长3.33%，消费量632万t，占纸及纸板总消费量6.48%，同比增长3.27%；白纸板生产量1 340万t，占纸及纸板总产量13.49%，同比增长7.20%，消费量1 322万t，占纸及纸板总消费量13.56%，同比增长5.42%，其中涂布白纸板生产量1 290万t，占纸及纸板总产量12.99%，同比增长7.50%，消费量1 272万t，占纸及纸板总消费量13.04%，同比增长5.65%；箱纸板生产量1 990万t，占纸及纸板总产量20.04%，同比增长5.85%，消费量2 073万t，占纸及纸板总消费量21.26%，同比增长6.53%；瓦楞原纸生产量1 980万t，占纸及纸板总产量19.94%，同比增长5.88%，消费量1 991万t，占纸及纸板总消费量20.42%，同比增长5.40%；特种纸及纸板生产量210万t，占纸及纸板总产量2.11%，同比增长16.67%，消费量179万t，占纸及纸板总消费量1.84%，同比增长9.15%。2011年中国造纸工业主要产品生产及消费情况详细情况见表1，2011年纸及纸板各品种生产和消费比例详细情况见图2。

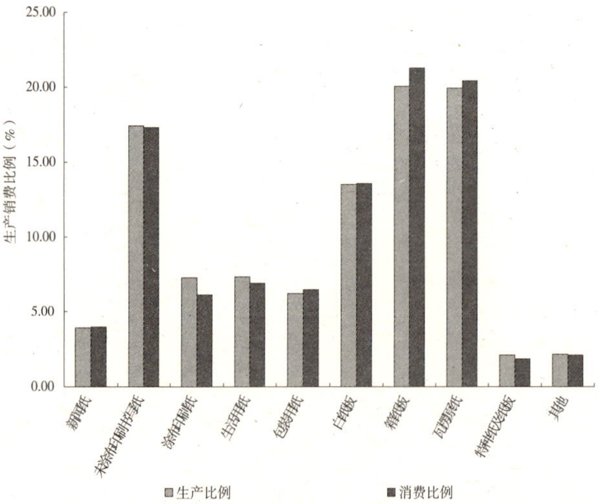

图2　2011年纸及纸板各品种生产和消费比例

表 1　2011 年中国造纸工业主要产品生产及消费情况

（单位：万 t）

品 种	生产量			消费量		
	2010 年	2011 年	同比增长（%）	2010 年	2011 年	同比增长（%）
总量	9 270	9 930	7.12	9 173	9 752	6.31
新闻纸	430	390	-9.30	423	389	-8.04
未涂布印刷书写纸	1 620	1 730	6.79	1 590	1 687	6.10
涂布印刷纸	640	725	13.28	549	599	9.11
其中：铜版纸	555	640	15.32	480	532	10.83
生活用纸	620	730	17.74	567	674	18.87
包装用纸	600	620	3.33	612	632	3.27
白纸板	1 250	1 340	7.20	1 254	1 322	5.42
其中：涂布白纸板	1 200	1 290	7.50	1 204	1 272	5.65
箱纸板	1 880	1 990	5.85	1 946	2 073	6.53
瓦楞原纸	1 870	1 980	5.88	1 889	1 991	5.40
特种纸及纸板	180	210	16.67	164	179	9.15
其他纸及纸板	180	215	19.44	179	206	15.08

从 2011 年的生产和消费形势分析来看，全年生产和消费均呈平稳增长态势，增速分别比上年回落 0.17 个百分点和 0.74 个百分点。

2001—2011 年主要产品生产及消费情况

1. 新闻纸

2011 年新闻纸生产量 390 万 t，较上年下降 9.30%；消费量 389 万 t，较上年下降 8.04%。2001—2011 年生产量年均增长率 8.47%，消费量年均增长率 7.60%。2000—2011 年新闻纸生产量及消费量见图 3。

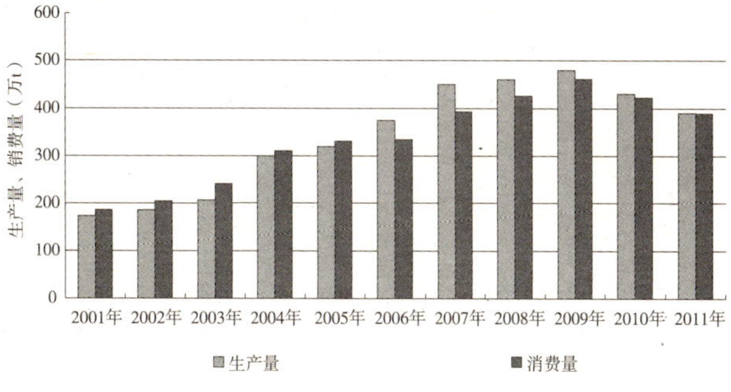

图 3　2000—2011 年新闻纸生产量及消费量

2. 未涂布印刷书写纸

2011 年未涂布印刷书写纸生产量 1 730 万 t，较上年增长 6.79%，增幅回落 0.49 个百分点；消费量 1 687 万 t，较上年增长 6.10%，增幅回落 0.11 个百分点。2001—2011 年生产量年均增长率 9.95%，消费量年均增长率 9.72%。2001—2011 年未涂布印刷书写纸生产量及消费量见图 4。

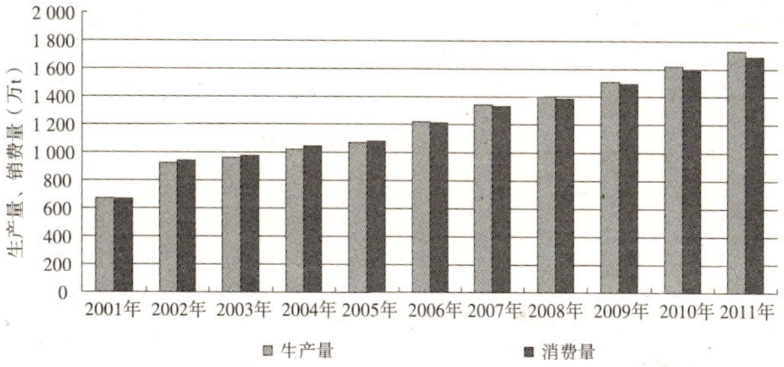

图 4　2001—2011 年未涂布印刷书写纸生产量及消费量

3. 涂布印刷纸

2011 年涂布印刷纸生产量 725 万 t，较上年增长 13.28%，增幅增加 4.81 个百分点；消费量 599 万 t，较上年增长 9.11%，增幅回落 9.46 个百分点。2001—2011 年生产量年均增长率 18.75%，消费量年均增长率 10.89%。2001—2011 年涂布印刷纸生产量及消费量详细情况见图 5。

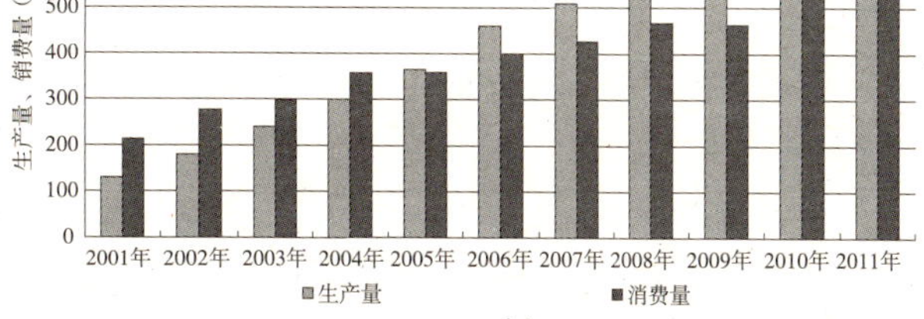

图 5　2001—2011 年涂布印刷纸生产量及消费量

其中，2011 年铜版纸生产量 640 万 t，较上年增长 15.32%，增幅增加 4.32 个百分点；消费量 532 万 t，较上年增长 10.83%，增幅回落 9.47 个百分点。2001—2011 年生产量年均增长率 19.26%，消费量年均增长率 10.56%。2001—2011 年铜版纸生产量及消费量见图 6。

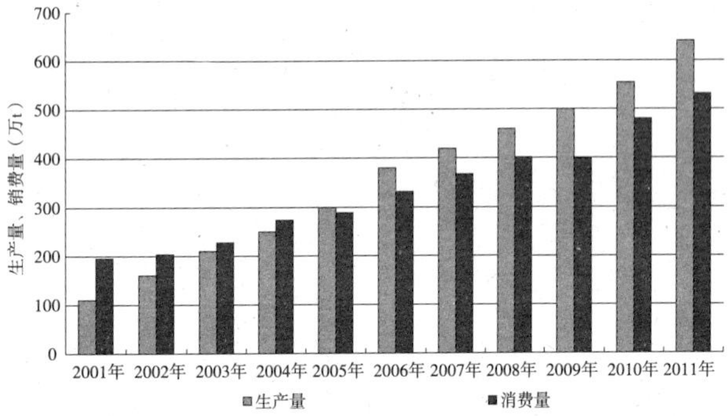

图 6　2001—2011 年铜版纸生产量及消费量

4. 生活用纸

2011 年生活用纸生产量 730 万 t，较上年增长 17.74%，增幅增加 10.84 个百分点；消费量 674 万 t，较上年增长 18.87%，增幅增加 11.69 个百分点。2001—2011 年生产量年均增长率 10.46%，消费量年均增长率 9.95%。2001—2011 年生活用纸生产量及消费量见图 7。

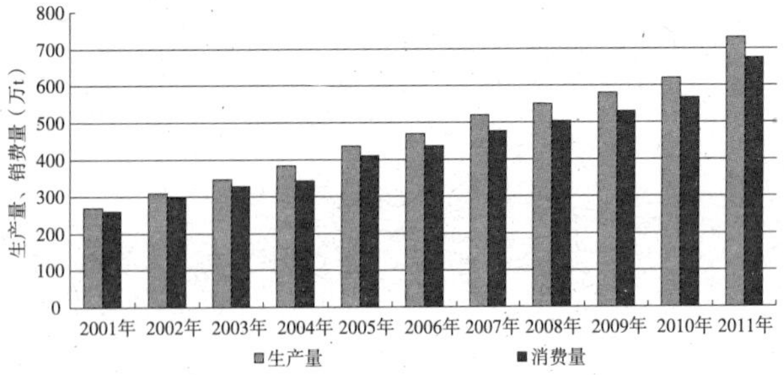

图 7　2001—2011 年生活用纸生产量及消费量

5. 包装用纸

2011 年包装用纸生产量 620 万 t，较上年增长 3.33%，增幅回落 1.02 个百分点；消费量 632 万 t，较上年增长 3.27%，增幅回落 0.99 个百分点。2001—2011 年生产量年均增长率 4.48%，消费量年均增长率 3.09%。2001—2011 年包装用纸生产量及消费量见图 8。

6. 白纸板

2011 年白纸板生产量 1 340 万 t，较上年增长 7.20%，增幅回落 1.50 个百分点；消费量 1 322 万 t，较上年增长 5.42%，增幅回落 2.68 个百分点。2001—2011 年生产量年均增长率 16.14%，消费量年均增长率 12.81%。2001—2011 年白纸板生产量及消费量见图 9。

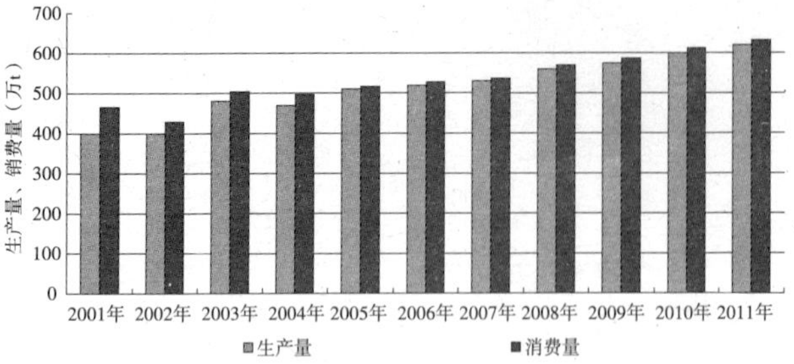

图 8　2001—2011 年包装用纸生产量及消费量

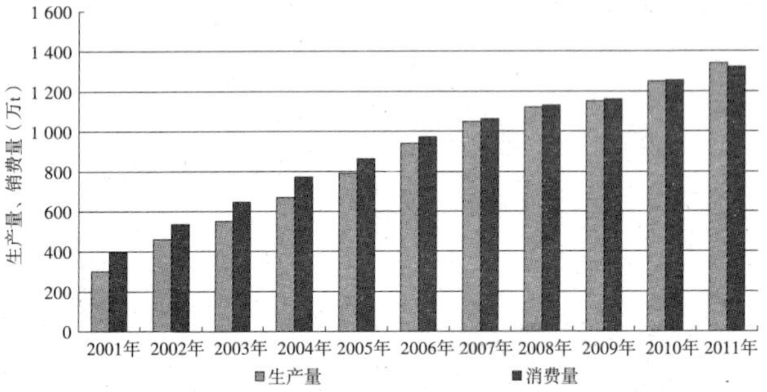

图 9　2001—2011 年白纸板生产量及消费量

其中，涂布白纸板 2011 年生产量 1 290 万 t，较上年增长 7.50%，增幅回落 1.59 个百分点；消费量 1 272 万 t，较上年增长 5.65%，增幅回落 2.82 个百分点。2001—2011 年生产量年均增长率 17.83%，消费量年均增长率 14.17%。2001—2011 年涂布白纸板生产量及消费量见图 10。

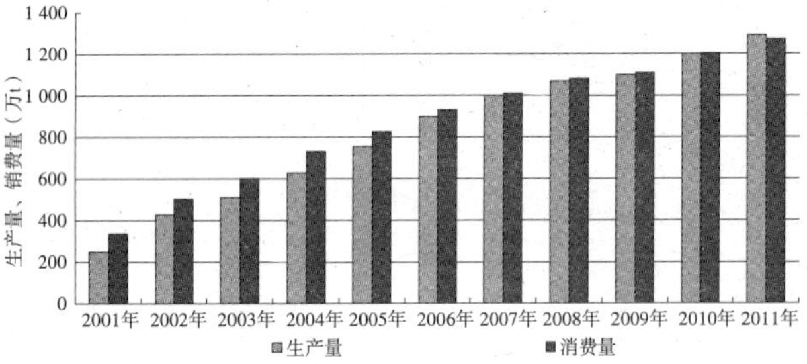

图 10　2001—2011 年涂布白纸板生产量及消费量

7. 箱纸板

2011 年箱纸板生产量 1 990 万 t，较上年增长 5.85%，增幅回落 2.82 个百分点；消费量 2 073 万 t，较上年增长 6.53%，增幅回落 1.04 个百分点。2001—2011 年生产量年均增长率 15.77%，消费量年均增长率 14.29%。2001—2011 年箱纸板生产量及消费量见图 11。

8. 瓦楞原纸

2011 年瓦楞原纸生产量 1 980 万 t，较上年增长 5.88%，增幅回落 3.16 个百分点；消费量 1 991 万 t，较上年增长 5.40%，增幅回落 2.05 个百分点。2001—2011 年生产量年均增长率 12.68%，消费量年均增长率 10.78%。2001—

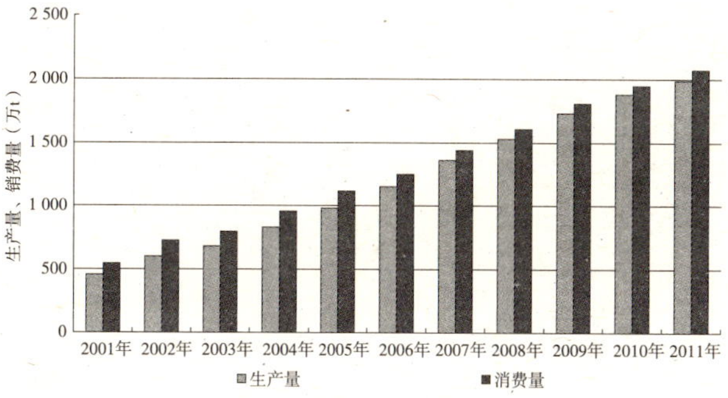

图 11　2001—2011 年箱纸板生产量及消费量

2011 年瓦楞原纸生产量及消费量见图 12。

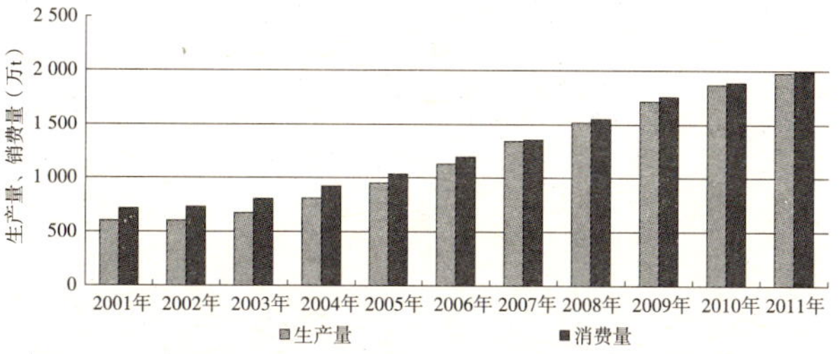

图 12　2001—2011 年瓦楞原纸生产量及消费量

9. 特种纸及纸板

2011 年特种纸及纸板生产量 210 万 t，较上年增长 16.67%，增幅回落 3.33 个百分点；消费量 179 万 t，较上年增长 9.15%，增幅回落 4.74 个百分点。2001—2011 年生产量年均增长率 12.44%，消费量年均增长率 7.73%。2001—2011 年特种纸及纸板生产量及消费量见图 13。

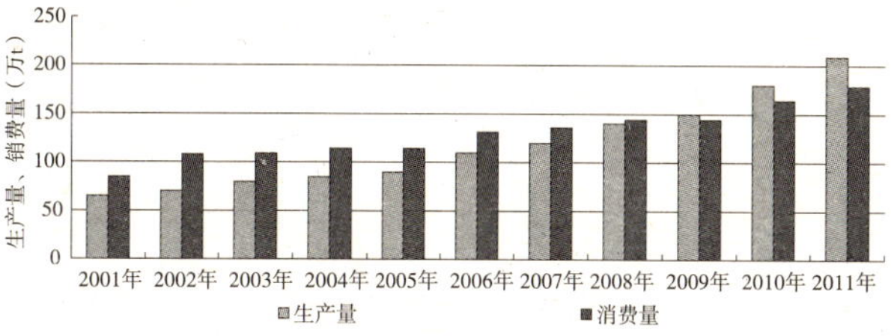

图 13　2001—2011 年特种纸及纸板生产量及消费量

二、主要生产经济指标完成情况

据国家统计局统计数据，2011 年 1 月—12 月规模以上造纸生产企业 2 620 家；从业人员 70.85 万人；工业总产值（当年价）6 911 亿元，同比增长 23.10%；工业销售产值（当年价）6 740 亿元，同比增长 21.60%；主营业务收入 6 714 亿元，同比增长 21.54%；产销率 97.50%，较上年 98.20%下降 0.70 个百分点；产成品存货 288 亿元，同比增长 27.70%；利税总额 557 亿元，同比增长 8.44%，其中利润总额 362 亿元，同比增长 6.20%；资产总计 6 990 亿元，同比增长 17.58%；资产负债率 59.07%，较上年增加 1.19 个百分点；负债总额 4 129 亿元，同比增长 19.99%；在统计的 2 620 家造纸生产企业中，亏损企业有 287 家，占 10.95%。

全年主要生产经济指标完成情况较好，工业总产值和主营业务收入有较大增幅，但利税和利润增幅明显放缓，产成品存货明显增多，产销率下降。2001—2011 年工业总产值（当年价）及主营业务收入见图 14。2001—2011 年利税总额及利润总额见图 15。

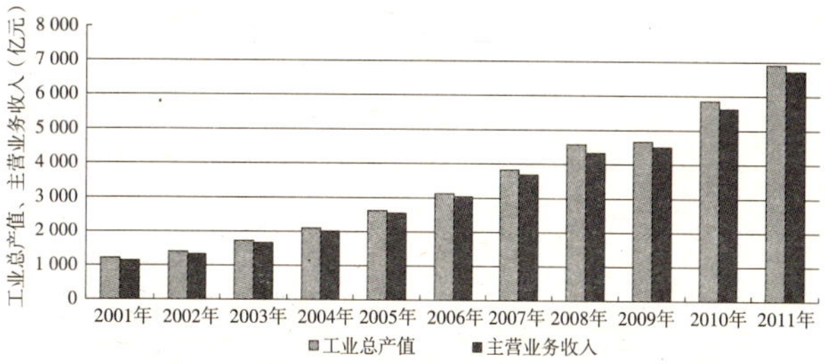

图 14　2001—2011 年工业总产值（当年价）及主营业务收入

注：2007—2010 年主营业务收入数据为中国造纸协会分析数据。

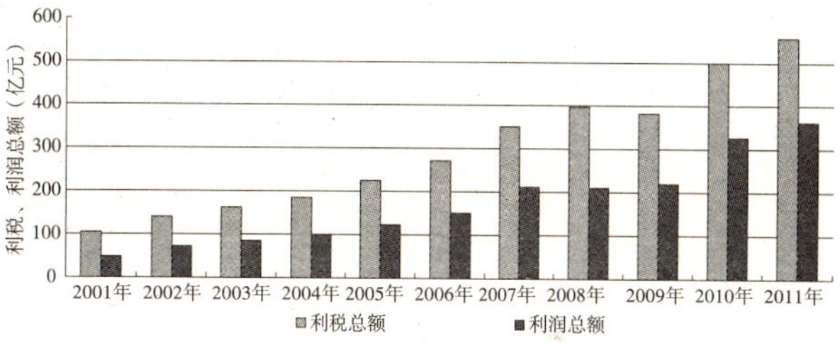

图 15　2001—2011 年利税总额及利润总额

注：2007—2010 年利税总额和利润总额数据为中国造纸协会分析数据。

三、纸浆生产和消耗情况

据中国造纸协会调查资料，2011 年全国纸浆生产总量 7 723 万 t，较上年 7 318 万 t 增长 5.53%。2011 年全国纸浆消耗总量 9 044 万 t，较上年 8 461 万 t 增长 6.89%，其中木浆 2 144 万 t，较上年增长 15.33%，比例占 24%；非木浆 1 240 万 t，较上年下降 4.39%，比例占 14%；废纸浆 5 660 万 t，较上年增长 6.69%，比例占 62%。木浆中，进口木浆比例上升 1 个百分点；废纸浆中，进口废纸浆比例下降 1 个百分点，国产废纸浆比例与上年持平；非木浆中，稻麦草浆比例比上年下降 2 个百分点；竹浆比例与上年持平；苇（荻）浆比上年上升 1 个百分点、蔗渣浆比例比上年上升 1 个百分点。2011 年纸浆总消耗量比 2001 年增长 203%，其中，国产纸浆消耗量 2011 年比 2001 年增长 210%。2011 年中国造纸工业纸浆消耗情况见表 2。2001—2011 年中国造纸工业纸浆生产情况见表 3。2001—

2011 年国产纸浆消耗情况见图 16。2001—2011 年纸浆总消耗情况见图 17。

表 2　2011 年中国造纸工业纸浆消耗情况

（单位：万 t）

品 种	2010 年	占比（%）	2011 年	占比（%）	同比增长（%）
总量	8 461	100	9 044	100	6.89
木　浆	1 859	22	2 144	24	15.33
其中：进口木浆	1 151	16	1 330[3]	15	15.55
废纸浆	5 305	63	5 660	62	6.69
其中：进口废纸浆	2 092	26	2 182	24	4.30
非木浆	1 297	15	1 240	14	–4.39

注：1. 废纸浆＝废纸量 ×0.8

2. 2010 年进口木浆 1 137 万 t，扣除溶解浆 96 万 t，实际消耗量 1 151 万 t。

3. 2010 年进口废纸 2 435 万 t，实际消耗量 2 615 万 t，折合废纸浆 2 092 万 t。

4. 2011 年进口木浆 1 445 万 t，扣除溶解浆 115 万 t，实际消耗量 1 330 万 t。

表 3　2001—2011 年中国造纸工业纸浆生产情况

（单位：万 t）

品种＼年度	2001	2002	2003	2004	2005	2006	2007	2008	2009	2010	2011
木　浆	200	214	217	238	371	526	605	679	560	716	823
废纸浆	1 310	1 620	1 920	2 305	2 810	3 380	4 017	4 439	4 997	5 305	5 660
非木浆	980	1 110	1 170	1 180	1 260	1 298	1 302	1 297	1 175	1 297	1 240
苇　浆	100	110	115	120	138	144	144	150	144	156	158
蔗渣浆	30	35	50	40	63	74	90	97	98	117	121
竹　浆	30	45	60	70	86	95	120	146	161	194	192
稻麦草浆	736	815	845	900	929	908	849	808	676	719	660
其他浆	84	105	100	50	44	69	99	97	97	111	109

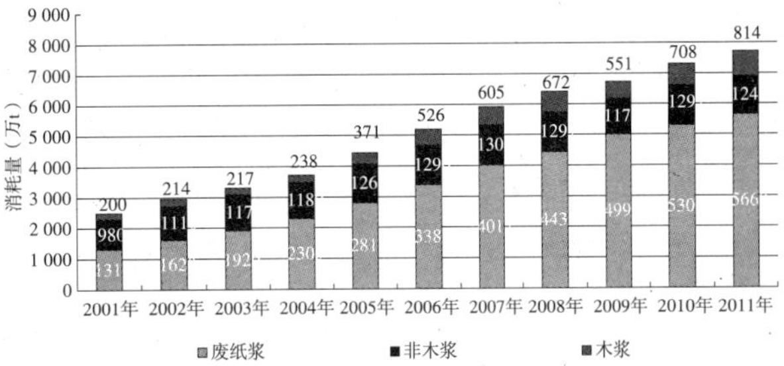

图 16　2001—2011 年国产纸浆消耗情况

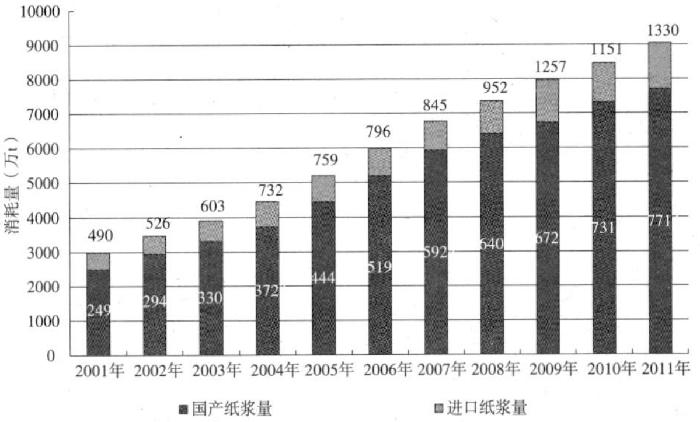

图 17　2001—2011 年纸浆总消耗情况

四、纸及纸板、纸浆、废纸及纸制品进出口情况

（一）2011 年纸、纸板、纸浆、废纸纸制品进出口情况

2011 年纸及纸板进口 331 万 t，比上年 336 万 t 降低 1.49%，出口 509 万 t，比上年 433 万 t 增长 17.55%。出口量比进口量多 178 万 t；纸浆进口 1 445 万 t，比上年 1 137 万 t 增长 27.09%，出口 9.91 万 t，比上年 8.10 万 t 增长 22.35%；废纸进口 2 728 万 t，比上年 2 435 万 t 增长 12.03%，出口 0.36 万 t，比上年出口量略有增长；纸制品进口 17 万 t，比上年 18 万 t 降低 5.56%，出口 243 万 t 比

上年 228 万 t 增长 6.58%。

2011 年进口纸及纸板、纸浆、废纸、纸制品合计 4 521 万 t，较上年 3 926 万 t 增长 15.16%，用汇 239.54 亿美元，较上年 187.83 亿美元增长 27.53%。2011 年进口纸及纸板平均价格为 1 261.54 美元 /t，比上年 1 132.52 美元 /t 平均价格增长 11.39%；进口纸浆平均价格为 825.86 美元 /t，比上年 775.51 美元 /t 平均价格增长 6.49%；进口废纸平均价格为 255.39 美元 /t，比上年 219.80 美元 /t 平均价格增长 16.19%。

2011 年出口纸及纸板、纸浆、废纸、纸制品合计 762.27 万 t，较上年 669.18 万 t 增长 13.91%，创汇 132 亿美元，较上年 97 亿美元增长 36.08%。2011 年出口纸及纸板平均价格为 1 261.04 美元 /t，比上年 1 093.50 美元 /t 平均价格增长 15.32%；出口纸浆平均价格为 2 323.80 美元 /t，比上年 1 727.18 美元 /t 平均价格增长 34.54%；出口废纸平均价格为 215.79 美元 /t，比上年 191.80 美元 /t 平均价格增长 12.51%。

2011 年纸及纸板进出口总量中，进口量较大的品种有箱纸板、涂布白纸板、涂布印刷纸、未涂布印刷书写纸、特种纸及纸板，合计进口量 279 万 t，约占纸及纸板总进口量的 84%。出口量较大的品种有涂布印刷纸、涂布白纸板、未涂布印刷书写纸、生活用纸、特种纸及纸板，合计 469 万 t，约占纸及纸板总出口量的 92%。

2011 年我国纸浆和废纸进口量有所增长，其中纸浆进口量较上年增长 27.09%，废纸进口量较上年增长 12.03%，年平均价格有所上涨，进口纸浆平均价格上涨 50.35 美元 /t，涨幅 6.49%；进口废纸平均价格上涨 35.59 美元 /t，涨幅 16.19%，但从 6 月份开始进口纸浆和进口废纸的价格都开始回落，到 12 月份时分别为 752.94 美元 /t 和 234.83 美元 /t，已经低于 2010 年的年平均价格。

纸及纸板进口量略有下降，出口量较上年略有增长且大于进口量。2011 年中国纸浆、废纸、纸及纸板、纸制品进口情况见表 4，2011 年中国纸浆、废纸、纸及纸板、纸制品出口情况见表 5，2011 年纸及纸板各品种进口量比例见图 18，2011 年纸及纸板各品种出口量比例见图 19。

表 4　2011 年中国纸浆、废纸、纸及纸板、纸制品进口情况

（单位：万 t）

品　种	2010 年进口量	2011 年进口量	同比增长（%）
纸浆	1 137	1 445	27.09
废纸	2 435	2 728	12.03

（续）

品　种	2010 年进口量	2011 年进口量	同比增长（%）
纸及纸板	336	331	−1.49
新闻纸	4	1	−75.00
未涂布印刷书写纸	41	40	−2.44
涂布印刷纸	45	37	−17.78
其中：铜版纸	38	30	−21.05
包装用纸	17	18	5.88
箱纸板	80	93	16.25
白纸板	77	79	2.60
其中：涂布白纸板	77	79	2.60
生活用纸	8	9	12.50
瓦楞原纸	24	17	−29.17
特种纸及纸板	31	30	−3.23
其他纸及纸板	9	7	−22.22
纸制品	18	17	−5.56
总　计	3 926	4 521	15.16

注：数据来源于中国海关总署。

表 5　2011 年中国纸浆、废纸、纸及纸板、纸制品出口情况

（单位：万 t）

品　种	2010 年出口量	2011 年出口量	同比增长（%）
纸浆	8.10	9.91	22.35
废纸	0.08	0.36	350.00
纸及纸板	433	509	17.55
新闻纸	11	2	−81.82
未涂布印刷书写纸	71	83	16.90
涂布印刷纸	136	163	19.85
其中：铜版纸	113	138	22.12
包装用纸	5	6	20.00
箱纸板	14	10	−28.57
白纸板	73	97	32.88
其中：涂布白纸板	73	97	32.88
生活用纸	61	65	6.56
瓦楞原纸	5	6	20.00
特种纸及纸板	47	61	29.79
其他纸及纸板	10	16	60.00
纸制品	228	243	6.58
总　计	669.18	762.27	13.91

注：数据来源于海关总署。

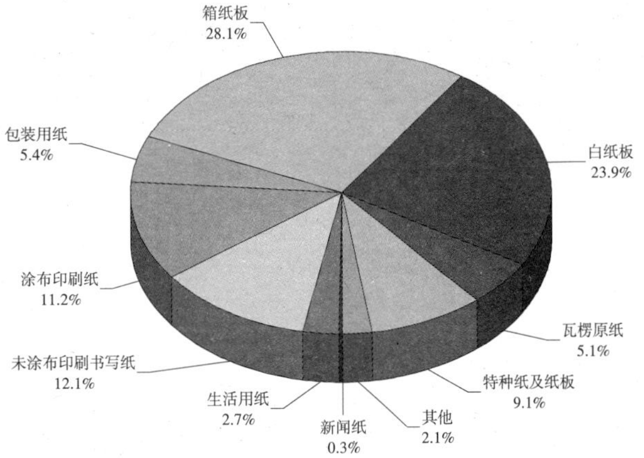

图 18　2011 年纸及纸板各品种进口量比例

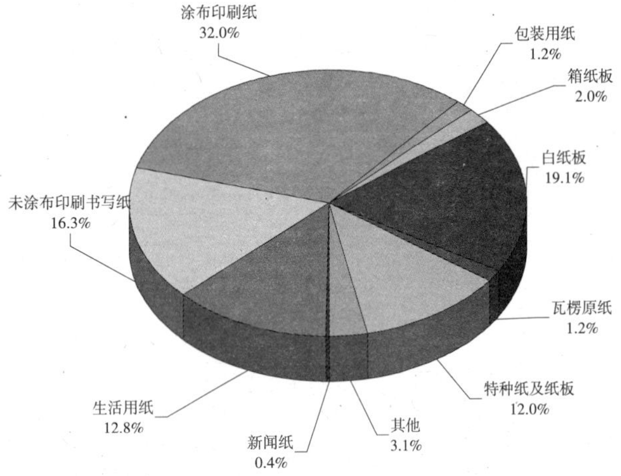

图 19　2011 年纸及纸板各品种出口量比例

（二）主要产品 2001—2011 年进出口情况

2011 年纸及纸板进口量大于出口量的主要品种有：包装用纸、箱纸板、瓦楞原纸；出口量大于进口量的主要品种有：新闻纸、未涂布印刷书写纸、涂布印刷纸、生活用纸、白纸板、特种纸及纸板、其他纸及纸板。

1. 新闻纸

2011 年，新闻纸出口量大于进口量，净出口量 1 万 t。2001—2011 年新闻纸进口量及出口量详细情况见图 20。

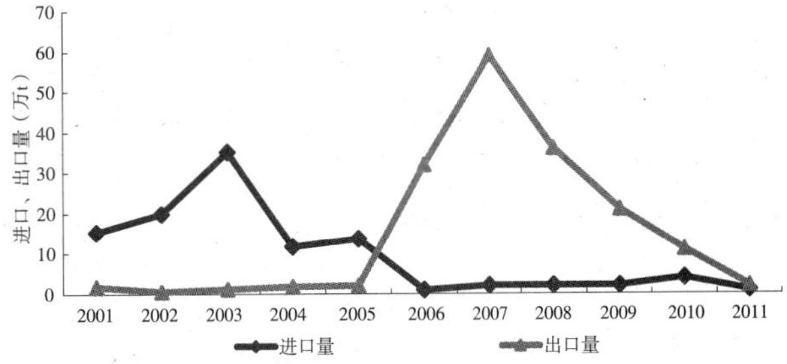

图 20　2001—2011 年新闻纸进口量及出口量

2. 未涂布印刷书写纸

2011 年，未涂布印刷书写纸出口量大于进口量，净出口量 43 万 t。2001 年－2011 年未涂布印刷书写纸进口量及出口量详细情况见图 21。

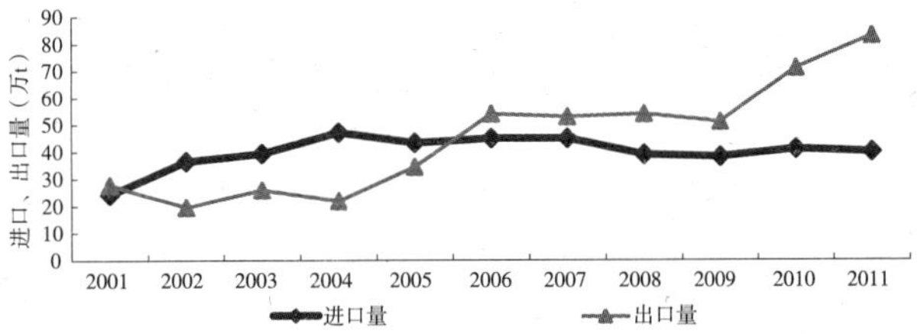

图 21　2001—2011 年未涂布印刷书写纸进口量及出口量

3. 涂布印刷纸

2011 年，涂布印刷纸出口量大于进口量，净出口量 126 万 t。2001—2011 年涂布印刷纸进口量及出口量详细情况见图 22。

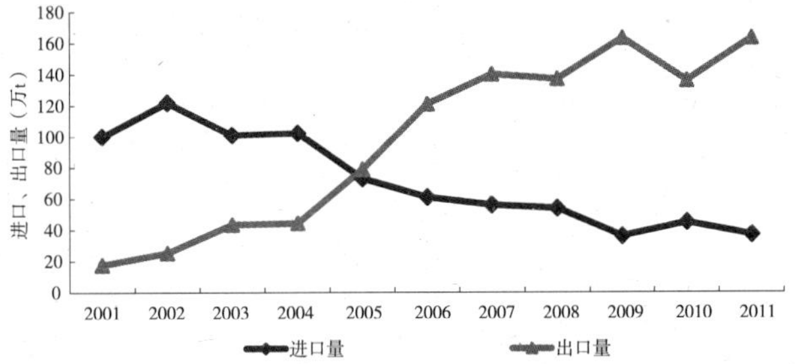

图 22　2001—2011 年涂布印刷纸进口量及出口量

其中，2011 年铜版纸出口量大于进口量，净出口量 108 万 t，2001—2011 年铜版纸进口量及出口量详细情况见图 23。

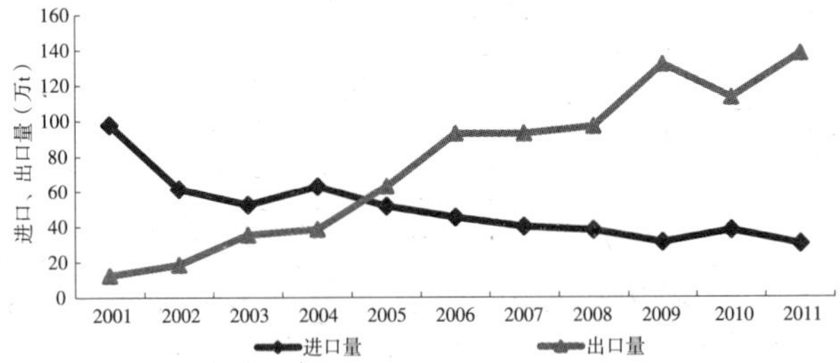

图 23　2001—2011 年铜版纸进口量及出口量

4. 生活用纸

2011 年，生活用纸出口量大于进口量，净出口量 56 万 t。2001—2011 年生活用纸进口量及出口量详细情况见图 24。

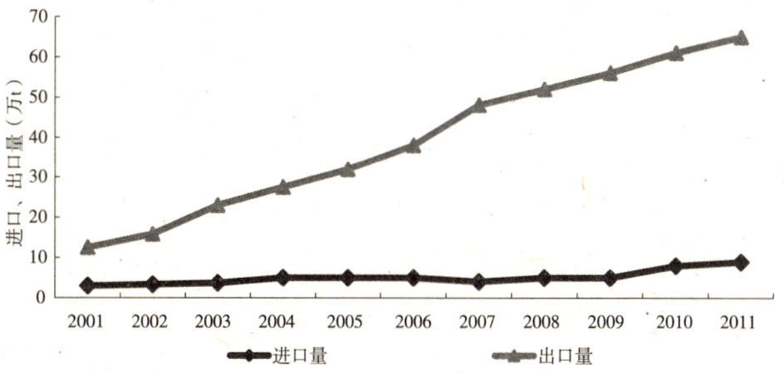

图 24　2001—2011 年生活用纸进口量及出口量

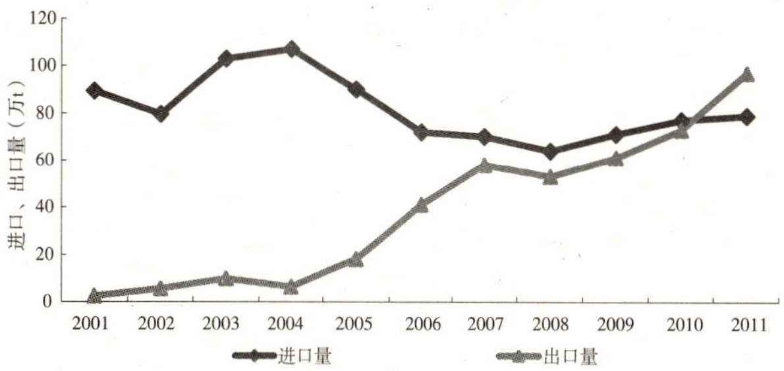

图 27　2001—2011 年涂布白纸板进口量及出口量

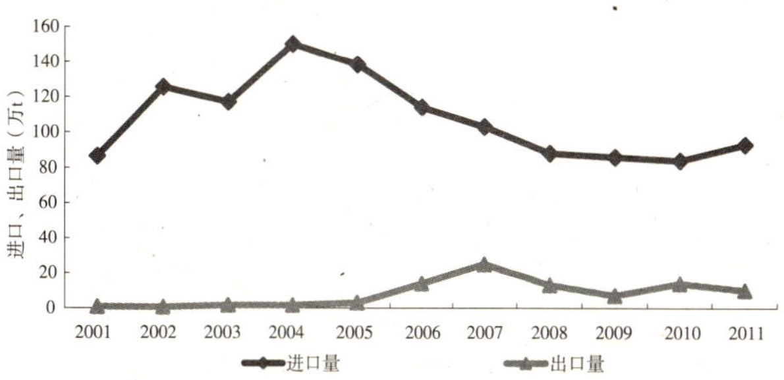

图 28　2001—2011 年箱纸板进口量及出口量

5. 包装用纸

2011 年，包装用纸进口量大于出口量，净进口量 12 万 t。2001—2011 年包装用纸进口量及出口量详细情况见图 25。

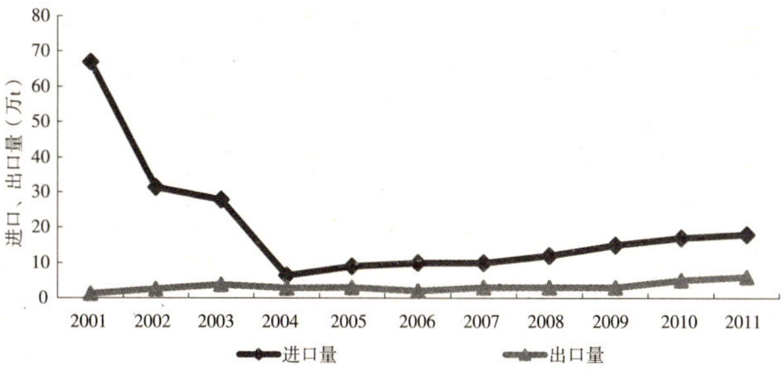

图 25　2001—2011 年包装用纸进口量及出口量

6. 白纸板

2011 年，白纸板出口量大于进口量，净出口量 18 万 t。2001—2011 年白纸板进口量及出口量详细情况见图 26。

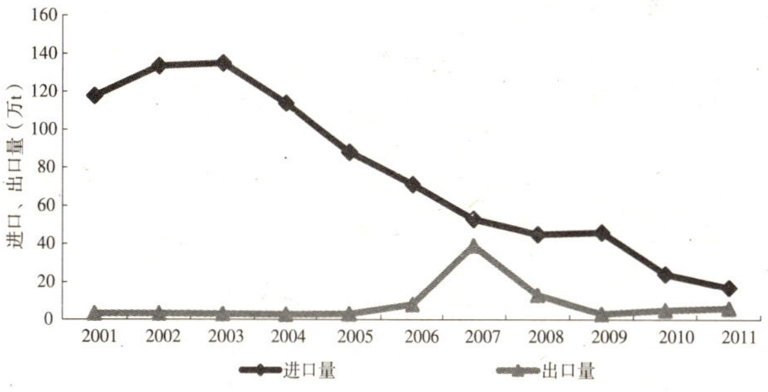

图 29　2001—2011 年瓦楞原纸进口量及出口量

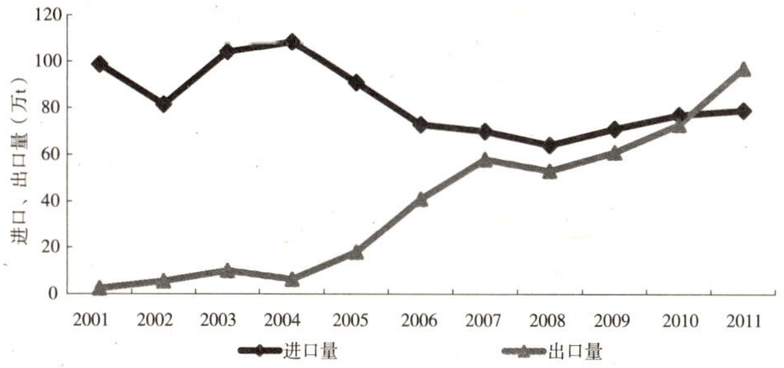

图 26　2001—2011 年白纸板进口量及出口量

其中，2011 年涂布白纸板出口量大于进口量，净出口量 18 万 t。2001—2011 年涂布白纸板进口量及出口量详细情况见图 27。

7. 箱纸板

2011 年，箱纸板进口量大于出口量，净进口量 83 万 t。2001—2011 年箱纸板进口量及出口量详细情况见图 28。

8. 瓦楞原纸

2011 年，瓦楞纸进口量大于出口量，净进口量 11 万 t。2001—2011 年瓦楞原纸进口量及出口量详细情况见图 29。

9. 特种纸及纸板

2011 年，特种纸及纸板出口量大于进口量，净出口量 31 万 t。2001—2011 年特种纸及纸板进口量及出口量详细情况见图 30。

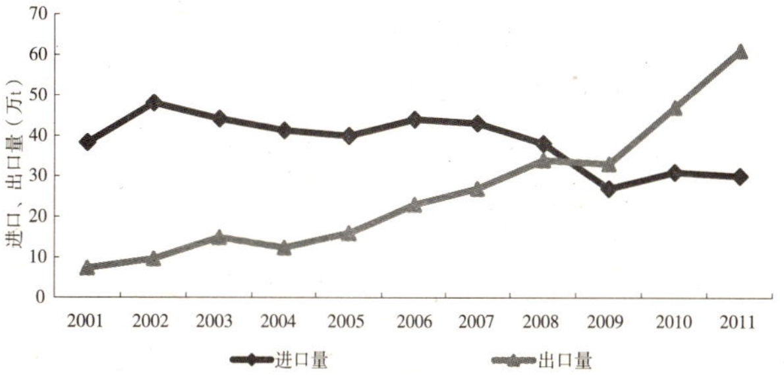

图 30　2001—2011 年特种纸及纸板进口量及出口量

五、生产布局与集中度

根据中国造纸协会调查资料分析，2011 年我国东部地区 12 个省（区、市），纸及纸板产量占全国纸及纸板产量比例为 71.7%，比上年提高 0.1 个百分点；中部地区 9 个省（区）比例占 20.4%，比上年降低 0.3 个百分点；西部地区 10 个省（区、市）比例占 7.9%、比上年降低 0.4 个百分点。2011 年中国造纸区域布局变化详细情况见表 6，2011 年中国造纸区域布局详细情况见图 31。

表 6　2011 年中国造纸区域布局变化

类别 / 地区 ＼ 年份 / 产量	2010 年		2011 年	
	产量（万 t）	比例（%）	产量（万 t）	比例（%）
纸及纸板产量	9 270	100	9 930	100
其中：东部地区	6 636	71.6	7 121	71.7
中部地区	1 862	20.1	2 023	20.4
西部地区	0772	08.3	0786	07.9

注：数据来源于中国造纸协会调查资料。

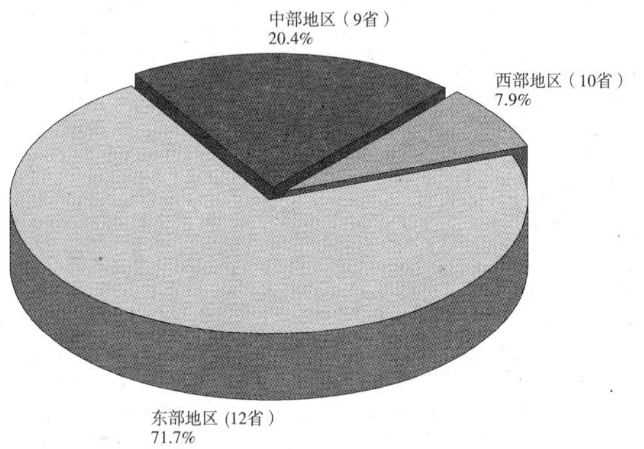

图 31　2011 年中国造纸区域布局图

注：数据来源于中国造纸协会调查数据。

2011 年纸及纸板产量超过 100 万 t 的省份有山东、广东、浙江、江苏、河南、福建、河北、湖南、四川、安徽、湖北、广西、江西、重庆、天津和海南 16 个省（区、市），产量合计已达 9 305 万 t，占全国纸及纸板总产量的 93.71%。2011 年纸及纸板产量 100 万 t 以上的省（区、市）详细情况见表 7，2011 年主要省（区、市）纸及纸板年产量比例详细情况见图 32。

表 7　2011 年纸及纸板产量 100 万 t 以上的省（区、市）

（单位：万 t）

省份 ＼ 产量	2010 年	2011 年	产量增加
山东省	1 510	1 630	120
广东省	1 435	1 496	61
浙江省	1 362	1 477	115
江苏省	1 101	1 051	–50
河南省	814	828	14
福建省	391	480	89
河北省	371	401	30
湖南省	335	372	37
四川省	316	340	24
安徽省	201	235	34
湖北省	158	199	41
广西壮族自治区	167	194	27
江西省	157	185	28
重庆市	191	178	–13
天津市	85	126	41
海南省	51	113	62
合 计	8 645	9 305	660

注：数据来源于中国造纸协会调查资料。

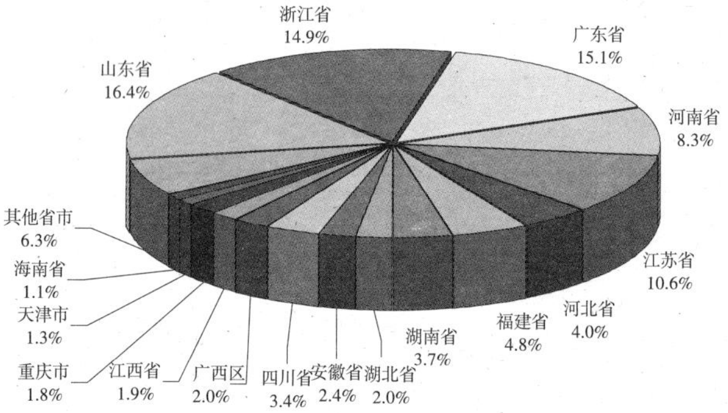

图 32　2011 年主要省（区、市）纸及纸板年产量比例

注：数据来源于中国造纸协会调查资料。

2011 年，纸及纸板年产量超过 100 万 t 的造纸生产企业有：玖龙纸业（控股）有限公司年产 760 万 t；山东晨鸣纸业集团股份有限公司年产 361 万 t；理文造纸有限公司年产 354 万 t；华泰集团有限公司年产 255 万 t；山东太阳纸业年产 242 万 t；金东纸业（江苏）股份有限公司年产 220 万 t；中国纸业投资总公司年产 210 万 t；宁波中华纸业有限公司（含宁波亚洲浆纸业有限公司）年产 153 万 t；中冶纸业集团有限公司年产 131 万 t；山东博汇纸业股份有限公司年产 116 万 t；荣成纸业（中国）控股有限公司年产 116 万 t。

纸浆年产量超过 100 万 t 的企业有：山东亚太森博浆纸有限公司年产 169 万 t 海南金海浆纸业有限公司年产 124 万 t。

上述相关数据表明，2011 年全国造纸生产布局略有变化，东部地区仍然是我国造纸工业的主要生产区域。重点省（区、市）和重点造纸企业生产集中度有所提高，纸及纸板和纸浆年产量超过百万 t 的企业增加了 2 家。

六、造纸企业经济类型结构与规模结构

根据国家统计局提供的 2011 年 1 月—12 月规模以上造纸生产企业的相关数据分析，2011 年国有及国有控股企业有 65 家，占 2.48%，较上年 2.15%增加 0.33 个百分点；“三资”企业有334家，占12.75%，较上年11.12%增加1.63个百分点；集体及其他企业有 2 221 家占 84.77%，较上年 86.73%减少 1.96 个百分点。在造纸企业主营业务收入总额中，国有及国有控股企业占 11.53%，较上年 12.38%减少 0.85 个百分点；“三资”企业占 29.41%，较上年 28.79%增加 0.62 个百分点；集体及其他企业占 59.06%，较上年 58.83%增加 0.23 个百分点。在利税总额中，国有及国有控股企业占 7.48%，较上年 13.58%减少 6.10 个百分点；“三资”企业占 26.95%，较上年 29.04%减少 2.09 个百分点；集体及其他企业占 65.57%，较上年 57.38%增加 8.19 个百分点。其中，利润总额中，国有及国有控股企业占 4.54%，较上年 11.36%减少 6.82 个百分点；“三资”企业占 28.86%，较上年 32.00%减少 3.14 个百分点，集体及其他企业占 66.59%，较上年 56.64%增加 9.95 个百分点。造纸生产企业经济类型结构与规模结构详细情况见图 33。

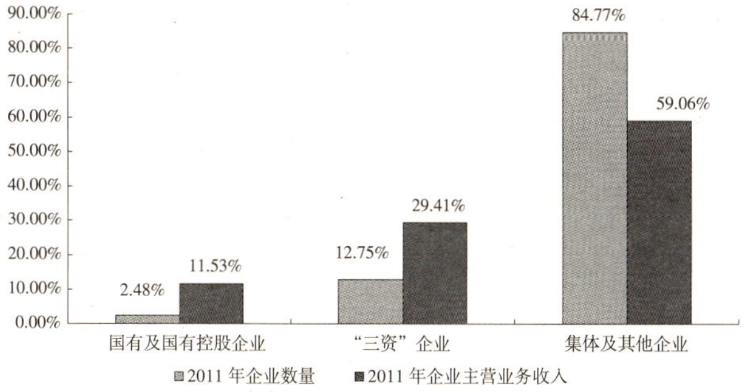

图 33　造纸生产企业经济类型结构与规模结构

注：数据来源于国家统计局（规模以上企业统计）。

2011 年国家统计局调整规模以上工业企业划分标准，由年主营业务收入 500 万元及以上提高到 2 000 万元及以上。

2011 年我国规模以上造纸生产企业数量 2 620 家，亏损企业数 287 家，其中，国有及国有控股企业占 8.71%，“三资”企业占 21.60%，集体及其他企业占 69.69%。

按照我国大、中、小型企业划分标准，2011 年在 2 620 家规模以上造纸生产企业中，大中型造纸企业 435 家占 16.60%，小型企业 2 185 家占 83.40%；在纸及纸板产品主营业务收入中，大中型企业占 64.25%，小型企业占 35.75%；在利税总额中，大中型企业占 62.66%，小型企业占 37.34%；在利润总额中，大中型企业占 63.62%，小型企业占 36.38%。2011 年重点造纸企业产量前 30 名详细情况见表 8。

表 8　2011 年重点造纸企业产量前 30 名

序号	单位名称	产量（万 t）		
		2010 年	2011 年	同比增长（%）
1	玖龙纸业（控股）有限公司	723.00	760.00	5.12
2	山东晨鸣纸业集团股份有限公司	327.35	361.43	10.41
3	理文造纸有限公司	354.30	353.98	–0.09
4	华泰集团有限公司	164.20	254.70	55.12
5	山东太阳纸业股份有限公司	224.00	242.26	8.15
6	金东纸业（江苏）股份有限公司	231.00	220.12	–4.71
7	中国纸业投资总公司	244.87	210.00	–14.24
8	宁波中华纸业有限公司（含宁波亚洲浆纸业有限公司）	148.74	152.65	2.63
9	中冶纸业集团有限公司	138.50	131.15	–5.31
10	山东博汇纸业股份有限公司	100.13	116.36	16.21
11	荣成纸业（中国）控股有限公司	110.18	115.80	5.10
12	山东世纪阳光纸业集团有限公司	59.06	96.13	62.77
13	浙江景兴纸业股份有限公司	84.92	96.00	13.05
14	安徽山鹰纸业股份有限公司	92.46	89.36	–3.35
15	芬欧汇川（中国）有限公司	80.00	88.00	10.00
16	海南金海浆纸业有限公司	26.52	86.97	227.94
17	漯河银鸽实业集团有限公司	84.20	84.40	0.24
18	福建联盛纸业	54.36	79.77	46.74
19	山东泉林纸业有限责任公司	70.61	76.23	7.96
20	东莞建晖纸业有限公司	69.20	75.74	9.45
21	吉安集团股份有限公司	67.50	69.62	3.14
22	新乡新亚纸业集团股份有限公司	58.20	68.30	17.35
23	金红叶纸业集团有限公司	37.50	66.27	76.72
24	金华盛纸业（苏州工业园区）有限公司	62.02	62.98	1.55
25	福建优兰发集团实业有限公司	50.30	57.85	15.01
26	山东贵和纸业集团有限公司	54.02	55.68	3.07
27	山东华金集团有限公司	50.81	55.94	10.10

（续）

序号	单位名称	产量（万 t）		
		2010 年	2011 年	同比增长（%）
28	大河纸业有限公司	40.60	52.05	28.20
29	广州造纸集团有限公司	61.27	49.31	−19.52
30	保定市三联纸业有限公司	47.41	46.79	−1.31

注：按已收集到的数据排列。

七、环境保护

根据环境保护部统计，2010 年制浆造纸及纸制品产业（统计企业 5 570 家，比上年减少 201 家）用水总量为 123.39 亿 t，其中，新鲜水量为 46.15 亿 t，占工业总耗新鲜水量 543.95 亿 t 的 8.48%。重复用水量为 77.24 亿 t，水重复利用率为 62.59%，比上年提高 5.55 个百分点。万元工业产值（当年价）新鲜水用量为 89.6t，比上年减少 18.2t，降低 16.9%。造纸工业 2010 年废水排放量为 39.37 亿 t，占全国工业废水总排放量 211.86 亿 t 的 18.58%，比上年降低 0.2 个百分点。造纸工业废水排放达标量为 37.8 亿 t，占造纸工业废水排放总量的 96.01%，比上年提高 2.48 个百分点。排放废水中化学需氧量（COD）为 95.2 万 t，比上年 109.7 万 t 减少 14.5 万 t，占全国工业 COD 总排放量 365.6 万 t 的 26.04%，比上年减少 2.89 个百分点。万元工业产值（当年价）化学需氧量（COD）排放强度为 18 千克，比上年降低 28%。排放废水中氨氮为 2.50 万 t，比上年 2.74 万 t 减少 0.24 万 t，占全国工业氨氮总排放量 24.54 万 t 的 10.19%，比上年减少 0.99 个百分点。造纸工业废水处理设施年运行费用为 64.9 亿元，比上年增加 13.9 亿元，增长 27.25%。2002—2010 年造纸业万元产值化学需氧量排放强度详细情况见图 34。

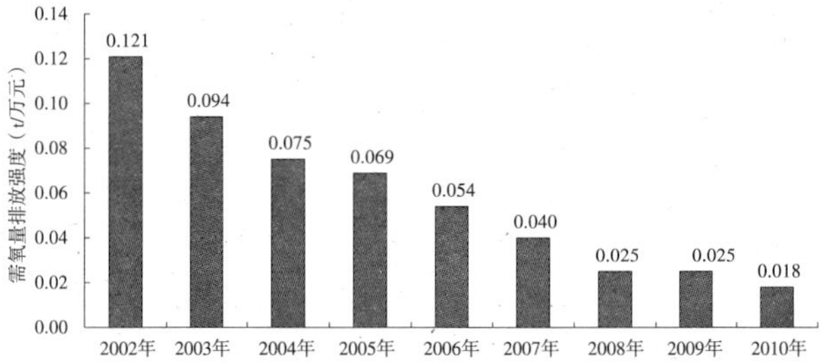

图 34　2002—2010 年造纸业万元产值化学需氧量排放强度

结论

2011 年是我国国民经济和社会发展的第十二个五年规划开局之年，造纸行业面对复杂多变的国际经济形势和国内市场呈现下行压力的情况下，部分企业出现了经营困难，效益下滑现象。而全行业克服了能源价格、人力成本持续上涨，原材料价格高位波动，综合生产成本增加所带来的困难，实现了全年纸及纸板产销量平稳增长。

为使行业保持理性稳定增长，提升综合竞争力，促进可持续发展，应加快转变发展方式，调整产业结构，充分发挥造纸产业“低碳、绿色、可持续”的特点，加速我国造纸工业向低消耗、低污染、低排放转型，力争在“资源、环境、结构”等瓶颈问题上取得突破。

2011年全国新闻出版业基本情况

国家新闻出版总署出版产业发展司

2011年全国出版图书、期刊、报纸总印张为3 099.23亿印张，折合用纸量717.01万t，与上年相比用纸量增长5.58%。其中，书籍用纸占总量的11.80%，课本用纸占总量的8.95%，图片用纸占总量的0.01%，附录用纸占总量的0.04%；期刊用纸占总量的6.32%；报纸用纸占总量的72.88%。

一、图书

截至2011年年底，全国共有出版社580家（包括副牌社33家），其中，中央级出版社220家（包括副牌社13家），地方出版社360家（包括副牌社20家）。

（一）图书出版总量

2011年全国共出版图书369 523种（初版207 506种，重版、重印162 017种），总印数77.05亿册（张），总印张634.51亿印张，折合用纸量149.11万t，定价总金额1 063.06亿元。与上年相比，图书品种增长12.53%（初版增长9.62%，重版、重印增长16.48%），总印数增长7.46%，总印张增长4.65%，定价总金额增长13.57%。其中：

（1）书籍290 359种（初版180 884种，重版、重印109 475种），总印数42.19亿册（张），总印张359.94亿印张，折合用纸量84.58万t（包括附录用纸0.36亿印张，折合用纸量0.01万t），定价总金额726.41亿元（包括附录定价总金额13.72亿元）。与上年相比，品种数增长11.90%（初版增长9.79%，重版、重印增长15.57%），总印数增长11.88%，总印张增长7.73%，定价总金额增长18.54%。

（2）课本78 281种（初版25 944种，重版、重印52 337种），总印数34.40亿册（张），总印张272.94亿印张，折合用纸量64.14万t，定价总金额330.17亿元。与上年相比，品种数增长14.87%（初版增长8.38%，重版、重印增长18.39%），总印数增长2.55%，总印张增长0.95%，定价总金额增长4.20%。

（3）图片883种（初版678种，重版、重印205种），总印数0.10亿册（张），总印张0.26亿印张，折合用纸量0.10万t，定价总金额1.19亿元。与上年相比，品种数增长15.42%（初版增长11.70%，重版、重印增长29.75%），总印数下降1.02%，总印张增长11.58%，定价总金额下降3.75%。

（4）附录总印数0.36亿册（张），总印张1.37亿印张，折合用纸量0.32万t，定价总金额5.29亿元。

（二）各类图书出版情况

在使用中国标准书号的22类出版物中，各类图书的出版数量、所占比重及与上年相比增减百分比如下：

（1）马列主义、毛泽东思想类604种（初版392种）、1 468万册（张）、279 634千印张、总定价36 372万元，占总品种的0.16%（初版占0.19%）、总印数的0.19%、总印张的0.44%、总定价的0.34%。与上年相比，品种数增长26.62%（初版增长23.66%），总印数下降5.96%，总印张下降8.74%，总定价下降1.98%。

（2）哲学类8 600种（初版6 496种）、6 301万册（张）、903 294千印张、总定价192 636万元，占总品种的2.33%（初版占3.13%）、总印数的0.82%、总印张的1.42%、总定价的1.81%。与上年相比，品种数增长15.93%（初版增长15.90%），总印数增长20.32%，总印张增长16.10%，总定价增长13.77%。

（3）社会科学总论类5 344种（初版3 478种）、4 414万册（张）、540 512千印张、总定价98 539万元，占总品种的1.45%（初版占1.68%）、总印数的0.57%、总印张的0.85%、总定价的0.93%。与上年相比，品种数增长10.39%（初版增长7.05%），总印数下降9.38%，总印张下降10.73%，总定价下降24.22%。

（4）政治、法律类15 669种（初版12 322种）、14 017万册（张）、1 930 263千印张、总定价409 370万元，占

总品种的4.24%（初版占5.94%）、总印数的1.82%、总印张的3.04%、总定价的3.85%。与上年相比，品种数增长12.70%（初版增长15.70%），总印数增长9.23%，总印张增长11.41%，总定价增长19.62%。

（5）军事类1 178种（初版892种）、933万册（张）、141 684千印张、总定价29 691万元，占总品种的0.32%（初版占0.43%）、总印数的0.12%、总印张的0.22%、总定价的0.28%。与上年相比，品种数增长24.52%（初版增长29.09%），总印数增长14.76%，总印张增长27.49%，总定价增长27.86%。

（6）经济类30 253种（初版19 434种）、16 523万册（张）、2 763 968千印张、总定价581 695万元，占总品种的8.19%（初版占9.37%）、总印数的2.14%、总印张的4.36%、总定价的5.47%。与上年相比，品种数增长10.07%（初版增长10.65%），总印数增长3.55%，总印张增长3.28%，总定价增长7.64%。

（7）文化、科学、教育、体育类133 054种（初版59 312种）、578 433万册（张）、38 886 613千印张、总定价5 219 485万元，占总品种的36.01%（初版占28.58%）、总印数的75.07%、总印张的61.29%、总定价的49.10%。与上年相比，品种数增长19.46%（初版增长18.33%），总印数增长8.05%，总印张增长8.25%，总定价增长16.21%。

（8）语言、文字类19 550种（初版10 317种）、21 919万册（张）、3 244 175千印张、总定价618 004万元，占总品种的5.29%（初版占4.97%）、总印数的2.84%、总印张的5.11%、总定价的5.81%。与上年相比，品种数增长5.05%（初版增长1.90%），总印数增长8.46%，总印张增长4.36%，总定价增长7.52%。

（9）文学类32 317种（初版22 891种）、39 762万册（张）、4 381 331千印张、总定价854 757万元，占总品种的8.75%（初版占11.03%）、总印数的5.16%、总印张6.91%、总定价的8.04%。与上年相比，品种数增长7.87%（初版增长1.98%），总印数增长18.52%，总印张增长3.76%，总定价增长20.38%。

（10）艺术类19 825种（初版13 094种）、17 468万册（张）、1 254 779千印张、总定价481 195万元，占总品种的5.37%（初版占6.31%）、总印数的2.27%、总印张的1.98%、总定价的4.53%。与上年相比，品种数增长18.10%（初版增长11.14%），总印数增长24.91%，总印张增长26.94%，总定价增长28.21%。

（11）历史、地理类14 511种（初版11 138种）、11 130万册（张）、1 405 607千印张、总定价391 846万元，占总品种的3.93%（初版占5.37%）、总印数的1.44%、总印张的2.22%、总定价的3.69%。与上年相比，品种数增长16.92%（初版增长17.55%），总印数下降22.20%，总印张下降13.05%，总定价增长8.18%。

（12）自然科学总论类827种（初版499种）、791万册（张）、76 957千印张、总定价16 762万元，占总品种的0.22%(初版占0.24%）、总印数的0.10%、总印张的0.12%、总定价的0.16%。与上年相比，品种数下降30.68%（初版下降18.46%），总印数下降58.84%，总印张下降44.43%，总定价下降26.03%。

（13）数理科学、化学类6 997种（初版2 731种）、4 313万册（张）、669 626千印张、总定价114 351万元，占总品种的1.89%（初版占1.32%）、总印数的0.56%、总印张的1.06%、总定价的1.08%。与上年相比，品种数增长11.17%（初版增长1.45%），总印数下降2.40%，总印张下降2.88%，总定价增长3.22%。

（14）天文学、地球科学类2 014种（初版1 301种）、980万册（张）、110 365千印张、总定价28 386万元，占总品种的0.55%（初版占0.63%）、总印数的0.13%、总印张的0.17%、总定价的0.27%。与上年相比，品种数增长12.51%（初版增长2.85%），总印数下降30.15%，总印张增长3.78%，总定价增长10.52%。

（15）生物科学类2 259种（初版1 373种）、1 375万册（张）、182 891千印张、总定价40 556万元，占总品种的0.61%（初版占0.66%）、总印数的0.18%、总印张的0.29%、总定价的0.38%。与上年相比，品种数增长14.50%（初版增长7.43%），总印数下降2.96%，总印张增长8.87%，总定价增长17.18%。

（16）医药、卫生类15 711种（初版9 540种）、11 401万册（张）、1 751 178千印张、总定价373 495万元，占总品种的4.25%（初版占4.60%）、总印数的1.48%、总印张的2.76%、总定价的3.51%。与上年相比，品种数下降0.51%（初版下降4.58%），总印数下降2.07%，总印张下降0.11%，总定价下降1.87%。

（17）农业科学类6 305种（初版3 185种）、6 246万册（张）、467 900千印张、总定价94 844万元，占总品种的1.71%（初版占1.53%）、总印数的0.81%、总印张的0.74%、总定价的0.89%。与上年相比，品种数下降

4.77%（初版下降 0.72%），总印数增长 15.73%，总印张增长 11.56%，总定价增长 12.14%。

（18）工业技术类 44 539 种（初版 22 997 种）、21 547 万册（张）、3 473 871 千印张、总定价 757 191 万元，占总品种的 12.05%（初版占 11.08%）、总印数的 2.80%、总印张的 5.47%、总定价的 7.12%。与上年相比，品种数增长 6.29%（初版增长 1.51%），总印数增长 3.42%，总印张下降 19.93%，总定价增长 9.25%。

（19）交通运输类 4 189 种（初版 2 060 种）、2 452 万册（张）、334 312 千印张、总定价 80 961 万元，占总品种的 1.13%（初版占 0.99%）、总印数的 0.32%、总印张的 0.53%、总定价的 0.76%。与上年相比，品种数增长 8.47%（初版增长 1.23%），总印数增长 0.66%，总印张增长 7.97%，总定价增长 10.76%。

（20）航空、航天类 338 种（初版 235 种）、148 万册（张）、19 683 千印张、总定价 5 797 万元，占总品种的 0.09%（初版占 0.11%）、总印数的 0.02%、总印张的 0.03%、总定价的 0.05%。与上年相比，品种数增长 21.15%（初版增长 14.63%），总印数增长 13.85%，总印张增长 21.56%，总定价增长 26.60%。

（21）环境科学类 1 706 种（初版 1 243 种）、992 万册（张）、104 480 千印张、总定价 26 796 万元，占总品种的 0.46%（初版占 0.60%）、总印数的 0.13%、总印张的 0.16%、总定价的 0.25%。与上年相比，品种数增长 7.36%（初版增长 10.59%），总印数下降 48.94%，总印张下降 25.98%，总定价下降 18.50%。

（三）各类课本出版情况

各类课本的出版数量与上年相比增减的百分比如下：

（1）大专及大专以上课本 48 126 种（初版 17 976 种）、33 207 万册（张）、5 779 979 千印张、总定价 972 202 万元，与上年相比，品种数增长 11.85%（初版增长 9.02%），总印数下降 5.69%，总印张下降 5.50%，总定价增长 0.16%。

（2）中专课本 6 151 种（初版 1 622 种）、7 456 万册（张）、958 302 千印张、总定价 152 064 万元，与上年相比，品种数增长 22.12%（初版增长 0.62%），总印数增长 10.82%，总印张增长 9.81%，总定价增长 15.77%。

（3）中学课本 6 307 种（初版 954 种）、168 160 万册（张）、12 843 298 千印张、总定价 1 247 800 万元，与上年相比，品种数增长 35.46%（初版增长 63.08%），总印数下降 3.35%，总印张下降 2.99%，总定价增长 0.05%。

（4）小学课本 5 267 种（初版 730 种）、121 815 万册（张）、6 235 323 千印张、总定价 651 738 万元，与上年相比，品种数增长 30.21%（初版增长 40.12%），总印数增长 16.97%，总印张增长 18.20%，总定价增长 20.32%。

（5）业余教育课本 6 288 种（初版 3 147 种）、4 228 万册（张）、685 683 千印张、总定价 144 168 万元，与上年相比，品种数增长 66.26%（初版增长 44.76%），总印数增长 31.43%，总印张增长 52.48%，总定价增长 64.80%。

（6）扫盲课本 8 种（初版 4 种）、6 万册（张）、399 千印张、总定价 49 万元。

（7）教学用书 6 134 种（初版 1 511 种）、9 119 万册（张）、791 320 千印张、总定价 133 709 万元，与上年相比，品种数下降 19.19%（初版下降 40.86%），总印数下降 24.94%，总印张下降 26.95%，总定价下降 29.68%。

（四）少年儿童读物出版情况

2011 年全国共出版少年儿童读物 22 059 种（初版 14 077 种）、37 800 万册（张）、2 138 117 千印张、总定价 603 373 万元，与上年相比，品种数增长 11.44%（初版增长 11.37%），总印数增长 5.64%，总印张增长 13.92%，总定价增长 27.62%。

二、期刊

（一）期刊出版总量

2011 年全国共出版期刊 9 849 种，平均期印数 16 880 万册，总印数 32.85 亿册，总印张 192.73 亿印张，定价总金额 238.43 亿元，折合用纸量 45.28 万 t。与上年相比，品种数下降 0.35%，平均期印数增长 3.25%，总印数增长 2.17%，总印张增长 6.44%，定价总金额增长 9.53%。

（二）各类期刊出版情况

各类期刊的出版数量、所占比重及与上年相比增减百分比如下：

（1）综合类期刊 435 种，平均期印数 1 206 万册，总印数 25 358 万册，总印张 1 266 075 千印张；占期刊总品种的 4.42%，总印数的 7.72%，总印张的 6.57%。与上年相比，品种数下降 12.12%，平均期印数下降 31.71%，总印数下降 37.49%，总印张下降 33.89%。

（2）哲学、社会科学类期刊 2 516 种，平均期印数 7 175 万册，总印数 138 842 万册，总印张 7 181 138 千印张；占期刊总品种的 25.55%，总印数的 42.26%，总印张的 37.26%。与上年相比，品种数增长 2.03%，平均期印数增长 11.08%，总印数增长 16.12%，总印张增长 2.06%。

（3）自然科学、技术类期刊 4 920 种，平均期印数 3 282 万册，总印数 48 717 万册，总印张 3 797 212 千印张；占期刊总品种的 49.95%，总印数的 14.83%，总印张的 19.70%。与上年相比，品种数下降 0.32%，平均期印数增长 8.66%，总印数增长 3.50%，总印张增长 14.53%。

（4）文化、教育类期刊 1 349 种，平均期印数 3 664 万册，总印数 78 539 万册，总印张 4 934 170 千印张；占期刊总品种的 13.70%，总印数的 23.91%，总印张的 25.60%。与上年相比，品种数增长 11.76%，平均期印数增长 34.48%，总印数增长 28.69%，总印张增长 47.12%。

（5）文学、艺术类期刊 629 种，平均期印数 1 553 万册，总印数 37 066 万册，总印张 2 094 282 千印张；占期刊总品种的 6.39%，总印数的 11.28%，总印张的 10.87%。与上年相比，品种数下降 0.32%，平均期印数增长 22.43%，总印数增长 37.46%，总印张增长 46.52%。

（三）少年儿童期刊出版情况

2011 年全国共出版少年儿童期刊 118 种，平均期印数 1 387 万册，总印数 36 454 万册，总印张 944 731 千印张；占期刊总品种的 1.20%，总印数的 11.10%，总印张的 4.90%。与上年相比，品种数增长 20.41%，平均期印数增长 42.07%，总印数增长 53.93%，总印张增长 29.24%

（四）画刊出版情况

2011 年全国共出版画刊（不含面向少年儿童的画刊）58 种，平均期印数 113 万册，总印数 2 070 万册，总印张 176 258 千印张；占期刊总品种的 0.59%，总印数的 0.63%，总印张的 0.91%。与上年相比，品种数增长 13.73%，平均期印数下降 15.67%，总印数下降 22.24%，总印张下降 45.75%。

三、报 纸

（一）报纸出版总量

2011 年全国共出版报纸 1 928 种，平均期印数 21 517.05 万份，总印数 467.43 亿份，总印张 2 271.99 亿印张，定价总金额 400.44 亿元，折合用纸量 522.56 万 t。与上年相比，品种数降低了 0.57%，平均期印数增长 0.37%，总印数增长 3.38%，总印张增长 5.77%，定价总金额增长 8.91%。

（二）各级报纸出版情况

各级报纸的出版数量、所占比重及与上年相比增减百分比如下：

（1）全国性和省级报纸 1 042 种，平均期印数 16 003.40 万份，总印数 315.35 亿份，总印张 1 510.78 亿印张。占报纸总品种的 54.05%，总印数的 67.46%，总印张的 66.50%。与上年相比品种数下降 0.96%，平均期印数增长 1.38%，总印数增长 2.07%，总印张增长 3.70%。其中，全国性报纸 217 种，平均期印数 2 939.65 万份，总印数 68.96 亿份，总印张 199.91 亿印张；占报纸总品种的 11.25%，总印数的 14.75%，总印张的 8.80%。与上年相比品种数下降 4.41%，平均期印数下降 3.44%，总印数下降 0.82%，总印张下降 13.72%。

省级报纸 825 种，平均期印数 13 063.75 万份，总印数 246.39 亿份，总印张 1 310.87 亿印张；占报纸总品种的 42.79%，总印数的 52.71%，总印张的 57.70%。与上年相比品种数持平，平均期印数增长 2.53%，总印数增长 2.92%，总印张增长 6.98%。

（2）地、市级报纸 869 种，平均期印数 5 480.06 万份，总印数 151.15 亿份，总印张 759.45 亿印张；占报纸总品种 45.01%，总印数 32.34%，总印张 33.43%。与上年相比，种数下降 0.23%，平均期印数下降 2.44%，总印数增长 6.28%，总印张增长 10.23%。

3. 县级报纸 17 种，平均期印数 33.59 万份，总印数 0.94 亿份，总印张 1.76 亿印张；占报纸总品种 0.88%，总印数 0.20%，总印张 0.08%。与上年相比，种数增长了 6.25%，平均期印数下降 2.44%，总印数下降 4.08%，总印张下降 16.19%。

（三）各类报纸出版情况

各类报纸的出版数量、所占比重及与上年相比增减百分比如下：

（1）综合报纸 809 种，平均期印数 9 552.80 万份，总印数 325.43 亿份，总印张 1 915.09 亿印张；占报纸总品种的 41.96%，总印数的 69.62%，总印张的 84.29%。与上年相比，品种数增长了 0.37%，平均期印数增长 0.66%，总印数增长 3.70%，总印张增长 6.35%。

（2）专业报纸 1 119 种，平均期印数 11 964.25 万份，总印数 142.00 亿份，总印张 356.90 亿印张；占报纸总品种的 58.04%，总印数的 30.38%，总印张的 15.71%。与上年相比，品种数下降 1.24%，平均期印数增长 0.14%，总印数增长 2.65%，总印张增长 2.75%。

四、音像制品与电子出版物

截至 2011 年年底，全国共有音像制品出版单位 369

家，电子出版物出版单位268家。

（一）录音制品出版情况

2011年全国共出版录音制品9 931种，出版数量2.46亿盒（张），发行数量2.60亿盒（张），发行总金额10.35亿元。与上年相比，品种下降6.65%，出版数量增长3.30%，发行数量增长1.43%，发行总金额下降14.28%。

各类录音制品的出版数量及占总量的比重如下：

（1）录音带（AT）3 250种，18 757.06万盒（新出1 322种、1 797.1万盒，再版1 928种、16 959.96万盒）。与上年相比，品种下降2.58%，数量增长7.78%。其中：

自编节目3 249种、18 756.76万盒，占录音带种数的99.97%、数量的99.99%。自编节目中：歌曲144种、168.87万盒，占录音带种数的4.43%、数量的0.90%；乐曲6种、0.29万盒，占录音带种数的0.18%、数量的0.01%；戏曲75种、2.54万盒，占录音带种数的2.30%、数量的0.01%；曲艺10种、0.43万盒，占录音带种数的0.31%、数量的0.002%；教育2 188种、6 204.7万盒，占录音带种数的67.32%、数量的33.08%；文学125种、14.98万盒，占录音带种数的3.85%、数量的0.08%；语言673种、12 359.28万盒，占录音带种数的20.71%、数量的65.89%；其他类28种、5.67万盒，占录音带种数的0.86%、数量的0.03%。

引进节目1种、0.3万盒，为文学类，占录音带种数的0.03%、数量的0.002%。

无对外合作节目。

少年儿童录音带445种、数量60.25万盒。

（2）激光唱片（CD）4 716种，3 731.56万张（新出3 456种、2 165.31万张，再版1 260种、1 566.25万张）。与上年相比，品种下降了7.27%，数量下降了5.47%。其中，自编节目4 228种、3 298.03万张，占激光唱盘种数的89.65%、数量的88.38%。自编节目中：歌曲1 397种、623.77万张，占激光唱盘种数的29.62%、数量的16.72%；乐曲590种、303.04万张，占激光唱盘种数的12.51%、数量的8.12%；戏曲175种、55.44万张，占激光唱盘种数的3.71%、数量的1.49%；曲艺44种、12.9万张，占激光唱盘种数的0.93%、数量的0.35%；教育1 197种、1 579.65万张，占激光唱盘种数的25.38%、数量的42.33%；文学112种、131.63万张，占激光唱盘种数的2.37%、数量的3.53%；语言590种、517.6万张，占激光唱盘种数的12.51%、数量的13.87%；其他类123种、74万张，占激光唱盘种数的2.61%、数量的1.98%。

引进节目487种、433.33万张，占激光唱盘种数的10.33%、数量的11.61%。引进节目中：歌曲349种、251.73万张，占激光唱盘种数的7.40%、数量的6.75%；乐曲109种、160.31万张，占激光唱盘种数的2.31%、数量4.30%；教育13种、9.07万张，占激光唱盘种数的0.28%、数量的0.24%；语言8种、8.29万张，占激光唱盘种数的0.17%、数量的0.22%；其他类8种、3.93万张，占激光唱盘种数的0.17%、数量的0.11%。

对外合作节目1种、0.2万张。

少年儿童激光唱盘（CD）457种、数量374.48万张。

（3）高密度激光唱盘及其他载体1 965种，2 154.13万张（新出1 070种、790.15万张，再版895种、1 363.98万张）。与上年相比，品种下降11.37%，数量下降13.97%。其中，自编节目1 918种、2 134.72万张，占高密度激光唱盘及其他载体种数的97.61%、数量的99.10%。自编节目中：歌曲28种、190.3万张，占高密度激光唱盘及其他载体种数的1.42%、数量的8.83%；乐曲29种、23.86万张，占高密度激光唱盘及其他载体种数的1.48%、数量的1.11%；教育461种、698.45万张，占高密度激光唱盘及其他载体种数的23.46%、数量的32.42%；语言1 370种、1 200.29万张，占高密度激光唱盘及其他载体种数的69.72%、数量的55.72%；其他类30种、21.82万张，占高密度激光唱盘及其他载体种数的1.17%、数量的0.80%。

引进节目47种、19.41万张，占高密度激光唱盘及其他载体种数的2.39%、数量的0.90%。引进节目中：教育16种、7.95万张，占高密度激光唱盘及其他载体种数的0.81%、数量的0.37%；语言30种、9.46万张，占高密度激光唱盘及其他载体种数的1.53%、数量的0.44%。

无对外合作节目。

少年儿童高密度激光唱盘及其他载体67种、数量18.19万张。

（二）录像制品出版情况

2011年全国共出版录像制品9 477种，出版数量2.18亿盒（张），发行数量1.28亿盒（张），发行总金额7.91亿元。与上年相比，品种下降13.16%，出版数量增长17.59%，发行数量增长7.97%，发行总金额下降1.72%。

各类录像制品的出版数量及占总量的比重如下：

（1）录像带（VT）及其他141种，62.98万盒（新出137种、59.77万盒）。与上年相比，品种增长227.91%，数

综

述

量下降75.35%。其中，自编节目90种、40.68万盒，占录像带种数的63.83%、数量的64.59%。自编节目中：教育44种、19.37万盒，占录像带种数的31.21%、数量的30.76%；语言1种、0.2万盒，占录像带种数的0.71%、数量的0.32%；其他类45种、21.11万盒，占录像带种数的17.02%，数量的33.52%。

引进节目51种、22.3万盒。

无对外合作节目。

少年儿童节目4种、1.2万盒。

（2）数码激光视盘（VCD）2 994种，6 864.36万张（新出1 591种、4 417.73万张，再版1 403种、2 446.63万张）。与上年相比，品种下降25.78%，数量增长5.29%。其中：自编节目2 943种、6 594.38万张，占数码激光视盘种数的98.30%、数量的96.07%。自编节目中：故事片31种、30.1万张，占数码激光视盘种数的1.04%、数量的0.44%；电视剧2种、4万张，占数码激光视盘种数的0.07%、数量的0.06%；戏曲片334种、318.63万张，占数码激光视盘种数的11.16%、数量的4.64%；风光片4种、3.9万张，占数码激光视盘种数的0.13%、数量的0.06%；卡通片122种、1 105.45万张，占数码激光视盘种数的4.07%、数量的16.10%；音乐舞蹈163种、199.63万张，占数码激光视盘种数的5.44%、数量的2.90%；卡拉OK、MTV18种、31.8万张，占数码激光视盘种数的0.60%、数量的0.46%；社会科学42种、305.41万张，占数码激光视盘种数的1.40%、数量的4.45%；教育1 246种、4 050.57万张，占数码激光视盘种数的41.62%、数量的59.01%；语言77种、64.43万张，占数码激光视盘种数的2.57%、数量的0.94%；科技74种、58.6万张，占数码激光视盘种数的2.47%、数量的0.85%；经济36种、40.72万张，占数码激光视盘种数的1.20%、数量的0.59%；体育22种、20.72万张，占数码激光视盘种数的0.73%、数量的0.30%；医药卫生68种、49.6万张，占数码激光视盘种数的2.27%、数量的0.72%；农业科学467种、132.79万张，占数码激光视盘种数的15.60%、数量的1.93%；综合89种、47.17万张，占数码激光视盘种数的2.97%、数量的0.69%；其他类148种、130.86万张，占数码激光视盘种数的4.94%、数量的1.91%。

引进节目51种、269.98万张，占数码激光视盘种数的1.70%、数量的3.93%。引进节目中：故事片7种、59.4万张，占数码激光视盘种数的0.23%、数量的0.87%；卡通片12种、181.2万张，占数码激光视盘种数的0.40%、数量的2.63%；其他类32种、29.38万张，占数码激光视盘种数的1.07%、数量的0.43%。

无对外合作节目。

少年儿童数码激光视盘（VCD）673种，数量3 664.23万张。

（3）高密度激光视盘（DVD-V）6 342种，14 860.86万张（新出5 265种、13 743.70万张，再版1 059种、1 117.16万张）。与上年相比，品种下降7.23%，数量增长26.43%。其中，自编节目5 622种、14 024.53万张，占高密度激光视盘种数的88.65%、数量的94.37%。自编节目中：故事片197种、376.22万张，占高密度激光视盘种数的3.11%、数量的2.53%；电视剧378种、8 616.39万张，占高密度激光视盘种数的5.96%、数量的57.98%；戏曲片242种、85.12万张，占高密度激光视盘种数的3.82%、数量的0.57%；风光片59种、71.6万张，占高密度激光视盘种数的0.93%、数量的0.48%；卡通片158种、720.5万张，占高密度激光视盘种数的2.49%、数量的4.85%；音乐舞蹈451种、270.72万张，占高密度激光视盘种数的7.11%、数量的1.82%；卡拉OK、MTV108种、31.14万张，占高密度激光视盘种数的1.70%、数量的0.21%；社会科学216种、210.98万张，占高密度激光视盘种数的3.41%、数量的1.42%；教育2 126种、2 318.92万张，占高密度激光视盘种数的33.52%、数量的15.60%；语言154种、97.37万张，占高密度激光视盘种数的2.43%、数量的0.66%；经济95种、133.29万张，占高密度激光视盘种数的1.50%，数量的0.90%；体育114种、84.62万张，占高密度激光视盘种数的1.81%、数量的0.57%；医药卫生245种、107.8万张，占高密度激光视盘种数的3.86%、数量的0.73%；综合511种、482.44万张，占高密度激光视盘种数的8.06%、数量的3.25%；其他类568种、417.41万张，占高密度激光视盘种数的8.96%、数量的2.81%。

引进节目710种、829.83万张，占高密度激光视盘种数的11.2%、数量的5.58%。引进节目中：故事片414种、350.84万张，占高密度激光视盘种数的6.53%、数量的2.36%；音乐舞蹈39种、31.1万张，占高密度激光视盘种数的0.61%、数量的0.21%；卡通片190种、324.86万张，占高密度激光视盘种数的3.00%、数量的2.19%；其他类67种、123.03万张，占高密度激光视盘种数的1.06%、数量的0.83%。

对外合作节目10种、6.5万张。

少年儿童高密度激光视盘（DVD-V）960种，数量

1 929.03 万张。

（三）电子出版物出版情况

2011 年全国共出版电子出版物 11 154 种、21 322.22 万张。与上年相比，品种下降 0.19%，数量下降 17.71%。其中：只读光盘（CD-ROM）7 546 种、15 919.66 万张，与上年相比，品种下降 1.53%，数量下降 29.09%；高密度只读光盘（DVD-ROM）2 747 种、3 995.4 万张，与上年相比，品种下降 0.18%，数量增长 47.19%；交互式光盘（CD-I）及其他 861 种、1 407.17 万张，与上年相比，品种增长 13.29%，数量增长 88.14%。

五、出版物发行

（一）发行网点与从业人员情况

2011 年全国共有出版物发行网点 168 586 处，与上年相比增长 0.42%。其中国有书店和国有发行网点 9 513 处，与上年相比降低 4.73%；供销社发行网点 997 处，与上年相比降低 34.41%；出版社自办发行网点 447 处，与上年相比降低 3.25%；文化、教育、广电、邮政系统发行网点 36 455 处，与上年相比降低 7.15%；新华书店系统外批发网点 7 141 处，与上年相比增长 10.15%；集体个体零售网点 113 932 处，与上年相比增长 3.58%。

2011 年全国出版物发行业从业人员 72.44 万人，与上年相比增长 0.08%。其中国有书店和国有发行网点从业人员 13.84 万人，与上年相比增长 0.58%；文化、教育、广电、邮政系统发行从业人员 7.70 万人，与上年相比增长 8.76%；新华书店系统外批发网点从业人员 15.22 万人，与上年相比增长 1.4%；集体个体零售网点从业人员 34.74 万人，与上年相比增长 7.35%。

（二）出版物购进情况

2011 年全国新华书店系统、出版社自办发行单位出版物总购进 184.06 亿（册、张、份、盒）、2 024.89 亿元；与上年相比，数量增长 6.68%，金额增长 14.05%。其中，新华书店系统购进 123.50 亿（册、张、份、盒），与上年相比增长 8.42%，购进金额 1 078.02 亿元，与上年相比增长 10.65%。

（三）出版物销售情况

1. 总销售情况

2011 年全国新华书店系统、出版社自办发行单位出版物总销售 178.17 亿册（张、份、盒）、1 953.49 亿元；与上年相比，数量增长 4.99%，金额增长 11.36%。其中：新华书店系统销售 117.51 亿册（张、份、盒）、1 040.40 亿元；与上年相比，数量增长 5.76%，金额增长 8.64%；居民和社会团体零售总额 582.40 亿元，与上年相比增长 9.22%；城市零售 474.78 亿元，农村零售 107.62 亿元，城乡零售比重为 4.41 ∶ 1。

出版物批发销售总额 1 369.11 亿元，比上年增长 12.14%，批零比重为 2.35 ∶ 1。其中：批给市、县批发及零售出版物发行企业 1 299.91 亿元，与上年相比增长 12.37%；批给县以下单位或个人 27.11 亿元，与上年相比增长 38.07%；其他批发 42.09 亿元，与上年相比减少 5.40%。

出口总额 1.99 亿元，与上年相比下降 21.3%。

2. 纯销售情况

2011 年全国新华书店系统、出版社自办发行单位纯销售 65.78 亿册（张、份、盒）、653.59 亿元；与上年相比，数量增长 1.80%，金额增长 8.95%。

3. 各类出版物零售情况

各类出版物的零售数量和金额、所占零售总量的比重如下：

（1）哲学、社会科学类图书 2.18 亿册、36.86 亿元，占销售数量 3.67%、销售金额 6.33%。

（2）文化、教育类（含教辅读物）图书 22.49 亿册、215.38 亿元，占销售数量 37.78%、销售金额 36.98%。

（3）文学、艺术类图书 2.01 亿册、28.78 亿元，占销售数量 3.38%、销售金额 4.94%。

（4）自然科学、技术类图书 1.50 亿册、28.34 亿元，占销售数量 2.52%、销售金额 4.87%。

（5）少年儿童读物图书 1.51 亿册、17.86 亿元，占销售数量 2.54%、销售金额 3.07%。

（6）大中专教材、业余教育及教参 0.97 亿册、17.11 亿元，占销售数量 1.62%、销售金额 2.94%。

（7）中小学课本及教参 26.23 亿册、199.27 亿元，占销售数量 44.05%、销售金额 34.22%。

（8）其他类图书 1.36 亿册、15.21 亿元，占销售数量 2.29%、销售金额 2.61%。

（9）期刊 0.17 亿册、4.44 亿元，占销售数量 0.28%、销售金额 0.76%。

（10）报纸 0.08 亿份、0.57 亿元，占销售数量 0.14%、销售金额 0.10%。

（11）音像制品 0.69 亿盒张、9.27 亿元，占销售数量

1.16%、销售金额 1.59%。

（12）电子出版物 0.33 亿张、9.30 亿元，占销售数量 0.56%、销售金额 1.60%。

（四）出版物库存情况

全国新华书店系统、出版社自办发行单位年末库存 55.86 亿册（张、份、盒）、804.05 亿元；与上年相比，数量增长 5.39%，金额增长 8.98%。

（五）非出版物商品销售

非出版物商品销售金额 55.01 亿元（未在销售总额之内）。

六、印刷复制

（一）印刷复制总体情况

2011 年全国印刷复制（包括出版物印刷、包装装潢印刷、其他印刷品印刷、专项印刷、打字复印、复制和印刷物资供销）实现营业收入 9 305.35 亿元，与上年相比增长 17.52%；增加值 2 324.91 亿元，与上年相比增长 9.63%；利润总额 614.60 亿元，与上年相比增长 6.26%。

（二）出版物印刷（含专项印刷）

2011 年全国出版物印刷企业（含专项印刷）8 309 家，职工年末平均人数 57.62 万人，与上年相比下降 5.97%，职工工资总额 158.65 亿元，与上年相比增长 15.68%，人均年工资 2.75 万元，与上年相比增长 22.77%。

1. 出版物印刷厂产值产量（含专项印刷）

（1）工业销售产值 1 320.68 亿元，与上年相比增长 7.00%。

（2）图书、报纸、其他出版物黑白印刷产量 30 090.95 万令，比上年增长 6.43%。彩色印刷产量 152 912.73 万对开色令，与上年相比增长 7.75%。

（3）装订产量 28 984.86 万令，与上年相比下降 0.08%。

（4）印刷用纸 33 366.23 万令，比上年下降 11.87%；1 013.97 万 t，比上年下降 8.48%。

2. 出版物印刷厂主要经济指标（含专项印刷）

（1）年末资产合计 1 781.99 亿元，与上年相比增长 1.84%。

（2）年末负债合计 915.38 亿元，与上年相比增长 2.22%。

（3）所有者权益年末合计 866.61 亿元，与上年相比增长 1.45%。

（4）主营业务收入 1 312.41 亿元，与上年相比增长 9.32%。

（5）利润总额 78.37 亿元，与上年相比下降 2.24%。

（6）增加值 412.37 亿元，与上年相比增长 6.19%。

（三）包装装潢印刷厂主要经济指标

（1）增加值 1 517.10 亿元，与上年相比增加 9.49%。

（2）营业收入 6 747.94 亿元，与上年相比增加 21.06%。

（3）利润总额 405.08 亿元，与上年相比增加 1.52%。

（四）其他印刷品印刷厂主要经济指标

（1）增加值 295.55 亿元，与上年相比增加 15.73%。

（2）营业收入 900.66 亿元，与上年相比增加 6.11%。

（3）利润总额 96.38 亿元，与上年相比增加 45.13%。

七、出版物进出口

（一）图书、报纸、期刊出口

2011 年全国累计出口（包括全国出版物进出口经营单位的出口和部分出版单位、发行单位的出口，系不完全统计。后同。）图书、报纸、期刊 1 056 800 种次、1 549.17 万册（份）、5 894.12 万美元。其中，全国出版物进出口经营单位累计出口 914 726 种次、1 144.18 万册（份）、3 905.51 万美元；与上年相比，种次下降 4.21%，数量增长 21.00%，金额增长 5.24%。其中：

（1）图书出口 878 174 种次、855.76 万册、3 276.61 万美元；与上年相比，种次下降 3.85%，数量增长 21.00%，金额增长 1.38%。

（2）期刊出口 36 018 种次、252.89 万册、573.44 万美元；与上年相比，种次下降 12.29%，数量增长 29.83%，金额增长 35.25%。

（3）报纸出口 534 种次、35.52 万份、55.46 万美元；与上年相比，种次下降 4.81%，数量下降 18.56%，金额增长 1.01%。

全国出版物进出口经营单位各类图书出口的种次、数量、金额及所占全国出版物进出口经营单位图书出口总量的比重如下：

（1）哲学、社会科学类 201 653 种次、101.52 万册、752.50 万美元，占图书出口种次的 22.96%、数量的 11.86%、金额的 22.97%。

（2）文化、教育类 181 888 种次、158.08 万册、571.18 万美元，占图书出口种次的 20.71%、数量的 18.47%、金额的 17.43%。

（3）文学、艺术类 208 855 种次、144.66 万册、650.66

万美元，占图书出口种次的 23.78%、数量的 16.90%、金额的 19.86%。

（4）自然、科学技术类 89 654 种次、57.99 万册、345.88 万美元，占图书出口种次的 10.21%、数量的 6.78%、金额的 10.56%。

（5）少儿读物类 64 657 种次、205.23 万册、280.61 万美元，占图书出口种次的 7.36%、数量的 23.98%、金额的 8.56%。

（二）图书、报纸、期刊进口

2011 年全国出版物进出口经营单位累计进口图书、报纸、期刊 1 119 975 种次、2 979.88 万册（份）、28 373.26 万美元；与上年相比，种次增长 27.31%，数量增长 3.40%，金额增长 9.09%。其中：

（1）图书进口 1 042 288 种次、754.85 万册、11 666.91 万美元；与上年相比，种次增长 29.30%，数量增长 32.76%，金额增长 24.09%。

（2）期刊进口 76 337 种次、439.93 万册、13 906.17 万美元；与上年相比，种次增长 5.94%，数量增长 4.58%，金额增长 0.56%。

（3）报纸进口 1 350 种次、1 785.10 万份、2 800.18 万美元；与上年相比，种次下降 14.66%，数量下降 5.68%，金额增长 0.81%。

各类图书进口的种次、数量、金额及所占图书进口总量的比重如下：

（1）哲学、社会科学类 276 618 种次、117.99 万册、2 476.69 万美元，占图书进口种次的 26.54%、数量的 15.63%、金额的 21.23%。

（2）文化、教育类 165 089 种次、180.25 万册、2 037.88 万美元，占图书进口种次的 15.84%、数量的 23.88%、金额的 17.47%。

（3）文学、艺术类 168 122 种次、138.23 万册、1 690.11 万美元，占图书进口种次的 16.13%、数量的 18.31%、金额的 14.49%。

（4）自然、科学技术类 252 027 种次、134.63 万册、3414.30 万美元，占图书进口种次的 24.18%、数量的 17.84%、金额的 29.26%。

（5）少儿读物类 63 665 种次、78.66 万册、629.25 万美元，占图书进口种次的 6.11%、数量的 10.42%、金额的 5.39%。

（6）综合类 116 767 种次、105.09 万册、1 418.68 万美元，占图书进口种次的 11.20%、数量的 13.92%、金额的 12.16%。

（三）音像制品、电子出版物出口

2011 年全国累计出口音像制品、电子出版物 430 378 种次、8.32 万盒（张）、1 502.43 万美元。其中，全国出版物进出口经营单位累计出口 8 077 种次、7.71 万盒（张）、35.17 万美元；与上年相比，种次下降 21.98%，数量下降 92.43%，金额下降 25.41%；其中：

（1）激光唱盘（CD）347 种次、1 345 盒、0.25 万美元，占音像、电子出版物出口种次的 4.30%、数量的 1.74%、金额的 0.71%。与上年相比，种次增长 84.57%，数量下降 61.12%，金额下降 94.03%。

（2）高密度激光视盘（DVD-V）7 104 种次、69 129 张、34.25 万美元，占音像、电子出版物出口种次的 87.95%、数量的 89.67%、金额的 97.37%。与上年相比，种次增长 176.85%，数量下降 93.08%，金额增长 58.13%。

（3）数码激光视盘（VCD）626 种次、6 617 张、0.68 万美元，占音像、电子出版物出口种次的 7.75%、数量的 8.58%、金额的 1.92%。与上年相比，种次下降 90.86%，数量下降 57.88%，金额下降 96.79%。

（四）音像制品、电子出版物进口

2011 年全国出版物进出口经营单位累计进口音像制品、电子出版物 14 553 种次、39.63 万盒（张）、14 134.78 万美元；与上年相比，种次下降 42.40%，数量下降 37.05%，金额增长 24.18%。其中：

（1）激光唱盘（CD）和高密度激光唱盘（DVD-A）11 386 种次、147 281 张、130.79 万美元，占音像、电子出版物进口种次的 78.24%、数量的 37.17%、金额的 0.93%。与上年相比，种次下降 26.28%，数量增长 51.37%，金额增长 18.31%。

（2）高密度激光视盘（DVD-V）691 种次、75 489 张、13.32 万美元，占音像、电子出版物进口种次的 4.75%、数量的 19.05%、金额的 0.09%。与上年相比，种次下降 83.55%，数量下降 78.79%，金额下降 88.79%。

（3）电子出版物 2 476 种次、173 517 张、13 990.67 万美元，占音像、电子出版物进口种次的 17.01%、数量的 43.79%、金额的 98.98%。与上年相比，种次下降 22.60%，数量增长 0.35%，金额增长 25.45%。

综

述

八、版权管理与版权贸易

（一）版权管理

1. 版权合同登记

2011 年全国版权合同登记 20 797 份，其中，图书 14 401 份，期刊 288 份，音像制品 245 份，电子出版物 485 份，软件 955 份，电视节目 3 份，其他 4 420 份。

2. 作品自愿登记

2011 年全国作品自愿登记 442 983 份，其中，文字作品 80 424 份，口述 1 份，音乐作品 2 004 份，曲艺 46 份，舞蹈 34 份，杂技 1 份，美术作品 53 326 份，摄影作品 297 028 份，建筑 6 份，影视 7 544 份，设计图 1 210 份，地图 93 份，模型 8 份，其他 1 258 份。

（二）版权贸易

1. 版权引进总体情况

2011 年全国共引进版权 16 639 种，其中，图书 14 708 种，录音制品 278 种，录像制品 421 种，电子出版物 185 种，软件 273 种，电影 37 种，电视节目 734 种，其他 3 种。

版权引进地情况如下：美国 5 182 种，英国 2 595 种，德国 895 种，法国 720 种，俄罗斯 57 种，加拿大 140 种，新加坡 265 种，日本 2 161 种，韩国 1 098 种，中国香港地区 658 种、澳门地区 1 种、台湾地区 1 497 种、其他地区 1 370 种。

2. 出版物版权引进情况

2011 年全国共引进图书、音像制品和电子出版物版权 15 592 种。其中，图书版权引进地情况如下：美国 4 553 种，英国 2 256 种，德国 881 种，法国 706 种，俄罗斯 55 种，加拿大 133 种，新加坡 200 种，日本 1 982 种，韩国 1 047 种，中国香港地区 345 种、澳门地区 1 种、台湾地区 1 295 种，其他地区 1 254 种。

3. 版权输出总体情况

2011 年全国共输出版权 7 783 种，其中图书 5 922 种，录音制品 130 种，录像制品 20 种，电子出版物 125 种，软件 5 种，电影 2 种，电视节目 1 559 种，其他 20 种。

版权输出地情况如下：美国 1 077 种，英国 433 种，德国 146 种，法国 129 种，俄罗斯 40 种，加拿大 16 种，新加坡 221 种，日本 187 种，韩国 507 种，中国香港地区 448 种、澳门地区 37 种、台湾地区 1 656 种、其他地区 2 886 种。

Net Production
Nets Profits
聚焦印刷行业发展的未来，着眼于印刷机械与操作人员之间的理想关系
秉承多年来资质培育的理念而更上一层楼
现在，三菱的单张纸印刷机又进化到了新的境界，这就是 DIAMOND V3000
这种机型所追求的是真正的生产效率
彻底缩短了作业转换以及维护保养所造成的停机时间
领先整体生产效率的优势，将会为您的经营带来巨大收益
MITSUBISHI
最高印刷速度 16,200张/h
最大纸张尺寸 750mm×1,050mm
最小纸张尺寸 360mm×540mm
三菱单张纸胶印机
DIAMOND V3000
MAIN OFFICE
三菱重工业（上海）
上海021-68413030
三菱重工业（上海）北京分公司
北京010-65173030
三菱重工业（香港）
香港852-28873200
AGENT
商菱印达（上海）商贸有限公司
上海021-50317130
商菱印通（北京）商贸有限公司
北京010-67083030
AGENT
华菱（广东）印刷器材公司
深圳0755-89309419
深圳市商菱印通商贸有限公司
深圳0755-25593030

绿色环保
印刷未来
GREENFUTURE INNOVATION LEADS
FUJIFILM group
Green Policy
FUJIFILM
DIGITAL PLATE Brillia
PRO-VN
PRO-T3

SCREEN
Fit your needs, Fit your future
CTP
数码印刷
PT-R8900
TP-J520
TP-JSX
TP-J1600UV
網屏(中國)
www.screenchina.com
香港
(852) 2953-0038
admigen@screenchina.com.hk
網屏印刷器材(上海)有限公司
上海
(86) 21-3126-5122
admin@screensh.com.cn /admin-wgq@screensh.com.cn
北京
(86) 10-6708-9271, 9272, 9273
screenbj@netchina.com.cn
广州
(86) 20-3887-9650, 9651, 9652
admin@screengz.com.cn

印前
印后
印刷
为您，威誉提供更
出色的方案
Horizon
Kodak
MGI
gmg color
JUST NORMLICHT
KISUN
DATIEN
KUDO-ACE
TECHKON
部分代理品牌

荣耀中国
TOP 10
GRAFMAC
印前设备专业制造
荣获2011年度印刷行业十大民族品牌
昆山
GRAFMAC
旺昌机械工业（昆山）有限公司
GRAFMAC MACHINERYCO.,LTD.
昆山 电 话：+86-512-8260 9977 传 真：+86-512-5763 6995
客服电话：400 183 9788
江苏省昆山市昆嘉路320号2号厂房
台湾 电 话：+886-2-2909 5300 传 真：+886-2-2297 4446
台北县泰山乡中路二段483巷2号
E-mail: grafmac@grafmac.com
详细资料请浏览网页 www.grafmac.com.cn

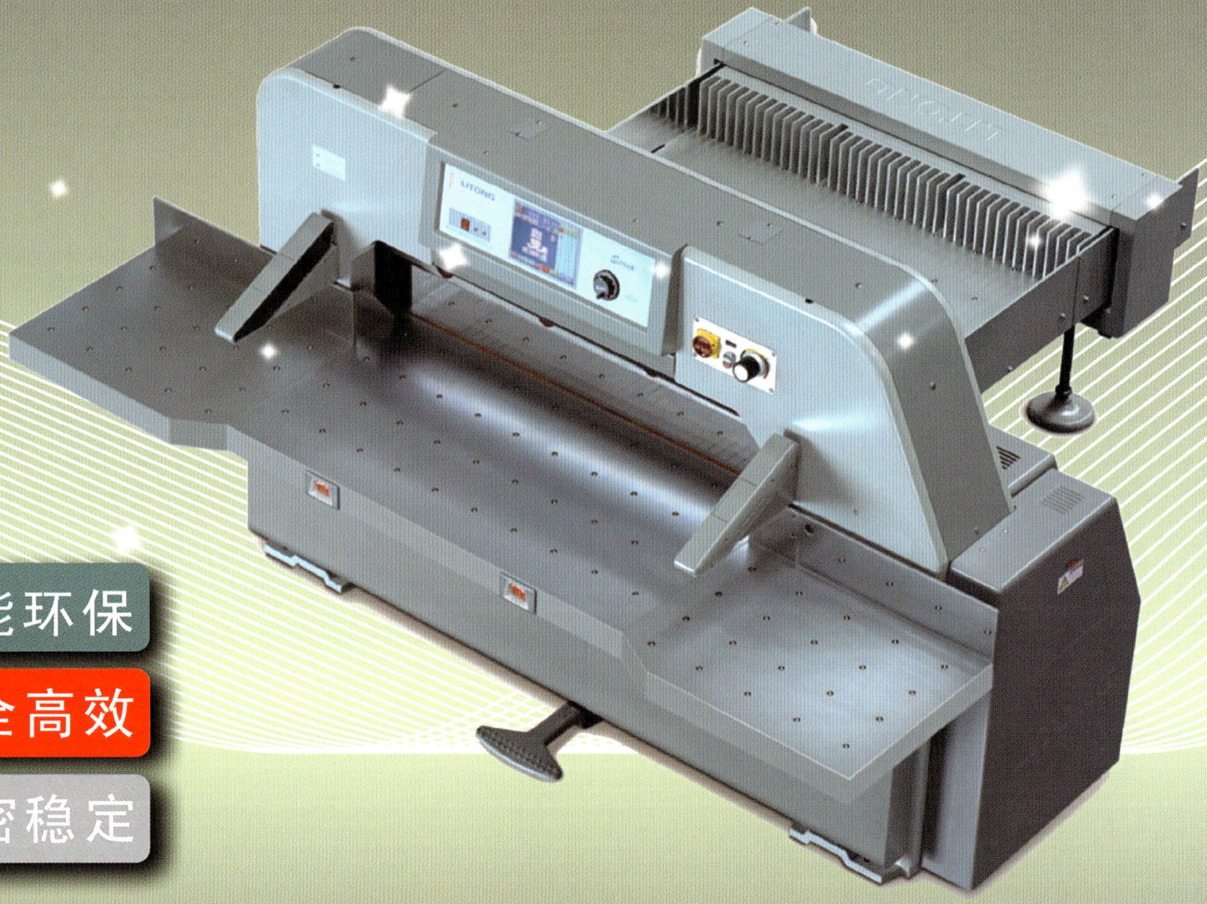

德阳市利通印刷机械有限公司
地址：四川省德阳市龙泉山南路三段11号
邮编：618000
电话：+86-838-2906001
4001016011
传真：+86-838-2906008
E-mail:dylitong@126.com
http://www.litong.cc

深圳市利通精密机械有限公司
地址：广东省深圳市新闻路景苑大厦A-907
邮编：518034
电话：+86-755-83904487
传真：+86-755-83904463
E-mail:szlitong1992@126.com

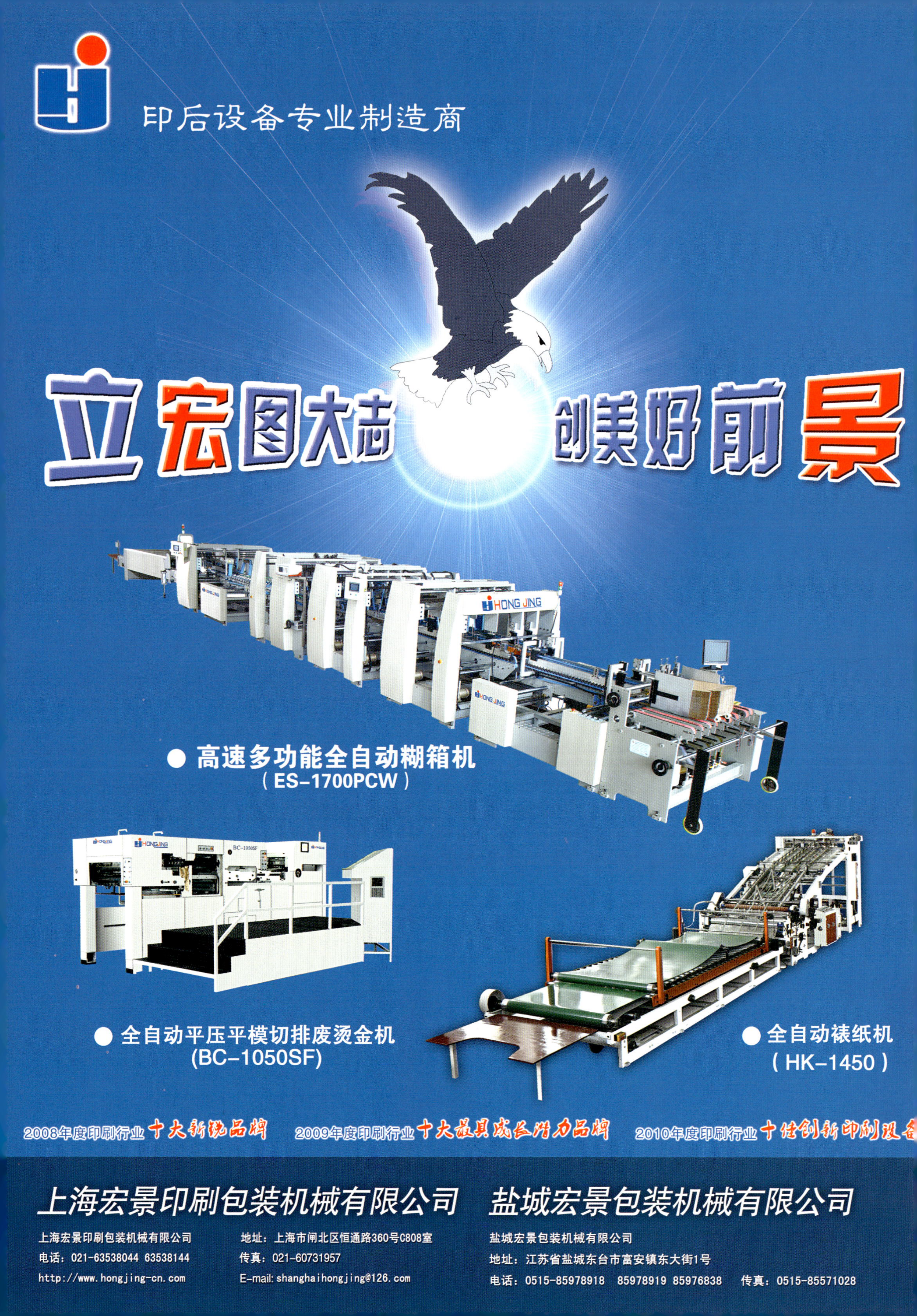

印后设备专业制造商
立宏图大志
创美好前景
HONG JING
● 高速多功能全自动糊箱机
（ES-1700PCW）
● 全自动平压平模切排废烫金机
(BC-1050SF)
● 全自动裱纸机
（HK-1450）
2008年度印刷行业十大新锐品牌
2009年度印刷行业十大最具成长潜力品牌
2010年度印刷行业十佳创新印刷设
上海宏景印刷包装机械有限公司
盐城宏景包装机械有限公司
上海宏景印刷包装机械有限公司
电话：021-63538044 63538144
http://www.hongjing-cn.com
地址：上海市闸北区恒通路360号C808室
传真：021-60731957
E-mail: shanghaihongjing@126.com
盐城宏景包装机械有限公司
地址：江苏省盐城东台市富安镇东大街1号
电话：0515-85978918 85978919 85976838 传真：0515-85571028

SHANGHAI LASER GROUP CO.,LTD

上海激光（集团）总公司

上海激光（集团）总公司在中国率先成为陶瓷网纹辊和橡胶无接缝辊的供应商，更是一家领先由中科院激光专业团队，从事激光雕刻的专业公司，在激光陶瓷网纹辊和橡胶无接缝辊的制造领域历经耕耘，专业积累深厚。

公司可提供柔性印刷所需要的各种配套产品和技术服务，产品种类齐全，覆盖面广，满足客户多方面的需求。

激光雕刻无接缝橡胶辊

激光雕刻陶瓷网纹辊

激光雕刻设备

六角型

自选

斜螺旋

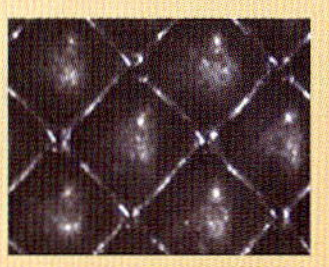

菱型

产品和服务：

A.（1）激光雕刻陶瓷网纹辊
（2）激光雕刻无接缝橡胶辊
（3）网纹辊超声波清洗机 网纹辊清洗剂
（4）刮墨刀柔印贴版胶带

B. 激光切割

C. 激光打标

D. 激光焊接

E. 激光应用服务

地址：上海市嘉定区马陆镇嘉新公路919弄86号 邮编：201801
电话：021-54930717/59903978
传真：021-54358321
http://www.shlasergroup.com
Email: sales@ shlasergroup.com

环保与效率
中国印刷行业的『宠物』
TM
满色
油墨清洗剂
全免酒精润版液
满色油墨清洗剂
2011年荣获国家绿色低碳承诺企业证书及称号
2011年上海满色精细化工科技产品荣获国家低碳标志
中华质量信誉鼎
上海市高新技术成果证书
上海满色精细化工科技有限公司
Shanghai Manse Fine Chemical Science Co.,Ltd.
地址(Add):(021)66302468 传真(Fax):(021)39553401
http://www.mansejingxi.com

全国热线
4000-933-889
绿印家®
——您的绿色印刷专家
油墨清洁废液
润版液过滤器
润版液全自动配方系统
洗车水回收系统
冲版水循环系统
环保·科技
广州绿印家环保科技有限公司
地址：广州市海珠区新港西路135号中山大学科技园B座715室
电话：020-84114881　84114885　传真：020-84114882
E-mail：green_print@163.com　http：//www.gzgpp.com

洛阳圣瑞机电技术有限公司

LUOYANG SUNRAY TECHNOLOGY CO., LTD.

公司简介：

洛阳圣瑞机电技术有限公司是国家认定的“高新技术企业”和“双软认证企业”，承担了多项对外合作计划及国家科研任务。公司主营产品有：基于机器视觉技术的在线检测设备、食品药品溯源系统、服务机器人等三大类、六个系列、五十余款产品。圣瑞公司系科技研发型企业，重视科技创新，共荣获8项科技成果奖，拥有二十余项国家技术发明专利、使用新型技术专利和软件著作权，同时以铸造先进的企业文化作为目标，秉承“科技领先、诚信为本、服务至上”的企业理念，为用户提供优质可靠的产品和及时周到的服务。

主营产品介绍：

EE9200印品质量在线检测系统

应用领域：

印刷品版面品质及所包含可变信息的全方位在线检测

系统特性：

- 可变信息检测：针对票面中所包含的文字、数字、条码、字母等可变信息进行数据同步比对检测
- 缺陷检测：针对印刷品版面上的飞墨、蹭脏、污垢、漏印、套印偏差、色彩偏差等缺陷进行逐张检测
- 检测最大幅宽可达500mm
- 最大识别速度150m/min
- 可自动识别条码26种（包含一维码23种，二维码3种）
- 对检测图像及错误图像进行实时显示
- 错误报警输出，同时可将检测结果生成工作日志并进行打印以供后续使用

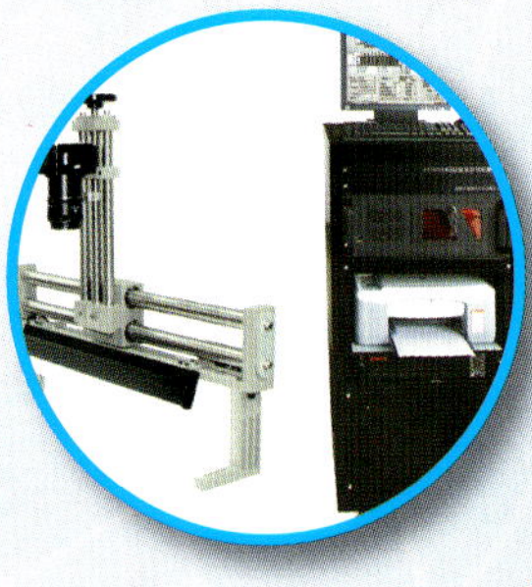

EE6650印刷质量在线双面同步视频监控系统

应用领域：

印刷品网点的正反面同步实时监控

系统特性：

- 实时反映印刷过程中的瑕疵、套印不准确等问题
- 图像可放大、缩小和对比显示，以便准确地判定印刷效果
- 小型化，将多项尖端技术高度集成于摄录机箱内，节约空间，降低能耗
- 红外线遥控控制，中文OSD菜单技术，操作简易方便
- 正反面同步分屏显示

EE2000电子监管码检测系统

应用领域：

药品包装印刷过程中的电子监管码信息检测

系统特性：

- 针对喷码过程中可能出现的无法识读、错喷、漏喷、重喷等问题进行检测
- 高速条形码扫描器扫描识读并与标准数据库进行对比
- 错误报警信号输出，自动剔废
- 自动记录检测信息和错误信息，生成工作日志文件

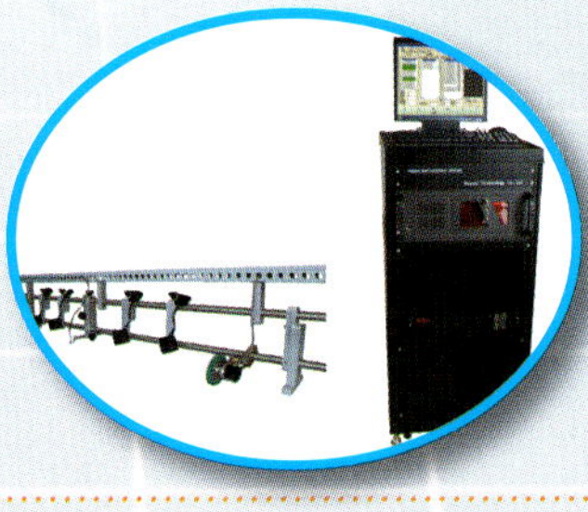

EE2100多联单据条形码检测系统

应用领域：

多联单据印刷配页过程中条形码的一致性检测

系统特性：

- 多联单据条形码不一致报警输出
- 重码、错码报警输出
- 条形码缺失、不识读报警输出
- 未检测数据可即时导出
- 自动生成检测记录
- 检测速度150m/min

地址：河南省洛阳市西工区九都路69号亚威金港商务1608室

邮编：471000

http: //www.shengrui.com

传　　真：0379-63910961

联系电话：0379-63918115　63352107　63233075

联 系 人：毛小童　18638809280

为奥运中国代表队喝彩
相信中国制造 相信晟图智造
地址：广东省东莞市长安镇厦岗第二工业区S358省道旁
电话：86-769-85416326 85378278
传真：86-769-85534248
Http: //www.shengtujx.com
东莞市晟图钉装机械设备有限公司

KDX 北京康得新复合材料股份有限公司
BEIJING KANGDE XIN COMPOSITE MATERIAL Co.,Ltd.

康得新：中国绿色印刷先锋企业

预涂膜 创建印后环保新时代

● 预涂膜 绿色印刷标准中显现重要地位

使用预涂膜
25分

印后表面处理	使用预涂膜		25
	水基覆膜胶有害物符合HJ/T 220中包装用水基胶粘剂的要求	10	
	水基上光油有害物符合HJ/T 370中技术内容5.4的要求	15	

表格摘自：环境标志产品技术要求 印刷第一部分：平版印刷

● 康得新 为您提供全套绿色覆膜解决方案

康得-菲尔预涂膜系列产品

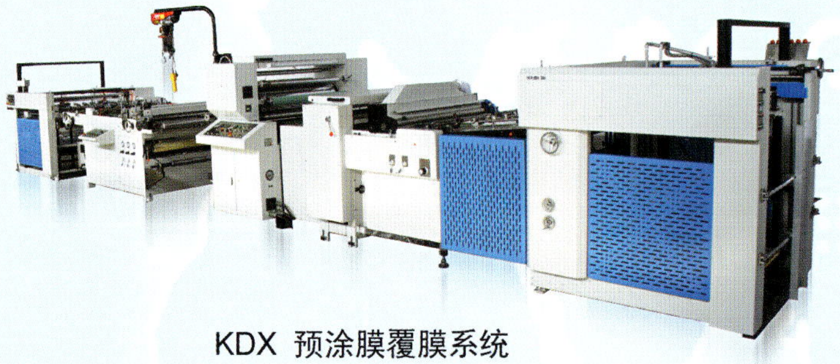
KDX 预涂膜覆膜系统

量身定制 机膜组合销售方案

● 传承经典 缔造精品

全新功能型预涂膜产品

压纹膜 防划膜 数码膜 PET厚膜
柔面膜 尼龙膜 增粘膜 金属膜

ISO14025 WSC ISO9001 IAF SGS

地址：北京市昌平科技园区振兴路26号 NO.26Zhenxing Road,Changping Dist.,Beijing china
邮编：102200 电话：86-010-89710777 http：//www.kangdexin.com

2011年地方印刷业概况

北京市印刷业

一、行业概要

2011年，在国家新闻出版总署和北京市委、市政府领导下，北京印刷业以科学发展为主题，以调整发展方向为主线，保持了平稳健康增长态势。产业结构和产能布局有所优化，一批印刷企业在发展中迈上了新的台阶，行业技能人才成长有了新的气象，产品和服务质量进一步提高，文化安全得到了维护。

截至2011年底，北京新设立印刷企业49家，共有印刷企业1 760家，其中，出版物印刷企业691家，数字印刷企业15家，排版制版装订等专项印刷企业108家，包装装潢印刷企业278家，其他印刷品印刷企业668家。

2011年，北京印刷行业统计年报汇总了1 682家印刷企业的相关数据。资产总额为381.3亿元，按出版物印刷企业、数字印刷企业、排版制版装订等专项印刷企业、包装装潢印刷企业、其他印刷品印刷企业五个类别分别合计为183亿元、0.7亿元、2.4亿元、115.4亿元和79.8亿元。工业销售产值总额为275.1亿元，按上述五个类别分别合计为102.9亿元、1亿元、1.9亿元、108.9亿元和60.4亿元。利税总额为51.6亿元，按上述五个类别分别合计为8.1亿元、0.1亿元、0.2亿元、26.1亿元和17.1亿元。从业人员总计74 917人，按上述五个类别分别合计为44 464人、463人、1 939人、14 868人和13 183人。工业销售产值过亿元的印刷企业44家，工业销售产值总额为160亿元，其中出版物印刷企业18家，工业销售产值合计40.3亿元；包装装潢印刷企业19家，工业销售产值合计81.4亿元；其他印刷品印刷企业7家，工业销售产值合计38.3亿元。出版物印刷企业完成的印刷量中，单色业务2 554万令，多色业务12 298万对开色令；消耗的纸张中，平版纸总计3 241万令，卷筒纸54万t。印刷企业拥有的设备中，计算机直接制版机150台，商业和报纸轮转印刷机128台，其中，八色印刷机43台，对开四色以上胶印机624台，数码印刷机80台，无线胶订生产线193台。

二、绿色印刷

2011年，北京市相关管理部门、行业组织和印刷企业为推进绿色印刷做了大量工作。北京地区20多家印刷企业分批参加了国家新闻出版总署和中国印刷技术协会举办的绿色印刷资质评估宣贯会。市新闻出版局会同北京市印刷协会、印刷工业产品质量监督检验站，召开了北京地区绿色印刷推进会，举行了绿色印刷倡议活动，相关印刷企业积极参加和响应。北京印刷协会还为印刷企业参加绿色印刷资质认证提供了大量咨询服务。在第六届北京文化创意产业博览会上，市新闻出版局运用电视专题片的形式向市民宣传绿色印刷知识，反响热烈。市新闻出版局印刷复制业管理处还会同有关单位就北京地区实施绿色印刷开展了调研。截至2011年底，北京市共有9家印刷企业获得了绿色印刷资质认证。

三、监督管理

2011年，为规范企业经营行为，市新闻出版局多次通过相关会议、培训班和短信平台，对全市印刷企业依法经营和安全生产工作实施指导并提出要求。各区、县文委通过实地督导，促进印刷企业学习、贯彻行业法规，排查消除各类隐患，落实责任制。北京印刷行业2011年基本实现了健康、平稳运行。

2011年，市新闻出版局共举办了三期印刷企业负责人法规培训班，

460多名印刷企业负责人参加了培训。9月16日，市新闻出版局举办了数字印刷和绿色印刷培训班，各区、县文委主管领导和部门负责人参加了培训。

在各区、县文委配合下，市新闻出版局于第1季度对北京地区2 400多家印刷企业开展了年度核验。其中，1 712家单位通过了核验，723家印刷企业被依法注销。此次年度核验，做实了行业底数，校正了行业管理的坐标，改善了行业管理的基础条件，获得了广大印刷企业赞同。市新闻出版局委托北京印刷协会开展了北京市印刷行业诚信企业第二轮评估工作，并于2011年年底完成了对16家印刷企业的审核、实地考察和网上公示。

四、质量管理

按照国家新闻出版总署的部署，2011年3月—9月，市新闻出版局联合北京市印刷工业产品质量监督检验站组织开展了2011年少年儿童读物类出版产品质量监督检测活动。活动期间，管理部门深入生产现场、库房以及发行市场检查指导，发现问题及时解决。活动中，共抽检图书498种，2 100册；光盘及磁带8种，40件，其中，图书批量检测58种，共涉及出版单位141家，印刷企业255家，合格率97.99%。11月中旬，在西安举行的总结表彰会上，市新闻出版局和北京市印刷工业产品质量监督检验站分别被总署授予先进单位荣誉称号。

五、协会工作

北京印刷协会、北京质量协会印刷分会是北京地区印刷业的主要行业组织。2011年，行业组织积极履行协会宗旨，在服务印刷企业和配合行政部门等方面做了大量富有成效的工作。行业组织积极开展研讨交流、展览展示、培训咨询、会员企业之间质量送评和互检等活动，还承担了行业统计年报等相关工作。在协助市新闻出版局开展绿色印刷推进工作中，协会工作贴近企业、细腻周到，特别是为企业的绿色印刷资质认证做了大量的促进和服务工作，深受印刷企业欢迎。北京印刷协会于10月中旬举办了庆祝协会成立30周年庆典，还参与举办了华北、东北8省市区印刷企业联谊活动。

（北京市新闻出版局印刷复制业管理处供稿）

天津市印刷业

一、基本情况

截至2011年底，天津市共有印刷企业1 771家，从业人员55 947人，其中，出版物印刷企业128家，从业人员7 789人；包装装潢印刷企业927家，从业人员36 932人；其他印刷品印刷企业716家，从业人员11 226人。2011年，天津市印刷企业销售收入达163亿元，资产总额191.59亿元，利润总额5.31亿元。其中，销售收入达到亿元以上的印刷企业有31家，销售收入5 000万元以上的印刷企业有67家。

天津的印刷企业遍布全市各区县，根据2011年区域印刷工业总产值的初步统计，销售收入10亿元以上的区有6个，分别是天津滨海新区、北辰区、武清区、东丽区、西青区和南开区。6个区印刷销售总额为105亿元，已经初步显现出产业聚集特征。

二、产业园区建设

为了促进天津印刷业健康发展，天津市通过政策、区位、资源、市场和技术五大导向，加大资源整合力度、加大招商引资力度，引导具有先进印刷技术水平、经济规模和效益突出、有品牌、有规模、有国际竞争力的技术创新型企业、专业配套企业和产业链的优势龙头企业进入印刷产业园区或印刷产业聚集区。培育和引导不同的印刷产业园区或印刷产业聚集区向着与市场需求相适应的“专、精、特、新”方向发展，使各产业聚集区成为各具特色，互有分工，互有合作，规模化、有序化、高端化的印刷产业集群，并在此基础上推动印刷资源集中，提升综合实力，建设成天津印刷产业服务体系。

同时，通过合理的产业布局，不断完善天津印刷工业园区建设，努力将天津印刷业建设成集出版、复制、包装装潢、印刷服务外包等各类印刷研发、生产、服务于一体的综合性现代印刷产业基地。大力打造天津印刷科技园建设，以项目带动发展，引导有实力的大型名牌印刷企业进驻，创建有引领作用的示范印刷产业园区，以带动天津印刷业整体实力的提高。积极引导、培育滨海新区印刷产业聚集区建设，为滨海新区的发展服务。积极扶持纸制品包装印刷专业区，以现有纸制品传统印刷企业为基础，在培育、打造纸制品品牌和产业集群化优势的基础上，规划建设面向北方地区的纸制品包装印刷产业功能区。积极建立文化产业园；实现以津、京地区为主，面向北方地区的印刷产业聚集区。按照科技领先，市场引导的原则，通过招商引资、政策扶持、企业带动等方式，精心培育一批新的印刷产业园区和印刷企业聚集区。

（天津市新闻出版局印刷业管理处供稿）

河北省印刷业

一、行业概况

截至2011年底，河北省共有各类印刷企业和单位9 132家，其中，出版物印刷企业276家，包装装潢印刷企业1 778家，排版、制版、装订专项企业547家，其他印刷品印刷企业2 771家，复印打印单位3 760家。经统计，全省印刷行业从业人员19.54万人，资产总额297.8亿元。2011年全省印刷业工业总产值480.28亿元，工业增加值107.07亿元，实现利税总额52.78亿元。

近年来，河北省采取了一系列积极有效的监管措施和宏观调控政策，产业结构和综合效益不断向合理的方向转化。一是全省印刷企业总数减少。在此次年度审核中，进一步严格了审核标准，缓检印刷企业206家，不予年检企业48家。加上新批准设立的印刷企业，全省印刷企业总数仍比上年减少了75家。二是涌现出了一批大型骨干印刷企业。在提高出版物和包装装潢印刷企业准入门槛的同时，通过年度核验，逐步淘汰规模不达标、生产经营不景气的小散企业，积极鼓励现有印刷企业做大做强，有效激发了印刷企业找市场、求发展的积极性和主动性。2011年，全省年工业总产值在5亿～15亿元之间的企业2家，1亿～5亿元之间的企业27家，5 000万～1亿元之间的企业41家，2 000万～5 000万元之间的企业112家。产值过亿元的企业增长了10家。三是专、兼营数字印刷企业有新突破。目前全省有数字专、兼营印刷企业69家，工业总产值达1.2亿元。总的来看，2011年河北省印刷业继续保持了健康稳定的发展态势。

二、管理工作

1. 严厉查处违法违规案件，切实抓好行业监管工作

一是为迎接中国共产党建党90周年，确保“两会”期间印刷复制市场的安全和社会稳定，根据国家新闻出版总署的有关通知精神，印发了“关于开展印刷复制业专项检查的紧急通知”（简称“通知”），并认真做好检查督导工作。二是严厉查处违法违规印刷企业，依照有关法律法规对相关企业和责任人做出了严肃处理，吊销了违法印刷企业《印刷经营许可证》。结合廊坊、三河案件查处工作，要求全省各级新闻出版行政主管部门进一步提高思想认识，明确职责任务，加大对印刷企业的监管力度，遏制违法违规案件的发生。三是认真抓好总署印发的《全国印刷复制行政执法报告评价制度实施办法》的贯彻落实，切实做好行业日常监管工作。在向各地印发“通知”提出工作要求的同时，加强组织、督促和执行，保证了每两个月向总署报告一次全省印刷复制监督检查行政处罚工作情况。国家新闻出版总署“关于印发2011年印刷复制行政执法工作情况评价结果的通知”（新出字［2012］3号）对河北省新闻出版局的工作进行了表彰。

2. 扎实开展印刷复制业专项整治“百日行动”

按照国家新闻出版总署和省委、省政府领导有关批示精神，经河北省新闻出版局局长办公会研究决定，于4月25日—7月25日，集中100天时间，在全省范围内组织开展了印刷复制业专项整治“百日行动”。一是做好组织发动工作，印发了《河北省印刷复制业专项整治“百日行动”实施方案》的通知，成立了领导小组和办公室。二是组织各地市结合本地实际情况认真扎实地开展“百日行动”。据统计，“百日行动”期间，各地市、县共出动检查人员9 600余人次，查处管理制度不健全、涉嫌违规的印刷企业和打字复印单位86家，取缔无证照打字复印单位53家。三是认真抓好督导检查和验收工作。局印刷处和市场处组成了三个检查验收组，于7月下旬利用一周时间，分片对11个地市进行了检查验收。通过开展印刷复制业专项整治“百日行动”，全省印刷复制企业内部管理制度得到了进一步加强和完善，各地新闻出版管理部门对印刷复制企业监管工作，在思想认识上有了明显提高，在管理措施上得到进一步加强。

3. 加强印刷产业结构调整，认真谋划促进印刷业发展

一是为进一步规范一书一批印刷企业资质，加强对印刷企业的监管，积极鼓励和支持印刷企业做大做强，提高全省印刷企业的市场竞争力，制定和印发了《一书一批印刷企业资质转换办法》。对现有一书一批印刷企业采取调整消化的办法，利用2～3年时间，逐步取消一书一批印刷企业资质。二是鼓励有优势的民营印刷企业参与国有印刷企业改制，以联合、兼并、重组等方式进行企业整合，建立印刷企业集团。支持组建成立了河北新华联合印务有限公司。二是推进科技进步和绿色印刷。围绕新工艺、新技术、新产品，鼓励印刷企业技术创新和引进先进技术设备，积极支持发展数字印刷和印刷数字化，大力推进绿色环保印刷。

4. 认真组织做好全省印刷产品质量监督工作

根据国家新闻出版总署有关文件精神，河北省新闻出版局起草印发了《关于2011年继续开展“3·15”少年儿童读物类出版产品质量监督检测活动的通知》，并制定了“具体实施方案”。在少儿读物类出版产品质量监督检测活动中，共抽检出版产品35个品种、1 036册，有效地提高了全省出版产品的印刷质量，河北省新闻出版局被国家新闻出版总署授予2011年“3·15”少年儿童读物类出版产品质量监督检测活动先进单位称号，受到了总署的通报表彰。

（河北省新闻出版局供稿）

山西省印刷业

一、行业概要

截至2011年底，山西省共有各类印刷企业4 298家，从业人员40 429人。其中，出版物印刷企业158家，包装装潢印刷企业365家，其他印刷品印刷企业1 018家，专项排版制版装订企业28家，打字复印企业2 729家。

2011年，山西省印刷业销售收入658 283.50万元，工业增加值289 896.60万元，资产总值649 526.80万元，利润总额32 976.90万元，营业税金及附加22 662.50万元。

2011年，山西省规模以上重点企业（年印刷产值5 000万以上）共有19家，从业人员8 381人，较2010年增加了6家，实现销售收入170 695.00万元，工业增加值59 908万元，利润总额8 871万元。

2012年，山西省将筹建太原市绿色印刷产业园、汾酒集团包装印刷产业园、山西印刷城、长治、襄垣县等印刷园区项目，拟投资11.60亿元，占地面积730亩（1亩＝666.6m^2）。

2011年山西印刷行业基本情况（见表1～表6）。

表1　2011年山西省印刷行业经济指标完成情况

项目指标	完成情况	项目指标	完成情况
印刷企业数量（家）	4 298	资产总额（万元）	649 526.8
销售收入（万元）	658 283.5	利润总额（万元）	32 976.9
营业税金及附加（万元）	22 662.5	工业增加值（万元）	289 896.6
外商投资总额（万美元）	9 000	从业人员数量（人）	40 429
		外商注册资金额（万美元）	3 900

表2　2011年山西省印刷行业分类经济指标完成情况

分类印刷 \ 指标	企业数量（家）	销售收入（万元）	工业增加值（万元）
出版物印刷	158	198 247.0	97 316.3
包装装潢印刷品印刷	365	306 808.5	121 927.4
其他印刷品印刷	1 018	106 860.4	54 018.7
排版、制版、装订专项	28	23 721.9	9 203.3
打字复印	2 729	22 645.7	7 430.5

表 3 2011 年山西省印刷行业分行业经济指标完成情况

指标 / 行业印刷	企业数量（家）	销售收入（万元）	工业增加值（万元）
书刊印刷	124	109 228.0	53 470.0
报纸印刷	34	89 019.0	43 846.3
纸包装印刷	311	221 937.0	94 221.0
金属罐包装印刷	5	11 044.5	5 607.2
塑料软包装印刷	49	73 827.0	22 099.2
普通票据印刷	180	30 055.0	12 025.0
安全印刷	65	3 881.0	1 109.0

表 4 2011 年山西省规模以上企业经济指标完成情况

项目指标	完成情况	项目指标	完成情况
印刷企业数量（家）	19	资产总额（万元）	146 670
销售收入（万元）	170 695	利润总额（万元）	8 871
营业税金及附加（万元）	11 940	工业增加值（万元）	59 908
		从业人员数量（人）	8 381

表 5 2011 年山西省印刷园区建设情况

指标 / 名称	实际投资（万元）	占地面积（亩）	投产时间	预期产值（万元）
太原绿色印刷产业园	60 000	400	2014	50 000
山西杏花村包装有限责任公司	20 000	200	2012	30 000
山西印刷城	12 000	80	2015	10 000
晋城市印刷园区	8 000	40	2015	20 000
襄垣县杨帆印刷包装有限公司	13 000	1.2	2012	3 000

表 6 2011 年山西省数字印刷企业情况（含专营和兼营）

项目指标	完成情况	项目指标	完成情况
数字企业数量（家）	45	数字印刷机装机数量（台）	68
数字印刷类销售额（万元）	5 300		

二、管理工作

1. 质量管理方面

2011 年，山西省出台了《山西省印刷品质量监督管理办法》，全年进行贯彻执行，并要求所有印刷企业建立质量管理体系。对少儿读物、教辅教材等内容进行了重点检查，全省产品合格率达 90% 以上，优质品率达 20% 以上。召开了全省质量工作会议，表彰了先进质量工作者，全省有 8 家印刷企业通过了 ISO9 000 质量认证。

2. 生产产能方面

据不完全统计，全省印刷生产产能约在 90 亿元，2011 年实现印刷总产值近 65 亿元，约 40% 的企业季节性开工不足。

3. 技术设备方面

全省共有平版四色以上印刷设备 230 多台，商轮、报轮 60 多台、CTP 近 40 台，彩色数码印刷机 30 多台，黑白数码印刷机 50 多台，其中，进口设备占到 40% 以上。

4. 人才培训方面

2011 年，由山西省新闻出版局牵头，太原市 5 家职业技术学院（校）、8 家印刷企业，筹建了山西印刷行业职业教育校企联盟，实施长期人才培训战略，每年举办法规培训班，规定印刷企业主要负责人每五年必须参加一次法规培训。2011 年 10 月 24 日—28 日举办了第十三届印刷法规培训班，全省近 400 名印刷企业负责人参加了培训；举办了第四届高校平面设计大赛，着力推动包装设计人才培养。

5. 绿色印刷工作方面

2011 年，山西省新闻出版局会同省印协组织重点企业召开了绿色印刷工作座谈会，山西省新华印刷企业介绍了绿色认证的相关经验，并专门出版了一期山西印刷，主题为绿色印刷，全面宣传绿色印刷的有关政策、方针、标准等。2012 年省局将进一步推动绿色印刷工作，要求更多的印刷企业进行绿色认证。

三、印刷复制处 2012 年工作计划

印刷复制是新闻出版业的中间环节，起着承上启下的作用，2011 年山西省印刷复制业总产值达到 60 亿元左右，占到了新闻出版业的一半，其重要性不言而喻。目前，全省印刷复制企业的特点是：数量庞大、高度离散、竞争激烈。为了确保生产源头不出问题，推动印刷产业加速发展，保证新闻出版业“十二”规划目标的顺利实现，印刷复制处一定要立足整个行业，加大监管力度，2012 年全年将做好以下工作：

1. 进一步打好基础

深入开展生产一线的调研工作，争取在局部实现业绩突破。继续坚持“两稳一促”原则，促进产业结构的进一步优化和全省印刷业一个中心、三个产带结构的逐步形成；以专项行动和日常监管相结合，进一步优化市场秩序；以规范印刷企业经营范围为重点，特别是教材教辅的印

制工作，加强抽检，建立健全体系内容，提高印刷品质量，为新闻出版业的发展提供质量保证。

2. 重点做好协调管理工作

以《山西省印刷品质量监督管理办法》的出台为契机，逐步建立不合格品的处理机制，开展包装印刷品的质量监督管理工作；会同人事教育处尽快协调印刷行业职业技术培训校企合作联盟工作，建立太原培训基地并开展培训工作。一方面积极推动人才培养和技术进步工作，另一方面协调企业用工荒和学生实习、就业难的问题。

继续为包装设计、印刷与农副产品、旅游产品、礼品等产品的生产搭建平台，贯通产业链的衔接，推进产品企业、包装设计力量与包装印刷企业的深度合作，减少印刷业务外流，推动产业发展；对数字印刷、出版印刷、报纸印刷、票据印刷、包装印刷等开展专项协调工作，推动企业深度合作，提高产业专业化程度和集约化程度。园区建设方面，首先要抓重点项目，特别是印刷园区、基地的建设，通过重点项目的建成投产提升产业综合实力，改善产业结构，在行业发展上起到引领作用；其次要以绿色印刷和数字印刷为重点，推动企业技术进步，特别要协调好全省优势数字印刷企业连锁经营、优势出版物和包装印刷企业绿色印刷资质认证等工作。

（山西省新闻出版局印刷业管理处供稿）

内蒙古自治区印刷业

一、基本概况

根据2011年行业年检统计，全区共有印刷企业2 033家，从业人员53 479人。其中，出版物印刷企业173家，包装印刷企业201家，其他印刷品企业1 653家，专项印刷企业（排版、制版、装订）3家，数字印刷企业3家。

2011年，内蒙古印刷业资产总额51.30亿元，工业总产值43.30亿元，销售总额38亿元，利税总额0.86亿元。

2011年是国家“十二五”规划开局之年，全区印刷业以创建印刷产业基地，实施绿色环保印刷，大力发展数字印刷和印刷数字化，重点发展包装装潢印刷为规划目标。以报业印刷为龙头，在全区掀起了新一轮印刷设备技术改造浪潮。全区12个盟市的13家报社印刷厂（包括内蒙古日报社印务中心）都先后完成了大规模的印刷技改工作。

基础建设为印刷设备技术改造奠定了可靠的保障。近几年，各报社印刷厂大都从市中心外迁至建设新厂区。新厂区全部按照现代化厂房标准设计和建设，具有规模大、功能全的特点，集办公、生产、仓储、食宿等功能为一体，环境优美、交通便利。

2011年底，内蒙古自治区西部的包头、鄂尔多斯、巴彦淖尔报社印刷厂先后引进上海高斯M40八色塔机和其他新设备。据统计，截至目前，内蒙古报业印刷集团已安装4+4塔31组，全区报业印刷基本上实现了印版CTP输出，报纸全彩印制。

二、加强监管，做好服务

2011年2月21日，内蒙古自治区新闻出版局召开了全区新闻出版工作会议。会上，总结了2010年工作情况，对2011年工作进行了安排部署；并强调各盟市基层局要加大对印刷市场的监管力度，并结合扫黄打非、打击盗版活动，促进印刷业规范有序地发展。

按照国家新闻出版总署关于2011年少儿读物类出版产品质量监督检测活动的安排，对5个出版社和2个期刊社有关少儿读物类产品进行了检测，结果全部合格。

三、发挥协会桥梁纽带作用

在全面贯彻落实“3·15”少儿读物类出版物产品质量监督检测活动中，区印刷协会在2011年5月份开展了出版物印刷企业的质量月活动，重点检查了出版物的印后质量。此外，还召开了两次新产品、新技术推介会，为推动自治区印刷业的发展做出了积极贡献。

（内蒙古自治区新闻出版局印刷发行处供稿）

辽宁省印刷业

一、基本情况

截至2011年底，辽宁省共有印刷企业3 685家（未计打字复印企业）。全行业从业人员9.40万人。年工业总产值218亿元，利润总额14亿元，工业总产出255亿元，工业增加值37亿元，对外加工贸易额3.30亿元，外商投资总额4.10亿美元，外商注册资金3.50亿美元。

1. 印刷企业数量及从业人数

按管理类别划分：出版物印刷企业165家，从业人员19 106人；包装装潢印刷企业1 241家，从业人员38 975人；报纸印刷企业11家，从业人员644人；其他印刷品印刷企业2 217家，从业人员27 869人；外商投资企业51家，从业人员7 487人，打字复印企业3 639家，从业人员23 847人。按企业性质划分：集体企业386家，有限责任公司840家，股份制企业195家，私营企业1 632家，个体营业户581家，外商投资企业51家。

2. 印刷工业总产量、工业总产值

出版物印刷企业，工业增加值6.00亿元，工业总产值34.02亿元，工业总产出40亿元；包装装潢印刷企业工业增加值27.60亿元，工业总产值164.50亿元，工业总产出192.40亿元；其他印刷品印刷企业，工业增加值3.90亿元，工业总产值19.20亿元，工业总产出22.50亿元。

3. 印刷业用纸总量

出版物印刷41.20万t，包装印刷58.30万t，报纸印刷9.10万t，其他印刷13.70万t。

4. 印刷业销售收入总额、印刷业资产总额

印刷业销售收入总额148.80亿元，其中出版物印刷23.10亿元，包装印刷93.40亿元，报纸印刷2.50亿元，其他印刷29.80亿元。印刷业资产总额184.06亿元，其中，出版物印刷42.40亿元，包装印刷105.36亿元，报纸印刷8.90亿元，其他印刷27.40亿元。

5. 各类印刷

书刊印刷，销售收入23.10亿元，工业增加值5.70亿元，工业总产值29.60亿元，工业总产出34.70亿元；报纸印刷，销售收入2.40亿元，工业增加值0.28亿元，工业总产值4.50亿元，工业总产出5.30亿元；纸包装印刷，销售收入69.20亿元，工业增加值19.80亿元，工业总产值124.40亿元，工业总产出145.60亿元；金属罐包装印刷，销售收入2.30亿元，工业增加值0.99亿元，工业总产值5.88亿元，工业总产出6.90亿元；塑料软包装印刷，销售收入21.70亿元，工业增加值6.89亿元，工业总产值34.10亿元，工业总产出39.90亿元。

6. 印刷企业拥有印刷设备情况

印前CTP直接制版设备23台。全省进口设备共有338台，其中，海德堡203台，日本小森32台，日本滨田21台，日本秋山17台，日本三菱31台，罗兰34台；国产印刷设备八开以上的共有5 869台，其中，全开印刷机153台，对开多色印刷机1 632台，对开单色印刷机2 133台，四开印刷机1 173台，柔版印刷机34台，凹版印刷机186台，凸版印刷机103台，水墨印刷机57台，标签印刷机27台，不干胶印刷机113台，卷筒纸印刷机123台，丝网印刷机26台，胶印轮转机41台，水性印刷机28台，数字印刷机8台，商业表格印刷机9台。印后装订连动线23台。

二、印刷机制造业发展情况

辽宁大族冠华印刷科技股份有限公司是国内知名的胶印机制造企业，大族冠华的产品具备六个特征：印刷质量高、性价比高、使用效率高、使用成本低、稳定性高、寿命长。在国内单张纸小幅面印刷机市场，大族冠华已占到60%以上；辽宁大族冠华有着强劲的竞争优势，取得了长足发展，产品结构调整成功，市场销售保持领先，管理水平得以提升，战略目标稳健实施。成功收购了日本筱原，壮大了辽宁大族冠华的综合实力，为辽宁大族冠华的产品发展战略转型奠定了雄厚基础；通过消化吸收日本筱原的技术，提高了辽宁

大族冠华自身的产品技术水平和质量水平，确保了“差异化、大幅面、高品质、高效率”战略发展落地，为广大客户和市场提供高品质、高效率、高附加值的产品，为我国的印刷事业注入了活力。

大族冠华的自有品牌 CTP 1160 制版设备，GH525NP、GH525UV 胶印机，筱原 66IVP、79IVH 四色单张纸印刷机也成为大族冠华新的有力武器。

大族冠华在未来的发展中将实行“双品牌”战略，原有的“冠华”系列产品侧重为中小印刷企业提供印前、印中、印后高度集成的“差异化、低成本、高效率”的印刷解决方案，筱原品牌将主要为大中型印刷企业提供“大幅面、高品质、高效率、数字化”的高端印刷解决方案。冠华与筱原两个品牌的有机结合，将使大族冠华获得全面满足客户不同层次需求的能力。知难行易，稳中求进，量力而为，有所创新，把印中产品做精做透，同时推动印前、印后配套产品的系列化和产业化，大族冠华 GH564 四开四色商务印刷机、HD670 热敏计算机直接制版机、LD500 装订联动线项目荣获全国印刷行业科技创新成果奖。

三、积极实行印刷行业扶持政策

为了促进辽宁省印刷业更好更快地发展，省政府制定了相关政策：引导和鼓励印刷企业积极采用新技术、新材料、新工艺、新设备及现代化的管理技术，全面提升企业的综合管理水平、产品质量水平和经济效益；积极鼓励和扶持包装印刷企业特别是中外合资、外商独资企业的发展；鼓励民营企业参与印刷市场的竞争；支持印刷产业集群建设、产业园区建设、信息化建设；促进印刷产业经济规模化发展；支持印刷业按照现代企业制度的要求，整合印刷产业资源，积极适应市场经济发展。

四、管理工作

1. 日常监管

加大对印刷企业的日常监管力度，对经营行为实行动态跟踪管理，发现问题，及时整改，将违法违规行为消灭在萌芽状态。认真贯彻落实总署《关于进一步加强中小学教辅材料出版发行管理的通知》和《关于在国庆节前开展印刷复制企业和出版物专项检查的通知》精神。及时下发《关于进行全省印刷专项检查的通知》，召开由各市局、出版社、出版物印刷企业参加的专项检查工作会议，部署专项检查的实施方案。通过检查，印刷企业基本上做到了守法经营、认真履行印刷品承印的五项制度。进一步增强了印刷企业规范经营意识和质量意识，促进了印刷行业的健康发展。

2. 年度审核

按照总署要求做好年检工作，通过年检，了解整个行业的发展现状，为引导企业的发展掌握第一手资料。

3. 质量管理

坚持日常抽查与定期抽查相结合的原则，加强对全省印装质量的检查监督工作；坚持省优评比工作，提高印刷企业的质量意识；“3·15”质检活动中，对少年儿童读物教材教辅进行产品质量检查，先后对沈阳、大连、鞍山、丹东、营口、铁岭 6 市的 9 家出版单位，8 家少儿类报刊杂志、27 家出版物印刷企业和 7 家包装生产企业的 96 种产品进行了质量抽查。其中，图书 66 种、1 428 册，报刊杂志 10 种、224 份，包装产品 20 种、306 个。检查结果批质量合格率为 100%。

4. 人才培训

一是继续组织印刷企业人员参加“全国印刷行业技能大赛”活动，通过大赛，对参赛人员进行选拔培训，提高全省印刷队伍的技能水平及印刷技术总体水平。同时，形成对高技能人才成长的鼓励、培养机制，这对进一步提升印刷行业人才的职业技能具有十分重要的意义。二是省局协助各市局在办理年度核验的同时进行了法规培训，对企业法定代表人（或负责人）集中进行了印刷法规培训，进一步增强了印刷企业诚信经营、依法经营的意识。

五、印刷行业协会工作

面对发展过程中出现的诸多问题，省印刷行业协会积极履行指导协调、监督管理、服务维权等职责，充分发挥在行业发展规划、专业人才培养、企业联合体系建设等方面的作用。及时发布行业信息，加强与政府部门之间的联系沟通，为企业发展搭建平台，扩大融资渠道，起到了联系政府与企业之间的桥梁和纽带作用。

六、推动行业发展新举措

1. 以服务为抓手，积极推进产业园区建设

为积极推进产业园区建设，省局先后多次到沈阳、抚顺、营口、盘锦等地，帮助制定园区发展规划，协调市政府落实土地、税收等政策。并组织沈阳、营口、盘锦等地行政部门、开发区管理部门和印刷企业赴上海、江苏、浙江、广东等地招商引资。对进入园区的印刷企业采取“一站式”服务。以东北印刷产业高峰论坛为契机，对营口、盘锦印刷园区做了推介等一系列工作，印刷产业园区的建设和发展取得了很大

成效。

2. 指导绿色认证，引领企业转型升级

为切实履行政府行政职能，通过办展会论坛，宣传指导绿色印刷认证，引领印刷企业转型升级。按照总署的要求，在未来三年内实现中小学教材教辅等出版物、食品及药品等重要生活用品包装实现绿色印刷的要求，省局通过组织论坛、办绿色印刷培训班，聘请专家指导，大力宣传绿色印刷知识，提高印刷企业申办绿色认证的意识，争取有更多的印刷企业取得绿色认证资质，实现企业转型升级。

（辽宁省新闻出版局印刷业管理处供稿）

吉林省印刷业

基本情况

2011 年，吉林省共有各类印刷企业 1 573 家，从业人员 4.60 万人，其中，出版物印刷企业 217 家，专项排版、制版企业 14 家，包装装潢印刷企业 425 家，其他印刷品印刷企业 917 家；2011 年，吉林省印刷业资产总额为 88 亿元，销售收入 69.60 亿元，工业总产值 70.40 亿元，利润总额 7 亿元；出版物印刷企业实现工业总产值 17.20 亿元，包装装潢印刷企业实现工业总产值 32.70 亿元，其他印刷品印刷企业实现工业总产值 20.5 亿元。从企业分布来看，出版物印刷企业、包装装潢印刷企业主要集中在长春、吉林、四平、通化地区，分别占总量的 20% 以上。

2011 年，全省印刷工业总产值 1 000 万元以上的印刷企业共 254 家，规模以上（年产值 5 000 万元以上）印刷企业 13 家，其中，年印刷工业总产值在亿元以上的企业 7 家。

吉林省新闻出版业借助振兴东北老工业基地和长吉图区域开发战略实施的有利时机，适时提出了建设长吉图印刷产业带和四平、辽源、通化包装印刷产业带，通过整合印刷资源，形成了产业集聚区，打造成了一条集设计、印刷、物流、制造为一体的产业链，从而带动了全省印刷产业的全面发展。

（吉林省新闻出版局印刷复制管理处供稿）

黑龙江省印刷业

一、行业概要

截至 2012 年底，全省共有印刷企业 4 037 家，从业人员总数 30 349 人，其中，出版物印刷企业 173 家，从业人员 8 252 人；包装装潢企业 42 家，从业人员 2 608 人；其他印刷品印刷企业 1 480 家，从业人员 12 923 人；打字复印企业 2 342 家，从业人员 6 566 人。

2011 年，全省印刷企业实现工业总产值 43.70 亿元，同比增长 59.10%；其中，出版物印刷企业 12.90 亿元，同比增长 8.20%；包装装潢企业 10.30 亿元，同比增长 57.70%；其他印刷品印刷企业 18.70 亿元，同比增长 59.50%；打字复印企业 1.80 亿元，同比增长 29.40%。全省出版物印刷用纸 312 万令，9 万 t，同比增长 18.00%。

2011 年，全省印刷企业总资产 46.60 亿元，同比增长 42.10%；主营业务收入 40.20 亿元，同比增长 34.20%；利税 2.40 亿元，同比增长 55.00%；负债 24.30 亿元，同比增长 56.50%。其中，全省出版物印刷企业资产 16.00 亿元，同比增长 6.30%；主营业务收入 12.20 亿元，同比增长 5.20%；利税 0.80 亿元，同比持平；负债 7.30 亿元，同比下降 6.00%。全省包装装潢企业资产 15.30 亿元，同比增长 24.20%；主营业务收入 9.30 亿元，同比增长 41.20%；利税 0.50 亿元，同比增长 51.60%；负债 8.30 亿元，同比增长 84.00%。全省其他印刷品印刷企业资产 15.30 亿元，同比增长 173.60%；主营业务收入 18.70 亿元，同比增长 59.40%；利税 1.10 亿元，同比增长 69.10%；负债 8.70 亿元，同比增长 36.00%。

二、管理工作

1. 拟订《黑龙江印刷行业"十二五"总量、结构、布局，宏观调控指导意见》

根据国家新闻出版总署编制的"十二五"发展规划，结合全省印刷业的实际情况，通过发函征求意见及深入的探讨和科学论证，拟订了全省印刷业"十二五"总量、结构、布局，宏观调控指导意见，为全省印刷复制业的繁荣发展做好指导工作。

2. 加强对印刷企业的监管工作

2011年初，黑龙江省印刷发行管理处组织开展了印刷复制行业行政执法检查活动，督促印刷企业加强自身质量管理、守法经营。认真组织开展2011年"3·15"少年儿童读物类出版产品质量监督检测活动，共完成少年儿童读物类图书、报刊印刷质量检测35种，检测结果全部合格。为增强印刷企业的争先创优意识，举办了两期以学习行业法规、现代企业管理、印刷工艺标准等为主要内容的培训班，通报表彰了第二届全省印刷行业职业技能竞赛先进单位和个人，筹备了第三届全省印刷行业职业技能竞赛。

3. 积极支持重点项目建设

认真梳理呈报印刷产业发展项目，积极向国家新闻出版总署、省政府等有关部门争取优惠政策和产业发展立项。积极组织印刷企业参加全国"绿色印刷"认证。黑龙江新华集团成为全国首批、全省唯一通过"绿色印刷"认证的企业，对区域内开展绿色印刷将起到引领和示范作用。支持并协调印刷发行企业和印刷发行业管理部门"走出去"，到发达地区和省份调研取经，为自身快速发展借智助力。目前，在建的大型项目共五个：黑龙江出版集团数字印刷基地，哈尔滨印刷出版文化科技产业园，大庆文化创意园区，黑龙江新媒体基地，省图书音像发行集团图书配送中心。

4. 开展"四比四看四争"活动。

为深入宣传贯彻好党的十七届六中全会和省委十届十八次全会精神，突出印刷发行在新闻出版业中的主力军作用，从2011年10月开始，围绕推动文化发展繁荣的八大工程、32项任务，结合印刷发行业"十二五"规划目标，在全行业内率先开展了"学习贯彻全会《决定》、'四比四看四争'"活动，全面加深对全会精神的学习、理解和把握，进一步解放思想、转变观念，理清工作思路，明确工作突破口和具体举措，鼓励行业内广大干部职工做主人、敢担当，以昂扬向上的精神不断开创工作新局面。

（黑龙江省新闻出版局印刷发行管理处供稿）

上海市印刷业

一、行业概要

截至2011年底，上海市共有注册印刷企业4 879家，通过2011年年度核验的印刷企业4 631家，未通过年度核验的印刷企业248家，其中，200家印刷企业已不再经营，47家印刷企业由于各种原因暂缓通过年度核验，这248家印刷企业对发布的2011年上海印刷业年度报告基本不产生影响。

1. 印刷业经济指标完成情况

2011年，全市印刷工业总产值为689.53亿元，比2010年增加了103.83亿元，增长17.72%；销售收入为688.21亿元，比2010年增加了119.95亿元，增长21.10%；利润总额为48.73亿元，比2010年增加了1.05亿元，增长2.20%；工业增加值（GDP）为200.12亿元，比2010年增加了40.98亿元，增长25.75%；工业总产出为723.05亿元，比2010年增加了112.19亿元，增长18.37%；总资产为806.95亿元，比2010年增加了50.84亿元，增长6.72%；净资产为406.94亿元，比2010年减少了8.22亿元，下降1.97%；对外加工贸易总额为69.61亿元，比2010年增加了23.37亿元，增长50.54%；数字印刷销售收入为6.19亿元，比2010年增加了0.23亿元，增长3.85%；全年应付工资总额为63.31亿元，比2010年增加了11.53亿元，增长22.26%；应交增值税、营业税等税费总额为33.53亿元，比2010年增加了8.43亿元，增长33.59%。

2. 印刷企业从业人员情况

2011年，在已经通过年度核验的4 631家印刷企业中，从业人员总数为165 100人，比2010年增加了4 862人，增幅为3.04%。其中，男职工总数为90 796人，占印刷企业员工总数的54.99%，比2010年增加了2 915人，人数总体增长了3.31%；女职工总数为74 304人，占印刷企业员工总数的45.01%，比2010年增加了1 947人，增幅为2.69%。男职工总数比女性职工多16 492人。技术岗位员工总数为26 255人，占上海印刷企业从业人员总数的15.90%，其中，将在技术岗位工作，但未取得等级证书的人员及一部分外来民工没有计算在内，因此，实际技术岗位员工总数超过15.90%。在技术岗位人员中，技师（含高级技师）人数为1 604人，占6.10%；高级工人数为3 562人，占13.56%；中级工人数为7 569人，占28.82%；初级工人数为13 713人，占52.53%。

二、管理工作

2011年，上海市印刷管理处始终坚持以加快转变经济发展方式，开创科学发展新局面为指导，认真贯彻国家新闻出版总署的各项工作精神和要求，按照上海市印刷产业发展实际情况以及市新闻出版局2011年工作要点，切实做好印刷复制业各项管理工作，主要体现在以下六个方面：

1. 以倡导绿色印刷为抓手，推动印刷产业优化升级

2011年，金山国家绿色创意印刷示范园区稳步发展。其一，对金山园区2.45km^2的土地进行了规划，基本确定了需要引进的印刷企业的产业方向；其二，搭建了金山园区的功能性服务平台；其三，为金山园区做了大量宣传工作；其四，协助金山园区招商引资，参加了由金山区委书记带队到美国印刷企业招商引资的活动，并做了大量的组织和联系工作。

在国家新闻出版总署的大力支持及总署出版产品质量监督检测中心的直接领导下，2011年5月，在金山国家绿色创意印刷示范园区建立了国家新闻出版总署出版产品质量监督检测中心上海分中心和上海绿色认证检测中心。

积极开展了柔版印刷教材的试印工作，在上海印刷（集团）有限公司举行了开机仪式，并已成功印制了2012年春季的3个品种、35万册教材。

2011年是绿色印刷的启动之年，也是绿色印刷的宣传之年。从运作情况来看，绿色印刷的宣传引导、教育培训、政策扶持和监督检查工作，大大促进了上海印刷业发展方式的转变，很好地激励了上海印刷企业参与绿色认证的热情。截至2011年底，有9家印刷企业获得了首批绿色认证。

2. 举办2011上海国际印刷周，努力构建综合服务平台

“2011上海国际印刷周”用开放的姿态、全球的视野、前瞻的眼光探讨了印刷业在“十二五”期间如何把面临的挑战转化为机遇，引领了印刷企业由传统印刷向绿色印刷转型的趋势。这一理念在交易会上得到了充分体现，会上，印刷新技术、新工艺有了很大的提升，数量上也有了较大提高，效果明显，贸易服务平台的功能进一步增强。据统计，此届印刷周共举办了十二场活动，参与各项活动的总人数超过1 500人次，取得了显著成效。

3. 积极推进重大项目建设，引领印刷企业转型发展

在上海市新闻出版局的大力支持下，顺利完成了无线射频识别（RFID）在新闻出版领域应用的科研项目，主要包括：进入试验的4种图书和2种音像制品的确定及需求分析、对拟选用芯片的测试、对天线及相关阅读器的研制和技术可行性研究等工作，促进了印刷企业的转型发展。

由上海市新闻出版局和金山区人民政府主办，金山国家绿色创意印刷示范园区承办的金山国家绿色创意印刷示范园区产学研合作项目启动；当纳利亚太总部落户上海；第五届上海印刷大奖的评选；继续实施印刷企业竞争力排名，鼓励企业做大做强等一系列方针政策，对引领上海印刷业不断提高印刷质量，提升企业人才素质，鼓励企业转型发展起到了极大的促进作用。

4. 增强服务理念，转变政府职能

按照总署的要求，在上海市新闻出版局的统一部署和指导下，上海市印刷管理处认真做好各项行政审批、行政服务和日常管理工作，积极转变政府职能，深化行政管理体制改革，为企业发展搭建平台、保驾护航，高效完成了2010年上海印刷业年度核验工作；2011年实施了重点印刷企业的月报和季报制度；网上备案管理系统全面实施；行政监管落到了实处，切实做好了各项行政服务工作；首次进行了印刷企业精神文明的评选工作。

5. 结合专项检查，规范、强化印刷业日常监督管理工作

认真贯彻落实好《全国印刷复制行政执法报告评价制度实施办法》，组织上海市印刷复制企业重点围绕非法印刷复制、非法加印、五项制度备案、境外出版物审读等行为开展自查自纠工作，并根据自查情况，督促其进行整改。同时，依托上海市印刷复制备案管理系统，对全市印刷复制企业进行监管。大力开展教材教辅、图书期刊委托书执行情况的专项检查，累计抽查中小学教辅材料68个品种，340册，涉及到39个出版社、52家印刷企业。上海市新闻出版局积极开展与市文化市场行政

执法总队、“扫黄打非”办公室、工商局等部门的合作，采取资源共享、优势互补的办法，联合开展各项检查活动，同时，充分发挥区县文广局的作用，通过行业管理例会、单独指导、共同研究等形式，统筹协调、积极解决区县有关问题；建立了印刷复制监管联动机制，共同做好监管工作。

6. 以质检活动为契机，促进印刷产业健康发展

在国家新闻出版总署印刷发行管理司和总署出版产品质量监督检测中心的指导下，上海市新闻出版局根据国家新闻出版总署《关于2011年继续开展“3·15”少年儿童读物类出版产品质量监督检测活动》的文件精神，结合上海市实际情况，扎实有效地开展了“3·15”质量检测工作。2011年，在上海市教委课改办的支持下，实施了对2010年沪版教材印制质量的评比活动。此次评比活动，在首届活动的基础上，倡导环保、科学与技术的结合，对教材的印制质量进行了客观、全面、严格的评选，同时鼓励各相关教材出版社、印刷厂等单位，把最新最好的数字和环保印刷技术运用到教材的出版中，以促进教材印制工作的科学、持续发展。对2011年春季、秋季沪版教材也实施了印制质量专项检测活动，检测结果全部合格。

（上海市新闻出版局印刷业管理处供稿）

江苏省印刷业

一、基本情况

2011年，江苏省印刷业坚持贯彻落实科学发展观，扎实推进各项工作，加大市场监督力度，推进印刷管理信息化、数据化、网络化建设，“江苏省印刷管理信息平台”成功上线，在倡导绿色印刷与数字印刷的基础上，继续推进产业转型升级、结构优化，努力实现从印刷大省向印刷强省的转变。全省印刷业继续保持健康、稳定的发展态势。

截至2011年底，江苏省共有印刷企业14 011家，比上年减少154家，降幅为1%。其中，出版物印刷企业282家，同比减少14家，降幅为5%；包装装潢印刷企业5 303家，同比增加188家，增幅为4%；其他印刷品印刷企业3 858家，同比减少291家，降幅为7%；专项排版、制版、装订企业137家，同比减少42家，降幅为23%；三印企业4 431家，同比增加5家，增幅为0.11%。

2011年，江苏省全行业从业人员总数为26.20万人，同比增加1.12万人，增幅为4%；资产总额为672.01亿元，同比减少17.09亿元，降幅为3%；年工业总产值为1 001亿元，同比增加231亿元，增幅为30%；利税总额为80.72亿元，同比增加16.83亿元，增幅为26%；对外加工贸易额为80.70亿元，同比增加55.18亿元，增幅为46%；外商投资总额为311 716万美元，同比增加7 107万美元，增幅为2%；外商注册资金总额为175 444万美元，同比增加23 915万美元，增幅为16%。

从以上数据可以看出，江苏省印刷业在2011年保持了良好的发展态势，企业数量基本与上年持平，包装企业数量继续增长，出版物、其他印刷品等类型的印刷企业数量基本保持平衡，产业结构得到进一步优化。外商投资印刷企业平稳发展，印刷工业总产值继续大幅度增长，对外加工贸易额稳中有升，所有行业经济数据指标均呈正增长态势。在宏观调控和市场自主调节相结合的情况下，全省印刷行业的发展不再追求数量的增长，更多地向做大做强方向发展，总产值突破千亿，利税总额也有较大幅度提高，这说明江苏省印刷行业发展水平在不断提高，转型升级初见成效，整体质量不断攀升，继续保持了健康、良好的发展势头。

1. 规模企业情况

规模企业是指企业规模大、整体实力强、产品质量优、市场占有率高、工业总产值超5 000万元的骨干印刷企业。全省规模印刷企业发展无论从数量上还是质量上同2010年相比均呈上升趋势，在整个行业中所占的地位越来越重要。

2011年，全省共有规模企业357家，同比增加93家，增幅为35%；工业总产值为6 853 207万元，同比增加2 104 289万元，增幅为44%；利润总额为446 575万元，同比增加169 494万元，增幅为61%；营业税金及附加总额为143 822万元，同比增加26 304万元，增幅为22%；对外加工贸易额为515 405万元，同比增加156 763万元，增幅为44%；工业增加值为1 499 488万元，同比增加469 996万元，增幅为46%；从业人员总数为10.31万人，同比增加2.23万人，增幅为28%。

在整个印刷行业中，规模企业数量所占比重为2.5%，规模企业工业总产值所占比重为68%，规模企业对外贸易加工所占比重为65%。在规模企业中，包装装潢印刷企业占89%，出版物印刷企业占9%，其他印刷品印刷企业占2%。

从以上数据可以看出，江苏省规模印刷企业无论从数量上还是质量上均呈快速增长态势，越来越多的印刷企业由于管理得当，经营有方，扩大产能，紧跟步伐，大力发展数字印刷及绿色印刷，迅速进入规模印刷企业的行列，357家规模印刷企业，在数量上仅占全省的2.5%，从业人员数量仅占全省的28%，却创造了全省印刷业2/3以上的产值及对外贸易额。由此可见，规模企业生产工艺先进，生产效率高，管理水平好，在全省印刷业发展中起到了不可替代的作用，成为行业发展的领头羊。在规模印刷企业中，出版物规模企业稳步发展，票据、零件等其他印刷品规模企业难成主流，而规模包装印刷企业在整个印刷业的比重不断增大成为印刷业绝对的主力军，这与大力发展包装印刷企业的指导思想是一致的，也符合印刷业发展的方向。

2. 产业转型升级情况

江苏省印刷产业结构不断优化，印制质量不断攀升，设备装备不断升级，继续推进"数字印刷与印刷数字化"、"绿色印刷环保体系建设"两大工程，数字印刷连锁经营初具雏形，引进了连续喷墨POD数码印刷系统等先进的数字印刷设备，提供个性化的数字内容转换和加工服务，初步形成了数字印刷与传统胶印并存的良好格局；印刷企业大力推进绿色印刷，实现了环保节能要求，积极参加绿色印刷产品工艺认证，目前已有19家企业通过认证，占全国绿色认证印刷企业总数的18%，位居全国第一。同时，江苏省绿色印刷重点实验室也正在积极筹建中，该实验室将对绿色印刷原辅材料、生产工艺进行研发，对绿色印刷产品进行检测，江苏省绿色印刷环保体系已经初具规模。

3. 信息化建设情况

2012年1月15日，"江苏省印刷管理信息平台"正式上线运行，全省共有9 556家印刷企业通过该系统进行了年度核验。江苏省新闻出版局、13个市、111个县（区）出版行政管理部门通过该系统按照分级、分类的管理原则对印刷企业年度核验实行在线审核，在线办理。该系统的使用实现了省、市、县行政管理的三级联运，实现了管理部门与印刷企业之间的无缝对接，极大地方便了印刷企业及印刷管理工作。现在，省、市、县三级管理部门可以对各自辖区印刷企业的基本情况、主要财务指标、企业人力资源状况、印刷设备等相关数据进行实时查询、统计、对比，可以对印刷业总量、结构、布局进行科学分析，为行业合理布局夯实基础，为产业发展决策提供依据。管理信息平台的正式运行标志着江苏省印刷管理信息化、数据化、网络化建设水平有了进一步提高。

二、存在的问题

1. 产业结构不尽合理

目前，印刷市场的发展趋势主要表现为：高品质印刷需求不断增长，产品构成向多品种、小批量方向发展，产品的专业分工越来越细，对外加工贸易呈快速增长势头。江苏省印刷企业尽管发展较快，但在国际市场开拓方面与发达地区相比还有不小的差距，高档精美、高保真、高附加值的印刷产品比重较少，中小企业低水平重复建设情况在一定程度上存在，缺乏"专、精、特、新"的特色。大多数企业工艺流程相近，产品结构雷同，存在不同程度的恶性竞争，造成了印刷企业开工率不足，机器设备闲置，经济效益不高。

2. 数字技术应用不够

坚持以高新技术改造提升印刷企业，推行数字化与网络化建设，是印刷业未来发展与自主创新的主要方向。加大数字印刷技术改造，满足个性化印刷的不同要求，是企业完善印刷方式的必然手段。江苏省绝大多数企业印刷数字化、网络化程度还远远达不到现代印刷企业的要求，不能很好地贯穿于印前、印中、印后，不能实现数字技术对印刷设备自动化、联动化的管理需求，不能实现各工艺流程之间的无缝对接；同时，数字印刷也没有形成自己的显著特色，网络远程个性化订制印刷品经营模式应用还不够，不能很好地引领文化消费潮流，数字印刷连锁化经营的程度不够高。总之，数字化、网络化、个性化印刷水平还有待进一步提高。

3. 绿色印刷认识不足

加快实施绿色印刷战略，限制并淘汰落后技术装备，生产工艺节能环保，为全社会提供绿色环保的印刷产品，是印刷业可持续发展的重要手段。但是，很多企业在推进绿色印刷的过程中，眼光还不够长远，对于设备、辅材、工艺变化所带来的成本小幅提高过分在意，没有生产加工型企业所应当担负的社会责任，对绿色印刷还存在一定的观望态度，对以"环境友好"与"健康有益"为核心的绿色印刷认识还有很大的差距，这对整个印刷行业持续发展带来了一定的滞后作用。

三、推进印刷业持续发展的对策

1. 鼓励数字印刷与传统印刷并存的发展模式

数字印刷具有“按需、可变、个性化”的特点，是对传统印刷的一种必要的补充。要加大对数字印刷的扶持力度，鼓励数字印刷企业进入出版物印刷领域，开拓直邮广告、金融可变数据账单市场，大力发展数字印刷连锁经营模式，带动整个数字印刷行业的发展。同时，鼓励传统印刷企业通过技改方式引进先进的数码印刷设备，作为对传统印刷工艺一种必要的补充，从而弥补传统印刷企业多品种、小批量、印刷能力不足的矛盾。

改变数字印刷企业的传统生产经营模式，提倡远程个性化订制印刷品的网站运作模式；改变印刷企业的传统生产加工模式，提倡以数字印刷方式发掘文化创意内涵，引领市场需求的拓展；改变印刷企业的传统工艺流程模式，提倡管理、生产、经营的全流程印刷数字化模式。

2. 继续推进绿色印刷环保体系建设

绿色环保印刷在全省的推广实施已初见成效，并已成为行业的发展方向。2012 年，要建设完成江苏省绿色印刷重点实验室，这将对全省印刷企业绿色印刷环保认证、绿色印刷标准宣贯、绿色印刷技术研发产生积极长远的影响。同时，还可以对绿色印刷产品进行检测认定，作为江苏省绿色环保体系建设的技术保障；其次，要以中小学教科书实施绿色印刷为契机，精心组织，认真落实，加强检测，使全省实施绿色环保印刷的中小学教材达到 30%，在 2014 年实现全覆盖；第三，要以 19 家通过绿色认证的印刷企业为龙头，在全省范围内发挥模范带头作用，扶持环保型印刷企业，限制并淘汰污染严重的“小作坊”型企业，提倡环保与个性化并存，使绿色印刷理念深入人心。

3. 扶持国家示范企业，推动产业结构调整

现在是促进全省印刷业结构调整的重要时期，必须坚持在发展中推进结构调整，在结构调整中保持产业持续发展。推进印刷企业的规模化、集约化，鼓励印刷企业通过兼并、收购、联合、重组做大做强，扶持一批遵纪守法、管理规范、技术先进、产品优质、业绩突出的超大型企业，使其成为国家印刷复制示范企业，在资金扶持上优先考虑，在政策上给予倾斜。培育与市场需求相适应的以专、精、特、新为特点的不同印刷产业集群，通过骨干企业的示范效应，对分散的印刷产业链进行整合，实现印刷生产能力的合理配置。根据地理位置印刷资源的差异化，推动以南京为中心，苏州、徐州为两翼的出版物印刷集群基地建设，推动经济发达地区打造国内国际知名的包装基地。推动大中型城市数字印刷连锁化经营，适应人们对印刷产品日益增长的个性化需求，促进印刷产业转型升级。

4. 精心组织第三届印刷行业职业技能大赛

印刷行业职业技能大赛是技能比拼的大舞台、企业管理的催化剂、行业发展的助推器。为引导印刷企业加强职工在职培训，加快印刷高技能人才培养，必须把第三届印刷行业职业技能大赛作为一项十分重要的工作来做，要通过行业技能大赛提升从业人员技能水平，在行业内掀起学技能、练技术、提素质的热潮，从而全面提升全省印刷从业者的技能水平，带动全行业技能水平的提升，进而有效地推动全行业整体水平的提升。

5. 推进电子政务建设，健全长效管理机制

借助于先进的计算机网络技术，充分发挥电子政务的作用。在全力推进“江苏省印刷管理信息平台”实施的基础上，整合印刷企业日常管理、《委托书》备案、中小学教材价格管理等子模块，不断完善印刷管理信息平台的功能，从印刷单位、行政管理部门的使用延伸到出版单位、行政审批部门、市场监管等部门的联合使用，真正实现各部门之间无缝衔接。信息平台的整合将使得全省印刷企业的数据汇总进入到统一的网络中，可供多个部门随时查询，使得全省新闻出版管理系统在印刷管理上实现联网互动，使得省、市、县三级新闻出版管理部门、印刷企业、出版单位等有关部门真正形成统一的网络，真正形成属地管理、分级负责、上下联动、齐抓共管的长效管理机制。充分发挥政府、行业协会、印刷企业、社会等各方面的积极性，构建政府主管、行业自律、企业自管、社会监督的管理体系，搭建完整的公共服务平台，促进江苏省印刷业的健康、快速、可持续发展。

（江苏省新闻出版局印刷复制管理处供稿）

浙江省印刷业

一、行业概况

截至2011年底，全省共有各类印刷企业15 085家，比上年减少868家。其中，出版物印刷企业435家，包装装潢印刷企业8 514家，其他印刷品印刷企业5 689家，排版、制版、装订专项企业443家，专营数字印刷企业4家。

2011年，全省印刷企业资产总额1 375.70亿元，比上年增长27.20%；销售收入1 217.70亿元，比上年增长27.50%；工业总产值1 279.70亿元，比上年增长2.90%；工业增加值257.90亿元，比上年增长53.20%；利润总额76.20亿元，与上年基本持平；从业人员50.90万人，比上年减少4.70万人。共有外商投资印刷企业73家，外商注册资金6.11亿美元，外商投资总额7.67亿美元。

全省年工业总产值5 000万元以上的印刷企业297家，资产总额529.50亿元，占全省印刷企业资产总额的38.50%；工业总产值457.4亿元，占全省的35.70%；工业增加值75.08亿元，占全省的29.10%；利润总额23.76亿元，占全省的31.20%；从业人员8.29万人。

全省共有数字印刷企业15家，其中，专营4家，兼营11家；数字印刷机29台（套），数字印刷部分总销售额8.90亿元，总产值8.90亿元。

全省已建成印刷园区11个，其中，苍南6个，平阳2个，嘉兴1个，台州2个；园区总面积423.30万m^2。

浙江影天印业有限公司印制的《宋画全集》（第七卷）获第二届中国出版政府奖印刷复制奖，浙江华虹光电公司复制的《中国艺术动画30年》光盘获第二届中国出版政府奖印刷复制提名奖。

二、加强监管

为服务大局、营造氛围，按照国家新闻出版总署的部署安排，浙江省新闻出版局先后在全省范围内开展了打击侵犯知识产权和制售假冒伪劣商品专项行动、“两会”前夕和“两会”期间印刷复制企业专项检查、中小学教辅材料专项检查、国庆节前印刷复制企业专项检查。从检查结果看，全省印刷企业的总体情况良好，绝大部分企业都能自觉遵守承印、承制管理的各项规章制度，执行“五项制度”的自觉性有所提高，对外省委托印刷的出版物都能自觉履行报批、备案手续，承接境外委托印刷产品的版权授权明晰，印刷企业经营整体上趋于规范有序。但是，在承印验证等五项制度上普遍存在执行不到位的情况。例如，专业书刊印刷企业特别是长期承印教材的印刷企业与出版社之间，由于几十年以来的业务关系，出版社往往会以付印凭单代替《印刷委托书》。此外，有些企业存在承印验证手续滞后、残次品销毁不及时等问题。

针对在各次专项检查中发现的问题，省局在上年制定规范性文件《关于进一步认真落实各项管理制度，切实加强印刷复制管理的通知》的基础上，全面梳理了现行各项规章制度，于2011年初又制定下发了《关于进一步落实图书期刊印刷委托书制度的通知》，重申了所有委托印刷的图书、期刊必须使用全国统一格式的《图书、期刊印刷委托书》，印刷企业必须验证并收存每一种委托印刷的图书，无论是公开出版物、内部资料，还是境内、外委托印制品，凡是不按要求使用委托书的企业，新闻出版行政部门必须依法视情节轻重做出处理。与此同时，全省各地也积极探索建立了长效监管机制，用制度来规范经营行为和经营秩序。

三、提升质量

继续抓住印刷质量不放松，把质量管理列入重要议事日程，认真抓好“三项检查”，即“3·15”质检专项行动、春秋季中小学教材教辅印装质量抽检和全国书市参展图书印装质量检查。在2011年“3·15”质检专项行动中，全省共抽样检查以少年、儿童为阅读对象的纸质出版产品45个品种、1 380册，其中，图书36种、1 152册，期刊9种、228册；采集环保质量检测样品9个品种。经专家组确认，按照CMA管理体系的要求和规范检测程序，45种纸质出版产品印制质量全部符合质量标准。中小学教材辅导读物印装质量抽样检测已经实施多年，并形成了制度。2011年春季中小学教材教辅共抽检48种、1 536册，批质量全部合格；秋季中小学教材教辅共抽检60种、1 920册，59种合格，1种批质量不合格。此外，根据总署出版产品质量监督检测中心的要求，开展了对第二十一届全国书市参展图书的印刷质量检查。

通过持续不断地加强质量管理、加大质量抽检力度，全省印刷企业的质量意识普遍增强，质量管理措施得到落实，执行质量标准的自觉性有了提高，产品印制质量明显提升。

四、着眼未来

发展数字印刷、绿色印刷，对于推进印刷业转型升级，转变发展方式，实现可持续发展具有重大意义，因此，按照国家新闻出版总署制定的《数字印刷管理办法》，全年新批准、设立专营数字印刷企业4家，标志着数字印刷技术将作为一种新兴的印刷方式走向市场，参与市场竞争。发展绿色印刷，是当今印刷业发展的重要方向。在浙江省新闻出版局的指导下，先后运用多种方式，广泛宣传绿色印刷的意义，并多次召开座谈会，举办培训班，认真学习《关于实施绿色印刷的公告》，解读绿色认证程序和有关材料要求。目前，全省已有2家印刷企业通过绿色印刷认证，7家印刷企业正在办理认证，还有一批企业提出了申请，正在积极准备材料。

（浙江省新闻出版局印刷复制管理处供稿）

安徽省印刷业

一、基本情况

截至2012年4月30日，安徽省通过年度核验的印刷企业共2 868家，从业人员9.45万人，其中，出版物印刷企业229家（含2家领取《数字印刷经营许可证》的企业），包装装潢印刷企业1 284家，其他印刷品印刷企业1 320家，专项印刷企业35家。

二、工业产值情况

据不完全统计，全省印刷工业总产值为233.88亿元，其中，出版物印刷企业37.39亿元，包装装潢印刷企业181.96亿元，其他印刷品印刷企业13.72亿元，专项印刷企业0.81亿元。同2009年相比，全省印刷工业总产值增加了41.96亿元，增长率达21.86%，增长速度达到了安徽省“十二五”印刷业发展规划的预期目标值。目前，全省印刷业尤其是包装装潢印刷业呈现出了良好的发展势头。

在全省工业总产值中，超过千万元的企业有365家，占印刷企业总数的12.72%，其工业总产值之和为193.97亿元，占工业总产值的82.94%。同2010年相比，超过千万元的企业数以及印刷工业总产值之和分别提高了2.63%和3.26%。在365家印刷企业中，工业总产值超过10亿元的仅有黄山永新股份有限公司1家；1亿～9亿元（含1亿元）的有44家，主要分布在合肥市、桐城市，滁州市、芜湖市、蚌埠市，各有3～5家；5 000万～1亿元的有48家。

三、主要经济指标

据不完全统计，全省印刷企业资产总额为248.65亿元，其中，出版物印刷企业52.49亿元，包装装潢印刷企业180.21亿元，其他印刷品印刷企业14.34亿元，专项印刷企业1.61亿元。全省印刷利税总额为22.16亿元，其中，出版物印刷企业3.71亿元，包装装潢印刷企业14.98亿元，其他印刷品印刷企业3.20亿元，专项印刷企业0.27亿元。

（安徽省新闻出版局印刷复制管理处供稿）

福建省印刷业

基本情况

截至2012年4月30日，全省共有3 173家印刷企业进行了年度核验。目前，已通过核验的印刷企业3 147家，其中，出版物印刷企业179家，专项制版（装订）企业105家，专营数字印刷10家，包装装潢印刷企业1 939家，其他印刷品印刷企业914家。在此次年度审核中，一是进一步严格了审核标准，缓检印刷企业105家，不予年检企业24家。二是涌现出了一批大型骨干印刷企业。2011 年，全省年工业总产值 5 亿～15 亿元的企业有 5 家，产值超亿元的印刷企业有 50 多家，规模以上印刷企业 130 多家。

福建省印刷业在总量、结构、布局上进一步趋向科学、合理、供需平衡，企业抗风险能力与竞争能力明显增强，基本形成了竞争有序、良性发展、快速提高的印刷产业格局。经统计，全省印刷行业从业人员 12.91 万人。2011 年全省印刷业工业总产值 384 亿元，工业增加值 28.5 亿元，实现利税总额 45.6 亿元。

（福建省新闻出版局印刷复制业管理处供稿）

江西省印刷业

一、行业概要

截至 2011 年底，江西省共有印刷企业 1 733 家，其中，出版物印刷企业 119 家，外资企业 26 家，包装装潢印刷企业 471 家，其他印刷品印刷企业 1 101 家，专项印刷企业 16 家。全省印刷复制从业人员 5.42 万人。

2011 年，全省印刷工业总产值约 165.44 亿元，同比增长约 49.20%，其中，出版物印刷企业 24.77 亿元，占 15%；包装装潢印刷企业 89.98 亿元，占 54.40%；其他印刷品企业 49.63 亿元，占 30%；排版、装订等专项印刷企业 1.05 亿元，占 0.60%。资产总额约 174.30 亿元，同比增长约 80%。

2011 年，全省印刷业销售收入总额 150.48 亿元，工业增加值 41 亿元，工业总产出 128 亿元，对外加工 24 亿元，营业税金及附加 6.49 亿元，资产总额 174.40 亿元，利润总额 21.52 亿元。

二、2011 年全省印刷业发展特点

1. 大型骨干企业不断涌现

2011 年重点印刷企业的数量和质量均有所提高。全省印刷工业总产值超过 5 000 万元的企业有 47 家，同上年相比增加 19 家，增幅达到 68%；超亿元的印刷企业有 22 家，其中，排名前三位的企业产值均超过了 7 亿元，且规模越来越大。

2. 产业园区建设有序推进

全省产业园区建设成绩显著。南昌、宜春、赣州、九江等重点建设的印刷工业园区已初具规模，赣州、宜春、上高印刷工业园区已取得土地使用权，并吸引了一大批印刷企业入驻，九江共青城项目正在积极筹建当中，产业集群度有了较大提高。

3. 应对市场需求变化能力有待提高

包装装潢印刷能力相对不足，品种不全，档次不高，与市场需求严重不相适应。出版物生产厂家的黑白印刷生产能力相对过剩，而高档印刷品业务外流现象严重。

4. 数字制版、数字印刷严重滞后

多数印刷企业设备老旧，市场竞争意识不强，大多数印刷企业人员素质较低，发展意识不强，影响了企业的发展壮大。

5. 产业结构不合理，从业人员素质偏低

印刷工业总产值上千万的企业仅占全省印刷企业总数的 10% 左右。绝对数虽然有所增加，但全省规模以上的印刷企业偏少，企业设备简单落后、竞争力低、从业人员专业技术水平偏低的现状没有明显改变。

（江西省新闻出版局印刷业管理处供稿）

河南省印刷业

基本情况

近几年来，河南省印刷业发展迅速，规模数量逐年增长，已经跨入了全国印刷大省的行列。截至 2012 年 3 月底，全省依法持有印刷经营许可证的印刷企业、单位或个人共计 6 746 家。参加年度核验登记的印刷企业 6 746 家，经核验合格的印

刷企业6 315家，其中，出版物印刷企业355家（含2家数字印刷企业），专项排版、制版、装订企业43家，包装装潢印刷企业1 062家，其他印刷品印刷企业1 551家，复印打字单位或个人3 304家。2011年全行业从业人员12万人，年工业总产值193亿元。

2011年河南省印刷行业基本情况见表1～表3。

表1 2011年河南省印刷行业基本情况

项目	数值	项目	数值
印刷企业数量（家）	3 011	从业人数（万人）	12
销售收入（亿元）	193	资产总额（亿元）	232
工业总产值（亿元）	193	利润总额（亿元）	13

表2 2011年河南省印刷行业管理分类统计基本情况

类别	企业数量（家）	销售收入（万元）	工业增加值（万元）	工业总产值（万元）
出版物印刷	353	6 585 569	123 646	414 274
包装装潢	1 062	1 138 963	335 598	1 364 484
其他	1 551	115 369	34 652	139 547
排版、制版、装订	43	9 429	2 837	9 939
数字印刷	2	767	95	1 125

表3 2011年河南省印刷行业部分主营业务情况

类别	企业数量（家）	销售收入（万元）	工业增加值（万元）	工业总产值（万元）
书刊印刷	285	261 804	100 872	303 117
报纸印刷	41	54 457	9 646	58 476
纸包装印刷	678	596 816	206 342	654 364
其他印刷	582	317 930	85 854	332 112

（河南省新闻出版局印刷业管理处供稿）

湖北省印刷业

一、基本情况

1. 印刷企业数量

截至2011年底，全省共有印刷企业6 305家，其中，出版物印刷企业312家，包装装潢印刷企业542家，出版物专项印刷企业（包括内部资料印刷企业）91家，专营数字印刷企业7家，其他印刷品印刷企业1 718家，复印、影印、打字单位3 635家，从业人员11万多人。全省印刷企业总数为2 670家（不含复印、影印、打字企业），从业人员9万多人，其中，国有企业70家，占2.62%；集体企业52家，占1.95%；民营企业2 525家，占94.57%；中外合资企业15家，占0.56%；外资企业7家，占0.26%，外商投资股份有限公司1家，占0.04%。

2. 印刷企业生产状况

2011年，湖北省印刷企业（含复印、影印、打字单位）工业总产值为212亿元，其中，书刊印刷36.71亿元，包装印刷125亿元，报纸印刷7.8亿元，专营数字印刷1.82亿元，其他印刷品印刷36.17亿元，“三印”企业总产值4.5亿元。全省印刷工业总产量为5 106万令，比上年同期增长了11.48%，其中，书刊印刷1 345万令，比上年同期增长了1.89%；包装印刷2 257万令，比上年同期增长了24.70%；报纸印刷816万令，比上年同期增长了0.37%；其他印刷品印刷688万令，比上年同期增长了8%。2011年，全省印刷企业全年用纸总量为1 456 200t，其中，书刊印刷474 200t，包装印刷601 250t，报纸印刷150 750t，其他印刷品印刷230 000t。

3. 印刷企业经营状况

2011年，湖北省印刷企业（含复印、影印、打字单位）全年销售收入总额为2 120 015.26万元，税金46 012.23万元，利润总额158 795.38万元，资产总额1 639 432.27万元，负债总额307 530万元。其中，书刊印刷企业年销售收入为354 070万元，税金6 520万元，利润总额29 820万元，资产总额436 980万元，负债总额186 050万元；包装印刷企业年销售收入为1 252 119.26万元，税金32 368万元，利润总额108 925.38万元，资产总额902 560.27万元，负债总额82 160万元；报纸印刷企业年销售收入为78 230万元，税金238.23万元，利润总额7 500万元，资产总额85 465万元，负债总额18 600万元；其他印刷品印刷企业年销售收入为359 901万元，税金6 886万元，利润总额12 550万元，资产总额214 427万元，负债总额20 720万元。

二、管理工作

1. 以法规培训和专项检查为抓手，做好管理工作

一是结合年检，普遍开展了法规培训，增强了印刷业经营者的法律法规意识。各地将年检工作作为管理的重要手段，认真部署，精心组织，高质量完成了上级安排的各项管理工作。大部分市、州结合年检工作开展了印刷法规培训，据统计，全省各地组织印刷法规培训40期，培训印刷企业法人及相关负责人2 200人（次）。

二是认真部署全省印刷复制企业专项检查工作，确保2011年全国人大、政协“两会”、建党90周年、纪念辛亥革命100周年和十七届六中全会胜利召开期间出版物市场繁荣有序，社会和谐稳定及意识形态安全。根据国家新闻出版总署下发的《关于在“两会”前开展对印刷复制企业和出版物市场进行专项检查的通知》《关于开展打击侵犯知识产权和制售假冒伪劣商品专项行动及进一步做好使用正版软件工作的通知》和《关于在国庆节前开展印刷复制企业和出版物市场专项检查的通知》要求，省新闻出版局迅速对全省印刷复制企业专项检查进行了部署，对部分地区进行了重点检查。并将年度核验工作与开展打击侵犯知识产权和制售假冒伪劣商品专项行动紧密结合，认真对印刷各类出版物、包装装潢、商标标识、标签的企业进行了专项检查，严厉查处非法加印、出售标识标签等违法行为。

三是认真贯彻国家新闻出版总署下发的《全国印刷复制行政执法报告评价制度实施办法》文件精神，组织召开了全省部分市、州印刷管理工作座谈会，学习贯彻《全国印刷复制行政执法报告评价制度实施办法》，并进行了相关工作部署，进一步加强了对全省印刷复制业的监管力度，组织全省各地分期分批对印刷企业进行了交叉检查、联合检查、重点检查和突击检查，把管理的要求讲明、说透、抓实。为进一步做好印刷复制企业专项检查工作，及时下发了《关于进一步做好全省印刷复制行政执法工作的通知》，并对武汉、黄石、黄冈、鄂州、宜昌、荆州、随州、荆门、孝感、咸宁、仙桃、潜江及天门等地区进行了专项检查，及时向总署汇报了全省行政执法情况。此外，根据总署《关于进一步加强中小学教辅材料出版发行管理的通知》精神，还加大了对在湖北省印制的各种教辅图书的检查力度。

2. 科学制定印刷复制业“十二五”发展规划，积极促进全省印刷业发展

一是按照党的十七届五中全会精神，制定了《湖北省印刷复制业“十二五”发展规划》，并围绕“深化体制改革 壮大文化产业”的要求，联合《湖北日报》等媒体，加强了对湖北省印刷业发展方向的宣传报道。《湖北日报》6月3日在“文化版”头条对省印刷业发展进行了题为《提升整体规模 加快技术创新 我省拟打造全国区域性印刷中心》的重点报道。二是积极加大印刷业招商引资力度，要求各地做好招商引资工作，据统计，2011年全年印刷业招商引资超过13.50亿元。三是积极推动印刷工业园区建设，促进印刷业发展。各地加大了印刷产业园建设力度，全省17家印刷工业园区建设都有不同程度的进展。四是向总署上报了8个新闻出版改革发展项目所涉及印刷业发展的申报材料。经总署审核评定，全省共有5个印刷项目入库。五是2011年在全国百强印刷企业评选中，我省有6家企业入选，3家企业入围，入选数在全国排名第五，中部第一。六是组织开展了第四届“湖北印刷企业50强”评选活动，50强的工业总产值约91亿元，占全省印刷工业总产值的49%。七是积极推动武汉大学与国家新闻出版总署共同组建“新闻出版总署·武汉大学印刷高级人才培养基地”，加强与武汉大学的战略合作，实现共建共享。

3. 加强质理管理，提升印刷质量整体水平

一是开展了2011年“3·15”少年儿童读物类出版产品质量监督检测活动。此次检测活动，共抽样检测了少儿读物类图书179种，其中本版图书74种，教材79种，教辅26种；总数量4 084册，其中本版图书1 396册，教材2 156册，教辅532册；批质量检测共172种，其中本版图书67种，教材79种，教辅26种；单册检测图书7种，共32册。涉及相关出版单位8家，印刷企业29家。经专家检测认定，有1本书为不合格产品。抽样检测了少儿报纸、期刊共2种、285册（份）。经专家检测，全部合格。抽样检测了3家包装装潢印刷企业的包装装潢产品21种，168张，经检测，没有不合格产品。总体而言，全省“3·15”少年儿童读物类出版产品质量监督检测活动完成的顺利圆满，受到了总署表扬，湖北省新闻出版局被总署授予2011年“3·15”质检活动先进单位。二是开展了2011年春秋两季中小学教材印刷质量抽检和全省出版物印刷质量检测认定活动，共抽检了137种教材，3 833册。经检测，没有批质量不合格产品。此次抽检覆盖全省所有教材印刷企业，覆盖面达100%。2011年度全省送检产品7 460种，认定为省优产品6 220种，优质品率达到83%。全省书刊印刷质量水平稳步提高。

4. 增强服务意识，做好服务工作，提升服务水平

一是组织质检专家深入基层，帮助印刷企业查找质量问题，分析原因，找出解决问题的办法，提高企业的印刷质量。二是积极为印刷企业申报新闻出版改革发展项目，做好协调服务工作。三是向总署上报了湖北省首批19家教材印制企业参加绿色印刷认证的申报工作。目前，全省已有4家印刷企业通过了绿色印刷认证。四是支持大型骨干印刷企业兼并、重组、做大做强，为企业联合重组牵线搭桥。

（湖北省新闻出版局印刷业管理处供稿）

湖南省印刷业

一、基本情况

2011年，湖南省印刷复制管理工作在国家新闻出版总署、湖南省委、省政府和省局党组的正确领导下，认真贯彻科学发展观要求，全面落实“四化两型”建设战略部署，狠抓全省印刷复制业的法规建设、项目建设、行业规划和日常监管工作，圆满完成了各项工作任务，促进了全省印刷复制业的发展繁荣。印刷业继续保持较好的增长势头，在省文化产业中的比重进一步提高，成为文化产业中新的增长点。

截至2012年3月底，湖南省共有各类印刷企业5 299家，其中，出版物及出版物专项印刷企业447家，包装装潢印刷企业711家，其他印刷品印刷企业1 407家，三印企业2 740家。与2011年同期相比，全省企业总数增加140家，主要体现在包装装潢和其他印刷品印刷企业数目的变动上。印刷业从业人员总数为10.10万人，比上年同期增加8 000余人。2012年年度核验表明，2011年全省实现印刷工业总产值230亿元，同比增长27%。自2000年以来，全省印刷产业已连续数年保持高速增长态势，产业规模持续扩大。

2011年，全省印刷业总资产达227亿元，增长约40亿元。规模印刷企业不断涌现，年工业总产值过亿元的印刷企业23家，过5 000万元的45家，过1 000万元的360多家。这些规模企业已成为引领湖南省印刷产业发展的主要力量，其中，湖南天闻新华印务有限责任公司、湖南金沙利彩色印刷有限公司、常德金鹏凹版印刷有限责任公司三家企业以年产值8.40亿元、7.70亿元和17.60亿元的成绩连续第9年位列“全国印刷企业百强”。印刷类型涉及出版物印刷、包装印刷、防伪印刷、数字印刷等多个领域，印刷产品能满足市场的多种个性化需求。

二、技术设备力量进一步增强

2012年，湖南省印刷企业淘汰了一批落后印刷设备，投入了大批资金用于技术改造和设备更新，印刷设备、技术力量进一步增强。2011年新增四色胶印机30余台（套），CTP直接制版设备11台（套）。目前，全省已经拥有国内外先进的图文数字制版、高速多色胶印和凹版印刷机、无线胶装联动等自动化程度较高的现代化设备。印前环节，湖南省CTP直接制版设备，带动了全省印前工艺的发展；印刷环节，书刊印刷企业全部实现了单张纸胶印机印刷，书刊印刷骨干企业基本上都装备有卷筒轮转胶印机及多色胶印机，主要设备从国外引进，达到了国际先进水平；省级以上报社印刷厂及发行量较大的市级报社印刷厂大多引进了多色卷筒纸轮转胶印机。骨干包装装潢印刷企业，如常德金鹏凹版印刷有限公司、湖南金沙利彩色印刷有限公司等，都引进了具备世界先进水平的凹版印刷生产线及多色胶印设备；印装环节，平装、精装、骑马订联动设备在大型书刊印刷企业中已经普及，小型书刊印刷企业则是机械化、半机械化与手工作业并存。

三、印刷质量保持较高水平

2011年下半年，湖南省出版物印刷质量检测认定专家委员会检测了全省12家出版单位、91家印刷企业送检的图书、课本样本共1 460个品种。检测认定结果合格品种1 324个，合格率占99%，不合格品种3个，占0.23%。2010年下半年检测抽查49个品种、860册书籍，发现1种批质量不合格，合格率为98.40%。全省书刊印刷质量继续保持了较高水平。

四、大力推进印刷产业发展

2011年，省局在促进产业发展方面做了三件事。一是出台了《湖南省印刷业规定》，经省人民政府第88次常务会议通过，并于2011年

10月1日起正式施行，这是全国第一部地方性印刷业法律规定，对湖南印刷业的发展繁荣具有里程碑式的重要意义；二是认真贯彻落实新颁布的《数字印刷管理办法》，并及时向全省各级新闻出版行政部门发出了《关于贯彻落实〈数字印刷管理办法〉的通知》，要求各级各部门认真组织学习，结合实际情况抓好贯彻落实，切实鼓励区域内高端数字化印刷企业健康发展，做好数字印刷的各项管理工作，并抓住这一契机，对全省数字印刷发展实际情况进行了摸底调查；三是大力推进全省绿色印刷，根据国家新闻出版总署的要求，联合省印刷协会组织召开了有主要出版物印刷企业、食品包装印刷企业参加的全省绿色印刷推介会，印发《绿色印刷手册》，宣传推进绿色环保印刷的理念，鼓励企业采用环保印刷技术，积极推进全省印刷企业实施绿色印刷认证工作。湖南省天闻新华印务有限公司、常德金鹏印务有限公司两家企业顺利通过全国首批绿色印刷认证。长沙鸿发印务有限公司、湘潭航顺印务公司、益阳景泰丰印业公司、永州奔腾集团、武岗雄杰食品包装有限公司、邵阳彩虹包装有限公司等一大批印刷企业正在积极筹备认证工作。

五、下大力气抓好项目建设

2011年，湖南省印刷产业继续以抓好产业项目建设为重点，主要做了三件事。一是着重抓好印刷工业园区建设。经省、市、县三级新闻出版管理部门努力，建立了长沙黄花印刷科技产业园等4家湖南省印刷示范基地。2011年，长沙、永州 、衡阳、怀化及岳阳等五个地区也设立了专门的印刷工业园。另外，娄底、湘西等市州印刷工业园正在积极筹建之中；二是在承接产业转移过程中，有2家来自中国香港、澳门的规模印刷企业在湖南省落户，引进资金3. 60亿元；三是根据省文化产业引导资金办公室的安排，新闻出版管理部门对省内30个印刷产业项目进行了摸底调查，经专家评议，最终有6个印刷企业项目获得文化产业引导资金支持。

六、坚决查处大案要案，维护印刷市场正常秩序

2011年，全省各级新闻出版管理部门共查处违法违规印刷经营活动53起，没收非法印刷品120多万册，罚没款80多万元。省局及各市州局督办、查办了一批社会影响较大的非法印刷案件，如“5.27”长沙福盛彩色印刷有限公司非法盗印教材教辅案、湖南省越来越好印务有限公司超范围经营案、长沙多元印务有限公司非法印刷案等一系列案件，起到了净化印刷市场，震慑非法印刷行为的效果。近年来的实践表明，大案要案的查处，极大地震慑了非法印刷经营者，全省非法印刷复制经营活动逐年下降，印刷经营者法律法规意识、守法经营意识明显增强。

（湖南省新闻出版局印刷复制管理处供稿）

广东省印刷业

一、基本情况

截至2011年12月31日，广东省有各类印刷企业20 331家，其中，出版物印刷企业616家（含数字印刷企业16家），包装装潢印刷品印刷企业13 040家，其他印刷品印刷企业6 430家，排版、制版、装订专项企业245家。在各类印刷企业中，国有企业114家，集体企业496家，全民所有制企业64家，外资独资企业1 276家，中外合资企业89家，中外合作企业42家，“三来一补”企业686家，有限责任公司9 165家，股份有限公司68家，股份合作制642家、个人独资企业4 929家，合伙367、私营71、联营2、个体工商户3 316家。

2011年，广东省印刷行业从业人员780 090人。其中，出版物印刷企业从业人员109 152人，包装装潢印刷品印刷企业从业人员657 096人，其他印刷品印刷企业从业人员8 858人，排版、制版、装订专项企业从业人员4 984人。

2011年，广东省印刷工业总产值1 607.39亿元，其中，出版物印刷企业产值266.92亿元，包装装潢印刷品印刷企业产值1 266.73亿元，其他印刷品印刷企业产值66.25亿元，排版、制版、装订专项企业产值7.49亿元。

2011年，全省印刷业销售收入总额1 676.75亿元，完成利税总额65.17亿元。印刷业资产总额4 156.24亿元，负债总额404.53亿元，其中，出版物印刷企业资产总额426.5亿元，包装装潢印刷品印刷企业资产总额3 611.20亿元，其他印刷品印刷企业资产总额110.43亿元，排版、制版、装订专项企业资产总额8.11亿元。

2011 年，全省印刷企业用纸量 1 487.45 万 t，其中，出版物印刷企业 171.73 万 t，包装装潢印刷品印刷企业 1 253.07 万 t，其他印刷品印刷企业 62.65 万 t。

2011 年，全省有 2 700 多家印刷企业接受 50 多个国家和地区委托印刷境外印刷品 18 万个品种，加工产值约 560 亿元。

二、印刷管理工作

2011 年是国家“十二五”规划开局之年，也是国内外经济运行较为复杂的一年，在外是世界经济增长下滑、金融动荡不安、欧洲债务危机此起彼伏，在内是物价上涨、人民币升值、原材料价格高涨、人力成本急剧上升等不利因素，印刷行业受到了较大的影响。广东省新闻出版局坚持以邓小平理论和“三个代表”重要思想为指导，深入贯彻落实科学发展观，坚持以促进印刷产业转型升级为抓手，在服务上下功夫，在结构调整上求发展，在产业转型升级中使韧劲，确保了全省印刷行业在保持平稳的基础上有新发展。

（一）强化服务，促进产业新发展

1. 提高行政服务水平，为产业发展搭建平台

一是年初在调研的基础上拟定了印刷复制产业的发展指导意见。二是启用了全省出版物印刷企业动态管理信息系统。三是组织印刷企业进行产业发展政策辅导、市场分析、业务培训等系列活动。四是组织并指导企业做好文化产业扶持资金的申报工作。五是开展了“两岸三地”印刷复制业的学习交流与互动合作。2011 年 3 月初，在深圳成功举办了粤港两地新春联谊会和粤港印刷论坛；5 月初组织省印刷业协会前往中国澳门参加了粤港澳印刷联谊会；5 月份参与了国家新闻出版总署在深圳组织的“绿色印刷高峰论坛；10 月份组织部分企业参加了法兰克福书展，开拓新的发展空间。

2. 力推印刷行业结构调整和转型

以 2011 年 3 月 1 日国家新闻出版总署和中国印协（华南西南片区）绿色印刷宣贯会在广州举行为契机，为全省实现印刷复制发行业从粗放型增长向集约型增长的转变，从 9 月份起，在全省印刷行业内分片分期举办《绿色印刷》和《印刷行业挥发性有机化合物 VOCS 排放标准》培训班，完成培训 3 期 1 248 人，14 家印刷企业获得绿色印刷认证。一年来，广东省新闻出版局在印刷行业中坚持优化调整，做强做大，坚持兼并重组，优胜劣汰，取得了良好的成效。

3. 积极发挥行业协会作用

2011 年 3 月份指导协会参与了中国（东莞）国际印刷技术展览和华南印刷展；5 月份指导协会在全省印刷复制行业中开展了“守法经营、严格自律”活动；10 月份在全省印刷复制行业中进行了产业调研，并组织了行业法规培训。

（二）依法行政，规范行业新秩序

一是精心组织 2011 年度全省印刷业的年度核验工作，认真做好印刷企业设立及变更的报（审）批工作。二是强化印刷业的监管，开展了以打击侵犯知识产权和制售假冒伪劣商品为重点的专项治理行动，重点对出版物印刷企业、报纸印刷专项企业、承接境外加工印刷业务的企业进行了检查。为加强中小学教辅材料出版发行管理、规范中小学教辅的出版、印刷复制和发行秩序，根据国家新闻出版总署《关于认真落实新闻出版总署关于进一步加强中小学教辅材料出版发行管理的通知》精神开展专项检查的紧急通知（新出电 [2011]15 号）和《新闻出版总署关于进一步加强中小学教辅材料出版发行管理的通知》（新出政发 [2011]12 号）的要求，对全省教辅市场进行了专项检查，基本上掌握了全省各地区中小学教辅材料的出版、印刷复制和发行等环节的基本情况，为今后进一步规范中小学教辅材料出版发行管理奠定了较好的基础。通过专项检查，有效地促进了全省各类印刷企业的依法经营意识。一年来，全省绝大部分印刷企业管理规范，能严格遵守现行的政策法规，承接印制出版物的各种委托、审批、备案手续基本齐备。

（三）注重质量建设，狠抓质量管理

一年来，广东省新闻出版局牢固树立科学发展观，始终坚持“百年大计，质量第一”的发展理念，大力实施“品牌兴业”战略，始终将行业的产品质量监管做为一项基础性、经常性的工作来抓，着力提高全省印刷产品的质量竞争力。按照国家新闻出版总署有关加强印刷质量监督管理的要求，及时组织出版物印刷质量监督检测活动，通过检测促进了各企业的质量建设意识，有力地保证了印刷产品的质量。

（四）重视调查研究，努力促进印刷业可持续发展

针对印刷业面临外部需求下降以及资源环境约束不断增强，劳动力和土地等要素成本不断提高，传统印刷模式的竞争优势已逐步减弱，拼资源、拼环境、拼价格的经济增长方式将难以为继，广东省新闻出版局按照总署新闻出版业“十二五”规划和省委省政府关于产业转型升级的要求，以加快印刷产业发展方式转变为主线，优化产业布局，调整产

业结构，培育龙头示范企业，加强自主创新，提升管理服务水平，完善产品质量体系建设，引导印刷产业实施绿色环保战略转型，努力促进全省印刷业持续稳定发展。

1. 积极调整发展思路，大力优化产业结构，促进产业科学发展

坚持“生态至上、环境第一”的原则，进一步加快产业结构优化进程。加快进行印刷业结构调整，淘汰高能耗、高排放、低效益的落后生产方式，建设环境友好、生态文明的现代印刷业。在宏观调控上，通过政策引导来优化产业结构，鼓励企业间的合作、兼并和重组，进一步控制总量、调整结构、优化产业布局，推动产业集聚。在发展规划上，抛弃低成本竞争和粗放型生产的传统做法，走高新技术、绿色印刷、创意印刷、质量管理、标准化领头的新路。在实际工作中，坚持绿色印刷发展举措，加强分类指导，促进印刷产业的合理布局。坚持抓大放小、有进有退、有所为有所不为的原则，优化资源配置，推进大中型印刷企业的建设，完善珠三角地区印刷产业带建设，形成资源配置合理、产业配套完整、分工清晰、优势互补、聚集效应明显的产业格局；搞好小型企业的改造，促其向“专、精、特、新”的方向发展，逐渐改造和淘汰不具备资格条件的企业；利用政策引导产业转移，鼓励部分“珠三角”印刷产能向粤东、粤北和粤西地区转移，促进印刷业的区域均衡发展。2011年以来，按照国家《关于建立国家印刷复制示范基地的指导意见》和通知精神，认真组织全省相关企业特别是规模以上重点印刷企业积极申报国家印刷示范基地，用好用足国家相关扶持政策、资金，加快培育龙头骨干印刷企业，争取在“十二五”期末建立35家左右具有创新型、专业化配套和具有相关产业链优势的印刷企业成为国家印刷示范企业。

2. 认真完善环保体系建设，引导产业绿色转型

保护环境促进可持续发展已经成为国际共识，绿色环保、创意印刷前景越来越广阔。加快实施绿色印刷战略，是广东省从印刷大省向印刷强省迈进的重要举措，也是新闻出版部门贯彻国家环保战略所履行的职责。作为行业管理部门，广东省新闻出版局将加快制定印刷业宏观调控规划，调整和优化产业结构，积极实施环保评估，提高新建企业准入门槛；加大力度淘汰生产方式落后、污染严重、能耗高的印刷生产能力，努力促进印刷技术上水平、产品质量上档次、经济效益上台阶。加速企业应用信息技术改造传统印刷业的步伐，大力推广符合节能环保要求的新型原辅材料在印刷业的应用；积极围绕节省成本和工序、降低能耗、开发增值服务和实现环保的“绿色革命”。认真完善绿色印刷评价体系，在印刷企业中推广执行绿色印刷标准，开展中小学教材的绿色印刷工作，并逐步向政府采购产品印刷、食品药品包装印刷等领域推广，同时加强对印刷企业实施绿色印刷的政策扶持，淘汰落后印刷工艺、技术和产能，推动全省印刷业加快绿色转型和升级。

3. 加强科技创新，打造培育新业态，促进产业升级

向科技要效益，通过科技创新打造印刷业的新业态，大力发展技术含量高的新型印刷业，抢占印刷新业态的制高点。注重科研创新活动，制定政策鼓励和支持企业开展新技术、新工艺、新产品的自主研发活动，努力培育新的竞争优势。加快对传统印刷业进行信息化改造的步伐，转变发展方式。在“十二五”期间，积极推动以数字印刷、数字化工作流程、CTP和数字化管理系统为重点的“数字印刷集成”，通过科技创新打造印刷新业态，重点发展快速、按需、高效、个性化的数字印刷。加大绿色印刷、创意印刷、数字印刷宣传工作力度，规划建设以广州、深圳、佛山、东莞、江门、惠州为代表的珠三角地区“数字印刷”、“创意印刷”基地，通过树立印刷业龙头的创意服务示范效应，提升全省印刷业创意服务水平，鼓励印刷包装行业按市场需求加强印刷产品设计创意环节，加快推动全省印刷产业由加工服务型向创意服务型转变。

4. 构建人才培养新体系，提升行业整体素养

注重人才培养，建立和完善印刷业先进印刷设备和技术的高层次人才培养体系，为印刷业发展提供高层次人力资源储备。发挥广东省新闻出版高级技工学校等高等院校、科研机构在印刷专业人才培养中的重要作用，鼓励和加强企业开展职业技能培训，推行职业技能鉴定，继续组织好印刷职业技能大赛，抓好职业教育配套教材的统筹出版工作。

5. 继续实施“走出去”发展战略，拓展企业发展空间

坚持“走出去”和“引进来”相结合，稳步推进“走出去”发展战略。加快构建印刷业对外学习、合作与交流的互动平台，加大印刷业“走出去”步伐。制定优惠政策鼓励印刷企业积极参与国际印刷业的交流与合作，为企业发展开拓新的发展空间，促进自身产品质量的提高和产业结构的优化，提升全省印刷业特别是珠三角地区印刷业的国际知名度和国际竞争力。

（广东省新闻出版局供稿）

广西壮族自治区印刷业

一、基本概况

截至2011年底，广西壮族自治区共有印刷企业1 620家（不包括“三印”企业），其中，出版物印刷企业181家、包装装潢印刷企业564家、其他印刷品印刷企业875家；从业人数41 462人。

根据年度核验统计，2011年全区印刷工业总产值为84.87亿元，比2010年增长22.16%，其中，出版物印刷企业24.33亿元，占28.67%，比2010年增长28.83%；包装装潢印刷企业52.84亿元，占62.26%，比2010年增长21.50%；其他印刷品印刷企业7.70亿元，占9.07%，比2010年增长8.41%。印刷企业销售总收入77.20亿元，其中，出版物印刷企业20.67亿元，包装装潢印刷企业49.29亿元，其他印刷品印刷企业7.24亿元。印刷企业资产总额84.31亿元，其中，出版物印刷企业32.40亿元，占38.43%；包装装潢印刷企业43.57亿元，占51.68%；其他印刷品印刷企业8.34亿元，占9.89%。

从统计数据来看，同2010年相比，2011年广西印刷业规模进一步扩大，工业总产值超亿元的印刷企业有9家，其中，出版物印刷企业4家，包装装潢印刷企业5家；全区5 000万元以上的印刷企业23家，其中，出版物印刷企业8家，包装装潢印刷企业15家；1 000万元以上的印刷企业138家，其中，出版物印刷企业41家，包装装潢印刷企业97家。全区包装印刷产值已连续三年占印刷工业总产值的六成以上，产品结构更趋合理。5年前，广西印刷业总资产是30多亿元，2011年已达84.31亿元。在广西出版产业总量中，印刷业份额占3/5以上，成为广西文化产业的支柱产业。

从地区分布看，南宁、桂林、玉林和柳州等主要城市仍然是印刷业发展的主力军，占据全区的大半江山，尤其是桂林市，2011年印刷工业总产值比2010年增长了38.92%。

从企业类型看，包装装潢印刷企业仍然保持了良好的发展势头，贺州市、防城港市包装装潢占整个行业的比例高达90%以上，全区印刷工业中，60%以上是包装装潢印刷企业；2011年出版物印刷企业虽然有所发展，工业总产值略有增长，但总体来看，形势仍不容乐观，受到数字出版等一系列新技术的冲击，出版物印刷企业的发展正面临着前所未有的困难，如果不及时调整结构、走向更广阔的市场，将难以为继。

从2011年印刷设备统计数字来看，同往年相比有较大提高，共购置印刷设备887台，总价值4.29亿元，其中，印前设备89台，价值2 375.86万元；印中设备366台，价值3.35亿元；印后设备432台，价值7 039.99万元。在全区印刷企业中，共有四色以上胶印机367台（使用超过10年的有142台）；进口设备占149台，（使用超过10年的有70台）；印前设备CTP有24台。

二、存在的主要问题

1. 企业设备老化，技术较为落后，先进印刷设备所占比重仍然较小，缺少有实力的软包装和高档包装印刷企业。

2. 高端印刷技术人才缺乏，人才引进和培育工作有待加强。

3. 网络发展和数字出版等新技术的应用，使出版物印刷企业面临更大的生存压力。

4. 印刷企业面临融资难、资金匮乏，结构难以调整等问题。

5. 原辅材料、成本、劳动力成本大幅上涨，挤压企业盈利空间，影响企业投资，技改的信心和动力。

6. 部分老牌国有企业因历史和政策性因素困扰，发展步履维艰。

7. 业内中小企业较多，受土地和场地条件制约，影响投资发展的空间。

8. 扶持中小企业的优惠政策难以落到实处。

（广西壮族自治区新闻出版局印刷业管理处供稿）

海南省印刷业

一、行业概要

近几年来，海南省印刷业坚持以邓小平理论和“三个代表”思想为指导，认真贯彻落实科学发展观，紧紧围绕印刷工作服务经济社会发展这个中心，坚持一手抓发展，一手抓监管，创新印刷管理工作思路、管理方式和管理手段，促进全省印刷业持续健康发展，为建设国际旅游岛、文化岛营造了良好的文化氛围和舆论环境。总体上，全省印刷业的发展趋势良好，依法经营较为自觉，生产规模不断扩大，管理力度不断加强，队伍素质不断提高，产值不断增加。

（一）正确判断印刷工作形势，努力发展良好工作局面

按照国家新闻出版总署对印刷工作的要求，省新闻出版局科学谋划，转变职能，依法行政，在日常监管、创新工作机制、解决突出问题等方面，做了大量工作，为全省经济发展和构建和谐社会，做出了突出贡献。

1. 以科学发展观为指导，拟定了印刷业“十二五”发展实施意见

经过调查研究，海南省新闻出版局（简称省局）拟定出台了《印刷业贯彻落实（新闻出版业“十二五”发展规划）实施意见》。在充分肯定全省东、中、西部印刷产业带已基本形成的基础上，又提出了印刷业“十二五”时期印刷工业总产值增长速度与国民经济发展基本保持同步；加快示范企业建设步伐；大力推动绿色印刷发展和数字化技术等多项目标。到目前为止，全省印刷业呈现出又好又快的发展态势。

2. 以真诚服务为宗旨，促进行业繁荣

在监管工作中，省局始终要求各个印刷行政管理部门要把服务摆在工作首位。首先是帮助企业排忧解难，指导和帮助18家国有印刷企业改制，在有条件的市、县重新审批设立印刷企业，吸纳下岗员工参加。其次是培育扶持规模企业，对年产值超过3 000万元的印刷企业给予重点扶持；对有发展潜力的30家其他印刷品印刷企业鼓励其升级为包装装潢企业；指导16家出版物印刷企业申办绿色印刷认证。第三是下放审批权，2008年5月，为支持洋浦经济的发展，将在洋浦保税港区内设立印刷企业的许可授权交由洋浦经济开发区管理局审批。同时，会同省印刷行业协会组织召开两届全省印刷技能大赛，每年组织技术工人培训和参加全国会议、机器设备展，邀请省相关部门的专业人员讲授印刷企业如何按时为员工交纳保险，并帮助印刷企业参与政府采购、招投标的协调等服务工作，为印刷企业创造了良好的发展环境。据不完全统计，全省印刷企业年产值增长率均在10%以上，2011年全省工业总产值达13.60亿元。

3. 以科学管理为手段，保证印刷业发展不偏离方向

为保证印刷业发展不偏离方向，省局采取了多项管理措施。第一，重大节日和敏感时期抓监管。近几年，每年在全国“两会”、“国庆”、“春节”和重大活动期间，省厅牵头组织省“扫黄打非”办、文化市场稽查队和印刷行业协会对全省印刷企业进行抽查，各市、县文体局在全省统一部署下，有条不紊地展开工作，没有发现承印非法政治性出版物行为，保证了文化源头的安全。第二，建章立制抓监管。面对全省印刷业在发展过程中出现的问题，结合印刷管理工作实际，相继建立了属地管理机制，层层签订承包责任书，诚信企业协助管理，文化市场稽查部门监查等措施，逐步把监管的视线延伸到各个印刷企业，增强了对印刷企业的约束力。在管理中，各市、县文体局结合自身的特点，想办法、出主意、订措施。如：万宁、文昌市和琼中县文体局采取了“月抽查”，城乡结合部“经常查”，敏感时期“重点查”等办法。这些措施和办法，对规范印刷企业的行为起了很大作用。第三，社会舆论监督抓监管。将全省316家印刷企业的经营情况和信誉等信息公布在网上，供社会公众查询；省、市、县（区）建立了印刷违规举报电话；邀请了省印刷行业协会和诚信规范的印刷企业法人代表当监督员，不定期开会通报情况等，增强了监管的有效性。

（二）狠抓硬件建设，加快印刷业转型升级

近几年来，按照产业发展的要求和《印刷企业年度核验工作指导意见》，结合全省印刷业发展的实际情况，省局采取了宏观调控，微观指导的办法。2007—2009年暂缓审核登记印刷企业16家，不予通过审核登记印刷企业2家，有5家出版物印刷企业降级。建立了规范的市场准入门槛及印刷企业的退出机制；严格执行国产、进口印刷机器使用期限的规定，初步形成了印前、印中、印后流水生产线，提高了市场竞争力。同时，省厅和省工商局还联合制订下发了《关于规范数字印

刷经营活动的通知》，各市、县文体局按通知要求正在落实。实施了出版物印刷企业半年试用期制度和出版物印刷企业提交2种以上由省级以上国家法定质量监督检验机构的质检报告等办法，增强了全省大中型印刷企业增添印刷设备的紧迫感，加快了印刷企业转型升级的步伐。

（三）把住源头，深入开展印装质量检查活动

为贯彻落实国家新闻出版总署提出的“3·15国际消费者权益日”印装质量检查活动的开展，省局从2007年开始，每年在全省组织开展“3·15国际消费者权益日”。在开展对中小学教材印装质量检查活动的同时，还组织对奥运会、建国60周年、建党90周年和2012年的少儿读物等出版物进行印装质量检查，其中，在2007、2008年全省组织开展“3·15国际消费者权益日”期间，中小学教材和奥运会出版物印装质量检查活动的经验做法受到总署的表扬。同时，也应该清醒地看到，全省印刷业的整体水平还不高，在管理中还存在一些问题，主要表现在：

一是产业集约化程度低，缺乏产业综合优势。①劳动生产率低。根据2011年的统计结果，全省印刷企业共有316家，全省印刷产值13.60亿元，从业人员1.50万人。产业规模效应、生产率、竞争力和全国先进省份相比还有很大差距。②企业竞争力缺乏优势。在全国排名前百名企业中，海南省还是空白。企业缺乏竞争力和品牌影响力，低端生产力相对过剩，高档产品生产能力不够，产品转型升级不尽合理，致使不少优质出版物和包装精品流向外省。③企业软硬件建设支撑力不足。多色、高速、自动、联动等先进印刷技术设备应用不多，制约了产业的发展。在国家批准的首批60家绿色印刷认证企业中，全省没有一家符合申报条件的。

二是产品质量存在问题。由于技术装备、从业人员素质、标准执行不力等多方面原因，致使全省还有相当数量的印刷企业存在印刷质量问题。从每年抽检的中小学教材结果看，印刷质量仍然存在彩色套印准确度不高，墨色深浅的均匀性不够、施胶、订装不符合要求、书脊的平整度不高以及八字折等问题。

三是监管力度不够。在日常监管中，有的市、县文体局对个别印刷企业超范围、无诚信和违规印刷非法出版物行为查处力度不够，致使违规现象屡禁不止。还有的市、县对本辖区印刷企业的位置、联系方式、企业发展状况心中无数。更有甚者，在省厅组织对印刷企业进行年度核验抽查时，还存在谎报核验，帮企业“说情、出主意、想办法”通过年度核验的情况。

综上所述，海南省印刷业存在科技含量不高、规模偏小、分布较散、竞争力不强、生产效率低等一些亟待解决的问题，如果这些问题不能得到有效解决，势必会影响全省印刷业的发展。

二、主要工作

印刷企业的管理工作，必须坚持以邓小平理论和“三个代表”重要思想为指导，牢固树立科学发展观，按照党的十七届六中全会要求，立足当前，着眼长远，严格执行《印刷业管理条例》《数字印刷管理办法》和总署下发的《印刷业“十二五”时期发展规划》等法规，紧紧围绕绿色产业转型，整合优化产业结构，加快推进技术创新和人才培养，完善提升管理服务和印刷质量检测水平这个中心，不断推进全省印刷业的发展。为此，要切实做好以下几项工作：

（一）整合优化产业结构布局，加大宏观指导力度

海南省印刷企业生产能力总体上供大于求，结构性矛盾还比较突出，低水平生产能力过剩，高档产品的印刷生产能力偏低，依靠资源扩张维持企业生存和发展的企业较多。今后，要引导全省印刷业由数量增长向质量提升、由粗放经营向效益增长、由依靠资源扩张向依靠科技进步转变，确保全省印刷业产业结构布局合理。

1. 严格执行《印刷业经营者资格条件暂行规定》

一是健全印刷业“准入机制”，既建立以企业（法人）准入、市场准入、职业准入、岗位准入为内容的公开、公正、公平及规范的印刷业“四大准入”制度，提高印刷业准入决策的科学性、合理性。二是建立印刷业“退出机制”。对印刷企业经营活动进行全面评估，再利用市场机制和政策、制度的综合作用，淘汰一批生产力落后，没有发展后劲的企业。同时，要将年检工作纳入印刷企业退出机制，使管理真正成为退出机制的硬性措施，实现优胜劣汰的管理目标。

2. 加快推进印刷产业布局调整

优化资源配置，以优秀企业为龙头，鼓励并引导大企业走规模化、集约化发展道路。积极扶持中小企业，特别是技术含量较高的中小企业，引导中小企业向“专、精、特、新”的方向发展，努力形成大、中、小印刷企业合理分工、有机联动、协调发展的新格局。对出版物印刷企业和其他印刷品印刷企业的设立从严控制，采取总量平衡，因地制宜的办法，防止盲目发展，低水平重复建设。要适应海南省经济社会发展需求，针对水果、瓜菜和水产品多的特点，大力鼓励和发展包装装潢印刷企业，采取扶优治劣，积极扶持定位好、守法经营的企业，坚决取缔规模小、违法经营的包装装潢印刷企业，使印刷企业逐步由劳动密集型向技术密集型转变。

3. 积极引导企业调整产业结构

从目前的情况看，海南省印刷企业始终没有改变传统的印刷观念。因此，印刷企业必须调整产业布局，不断向信息技术、创意设计、加工服务三位一体的方向发展，加快从被动加工型产业向主动服务型产业转变。要完善海口、老城两个综合印刷包装装潢企业相对集中的产业带，支持有实力的包装装潢企业向这两个产业带集中，提高集约化程度。不断发展高档印刷、个性化数字印刷、智能标签印刷以及绿色环保产品包装印刷。

（二）培育优势企业，提高印刷业竞争力

根据《国家印刷复制示范企业管理办法》，大力扶持全省仅有的3家（海南日报社、华森、现代彩印）产值超亿元的规模企业，创造条件让这3家企业参加中国出版政府奖（印刷复制奖）评奖活动。同时，在全省范围内，对年产值超过1 000万元的印刷企业，按照《国家印刷复制示范企业管理办法》的规定，优选培育出5～10家省级优秀印刷企业。对从依靠加工粗放型企业转变为依靠信息技术和创意设计的企业树立为示范企业，并在争取项目资金、产业政策和管理措施等方面给予重点扶持。

（三）引导产业绿色转型，增强企业发展后劲

全省印刷企业尤其是出版物和包装装潢印刷企业要加大硬件设施的投入，采用多色高速、柔印、自动、联动等先进技术；加强内部管理，完善企业管理信息系统（MIS）和印刷电子商务系统，不断提高印刷生产工艺和经营管理水平；按照绿色印刷标准建设企业，尽快通过相关认证机构认证。新闻出版部门要联合省印刷行业协会，通过和环境保护、教育等相关行政部门开展多层次、多方位合作的方式，争取到国家新闻出版总署、全国印刷协会的支持，力争在全国第二批绿色认证中，全省有1～3家企业获得绿色认证资质。

（四）提升管理服务水平，为印刷业发展创造良好环境

认真研究全省印刷业的实际情况，不断创新管理理念、服务办法，以改革的精神，不断拓宽行政管理的空间和社会服务领域，为印刷企业的发展创造必要的条件。

1. 科学管理，增强企业自律意识

一是要加强重点领域和薄弱环节的监管，掌握管理的主动权。针对印刷企业无委托书印刷、擅自涂改委托书、一张委托书反复使用和超出委托授权范围的非法印刷行为及经常变换经营地址和监管视线难以延伸到的城乡结合部的印刷企业要加强日常监管力度，采取措施加强引导和管理。各市、县文体局要认真贯彻执行《印刷业管理条例》《数字印刷管理办法》的规定，要求出版物印刷企业重点落实“图书、期刊印刷委托书”制度、内部资料性出版物准印制度、承印（制）验证、承印（制）登记、备案等制度，结合年度核验登记不断完善印刷企业守法诚信档案制度。印刷企业要按照《印刷业管理条例》《数字印刷管理办法》的规定，自觉建立和完善各项企业制度，养成依章经营，合法守信的良好习惯，经得起新闻出版行政部门的检查。

二是要创新管理手段，提高监管能力。针对印刷产业规模大、企业数量多、分布广、情况复杂，而管理人员相对较少的实际情况，要充分利用现代信息技术提高服务和管理水平，改进管理方法。逐步实现管理的信息化、网络化，最终实现管理和服务的完美结合。要整合各方面的管理资源，对印刷业实施有效监管，确保党和国家意识形态的安全。印刷企业平时要如实将印制情况做详细登记，尽量做到产业数据网上统计和汇总，必检手续存档备查。

三是落实责任制，把属地管理原则真正落到实处。各市、县文体局要认真落实2011年1月11日印发的《全国印刷复制行政执法报告评价制度实施办法》，按照规定要求及时上报，真正将行政执法和日常检查落实到位。新闻出版部门要和辖区印刷企业签订生产承包责任书，改变以往那种“重初审，轻监管”，甚至“只处罚，不监管”的状况，要建立对印刷企业监管的长效机制，对印刷业的“散滥”问题，对经济、政治大环境的影响等问题，要敢抓敢管，对危害社会稳定、损害国家和群众利益、造成严重后果的事件，实行问责制，依法追究相关主管部门负责人的责任。

2. 完善质量体系，促进产品升级

要完善印刷产品监督检测方法和程序，逐步提高印刷企业特别是中小企业的质量水平，培育一批在省外有影响力的知名企业。印刷企业要结合自身业务发展的需要，在质量检测中，实行“一把手”负总责，车间有质检员，企业有质检小组，每批产品有专人负责，不留死角的质量管理制度。同时，积极研究和应对印刷市场中出现的新情况、新问题，在出版物和包装装潢印刷企业中逐步实现通过ISO质量管理体系认证，规范印刷质量管理体系。加强印刷产品质量监督检测，继续做好“3·15”印刷质量监督检测工作。建立印刷企业质量管理评价制度，加大质量检测力度，逐步淘汰质量管理不达标的企业。

3. 加强人才培养，提升产业素质

实施人才培养工程，加强对各种人才的系统化专业培训。加强职业技能培训，推行职业技能鉴定，组织好全省第三届印刷职业技能大赛。印刷企业要舍得投入，每年从印刷学院招收部分技术骨干充实到企业中，同时选派技术骨干到院校、先进企业培训学习，在本职岗位上开展技术比赛等活动，不断提高印刷从业人员队伍的整体素质。建立健全科学合理的人才资源管理、开发、流动机制，形成有利于各类人才脱颖而出的体制环境。建立印刷行业的资格认证体系，完善准入条件和制度，逐步提高从业人员素质。

4. 加强协调指导，发挥协会作用

发挥省印刷行业协会和市场中介的作用，履行行业协会协调、监督、服务、维权等职责，发挥协会在产业发展、行业自律、标准制定、资质认证、培训、竞赛和行业诚信体系建设等方面的作用。规范企业诚信档案和市场信用制度，进一步增强全行业的信用意识，努力创造依法经营、违法必究、公平交易、诚实守信的市场秩序。针对印刷企业的恶性竞争、诚信缺失以及拖欠印刷企业款项，给企业再生产造成困难的行为，要运用行政、经济、道德等协调手段，依法加大诚信监管和失信惩戒力度，为维护和建设稳定和谐的印刷业而努力。

（海南省新闻出版局印刷复制管理处供稿）

重庆市印刷业

基本情况

截至2012年2月10日，重庆市3 881家印刷企业（含复印、打印经营户）中：通过年度核验的印刷企业3 769家（包含29家专营数字印刷企业），其中出版物印刷企业77家，专项制版（装订）企业91家，包装装潢印刷企业559家，其他印刷品印刷企业893家，复印、打印经营户2 149家；暂缓核验企业106家；调整经营范围5家；撤销1家。

统计数据表明，重庆市印刷业在总量、结构、布局上进一步趋向科学、合理、供需平衡，企业抗风险能力与竞争能力明显增强，基本形成了竞争有序、良性发展、快速提高的印刷产业格局。核验数据表明，全市印刷企业在2011年的固定资产总额有所增加，固定资产原值达到1 160 551万元，实现工业总产值1 159 471万元，工业增加值339 589万元，利税合计138 687万元，提供常年固定就业岗位43 999个。新投资大型包装装潢印刷企业8家，投资总额65 301万元以上。

（重庆市新闻出版局供稿）

四川省印刷业

一、基本情况

截至2011年底，全省共有印刷企业3 295家，其中出版物印刷企业192家，专项（内资）企业215家，包装装潢印刷企业1 041家，其他印刷品印刷企业1 844家，专营数字印刷企业3家。资产总额307亿元，利润总额22.59亿元，税金总额5.30亿元。印刷复制从业人员104 647人。

2011年，全省印刷工业总产值261.34亿元，同比增长0.83%。出版物印刷企业总产值24.74亿元，同比减少9.87%；专项（内资）企业总产值3.72亿元，同比增长8.14%；包装装潢印刷企业总产值201.44亿元，同比减少1.41%；其他印刷品印刷企业总产值31.44亿元，同比增长17.62%。

2011年，全省印刷企业销售总收入339.35亿元，同比增长36.07%。出版物印刷企业销售收入22.14亿元，同比增长38.38%；专项（内资）印刷企业销售收入3.68亿元，同比增长13.58%；包装装潢印刷企业销售收入261.86亿元，同比增长 23.16%；其他印刷品印刷企业销售收入 51.67 亿元，同比增长 171.95%。

2011 年，全省印刷企业工业增加值共 97.79 亿元，同比增长 59.21%。出版物印刷企业 7.15 亿元，同比减少 5.42%；专项（内资）印刷企业 1.40 亿元，同比增长 42.86%；包装装潢印刷企业 54.68 亿元，同比增长 19.73%；其他印刷品印刷企业 34.56 亿元，同比增长 369.57%。

二、主要工作

1. 深入调查研究，努力推动全省印刷业转型发展

为了推动全省印刷业发展方式的转变，促进绿色印刷、数字印刷及印刷数字化的实施，四川省新闻出版局结合四川省印刷业实际情况，开展了省内外一系列调查研究工作。对上海市和广东省东莞、深圳地区的印刷业管理情况进行了调研，对成都现代印务基地、泸州包材印务园区建设和印刷企业入园集中发展情况进行了调研，对成都新图印刷技术有限公司和成都永先印务公司等印刷企业在 CTP、免处理 CTP 的生产、推广应用和数字印刷的发展状况进行了深入调研，考察学习了东部发达地区的先进经验，基本摸清了全省印刷企业入园集中发展、绿色印刷、数字印刷及印刷数字化的状况，为进一步推动全省印刷业的转型发展奠定了基础。

2. 强化制度建设，进一步加强全省印刷业管理

结合全省印刷业监督管理工作的实际情况，转发了国家新闻出版总署《关于印发〈全国印刷复制行政执法报告评价制度实施办法〉的通知》，建立了行政执法报告评价分级负责制度、归口报告制度、联络员制度和定期报告制度，进一步推动了行政执法报告评价制度在全省的实施。制定下发了《四川省新闻出版局关于开展印刷品承印制度和质量保证体系建设专项活动的通知》，专项活动以规范印刷经营活动，提高印刷产品质量，促进印刷业持续、健康发展为目的，进一步建立健全了印刷企业规范化管理、合法化经营的长效机制。

3. 强化学习培训，大力提高印刷从业人员素质

为进一步提高印刷从业人员依法经营意识和宣传普及绿色环保、数字印刷相关知识，四川省印刷发行管理处开展了如下工作：组织召开了“推动绿色印刷”座谈会，邀请中国印刷标准技术委员会、全国油墨标准技术委员会委员和富士胶片（中国）投资有限公司的专家及技术人员作了专题报告，20 余家报刊和包装装潢印刷企业的主要负责人、工程技术人员参加了会议；组织参与绿色环保认证的重点企业 20 家共 28 人参加了中国印刷技术协会和环境保护部环境发展中心主办的“绿色印刷宣贯会”；组织召开了“印刷技术和绿色印刷培训班”，邀请北大方正电子有限公司色彩管理专家熊亮、何峰，资深印前工程师陈沛等专家，分别就 CTP 与 PDF 的技术应用、绿色印刷与云计算时代色彩管理、数字化流程管理等内容作了专题报告，共 80 名印刷企业负责人和技术管理人员参加了会议；组织召开了印刷企业法规培训会，全省出版物、专项（内资）印刷企业法定代表人和主要生产经营负责人 160 多人参加了培训和考试。通过一系列的培训，达到了提高印刷从业人员依法经营意识和宣传普及绿色环保、数字印刷知识的目的。

4. 强化印刷业监管，规范印刷经营行为

为进一步规范全省印刷企业的经营行为，主要开展了以下工作：一是狠抓印刷复制行政执法报告评价制度、印刷品承印制度和质量保证体系建设专项活动的落实，对没有按照“两月一报”要求上报印刷复制执法情况的市、州进行了通报批评；二是组织开展打击假冒伪劣和侵犯知识产权专项行动，对全省印刷企业进行了抽查，对检查中存在问题的印刷企业进行了查处；三是对省扫黄办交办的《Vista 看天下新闻十年》涉嫌非法印刷情况进行核实，并向省扫黄办作了详细汇报。

5. 强化印装质量管理，努力提高印刷产品质量

按照四川省新闻出版局“三定”方案，积极争取设立四川省印刷产品印装质量监督检测中心，向省编制委员会上报了《四川省新闻出版局关于设立印刷产品质量监督检测中心的请示》。为改进质检手段，充实质检设备，开展了 2011 年春季教材印装质量检测，对 54 个品种，1 188 册中小学教材的印装质量进行了抽检，合格率达 100%。开展了 2011 年印刷企业自查送检出版物的印装质量监测活动，对 178 家出版物印刷企业送检的 1 721 种出版物进行了印装质量检测，合格率达 99.44%。积极开展“3・15”少年儿童读物类出版产品质量监督检测活动，制定下发了《四川省 2011 年“3・15”少年儿童读物类出版产品质量监督检测活动实施方案》，完成了全省出版的少年儿童读物类出版产品的摸底工作，得到了国家新闻出版总署相关部门的肯定，在总署召开的“3・15”质检工作会上进行了大会交流发言。据统计，“3・15”质检

活动共计抽检产品175种、2 510册。批检图书16种、320册，中小学教材73种、1 820册；抽取单册图书66种、330册，少儿报刊20种、40册，批检产品质量全部合格。有关电子类出版物抽样检测和出版产品环保质量检测样品采集工作也已如期完成，并按照要求寄送总署质检中心。

6. 采取切实有效措施，积极推动绿色环保和数字印刷的发展

为抓住印刷业转型发展的机遇，推动全省绿色环保和数字印刷的发展，采取了六点切实有效的措施：一是召开形式多样的绿色环保和数字印刷宣贯会议，提高印刷业绿色环保和数字印刷意识；二是积极开展绿色环保和数字印刷调研，结合实际推进企业转型发展；三是引导企业积极参与绿色环保印刷企业认证，全省5家企业通过了全国首批绿色印刷认证；四是开展绿色宣传周活动，召开了绿色印刷动员会和绿色印刷推进工作座谈会；五是鼓励和支持数字印刷企业发展，成立了全省第一家数字印刷企业——四川永先印务有限公司；六是举办了2011年四川印刷包装工业展览会，92家参展商参展，实现销售收入4 000万元。

7. 坚持优化增量盘活存量，努力推动印刷企业结构优化

坚持“优化增量”，支持发展上档次、上规模的印刷企业，以包装装潢企业为重点，鼓励引进外资投资四川印刷业，积极为美国当纳利和中国香港永发印务等外商投资企业在四川投资建厂开展切实有效的指导和服务工作。目前，这两家外资公司已落户成都郫县和邛崃，投资均超亿元，相关申办工作正在有序地办理过程中，预计2012年投产，产能均超过两亿元。坚持“盘活存量”，充分发挥年度核验在企业结构调整中的积极作用，扶优汰劣，优化结构，效果明显。据年检统计：暂缓年度核验的企业52家，调整经营范围8家，不予年度核验企业6家，注销印刷经营许可证20家；工业总产值5 000万元以上印刷企业86家（其中亿元企业40家），同比增加17家，增长24.64%，占全省印刷企业总数的2.61%。这86家企业工业总产值达154.16亿元，占全省工业总产值的58.80%；销售收入197.85亿元，占全省销售收入的58.16%；工业增加值47.57亿元，占全省工业增加值的48.52%。产业结构得到了进一步优化。

（四川省新闻出版局印刷发行管理处供稿）

贵州省印刷业

一、基本情况

截至2011年底，全省共有印刷企业702家，全行业从业人员13 996人，比上年减少465人。

根据年度核验所采集到的统计数据：全省印刷企业共完成工业总产值30.50亿元，比上年增长15.53%；工业总产出31.39亿元，比上年增长15.71%；营业税金及附加0.56亿元，比上年增长27.28%；实现销售收入27.3亿元，比上年增长11.12%；年末拥有资产总额37.24亿元，比上年增长12%；实现利润总额3.20亿元，比上年下降31.25%。

按不同管理类别情况分类：75家出版物印刷企业全年共完成工业总产值6.45亿元，比上年增长18.35%，完成工业总产出6.71亿元，比上年增长16.7%，实现销售收入6.30亿元，比上年增长14.55%；126家包装装潢印刷品印刷企业共完成工业总产值19.80亿元，比上年增长16.41%，完成工业总产出20.35亿元，比上年增长17.23%，实现销售收入16.93亿元，比上年增长11.97%；501家其他印刷品印刷企业共完成工业总产值4.10亿元，比上年增长7.62%，完成工业总产出4.18亿元，比上年增长7.46%，实现销售收入3.93亿元，比上年增长3.97%。

按不同主营业务情况分类：以书刊印刷为主营业务的企业共完成工业总产值3.18亿元，占全省产值的10.34%；以报纸印刷为主营业务的企业共完成工业总产值1.58亿元，占全省产值的5.18%；以纸包装印刷为主营业务的企业共完成工业总产值12.80亿元，占全省产值的41.97%；以塑料软包装印刷为主营业务的企业共完成工业总产值2.75亿元，占全省产值的9.02%；以普通票据印刷为主营业务的企业共完成工业总产值0.93亿元，占全省产值的3.05%。

二、人才培养方面

2011年，贵州省新闻出版局依托贵州印刷行业协会、贵州省第七十五国家职业技能鉴定站组织了贵州省首期印刷技师培训班，共有16人通过考核评定，获得了平版印刷技师资格，优化了贵州省印刷技能人才结构。

（贵州省新闻出版局印刷业管理处供稿）

云南省印刷业

一、基本情况

截至2011年底，云南省共有印刷企业6 874家，其中出版物印刷企业150家，包装装潢印刷企业1 094家，其他印刷品印刷企业1 198家，出版物排版、制版、装订专项企业7家，专营数字印刷企业3家，复印打印经营户4 422家。2011年，云南省印刷工业总资产100.25亿元，工业总产值86.66亿元，销售收入82.24亿元，利润总额12.34亿元。布局上，基本形成了昆明、玉溪、曲靖、红河等州、市以出版物印刷、包装装潢印刷为主业，辐射全省的印刷产业基地；正在形成以昆明国际包装印刷产业聚集群和大型骨干印刷企业为核心，各种规模、档次、特色印刷企业并存互补的印刷格局；数字印刷等印刷新产业发展迅速。2011年，云南新华印刷实业总公司和云南国防印刷厂获得国家首批绿色印刷认证资格。

二、主要工作

1. 产业园区建设方面

昆明国际包装印刷城二期建设项目稳步推进。2005年，由云南省新闻出版局牵头建设的我国西部地区最大的包装印刷产业聚集群——“昆明国际包装印刷城”开工建设，园区占地总面积5.05km^2，总投资约84亿元。2010年一期工程建设完成，占地面积2 042亩（1亩＝666.6m^2），累计投资74 341.20万元，入驻企业60余家；二期工程建设占地面积5 534亩，预计总投资76.60亿元，将用三年时间建设完成。

2. 协会工作方面

成功举办了2011年中国昆明国际印刷物资展览会。为贯彻落实省委、省政府“桥头堡”战略部署，充分发挥云南省区位优势，省新闻出版局以展会为契机，打造中国与东盟各国、云南与国内其他省（区、市）印刷业交流合作平台，积极推进中国印刷包装企业走向东盟各国市场。2011年4月，成功举办了中国昆明国际印刷物资展览会。柬埔寨、老挝、马来西亚、缅甸、泰国及越南六国驻昆明总领事馆代表和老挝印刷协会会长、缅甸印刷协会主席出席了本届展览会开幕式。展览会成交金额达2 500余万元。

3. 印刷市场监管方面

完成四项印刷业专项整治工作。认真贯彻落实《全国印刷复制行政执法报告评价制度实施办法》，在全省范围内对印刷业分别开展了“两会”“国庆”“打击侵犯知识产权和制售假冒伪劣商品”及“加强中小学教辅材料印刷管理”专项整治工作，共出动检查人员5 545人次，检查印刷企业（含三小印）6 818家、出版社6家，抽查涉及中小学教辅材料印刷的《图书、期刊印刷委托书》5 388份，收缴非法出版物2 492册，行政处罚4家企业，没收印刷设备1台（套），罚款额4万元，进一步规范了云南省印刷市场秩序。2011年9月，国家新闻出版总署督查组对云南印刷业市场进行了抽查，充分肯定了云南省印刷业专项整治工作和日常监督管理工作。

（云南省新闻出版局印刷业管理处供稿）

西藏自治区印刷业

基本情况

截至2011年底，全区共有39家印刷企业，其中出版物印刷企业11家，包装装潢印刷品印刷企业4家，其他印刷品印刷企业20家，专项排版制版装订企业1家，传统木刻长条印经院3家。企业资产总额61 372.44万元，销售收入27 892.77万元，利润总额2 319.20万元，营业税及附加415.23万元，工业总产值28 003.71万元，工业增加值9 620.08万元，工业总产出28 332.41万元，从业人员1 507人。

（西藏自治区新闻出版局印刷复制管理处）

甘肃省印刷业

一、基本情况

2011年，全省印刷企业共有2868家，其中出版物印刷企业150家，包装印刷企业56家，出版物专项排版制版装订企业6家，其他印刷品印刷企业805家，全省打字复印企业1 851家。2 868家企业中，国有、集体印刷企业63家，民营印刷企业2 805家（含打字复印单位）。全行业从业人数22 800人。

2011年，全省印刷工业总产量中黑白印刷579万令（含报纸印刷91万令）、彩色印刷599万色令（含报纸印刷87万色令）。

2011年，全省印刷工业总产值为18.30亿元（2010年为15.30亿元），其中出版物印刷7.60亿元，包装印刷4.80亿元，报纸印刷2.30亿元，其他印刷3.60亿元。

2011年，全省印刷业销售收入总额为17.90亿元（2010年为13.90亿元），其中出版物印刷7.30亿元，包装印刷4.70亿元，报纸印刷2.20亿元，其他印刷3.70亿元。完成利税总额1.78亿元（2009年为1.19亿元），资产总额24.70亿元（2009年为24.60亿元）。

2011年，全省印刷企业拥有印刷设备3 530台（套），其中印前设备953台（套），印刷设备942台（套），印后设备1 635台（套）。全年购入生产设备185台（套），共投入资金约2.20亿元。

2011年，全省印刷企业进口设备21台（套），共投入资金3 864万元。

从以上数据可以看出，2011年度全省印刷业较2010年度各项指标均有一定幅度的增长，特别是工业总产值同比增长19.60%，销售收入同比增长28.80%，完成利税总额同比增长49.60%，集中反映了全省印刷业取得了较大的发展。

二、主要工作

1. 印刷业管理

2011年，全省印刷企业年度核验1 017家，暂缓年度检验18家，不予通过年度检验12家。

举办印刷企业法规培训班1期，全省52家印刷企业的74名厂长、经理参加了培训。截至目前，全省印刷企业法规培训班已连续举办了9期，795名印刷企业的厂长、经理受到了培训，为全省印刷业的繁荣发展发挥了积极作用。

2. 印刷质量监管

根据国家新闻出版总署开展2011年“3·15”少年儿童出版物质量检测活动的要求，省新闻出版局认真组织开展了全省“3·15”少儿读物质量检测活动。多次组织检测人员到印刷厂车间、图书批发零售门店进行检查，完成了对少儿图书、报刊及包装印刷质量、编校质量的检测工作。检查少年儿童报刊5种、26期，共计520册（份），其中报纸3种、18期、360份（册），期刊2种、8期、160册。检查各类少儿出版物39种、829册，其中教辅11种、220册。单册质量和批质量均合格。

根据国家新闻出版总署环保质量检测样品抽样要求，省印刷发行管理处组织相关人员对两个印刷厂的产品进行了抽样，共抽取10个样品，其中书刊装订用胶黏剂6种，经覆膜的书刊封面4种。检测全部合格。

继续做好中小学教材的印制及质量监管工作。在2011年春、秋两季教材印制期间，坚持组织质检人员到印刷厂、储运站对教材印装质量进行检测。抽检教材、教辅材料54种，共计1 258册，批质量全部合格。

3. 印刷市场监管

根据《甘肃省新闻出版局、甘肃省版权局、甘肃省“扫黄打非”工作小组办公室关于开展打击侵犯著作权行为专项行动的通知》（甘新出联〔2010〕6号）精神，省印刷发行管理处于2010年11月至2011年1月对全省印刷企业展开了专项整治行动。对86家印刷企业给予了口头劝诫；对6家印刷企业给予了警告处罚；没收了3家印刷企业的非法印刷品500册，光盘200张；对2家企业给予了总计1.30万元的罚款处罚。确保了“两会”召开期间全省文化市场的安全。

按照国家新闻出版总署《关于进一步加强中小学教辅材料出版发行管理的通知》（新出政发[2011]12号）的要求，甘肃省新闻出版局印刷发行管理处以紧急通知形式向全省97家出版物印刷企业和94家教辅教材发行企业转发了该通知，在全省开展了治理中小学教辅材料散滥问题的专项工作。共检查各类印刷企业916家，取缔无证照印刷单位3家，行政警告4家，立案1起，收缴盗印的中小学教辅材料成品、半成品667册；共检查图书发行单位734家，查缴非法教辅材料8 450余册，下发限期整改通知书7份，取缔无证照经营摊点4家，立案2起，行政处罚6家；共检查学校825所（次），做现场检查记录825份，依法查处订购、使用盗版教辅材料和非法编印教辅材料9 200余册，对2所学校下发了整改通知。2011年9月20日，下发了《关于对中小学教辅材料出版发行管理专项检查工作进行督查的通知》。9月29日，分片听取了市、州文化出版局负责人对本辖区工作开展情况的汇报。10月13日，总署督查组对西北5省开展的专项检查情况进行了督查，省新闻出版局副局长袁爱华在西安向总署督查组汇报了全省专项检查情况。

按照总署《关于在国庆节前开展印刷复制企业和出版物市场专项检查的通知》[新出字（2011）300号]有关部署的要求，主要开展了以下几方面工作：一是开展红色旅游景区及周边出版物市场专项整治行动；二是开展书报刊亭的专项整治行动；三是开展重点地区集中整治专项行动；四是检查“印刷复制行政执法报告评价制度”落实执行情况；五是检查红色经典出版物的印刷、复制、发行情况。

为长期有效地规范宗教类出版物的印刷秩序，继续对印刷宗教类出版物实行定点印刷制度，确定14家印刷企业为宗教类出版物定点印刷单位，颁发了定点印刷证书。

据统计，全省各级新闻出版行政管理部门开展印刷复制检查5 075次，出动20 004人次，车辆4 291驾次，检查印刷企业8 880家次。对发现问题的430家印刷企业给予了行政处罚，口头劝诫434家，行政警告62家，停业整顿20家，没收43家印刷企业的非法印刷品102 487册（页），设备307台（套），罚款18家，累计罚款23.70万元。

三、存在的问题与发展思路

随着印刷技术的发展及人们阅读方式的转变，全球印刷产业的转型升级正在加速。甘肃省印刷业发展的矛盾也日益凸显。主要表现在两个方面：一是书刊印刷行业竞争加剧，工价持续走低，生产成本不断上升，导致书刊印刷企业盈利空间逐步缩小，加之数字印刷及电子出版物、网络阅读等传播方式的兴起，以传统介质加工生产为主的书刊印刷企业面临着生存危机；二是包装装潢企业规模小、分布广、设备差、产能弱、加工模式单一、市场开发不足，难以形成合力和优势，不能满足社会对高档精美包装产品的需求。这些问题严重制约着全省印刷业的发展。因此，甘肃省印刷业的整体实力和竞争力相对落后于全国同行。

为全面推进局属三家印刷企业组团发展，推动甘肃印刷业转型升级，成立了“甘肃新华印刷集团有限责任公司”，该集团公司的组建，将大大加快全省建设西北高新印刷产业园的步伐，从而推动全省印刷业实现跨越式转型发展。

鉴于全省的实际情况和行业的发展趋势，在今后的工作中，甘肃省新闻出版局及相关主管部门将继续以邓小平理论和“三个代表”重要思想为指导，深入贯彻落实科学发展观和党的十七届六中全会精神，依据“十二五”期间新闻出版业跨越式发展的总要求、总思路，遵循市场动态变化规律和印刷行业自身的内在发展规律，坚持解放思想，面向市场，规范经营，联合发展，以行业的改革改制为中心，更加积极努力地为印刷行业的改革和发展做好引导和服务，努力推进绿色印刷、数字印刷在全省的兴起和普及。

（甘肃省新闻出版局印刷发行管理处供稿）

青海省印刷业

一、行业概要

截至2012年底，全省共有印刷企业184家，打字复印企业434家，从业人员共计4 391人，年产值共计5.02亿元。出版物印刷企业44家，从业人员1 629人，年产值2.20亿元；包装装潢印刷企业11家，从业人员765人，年产值1.80亿元；专项排版制版企业4家，从业人员35人，年产值1 017万元；其他印刷品印刷企业124家，从业人员883人，年产值6 830万元；专营数字印刷企业1家，从业人员16人，年产值50万元；打字复印企业434家，从业人员1 063人，年产值2 311万元。全省印刷企业中年产值超过千万元的企业有7家：青海新华印刷厂1 133万元，青海西宁印刷厂3 018万元，青海日报社印刷厂 3 499 万元，西宁东宝印务公司 1 291 万元，青海新宏铭印刷有限公司 2 200 万元，青海虎彩印刷有限公司 1.41 亿元，青海新世纪信通安全印务有限公司 1 186 万元。从年检情况看，全省印刷业呈现出健康有序、稳定发展的态势。

二、印刷管理工作

1. 完成印刷企业年度核验

根据国家新闻出版总署（以下简称总署）的要求，对全省印刷、复制企业进行了年度核验工作。共核验出版物印刷企业 44 家、包装装潢印刷企业 11 家、专项排版制版企业 4 家、复制企业 1 家、其他印刷品印刷企业 124 家。于 2011 年 1 月 21 日召开了全省出版物印刷企业年检情况通报会，会上总结了 2010 年印刷行业改革发展情况，对 2011 年印刷行业发展工作进行了安排部署。同时，完成了全省印刷、复制企业的新闻出版统计调查工作，对 184 家印刷企业、434 家打字复印企业的情况进行了全面统计和网上直报工作。

2. 以“3 · 15”质检活动为契机，加强对出版物印制质量的管理

按照总署要求，在全省（西宁、海东地区为主）开展了“3 · 15”少儿类读物产品质量检查活动。分别对从出版社、新华书店、印刷厂和图书市场抽取的 46 种少儿读物产品进行了印制质量检测。此外，为了完成 2011 年春、秋季中小学教材的出版、印刷、发行工作，实现“课前到书，人手一册”的目标，青海省文化和新闻出版厅会同青海省教育厅等 7 厅、局对全省部分地区中小学校教育收费和教材质量情况进行了检查，建立了中小学教材印制质量保障机制。

2011 年 10 月 11 日—14 日，青海省文化和新闻出版厅印刷发行处和青海省质检站对全省印制的中小学教材和其他出版物质量进行了检测评定。共抽检教材 105 种、525 册，合格率达 98%。其他出版物共送检 225 种、450 册，评定出优质品 11 种，良好品 18 种，合格品 195 种，不合格品 1 种。11 月 4 日召开了检测情况通报会，对获得优质品、良好品的出版物进行了表彰，对存在的问题提出了整改意见和整改措施。

3. 加强印刷市场监管，为建党 90 周年营造良好的文化氛围

根据青海省文化和新闻出版厅的部署，2011 年 5 月—6 月集中对全省的印刷、出版物市场进行了专项检查。共检查印刷企业 860 家次，出动检查人员 210 人次，查获非法印刷品 500 册，有力打击了违法违规行为。重点对印刷纪律、市场环境、行业秩序进行了整顿和治理，为建党 90 周年营造良好文化氛围创造了有利条件。

4. 加大人才培训力度，重视印刷技术的发展

为进一步加强人才队伍建设，积极从青海省文化和新闻出版厅争取人才培训项目，并通过举办全省印刷企业管理培训班和聘请大学教授授课的方式对印刷企业高层管理人员和技术人员进行培训。先后参加培训的学员达 120 人，深受印刷企业欢迎，达到了预期目的。

根据青海省地方志编纂委员会办公室的部署，青海省文化和新闻出版厅印刷发行处承担并按期完成了《青海科学技术志》中有关“印刷科技”篇目内容的编撰工作，填补了青海省印刷科技工作领域的空白。

5. 做好协会工作

（1）青海省印刷协会组织全省印刷企业人员共计 22 人，参加了第二届中国国际印刷技术展览会。代表们通过参观先进设备、学习技术知识，开阔了眼界、积累了经验，收到了良好效果。

（2）青海省印刷协会组织 17 名会员参加了第十三次协作会议暨西部印刷业改革与发展论坛会议，与其他 11 个省份的印刷协会代表开展了广泛的研讨、交流活动，收到了很好的效果。

（3）青海省印刷协会组织 8 名协会会员参加了第四届中国国际全印展，学习参观了先进技术设备，加深了对印刷行业的了解。

（4）青海省印刷协会派代表参加了第七次中国印刷技术协会全国会员代表大会。

（青海省文化和新闻出版厅印刷发行处供稿）

宁夏回族自治区印刷业

一、基本概况

2011年，宁夏回族自治区印刷业以邓小平理论为指导，坚持科学发展观，认真贯彻十七届六中全会精神，紧紧围绕国家新闻出版总署和自治区党委、政府的工作要求，树立服务理念，主动为企业提供产业发展的相关资讯，引导企业跟踪先进印刷技术和工艺发展步伐，加强企业间的协调、沟通和行业自律，有力促进了自治区印刷业的技术进步及行业发展。

截至2011年底，宁夏回族自治区共有印刷企业432家，从业人员总数为18 000余人。通过2011年度核验的印刷企业有407家，年检通过率94%。出版物印刷企业82家，占20%；包装装潢印刷企业64家，占16%；制版、排版装订企业3家，占0.70%；其他印刷品印刷企业258家，占63.30%。未参加年检的印刷企业25家，占企业总数的6%。

2011年，宁夏回族自治区印刷企业工业总产值为163 081万元，其中出版物印刷企业44 600万元，包装装潢印刷企业82 776万元，其他印刷品印刷企业35 705万元。总产值超过5 000万元的印刷企业共5家，它们分别是：吴忠市金世纪塑料制品有限公司，固定资产总额6 088万元，年工业总产值11 000万元，年利税576万元；吴忠市东星塑料制品有限公司，固定资产总额16 508万元，年工业总产值8 411万元，年利税1 080万元；宁夏启元药业有限公司，资产总额11 500元，年工业总产值8 073万元，年利税101万元；宁夏宁化塑料有限公司，资产总额5 246万元，年工业总产值6 992万元，年利税457万元；宁夏报业传媒印刷有限公司，固定资产总额9 888万元，年工业总产值6 012万元，年利税87万元。

2011年，宁夏回族自治区印刷业销售总收入为158 608万元，其中出版物印刷企业40 259万元，包装装潢印刷企业83 639万元，其他印刷品印刷企业34 710万元；利润总额11 101万元；资产总额1 996 595万元；5家重点企业销售收入43 050万元，利润总额2 301万元。

二、主要工作

2011年，自治区行业管理部门牢牢把握印刷业发展机遇，围绕绿色产业转型，加快技术创新和人才培养，不断推进宁夏印刷业的发展，主要做了以下几项工作：

（一）进一步解放思想，转变观念，加快企业升级转型步伐

按照印刷业“十二五”规划要求，以数字印刷、数字化工作流程和数字化管理系统为重点，推广应用数字化印刷技术和绿色印刷技术，加快引进先进装备，延伸产业链。

（二）继续加大依法监管力度

一是2011年春节前和“两会”期间开展了印刷企业专项整治活动，对全区印刷企业进行了一次全面检查，重点打击非法印刷经营行为，严防政治性非法出版物在我区印刷、传播，为春节和“两会”营造了良好的文化环境。二是在2011年国庆节前组织开展了印刷复制企业和出版物市场专项检查。重点检查红色经典出版物的印刷发行情况。采用明察或暗访的方式对红色景区及周边地区的出版物市场进行了一次重点清理。

（三）组织开展了中小学教材、教辅印刷质量监督检测活动

宁夏回族自治区新闻出版局领导带领相关人员深入3家出版社、9家印刷企业进行了调研和指导。组织对全区中小学教材、教辅的印装质量进行了两次集中质量检测，检测教材64个品种，教辅49个品种，涉及印制企业15家。在第31届全国中小学教材印装质量检测工作会议上，全区参检的60个品种中评出：优质品13个，占22%；良好品19个，占31%；合格品28个，占47%。全区中小学教材教辅印装质量列全国各省市自治区第10名。

（四）认真做好印刷经营者许可证的审批工作

根据国家新闻出版总署《印刷业经营者资格条件暂行规定》，对新申请设立的印刷企业严格把关。全年受理申请19件，经审核申请材料、实地查看厂房和设备，批准设立印刷企业16家，其中包装装潢印刷企业2家，其他印刷品印刷企业14家。

（五）重视日常管理工作

加强对《图书、期刊印制委托书》、出省印制品出版物的备案、内部资料性出版物的审批、印刷企业变更等日常管理工作，做到认真细致，严格审核程序。

（六）发挥协会作用，加强行业自律

一是召开了第五届理事会常务理事会，根据人事变化，调整了宁夏印刷技术协会第五届理事会理事长、副理事长、秘书长及副秘书长，完成了协会年度核验和协会法定代表人的变更手续。二是召开了常务理事暨出版物印刷企业负责人会议，重点对图书期刊印刷委托书管理、内部资料准印证管理、印刷企业制度建设、绿色印刷认证等工作进行了安排部署。三是组织了绿色认证和数字印刷培训班，参加了中国西部印协第十三次协作会议暨西部印刷业改革与发展论坛。四是组织部分印刷企业负责人参观了上海全印展并学习考察了上海、浙江、江苏的印刷业。

（宁夏回族自治区新闻出版局印刷业管理处供稿）

新疆维吾尔自治区印刷业

一、基本情况

2011年，新疆维吾尔自治区共有印刷企业789家，其中，出版物印刷企业176家，包装装潢印刷企业80家，其他印刷品印刷企业513家，专项排版、制版、装订企业20家。全自治区印刷从业人员16 000余人。

2011年，全自治区印刷工业总产值15.70亿元，资产总额21.80亿元，实现利税总额9 000余万元。

二、管理工作

（一）加强监管，认真做好印刷发行单位的年度核验工作

按照国家新闻出版总署（以下简称总署）的要求，认真安排部署了2011年度出版物印刷企业、各发行单位和音像制品经营单位的年检工作。在严格执行管理规定，规范核验工作程序的基础上，较好地完成了年检的各项工作任务。通过核验的出版物印刷企业175家，暂缓核验6家，取销印刷经营许可证1家；通过核验的出版物批发单位173家，暂缓登记2家。从年检情况看，全区印刷发行企业市场化程度和从业人员素质均有所提高，印刷发行企业核验工作达到了预期目的，收到了良好的效果。

（二）坚持正确导向，进一步加强印刷、发行两个市场的管理

1. 认真开展“3·15”少儿类出版产品专项检查

根据总署《开展“3·15”少年儿童读物类出版产品质量监督检测活动的通知》的要求，自治区新闻出版局印刷业管理处认真组织开展了全区少年儿童读物类出版产品印刷质量、编校质量和环保质量的监督检查和技术检测活动，共组织对全区23家印刷企业承印的621种中小学教材、10家出版单位出版的560种本版图书（共计1 219种）进行了质量监督和检测。活动注重突出“3·15”质检工作重点、明确目标任务，工作细致认真，特点鲜明，确保了活动的扎实开展，有序进行。

2. 深入开展中小学教辅材料清理检查工作

为落实总署的部署，新疆维吾尔自治区新闻出版局向全区各地州、市和所有出版印刷发行单位转发了总署《通知》，同时制定了《关于开展全区教辅出版发行清理检查的安排意见》。要求印刷、发行单位对照总署《通知》精神，认真开展自检自查工作，对2010年以来出版、印刷、发行的中小学教辅材料进行全面梳理，针对存在的问题，认真整改。

3. 落实总署要求，积极推进绿色印刷宣贯工作

2011年，新疆维吾尔自治区主管部门积极支持协助全区印刷企业申报全国绿色印刷企业资质工作，并组织19家承担全区中小学教材印制任务的出版物印刷企业，参加了总署在西安举办的“绿色印刷宣贯”活动。2011年，全区共有3家企业获得国家绿色印刷企业资质认证，为推进新疆实现绿色印刷工作打下了坚实的基础。

4. 建立和完善印刷发行业监督机制

为加强对出版物印刷、发行企业的管理，2011年，新疆维吾尔自治区新闻出版局印刷发行管理处组织印刷、发行经营单位开展了“拒绝承印、复制、销售非法出版物”承诺书签约活动，同时加强了对从业人员的法律法规学习教育，强化了出版物印制发行委托书管理，严格执行审批委印程序和书刊“售前预审”的管理制度，完善了对境外印刷品的审核、备案、监督机制，认真履行印刷、发行市场监管职责，强化了监督检查力度。

（三）认真做好中小学教材印刷发行协调工作

为确保全区中小学教材课前到书、人手一册的政治任务顺利完成，新疆维吾尔自治区新闻出版局组织召开了2011年秋季和2012年春季全区中小学教材印制工作会议，强调教材印制工作的重要意义，提出必须坚持抓好印刷质量、印刷周期和发行环节，抓好编、印、发及供等各个

环节之间的相互配合协作，确保印制任务的顺利完成。

（四）做好协会工作，促进行业发展

2011年3月，顺利完成了新疆印刷协会第五届理事会的换届工作；4月，组织印刷企业参加在广东省东莞市举办的“第二届中国（广东）国际印刷技术展览会”；5月，组织发行单位参加第21届全国图书交易博览会；6月，组织召开了印刷新技术研讨演示会，加强了印刷企业在新技术方面的培训；9月，在山西太原组织召开了第27届地州市级报纸印刷质量经验交流会；10月，组织印刷企业赴俄罗斯参观国际印刷技术博览会，开展了技术交流活动；11月，与乌鲁木齐职业大学合作，组织出版物印刷企业进行质量控制与管理方面的培训和研修。通过协会的工作，加强了企业间的联系，促进了行业健康协调发展。

三、2012年工作要点

1. 加强学习，理清思路。进一步细化目标任务，增强工作的前瞻性和预见性，努力提高认识水平和业务能力，全面落实印刷、发行工作的各项要求。

2. 加强指导，促进发展。按照党的十七届六中全会提出的以文化为引领，深化体制改革的要求，积极推进印刷、发行企业改革，促进印刷、发行业健康发展。

3. 强化监管，维护出版物印刷、发行市场秩序。切实改进印刷发行市场的管理水平，做好印刷、发行单位年度核验工作，加大印刷、发行单位从业人员持证上岗培训力度，强化印刷、发行企业诚信意识，建立诚信体系，防范和化解市场风险，完善市场的准入和退出机制，维护正常的印刷发行市场秩序。

4. 继续办好第七届新疆“天山读书节”，进一步推动全民阅读活动。认真总结第六届新疆“天山读书节”活动的成功经验，积极借鉴全民阅读活动的经验，丰富活动内容，创新活动方式，进一步扩大读书节的社会影响力。

5. 继续抓好图书、报纸印刷质量检测评比工作，细化检测评比标准，协调好出版、印刷、发行各环节，切实维护好中小学教材、教辅用书印刷发行秩序。

6. 继续认真做好协会的各项工作，不断完善协会章程，充分发挥协会的桥梁纽带作用。

7. 精心组织，狠抓落实，认真做好“东风工程”“农家书屋”的实施，进一步抓好印刷、发行项目的细化和具体落实工作。

8. 认真做好服务“三农”工作，继续组织好春秋两季的“送书下乡”和文化惠民活动，精心组织好图书订货会和全国书博会的组织和参展工作。

（新疆维吾尔自治区新闻出版局印刷业管理处供稿）

广东省深圳市印刷业

一、行业概要

截至2011年底，广东省深圳市共有印刷企业2 100家，从业人员16.80万人，总产值346亿元。2011年，深圳市印刷业屡创佳绩，获国内、国际多项大奖。据不完全统计，有国际印刷奖项111个，其中班尼金奖13个、金墨大奖2个、美国金叶奖3个、亚洲奖项65个，中华印制大奖33个，共计144个奖项。

二、重要活动

1. 成功承办“粤港澳印刷业发展论坛暨第四届粤港澳印刷业联谊会”

2011年3月11日，由广东省新闻出版局、深圳市新闻出版局主导，广东省印刷复制业协会、中国香港印刷业商会、中国澳门印刷业商会主办，深圳市印刷协会承办的“粤港澳印刷业发展论坛暨第四届粤港澳印刷业联谊会”在深圳京基晶都酒店隆重举行。此次活动是深圳印刷行业协会建会25年以来所承办的规模最大的活动。自2007年首次举办以来，迄今已是第四届，前三届均在中国香港举办，由香港印刷业商会承办，此次是深圳市第一次作为东道主举办该项活动。粤港澳三地印刷界业内人士共350多人出席了会议，并就“加快产业结构调整升级和实现科学发展”为主题进行了交流，共谋印刷发展大计。广东省新闻出版局与湛江、惠州、茂名、江门、东莞及珠海等地区的新闻出版局及印刷协会、中国印刷及设备器材工业协会等代表出席了此次盛会。

当天下午举办了“粤港澳印刷业发展论坛”，广东省新闻出版局杨广锐副局长作了题为“推进绿色印刷，促进产业升级”的演讲。中国香港印刷业商会杨金溪会长作了题为“印刷不仅是印出来的，更是‘想出来’的”的演讲。中国澳门印刷业商会周绍湘会长作了题为“澳门印刷业转型发展之路”的演讲。深圳印刷行业协会谭浩辉会长作了题为“融入国际标准，加速产业升级”的演讲。论坛对粤港澳三地印刷业实行产业创新、实现绿色印刷标准化、推进产业转型升级等具有重要的意义。

《中国新闻出版报》、必胜网、慧聪网等媒体对该项活动进行了报道，并称该活动的成功举办不仅提高了深圳印刷业的影响力，增强了粤港澳三地印刷业的凝聚力，更为粤港澳三地印刷业提供了一个相互研讨、共谋发展的重要平台。

2. 深圳印刷行业协会会长谭浩辉、副会长乔鲁予当选首届“深圳百名行业领军人物”

首届“深圳百名行业领军人物”评选活动正式启动。该活动由深圳市企业家联合会、深圳市企业家协会、深圳报业集团、深圳广电集团等主办，由深圳印刷行业协会50家行业协会协办。经过三个多月的紧张有序的推选申报，按照创新力、推动力、贡献力、影响力及社会责任等推选标准，从近300名申报者当中层层筛选出各行各业的百名候选人，最终深圳印刷行业协会会长、海德堡印刷设备（深圳）有限公司总经理谭浩辉和副会长、深圳劲嘉彩印集团股份有限公司董事长兼总经理乔鲁予作为深圳印刷行业的领军人物和杰出代表光荣当选。

三、协会工作

2011年，深圳市印刷行业协会为促进市印刷行业的可持续发展，帮助会员开拓市场，抗击金融危机，提升深圳市印刷行业的技术水平，推动深圳印刷业参与国际印刷标准制定，做了大量工作，取得了可喜的成绩。

1. 为企业、行业做好服务工作

协助有关部门组织会员参加了如何促进印刷产业走向低碳环保专题演讲会、政府采购——印刷服务采购研讨会、广东省第二期绿色印刷培训班、印刷企业法规培训、绿色印刷技术交流会、2011年度进口贴息资金政策宣讲会、安徽省江北产业集中区深圳招商推介会等活动；组织深圳印刷业近300名专业人员前往东莞厚街参观第二届中国（广东）国际印刷技术展览会。在第七届中国（深圳）国际文化产业博览交易会期间，还协办了中国绿色环保印刷展，并协助海德堡、中华商务、精密达等企业参与了展览。受深圳市新闻出版局委托，为深圳市2 000余家印刷企业办理了“印刷经营许可证”年审资料的收发工作。完成深圳市出版物样品库管理工作。

2. 促进企业与政府间互动，向政府反馈行业状况，为印刷行业保驾护航

参与接待了广东省新闻出版局、深圳市政协对深圳市印刷行业的调研工作，积极向上级主管部门反映行业现状。协助市政协撰写了“深圳市印刷业亟待突围解困”的政协委员重要建议专报，并送呈给了市委常委、副市长陈应春同志审阅。

3. 不断推进印刷标准化工作，并取得突破性进展

参与组织了国家印后标准起草组成立大会、《ISO 16763 印后标准——装订产品》草案征求意见会议；在国家新闻出版总署、国家标准委员会的支持下成功申报了2013年国际印刷标准化委员会ISO/TC 130春季工作会议，体现了近几年来协会在推动印刷标准化方面的工作成效和国际印刷标准化组织对协会的信任。

4. 办好会刊《印刷视界》、协会网站等信息交流媒体，及时为会员企业提供信息服务

采编、印发会刊《印刷视界》六期，共计编发行业技术信息200余条，行业动态报道100余篇，约20万字，及时将政府最新的政策法规及行业资讯传达给了企业；在深圳市印刷行业协会网站更新整理了40余条政府有关印刷行业进口贴息、法规培训、出版物印刷备案审批、征集文化产业招商引资及融资项目、安全生产等方面的政策信息，供全市印刷企业浏览了解。

（深圳市印刷行业协会秘书处供稿）

2011年大事纪略

1月

4日—6日 上海电气隆重举行“2011创新发展与包装印刷解决方案推广演示会”。

5日 浙江省苍南县印刷包装行业协会在中国新雅投资集团培训中心召开三届二次理事大会，总结2010年协会工作，研究部署“十二五”规划开局之年的工作计划。

6日 上海新闻出版（版权）业举行世博工作总结表彰大会，界龙实业集团荣获先进集体称号，费屹立董事长获评先进个人称号。

7日 湖北省印刷管理工作会议在武汉召开。湖北省新闻出版局副局长陈锋出席会议并做了“努力开创‘十二五’湖北印刷业发展的新局面”的主题报告。

7日 重庆商务职业学院与本市部分知名印刷包装企业举行了行业专家聘任暨校企合作订单培养签约仪式。

8日 总投资达4亿元的湖南奔腾印务二期工程在永州破土动工并举行开工典礼。

10日—13日 广东东莞举办Print China国际媒体周展前宣传活动，来自21个国家和地区的媒体，主要参展厂商130多人出席了此次大会。

14日 国家年度科学技术奖励盛典在北京人民大会堂隆重举行，党和国家领导人出席大会并为获奖代表颁奖。

18日 山东省宣传部长会议在济南召开，2010年山东文化产业实现增加值1 260亿元，比2009年增加220亿元，增速超过20%。

19日 中南出版传媒集团股份有限公司分别与华为技术有限公司、北京博集天卷图书发行有限公司，在国家新闻出版总署签订战略合作协议。

19日 日本DNP公司研发出全球最薄印刷电路板产品。

19日 江苏昌昇承担的江苏省科技成果转化专项资金项目——“智能化高精度多色平版胶印机”通过专家组验收。

20日 雅昌集团万捷董事长、深圳公司王小斌总经理在深圳总部会晤专程到访的富士胶片（中国）投资有限公司印刷产品事业本部总经理山田周一郎和设备、软件、版材营业部中国区营业总监王庆等一行。

21日 美国工业公司以3.5亿欧元购得艾司科其股东丹麦投资集团100%的股份。

25日 全国印刷标准化技术委员会（SAC/TC 170）在深圳市召开了《印刷技术网目调分色片、样张和印刷成品的加工过程控制》国家标准起草组工作会议。

25日 辽宁大族冠华2011年经销商年会成功召开。

26日 太阳纸业荣获由中共山东衮州工业园区管理委员会、新衮镇人民政府等部门联合授予的“2010年度突出贡献企业”荣誉称号。

27日 新加坡金鹰国际集团所属亚太资源集团在重庆与长寿区人民政府签署投资框架协议书，计划在重庆投资建设高档文化纸和高档包装纸项目。

- 2011年1月5日，全国印刷标准化技术委员会（SAC/TC170）在深圳市召开了《印后装订——平装》和《印后装订——精装》两项书刊装订国家标准的起草组成立会议。
- 湖北省印刷管理工作会议在武汉召开。
- 2011年1月7日，商务部发布《2011年进口许可证管理货物分级发证目录》，该目录自2011年1月1日起执行，《2010年进口许可证管理货物分级发证目录》同时废止。
- 河南省首条高端塑料彩印包装生产线即将在汝州信易实业有限公司投产，投产后，该项目预计年产值可达到6亿元，利税8 000万元，可带动1 500人就业。
- 2011年1月11日，全国新闻出版工作会议在北京召开。中共中央政治局常委李长春为此作出重要批示。国家新闻出版总署党组书记、署长，国家版权局局长柳斌杰对如何做好“十二五”时期新闻出版工作进行了部署动员。
- 长春市包装印刷企业“退城进区”对接会在长春文化印刷产业开

发区举行。

● 国家新闻出版总署官方网站公布了第二届中国出版政府奖获奖名单，杨金溪等人荣获中国出版政府优秀出版人物奖。

● 由新闻出版总署委托和指导、中国印刷技术协会主办、环保部环境发展中心协助联合举办的绿色印刷（北方区）宣贯会在北京京民大厦召开。

● “十二五”末，上海新闻出版产业将达到1 600亿元，同时将构建成新闻出版传播、创新、出版产业、公共服务及行政管理五大体系。

● 江西省新闻出版局最近出台了《关于加快推进江西省数字出版产业发展的实施意见》。《实施意见》明确提出了重点打造江西五大数字出版重大核心工程项目。

● 国家新闻出版总署与河北省人民政府在石家庄签署《共同推进河北省新闻出版业发展的战略合作框架协议》。根据协议，双方还将成立署省合作领导小组，建立联席会议制度。

● 中国印刷技术协会与北京印刷协会共同举办2011年印刷行业新春联谊会。

2月

1日　中山市松德包装机械股份有限公司在深圳证券交易所上市，成为中山市首家登陆创业板的公司。

2日　爱色丽印前和印刷解决方案采用全新的XRGA图形艺术标准。

9日　上海电气印刷包装机械集团“打造百亿产业集团”工程启动大会在高斯图文印刷系统（中国）有限公司召开。

11日　柯达文档影像集团获得行业最高奖项。

11日—22日　关税同盟委员会对铜版纸和瓦楞纸实行5%的进口关税。

15日　国家新闻出版总署署长柳斌杰在北京会见日本凸版印刷株式会社特邀顾问宫本雄二一行。双方就中国印刷业当前发展重点、两国印企合作机会等内容进行了深入交流。

15日　财政部网站发出《关于继续实施小型微利企业所得税优惠政策的通知》（以下简称《通知》）。《通知》显示，2011年我国继续对小型微利企业所得税实行优惠政策。

15日　第四届海峡两岸文化产业博览交易会于10月29日—11月1日在厦门举办。

22日　分欧蓝泰标签成功收购BIC集团旗下的Gumtac公司。

23日　中国印刷技术协会主办，国家新闻出版总署协同指导的绿色印刷宣贯会（华中区）第三站在武汉圆满结束。

23日　海德堡和理光公司宣布建立全球战略合作关系。

23日—24日　富林特柔印事业部举办开放日活动，70名受邀者参观了感光树脂版和套筒版制版的最新设备。

25日　江苏省印刷行业协会印刷业发展报告会对江苏印刷行业协会2010年度整体工作进行总结，并提出2011年的工作计划。

26日　从2011年开始，我国部分中小学教材将进行绿色印刷，争取3年内实现全部绿色印刷。

27日　第十一届全国人大常委会副委员长、全国妇联主席陈至立女士莅临雅图仕，视察公司党工团及企业女职工工作情况。

28日　东莞市政府召开了2011年全市文化工作会议，对文化名城建设开局之年作出了工作安排。

● 针对我国目前印刷市场实际情况，国家新闻出版总署根据《出版管理条例》《印刷业管理条例》等相关法律法规，出台了《数字印刷管理办法》，并于2011年2月1日正式开始施行。

● 国家新闻出版总署与中国工商银行在北京签署《新闻出版总署与中国工商银行支持新闻出版产业发展战略合作协议》。根据协议，新闻出版总署与中国工商银行将建立起长期稳定的战略合作关系，从金融合作角度全力推动中国新闻出版产业的发展。

● 在2011年德国莱比锡“世界最美的书”评选中，由中国选送的《漫游：建筑体验与文学想象》（中英双语版）一书获评2011年“世界最美的书”称号。

● 2011年4月之前被列入基本药物目录的药品，都将被贴上电子标签，未入网及未使用药品电子监管码统一标识的，一律不得参与基本药物招标采购。

● 浙江省新闻出版局在全省范围内开展《印刷经营许可证》年度核验工作，年度核验时间自2010年12月开始，至2011年2月底结束，今后每年的12月至次年2月底为年度核验时间，4月15日为年度核验工作总结和统计数据上报时间。

● 黑龙江省新闻出版局下发《关于开展2011年印刷企业年度核验工作的通知》，在2011年1月4日—2011年2月28日期间开展2011年黑龙江省印刷企业年度核验工作。

● 国家新闻出版总署副署长蒋建国在深化文化体制改革新闻发布会上表示，“十二五”时期是新闻出版业深化改革、加快发展的关键时期，到“十二五”期末将实现总产出29 400亿元。

● “十二五”期间，陕西省新闻出版业将从传统出版向现代出版跨越，从新闻出版资源大省向新闻出版强省跨越。

● 深圳市科技工贸和信息化委员会公布《关于发布深圳市2011年重点出境展览项目计划的通知》，预计展位数量为1 628个的34个境外重点展览项目计划已经获得深圳市政府审定批准，其中在新兴市场举办的展会有11个。

● 为帮助国内印刷企业深入解读行业最新免税政策，掌握税收筹划技巧，优化纳税结构，有效筹划、合法纳税、合理节税，合理减轻企业税收负担，切实增加企业盈利收益，中国印刷技术协会举办了印刷企业最新免税政策与合理节税、纳税筹划专题研修班。

3月

1日 全国印刷标准化技术委员会（SAC/TC 170）在北京召开两项数字印刷国家标准起草组第1次联席工作会议。

1日 上海新闻出版（版权）工作会议在上海图书馆举行。

1日 欧洲最大印刷电路板制造商落户重庆两江新区，重庆市长黄奇帆，奥地利驻华大使赛迪科出席签约仪式。

3日 浙江省包装印刷行业协会举行五届三次理事大会。

3日 “2011大型成都纸包装工业瓦楞彩盒创新发展高端论坛暨包装用纸采购洽谈联谊会”在成都市金牛宾馆隆重召开。

8日 富士施乐完成在华生产基地的土地使用调查工作，此次调查旨在审视其生产基地的营运给生态和生物多样性所带来的影响。

9日 《上海市新闻出版业“十二五”规划纲要》正式发布。

9日 河北廊坊市委宣传部启动整顿规范印刷业和出版物市场的“百日行动”。

9日 美国网络媒体《WhatTheyThink》，发布题为最新一期的《北美月度印刷出货量》报告。

10日 “泉州市包装印刷行业技术创新战略联盟”在石狮成功召开了筹备会议。

11日 北京印刷学院和中科院化学所战略合作签约暨共建联合实验室揭牌仪式在京举行。

11日 由北京欧陆欣达印刷机械有限公司组织的“捷克SOMA无溶剂复合机潮汕地区技术交流会”在广东潮安县成功举行。

17日 惠普公司宣布推出业界幅面最大、生产效率最高的商用型彩色数码印刷机。

17日 分欧蓝泰标签在芬兰的标签生产获得FSC和PEFC认证。

18日 中国澳门数码印刷协会正式成立。

22日 全国印刷标准化技术委员会（SAC/TC170）在东莞市虎门镇召开《纸质印刷品紫外线固化光油上光过程控制及检测方法》国家标准起草组第1次工作会议。

30日 卫生部网站发布《食品相关产品新品种行政许可管理规定》，规范食品相关产品新品种的安全性评估和许可工作。

30日 山西省政府出台“印刷产品印制质量监督管理实施办法”。

30日 上海市印刷行业协会在虹口世纪大酒店举办绿色印刷产品技术推介会，上海印刷行业协会理事长印得明出席会议，共计40多家企业的83位代表参会。

31日 新闻出版总署在其网站公布《出版物市场管理规定》，对通过互联网等信息网络从事出版物发行业务的单位或者个人提出明确要求。

● 第二届中国出版政府奖颁奖典礼在北京展览馆剧场举行，中国出版政府奖是国家设立的新闻出版行业的最高奖，2007年首次开评，每三年评选一次。

● 国务院决定对《出版管理条例》和《音像制品管理条例》作出修改。

● “十二五”开局之年，我国将大力推进报刊传播能力和舆论引导能力建设，鼓励出版传媒企业进行跨地区、跨部门、跨行业联合、兼并、重组；打破行政壁垒、地区封锁和城乡分割，建立贯通全国的新闻出版大市场。

● 由环境保护部环境发展中心（中日友好环境保护中心）承担，中国印刷技术协会、北京绿色事业文化发展中心等单位参与编制的《国家环境保护标准/环境标志产品技术要求印刷》标准，经环境保护部批准，2011年3月3日起正式颁布实施，标志着我国绿色印刷进入了具体实施阶段。

● 商务部发布《关于全国统一当票使用和管理的通知》，就全国统一当票、续当凭证格式及有关使用和管理事项作出规定。新的全国统一当票自2011年7月1日起正式使用，同时原有当票停止使用。

● 全国印刷标准化技术委员会（SAC/TC 170）在北京召开《印刷技术术语 数字印刷》和《数字印刷的分类》两项数字印刷国家标准起草组第1次联席工作会议。

● 我国造纸原料进口量和价格在2010年高增长的基础上继续呈增长态势。

● 2011年山西省新闻出版工作会议在太原召开。会议明确“十二五”期间，山西省新闻出版业年增长速度要保持在25%左右，预计到2015年全行业总产出将达到300亿元以上。

4月

1日 第五届金光印艺大奖赛启动，参赛作品共分15类，奖项设置新增设铜奖。

2日 北京市新闻出版局发出公

告，宣布2011年印刷企业年度核验工作结束，北京地区印刷企业开始使用新版《印刷经营许可证》。

2日　柯尼卡美能达在第五届全国售后服务评价活动中蝉联“全国售后服务特殊贡献单位”和“全国售后服务行业十佳”两项称号。

8日　第二届国际印刷技术发展论坛在东莞市举行。

8日　海德堡在广东国际展览中心3号馆会议厅举办Print China 2011新闻发布会。

9日　上海电气全资子公司高斯国际新闻发布会在东莞举行。

9日－13日　中国（广东）国际印刷技术展览会在广东现代国际展览中心召开，本次展览主题为“绿色、高效、数字化”。

10日　恒信金融租赁有限公司在Print Chian 2011展会上与客户开展融资租赁合作签约仪式。

11日　第四届中国国际全印展新闻发布会在东莞嘉华酒店举行。

12日　国家新闻出版总署与亚美尼亚文化部在亚美尼亚签署合作备忘录。

13日　上海紫光机械、深圳法兰印务YR254卷筒纸柔版印刷机交机仪式在深圳世纪皇廷大酒店举行。

16日　上海26位著名油画家联袂画展在上海盛隆印务有限公司的“盛和堂”会所正式开展。

18日　2011年度国家出版基金项目评审会在京拉开帷幕。

20日　国家新闻出版总署在公布的《新闻出版业“十二五”时期发展规划》中明确提出，到“十二五”期末，使国民综合阅读率达到80%。

21日　第七届中国（深圳）国际文化产业博览交易会筹备情况新闻发布会召开。

21日－23日　分欧蓝泰在成都新国际会展中心举办的全国药品交易会上，推出了医药标签材料荧光标签（BEDRD70）、防渗透型胶水（RP31C）等系列产品，受到了终端客户的一致好评。

27日—30日　2011第六届香港国际印刷及包装展在中国香港亚洲国际博览馆成功举办。本次展会共有来自8个国家及地区的320家参展商参展，参展数目较2010年增长22%。

29日　湖南省庆祝“五一”国际劳动节暨“建功十二五”劳动竞赛启动大会在湖南宾馆隆重召开。

29日　河南省庆“五一”暨中原经济区建设劳模座谈会在河南省总工会大厦举行，乐凯华光多名员工荣获省市级荣誉称号。

● 国家新闻出版总署出台《出版物市场管理规定》，规定施行后，此前新闻出版总署和有关部门颁布的《出版物市场管理规定》《音像制品批发、零售、出租管理办法》《外商投资图书、报纸、期刊分销企业管理办法》和《中外合作音像制品分销企业管理办法》及有关补充规定同时废止，规定施行后与规定不一致的其他规定不再执行。

● 2011年4月14日，“3·15”出版产品质量监督检测活动工作会议在北京前门建国饭店召开，标志着2011年出版产品质检活动拉开了帷幕。此次质检活动持续到2011年10月，检测结果汇总后将通过媒体向社会公布。

● 由中国印刷技术协会、中国印刷科学技术研究所和杜塞尔多夫展览（上海）有限公司共同主办的第四届中国国际全印展在上海新国际博览中心举行。

● 国家新闻出版总署科技与数字出版司就重新颁布的《新闻出版行业标准化管理办法》中关于新闻出版行业标准的出版、解释、宣贯等问题进行了解读与宣贯工作。

● 全军印刷质量工作会议暨第24次全军印刷优质产品检测认定会最近在安徽黄山召开。会议传达了国家新闻出版总署有关指示精神，报告了全军印刷质量工作委员会2010年工作总结及2011年工作安排。

● 日本印刷技术协会的数据显示，到2013年，数字印刷在日本印刷销售额中所占比重将从2010年的27%提升至34%，而传统印刷比重将从2010年的62%下降至53%，下降近10个百分点。

5月

4日　国家新闻出版总署在北京举办纪念建党90周年“学党史、知党情、跟党走”党史知识竞赛。

6日　在中国出版协会第六次会员代表大会上，国家新闻出版总署署长柳斌杰当选第六届中国出版协会理事长。

6日　GMG高品质色彩管理软件解决方案供应商宣布，公司2010年成功实现销售额增长30%。

8日　中国新闻出版传媒集团有限公司揭牌仪式在北京人民大会堂举行。标志着我国非时政类报刊改革取得了新的进展。

9日　年产36万t的环保石头纸项目正式落户黑龙江省绥化市。

10日　中央党史研究室副主任龙新民到北京汇林印务有限公司，对《中国共产党党史》第二卷等重点党史读物的印制情况进行实地考察。

11日　“北京印刷学院—北京赛捷图文设备有限公司科研合作与人才培养签约仪式”在教A楼报告厅隆重举行。

11日　3M中国有限公司与陕西北人举行了胶带涂布生产线签约仪式，这是3M公司首次在国内采购的整条生产线。

12 日　南宁市为了进一步加大对印刷企业的源头监管，开展了规范印刷行业经营秩序专项行动，并取得了开局战果。

12 日　国家质量监督检验检疫总局在北京西郊宾馆组织召开质检公益性行业科研专项项目验收会议。

12 日　中国台湾中华印刷科技学会黄义盛理事长、叶振璧副理事长、林仕宜副理事长、林家俊秘书长一行四人拜访中国香港印艺学会。

13 日　国家新闻出版总署署长柳斌杰在文化产业发展座谈会上指出："十二五"时期要分两步走实现建成新闻出版强国的目标。

13 日　中国文化产业投资基金设立的相关审批手续全部完成，拟于近期正式挂牌成立。

13 日　"深圳国际创意印刷文化产业园"首期工程落成仪式在横岗街道力嘉国际集团举行。

13 日　光明日报社和经济日报社联合发布了第三届"文化企业 30 强"名单，其中有 10 家新闻出版类企业入选。

14 日　广东国家数字出版基地在广州举行揭牌仪式，标志着国家数字出版基地正式落户广东。

14 日　坐落于上海大虹桥枢纽板块的新虹桥总部 1 号，总面积超过 $700m^2$ 的 EFI 亚太区高新技术体验中心开幕。

16 日　第七届中国（深圳）国际文化产业博览交易会落下帷幕。

17 日　河南省郑州市文广新局在郑州召开全市印刷行业管理工作会议，会议完成了修改章程和协会换届工作，马海乾为新任会长。

17 日　上海烟印公司与上海出版印刷高等专科学校签署党建与人才培养合作协议，并为双方互为"党建和人才培养合作单位"揭牌。

18 日　烟台红星彩印成立 20 周年及乔迁庆典与高宝单张纸胶印机技术交流会同期举行。

19 日　陕西省印刷行业协会与日本三菱重工联合举办 V-3000 型印刷机展销会，来自陕西、山西、宁夏及甘肃的省内外 150 余家印刷企业出席了会议。

19 日—21 日　第十一届毕昇印刷技术奖评选委员会评选工作会议在北京香山饭店举行，评委会 19 名评委，出席 17 位，出席人数超过评委总数 2/3，会议有效。

23 日　中国印刷行业协会召开"中国印刷行业企业信用评价"指标专家会，来自中国印刷行业协会相关分会及中国报业协会的顾问等十余名专家参加了本次会议。

24 日　一项调查显示，澳大利亚于 2012 年开征的碳税将给印刷业带来重创，使该行业的产值、盈利率和就业率出现下降。

25 日　国家质检总局发布了《关于运行进口预包装食品标签管理系统的公告》，决定自 2011 年 6 月 1 日起，启用进口预包装食品标签管理系统。

27 日　中央国家机关青年书香行动——"学党史、读经典"向中央国家机关青年干部推荐好书活动启动仪式暨专题报告会在京举行。

● 国家发改委会同商务部、质检总局等部门研究制定了抑制商品过度包装的政策措施，规范、引导企业在设计和生产环节减少包装资源消耗、降低废弃物产生。

● 第三届湖北印刷企业 50 强评选揭晓，湖北日报传媒集团楚天印务总公司、湖北新华印务有限公司等 50 家企业受到省新闻出版局表彰。

● 在第十八届北京国际广告新媒体新技术新设备新材料展示交易会上，中国喷墨印刷行业安全标准联盟正式成立。

● 国家质量监督检验检疫总局在北京西郊宾馆组织召开质检公益性行业科研专项项目验收会议。由中国印刷技术协会承担、全国印刷标准化技术委员会秘书处组织实施的质检公益性行业科研专项项目"数字印刷标准体系表"项目通过验收。

● 中国印协召开"中国印刷行业企业信用评价"指标专家会。

● 印度报业市场供需两旺。印度报纸《NaiDunia》仅在两年时间里发行量就从每天 50 万份增至 80 万份，上升了 62%。到 2016 年，该报业公司打算将读者群扩大至 1 500 万；这大约是美国三大日报《今日美国》《华尔街日报》和《纽约时报》总发行量的三倍。

6月

2 日　北京新华印刷有限公司与海德堡中国有限公司在北京希尔顿逸林酒店举行海德堡印刷机购销合同的签字仪式。

8 日　首届上海市新闻出版行业文明单位命名表彰大会在上海举行，首批共 105 家单位获得上海市新闻出版行业文明单位称号。

8 日　中部地区第一条药品电子监管码宽幅印刷生产线，在武汉中原印务有限公司投入生产。

8 日　受到来自电子媒体的冲击，我国新闻纸产量连续两年下降。

9 日　天津国家数字出版基地云计算中心及创新体验中心项目启动签约仪式在空港经济区举行，中心建成后，将成为全国最大的数字出版产业数据中心和全球领先的数字媒体交易平台。

9 日　北京国彩印刷有限公司（简称国彩印刷）召开以"CMYK 旋动 雀屏展翅—国彩更精彩，携手数字网络新时代"为主题的 2011 客户年会。

9 日 富士施乐 2011 年度数码印刷创新大奖赛在北京正式启动。

9 日—10 日 德国高宝公司单张纸胶印机客户培训会在北京嘉正伟业包装印刷有限公司成功举行。

10 日 中国包装联合会成员到上海电气印包集团参观座谈。

11 日 中国印刷技术协会七届二次常务理事会会议在福建省厦门市召开。国家新闻出版总署印刷发行管理司副司长姜伯彦、国家新闻出版总署人事司处长王彤出席会议并讲话。

12 日 由国家新闻出版总署和福建省政府主办的主题为“科技进步与出版印刷业发展”的第三届海峡新闻出版业发展论坛在厦门举行，两岸新闻出版、印刷行业 500 多名代表出席。

14 日 成都新图 CTP 技术交流会在西安美华金唐国际酒店成功举办。

15 日 北京印刷协会在北京隆达印刷包装集团有限公司会议室举办讲座，对中央直属机关、全国人大、国家机关 2011 年印刷品采购招标文件进行解读。

16 日 文化部政策法规司副司长孙若风，国家新闻出版总署产业发展司司长范卫平等领导做客中国网络电视台，围绕我国文化建设发展情况与广大网友进行在线交流。

16 日 新疆民族文化产业印刷出版基地开工仪式在乌鲁木齐高新区北区工业园二期园区举行。

17 日 香港印刷业商会 72 周年会庆暨第 37 届理监事会就职典礼在中国香港万豪酒店盛大举行。

17 日 香港印刷业商会主办的“香港高峰会——国际印刷标准化”在中国香港职业训练局综艺馆成功举行。

17 日 三菱重工 V3000TP-8 印刷机技术交流会在北京前门饭店隆重举行，来自日本三菱重工、北京周边地区的印刷企业代表及相关媒体等150 多人参加了此次活动。

20 日 柯达宣布旗下系列柔印版材 7 月中旬涨价。

21 日 爱色丽股份有限公司发布两款全新显示器色彩校准方案——il-Displaypro 专业显示器校准仪和 Color-Munki Display 彩行者显示器校准仪，主要用于色彩校准、显示配色、笔记本电脑和投影仪。

22 日—24 日 分欧蓝泰标签出席 2011 第七届环球标签中国峰会。

23 日 解放军报印刷厂引进秋山国际株式会社 MEGAJP4P440+RF 双面多色胶印机项目签约仪式在北京西苑饭店举行。

24 日 湖南省委宣传部、省新闻出版局联合举办庆祝中国共产党成立 90 周年出版座谈会。

27 日 国家新闻出版总署、中华全国新闻工作者协会在人民大会堂举行红色记者与党的新闻事业暨《中国红色记者》出版座谈会，隆重纪念为革命为人民立言纪事的红色记者。

28 日 越南国家政治出版社社长兼总编辑阮维雄一行 25 人来到国家新闻出版总署访问，就中国出版市场新闻出版产业改革情况及我国出版管理工作等方面进行了考察和会谈。

28 日 解放军报印刷厂引进曼罗兰 ROLAND 705LV 平张印刷机签约仪式在北京举行。

29 日 《凹版印刷工国家职业资格培训教程》编写启动会议在北京印刷学院第一会议室召开。

29 日 中国包装联合会副会长、中国塑料加工工业协会副会长、中国标准化协会理事、深圳市通产丽星股份有限公司副董事长兼总经理陈寿被北京印刷学院聘为兼职教授、绿色印刷包装产业技术研究院专家委员会委员。

29 日 爱色丽多角度分光光度仪在“2011 涂料工业荣格技术创新奖”颁奖典礼上荣获技术创新奖。

30 日 内蒙古自治区新闻出版局在兴安盟科右前旗举行“书香草原党旗红”庆祝建党 90 周年向科右前旗捐赠图书仪式。区内外新闻出版行业共捐赠字、词典，图书总计 15 357 本（册），总码洋 662 779.40 元。

30 日 雅昌集团与中国艺术科技研究所战略合作签约仪式在北京雅昌举行。

30 日 罗兰引入世界第一台桌面型金属打印 / 切割机。

● 第三届海峡新闻出版业发展论坛在厦门举行，期间，国家新闻出版总署发布五条惠台政策。

● 广东省出台《新闻出版业“十二五”时期发展规划纲要》，提出了广东省印刷业力争到 2020 年印刷行业工业总产值达到 3 000 亿元。

● 辽宁（盘锦）数字印刷包装产业示范园开工建设，园区规划占地面积 4km^2，规划总投资 50 亿元，到 2015 年末入驻企业将达到 100 家，增加就业岗位 7 000 个，年产值达到 120 亿元，创税 10 亿元。

● 第十一届毕昇印刷技术奖评选委员会评选工作会议在北京香山饭店举行。经过评委认真审阅材料，充分评议，最后经无记名投票方式以出席评委 2/3 以上（含）赞成票评选出毕昇印刷杰出成就奖 8 名：谢普南、杨金溪、刘学智、滕方迁、冯广源、沈伟荣、周幸福、余世班；评选出毕昇优秀新人奖 11 名：刘宏、袁海忠、陈筱燕、孙绍丁、董宁晖、张国生、朱德田、张忠灵、陈亚雄、罗杰卿、潘晓山。

● 中部地区第一条药品电子监管码宽幅印刷生产线，在武汉中原印务有限公司投入生产。

● 2010 年四川省印刷业工业总产值为 260 亿元，首次突破 200 亿元大关，与上年相比增长40%，其中，在四川各地市当中，成都市的产值占据了四川省印刷工业总产值的近六成。

● 伊朗制造业和零售业发展迅速，预计到2015年，伊朗包装印刷行业的产值有望翻一番，达到250亿美元。

7月

1日　国家新闻出版总署全体党员以集中收看庆祝中国共产党成立90周年大会现场直播、党员代表座谈等形式庆祝党的生日。

1日　为牢记革命前辈留下的光荣传统，增强对党的认识，坚持理想信念，中国印刷技术协会团支部组织全体团员观看了建党九十周年献礼影片《建党伟业》。

1日　富士胶片投资有限公司启动“低碳环保种树”活动。

4日　经长沙市工商行政管理局核准，“长沙奥托印刷机械有限公司”正式变更为“长沙奥托机械股份有限公司”。

5日　为进一步推动总署机关精神文明建设再上新台阶，国家新闻出版总署召开大会，要求每一位同志都要立即行动起来，积极投身到精神文明创建工作中去。

5日　国家新闻出版总署与中国移动通信集团公司在京签署《共同推进数字出版产业发展战略合作备忘录》，并同时启动了“新青年掌上读书计划”。

6日　以“绿色印刷与美好生活同行”为主题的上海国际印刷周在上海新国际博览中心隆重开幕。展馆面积共计2.50万m^2，比2010年增加了25%，共有参展商350家，展位近800个。

6日　上海印刷大奖颁奖典礼与印刷周同期召开，此次大奖彰显了世博效应，同时，也突出了绿色主题，呼应了上海印刷周“绿色印刷与生活同行”的主题。

6日　威海天诺数控机械有限公司携WPMQ1060全自动平压模切机亮相2011中国国际彩盒展。

6日　第十九届上海国际印刷包装纸业展览会开幕。

7日　中央党校“调结构、促转变”地厅级培训班学员一行30人对新华公司各项工作进行调研指导。

8日　上海财经大学的暑期实践小组现场参观了扬州广陵古籍刻印社。

6日—8日　2011中国国际彩盒展在北京中国国际展览中心（老馆）隆重举行，本届展会的参展企业及展览面积与上届相比，分别增长50%与66%，有近300家企业参与展示。

13日　光明日报社在光明日报社新闻大楼举行引进高斯环球75报纸印刷机签约仪式。

17日　全军印刷协会六届八次常务理事会暨“十二五”规划研讨会在内蒙北京军区红山军马场召开。

18日　由富林特组织的高校印包专业老师柔印培训与实践活动在上海正式启动。

18日—22日　富林特集团在上海组织了2011暑期中国大学柔印最新发展培训与实践活动。

19日　EFI宣布，将收购私人公司Entrac Technologies，预期整个收购项目将于2011年第三季度完成。

20日　印刷行业知名专家殷幼芳、袁伯健及王淮珠赴北京新华印刷有限公司进行技术指导交流。

22日　陕西省非时政类报刊改革，第一批36家2011年年底前完成改制，其余的2012年6月底前完成改制。标志着报刊改革全面推开。

25日　第二十三届香港印制大奖启动仪式在中国香港会议展览中心举行。香港印艺学会叶伟慈、香港出版学会谢力清致辞及主持启动仪式。香港教育、出版、印刷等行业代表共50余人出席。

25日　富士施乐成功举办专业彩色数码多功能打印机新品发布会。

26日—27日　全国印刷标准化技术委员会在安徽省合肥市召开《印后装订——平装》和《印后装订——精装》两项印后国家标准起草组第一次联席工作会议。

28日　河北出版传媒集团公司在北戴河文化创意基地举行合作项目签约仪式，合作项目总投资达80亿元。

28日　重庆市梁平县印刷行业协会（简称“梁平印协”）正式成立。重庆市梁平县文广新局相关负责人、全县21家印刷企业业主、印刷一线优秀职工代表参加了成立大会。

29日　国内首个“数字出版与传播”国家重点学科建设启动仪式在上海理工大学举行，国家新闻出版总署署长、国家版权局局长柳斌杰出席启动仪式并讲话。

29日　陕西省政府新闻办公室发布消息称，西安将用5km^2的新增土地建设两个国家级新闻出版产业基地暨西安国家数字出版基地、西安国家印刷包装产业基地。

29日　北京印刷协会召开小型会议，缅怀、追忆北京印刷协会创始人陈平舟同志。

30日　由乐凯华光印刷科技有限公司研发的，可满足印刷数字化和绿色环保印刷要求的免处理热敏CTP版材在河南南阳通过科技成果鉴定。

● 为庆祝建党90周年，新闻出版总署确定了80种重点出版物选题，在此基础上，还从近5年出版的主旋律图书中精选出200种反映党的90周年光辉历程、有较高思想性、艺术性和可读性的优秀出版物，深受读者欢迎。

● 罗定市政府与广西登高集团有限公司签署总投资12亿元的《环保

石头造纸项目投资协议》，由登高集团在罗定市投资12亿元，分三期建设年产12万t环保纸、环保材料的生产基地。

● 第五届上海印刷大奖颁奖典礼在上海新国际博览中心上海印刷周主会场E7馆举行。

● 江西吉安市出台《关于加快印刷复制产业发展的实施意见》，这是该市出台的第一个关于印刷复制行业的扶持政策。

● 2011中国国际彩盒展在北京·中国国际展览中心（老馆）隆重举行，本届展会的参展企业及展览面积与上届相比，分别增长50%与66%，有近300家企业参与展示。

● 未来5年，我国造纸行业总产能的增量约为3 500万t，到2015年，我国造纸行业的总产能将达到1.35亿t，纸及纸板生产量年均增长率约为6%～7%。

● 2011纳米技术展在日本东京国际展览中心举行，日本SATO公司和ACTEiiVE公司展示了他们成功研制的新型标签，该标签在焚烧时能吸收自身产生的CO_2。

8月

1日 Deluxe印刷公司成功收购PSPrint LLC网络印刷服务公司。

4日 山东省委常委、副省长孙伟一行到山东亚太森博浆纸有限公司进行调研，高度赞赏亚太森博的环保成绩和展厅表现形式。

4日—6日 中国出版协会在长春市举办全国图书编校质量工作研讨会，探讨新形势下编校工作的疑点、难点和盲点，同时明确图书编校质量的国家标准和国家规范文字的使用标准。

5日 中国印刷及设备器材工业协会五届八次常务理事会召开。会议由协会理事长于珍主持，李同信副秘书长做了协会换届选举工作汇报。

5日 中国印刷及设备器材工业协会正式发布了《中国印刷机械行业“十二五”发展规划》。

5日 顶佳印刷城奠基仪式在北京大兴区西红门镇新建开发区项目所在地隆重举行。

5日 柯尼卡美能达bizhub PRESS C7000/C6000生产型数码印刷系统首次亮相北京。

9日 非时政类报刊出版单位体制改革工作联席会议办公室制定出台《中央各部门各单位非时政类报刊出版单位转制工作基本规程》。此次出台的规程仅适用于具有独立法人的报刊出版单位转企改制。

10日 国家新闻出版总署办公厅发布《生产型数字印刷机目录（2011年）》（新出厅字〔2011〕254号），进一步明确了数字印刷企业审批依据。

10日 中国包装联合会常务副会长葛江河、副秘书长王利等领导在青海虎彩考察调研工作。

11日 上海市包装技术协会组织召开了上海市包装技术协会专业委员会秘书长和集团联络员会议。

12日 小森公司最新推出的胶印机——Lithrone G40在美国上市。

11日—13日 第六届中国（北方）国际食品药品包装材料制品及设计展览会在青岛国际会展中心举行。

16日 华联印刷成功举行“现代印刷新技术论坛”暨“华联新体验”活动。

18日 吉林省印刷复制业协会联合吉林省包装协会，在长春举行了第七届包装印刷品质量评比会议。

20日 华东师范大学俞立中校长与上海科学技术出版社毛文涛社长主编的《中小学生低碳教育读本》在上海书展正式推出。

23日 江苏省扬州市召开了第一届印刷行业工会联合会成立大会，扬州印刷行业从此有了统一的工会组织。

23日 海德堡携手上海及江浙地区多位顶尖包装印刷企业负责人成功举办了首届上海包装印刷客户联谊会。

28日 “2011首届中英出版论坛”在北京大学陈守仁国际交流中心成功举办，来自英国和中国的近50名业界和学界代表出席了会议。

30日 由国家新闻出版总署、国务院新闻办公室和中国民主促进会中央委员会共同主办的2011北京国际出版论坛在北京凯宾斯基饭店举行。

31日 国家新闻出版总署署长柳斌杰在北京会见前来参加第十八届北京国际图书博览会的香港出版总会、香港印刷业商会代表团一行。

31日 “腾飞创意——香港出版及印刷业参与大型国际展览”首次以香港展团方式参展北京图书博览会，并由香港业界搜集约600项展品展现香港出版及印刷业的创意成就。

● 北京市新闻出版局与北京印刷协会共同举办了北京地区绿色印刷推进会，47家印刷企业的52名负责人参加了会议。

● 日本印刷工业组合联合会预测，2010—2020年，日本印刷产业规模将进一步缩水，销售额、企业数量和职工人数都会大幅减少。

9月

1日 全国人大副委员长顾秀莲、福建省关心下一代工作委员会主任王建双一行莅临鸿博股份视察指导。顾秀莲表达了对鸿博股份的赞许和肯定，同时对公司的发展寄予了厚望。

1日 富士施乐宣布在亚太区推出企业打印服务解决方案，该服务旨在帮助企业更好地管理文件，提高工作效率。

2日 由国家新闻出版总署印刷

发行司指导，中国印刷科学技术研究所、科印网主办的2011“绿色印刷在中国”系列活动在北京中国科技会堂隆重召开。

1日—6日 贵州印刷行业2011年平版印刷技师培训班在贵阳开班，第一阶段进行理论教学和论文写作辅导，第二阶段进行论文答辩和操作技能考试。

8日 南方报业传媒集团总编辑张东明、团省委副书记陈宏宇率省调研组到鹤山市雅图仕印刷有限公司调研了解“圆梦计划·北大100”项目开展情况。

8日 惠普在上海召开全球年度会议，发布全新彩云打印产品技术方案。

8日—10日 中国报业协会报纸印刷工作委员会2011全国报纸印刷厂厂长会议在河南郑州及南阳召开。中国报业协会顾问夏天俊以及来自全国各地报纸印刷厂的负责人约150人参加了此次会议。

9日 中德印后创新技术研讨会（深圳站）在深圳举行。

9日 “武汉印刷包装基地新闻发布会暨阳逻港·华中国际产业园产品推介会”在武汉香格里拉酒店举行，标志着酝酿多年的武汉印刷包装基地正式落户阳逻港。

11日 雅昌集团六度问鼎班尼金奖，其印制的《黑白世界》等6部作品豪取6座Benny Award“小金人”。

12日 爱克发印艺在GraphExpo上发布恒星版Energy Elite Pro投放市场的重大消息。

16日 中国印刷及设备器材工业协会第六次会员代表大会在北京友谊宾馆隆重召开。

16日—21日 2011日本国际印艺展在日本东京举行，天津长荣股份正式设立“长荣股份日本有限公司”及“长荣日本爱用者俱乐部”。

16日—22日 ISO/TC 130第25届年会在德国柏林举行。

20日 浙江省印刷协会常务理事扩大会议在浙江平湖召开，浙江省印刷协会副会长黄瀚军以及来自浙江省各地印刷厂的约80多位负责人参加了此次会议。

23日 深圳市文化创意产业协会揭牌成立。该协会涵盖创意设计、数字出版、新媒体及文化信息、高端印刷等九大行业门类，是深圳文化创意产业综合性服务平台和国内外交流平台。

23日 主题为“物联天下，粤港先行”的“2011第六届粤港物联网（RFID）技术应用高峰论坛”在广州成功举行。

23日 中国乐凯胶片集团公司和中国航天科技集团在北京举行了重组合作仪式。

24日 全国古籍出版社社长专题研讨会在浙江省杭州市萧山义桥镇召开，研讨全国古籍出版领域的最新动向和未来发展方向，对出版行业进行政策性引导和法规解释。

26日 中国造纸工业协会组织行业内外专家对国家发展和改革委员会产业协调司、工业和信息化部消费品司、国家林业局规划财务司联合编制的《造纸工业发展“十二五”规划》送审稿进行评审。

27日 伊拉克中央印刷厂厂长Shazer一行8人在中央国家机关工作委员会办公室副主任甘伍的陪同下莅临新华公司，交流技术及管理经验。

27日 雅昌集团与HP公司合作的中艺库项目启动会在雅昌大厦举行。

27日 山东省政府研究室到太阳纸业股份有限公司参观调研。

28日 第十一届毕昇印刷技术颁奖大会在北京科技会堂隆重举行，首批全国印刷行业百佳科技创新成果评选结果发布暨技术创新报告会同时举行。

28日 国家新闻出版总署副署长孙寿山、副省长张通，在武汉大学为高级印刷人才培养基地揭牌。

27日—29日 宁波国际会议展览中心隆重举行“2011第四届中国纸包装工业（宁波）瓦楞纸箱包装印刷展览会暨高峰论坛”和“2011第四届中国纸包装工业（宁波）彩盒印刷包装展览会暨高峰论坛”。

29日 华中国家数字出版基地揭牌暨基地总部（华中智谷）奠基仪式在武汉经济技术开发区举行。这标志着华中地区首家国家级数字出版基地在武汉诞生。

29日 阿根廷总统费尔南德斯在参加阿根廷布宜诺斯艾利斯的图书和语言博物馆落成典礼时表示，阿根廷政府将在各个领域致力于阿根廷国内制造能力的复苏。

30日 北京印刷学院印刷技能人才培训基地挂牌仪式在西藏新华印刷厂举行。该基地的建成，标志着西藏自治区新闻出版界首个行业专门人才培训基地诞生。

● 由国家新闻出版总署印刷发行管理司、教育培训中心和出版产品质量监督质检中心共同主办，上海市新闻出版局承办的绿色印刷质量管理培训班在上海举办。来自全国27个省区、市的新闻出版行政管理部门、质检机构、出版单位和印刷企业的相关负责人参加了此次培训。

● 湖南省人民政府第88次常务会议审议并通过了《湖南省印刷业规定（草案）》，此举有助于促进湖南省印刷行业实现优质、快速发展。

● 由国家新闻出版总署、国务院新闻办公室和中国民主促进会中央委员会共同主办的主题为“数字时代的国际出版业走向”的2011北京国际出版论坛在北京凯宾斯基饭店举行。

● 由北京大学新闻与传播学院

现代出版研究所和英国牛津布鲁克斯大学联合主办、北京印刷学院协办的主题为“版权贸易与出版新趋势”的“2011首届中英出版论坛”在北京大学陈守仁国际交流中心成功举办，来自英国和中国的近50名业界和学界代表出席了会议。

● 国家新闻出版总署发布《2010年新闻出版产业分析报告》，对全国31个省、自治区、直辖市新闻出版业的总体经济规模进行综合评价，广东省新闻出版业在11项综合评价指标中，有9项排名第一，两项第二，总体规模名列第一位，这是广东继2009年后再次位居全国榜首。

● “数码印刷在中国”技术高峰论坛在上海召开。

● 中国印刷及设备器材工业协会第六次会员代表大会在北京友谊宾馆隆重召开。会议完成了新一届理事会的选举工作，实现了协会领导的新老换届工作。

● 据中国国家统计局公布，1～7月份，全国规模以上的工业企业实现利润28 004亿元，同比增长28.30%。

10月

3日—5日 “ABTCP 2011—第44届纸浆和纸张大会暨国际博览会”在巴西圣保罗举行。大会的议题之一是“巴西纸业要获得更大的国际竞争力，面临挑战”。

4日 香港印刷业投资协会六周年庆典晚宴在东莞塘厦观澜湖会所宴会厅成功举行。

5日 艺色曼公司（BCRM Imaging Systems）和德国比勒菲尔德的点线公司（Dotline GmbH）联合发出声明，将推出NEWSmax系列报业CTP制版机。

9日 国家新闻出版总署在京举行了纪念辛亥革命100周年出版工作座谈会。

11日 曼罗兰在珠海隆重举行豪迈实业有限公司引进曼罗兰ROLAND 700LV无色并配备ColorPilot自动供墨导控装置及printnet系统平张胶印机签约仪式。

12日 第63届法兰克福国际图书博览会在德国法兰克福正式开展，主宾国冰岛以及出版业的“数码革新”成为本届书展的关注热点。

15日 中国共产党第十七届中央委员会第六次全体会议在北京隆重召开。此次会议主要研究了深化文化体制改革、推动社会主义文化大发展大繁荣问题。

14日—16日 华东印刷技术展览会在温州国际会展中心举行，红动传媒及三鑫文化传媒承办的中国华东标签印刷高峰论坛也同期举行。

18日 海德堡中国有限公司上海代表处联合无锡天艺印刷有限公司在无锡万达喜来登酒店隆重举行海德堡速霸XL75-5+L-F光栅技术交流会。

18日 英国塔苏斯集团（Tarsus Group）旗下的国际标签集团（Label Group）在北京港澳中心举办“2011亚洲国际标签展览会新闻发布会及推介会”。

19日—21日 由SGIA（美国国际特殊印刷及制像协会）举办的SGIA2011展会在新奥尔良如期举行，展会上，Kornit Digital推出了全新Kornit Storm II印刷机。

20日 “2011中国印刷标准化年会暨印刷创新论坛”在北京·湖南大厦隆重召开。

20日 第五届金光印艺大奖颁奖典礼在苏州凯宾斯基举行，来自全球的300多名印刷界代表参加了当天的颁奖典礼。

21日 北京嘉和顶新科贸有限公司在福州举办了日本RYOBI高速胶印机介绍演示会。

26日 北京中印周晋科技有限公司在北京成功举办柔印CTP、凹印CTP新品发布及技术研讨会。

28日 中国造纸协会箱纸板和瓦楞原纸分会第一届第二次会议在重庆召开。

10月29日—11月1日 以“文化创意·数字生活”为主题的第四届海峡两岸文化产业博览交易会在厦门举办。

10月31日—11月2日 第八届上海国际质量研讨会暨国际质量科学院院士论坛在上海花园饭店举行。

● 国家新闻出版总署在京举行纪念辛亥革命100周年出版工作座谈会，精选出《孙中山传》《辛亥革命的前前后后》《1911》等20种重点出版物选题，作为纪念辛亥革命100周年主题出版的重点图书。

● 国家新闻出版总署在武汉大学设立第二个高级出版人才培养基地。

● 国家发展和改革委员会产业协调司、工业和信息化部消费品司、国家林业局规划财务司联合编制的《造纸工业发展“十二五”规划》送审稿通过专家组评审。

● 2011年度江苏省文化产业引导资金项目签约仪式在南京举行。经过形式审查、专家评审、实地考察等程序，新闻出版类最终确定54个资助项目，同比增长12.50%，资助金额6 960万元，同比增长6.26%。

● 云南省对秋季中小学教材的印制质量深入印刷企业进行现场抽样，共抽取中小学教材13种169册。经检测，批质量合格率达100%。

● 湖南省首次引进意大利零污染全自动绿色柔版印刷机生产线，在长沙国家级经济技术开发区调试成功并投入生产，标志着湖南结束了不能生产绿色食品包装的历史。

● 2010年度湖南省重大技术创新项目——“微量涂布轻型纸”通过专家组鉴定。专家们对微量涂布轻型纸新产品开发及其应用项目取得的多项重大技术创新成果、多项自主知识产权给予高度评价，并一致认为该产品整体技术达到国内领先水平。

● 2011中国印刷行业博物馆研讨会在深圳国际创意印刷文化产业园召开。中国印刷行业协会副理事长兼秘书长、印刷史研究会主任曲德森，中国印刷行业协会名誉理事长武文祥、监事长沈忠康、副秘书长江南，北京印刷学院副校长许文才，及来自中国印刷科学技术研究所、香港印刷业商会、中国印刷博物馆、上海印刷博物馆等行业协会、行业展馆的领导和专家30余人参加了此次会议。

11月

1日 2011年中国国际工业博览会在上海隆重开幕，由紫光公司、北大方正合作开发的PurJet5200高速宽幅彩色黑白喷墨数字印刷机在上海电气展区亮相。

1日 第九届香港数码印刷大奖颁奖典礼在九龙逸东酒店翡翠厅成功举行。

2日 中国印刷科学技术研究所印刷环保工程系统设计项目研讨会在京举行。

3日 上海市印刷品质量监督检验站公布了2011年上海中小学教材80个品种的环保检测结果，结果总体情况良好，样品没有有毒有害物质超标情况。

3日 陕西省非时政类报刊出版单位体制改革动员会议在西安召开。

3日 云南省烟草公司科技处组织相关专家到禄劝分公司对云南昆明市烟草专卖局（公司）承担的“原烟专用智能联合包装机研发及示范推广”项目进行验收及鉴定。

3日 第三届海德堡上海高尔夫邀请赛在平湖九龙高尔夫俱乐部举行。

7日 中央党校国资委分校2011年秋季直属班的老师和学员一行52人莅临北京新华印刷有限公司参观考察。

7日 群言出版社社长范芳等一行20余人莅临北京雅昌艺术中心参观访问。

7日 河南新闻出版局向郑州市今日文教印制有限公司发放了数字印刷许可证，这是河南省第一张、全国第五张数字印刷许可证。

8日 青岛数字出版产业联盟在1919创意产业园揭牌成立。这为实现青岛市数字出版的产业化、创建国家级数字出版基地迈出了具有里程碑意义的一步。

9日 河北报业印刷工作研讨会在唐山广播电视报社举行。此次会议主要交流、研讨在加快文化体制改革背景下报业印刷发展新思路，同时进行年度报纸印刷质量表彰和点评。

10日 第三届全国印刷行业职业技能大赛（四川赛区）平版印刷初赛在成都四川日报报业集团印务有限公司拉开帷幕，各参赛企业领队、参赛选手近100人出席了启动仪式。

13日 国家新闻出版总署副署长阎晓宏来到上海金山国家绿色创意印刷示范园区，就“学习贯彻十七届六中全会精神，推动印刷产业发展”进行专题调研。

13日 中国网印及制像协会建会30周年庆典暨颁奖盛典在上海金茂君悦大酒店正式开幕。中国网印及制像协会主办的“中国网印30年评比表彰活动”同期举行。

13日 以“绿色·创意·和谐”为主题的“2011中国印刷论坛”在上海隆重召开。

14日 上海市新闻出版局携手上海现代国际展览有限公司在上海卓美亚喜马拉雅酒店召开“2012上海国际印刷周”新闻发布会。

14日—17日 由中国印刷技术协会、中国印刷科学技术研究所和杜塞尔多夫展览（上海）有限公司共同主办的第四届中国国际全印展在上海新国际博览中心举行。

14日 中国印刷技术协会七届二次理事会全体会议在上海双拥大厦召开。来自中国印协第七届理事会和各省（区、市）印协理事长、秘书长及特邀嘉宾约200人参加了本次会议。

15日 2011“数码印刷在中国”技术高峰论坛在上海永达大厦举办，凸显了数码印刷在当代印刷业中的重要作用与意义。

15日 联强集团十周年庆典在上海中油阳光大酒店隆重举行，中国印刷技术协会名誉理事长武文祥等领导及来自17个国家的外宾和全国各地的印刷企业代表、经销商约300人出席了此次庆典晚会。

22日 中国人民解放军印刷协会（简称全军印协）成立25周年暨六届四次理事大会在北京金玖大厦隆重召开。

22日 全国新闻出版统计工作会议在京举行。

22日—23日 河北省新闻出版局纪检组长、监察专员葛成锁，政策法规处副处长陈林俊一行到廊坊市调研印刷产业发展情况。

25日 北京印刷协会举办了解读招标文件讲座。协会专家委员会资深专家朱纯磊、胡欣荣主讲，会员单位60余人出席。

27日 第四届全国就业与社会保障先进民营企业表彰大会在北京召开，鹤山雅图仕印刷有限公司被被授予“第四届全国就业与社会保障先进民营企业”称号，成为江门五邑地区唯一获此殊荣的企业。

29日　中国包装联合会七届五次理事会及系列活动在厦门举行。本次会议增补、调整后，中包联第七届理事会理事由457名调整为492名，其中会长一名、副会长45名、常务理事204名、理事242名。

29日　世界中文报业协会第44届年会在新加坡举行，讨论新的媒体环境下新闻出版业及中文媒体面临的挑战和契机。

● 国家新闻出版总署与天津市人民政府签署战略合作框架协议，天津国家数字出版基地同时揭牌。

● “2011中国印刷论坛”在上海隆重召开，本届论坛就中国印刷业的“十二五”发展、绿色印刷的推进、印刷企业转型升级经验等话题进行了深入探究。第九届两岸四地印刷业交流联谊会也于同期举行。

● 第八届上海国际质量研讨会暨国际质量科学院院士论坛在上海花园饭店举行。国家质检总局质量管理司司长田世宏、国际质量科学院理事长格瑞格里·沃森分别做了主题演讲。在为期3天的会议中，就“质量 创新 包容性增长”这一主题进行了广泛、深入的讨论，并形成了多点共识。

12月

2日　我国引进的第一台日本小森无轴SYSTEM 38S商业轮转胶印机投产演示会在湖南天闻新华印务有限公司举行。

2日　第五届“香港国际古书展”隆重揭幕，50家来自日本、澳大利亚、美国、英国等国和中国港台地区的书商云集香江，展销种类繁多。

2日　第十四届北京国际印刷信息交流大会在北京友谊宾馆举行。大会主要就当前的印刷工业热点技术信息、发展趋势等内容进行了深度解读与交流。

3日　第二届中国造纸工业绿色发展论坛在北京召开，近百位造纸企业家、数十名行业专家学者、政府相关部门以及媒体代表出席此次论坛。

7日　第十六届华文出版年会在澳门举行，来自中国澳门、台湾、香港和内地的华文出版界40多位人士围绕“实体书店的生存与发展”主题，进行了热烈的交流与研讨。

8日　2011北京国际包装设计论坛在北京印刷学院举办。本次论坛主题为“设计改变生活，创新推动发展”。

9日　杭州江干区文广新局组织召开了全区印刷企业安全生产工作会议。全区102家印刷企业的法定代表人和相关负责人参加了会议。

12日　宜宾日报社印刷中心彩印包装基地奠基仪式在宜宾南溪罗龙工业园区隆重举行。基地占地面积45亩（1亩＝666.6m^2），分两期实施，项目建成后将成为川南地市最大的综合性印刷基地。

12日　第二十三届香港印制大奖颁奖盛典在中国香港九龙香格里拉酒店隆重举行，各项获奖结果逐一揭晓。雅昌彩色印刷有限公司共揽获十项香港印制大奖。

14日　国家新闻出版总署署长柳斌杰在北京会见来访的南非纳斯特派斯（MIH）传媒集团首席执行官库斯·贝克一行。

14日　淄博市印刷协会、淄博市书报刊发行业协会召开2011年年会。淄博市副市长韩国祥出席会议并讲话。

16日　第三届全国印刷行业职业技能大赛评标会在北京新北纬饭店会议室召开。

17日　中国印刷杂志社2011年度工作总结会议在北京富来宫温泉山庄举行。

30日　云南省非时政类报刊出版单位体制改革工作动员大会在昆明召开，31家非时政类报刊出版单位转企改制启动。

30日　山西大同市第二届印刷行业协会大会召开。会议选举产生了第二届印刷行业协会领导班子，大同日报社党委副书记、大同日报传媒集团有限公司总经理王晓雅当选第二届印刷行业协会会长。

● 2011海南省印刷管理工作会议暨印刷法规培训班在琼海结束，会议对今后一个时期全省印刷管理工作进行了全面部署，提出到“十二五”末，海南省将基本建立起绿色环保印刷体系。

● 由四川省相关企业承担的国家“十一五”科技支撑计划项目——环境友好型油墨、树脂及复合胶关键技术研究与产业化，通过科技部验收。

● 贵州省首个省级文化产业园签约项目——贵州出版集团公司数字出版物流基地项目签约仪式在清镇举行。该项目投资5亿元，占地面积约500亩（1亩＝666.6m^2），建设面积约15万m^2。项目建成后可承接传统出版物、数字制版、数字印刷、动漫作品、高端商标包装的创意设计及仓储物流服务。

● 宜宾日报社印刷中心彩印包装基地奠基仪式在宜宾南溪罗龙工业园区隆重举行。该项目占地面积45亩（1亩＝666.6m^2），建成后，将达到年产600万个彩色包装盒，其余印刷物1 000万个的规模，预计实现年销售收入6 000万元，解决就业近400人。

● 2011北京国际包装设计论坛在北京印刷学院举办。世界包装组织、中国商务部世贸司、中国包装联合会、包装设计公司、包装印刷企业等30多家政府、科研院所和企业的领导以及20多所高校的师生代表出席了论坛。

2011年要闻回顾

综合信息

全国新闻出版工作会议在北京召开

2011年1月11日，全国新闻出版工作会议在北京召开。中共中央政治局常委李长春为此作出重要批示。批示指出，2010年，全国新闻出版系统认真贯彻落实中央决策部署，高举旗帜，服务大局，以改革创新精神全力推进改革、发展、服务、管理等各项工作，新闻出版体制改革取得重大成果，新闻出版产业继续保持强劲发展势头，公共服务体系建设全面提速，行政管理工作扎实高效，出版产品出口和版权贸易实现新突破，在“十一五”收官之年交出了一份优秀答卷。李长春希望新闻出版系统坚持以科学发展为主题，以转变发展方式为主线，开好头、起好步，在深化改革方面继续走在文化体制改革的前列，在加快发展方面继续当好文化产业的主力军，坚持一手抓繁荣、一手抓管理，为把我国建设成为新闻出版强国而不懈奋斗。

会议期间，国家新闻出版总署党组书记、署长，国家版权局局长柳斌杰出席会议并作了题为《抓住战略机遇，把握主题主线，精心谋划实施新闻出版“十二五”规划》的主题报告，全面总结了“十一五”时期新闻出版工作取得的成就和经验，并对如何做好“十二五”时期新闻出版工作进行了部署动员。

绿色印刷（北方区）宣贯会在北京正式启航

2011年1月16日，由国家新闻出版总署委托和指导、中国印刷技术协会主办、环境保护部环境发展中心协助联合举办的绿色印刷（北方区）宣贯会在北京京民大厦召开。国家新闻出版总署印刷发行管理司副司长曹宏遂、环境保护部环境认证中心研发部副部长曹磊等领导及北方各省新闻出版局负责人，各地印刷协会、印刷企业代表等百余人到会。

曹宏遂在讲话中指出，为加快实施绿色印刷战略，促进我国印刷产业发展方式转变，实现新闻出版强国目标，推动我国生态文明、资源节约型、环境友好型社会建设，国家新闻出版总署贯彻国家环保战略政策，积极推动探讨绿色印刷，推动绿色印刷可持续发展。在符合国情的情况下，逐步完善各类印刷标准，争取5年内所有出版物达到绿色环保要求。

环境保护部科技司姜宏处长在讲话中指出，国家新闻出版总署与环境保护部共同签署的绿色印刷协议，标志着绿色印刷进入具体实施阶段，两个部门都给予了高度重视，两个部门达成共识，中央要求转型、要求又快又好地发展经济，环境保护部更会严格要求局部改善，率先示范、提升档次、提高水平。相信两个部委共同努力推动绿色印刷，将在印刷界掀起一场飓风。

国家新闻出版总署与河北合作构建新兴印刷出版高地

2011年12月30日，国家新闻出版总署与河北省人民政府在石家庄签署《共同推进河北省新闻出版业发展的战略合作框架协议》。国家新闻出版总署署长柳斌杰和河北省省长陈全国代表双方签署合作协议，国家新闻出版总署副署长孙寿山和河北省副省长赵勇分别致辞。河北省委常委、宣传部长聂辰席主持签约仪式。

根据协议，国家新闻出版总署与河北省政府将共同加快推进河北新闻出版业体制改革步伐，加快产业结构、布局调整，推动新兴新闻出版业发展，完善新闻出版公共服务体系建设，进一步加快新闻出版“走出去”步伐，扩大中华文化国际影响力。双方将成立署省合作领导小组，建立联席会议制度。

2011年我国7种旧印刷机械实行进口许可证管理

2011年1月7日，商务部在其网站发布《2011年进口许可证管理货物分级发证目录》，共有7种印刷机械被列入目录。按照相关规定，被纳入该目录的重点旧机电产品在进口时，须由商务部配额许可证事务局负责签发相应货物的进口许可证。该目录自2011年1月1日起执行，《2010年进口许可证管理货物分级发证目录》同时废止。

列入《2011年进口许可证管理货物分级发证目录》的7种印刷机械是：办公室用片取进料式胶印机（片尺寸不超过22cm×36cm，用税目84.42项下商品进行印刷的机器）（税号8 443 120 000）；卷取进料式凸版印刷机，但不包括苯胺印刷机（用税目84.42项下商品进行印刷的机器）（税号8 443 140 000）；除卷取进料式以外的凸版印刷机，但不包括苯胺印刷机（用税目84.42项下商品进行印刷的机器）（税号8 443 150 000）；苯胺印刷机，线速度≥300m/min，幅宽≥800mm（柔性版印刷机，用税目84.42项下商品进行印刷的机器）（税号8 443 160 001）；机组式柔性版印刷机，线速度≥160m/min，250mm≤幅宽<800mm（具有烫印或全息或丝网印刷功能单元的）（税号8 443 160 002）；其他苯胺印刷机（柔性版印刷机，用税目84.42项下商品进行印刷的机器）（税号8 443 160 090）；未列名印刷机（网式印刷机除外，用税目84.42项下商品进行印刷的机器）（税号8 443 198 000）。

长春开启印刷包装企业“退城进区”序幕

2011年1月14日，在长春市工信局的主导下，长春市包装印刷企业“退城进区”对接会在长春文化印刷产业开发区举行，全市14户在“退城进区”名单之列的包装印刷企业负责人到文开区实地考察，其中，长春乾利彩印包装制品有限责任公司当场达成落户意向，拉开了2011年长春市工业“退城进区”的序幕。

市工信局相关负责人表示，“退城进区”并不是简单地将工业企业从城区搬出来，而是以此为契机，重新布局长春工业，促进产业集聚，促进开发区转型升级。工业“退城进区”是大势所趋，依据市里规划，文化印刷包装产业向文开区聚集，从而形成区域优势和产业链，将极大提高相关企业的市场竞争力。

“十二五”期间上海新闻出版业将着力构建五大体系

“十二五”是上海新闻出版业实现跨越式发展的关键时期，在此期间，上海新闻出版业将着力构建以下五个体系。

1. 基本形成导向正确、传输快捷、具有一定国际影响力的新闻出版传播体系。聚焦重大出版项目，承担不少于10%的“十二五”国家重点图书出版规划项目。

2. 基本形成企业为主体、市场为导向、充满活力的新闻出版创新体系。到“十二五”末，90%以上的优质传统出版纸质资源实现数字化，50%以上的传统出版企业拥有开展全流程数字化出版的能力。

3. 基本形成布局合理、结构优化、富有竞争力的出版产业体系。一是聚焦国家战略，推动产业基地建设。二是推动若干产业带集聚发展，形成规模和特色。三是打造一批导向正确、主业突出、核心竞争力强的新闻出版骨干企业，培育1～2家产值超过50亿元、5～8家产值超过10亿元的印刷企业。四是实施重大项目带动战略，建设一批具有示范效应和产业拉动作用的重点项目。

4. 基本形成覆盖全面、以人为本、功能完备的公共服务体系。推进全民阅读工程，通过书香校园行、书香社区行、书香企业行等系列活动，深入开展城市阅读活动。

5. 基本形成调控有力、依法行政、运转高效的行政管理体系。以行政审批集中办理和电子系统政务建设为抓手，规范程序、简化环节、明确责任、加强监督，将行政审批和服务工作纳入标准化、制度化轨道。

江西推进数字出版产业发展产值或达40亿元

为贯彻落实国家新闻出版总署《关于加快数字出版产业发展的若干意见》文件精神，促进江西数字出版产业的持续快速发展，江西省新闻出版局最近出台了《关于加快推进江西省数字出版产业发展的实施意见》。

《实施意见》提出，通过十年左右的努力，培育一批发展战略清晰、内容资源充沛、出版方式多样、营销模式成熟、市场竞争力强、产品影响广泛的数字出版龙头企业，打造一批弘扬中华优秀文化、反映科学技术进步、体现时代精神、为大众喜闻乐见、具有国际影响力的数字出版产品和品牌，基本形成体系相对完整、结构日趋合理、整体水平先进、两个效益良好的产业发展格局，使江西省成为国内数字出版产业发展的生力军。到“十二五”末，江西省数字出版产业总产值达到40亿元，年均增长20%；到

2020年基本完成江西省传统出版企业数字化升级改造，形成10家左右年主营业务收入超过亿元，具有较强竞争力的数字出版骨干企业。

《实施意见》明确提出了重点打造江西“出版资源数据库”“新媒体数字出版”“网络游戏动漫”“数码印刷工程”和“数字农家书屋”五大数字出版重大核心工程项目；扶持一批专、精、特、新的中小数字出版企业。

河南首条高端塑料彩色印刷包装生产线计划2011年春节投产

2011年1月10日，河南省首条高端塑料彩色印刷包装生产线计划2011年春节在汝州信易实业有限公司投产。生产线共分印刷、复合、品检、分切、制袋5道工序，所采用的十色凹版彩色印刷机等设备为国内最先进的机器设备，主要生产食品、日化等塑料包装袋，每个月可生产250 ~ 300t塑料包装袋，计划2011年1月20日第一条生产线全部调试完毕，2011年春节前正式投产。

该条生产线的建设将填补河南省高端彩色塑料包装印刷的空白，成为中原地区彩色塑料印刷包装行业的龙头企业，可满足全省及周边省份食品、药品行业及其他轻工企业各类包装物的需求，有着广阔的市场前景和良好的社会、经济效益。项目总投资2.20亿元，总占地面积11.98万m^2，建设国际标准化厂房面积2.8万m^2，新上8条全自动塑料彩色凹版印刷包装生产线，2条彩色编织袋生产线，4条全自动彩色纸箱包装生产线，年产各类包装物2万t。项目完成投产后，该项目预计年产值可达到6亿元，利税8 000万元，可带动1 500人就业。

山西省出台金融支持印刷复制等行业政策

山西省金融支持文化产业发展的第一个政策性文件，《山西省金融支持文化和旅游产业发展实施意见》近期由省委宣传部、人行太原中心支行、省财政厅、省文化厅、省广电局、省新闻出版局、省旅游局、中国银监会山西监管局、中国证监会山西监管局、中国保监会山西监管局等十部门联合下发。《意见》提出建立三种机制：协调促进机制、文化企业和文化产业项目推荐机制、风险补偿机制。整合集中资金，建立文化和旅游产业发展基金，为文化和旅游企业进行融资提供担保、贴息、风险补偿等服务。

《意见》提出四大支持重点。一是支持建设佛教与边塞文化、晋商文化、根祖文化、太行文化和黄河文化五大特色产业区。二是培育基础文化、新型文化、旅游文化三大产业支柱。三是振兴文化旅游、新闻出版、广播影视、演艺、休闲娱乐、印刷复制、艺术品与工艺美术、动漫游戏、文博会展九大行业。四是支持太原、大同、长治、运城及晋城等优秀旅游城市建设旅游集散中心。

杨金溪等获中国出版政府优秀出版人物奖

2011年1月14日，国家新闻出版总署官方网站公布了第二届中国出版政府奖获奖名单。东莞金杯印刷有限公司杨金溪、北京印刷学院乔东亮、石家庄中晟安全印刷有限公司李树岐、上海烟草包装印刷有限公司俞志康、西藏新华印刷厂次旺扎西5位中国印刷行业精英荣获第二届中国出版政府奖优秀出版人物奖，同时获得该奖项的，还有来自其他各方面人士65人。本次获得第二届中国出版政府奖优秀出版人物奖的共计70人。

湖北召开印刷管理会议布置印刷工作重点

2011年1月7日，湖北省印刷管理工作会议在武汉召开。湖北各市州新闻出版局印刷科（处）长、武汉市各城区新闻出版局印刷科长共40人参加了会议。湖北省新闻出版局副局长陈锋出席会议并做了《努力开创“十二五”湖北印刷业发展的新局面》的主题报告。

陈锋在会议中指出，2011年各地要以印刷园区建设为平台，以骨干企业为龙头，以筹备举办“中部地区印刷业发展论坛”为依托，围绕总署“印刷数字化工程”和“绿色印刷”的总体要求，推进“四大印刷集团”建设，促进产业整合，推动3 ~ 5家企业进入“国家级印刷示范企业”，促进印刷企业做大做强。与此同时，要推动有条件的企业开展高新技术企业认证和环境质量认证，促进湖北省数字印刷、绿色印刷产业大发展。

围绕“十二五”印刷业发展规划的要求，陈锋指出，2011年湖北印刷工业总产值要实现200亿元的目标，招商引资10亿元。在管理工作上要以企业年度核验为契机，以专项检查为抓手，以法规培训为平台，加大监管力度，做到规范化、制度化、经常化，确保湖北省印刷企业中不出现大的案件，一般性违规违纪现象明显减少。陈锋副局长强调印刷管理的重点在基层，关键也在基层，要求各级新闻出版行政管理部门要把握机遇，为湖北省印刷产业发展服务，为印刷产业发展创造优良社会环境。

印后装订精装及平装国家标准起草组成立

2011年1月5日，全国印刷标准化技术委员会（SAC/TC170）在深圳市召开了《印后装订——平装》和《印后装订——精装》两项书刊装订国家标准的起草组成立会议。会议由李安秘书长主持。深圳市文体旅游局副局长尹昌龙、广东省印刷复制业协会会长陈均、深圳市印刷行业协会会长谭浩辉到会并讲话，表示将继续大力支持和扶持深圳市印刷及相关企业积极参加印刷行业的国际标准、国家标准及行业标准的制定工作。国家印后系列标准顾问王怀珠、郑斌、邓国康和来自全国各地18个企业的30多位专业人员参加了会议。

会议根据2010年7月北京蟹岛“国际印后及国内印后标准研讨会议纪要”精神，就正式组建“精装”和“平装”两项印后国家标准起草组及标准制定的框架等问题进行了协商与研究。经过认真研讨，会议原则确定了两项国家标准的制定范围、起草原则、起草组成员及执笔人，并初步确定两项标准起草组于2011年6月底前提出标准起草组草案第1稿，7月上旬在安徽新华印刷股份有限公司召开精装和平装两项国家标准起草组第1次工作会议。

印刷业重大工程将连续三年得到政府资助

据悉，国家新闻出版总署收到国家发展和改革委员会的正式批复，从中央预算内投资的结构性调整资金中专项拨付5 420万元，对国家新闻出版总署协调申报的印刷产业两大工程“数字印刷与印刷数字化”和“绿色印刷环保体系建设”中的10个项目，给予中央预算内资金支持。中央财政将连续3年对印刷业进行专项支持，具体申报办法是：各地印刷管理部门将印刷工程项目报送总署，经审批后纳入印刷业重大工程；由总署统一协调，各地发改委申报；经过国家发改委审批后，中央财政直接向地方拨款。

项目带动战略是“十二五”期间推动印刷产业发展的三大战略之一，即以项目建设带动印刷产业整体发展，加快印刷技术的创新升级。政府的资助举措将进一步推动项目带动战略的实施，鞭策并带动印刷产业在制约升级转型的关键性技术及产业化能力方面有所突破。希望各地印刷管理部门、印刷行业协会以及印刷科研机构，继续把好的项目报上来，印刷发行管理司在之后的两年中将继续积极协调国家有关部门，对符合加快印刷强国建设的创新型项目给予资金支持。

中国图书获评“世界最美的书”称号

在2011年德国莱比锡“世界最美的书”评选中，由中国选送的《漫游：建筑体验与文学想象》（中英双语版）一书获评2011年“世界最美的书”称号。由中国青年出版社出版的《漫游：建筑体验与文学想象》（中英双语版），是在荣获2010年度“中国最美的书”称号后，被送德国莱比锡参评的。参加2011年“世界最美的书”评选的共有32个国家和地区，参评图书596种，其中14种书获得了“世界最美的书”称号。

国内印刷业当前要着力解决的四方面问题

2011年2月15日，国家新闻出版总署署长柳斌杰在北京会见日本凸版印刷株式会社特邀顾问宫本雄二一行。双方就中国印刷业当前发展重点、两国印刷企业合作机会等内容进行了深入交流。

在谈到中国印刷业的发展情况时，柳斌杰指出，目前中国印刷业正着力解决四方面的问题。一是优化布局问题，印刷业是关系民生的产业之一，要使产业布局更加合理。二是技术升级问题，要在几年内实现绿色、环保、低碳印刷的目标。三是数字化转型问题，要把大多数企业改造成适应数字化印刷的新型公司，并开展相关科研项目。四是印刷个性化问题，实行按需印刷、个性化印刷，以满足群众的新需求。他表示，在这些领域，中国印刷企业愿与国际公司广泛合作。柳斌杰强调，中外合作已从资本合作为主过渡到创意合作、技术合作为主，是否适应这一新的变化决定了外企在中国的发展前景。

国家新闻出版总署获新闻出版业金融支持

2011年2月16日，国家新闻出版总署与中国工商银行在北京签署《新闻出版总署与中国工商银行支持新闻出版产业发展战略合作协议》。根据协议，中国工商银行将在未来5年为新闻出版产业的发展提供不少于600亿元的一次性融资支持。国家新闻出版总署与中国工商银行将建立起长期稳定的战略合作关系，从金融合作角度全力推动中国新闻出版产业的发展。

在签约仪式上，国家新闻出版总署副署长蒋建国介绍了目前新闻出版系统的战略部署，并指出新闻出版产业是文化产业的生力军，力争到“十二五”末实现年总产出2.94万亿元。工商银行行长杨凯生表示，工商银行将把新闻出版产业作为战略性新兴产业，给予重点支持，并根据新闻出版产业的发展战略，为新闻出版行业的发展提供包括融资、投资银行、财务顾问、现金管理、企业年金等在内的全方位金融服务。在国家新闻出版总署和中国工商银行签署战略合作协议的当天，中南出版传媒集团股份有限公司与中国工商银行湖南省分行、江西出版集团公司与中国工商银行江西省分行分别签署了战略合作协议。

陕西省绘制出“十二五”期间全省新闻出版业的发展宏图

据陕西省新闻出版局局长薛保勤介绍，“十二五”末，2 ~ 3 个数字出版产业和印刷包装产业集群将在陕西省呈现，并形成 3 ~ 5 个网络出版强势企业。形成 1 ~ 2 个总产出超过 100 亿元、2 ~ 3 个总产出超过 50 亿元、一批总产出超过 10 亿元的新闻出版产业集群和产业集团。全省新闻出版业实现年销售收入 350 亿元、利润 30 亿元的目标。

“十二五”期间，陕西省新闻出版业将呈跨越发展之势：将从传统出版向现代出版跨越，从新闻出版资源大省向新闻出版强省跨越。

2011 年 4 月我国基本药物都将拥有电子“身份证”

2011 年 4 月之前，凡是被列入基本药物目录的药品，都将被贴上电子标签，监管部门可随时监控流向，市民也可上网查询药品信息以辨真伪。

据介绍，凡生产“目录”内基本药物品种的中标企业，应在 2011 年 3 月 31 日前加入药品电子监管网，“目录”内基本药物品种出厂前，生产企业须按规定在上市产品最小销售包装上加印（贴）统一标识的药品电子监管码，并通过监管网进行数据采集和报送；凡经营“目录”内基本药物品种的企业，须按规定进行监管码信息采集和报送。4 月 1 日起，未入网及未使用药品电子监管码统一标识的，一律不得参与基本药物招标采购。

网版印刷过程控制国家标准起草会议召开

2011 年 1 月 25 日，全国印刷标准化技术委员会（SAC/TC 170）在深圳市召开了《印刷技术 网目调分色片、样张和印刷成品的加工过程控制》国家标准起草组工作会议。会议由李安秘书长主持。深圳市文体旅游局副处长廖小芸、深圳市印刷行业协会会长谭浩辉、中国网印及制像协会理事长裴桂范、深圳市裕同印刷股份有限公司董事长王华君到会并讲话。来自全国各地 9 家企业（单位）的 20 多位专业人员参加了会议。

本标准是等同采标 ISO 12 647——5：2 001《印刷技术 网目调分色片、样张和印刷成品的加工过程控制》制定的。会议就确保在 2011 年 5 月底之前正式完成并上报问题进行了研讨，并形成了标准的征求意见稿。会议确定深圳市裕同印刷股份有限公司、中国网印及制像协会、上海烟草包装印刷有限公司、深圳科精诚印刷机械制造有限公司、西安理工大学、西安印刷技术学院、深圳职业技术学院、深圳市印刷行业协会为标准起草单位。会议充分肯定起草组前期所做的各项工作，认为起草组的翻译稿基本准确，格式符合国家标准规范要求，为本次会议的研讨奠定了良好的基础。会议确定，经过此次会议的研讨，标准草案可以形成标准征求意见稿，待补充标准编制说明后，由印刷标委会秘书处安排于 2011 年 3 月中旬在行业内完成征求意见和建议的工作。

国家税收优惠政策继续向小型微利印刷企业倾斜

2011 年 2 月 15 日，财政部和国家税务总局联合发布《关于继续实施小型微利企业所得税优惠政策的通知》（以下简称《通知》）。《通知》显示，2011 年我国继续对小型微利企业所得税实行优惠政策。印刷行业里的小型微利企业将从中受益。

《通知》明确指出，自 2011 年 1 月 1 日— 12 月 31 日，对年应纳税所得额低于 3 万元（含 3 万元）的小型微利企业，其所得减至按 50% 计入应纳税所得额，按 20% 的税率缴纳企业所得税。小型微利企业是指符合《中华人民共和国企业所得税法》及其实施条例以及相关税收政策规定的小型微利企业。

浙江省开始落实印刷经营许可证年度核验

为摸清印刷企业经营情况，规范印刷市场秩序，促进印刷业健康有序发展，浙江省新闻出版局决定在全省范围内开展《印刷经营许可证》年度核验工作，有关工作正在进行中。

这次印刷经营许可证年度核验范围为：浙江省内各市、县（市、区）文化广电新闻出版局负责本辖区内包装装潢印刷企业、其他印刷品印刷企业、各专项许可企业、打字复印单位（个体经营者）的年度核验工作；出版物印刷企业、外商投资印刷企业的年度核验工作由浙江省新闻出版局负责。年度核验时间自2010年12月开始，至2011年2月底结束，之后每年的12月至次年2月底为年度核验时间，4月15日为年度核验工作总结和统计数据上报时间。

浙江省新闻出版局要求，全省各市、县（市、区）文广新闻出版局应对各相关印刷企业申报材料认真审查，尽可能到现场检查。对符合印刷业管理有关规定，无违反印刷法规规章行为，按规定向新闻出版行政部门报送统计数据，在规定时间内递交自查报告等各项年度核验材料的企业，应准予通过年度核验，企业取得继续从事印刷经营活动资格。凡经审核发现有违法行为的应予处罚，正在停业整顿、未按规定报送统计数据等情况的，将暂缓年度核验3个月。未通过年度核验的印刷企业，不得继续从事印刷经营活动，并将收回《印刷经营许可证》。印刷企业未在规定的时间内申报年度核验，经下发催告通知书30日内仍不申报的，则将注销其《印刷经营许可证》，并通报所在地工商行政管理部门。

黑龙江省推进落实印刷企业年度核验工作

2011年1月4日—2月28日，黑龙江省印刷企业开展了2011年年度核验工作。为贯彻落实国家新闻出版总署《关于开展2011年印刷企业年度核验工作的通知》（新出字〔2010〕519号）精神，黑龙江省新闻出版局制订下发《关于开展2011年印刷企业年度核验工作的通知》（以下简称“通知”），。

“通知”进一步明确了黑龙江省年度核验工作的指导思想、时间、工作程序、核验范围和组织实施以及暂缓年度核验和不予年度核验的条件等重点内容。同时，对实施年度核验的各级新闻出版行政管理部门抓好工作落实，提出了具体要求：一是各市（行署）新闻出版局要对辖区出版物专项、其他印刷品印刷企业、单位和个人的年度核验工作制定明确的工作方案，与当地工商行政管理部门做好工作衔接，方便企业参加年度核验。二是认真开展核验工作、及时报告工作总结，坚持高质量高标准开展工作，2011年3月底前各市（行署）新闻出版局向省新闻出版局报送年度核验工作总结报告和《年度核验情况汇总表》。三是各市（行署）新闻出版局要切实承担起年度核验工作职责，认真核实企业报送材料，严格把关，并对材料进行分析汇总。

国务院决定对《出版管理条例》和《音像制品管理条例》作出修改

2011年3月16日，国务院总理温家宝主持召开国务院常务会议，确定《政府工作报告》重点工作部门分工。会议指出，为贯彻落实十一届全国人大四次会议审议通过的《政府工作报告》（简称《报告》），国务院决定把《报告》提出的重点工作逐项分解到国务院各部门、各单位，落实责任，确保实现国民经济和社会发展的预期目标。会议强调，2011年是“十二五”开局之年，做好2011年的工作对于完成“十二五”各项目标任务至关重要。国务院各部门、各单位要认真履行职责，加倍努力工作，切实完成各项任务。一要加强组织领导，结合本部门、本单位实际抓紧制定落实重点工作的实施方案，明确每项任务的时间进度和质量要求。二要增强大局观念，强化协调配合，形成工作合力，切实提高办事效率。三要统筹兼顾，抓住重点，解决经济社会发展中的突出矛盾和问题，做好关系全局、影响长远的重要工作。四要坚持求真务实，真抓实干，深入基层、深入群众开展调查研究，及时发现新情况，解决新问题。五要加强督促检查，完善问责机制，严肃责任追究。会议决定对《出版管理条例》和《音像制品管理条例》作出修改。

柳斌杰：“十二五”是建设新闻出版强国的关键5年

国家新闻出版总署副署长柳斌杰说，2011年是“十二五”开局之年，我国将大力推进报刊传播能力和舆论引导能力建设；支持党和国家重点报刊多媒体、多业态发展，进一步发挥中央主流媒体舆论传播主阵地的重要作用；以有品牌的省级党报集团和报刊传媒集团为重点，加强联合重组，推动地方报刊传播力建设。此外，我国还将加快推动完成转制后的出版单位深化改革。已完成转制的新闻出版企业要及时完善法人治理结构，建立现代企业制度，有条件的要进行公司制或股份制改造；支持有条件的出版传媒企业上市融资；在已经上市的出版传媒企业中进行股权激励机制的试点，为企业发展增加内在活力；鼓励出版传媒企业进行跨地区、跨部门、跨行业联合、兼并、重组，加快新闻出版资源向优势企业集聚，建设国家出版传媒主力“舰队”；打破行政壁垒、地区封锁和城乡分割，建立贯通全国的新闻出版大市场。

柳斌杰介绍，到“十二五”期末，我国要实现新闻出版业总产出29 400亿元、增加值8 440亿元。根据发展目标，《新闻出版业“十二五”时期发展规划》提出“传播社会主义先进文化、加强精品力作生产、完善新闻出版公共服务体系建设、做优做强做大新闻出版产业、推动新闻出版业转型和升级、推动新闻出版‘走出去’、加强市场体系建设”等7项重点任务，确定中国共产党思想理论资源数据库和传播工程等28项重点工程项目，明确“坚持改革开放、加快结构调整、加快转变发展方式、加快科技进步、加强人才队伍建设、加强政策支持和引导、加强依法行政、加强组织领导”8个方面的战略举措。

蒋建国对国家新闻出版总署今后工作提出五方面要求

2011年3月7日，国家新闻出版总署副署长蒋建国、新华社副社长龙新南、国新办副主任董云虎来到全国政协新闻出版组委员驻地北京建银大厦，列席小组会议，听取委员们对新闻出版和外宣工作的意见和建议。讨论期间，蒋建国表示，下一步，国家新闻出版总署将加强五方面工作。

1. 进一步深化改革。新闻出版体制改革不是为了转制而改革，为了改革而改革。改革的目的是为了更好地传承中华民族优秀文化，发展社会主义先进文化，满足人民群众日益增长的精神文化需求。

2. 进一步鼓励创新。创新是新闻出版业发展的根本。随着科技的进步，新闻出版业态也发生了很大改变。对出版行业来说，编、印、发的生产环节不会消失，但编、印、发的生产方式需要不断创新，要走数字化的路子，要支持出版单位积极发展数字出版，同时支持印刷、发行单位加大投入。

3. 进一步加强公共文化服务。针对当前存在的文化生产能力强、群众消费能力不够的现状，国家新闻出版总署不断加大公共文化服务体系建设力度，如在少数民族地区免费赠送书报刊、在全国64万个行政村建立农家书屋等。这是出于对产业发展的长远考虑，目的是引导群众逐步形成阅读习惯，进而扩大文化消费。

4. 进一步加快“走出去”步伐。近5年来，我国图书版权引进输出比从7.2 ∶ 1跃至3 ∶ 1，新闻出版业“走出去”成效明显。下一步，要在推动更多出版物“走出去”的基础上，增强产品的吸引力和影响力，特别是要学会用海外读者习惯的方式讲好中国故事。

5. 进一步抓好市场管理。针对盗版依旧猖獗，假报、假刊、假记者仍然存在等问题，国家新闻出版总署将进一步加强对出版物市场和新闻采编秩序的监管，重拳整治各种违法违规行为。

商务部对全国统一当票印制工作提出具体要求

2011年3月10日，商务部发布《关于全国统一当票使用和管理的通知》(以下简称《通知》)，就全国统一当票、续当凭证格式及有关使用和管理事项作出规定。新的全国统一当票自2011年7月1日起正式使用，同时原有当票停止使用。

《通知》规定了当票、续当凭证印制及打印要求：1. 当票和续当凭证均为一式四联，包括存根、财务、保管、当户。在当户一联的背面，当票应印制典当须知，续当凭证应印制续当须知。2. 当票、续当凭证须用无碳复写纸印制。纸张的克重要求为：上纸45g，中纸52g，下纸80g。当票的成品尺寸统一为210mm×140mm，表格尺寸为187mm×93mm；续当凭证的成品尺寸统一为210mm×85mm，表格尺寸为154mm×45mm。3. 当票和续当凭证票号统一印刷在票据上，当票和续当凭证的票号至少为10位，号码不得重复，前两位为典当经营许可证的省别号，第三、四位为当票印制的批次号。4. 按当票和续当凭证标准格式印制。5. 当票和续当凭证不得涂改、伪造和转让。6. 除复核、经办、保管、当户签章和典当行签章信息外，典当企业开立的当票和续当凭证必须采用打印机打印。机打当票和续当凭证时，票面汉字及字符（包括数字）信息使用宋体，字体大小为11pt。

全国人大常委会副委员长陈至立莅临雅图仕

2011年2月27日，第十一届全国人大常委会副委员长、全国妇联主席陈至立女士莅临雅图仕，视察公司党工团及企业女职工工作情况，全国妇联副主席、书记处书记陈秀榕女士，广东省人大常委会副主任陈小川，广东省妇联副主席徐喜莲，江门市市长刘海，江门市副书记谭继祖等相关领导陪同实地视察。

陈至立一行听取了雅图仕公司的发展规划介绍。随后，依次参观了公司“党委”、“妇女之家”、绿茵花园生活区、图书馆、江门雅图仕职业技术学校等。陈至立对女职工身心健康尤为关注。参观过程中，陈至立与现场女职工们亲切交谈，详细询问女职工的工资福利、学习培训、家庭生活等情况。当得知雅图仕按国家规定规范执行各项女工保护措施，并长期积极开展各项特色关爱女性活动，职工们在公司安居乐业时，她对此表示赞赏，认为雅图仕公司深化实施“人本关怀”、做好女职工工作的做法值得肯定和推广。

2011年1月份我国造纸原料进口量价齐升

2011年1月，我国造纸原料进口量和价格在2010年高增长的基础上继续呈增长态势。据海关统计，2011年1月，我国进口废纸236.5万t，同比增长9.80%，价值5.80亿美元，同比增长48.60%，进口均价245.1美元/t，上涨35.40%；进口木浆140.70万t，同比增长29.20%，价值11.30亿美元，增长57.20%，进口均价803.60美元/t，上涨21.60%。

1月，美国依然为我国废纸的最大进口来源地，进口数量占我国废纸进口总量的44%，共104万t，增长10.10%。我国从欧盟27国共进口废纸74.50万t，增长8.30%，占比重31.50%，其中，从英国进口废纸30.60万t，增长35.20%；从荷兰进口废纸17.40万t，增长13.30%。此外，从日本进口废纸25.70万t，增长11.30%，占比重10.90%。从加拿大和印度尼西亚分别进口木浆46.20万t和20.50万t，分别大幅增长1.40倍和73.80%。从巴西进口木浆14万t，下降48.70%。

第二届中国出版政府奖颁奖典礼在京举行

2011年3月18日，书香中国——第二届中国出版政府奖颁奖典礼在北京展览馆剧场举行。中共中央政治局委员、中央书记处书记、中央宣传部部长刘云山，中共中央政治局委员、国务委员刘延东致信祝贺，全国政协副主席孙家正，国家新闻出版总署署长柳斌杰等领导出席颁奖典礼。

中国出版政府奖是国家设立的新闻出版行业的最高奖，2007年首次开评，每三年评选一次。该奖项共设立图书奖、期刊奖、音像电子网络出版物奖、印刷复制奖、装帧设计奖、先进出版单位奖和优秀出版人物奖7个子奖项。

本次评奖范围是2007、2008、2009三年出版的经过市场和读者检验的优秀出版物及其出版单位和先进人物。评奖工作自2010年9月启动以来，经过层层推荐、逐级审核、专家评审和社会公示等环节，最终评选出240个作品、单位和个人，其中还首次评出期刊奖20个、优秀编辑26名，代表了近年来我国新闻出版业改革发展水平。《马克思恩格斯文集》等60种图书获图书奖，《求是》等20种期刊获期刊奖，《辉煌六十年》等20种音像制品、电子出版物、网络出版物获音像电子网络奖，《季羡林全集》等10件作品获印刷复制奖，《北京跑酷》等10件作品获装帧设计奖，上海科学技术出版社等50家单位获先进出版单位奖，王明亮等70人获优秀出版人物奖。

印刷环境标志标准正式颁布实施

2011年3月3日，由环境保护部环境发展中心（中日友好环境保护中心）承担，中国印刷技术协会、北京绿色事业文化发展中心等单位参与编制的《国家环境保护标准/环境标志产品技术要求印刷》标准，经环境保护部批准，正式颁布实施。

从中国印刷技术协会了解到，印刷环境标志标准正式颁布实施后，还要建立环境标志产品认证框架下印刷产品检测及企业审核等机制，逐步完善绿色印刷评价体系。从2011年下半年起，按照标准在全国印刷企业中开展相关的认证工作，届时将诞生我国印刷行业第一批环境标志产品。

2010年9月，国家新闻出版总署与环境保护部在北京正式签署了《关于实施绿色印刷战略合作协议》。本着“全面推进、重点突破、创新机制、加强监管”的原则，大力推动绿色印刷在中国的发展。《国家环境保护标准/环境标志产品技术要求印刷》标准的正式颁布，对于完善绿色印刷评价体系，推动我国绿色印刷战略的实施具有深远意义，标志着我国绿色印刷进入了具体实施阶段。

中科院北印共建纳米绿色印刷联合实验室

2011年3月11日，北京印刷学院和中科院化学所战略合作签约暨共建联合实验室揭牌仪式在京举行。根据协议，中国科学院化学研究所支持北京印刷学院绿色印刷包装产业技术研究院建设，双方在优势互补的前提下，共建纳米绿色印刷联合实验室，携手为北京打造绿色印刷产业链条。中国科学院副院长詹文龙，北京市委常委、市委教工委书记赵凤桐出席签约仪式并为实验室揭牌。

中国科学院化学研究所自主研发的绿色制版技术是目前国内领先的制版新技术，将在印刷行业内掀起一场绿色革命。北京印刷学院的绿色印刷包装产业技术研究院是中关村科学城首批建设项目之一，将打造成绿色印刷包装关键技术研发基地、成果推广和转化示范基地、高端工程技术人才培养基地。据了解，中国科学院化学研究所和北京印刷学院不仅将围绕绿色印刷材料、印刷数字化工作流程以及环保制版等技术创新体系建设，联合申报、共同承担基于绿色制版技术数字化工作流程开发和喷墨数字印刷机用墨水研发等国家及北京市重大科研课题。而且中科院院士、学者还将为印刷学院师生讲课，并与印刷学院一起联合培养硕士、博士等高端人才。

上海出台新闻出版行业“十二五”规划

2011年3月9日，《上海市新闻出版业“十二五”规划纲要》正式发布，《纲要》提出，未来5年上海新闻出版业的目标是：加快转变发展方式，打造新闻出版高地，实现上海新闻出版业增长速度不低于同期全市国内生产总值增长速度。在明确以“加快转变发展方式，打造新闻出版高地”为目标的基础上，《纲要》提出，上海将承担12%的国家“十二五”规划重点出版项目；打造在国际上具有一定竞争力的大集团；力争国家一级出版社由目前的7家上升到10家；印刷产业的年均增速保持10%以上，总产值超过900亿元。到“十二五”末，形成3～5家年产值超过20亿元的数字出版领军企业，培育1～2个具有国际知名度、行业影响力的数字出版品牌，确保数字出版产业产值达到600亿元，通过引进龙头企业入驻、推动大项目建设等，力争产值达到700亿元。“绿色认证”的印刷企业数量占到1 000万元工业产值规模以上印刷企业总数的50%。应用数字化技术的企业数量占到1 000万元工业产值规模以上印刷企业的80%。

山西“十二五”新闻出版业总产出目标将达300亿元

2011年山西省新闻出版工作会议在太原召开。会议明确“十二五”期间，山西省新闻出版业年增长速度要保持在25%左右，预计到2015年全行业总产出将达到300亿元以上。

据悉，在“十一五”期间，山西省新闻出版工作取得了骄人成果。组建了山西出版传媒集团，平稳启动“三分开”改革；10家图书音像电子出版单位全部转企到位；15家非时政类报刊出版单位转企挂牌；省、市、县3级新闻出版行政管理与执法监管网络基本形成。全省新出版图书7 230种、5亿余册，音像电子出版物590余万盒，网络游戏出版物3种，出版发行报纸近100亿份，期刊2.4亿册，共有160余种出版物获得省部级以上奖项和各类专项奖，13种出版物获得国家出版“三大奖”。

国家新闻出版总署与亚美尼亚文化部签署合作备忘录

当地时间2011年4月12日，国家新闻出版总署与亚美尼亚文化部在亚美尼亚签署合作备忘录。根据协议，签约双方鼓励两国在新闻、出版、印刷、发行及版权等领域开展合作，举办研讨会、培训班等交流活动；支持两国出版机构开展出版合作，鼓励用本国语言介绍、翻译、出版对方国家优秀文学作品以及其他政治、经济、历史、科技等书籍，并向翻译本国优秀作品的对方出版机构提供适当资助。协议有效期均为3年。

国家新闻出版总署出台新版《出版物市场管理规定》

2011年3月31日，国家新闻出版总署在其网站公布了《出版物市场管理规定》，对通过互联网等信息网络从事出版物发行业务的单位或者个人提出了明确要求。

根据《规定》第十七条，通过互联网等信息网络从事出版物发行业务的单位或者个人，应当依照本规定取得《出版物经营许可证》，外商投资企业还应按照相关规定办理外商投资审批手续。已经取得《出版物经营许可证》的出版物发行单位在批准的经营范围内通过互联网等信息网络从事出版物发行业务，应自开展网络出版物发行业务15日内到原批准的新闻出版行政部门备案。规定还要求，任何组织和个人不得发行含有《出版管理条例》禁止内容的违禁出版物；各种非法出版物，包括：未经批准擅自出版、印刷或者复制的出版物，伪造、假冒出版单位或者报刊名称出版的出版物，非法进口的出版物；侵犯他人著作权或者专有出版权的出版物；新闻出版行政部门明令禁止出版、印刷或者复制、发行的出版物。此外，内部发行的出版物不得公开宣传、陈列、展示及销售。内部资料性出版物只能在本系统、本行业或者本单位内部免费分发，任何组织和个人不得发行。

规定施行后，此前国家新闻出版总署和有关部门颁布的《出版物市场管理规定》《音像制品批发、零售、出租管理办法》《外商投资图书、报纸、期刊分销企业管理办法》和《中外合作音像制品分销企业管理办法》及有关补充规定同时废止，规定施行后与规定不一致的其他规定不再执行。

2011全印展携强大阵容金秋亮相上海

2011年11月14日—17日，由中国印刷技术协会、中国印刷科学技术研究所和杜塞尔多夫展览（上海）有限公司共同主办的第四届中国国际全印展在上海新国际博览中心举行。4月11日，第四届中国国际全印展新闻发布会在东莞嘉华酒店举行。来自内地、香港、台湾的行业协会、全印展参展企业以及印刷行业媒体的50余位代表参加了本次发布会。

本届展会展览总面积达 69 000m²，并迎来近 630 多家全球各地的展商和 10 万多名专业观众。本届全印展通过打造特色专区，集中深入地展示专业领域的技术、工艺、应用等方面的最新变化和实时状态，让参观者系统地了解该领域的全貌。本届会展还举办了系列主题论坛，如中国印刷论坛、数码印刷在中国技术高峰论坛等，同时联合相关行业组织同期召开各类研讨会及活动，并大力支持配合展商举办多种形式的客户活动及发布会。

2011 年出版产品质量监督检测活动举行

2011 年 4 月 14 日，“3・15”出版产品质量监督检测活动工作会议在北京前门建国饭店召开，标志着 2011 年出版产品质检活动拉开了帷幕。

会议由国家新闻出版总署质检中心副主任郑全来主持。会上，有关领导宣读了《2011 年“3・15”继续开展少儿读物类出版产品质量监督检查的通知》和质检活动实施办法。通知要求，此次监督检测以 2010 ~ 2011 年出版和生产的以少年儿童为阅读对象的纸质及复制类出版产品（包括图书、报纸、期刊、光盘、纸质装潢印刷品等）为检测对象，采取成品抽样检查、加工现场检查和销售产品检查等多种形式，实施对成品质量、工艺路线和半成品质量、原辅材料质量的全面督检。各地及军队系统新闻出版局负责对辖区内进行产品抽样，复制及环保质量检测送总署质检中心统一安排，印制质量检测由各地组织专家初检后送总署质检中心统一复检。

此次质检活动持续到 10 月，结束并将汇总后的检测结果通过媒体向社会进行了公布。

国家新闻出版总署展开行业标准的解读与宣贯工作

2012 年 5 月，国家新闻出版总署科技与数字出版司就重新颁布的《新闻出版行业标准化管理办法》中关于新闻出版行业标准的出版、解释、宣贯等问题进行了明确。

《新闻出版行业标准化管理办法》明确新闻出版行业标准的解释权归国家新闻出版总署或总署指定的相关机构，其他任何单位和个人没有新闻出版行业标准的解释权。国家新闻出版总署科技与数字出版司授权总署归口的各标委会开展标准的宣传和贯彻工作，各标委会秘书处可以组织主办与本专业相关的标准宣传和培训活动，但这种权利仅限于标委会使用，标委会不能再授予其他单位和个人宣传和培训标准的权利。其他任何单位和个人不能擅自进行相关标准的宣传和培训活动。

卫生部对食品包装用新材料出台新规定

2011 年 3 月 30 日，卫生部网站发布《食品相关产品新品种行政许可管理规定》（以下简称《规定》），规范食品相关产品新品种的安全性评估和许可工作。卫生部负责食品相关产品新品种许可工作。《规定》自 2011 年 6 月 1 日起施行。

食品相关产品新品种具体包括：尚未列入食品安全国家标准或者卫生部公告允许使用的食品包装材料、容器及其添加剂；扩大使用范围或者使用量的食品包装材料、容器及其添加剂；尚未列入食品用消毒剂、洗涤剂原料名单的新原料；食品生产经营用工具、设备中直接接触食品的新材料、新添加剂。食品相关产品应当符合下列要求：用途明确，具有技术必要性；在正常合理使用情况下不对人体健康产生危害；不造成食品成分、结构或色香味等性质的改变；在达到预期效果时尽可能降低使用量。

山西省出台印刷产品样品质量监督新规定

2011 年 3 月 30 日，山西省出台《印刷产品印制质量监督管理实施办法》（以下简称《办法》）。今后，印刷产品样品实行送检制度，抽检成品合格率达不到规定标准的印刷单位，将面临相应处罚。

《办法》规定，出版单位本年度出版或再版、重印的晋版图书，教辅教材在本省印刷的，由印刷单位送检，在外省印刷的，由出版单位送检，印刷产品每个品种送检 3 册（套）。期刊、报纸也将由出版单位送检，送样数量为每年 1 套。包装装潢印刷品、其他印刷品印刷企业一年须向省印刷产品质量监督检验站报送 2 个品种进行检测。

“十二五”末我国国民综合阅读率将大幅提高

2011 年 4 月 20 日，国家新闻出版总署公布的《新闻出版业“十二五”时期发展规划》明确提出，到“十二五”期末，使国民综合阅读率达到 80%。

规划还提出，到“十二五”期末，实现人均年拥有图书 5.8 册、期刊 3.1 册，每千人拥有日报达到 100 份，人均书报刊用纸量达到 240 印张，千人拥有出版物发行网点数 0.13 个，版权登记数量 70 万件。

纸质印刷品上光国家标准会在虎门召开

2011年3月22日，全国印刷标准化技术委员会（SAC/TC170）在东莞市虎门镇召开了《纸质印刷品紫外线固化光油上光过程控制及检测方法》国家标准起草组第1次工作会议。李安秘书长主持会议。

会议根据起草组2010年3月成立会议纪要的精神，对标准起草组草案第1稿的结构、内容、技术数据及检测方法的相关问题进行了研究和探讨，并根据GB/T1.1－2009的要求对封面、前言、引言等相关内容进行了修改。会议对上光过程所用UV光油、底油、纸制印刷品3类原材料，对上光设备、工作环境、工艺控制，对涉及上光产品质量6个方面的性能，如外观、光泽、附着力、耐磨性、防爆线和色差等进行了认真探讨，并确定由参与起草单位进一步对耐摩擦性、上光前后色差、附着力要求等做测试，根据试验结果再行提出技术数据。会议确定在2011年4月底前提出起草组草案第2稿，并将在2011年5月中下旬在深圳市召开起草组第2次工作会议。

2011年度国家出版基金项目评审会在京召开

2011年4月18日，2011年度国家出版基金项目评审会在京拉开帷幕。国家出版基金管理委员会副主任委员、新闻出版总署副署长蒋建国主持评审会首次会议。国家出版基金管理委员会委员、国家新闻出版总署副署长邬书林出席会议并讲话。

邬书林在讲话中强调了国家出版基金的定位，并指出，国家出版基金是国家基金，必须体现国家水准和时代水准。一方面是具有原创性的，反映中华民族在全面建设小康社会过程中创造出的思想创新、科学发现、技术进步、管理经验等创新成果，能够在世界文化之林立得住的出版项目。另一方面是具有传承性的，按照古为今用、推陈出新的原则进行古籍整理、保护中华民族文化多样性和历史延续性的出版项目。要坚决杜绝粗制滥造、重复出版、急功近利的出版项目。

柳斌杰：两步实现新闻出版强国目标

2011年5月13日，国家新闻出版总署署长柳斌杰在文化产业发展座谈会上指出："十二五"时期，是新闻出版业深化改革，加快发展的关键时期。总的思路是要为推动文化产业成为国民经济支柱性产业做出贡献，分两步走实现建成新闻出版强国的目标。

第一步，是通过"十二五"时期的努力，为实现新闻出版强国目标打下坚实的基础；第二步，就是再用5年的时间，到2020年最终建成新闻出版强国，使新闻出版业发展方式转变基本到位。根据计算确定：到"十二五"末，全行业总产出29 400亿元，实现增加值8 440亿元，年均增速19.20%。围绕这个目标制定了总体规划和11个分行业规划。

国家数字出版基地正式揭牌成立

2011年5月14日，国家数字出版基地在广州举行揭牌仪式，标志着国家数字出版基地正式落户广东。揭牌仪式由广东省新闻出版局副局长韩安贵主持，蒋建国副署长、雷于蓝副省长共同为基地揭牌并讲话。

蒋建国副署长代表国家新闻出版总署热烈祝贺基地的成立，并对广东省委、省政府及省有关部门对数字出版基地的高度重视和对新闻出版业发展的大力支持表示衷心感谢。

雷于蓝副省长在讲话中指出，省委、省政府高度重视数字出版工作，中共中央政治局委员、省委书记汪洋同志，省委副书记、省长黄华华同志专门对基地工作做出重要批示，明确要求"解放思想，开拓创新，突出特色，真正办成国家级的数字出版基地"。

数字出版渐成中国文化产业新亮点

中南国家数字出版基地作为国家新闻出版总署批准成立的第四个国家级数字出版基地，在第七届深圳文博会开幕当天签订一大批文化项目，合同金额和投资总额均超过20亿元。中南国家数字出版基地的丰硕收获，仅仅是当前中国数字出版业高速发展的一个缩影。在中央做出将文化产业打造成国民经济支柱产业的战略决策背景下，作为新闻出版业战略性新兴产业的数字出版业势头强劲，已经成为中国文化产业新的经济增长点。

商品过度包装限制条例将出台

按照清洁生产促进法的要求，国家发展和改革委员会同商务部、国家质检总局等部门研究制定了抑制商品过度包装的政策措施，规范、引导企业在设计和生产环节减少包装资源消耗、降低废弃物产生；按照国务院的部署，国家发展和改革委员会同有关部门组织开展了过度包装、限塑专项治理工作。

在国务院制定了《废弃电器电子产品回收处理管理条例》的前提下，国家发展和改革委员会同有关部门制定了《废弃电器电子产品处理目录（第一批）》和《制订和调整废弃电器电子产品处理目录的若干规定》，对大宗电子产品的回收、资源化、无害化处理等做出规定。并将抓紧完善并出台《限制商品过度包装条例》和《强制回收的包装物目录》。

湖北省印刷业发展势头强劲

2011年5月10日，第三届湖北印刷企业50强评选揭晓，湖北日报传媒集团楚天印务总公司、湖北新华印务有限公司等50家企业受到省新闻出版局表彰。

湖北省有印刷企业6千余家，产业规模居中部六省前列。该省注重引导印刷产业利用高新设备、高新技术、先进管理理念改造传统产业，同时通过改制、兼并、联合、重组，增强印刷业发展后劲。"十一五"期间，湖北省印刷业总产值由六七十亿元增加到2010年的180亿元，产值过亿元的企业达33家，产值5千万元以上的企业达68家

中国喷墨印刷行业安全标准联盟正式成立

在第十八届北京国际广告新媒体新技术新设备新材料展示交易会上，中国喷墨印刷行业安全标准联盟正式成立。

中国喷墨印刷行业安全标准联盟是由积极推动喷墨印刷产业标准化发展、致力于喷墨印刷行业安全标准的研究、制定、应用和服务的机构和实体自愿建立的组织，以建设先进的喷墨印刷标准化体系，促进产业健康发展为宗旨。该联盟的建立，除了行业安全标准体系，喷墨印刷安标联盟还将积极推动企业参与全国的采用安全标准行动、培育行业采用安全标准品的企业。

柳斌杰当选第六届中国版协理事长

2011年5月6日，在中国出版协会第六次会员代表大会上，国家新闻出版总署署长柳斌杰当选第六届中国出版协会理事长，国家新闻出版总署副署长邬书林当选常务副理事长，国家新闻出版总署办公厅主任刘建国当选常务副理事长兼秘书长。中宣部出版局局长陶骅等16人当选副理事长。于友先等10人被聘为中国版协顾问。大会还选举产生了第六届中国出版协会理事474人、常务理事242人。

10家新闻出版企业入选"文化企业30强"

在2011年5月13日召开的文化产业发展座谈会上，光明日报社和经济日报社联合发布了第三届"文化企业30强"名单，其中有10家新闻出版类企业入选。这10家新闻出版类企业分别是江苏凤凰出版传媒集团有限公司、中国教育出版传媒集团有限公司、中南出版传媒集团股份有限公司、江西省出版集团公司、浙江出版联合集团有限公司、广州传媒控股有限公司、安徽出版集团有限责任公司、四川新华发行集团有限公司、山东出版集团有限公司、中国出版集团公司。

与前两届相比，第三届"文化企业30强"主营业务收入的入围门槛进一步提高，新闻出版类由第二届的19亿元跃升至40亿元。

《中国新闻出版报》报社转企改制

2011年5月8日，中国新闻出版传媒集团有限公司揭牌仪式在北京人民大会堂举行。中国新闻出版报社整体转制，成立中国新闻出版传媒集团有限公司，是贯彻落实刚刚召开的全国文化体制改革工作会议精神的重要举措，标志着我国非时政类报刊改革取得了新的进展。

据中国新闻出版传媒集团有限公司董事长姜军介绍，集团公司成立后，将围绕为新闻出版强国建设服务这一中心，努力打造"三大板块"：即新闻出版领域报纸、期刊、网站等信息服务板块；新闻出版产业数字平台服务板块；面向文化产业的多元化服务板块。集团公司着力打造核心企业，重塑市场主体，提高综合竞争能力。

国家新闻出版总署发布五条惠台政策

2011年6月12日，由国家新闻出版总署和福建省政府主办的第三届海峡新闻出版业发展论坛在厦门举行，论坛以"扩大业界交流、加强两岸合作、促进共同发展"为主旨，以"科技进步与两岸出版印刷业发展"为主题，两岸业界和专家学者还就出版数字转型、绿色印刷和数字印刷的发展进行了深入的交流和探讨，以增进两岸新闻出版业界发展共识，加强两岸项目合作，加快两岸出版印刷产业对接，推动两岸在新媒体新业态领域共同发展。

国家新闻出版总署副署长邬书林宣布了在福建先行先试的惠及台湾同胞的五条政策：

1. 对台湾服务提供者在福建省设立从事包装装潢印刷品的印刷企业的最低注册资本要求，比照内地企业实行。

2. 允许台湾服务提供者在福建省设立独资、合资或合作排校制作服务公司，从事图书的校对、设计、排版等印前工作。

3. 允许台湾服务提供者在福建省以独资、合资形式提供音像制品（含后电影产品）的发行服务。

4. 允许台商在福建省设立独资、合资或合作企业，从事音像制品制作业务。

5. 对台湾版权作品，福建省认可台湾相关机构出具的版权归属证明。

天津将建成全国最大数字出版产业中心

2011年6月9日，天津国家数字出版基地云计算中心及创新体验中心项目启动签约仪式在空港经济区举行，中心建成后，将成为全国最大的数字出版产业数据中心和全球领先的数字媒体交易平台。

天津国家数字出版基地云计算中心的启动建设，标志着天津国家数字出版基地及空港经济区已经驶入智能化、信息化发展的“快车道”。中心分三期建设，计划总投资1.6亿元，将依托统一的云平台，为空港经济区、国家数字出版基地的上千家企业提供专业化宽带接入、服务器托管、空间租用等基础业务，同时深化综合信息业务、资源共享、虚拟社区、多重安全等增值业务。建成后，将成为面向我国数字出版行业的展示窗口及空港经济区信息化建设的公共服务平台。

广东印刷企业提出未来10年发展目标任务

广东省《新闻出版业“十二五”时期发展规划纲要》（简称《纲要》）提出了广东省印刷业10年后的发展目标：巩固壮大印刷业和复制产业，力争到2020年印刷行业工业总产值预期达到3 000亿元。为了实现这一目标，广东省新闻出版局印刷发行管理处相关负责人表示，他们将从4个方面加强对印刷业的管理与引导。

1. 扶持珠江三角洲国际印刷基地、粤东地区可录类光盘出口基地、深圳国家标准化印刷示范基地建设，建成3～5个国家级印刷复制生产基地或产业集群。

2. 建成的珠三角地区国家级“数字印刷”、“创意印刷”基地，形成中国重要的国际印刷基地，重点打造若干上规模、上档次、有知名度、年产值达30亿元的企业和全球性的区域品牌。

3. 鼓励印刷复制企业积极采用数字和网络技术改造生产流程和现有设备，实施数字印刷和印刷数字化工程，推动发展快速、按需、高效、个性化数码印刷。

4. 鼓励印刷企业上下游共同探索循环用纸等新材料新工艺的研发和应用。支持企业在印刷复制领域进行科技研发，使科研成果实现产业化。

辽宁省“十二五”期间重点扶持项目——数字印刷包装产业开工建设

2012年6月，规划总投资50亿元的辽宁（盘锦）数字印刷包装产业示范园开工建设；计划投资15亿元的辽宁省盘锦钢铁物流服务园目前有14家商户完成了在大洼的注册登记。

辽宁（盘锦）数字印刷包装产业示范园是辽宁省“十二五”期间重点扶持的三大印刷产业集聚区之一，园区规划占地面积4km^2，规划总投资50亿元，到2015年末入驻企业将达到100家，将增加就业岗位7 000个，年产值达到120亿元，创税10亿元。目前，该园区占地面积600亩（1亩＝666.6m^2）起步区已达到“五通一平”标准。占地50亩、投资1.50亿元的盘锦勇大广告彩印有限公司已开工建设。另有4个项目在洽谈中，意向投资额7亿元。

30年间印刷业总产值增加100倍

2011年6月16日上午，文化部政策法规司副司长孙若风，广电总局办公厅主任兼信息中心主任、新闻发言人吴保安，国家新闻出版总署产业发展司司长范卫平，中国艺术研究院美术研究所所长吴为山做客中国网络电视台，围绕我国文化建设发展情况与广大网友进行在线交流，并回答网民的提问。

范卫平说，新闻出版工作包含的各方面都与百姓的日常生活和工作密切相关。中国共产党建党90年来，新闻出版工作为党的建设和不断地发展壮大做出了历史性的贡献。从1978年到2010年的30年，我国的图书产品增加了20倍，报纸期刊产品增加了近10倍，印刷业总产值增加了100倍，出版由书荒变成书海，新闻变得更加丰富，传媒变得更加多样，图书、报刊、报纸出版物总量逐年增长，30年出版总和超过过去几千年的总和。

第十一届毕昇印刷技术奖评选结果揭晓

2011年5月19～21日，第十一届毕昇印刷技术奖评选委员会评选工作会议在北京香山饭店举行，评委会19名评委，出席17位，出席人数超过评委总数2/3，会议有效。经过评委认真审阅材料，充分评议，最后经无记名投票方式以出席评委2/3以上（含）赞成票评选出毕昇印刷杰出成就奖8名：谢普南、杨金溪、刘学智、滕方迁、冯广源、沈伟荣、周幸福、余世班；评选出毕昇优秀新人奖11名：刘宏、袁海忠、陈筱燕、孙绍丁、董宁晖、张国生、朱德田、张忠灵、陈亚雄、罗杰卿、潘晓山。

香港高峰会——国际印刷标准化会议召开

2011年6月17日，由香港印刷业商会主办的“香港高峰会——国际印刷标准化”会议在中国香港职业训练局综艺馆成功举行。来自韩国、马来西亚、新加坡等国家以及中国大陆、香港、澳门、台湾的600多名印刷及相关专业人员参加了此次会议。

“香港高峰会”是香港首次举办的以印刷标准化为主题的研讨会，目的是介绍ISO国际印刷标准以及不同国家的认证系统，从而提升行业对印刷标准化的认识。来自中国、美国、德国、瑞士等国家的多位顶尖专家讲解印刷标准化的最新趋势，共同探讨香港印刷业如何应用国际印刷标准ISO12 647及印刷标准化可带来的经济效益。

首条监管码宽幅印刷生产线落户中部地区

2011年6月8日，中部地区第一条药品电子监管码宽幅印刷生产线，在武汉中原印务有限公司投入生产，为武汉印刷药品“身份证”又添核心竞争力。

在2010年5月举行的全国药监会议上，国家规定药品要加贴电子监管码。武汉中原印务公司立即组织市场调研、论证、选项，在中部地区率先引进“方正桀鹰H300赋码系统”，成功地将可变数据喷墨技术转化为药品电子监管码的印刷生产力，使湖北武汉在全国4家药品电子监管码印刷企业中占有一席之地。此次监管码宽幅印刷生产线的成功引进又将为该公司增添市场竞争的砝码。

柳斌杰：继承光荣文化传统　创造新的文化辉煌

2011年7月1日，新闻出版总署全体党员以集中收看庆祝中国共产党成立90周年大会现场直播、党员代表座谈等形式庆祝党的生日。当天下午，国家新闻出版总署党组召开会议，党组书记、署长柳斌杰，党组副书记、副署长蒋建国，党组成员、副署长李东东、邬书林、孙寿山，党组成员、中纪委驻总署纪检组组长宋明昌出席会议，深入学习胡锦涛总书记重要讲话，畅谈学习体会。

会中，柳斌杰强调指出，未来十年，是全面建设小康社会的十年，也是新闻出版业从新闻出版大国向新闻出版强国奋进的十年。胡锦涛总书记的讲话，对继续大力推动社会主义文化大发展大繁荣，坚定不移发展社会主义先进文化提出了新要求，为全行业做好“十二五”乃至今后十年的改革和发展工作提供了强大动力。新闻出版系统在学习贯彻胡锦涛总书记讲话精神中，要全面把握讲话的精神实质，深刻领会关于党的建设的重要论述，重点学习关于推动社会主义文化大发展大繁荣的战略部署，把贯彻落实讲话精神与新闻出版业实际工作紧密联系起来，结合纪念活动，把对党的深厚感情，变成实际行动，继承光荣文化传统，创造新的文化辉煌。

国家新闻出版总署强化精神文明建设

2011年7月5日，国家新闻出版总署召开推动总署机关精神文明建设大会，会议由总署直属机关党委常务副书记孙文科主持。国家新闻出版总署党组成员、副署长孙寿山出席会议并讲话。

为进一步推动总署机关精神文明建设再上新台阶，孙寿山强调，国家新闻出版总署广大干部职工务必要做到以下几点。一要思想认识到位。要深刻认识加强机关精神文明建设是建设责任型、法治型、服务型政府的客观需要，是提高机关行政效能和服务水平的有效手段，是对内形成良好风气、对外树立良好形象的重要保证。二要标准要求到位。要认真传达学习总署有关创建工作方案，深入开展动员教育，把方方面面的力量都组织起来，发动起来，充分发挥每一位干部职工的积极性和主动性，使工作方案提出的各项标准、各项要求深入人心，形成人人关心创建、人人支持创建、人人参与创建的工作局面。三要综合整改到位。要清醒认识总署机关目前存在的差距和不足，加强和提高各项管理工作。

红色记者与党的新闻事业暨《中国红色记者》出版座谈会在京举行

2011年6月27日，国家新闻出版总署、中华全国新闻工作者协会在人民大会堂举行红色记者与党的新闻事业暨《中国红色记者》出版座谈会，隆重纪念为革命、为人民立言纪事的红色记者。

在座谈会上，柳斌杰全面系统地回顾了中国共产党成立90年来的新闻事业发展史，深刻分析了当前我国新闻舆论宣传工作面临的新形势、新任务，高度评价此次入选《中国红色记者》一书的54名前辈新闻记者，为了国家的独立民主富强文明，为了百姓过上好日子，奋斗不息、无怨无悔的奋斗精神，并为该书题写了《为革命为人民立言纪事》的序言。人民出版社代总编辑辛广伟介绍了该书编辑出版情况。中国社会科学院新闻研究所所长尹韵公，人民日报政治文化部副主任温红彦，新华社中央新闻采访中心高级记者张严平，解放军报高级记者、第七届范长江新闻奖获得者范炬炜等代表发言，一起回顾党的90年新闻事业史，共话继承新闻出版的红色传统和红色精神。随后，与会领导向记者代表和新闻专业学生代表赠送《中国红色记者》一书。

国家新闻出版总署：建党90周年重点出版物呈现七大亮点

为了给党的90周年献礼，国家新闻出版总署确定的重点出版物选题呈现七大亮点。一是多角度、全方位地回顾了中国共产党团结带领全国各族人民为实现民族独立、人民解放和国家富强、人民幸福而不懈奋斗的历史，充分反映了中国共产党领导我国各族人民推进改革开放和社会主义现代化建设所取得的辉煌成就；二是总结和分析中国共产党90年来的成功经验，阐述中国共产党推进马克思主义中国化、时代化、大众化的理论创新成果；三是重视党的历史文献、历史资料和领袖人物思想的整理和研究，推出一批有重要理论和学术价值的研究著作；四是全景式反映人民军队在中国共产党领导下，自诞生之日起，开展武装斗争实现人民解放、民族独立，捍卫国家独立、主权和尊严，积极支持和参与国家经济建设所取得的丰功伟绩；五是以文艺小说、纪实作品和美术作品等形式生动塑造老一辈无产阶级革命家光辉形象，全面反映革命战争、社会主义建设、改革开放等各个重大历史时期优秀共产党员的动人风采和高尚品格；六是面向广大青少年开展爱国主义和革命传统教育，从小培养青少年热爱党、热爱祖国、热爱社会主义的感情；七是以电影、电视剧、音乐歌曲等方式立体呈现党的90周年光辉历程，唱响时代主旋律，扩大红色影视作品、经典红歌的感召力和辐射力。

国家新闻出版总署与中移动签署合作备忘录

2011年7月5日，国家新闻出版总署署长柳斌杰、中国移动通信集团公司董事长王建宙在京签署《共同推进数字出版产业发展战略合作备忘录》，并同时启动了“新青年掌上读书计划”，这标志着国家新闻出版主管部门与中国移动在增进资源共享与整合、共同推动我国数字出版产业发展上取得了实质性成果。国家新闻出版总署副署长孙寿山、中国移动通信集团公司党组书记、副董事长奚国华在签约仪式上致辞，中国移动通信集团公司副总裁沙跃家主持签约仪式。

湖南出版界举行系列活动庆祝中国共产党成立90周年

2011年6月24日，湖南省委宣传部、省新闻出版局联合举办庆祝中国共产党成立90周年出版座谈会，省委常委、宣传部部长路建平出席会议并讲话。

围绕庆祝建党90周年，湖南出版界策划出版了22种重点图书和音像电子出版物，其中将《红色精神》《建党》《风华正茂》（图书和音像各一种）等4种选题列入全国庆祝中国共产党成立90周年百种重点选题；在全省新华书店中心门店和有条件的民营出版物卖场设置了“庆祝建党90周年图书”专区或专柜，并将庆祝中国共产党成立90周年的出版物列入了“三湘读书月”和农家书屋重点推荐目录。

12亿元石头造纸项目正式落户广东罗定

2011年8月，罗定市政府与广西登高集团有限公司正式签署总投资12亿元的《环保石头造纸项目投资协议》，由登高集团在罗定市投资12亿元，分三期建设年产12万t环保纸、环保材料的生产基地。

石头纸是利用80%碳酸钙和20%其他原料，经科学配比，应用多项纳米技术制造出来的环保纸张，符合国家节能、环保、清洁和循环的产业政策。罗定拥有50亿m^3优质石灰石资源，石头造纸取材方便。项目全部建成后，将成为广东重要的环保纸、环保材料生产基地，以环保纸作为主导产品，同时涵盖内外墙环保涂料、环保PVC管材、环保灯箱广告纸等产品生产和销售，年产值超10亿元，税收超1亿元。

上海印刷大奖颁奖典礼与印刷周同期召开

2011年7月6日，在上海国际印刷周开幕当天，第五届上海印刷大奖颁奖典礼在上海新国际博览中心上海印刷周主会场E7馆举行。

由上海书画出版社有限公司出版、上海中华商务联合印刷有限公司印制的《近现代中国绘画集萃——曹氏墨斋藏（1～4册）》（豪华精装）获得出版物及商业印刷全场大奖；由上海商务数码图像技术有限公司印制的《洪荒时代》获得数字印刷全场大奖；由上海塑圣塑胶制品有限公司印制的"三星3D眼镜盒套装"获得包装装潢及其他印刷全场大奖。上海新雅印刷有限公司、上海雅昌印刷有限公司、上海安全印务有限公司、上海利丰雅高有限公司等业内知名的印刷企业均在会上收获金奖。

上海市新闻出版局局长焦扬女士对此次印刷大奖颁奖典礼进行总结，她指出，此次上海印刷大奖彰显了世博效应，各印刷企业积极参与，作品质量高超，作品风格多样，体现了上海印刷行业的最高水平，同时，此次大奖也突出了绿色主题，呼应了上海印刷周"绿色印刷与生活同行"的主题。

越南宣传出版干部考察团来中国访问

2011年6月28日，以越南国家政治出版社社长兼总编辑阮维雄为团长的越南宣传出版干部考察团一行25人来到国家新闻出版总署访问，就中国出版市场及新闻出版产业改革情况及我国出版管理工作等方面进行了考察和会谈。

会谈中，国家新闻出版总署出版管理司司长吴尚之、出版产业发展司副司长袁亚平、中国教育出版集团董事长李朋义分别介绍了中国出版管理和新闻出版产业改革工作现状、做法和经验，以及中国出版社征文、编辑、印刷、发行等环节的工作模式。考察团一行25人就其关心的问题，与中国出版界进行了交流。考察团一致认为，中国新闻出版产业的改革发展令人振奋，其改革及管理工作的优秀经验，对于越南新闻出版业的发展有着十分宝贵的借鉴意义。他们希望两国新闻出版界在今后的交流合作中有更大的发展，为两国交流合作搭建桥梁。

2011中国国际彩盒展　上演彩盒印后加工盛会

2011年7月6日—8日，2011中国国际彩盒展在北京中国国际展览中心（老馆）隆重举行。展品范围涵盖专业生产模切机、糊盒机、烫金机、覆膜机、裱纸机等印后加工设备以及热熔胶和果冻胶等耗材，一批海内外知名的彩盒设备制造企业纷纷在彩盒展会期间闪亮登场，给展会带来了丰富的展品。本届展会的参展企业及展览面积与上届相比，分别增长50%与66%，有近300家企业参与展示。本次展会与协会的合作进一步扩大深入，除了得到国内各省印刷协会的鼎力支持外，全美印刷、出版及纸品加工技术供应商协会，澳大利亚包装协会等国外协会也纷纷对本届展会表示高度关注和支持。本次会展的成功举办将进一步促进中国北方地区彩盒包装行业的发展。

中央非时政类报刊出版单位转制规程出台

2011年8月9日，非时政类报刊出版单位体制改革工作联席会议办公室制定出台《中央各部门各单位非时政类报刊出版单位转制工作基本规程》，供中央各部门各单位非时政类报刊出版单位转制工作参考。

此次出台的规程仅适用于具有独立法人的报刊出版单位转企改制，内容涉及成立领导小组、制定工作方案、清产核资与财务审计、国有资产管理、建立法人治理结构、办理企业登记注册、人员安置和优惠政策等8个方面。

国家新闻出版总署署长柳斌杰在召开的全国新闻出版局长座谈会上表示，推进非时政类报刊出版单位转制是全国文化体制改革的一项重点工作，也是2011年新闻出版体制改革的核心工作。目前，中央各部门各单位以及各地区均已行动起来。首批转制的中央各部门各单位非时政类报刊出版单位将在今年底前完成转制任务。

中国印刷机械行业发布"十二五"发展规划

2011年8月5日下午，在中国印刷及设备器材工业协会（以下简称印工协）的组织下，举行了"中国印刷机械行业'十二五'发展规划发布会"。会议上，正式发布了《中国印刷机械行业"十二五"发展规划》（以下简称《"十二五"规划》）。工业和信息化部装备工业司韩行处长、中国机械工业联合会科技部温顺如副主任及多位印刷机械行业的领导、专家及企业代表出席了此次会议并发表讲话，韩处长介绍了印刷机械有关的政策。北京印刷学院许文才副院长也对"十二五"期间印刷机械行业的发展提出了意见。来自乐凯华光、西安华阳、北大方正、天津长荣等行业知名印刷机械制造商的负责人也对各自企业的相关项目作了介绍。许锦枫秘书长对下一步发展规划的具体工作做了落实部署。

在《"十二五"规划》中，回顾总结了"十一五"期间印刷机械行业发展取得的主要成绩和存在的主要问题，提出了今后的发展路线和组织实施措施，对于行业未来五年的科学发展，具有战略性指导意义。

国内首个“数字出版与传播”重点学科建设启动

2011年7月29日，国内首个“数字出版与传播”国家重点学科建设启动仪式在上海理工大学举行，这是国家新闻出版总署继设立“数字传播重点实验室”、“数字印刷工程研究中心”、“出版印刷人才培养基地”等建设项目之后，助推上海理工大学学科建设的又一项举措。国家新闻出版总署署长、国家版权局局长柳斌杰出席启动仪式并讲话。

柳斌杰在讲话中指出，随着全球化数字技术的快速发展，新媒体、新业态的不断涌现，传媒领域的产业结构调整和革命性的产业变革，凸显了高素质、强能力、懂技术、善经营的高端数字出版人才的紧缺。希望上海理工大学以建设“数字出版与传播”国家重点学科为契机，调整专业方向，加快教学管理改革，尤其是进一步加强学校在数字出版领域的基础建设，进一步整合优势资源、打造学科特色，力争为新闻出版业培养更多更优秀的数字出版高层次、高水平人才，为促进我国数字出版产业快速健康发展，为实现新闻出版业大发展大繁荣做出新的更大的贡献。

国家新闻出版总署出版产业发展司司长范卫平、科技与数字出版司司长张毅君，上海市有关部门负责人以及上海理工大学、上海出版印刷高等专科学校领导与教师代表等参加了启动仪式。

北京顶佳印刷城奠基仪式隆重举行

2011年8月5日，顶佳印刷城奠基仪式在北京大兴区西红门镇新建开发区项目所在地隆重举行。中国印刷技术协会常务副理事长张双儒、北京印刷协会理事长任玉成等领导及设备制造商代表、印刷企业代表、行业专家、媒体代表共计80余人出席了奠基仪式。

北京顶佳创世纪投资有限公司总经理、顶佳印刷城项目总监姚松先生在致辞中表示，顶佳印刷城将在未来2年内，分两期打造一个建筑面积14万m^{2}多，建筑总投资3亿元的印刷产业集群，通过集约化的经营模式对各种生产要素做好配置，促进企业间的分工协作和绿色环保，促进新技术、新材料的应用，促进人才的培养，在竞争中合作，在合作中竞争。实现个体企业与整体行业的产业升级改造，扭转规模小、环境差、后续发展乏力的被动局面，使北京印刷业成为都市工业的重要组成部分，从商务印刷、书刊印刷、数码印刷、平面广告、创意设计等多角度更好地服务于人文北京、绿色北京、科技北京，更积极地参与到建设世界城市的步伐中去。

中国印刷技术协会常务副理事长张双儒在致辞中谈到，顶佳印刷城项目的启动正值“十二五”规划的开局之年，在“十二五”规划中，国家将打造多个印刷基地。目前国家新闻出版总署已经批准建设上海金山绿色印刷产业基地、西安文化创意产业园区等项目。顶佳印刷城的建设将会对北京印刷业的发展起到很大的促进作用。

西安新建两个新闻出版产业基地

2011年7月29日，陕西省政府新闻办公室在举行的新闻发布会上称，西安将用5km^{2}的新增土地来建设两个国家级新闻出版产业基地，即西安国家数字出版基地、西安国家印刷包装产业基地。

西安国家数字出版基地是继上海、重庆、杭州、湖南、湖北、广州及天津之后，我国第八家国家数字出版基地。2011年5月18日获得国家新闻出版总署的正式审批，以手机出版、电子书、传统出版数字化、动漫与游戏出版等功能区域为主体，汇集各类国际国内知名数字出版及相关软件研发企业。基地位于西安高新产业开发区，长远规划占地2km^2，一期用地1 000亩（1亩＝666.6m^2），2011年起步区建设300亩，总建筑面积40万m^2。预计到“十二五”末，该基地实现年产值过100亿元，到2020年，建成在世界范围内有重大影响、年产值超过1 000亿元的数字出版基地，成为全球数字出版产业链中的重要组成部分。

西安国家印刷包装产业基地作为全国唯一一家以印刷包装产业为主体的新闻出版产业基地，2011年6月3日获国家新闻出版总署正式批准。一期用地已投入1600亩，入住企业52家。该基地以印刷包装为主体，形成“编、印、发”一条龙产业链。到2015年，预计引进投资总额达130亿元，实现技工贸收入320亿元以上。

河北出版传媒集团签约80亿元合作项目

2011年7月28日，河北出版传媒集团公司邀请8家合作伙伴，在刚刚落成开业的北戴河文化创意基地举行了合作项目签约仪式，合作项目总投资达80亿元。国家新闻出版总署副署长阎晓宏，中共河北省委常委、宣传部部长聂辰席出席了签约仪式。

签约项目主要有与故宫博物院出版合作项目、河北出版传媒集团公司总部及配套项目、石家庄东开发区河北出版传媒集团创意园区二期开发项目、河北数字印刷产业园石家庄基地项目、河北数字印刷产业园保定基地项目、新华第一印刷公司和省新华书店公司批销中心现址改造项目、俄罗斯新光出版传媒集团联合出版项目等。

第二十三届香港印制大奖启动仪式成功举行

2011年7月25日，第二十三届香港印制大奖启动仪式在香港会议展览中心举行。香港印艺学会叶伟慈、香港出版学会谢力清致辞及主持启动仪式。香港教育、出版、印刷等行业代表共50余人出席。

“香港印制大奖”是全港最具规模及反映本港出版、印刷技术及设计的比赛，由香港印艺学会、香港出版学会、香港贸易发展局、康乐及文化事务署和香港生产力促进局合办，旨在鼓励香港印刷、出版及相关行业，不断制作优良而富竞争力的印刷品，并希望把设计、出版与印刷联系起来，亦即把艺术、出版理念和技术结合。此外，借助本奖项向海外展示香港印制业的实力，从而推广香港的印制业。

陕西全面展开非时政类报刊出版单位改革

2011年7月22日上午，陕西省委常委、宣传部部长胡悦在全省宣传部长暨文化体制改革工作座谈会上公布了陕西省非时政类报刊改革的时间表、路线图。胡部长表示，陕西省目前共涉及非时政类报刊单位100家。第一批36家2011年年底前完成改制，其余的2012年6月底前完成改制。要按照时间节点，抓紧实施，保质保量完成任务。

北京地区绿色印刷推进会召开

2011年8月5日，北京市新闻出版局与北京印刷协会共同举办了北京地区绿色印刷推进会，47家印刷企业的52名负责人参加了会议。

国家新闻出版总署印刷发行管理司副司长曹宏遂参加了会议，并就全国推行绿色印刷的相关情况进行了介绍。会上，北京市新闻出版局副局长梁成林阐述了当前全市推进绿色印刷的重要性、必要性和紧迫性，提出北京市要加大绿色印刷的扶持力度，使绿色印刷成为落实“绿色北京”战略的重要一环，确保北京市绿色印刷工作走在全国前列。

两项印后国家标准工作会议在合肥召开

2011年7月26日—27日，全国印刷标准化技术委员会在安徽省合肥市召开了《印后装订——平装》和《印后装订——精装》两项印后国家标准起草组第一次联席工作会议。会议由李安秘书长主持，安徽新华印刷股份有限公司、中国印刷及设备器材工业协会等单位的20余位专家和技术人员参加了会议。

会议对起草组提出的两项（精装、平装）印后标准草案进行了研究与协商。会议讨论了关于平装、精装术语及是否采用国际上通称的软、硬质封面术语的问题，决定维持标准名称不变。确定《印后装订——平装》《印后装订——精装》两项标准中“过程控制”一章的相关内容参考CY/T 27—1 999，CY/T 28—1 999内容编写，力争突破和创新。同时，为确保过程控制的有效性，决定从技术和质量控制角度对影响精平装书刊装订质量的材料提出基本质量要求。与会专家高度评价了两项标准草案中增加的平装书和精装书图示，认为是我国印刷标准制定工作中的一种创新，有利于对标准内容的准确理解和宣贯。

“现代印刷新技术论坛”暨“华联新体验”活动成功举办

2011年8月16日下午，300余名来自全国出版、印刷界的合作伙伴和各界朋友来到华联印刷，参观了中华印刷纸光掠影新展、贵宾休息室“印话馆”等文化展览以及新设备、新技术展示。过去的一年中，华联印刷引进了包括时速可达14 000本/h的全自动骑马订书机、商业轮转机上安装的色彩闭环管理系统等在内的多套先进技术装备和过程控制系统，使华联印刷的综合竞争力得到全面提升。2011年，华联印刷荣获首届全国新闻出版行业“文明单位”荣誉称号。

国家新闻出版总署发布《生产型数字印刷机目录》

2011年8月10日，国家新闻出版总署办公厅发布《生产型数字印刷机目录（2011年）》（新出厅字〔2011〕254号）（以下简称《目录》），《目录》是国家新闻出版总署2010年1月11日印发的《数字印刷管理办法》的配套文件。内容上，统一了生产型数字印刷机的认证标准，进一步明确了数字印刷企业审批依据，可用于具体指导数字印刷经营活动。

《目录》汇总了目前市场上符合以上条件的数字印刷机。未列入该《目录》但符合以上条件的数字印刷机（不含大幅面喷绘机），经专家认定后也可列入生产型数字印刷机范围。《目录》将根据数字印刷技术的发展情况作相应调整。《目录》由国家新闻出版总署委托中国印刷科学技术研究所制定。

我国首部中小学低碳教育教材上海问世

2011年8月20日，由华东师范大学俞立中校长与上海科学技术出版社毛文涛社长主编的《中小学生低碳教育读本》在上海书展正式推出。据了解，本套读本是国内第一套适合中小学学校开展低碳主题教育的特色课程教材。该套读本分小学版、初中版和高中版。

上海科学技术出版社相关负责人表示：在未来的一二十年中，当下的中小学生将成为实现我国节能减排承诺的建设者和主力军，引导学生着眼未来、秉承可持续发展理念、走向生态文明，是本套读本的编写意图。

武汉打造华中最大印刷包装集聚区

2011年9月9日，阳逻经济开发区联合武汉印刷协会、德成控股集团在武汉香格里拉酒店举行“武汉印刷包装基地新闻发布会暨阳逻港·华中国际产业园产品推介会”，这标志着酝酿多年的武汉印刷包装基地正式落户阳逻港。

本项目拟打造一个贯通汉口北市场群与阳逻经济开发区的印刷包装业集群，承接汉口北市场群、阳逻深水港及保税物流港区的大量印刷包装业务，同时也将辐射华中乃至整个中部地区。项目依托汉口北市场群及阳逻开发区的市场优势、港口优势和立体交通优势，建成后，将形成一个以印刷包装为主体，集印刷包装产品研发、创意设计、生产加工、展示销售、教育培训、材料供应、物流配送、信息与金融服务于一体的综合性印刷包装产业基地。

绿色印刷质量管理培训详解法规与技术

2011年10月，由国家新闻出版总署印刷发行管理司、教育培训中心和出版产品质量监督质检中心共同主办，上海市新闻出版局承办的绿色印刷质量管理培训班在上海举办。来自全国27个省区、市的新闻出版行政管理部门、质检机构、出版单位和印刷企业的相关负责人参加了培训。

本次培训主要是为了配合推行绿色印刷技术和绿色印刷标准，开展绿色印刷环保质量检测，研究加强绿色印刷管理与质量管理工作而举办的一期专业培训，被纳入了总署2011年的教育培训计划。

本次培训为期3天，采取理论教学、现场参观和实际观摩相结合的方式，着重于对印刷业相关基础知识的讲授，使学员熟悉国家有关印刷管理法律法规和绿色印刷知识，现代印刷技术和管理手段。总署印刷发行管理司副司长曹宏遂表示，环保标准、检测机构和政府部门的规定是实施绿色印刷必备的3个条件，而进行标准检测则是落实标准的必要手段、企业认证的必要程序、检验产品的必要措施和实行处罚的必要依据。

江苏扬州市印刷行业工会联合会正式成立

2011年8月23日，江苏省扬州市召开了第一届印刷行业工会联合会成立大会，扬州印刷行业从此有了统一的工会组织。在本次成立大会上，审议并通过了第一届印刷行业工会联合会筹备工作报告和章程；按法定程序，选举产生了第一届印刷行业工会联合会委员会。扬州印刷行业工会联合会的成立，有助于加强基层工会的建设。

湖南出台印刷业规定草案　促进印刷业发展

湖南省在省人民政府第88次常务会议上审议并通过了《湖南省印刷业规定（草案）》，此举有助于促进湖南省印刷行业实现优质、快速发展。

会上，湖南省法制办主任许显辉对《湖南省印刷业规定（草案）》的审查情况进行了详细的报告。湖南省新闻出版局局长朱建纲重点介绍了近年来湖南省印刷业迅速发展的态势，详细说明了湖南承接产业梯度转移的优势。湖南省省长徐守盛指出，湖南出版基础好，在全国有地位，印刷业作为文化产业的重要组成部分具有明显区位优势。他强调，湖南印刷业要抓住契机，乘势发展，政府各级领导要加强对全省印刷产业的指导，推进湖南印刷业进一步快速发展。

2011北京国际出版论坛在京举行

2011年8月30日，由国家新闻出版总署、国务院新闻办公室和中国民主促进会中央委员会共同主办的主题为“数字时代的国际出版业走向”的2011北京国际出版论坛在北京凯宾斯基饭店举行。全国人大常委会副委员长、中国民主促进会中央委员会主席严隽琪，国家新闻出版总署署长柳斌杰，国务院新闻办公室副主任董云虎，荷兰王妃劳伦廷等出席论坛，论坛由国家新闻出版总署副署长邬书林主持。

严隽琪副委员长在致辞中表示，出版业的数字时代已经到来，我们不仅要虚心借鉴国际出版业的先进经验，为我所用；更要实事求是，探索适合本国数字出版业发展的模式，切实推动我国数字出版又好又快发展，进而为世界数字出版发展做出应有的贡献。柳斌杰署长在会上作了“数字时代的全球出版走势”的主题报告。本届论坛采取主分论坛相结合、演讲与现场互动相交替的形式进行，来自中外出版企业的代表及各大媒体近400人参加了此次会议。

首届中英出版论坛在北大举行

2011年8月28日，由北京大学新闻与传播学院现代出版研究所和英国牛津布鲁克斯大学联合主办、北京印刷学院协办的主题为“版权贸易与出版新趋势”的“2011首届中英出版论坛”在北京大学陈守仁国际交流中心成功举办，来自英国和中国的近50名业界和学界代表出席了会议。

会上，中国出版集团公司原总裁、北京印刷学院新闻出版学院院长聂震宁，北京大学新闻与传播学院教授谢新洲，英国牛津布鲁克斯大学国际出版中心教授安格斯·菲利普斯代表英国培生教育出版集团版权总监莱内特·欧文，英国著名版权代理人托比·伊迪分别做了主题演讲。会议期间，蒲嘉陵副校长与牛津布鲁克斯大学代表交换了意见，就两校在出版及相关领域联合培养硕士研究生等高层次人才方面达成初步合作意向。有鉴于英国已经成为中国对外版权贸易中仅次于美国的第二大贸易国的事实和中英两国出版界之间无限广阔的合作前景，主办方及协办方均表示应该保持不间断的学术交流，并约定2012年在英国举办下一届中英出版论坛，以期推动中英两国的版权贸易能有更加长足的发展。

雅昌再获美国印制大奖　六度问鼎班尼金奖

美国当地时间2011年9月11日，在芝加哥举行的2011年第62届美国印制大奖颁奖仪式上，来自深圳的文化产业领军企业雅昌集团六度问鼎班尼金奖，其印制的《黑白世界》等6部作品豪取6座Benny Award“小金人”。

由美国印刷工业联合会主办的美国印制大奖是印刷业最具权威、最具影响力的产品质量评比赛事，于1950年创办，其设置的“Benny Award”奖是以曾为美国印刷业技术带来革命性发展的发明家本杰明·富兰克林命名的最高荣誉奖项，素有“印刷界的奥斯卡”之称。

自2003年参加“Benny Award”奖竞逐至今，雅昌集团已累积斩获18座“小金人”，为印刷术的故乡——中国赢得了世界声誉。

全国人大副委员长顾秀莲视察鸿博印刷

2011年9月1日，全国人大副委员长顾秀莲、福建省关心下一代工作委员会主任王建双一行莅临鸿博股份视察指导，与公司董事长尤丽娟、副董事长尤友岳及公司优秀残疾人员工代表进行了亲切座谈并参观了残疾人集中就业的车间。

座谈会上，残疾人员工代表向顾秀莲副委员长赠送了亲自为她绘制的动漫头像作品。顾秀莲副委员长高兴地接受了这一特别的礼物，并做了重要讲话。她指出，鸿博股份是一个有责任心、有爱心、有潜力的好企业，对国家，对社会做了重大贡献。她希望鸿博股份再接再厉，把企业做大做强，安置更多的残疾人就业。

国家新闻出版总署推出20种出版物纪念辛亥革命

2011年10月9日，国家新闻出版总署在京举行了纪念辛亥革命100周年出版工作座谈会。国家新闻出版总署署长柳斌杰、中国社会科学院副院长朱佳木等出席会议并讲话，国家新闻出版总署副署长邬书林主持会议。

据统计，全国约有100多家出版社策划纪念辛亥革命100周年的图书选题400余种，音像、电子出版物选题22种。国家新闻出版总署从中精选出《孙中山传》、《辛亥革命的前前后后》、《1911》等20种重点出版物选题，作为国家新闻出版总署纪念辛亥革命100周年主题出版的重点图书。此外，中国出版集团公司为纪念辛亥革命100周年出版了60种重点图书，涵盖政治、哲学、文学、历史、纪实、艺术、文献、出版、综合等11个门类。

国家新闻出版总署携手武汉大学培养高级印刷人才

2011年9月28日，在武汉大学，国家新闻出版总署副署长孙寿山、湖北省副省长张通为高级印刷人才培养基地揭牌。这是国家新闻出版总署继2007年在武汉大学设立高级出版人才培养基地后，在该校设立的第二个人才培养基地。

该基地将探索并尝试培养数字印刷、绿色印刷等新兴专业人才；承担印刷专业硕士、在职研究生培养，申办相关博士点，推动印刷专业的学科建设；开展新闻出版产业政策、重大理论与实践问题的研究，承担新闻出版行政主管部门和行业委托的课题与技术研发项目；建立印刷行业产学研合作平台，并助推湖北印刷业快速发展。

杭州市建设国内最大古籍线装书印刷基地

2011年9月24日，全国古籍出版社社长专题研讨会在浙江省杭州市萧山义桥镇召开，研讨全国古籍出版领域的最新动向和未来发展方向，对出版行业进行政策性引导和法规解释。

全国20多家古籍出版社社长考察了位于义桥镇的古籍印刷基地。该印刷基地由萧山古籍印务公司重点打造，已为国内各家古籍出版社、图书馆以及政府部门影印了各种线装古籍善本、孤本、珍本等累计达1 000多万册。同时也为党和国家领导人、历代文化名人影印专著及经典古籍线装图书。由该基地印制的《鲁迅手稿全集》《中国萌芽木刻集》，被评为2002年国家新闻出版总署优质产品奖，印刷的《苏州水》入选2005年度“二十本中国最美的书”。国家古籍线装本最大重点项目《中华再造善本》和《中医古籍孤本大全》正在萧山古籍印务公司制版印刷。

目前，杭州市萧山义桥正在建设国内最大的古籍线装书印刷生产基地，以古籍印刷为代表的文化创意产业也是义桥今后重点发展的四大现代服务业之一。

造纸工业发展“十二五”规划通过专家评审

2011年9月26日，受国家发展和改革委员会委托，中国造纸工业协会组织行业内外专家对国家发展和改革委员会产业协调司、工业和信息化部消费品司、国家林业局规划财务司联合编制的《造纸工业发展“十二五”规划》送审稿进行了评审。

专家们对规划送审稿进行了认真审阅和细致讨论，一致认为，该规划的编制集思广益，广泛凝聚着有关部门和行业专家、企业家的智慧，充分体现了编制工作的科学性和民主性，突出了科学发展的主题，总体结构合理，内容全面详实，发展目标定位准确。明确了自主创新、技术改造、兼并重组、节能减排等行业发展重点任务，在此基础上提出了未来五年造纸工业发展的预期性和约束性指标、重点工程内容和相关政策措施，可操作性强，对推动我国造纸工业优化产业结构，转变发展方式具有重要的指导作用。

西藏第一个印刷行业人才培训基地成立

2011年9月30日上午，北京印刷学院印刷技能人才培训基地挂牌仪式在西藏新华印刷厂举行。该基地的建成，将有效解决长期困扰西藏印刷企业发展的人才短缺瓶颈，提升西藏印刷业的自我发展能力，标志着西藏自治区新闻出版界首个行业专门人才培训基地诞生。

此前，西藏印刷企业第一期骨干人才培训班已经开班，北京印刷学院的专家教授系统地讲解了印刷技能的有关理论与实践知识，立足印刷企业对培训人员进行印前、印中、印后、设备及经营管理全方位的人才培训。同时，专家们还深入车间，与工厂领导、技术人员进行深层次的探讨、分析，通过沟通了解，解决了部分困扰企业技术人员多年的生产难题，开创了行业内校企合作的新篇章。

国家级数字出版基地在湖北武汉市奠基

2011年9月29日，华中国家数字出版基地揭牌暨基地总部（华中智谷）奠基仪式在武汉经济技术开发区举行。基地总部规划用地面积246.66亩（1亩＝666.6m^2），总建筑面积32.88万m^2，基础设施总投资13.60亿元，这标志着华中地区首家国家级数字出版基地在武汉诞生。

国家新闻出版总署副署长孙寿山，湖北省委常委、宣传部部长尹汉宁，湖北省副省长张通出席，为该基地揭牌并奠基。仪式上，国家新闻出版总署出版产业发展司负责人宣读了关于同意湖北省建立华中国家数字出版基地的批文。张通代表湖北省政府向国家新闻出版总署表示衷心感谢，并表示湖北一定将华中国家数字出版基地建设好、发展好，努力建成全国出版产业的先行示范点。

江苏54个出版项目获省文化产业引导资金

2011年度江苏省文化产业引导资金项目签约仪式在南京举行。经过形式审查、专家评审、实地考察等程序，按照相关管理办法的要求，最终确定54个新闻出版类资助项目，同比增加12.5%，资助金额6 960万元，同比增加6.26%。

江苏省坚持“突出重点、择优扶持”原则。2011年新闻出版申报项目数量同比增加32.8%，项目总投资额94.2207亿元，同比增长79.6%，入选的项目中有8个投资过亿元。其中，与数字出版相关的项目有32个，资助金额4 490万元，涉及技术改造的项目有17个，资助金额2 030万元，充分反映了江苏省对重大项目的扶持力度，体现了引导资金的政府导向。

2011中国印刷标准化年会在京隆重召开

2011年10月20日，由全国印刷标准化技术委员会携手中国印刷技术协会、北京印刷学院绿色印刷包装产业技术研究院、北京印刷协会及必胜印刷网联合举办的“2011中国印刷标准化年会暨印刷创新论坛”在北京·湖南大厦隆重召开。

会议在国家新闻出版总署科技与数字出版发展司蔡京生致辞中拉开帷幕，他在讲话中明确指出我国印刷标准化工作的具体方向和目标，并从新闻出版主管部门的角度为印刷标准化指明了方向。

会中，全国印刷标准化技术委员会高级工程师马智勇及印刷科技研究中心经理彭安琪分别介绍了我国国内（大陆）及香港地区的印刷标准化实施及推进情况。北京印刷学院、印刷科技研究中心、雅昌等10余位专家及企业领导围绕“G7认证、实施与印刷控制技术”，“印刷色彩——如何真正意义上做到远程打样、数码打样与实际印刷色彩的统一”，“印刷标准化与企业发展战略——中小型企业、多地集团企业、包装印刷企业如何实行标准化建设”三个方面与到场人员进行交流与互动，分享实施印刷标准化的心得经验，受到与会人员的热烈欢迎。

云南省中小学教材印刷合格率达百分之百

2011年，按照国家新闻出版总署的要求，云南省就秋季中小学教材的印刷质量深入印刷企业进行现场抽样，共抽取中小学教材13种169册。经检测，批质量合格率达100%。与此同时，省新闻出版局对各州市新闻出版局、云南出版集团等单位进行了检查。其中，云南出版集团秋季共出版教辅图书40余套2 003种，约2.60亿码洋，涵盖小学至高中各个学段。在40余套教辅中，收录入《云南省中小学教学用书通讯》目录的教辅16套，均通过省中小学教材审定委员会审定。

在少儿类出版物的质检工作中，对20种共400册少儿出版物进行了印装质量批量抽样，并重点检查了印装、复制、编校和环保质量。共涉及8家印刷企业和2家发行企业，经检测，全部品种批质量合格，批质量合格率达100%。

岳阳微量涂布轻型纸通过专家鉴定

2010年度湖南省重大技术创新项目——“微量涂布轻型纸”通过了湖南省经信委组织的来自中国轻工业长沙设计院、湖南省造纸学会、轻工学会等单位的专家鉴定。专家们对微量涂布轻型纸新产品开发及其应用项目取得的多项重大技术创新成果、多项自主知识产权给予高度评价，并一致认为该产品整体技术达到了国内领先水平。

微量涂布轻型纸采用75%以上的高得率浆，通过研发专用的涂料配方，优化浆料配比、打浆工艺、湿部助留系统、涂布工艺和纸机抄造工艺，是普通轻型纸升级换代产品；该产品在保持高松厚度的前提下，提高了纸张白度和平滑度，改善了适印性；产品经权威检测机构检测，指标符合企业标准要求，在上海、北京、深圳等地试印，深受用户欢迎，市场前景广阔。该产品原生纤维资源消耗少，生产能耗低，污染物排放量少，属资源节约和环境友好型新产品。

国家新闻出版总署副署长阎晓宏到上海金山国家绿色创意印刷示范园区调研

2011年11月13日，国家新闻出版总署副署长阎晓宏来到上海金山国家绿色创意印刷示范园区，就“学习贯彻十七届六中全会精神，推动印刷产业发展”进行专题调研。他强调，十七届六中全会为我国印刷业发展指明了方向，也提出了更高要求。要把学习贯彻六中全会精神具体落实到推动印刷产业发展中，大力推进实施绿色印刷，加快印刷业转型升级，使印刷业在推动文化产业成为国民经济支柱性产业中发挥主力军作用。

在考察中，阎晓宏详细了解了金山国家绿色创意印刷示范园区的规划、设计、建设情况，并对园区一年来的建设成果予以充分肯定。在谈到目前国内印刷产业园区建设情况时，阎晓宏表示，印刷园区建设在培育产业集群、实现跨越发展方面应当发挥好带动作用。但从现在情况看，这方面的带动作用还很不够。全国现有58个印刷园区，涵盖共计1 050家印刷企业，占全国印刷企业总数的1%，印刷产值217.25亿元，占全国印刷产值的比例还不到3%。国家新闻出版总署将根据“十二五”规划，对印刷园区统筹规划、合理布局，扶强扶优，真正发挥印刷园区在培育产业集群、实现跨越发展方面的重要带动作用。阎晓宏强调，推进实施绿色印刷是加快印刷产业结构调整的重要手段。目前国内印刷业结构性发展瓶颈凸显，迫切需要加快印刷产品结构、企业结构、区域布局结构的调整。

陕西81家报刊出版单位年底前将完成改制

2011年11月3日，陕西省非时政类报刊出版单位体制改革动员会议在西安召开。陕西省委宣传部副部长刘斌、陕西省新闻出版局局长薛保勤在会上就如何做好该省非时政类报刊出版单位体制改革和机制创新分别作了动员讲话和部署安排。

目前陕西省非时政类事业法人报刊出版单位32家，已确认企业法人资格的报刊出版单位49家，这81家报刊出版单位将作为第一批改制单位，于2011年年底前完成改制。刘斌强调，在改制工作中一定要把握6个重要环节，即加强文件学习，吃透吃准精神；摸清单位家底，准确掌握情况；充分听取意见，抓紧制订方案；明确工作责任，确保有人管；强化改制纪律，防止资产流失；做好过渡期工作，确保平稳过渡。坚持有利于提高舆论引导能力，有利于提升核心竞争力，有利于打造文化航母，有利于充分调动广大职工积极性的四项原则。

天津与国家新闻出版总署签订数字出版战略合作协议

2011年11月，国家新闻出版总署与天津市人民政府战略合作框架协议签字仪式举行，天津国家数字出版基地同时揭牌。天津市委书记张高丽接待了国家新闻出版总署署长柳斌杰一行，市委副书记、市长黄兴国出席签字仪式。

张高丽感谢国家新闻出版总署对天津工作的大力支持，对双方开展战略合作表示祝贺。根据协议，双方将在深化新闻出版体制改革和推动产业发展，促进新闻出版公共文化服务体系建设，积极推进新闻出版“走出去”战略，发展国际版权贸易以及新闻出版会展业等多方面开展战略合作。

天津国家数字出版基地将重点构建数字内容生产、数字产品交易、数字生活体验、数字文化传播四大功能体系，建设数字出版交易服务、数字出版资源共享等八个公共服务平台。

国家新闻出版总署副署长孙寿山，市委常委、市委秘书长段春华，市委常委、市委宣传部部长成其圣，副市长张俊芳，市政府秘书长袁桐利及有关方面负责同志参加会见或出席仪式。

重庆倡导绿色印刷排查各印刷企业设备工艺

2011年11月，重庆市新闻出版局、市环境保护局携手对各印刷企业及纸张、油墨供应商展开排查，督促其改进落后生产设备、工艺，向绿色靠拢。

重庆市新闻出版局印刷管理处处长张富伟表示，目前，重庆共有1 800余家印刷企业，还有部分企业正在积极申办“绿色印刷环境标志产品认证”。根据规定，获得认证的企业将在发展资金、产业政策和管理措施等方面得到一定扶持。

青岛市数字出版联盟揭牌成立

2011年11月8日，青岛数字出版产业联盟在1919创意产业园揭牌成立。这为实现青岛市数字出版的产业化、创建国家级数字出版基地迈出了具有里程碑意义的一步。

青岛市发展数字出版产业具有良好基础：青岛出版集团、青岛日报报业集团拥有丰富的数字出版内容资源；青岛移动、联通、电信、青岛新闻网等传播媒介发展进速；海尔、海信等企业拥有强大的研发能力和品牌优势；青岛市版权保护力度走在全国前列。业内人士认为，数字出版联盟的成立将有效推进集内容、媒介、终端于一体的产业链运营，为数字出版产业发展提供坚实的支撑。

青岛出版集团、青岛日报报业集团、海尔集团、海信集团以及青岛移动、联通、电信等20家数字出版企事业单位负责人出席了会议。会议通过了《青岛市数字出版产业联盟章程》，选举青岛市文化广电新闻出版局副局长殷庆威担任联盟主席。

中国网印及制像协会30年庆典隆重举行

2011年11月13日下午，中国网印及制像协会建会30周年庆典暨颁奖盛典在上海金茂君悦大酒店正式开幕。中国网印及制像协会主办的“中国网印30年评比表彰活动”同期举行。

中国印刷技术协会理事长于永湛、常务副理事长张双儒、名誉理事长武文祥，中国网印及制像协会理事长裴桂范、名誉理事长宋育哲以及各国国际组织、协会领导、国内外知名丝印企业、供应商代表300人欢聚一堂。本次颁奖盛典，共设置了包括6个企业奖和6个个人奖在内的12个奖项。评选旨在培育、打造中国网印业自己的民族企业与民族品牌、表彰中国网印业30年来涌现出的优秀企业、企业家和名牌产品，增强广大网印业者的职业自豪感，提高全行业的凝聚力和国际影响力。

第四届中国国际全印展在沪举行

2011年11月14日，第四届中国国际全印展在上海新国际博览中心拉开帷幕。在前三届展会成功举办的基础上，本届中国国际全印展再次成为2011年度中国印刷行业的一大行业盛会。

国家新闻出版总署副署长阎晓宏，中国印刷技术协会理事长于永湛，中共上海市委常委、宣传部部长杨振武、副部长朱咏雷、副部长焦扬，中国印刷集团公司总经理陈向东，国家新闻出版总署印刷发行司副司长曹宏遂，上海市新闻出版局正局级巡视员李新立，杜塞尔多夫展览集团公司主席兼CEO董谢德，杜塞尔多夫展览（中国）有限公司董事总经理曾耀德，以及中国印刷科学技术研究所所长陈彦出席典礼并为展览会开幕剪彩。除国内各省（区、市）协会组团参观外，还有来自美国、菲律宾、伊朗、日本、印度尼西亚等国以及中国台湾地区的参观团报名参观。

在开幕式发言中，中国印刷技术协会理事长于永湛向来宾介绍了中国国际全印展在国内外印刷专业展览会中的地位。上海市副市长屠光绍介绍了上海市印刷工业发展情况，他表示，上海市印刷业将在"十二五"时期大力发展绿色印刷、数字印刷，提高印刷产业的集约度和科技含量，带动整个长三角印刷产业带的转型升级。

全国新闻出版统计工作会议在京举行

2011年11月22日，全国新闻出版统计工作会议在京举行。本次会议由新闻出版总署出版产业发展司司长范卫平主持，国家新闻出版总署出版产业发展司副司长袁亚平通报了2011年新闻出版统计工作情况，中国新闻出版研究院院长郝振省布置了2012年新闻出版统计年报相关工作。总署有关部门以及全国各省（区、市）新闻出版局有关负责人及相关部门工作人员参加了会议。

会议系统总结了2011年新闻出版统计工作情况，全面部署了2012年新闻出版统计工作。国家新闻出版总署副署长蒋建国出席会议并发表讲话，他在讲话中充分肯定了新闻出版统计工作在过去一年中所取得的成绩。2011年，在各省（区、市）新闻出版局和新闻出版单位的全力配合下，新闻出版业快报、年报统计工作顺利开展，较好发挥了服务产业改革发展的作用。

2011中国印刷论坛暨第九届两岸四地印刷业交流联谊会在上海召开

2011年11月13日，由中国印刷技术协会、中国印刷科学技术研究所主办的"2011中国印刷论坛"在上海隆重召开，本届论坛以"绿色·创意·和谐"为主题，就中国印刷业的"十二五"发展、绿色印刷的推进、印刷企业转型升级等话题进行了深入探究，以期为中国印刷企业提供更具价值的参考和借鉴。第九届两岸四地印刷业交流联谊会也于同期举行。国家新闻出版总署副署长阎晓宏，中国印刷技术协会理事长于永湛、常务副理事长张双儒、副理事长兼秘书长曲德森、名誉理事长武文祥、常务副秘书长江南等领导出席了本次论坛。

国家新闻出版总署副署长阎晓宏作了题为《全面落实"十二五"规划，实施绿色印刷，加快行业转型升级步伐》的主题报告，客观地剖析了中国出版业与印刷业的现状，分析了时代形势，解读了政府有关政策，描绘了我国印刷业未来发展的蓝图。美国印刷协会前会长Regis J. Delmontagne教授、日本印刷产业联合会会长猿渡智也分别介绍了美国与日本印刷业的发展现状、趋势以及对未来的预期。

中国印刷技术协会副理事长兼秘书长曲德森主持了第九届两岸印刷业交流联谊会。台湾区印刷暨机器材料工业同业公会理事长吕进发为交流会致辞，香港印刷业商会会长杨金溪、台湾财团法人印刷工业研究中心董事长陈政雄、澳门印刷业商会会长周绍湘等人分别就香港印刷业的绿色发展、功能性印刷的潜力与未来、澳门印刷业的开拓与发展进行了主题发言，介绍了香港、台湾和澳门地区印刷业的发展情况。

第九届香港数码印刷大奖颁奖典礼举行

2011年11月1日，第九届香港数码印刷大奖颁奖典礼于九龙逸东酒店翡翠厅举行。此次数码印刷大奖由中国香港数码印刷协会主办，Konica、AGFA、Corel、FUJI XEROX、RICOH等单位赞助，来自香港印艺学会主席陈培基、香港印刷业公会主席王宏业、香港印刷业投资协会主席吴友生、香港印刷业商会理事岑耀南等同行业代表100余人出席。

香港数码印刷大奖是由香港数码印刷协会为推广数码印刷及提升香港数码印刷技术，于2003年开始举办的赛事。用比赛形式选取数码印刷样本作展览，并透过展览宣传使印刷品买家、用家、有关出版和设计等人士，对香港的数码印刷有更深入的认识。赛事分四个项目进行，包括：单张纸及组合印刷、静电式书刊印刷、可变数据印刷及喷墨印刷，每组设金、银、铜及两名优异奖。另设"全场总冠军"大奖。

第八届上海国际质量研讨会举行

2011年10月31日－11月2日，由中国质量协会、国际质量科学院、上海市质量协会、上海质量管理科学研究院共同主办，“质量 创新 包容性增长”为主题的第八届上海国际质量研讨会暨国际质量科学院院士论坛在上海花园饭店举行。中国质量协会会长陈邦柱，全国政协常委、上海经济团体联合会会长蒋以任出席开幕式并致辞，国家质检总局、工信部上海市质量技术监督局等领导出席会议。国际质量科学院十多位院士联袂参加会议。来自14个国家和地区的500多位代表聚集一堂，共同探讨质量和创新如何支撑包容性增长，促使全球尽快走出金融危机的阴霾。

国家质检总局质量管理司司长田世宏、国际质量科学院理事长格瑞格里·沃森分别做了主题演讲。

本届会议颁发了第五届上海白玉兰质量贡献奖。中国质量协会会长陈邦柱，全国政协常委、上海经济团体联合会会长蒋以任，中国质量管理泰斗刘源张，国际质量科学院荣誉院士哈林顿荣获上海白玉兰质量特殊贡献奖。

协会工作

中国印协、北京印协举办2011新春联谊会

2011年1月24日，中国印刷技术协会与北京印刷协会共同举办2011年印刷行业新春联谊会。国家新闻出版总署副署长阎晓宏，国家新闻出版总署印刷发行管理司司长王岩镔、副司长曹宏遂，国家新闻出版总署人事司副巡视员王晓平等领导出席，中国印刷技术协会理事长于永湛、常务副理事长张双儒、秘书长曲德森，北京印刷协会理事长任玉成、秘书长张庆林等协会领导，以及行业专家、印刷厂商代表约120余人出席联谊会。联谊会现场，一派节日气氛。

于永湛在联谊会致辞中，感谢印刷业内同仁对协会的大力支持，希望在大家的共同努力下，把中国印刷业做得更大更强。阎晓宏在联谊会上指出，当前，印刷业发展蒸蒸日上，需要改进与创新的地方还有很多，期望协会做好相关工作，使中国印刷业更规范、更绿色。大家交流做好行业工作的经验和体会，表示今后要加强相互配合、沟通，共同推动行业进步。

中国印协举办印刷企业最新免税政策与合理节税专题研修班

为帮助国内印刷企业深入解读行业最新免税政策，掌握税收筹划技巧，优化纳税结构，有效筹划、合法纳税、合理节税，合理减轻企业税收负担，切实增加企业盈利收益，同时也为了总结交流各印刷企业节税筹划实践经验，根据国家新闻出版总署教育培训规划，中国印刷技术协会于2011年3月16日—22日，在福建省厦门市；2011年4月16日—22日，在浙江省杭州市两地组织举办2011印刷企业最新免税政策与合理节税、纳税筹划专题研修班。

协会邀请权威机构专家，结合国家最新税收政策的相关内容，进行专题培训。包括：我国印刷业现状及税收政策发展方向；2011年印刷企业税政全景解读；增值税、关税改革实施情况与最新免税政策；《2010年关税实施方案》与新增印刷设备关税优惠规定；《2011年关税实施方案》解读及印刷企业相关税目税率调整；印刷企业节税空间分析；印刷企业纳税筹划基本模式；税务流程筹划与各税种纳税筹划技巧；印刷企业纳税筹划经典案例分析；组织印刷企业纳税筹划与税务管理典型经验交流和重点难点问题研讨（头脑风暴法）；印刷企业涉税风险规避与税收违法行为防范技巧专题。

浙江包装印刷协会召开五届三次理事大会

2011年3月3日，浙江省包装印刷行业协会举行五届三次理事大会。全省120多家包装印刷企业负责人欢聚一堂，共谋包装印刷发展大计。杭州市人大副主任、市工商联主席崔秀玲，杭州市新闻广电出版局局长陈佳强等领导到场祝贺。

浙江省包装印刷协会会长钟德昌在致辞中表示，协会在各级部门的鼎力支持下，始终坚持以服务包装印刷企业为宗旨，为本省包装印刷业的发展做出了大量的工作。同时，为提高印刷技术水平、增强行业的技术交流，组织开展了形式多样的技术交流活动，让企业管理者及时了解包装印刷业发展的最新动向，大大提升了浙江印刷行业的知名度和美誉度。

广博集团董事长王利平在大会上做了题为《民营企业要实现从“草根经济”到“创新产业”转变》的报告。报告指出，创新是企业发展的金钥匙，只有加强研发，加强自主创新，拥有核心专利，推动制造业企业向“服务型制造”转变，才能创业创新。同时，企业要专注内部管理、优化管理流程、提升管理水平，在自主创新的同时，通过借助

外力、整合资源，实现“借梯登高”。

华凝文化欢乐成都行震撼西部纸包装行业

2011年3月3日，“2011大型成都纸包装工业瓦楞彩盒创新发展高端论坛暨包装用纸采购洽谈联谊会”在成都市金牛宾馆隆重召开。来自中国包装联合会、中国包装联合会纸委会，浙江、上海、福建、青海、重庆、贵州及南京等地近20个省市地区的包装协会、印刷协会领导出席了此次活动。

3月4日，由四川省包装装潢印刷工业协会秘书长李霖致辞，他认为本次论坛将提升四川成都的行业聚集和辐射能力，为西部地区经济发展和产业结构调整注入新的活力。随后，中国包装联合会副会长、浙江包装协会长张耀权向参会代表介绍了包装行业“十二五”规划的最新进展，并通报了行业的最新数据。成都包装协会秘书长张贤漆为参会代表详细地介绍了四川及成都地区纸包装行业市场发展情况。在下午的“包装用纸采购洽谈联谊会”中，上海包装协会纸委会秘书长王海明进行了“服务与创新”的演讲，辰华纸业总经理崔增生具体介绍了集中采购平台。包装用纸采购平台原纸供应商、用户、银行界代表也先后积极发言。此外，上海市原纸集中采购平台“金牌供应商”、“优秀供应商”颁奖仪式和上海地区用纸招标活动的同期召开也引起了参会代表的浓厚兴趣。

全军印刷质量工作会议在安徽黄山召开

全军印刷质量工作会议暨第24次全军印刷优质产品检测认定会在安徽黄山召开。全军印刷协会理事长、全军印刷质量工作委员会主任张根祥及全军印刷协会、全军印刷质量工作委员会、军队印刷质检站相关负责人，全军30多家印刷厂领导、专家、委员出席了会议。

会议传达了国家新闻出版总署有关指示精神，报告了全军印刷质量工作委员会2010年工作总结及2011年工作安排，表彰了2010年度全军印刷质量管理先进单位和全军印刷质量管理达标单位，并为获得全军印刷优质产品金、银、铜、优秀奖的单位颁发奖杯。

据介绍，与会专家、委员完成了全军第24次书刊印刷优质产品的检测认定工作，共有3 255种产品（45 721印张）被认定为2010年度全军印刷优质产品；评出2010年度全军印刷优质产品金、银、铜、优秀奖单位26个，其中，北京凌奇印刷有限责任公司获金奖，解放军报印刷厂获2010年度全军印刷优质产品报纸印刷金奖；1 206工厂印制的《铸就辉煌》等15个产品荣获第六届“秋山杯”全军印刷优质产品质量大奖。

澳门数码印刷协会挂牌成立

2011年3月18日，澳门数码印刷协会正式成立。澳门数码印刷2011峰会同时举行，展示最新数码印刷作品。

该会会长周中余表示，由于现在的传统印刷业经营情况并不理想，澳门人力资源紧缺，经营者年龄渐趋老化，本地年轻人不愿入行，面对香港及大陆的竞争，很多工厂面临结业。数码印刷协会集合了多家国际品牌公司，拥有先进的技术及设备，希望这些国际大公司先进技术，为本地印刷业升级提供帮助，在中国澳门政府政策支撑之下，带动行业向环保、科技、创新等目标迈进，使澳门的传统印刷通过网络及数码化改造，拓大市场、产品多样，提升竞争力，行业进入可持续发展轨道。

中国印协召开“中国印刷行业企业信用评价”指标专家讨论会

2011年5月23日，中国印刷技术协会召开“中国印刷行业企业信用评价”指标专家会，来自中国印刷技术协会相关分会及中国报业协会的顾问等10余名专家参加了本次会议。为了推动商业诚信在印刷企业中的普及，中国印刷技术协会拟在业内开展诚信印刷企业评选活动。按照商务部《关于信用评价工作有关事项的通知》(商秩字「2009」7号)文件的要求，中国印协将于5月底前向商务部和国资委申请成为印刷行业信用评价单位。根据申请的要求，中国印刷技术协会需要提交《中国印刷行业企业信用评价标准》。为此，特组织了本次行业专家讨论会，就已制订完毕的标准草案初稿进行了讨论与审议，就标准草案涉及的领域及相关软硬件条款进行了开诚布公的讨论。

中国印协七届二次常务理事会会议在厦门召开

2011年6月11日，中国印刷技术协会七届二次常务理事会会议在福建省厦门市召开。中国印刷技术协会七届理事会常务理事以及各省（区、市）印刷协会理事长、秘书长百余人出席会议。会议由中国印刷技术协会理事长于永湛主持。

会中，于永湛理事长特别指出本次会议的指导思想和主要任务是：结合行业发展实际，全面贯彻落实科学发展观，认真总结协会工作的成绩和经验，明确下一阶段行业和协会工作的发展目标和工作重心，探索协会改革改造、完善服务的新思路，努力为推动印刷业又好又快发展发挥更加积极的影响和作用。国家新闻出版总署印刷发行管理司副司长姜伯彦、人事司处长王彤分别作了重要讲话，对中国印刷技术协会的工作以及多年来为推动印刷行业发展所做出的贡献给予了充分肯定，并对协会今后的工作提出了希望。

经大会讨论、审议，会议分别通过了《中国印协2011年上半年工作小结下半年工作安排》《中国印协2011年度财务预算方案》《中国印协第七届理事会机构设置方案》《中国印协第七届理事会部分理事、常务理事变更名单》《中国印协网印分会换届方案》《中国印协网印分会成为一级协会的申请》《中国印协企业管理委员会换届方案》以及《关于召开中国印协七届三次常务理事会和七届二次理事会意见的决议》等8项文件；未协商一致的议题，此次会议没有进行表决。

最后，于永湛理事长做了总结发言。他首先肯定了协会上半年的工作，强调了上半年工作成绩的取得离不开领导机关的关心和支持，离不开协会全体理事和会员的共同努力，离不开中国印刷技术协会和各省（区、市）印刷技术协会工作班子的努力付出；同时指出，协会下半年的工作任务繁重，要求协会继续发挥好民主办会作风，希望全行业能够齐心协力，圆满完成各项工作。

香港印刷业商会第37届理监事会就职典礼暨72周年庆典隆重举行

2011年6月17日，香港印刷业商会72周年庆典暨第37届理监事会就职典礼在中国香港万豪酒店盛大举行。来自欧美、韩国、马来西亚和中国两岸的印刷主管部门、协会的领导代表、印刷专家、同业友好、国内主流印刷媒体，以及商会众会员400多名代表参加了庆典。典礼由大紫荆勋贤吴康民、广东省新闻出版局副局长杨广锐担任主礼嘉宾。

商会会长杨金溪致欢迎词，指出未来香港印刷业应朝着创意、标准化及环保等三个方向提升自身竞争力，促进发展。广东省新闻出版局杨广锐副局长致辞中，对商会多年来为粤港印刷业合作交流所付出的巨大努力表示衷心感谢，并希望粤港两地印刷在“泛珠三角”合作的框架及“绿色环保”的产业发展趋势之下，创新合作，不断提高产业竞争力。庆典会上，商会第37届理监事会进行了宣誓就职，在大紫荆勋贤吴康民及中联办文体宣传部副部长周爱国、以及众多来宾的见证之下，新一届理监事正式就任。

北京印刷协会举办“解读招标文件讲座”

2011年6月15日，北京印刷协会在北京隆达印刷包装集团有限公司会议室举办讲座，对中央直属机关、全国人大、国家机关2011年印刷品采购招标文件进行解读。

讲座由北京印刷协会理事长任玉成主持，北京印刷协会专家委员会副主任、市政府资深专家朱纯磊和专家胡欣荣主讲。朱纯磊重点解释了招标文件对投标人的资质要求、投标人应提交的商务文件、投标人应提交的技术文件、评标原则和评分标准。朱纯磊最后强调，正确理解招标文件，提供完整的投标资料，是避免出现“无效投标”和“拒绝接受”的首要条件。文件解读之后，协会的专家对与会者的提问进行了答疑。

上海包装技术协会召开专业委员会秘书长工作会议

2011年8月11日下午，上海市包装技术协会（简称市包协）组织召开了上海市包装技术协会专业委员会秘书长和集团联络员会议。市包协会长庄英杰、秘书长宋文仙、常务副秘书长舒仁厚、纸容器专业委员会秘书长王海明、塑料包装专业委员会秘书长徐兴祥等市包协各专业委员会秘书长出席了会议。会议由宋文仙秘书长主持，主要议题有三项：一是各专业委员会汇报上半年工作情况；二是总结市包协上半年工作情况及通报下半年主要工作和重点活动；三是审议讨论“上海包装行业‘十二五’发展规划”。

会上，与会人员针对《上海包装行业“十二五”发展规划》讨论稿展开了讨论。庄英杰会长指出了上海市包协制定《上海包装行业“十二五”发展规划》讨论稿的重要性，在肯定各专业委员会工作成绩的同时，也提出了一些有针对性和指导性的要求。与会代表一致认为，《上海包装行业“十二五”发展规划》讨论稿客观总结了上海包装产业“十一五”期间所取得的成绩，同时清楚地认识到了当前上海包装产业在发展中所遇到的一些问题。特别是对“十二五”期间上海包装行业发展趋势、思路研究及规划建议中的相关内容，与会代表提出了建议和看法。

中国印刷及设备器材工业协会第六次代表大会隆重召开

2011年9月16日，中国印刷及设备器材工业协会第六次会员代表大会在北京友谊宾馆隆重召开。本次大会的主要任务是：认真总结第五届理事会的工作，分析、把握我国印刷及设备器材行业面临的形势，明确“十二五”期间的主要目标和工作重点，动员全行业的力量为印刷工业又好又快发展献计献策；完成新一届理事会的选举工作，实现协会领导的新老换届工作。

会议通过无记名投票方式选举产生了第六届理事会常务理事107名，理事320名；选举徐建国同志为新一届理事长，陆长安等23位同志为副理事长，同时聘任陆长安兼任秘书长，推选张劲夫、邓力群、于珍同志为协会名誉理事长，并表决通过了会费收取标准和会费管理办法的报告。

中国印刷行业博物馆研讨会成功召开

2011年9月23日，由北京印刷学院、中国印刷技术协会印刷史研究会主办，深圳国际创意印刷文化产业园、力嘉国际集团承办的“2011中国印刷行业博物馆研讨会”在深圳国际创意印刷文化产业园召开。中国印刷技术协会副理事长兼秘书长、印刷史研究会主任曲德森，中国印刷技术协会名誉理事长武文祥、监事长沈忠康、副秘书长江南，北京印刷学院副校长许文才及来自中国印刷科学技术研究所、香港印刷业商会、中国印刷博物馆、上海印刷博物馆等行业协会、行业展馆的领导和专家30余人参加了此次会议。

研讨会上，多家已建成印刷博物馆的单位介绍了办馆经验及其对传承中华印刷文明所起作用的认识，在建、拟建印刷博物馆的单位介绍了其建馆计划与进度。与会代表还就建立中国印刷行业博物馆协作组织的思路及实施方案、印刷博物馆专业人才培养模式等进行了深入的探讨。与会代表一致同意由北京印刷学院、中国印刷技术协会印刷史研究会牵头发起，由中国印刷博物馆、上海印刷博物馆等单位共同发起成立中国印刷行业博物馆协作组织，并讨论通过了《中国印刷行业博物馆协作组织细则》。

中国印刷技术协会七届二次理事会全体会议在沪召开

2011年11月14日下午，中国印刷技术协会七届二次理事会全体会议在上海双拥大厦召开。国家新闻出版总署人事司司长余昌祥，中国印刷技术协会常务副理事长张双儒等领导出席了会议。来自中国印刷技术协会第七届理事会和各省（区、市）印刷技术协会理事长、秘书长及特邀嘉宾约200人参加了本次会议。

中国印刷技术协会理事长于永湛主持本次会议，他指出，中国印刷技术协会七届二次理事会是在党的十七届六中全会作出《中共中央关于深化文化体制改革、推动社会主义文化大发展大繁荣若干重大问题的决定》，提出建设文化强国的战略目标背景下召开的。本次会议的指导思想和主要任务是深入学习领会全会精神，认真总结过去一年协会工作的经验，明确2012年行业与协会的工作重心与发展目标。国家新闻出版总署人事司司长余昌祥在致辞中充分肯定了中国印刷技术协会作为国家新闻出版总署直管的行业协会在过去一年所取得的成绩和发挥的重要作用。对中国印刷技术协会坚持以科学发展观认真贯彻落实全国新闻出版工作会议和中国科协八大会议精神，积极推进绿色印刷工程、协助政府有关部门实施重大项目带动发展战略，在提升行业技术技能和管理素质、开展对外交流与合作、推动行业技术进步、强化自身建设等各项工作中取得的新进展给予了高度评价。

会议的议程还包括审议中国印协2011年度财务报告及2012年预算方案、中国印协第七届理事会工作机构工作人员薪酬及管理制度、中国印协第七届理事会部分理事增补名单、中国印协票据印刷分会换届方案、中国印协信息分会换届方案、补选上海电气印刷包装机械有限公司副总裁张良晓为中国印刷技术协会副理事长、关于举办2012年第三届全国印刷行业职业技能大赛的意见以及关于召开中国印协七届四次常务理事会会议的意见及部分人事任免名单等。

中国印刷及设备器材工业协会召开五届八次常务理事会

2011年8月5日，中国印刷及设备器材工业协会五届八次常务理事会隆重召开。会议由协会理事长于珍主持，许锦枫秘书长在会上作了协会工作汇报及下一步工作计划，李同信副秘书长作了协会换届选举工作汇报。

出席此次常务理事会的有中国机械工业联合会及工业和信息化部相关领导、香港印刷业商会会长杨金溪、乐凯华光印刷科技有限公司总经理滕方迁、辽宁大族冠华印刷科技股份有限公司总经理刘学智、上海电气集团公司副总裁张良晓、山东潍坊华光精工设备有限公司董事长孙同江、天津长荣印刷设备股份有限公司董事长李莉等国内印刷行业知名企业领导。

2011 年文摘

国内市场

2011 年初部分新闻杂志涨价

由于印刷、纸张、运输成本的上升，2011 年年初《南风窗》、《三联生活周刊》、《凤凰周刊》等时事类杂志集体上调价格 2 ~ 3 元，给本地的杂志批发和销售造成压力，与此同时，一种更加环保的电子杂志的阅读模式悄然在读者中流行起来。

（摘自《中国印刷》2011 年第 2 期 / 文）

2010 年我国标签工业总产值实现 150 亿元

2010 年我国标签印刷行业取得了迅速发展。中国印刷及设备器材工业协会标签印刷分会名誉理事长谭俊峤透露："2010 年我国标签工业总产值实现 150 亿元，较 2009 年增长 20% 左右；标签产量达到 21 亿 m^2，较 2009 年增长 20% 左右。这显示出标签印刷是印刷产业中增长最快的一个行业。"

近年来，我国标签市场年均增长率一直保持在 15% ~ 20%。在国民经济发展的拉动下，2009 年标签行业实现工业总产值 140 亿元，2010 年的标签市场形势更是非常喜人，达到 150 亿元。谭俊峤说："从数据来看，2010 年标签原材料消费量增长了 15% ~ 20%，从标签印刷材料消费量的增长情况看肯定是用在标签上了。同时，很多生产企业的销售额也增长了 15% ~ 20%。此外，其他标签印刷、设备制造、材料生产企业的销售额的增长幅度也在 15% 以上。这些数据充分说明，从产值和产量看，2010 年标签市场急剧扩容，增长潜力巨大。"

（摘自《中国印刷》2011 年第 3 期 / 文）

2015 年我国印刷服务出口收入预计达千亿元

国家新闻出版总署 2011 年 4 月 20 日公布的《新闻出版业"十二五"时期发展规划》提出，大力推动印刷服务出口，鼓励企业承接国际高端印刷加工业务，到 2015 年实现印刷服务出口收入达到 1 000 亿元。

规划提出，有计划地布局布点，着力打造一批具有国际竞争力的大型传媒集团和物流企业，打造具有重要影响力的国际版权交易平台，打造具有核心竞争力的知名出版传媒品牌，使新闻出版产品、服务、企业、资本"走出去"的步伐明显加快。资助优秀出版物对外翻译，扩展版权输出与对外合作出版的区域和范围，提高版权输出质量。

根据规划，"十二五"时期中国将实现版权引进与输出比例降至 2 ∶ 1。鼓励企业生产更多的外向型新闻出版产品，保持出版物出口持续增长，到 2015 年实现出版物出口金额 4 200 万美元。重点支持企业以动漫、网络游戏、期刊数据库、电子书等数字出版产品和服务开拓海外市场，进入国际主流市场，到 2015 年数字出版产品和服务出口金额超过 10 亿美元。

《新闻出版业"十二五"时期发展规划》提出了未来 5 年新闻出版业发展传播社会主义先进文化，弘扬社会主义核心价值体系等 7 个方面的重点任务。明确了"十二五"时期新闻出版业发展的总体目标。国家新闻出版总署还明确了新闻出版业"十二五"节能降耗指标，"十二五"时期，科技投入在行业增加值中所占比重逐年增加，单位能源消耗逐年降低，绿色印刷企业在全部印刷企业数量中所占比重超过 30%。

（摘自《中国印刷》2011 年第 5 期 / 文）

中国瓦楞纸箱业年平均增长率达 18% ~ 20%

据 2011 中国国际瓦楞展主办方透露，近年来，中国瓦楞纸箱业年均增长率达 18% ~ 20%，据预测，2013 年中国将超过美国，成为全球最大的瓦楞纸箱市场。

另据世界包装组织统计，2009 年世界包装产业总规模为 5 638 亿美元，其中纸包装市场 2 160 亿美元，占 38%。据中国造纸协会发布的《中国杂志工业 2009 年度报告》称，2000—2009 年，中国纸与纸板产量、消费量的上涨幅度高达 183.28% 和 139.69%。

（摘自《中国印刷》2011 年第 6 期 / 文）

2011 年 3 月我国印刷设备、器材进出口齐增长

据中国印刷及设备器材工业协会统计，2011 年 3 月我国印刷设备、器材进出口总额为 4.81 亿美元，较上月 2.80 亿美元增长 71.71%；与上年同期的 4.09 亿美元相比增长 17.67%。2011 年一季度，我国印刷设备、器材累计进出口额为 12.07 亿美元，较上年同期的 10.16 亿美元增长 18.77%。

从进口情况看，2011 年 3 月我国印刷设备、器材进口额 3.17 亿美元，同上月相比增长 78.73%，同上年 3 月相比上涨 18.49%，与去年同期累计相比上涨 22.63%。

其中，印刷设备进口额为 2.33 亿美元，较上月增长 99.01%，和上年同期相比上升 25.10%，与上年同期累计相比上升 28.61%。和上月相比所有项目均是增长状态，除印后设备增长 31% 外，其他 3 项增长幅度均接近或超过 100%。

数据显示，印刷器材 2011 年 3 月进口额为 0.84 亿美元，较上月增长 39.38%，与上年 3 月份基本持平，与上年同期累计相比上升 9.09%。和上月相比 3 个子项均属增长状态，尤其是胶印版材，增幅为 126%，但因基数小，对全局影响不大。

从出口情况看，2011 年 3 月我国印刷设备、器材出口额为 1.64 亿美元，同上月相比增长 59.66%，同上年 3 月份相比上升 16.15%，与上年同期累计相比上升 12.18%。

其中，印刷设备出口额为 0.95 亿美元，较上月上升 40.52%，和上年同期相比增长 5.11%，与上年同期累计相比增长 7.79%。和上月相比各子项均有不同幅度增长，和上年同期、同期累计比较也仅仅是辅机及零件有 30% ~ 20% 的下滑，其他子项均呈现增长的态势。

数据显示，印刷器材 2011 年 3 月出口额为 0.69 亿美元，较上月增长 95.98%，和上年 3 月份相比增长 35.52%，与上年同期累计相比上升 20.17%。和上月相比印刷油墨、胶印版材的增幅均超过了 100%。

（摘自《中国印刷》2011 年第 6 期 / 文）

四川印刷总产值 260 亿元　成都占六成

2010 年四川省印刷业工业总产值为 260 亿元，首次突破 200 亿元大关，与同期相比增长 40%，其中，在四川各地市当中，成都市的产值占据了四川省印刷工业总产值的近六成。2010 年，成都市 1 236 家印刷企业共实现工业总产值 167.99 亿元，比上年增长 63%，工业增加值 36.72 亿元，比上年增长 48%。其中，出版物印刷企业 113 家，工业总产值 18.79 亿元，比上年增长 24%；内资、专项印刷企业 85 家，工业总产值 2.06 亿元，比上年增长 7%；包装装潢印刷企业 541 家，工业总产值 133.21 亿元，比上年增长 69%；其他印刷品印刷企业 497 家，工业总产值 13.93 亿元，比上年增长 112%。全市印刷企业从业人员达 4.97 万人，全年销售收入 150.72 亿元，完成利润总额 11.67 亿元，上缴税金 9.54 亿元。

（摘自《中国印刷》2011 年第 7 期 / 文）

2015 年我国造纸行业总产能将达 1.35 亿 t

"十二五"期间，我国造纸行业总产能的增量约为 3 500 万 t，到 2015 年，我国造纸行业的总产能将达到 1.35 亿 t，纸及纸板生产量年均增长率约为 6% ~ 7%。此组数据是根据行业内公司在 2011 年 − 2015 年间投产和计划投产的项目预测得来的。尽管行业整体增速放缓，但景气纸种年增速仍高达 15% ~ 20%，伴随社会各界对于瓦楞包装的需求与日俱增，瓦楞纸和箱板纸的年增速将达 18% ~ 20%。我国瓦楞纸箱工业近年来年均增长率达 18% ~ 20%。据预测，2013 年，中国将成为全球最大的瓦楞和箱板纸市场。

（摘自《中国印刷》2011 年第 8 期 / 文）

2011 年上半年满洲里口岸原木进口量价齐增

据满洲里海关统计，2011 年上半年，经满洲里口岸进口原木 381.20 万 m^3，比上年同期增加 12.50%；价值 5.30 亿美元，比上年同期增长 40%；进口均价为每立方米

138.40 美元，比上年同期上涨 11.40%。

据了解，2011 年上半年满洲里口岸原木进口的主要特点有：一是全部进口自俄罗斯。二是当月进口均价创历史新高。进口均价自 2 月起持续上扬，6 月进口均价为每立方米 148.90 美元，比上年同期上涨 14.10%，创历史新高。三是以边境小额贸易方式进口为主。2011 年上半年，经满洲里口岸以边境小额贸易方式进口原木 371.50 万 m^3，比上年同期增加 13%，占同期口岸原木进口总量的 97.50%；其余以加工贸易和一般贸易方式进口。四是私营企业主导进口。2011 年上半年，私营企业经满洲里口岸进口原木 375.10 万 m^3，比上年同期增加 17.2%，占同期口岸原木进口总量的 98.40%。五是内蒙古企业进口量居首位。2011 年上半年，内蒙古企业经满洲里口岸进口原木 370.30 万 m^3，比上年同期增加 11.40%，占同期口岸原木进口总量的 97.10%；其余原木由黑、鲁、京、吉等省市企业进口。

据国家林业局测算，到 2020 年，我国木材每年供需缺口将长期保持在 1 亿～ 1.5 亿 m^3。加之 2011 年起大、小兴安岭林区采伐量将由每年 720 万 m^3 减少到 295 万 m^3。国内原木产量将大幅下降，原木供应缺口加大，刺激了原木进口增加。

（摘自《中国印刷》2011 年第 9 期 / 文）

2011 年 1 月—7 月全国规模以上工业企业利润增 28.3%

据中国国家统计局公布，2011 年 1 月—7 月份，全国规模以上的工业企业实现利润 28 004 亿元，同比增长 28.3%。在规模以上的工业企业中，国有及国有控股企业实现利润 8 952 亿元，同比增长 20.40%；集体企业实现利润 444 亿元，同比增长 30.60%；股份制企业实现利润 15 995 亿元，同比增长 33.09%。

从进口情况看，6 月份我国印刷设备、器材进口额为 2.92 亿美元，同上年 6 月份相比增长 3.98%，与上年上半年累计相比较增长 12.66%。从出口情况看，6 月份我国印刷设备、器材出口额为 1.63 亿美元，同上月相比增长 2.61%，同上年 6 月份相比增长 15.62%，与上年上半年累计相比较增长 13.10%。

规模以上的工业企业实现主营业务收入 458 544 亿元，同比增长 29.8%。另外，在 39 个工业大类行业中，37 个行业利润同比增长，2 个行业同比下降。

（摘自《中国印刷》2011 年第 10 期 / 文）

2011 年前 8 个月全国造纸及纸制品业工业销售产值持续增长

自国际金融危机以来我国进出口进行结构调整，2010 年全国造纸及纸制品产业开始缓慢复苏，整个产业工业销售产值增长缓慢但延续上扬趋势。截至 2011 年年初全国造纸及纸制品业工业销售产值保持稳健增长，同比增幅在三成左右，生产形势延续良好态势，1—8 月累计创造工业销售产值为 7 672.55 亿元，实现同比增长 27.8%，增幅较上年同期收缩 2.37 个百分点，8 月当月工业销售产值 1 032.09 亿元，较上月工业销售产值增加 9.43 亿元，较上年同月工业销售产值增加 154.15 亿元。

（摘自《中国印刷》2011 年第 11 期 / 文）

2011 年前 3 季度我国纸制品出口量增加价格上涨

据海关统计数据显示，2011 年前 3 季度，我国共出口纸及纸板（未切成形的）344.50 万 t，同比增长 21.10%，价值 37.50 亿美元，其中，新闻纸和牛皮纸出口 1.40 万 t 和 10.20 万 t，同比分别下降 82.10% 和 13.80%；无机物涂布纸和瓦楞原纸分别出口 228.70 万 t 和 2.20 万 t，分别增长 26.20% 和 64.80%；铜版纸出口增幅继续扩大，较去年同期增长 16.20%，出口量为 99.90 万 t；其他纸张出口 2.10 万 t。

数据显示，东盟成为我国无机物涂布纸第一大出口市场。2011 年前 3 个季度，我国对东盟出口无机物涂布纸 31 万 t，增长 25.70%，其中，对印度出口无机物涂布纸 17.30 万 t，同比大幅增长 92.8%。我国向欧洲和北美分别出口涂布纸 12.70 万 t 和 6.60 万 t，分别下降 41.70% 和 39.30%。

就铜版纸出口情况看，今年前 3 个季度，我国对东盟出口铜版纸 13.20 万 t，增长 51.30%，占同期我国铜版纸出口总量的 13.20%；受欧美“双反”影响，我国分别对欧洲和北美市场出口铜版纸 8 253t 和 8 710t，同比分别大幅下降 92.80% 和 76.90%。

就出口主体情况看，2011 年前 3 个季度，外商投资企业依然为我国纸制品出口主体，占我国纸制品出口总量的 78.30%，共出口 269.80 万 t，增长 17%。外商投资企业出口无机物涂布纸 192 万 t，增长 21.40%，占 83.90%；分别出口新闻纸和牛皮纸 6 592t 和 6.50 万 t，分别下降 87.90% 和 28.40%。

（摘自《中国印刷》2011 年第 12 期 / 文）

国际市场

英国报业创新求生

2011年1月6，英国《经济学人》报道，英国是世界上报纸行业最为发达的国家之一，但随着网络媒体的不断侵入，英国报纸业目前正面临最严酷的考验。为走出困境，英国的报纸业开始创新求生。其方式主要有三种：

1. 推动报纸上网并收费阅读。英国新闻集团下属的四家报纸，《泰晤士报》、《星期日泰晤士报》、《太阳报》以及《世界新闻报》目前均已开通在线付费定阅。

2. 网络版和纸质印刷版报纸使用相反的观点或者风格。

3. 免费派送报纸以抢占市场。

（摘自《中国印刷》2011年第2期 / 文）

2011年1月美国商业印刷出货量增长4.1%

2011年3月9日，服务于印刷及出版工业的美国网络媒体《WhatTheyThink》，发布题为最新一期的《北美月度印刷出货量》报告。

该报告显示，2011年1月美国商业印刷出货量为67亿美元，同比增长4.1%，比2010年同期增长了0.27亿美元。但在调整通货膨胀率后，该数字为2.5%，同时2010年全年出货量也修正为867亿美元。“尽管2010年的第一季度非常糟糕，但当年剩余月份的出货量仍比2009年全年的出货量略有提高。”《WhatTheyThink》的经济研究中心主任乔韦布博士解释说，“1月出货量的上升得益于与2010年1月的比较，我们希望这种涨势在未来可以继续下去”。

（摘自《中国印刷》2011年第4期 / 文）

日本地震　印刷包装业受打击 造纸影响最大

日本地震对造纸业影响巨大。虽然目前不能确定具体受影响的公司以及受影响的程度，但是，日本的情况可能加剧全球商品浆紧张状况。据估算，产能受影响的纸约一半属于包装纸板，原料主要为废纸，消耗木浆的纸产能仅在350万t左右，而受影响的木浆产能则为565万t。

此外，由于日本废纸出口量大，预期对国际需求有较大冲击，废纸价格上涨，这将加大废纸生产企业的成本，压力增大。日本2008年废纸净出口达到343万t，占到全球废纸供应量的6.50%，而我国从日本进口的废纸占到总量的15%左右，因此，短期看将推高日本废纸价格，对国内依靠日本废纸生产的企业而言，可能受到的影响较大。其主要生产厂商，日本制纸有4个工厂宣布完全停产，影响约200万t造纸产能，以文化纸为主，短期可能小幅带动国内铜版纸出口。

据统计，日本每年印刷纸出口大概在70万～80万t，出口区域主要集中在东南亚、北美及大洋洲的澳大利亚等国，从区域上看，与我国纸厂出口地区基本雷同，因此日本印刷纸出口的受阻，可能给我国工厂提供一定的机会。

（摘自《中国印刷》2011年第4期 / 文）

2013年日本数字印刷销售额比重将达到34%

据日本印刷出版研究所2011年4月14日发布的信息，日本印刷技术协会的调查表明，至2013年，数字印刷在日本印刷销售额中所占比重将从2010年的27%提升至34%，而传统印刷比重将从2010年的62%下降至53%，下降近10个百分点。

2010年传统印刷销售额占日本印刷全部销售额比例为62%，墨粉数字印刷为19%，喷墨数字印刷为8%，印刷附带服务为11%。预计到2013年，传统印刷销售额的比例将下降为53%，墨粉数字印刷将提高为22%，喷墨数字印刷将提高为12%，印刷附带服务将提高为13%。

传统印刷销售额在印刷业总销售额中的比例在未来三年将降低9个百分点，但仍占总销售额的一半以上。数字印刷销售额虽然还大大少于传统印刷，但所占比例却在不断上升。数字印刷在办公印刷、商务印刷（数据印刷）、大幅印刷、可变印刷、图书按需印刷和图片印刷等方面的销售额比例都将有不同程度的提升。

（摘自《中国印刷》2011年第5期 / 文）

印度印刷业连续3年保持以10%的速度增长

据悉，印度报纸《NaiDunia》（印地语称为“新大陆”）仅在两年时间里发行量就从每天50万份增至80万份，上升了62%。到2016年，该报业公司打算将读者扩大至1 500万；这大约是美国三大日报《今日美国》《华尔街日报》和《纽约时报》总发行量的三倍。

报道称，印度报业市场如火如荼。印度家庭支出和政府投入促使其在去年发达国家经济增长速度排名中位居第二，仅次于中国。印度经济增长带动了识字的消费者群，使印刷媒体的回报更为丰厚。价值为45亿美元的印度印刷业，在过去3年里都是以10%的速度增长。

（摘自《中国印刷》2011年第6期/文）

澳大利亚政府力促印刷行业发展

据澳大利亚媒体最新消息，澳大利亚2011—2012年经济预计增长4个百分点，2012—2013年有望再度增长3.75%。这一良好形势也将促进政府对印刷业发展的投资力度。

澳大利亚印刷业及政策管理事务局负责人Hagop Tchamkertenian称："家庭消费成为推动国家经济和印刷业的关键因素，在未来两年，预计印刷业产值有望增加3.5%。但是，潜在的通货膨胀因素或将加重，同时，员工工资水平也在不断上涨。如果澳大利亚元对全球主要货币的比率继续保持高位走势，那么许多进口原材料和技术设备将会为印刷业带来利益。"

为促进澳大利亚印刷业发展，政府计划执行的政策包括：部分地区印刷业务量有望通过技术型移民数量的增加来实现增长。目前，移民澳大利亚的印刷技术工人增加至457人；对印刷业长期失业和有残疾的工人将提供相关福利补贴，为印刷业发展提供保障；澳大利亚国家人才研发基金将在未来4年内提供5.58亿美元，支持印刷业当前和未来技术人才的培养；为增加印刷企业资金流动量，政府宣布2012—2013年对小型印刷企业购进设备每年降低5 000美元税。其余相关耗材税率减少30%等。

（摘自《中国印刷》2011年第6期/文）

美国商业印刷出货量下降 终止连涨

2011年4月，美国商业印刷的销售金额为70.80亿美元，较2010年同期减少了1.09亿美元，跌幅为1.50%。如果考虑到汇率调整因素，美国4月份的商业印刷出货量实际减少了3.66亿美元，降幅达到了4.50%，这也终止了美国商业印刷出货量连续12个月的增长势头。《whattheythink》网站经济研究中心的Joewebb博士表示，他们原本认为这种局面会出现在2011年秋天，但没想到比原来预想的提前了几个月。

（摘自《中国印刷》2011年第7期/文）

伊朗包装印刷市场具有极大吸引力

近几年，伊朗制造业和零售业发展迅速，吸引了全球的关注。相应地，为其提供配套服务的包装印刷行业也成为了关注的焦点。目前，伊朗包装印刷行业的产值大约是120亿美元，年均增长率高达20%，预计到2015年，伊朗包装印刷行业的产值有望翻一番，达到250亿美元。

由于政府的大力支持，近些年，伊朗的包装印刷行业取得了巨大的进步，目前该行业的企业超过了3 800家，直接或间接从业人员达到了35万人，每年用于生产瓦楞纸板的牛皮纸达到了135万t。

尽管伊朗的包装印刷行业增长速度惊人，但与一些发达国家相比，伊朗国内人均包装印刷消费额不足18美元，这个差距还是很大的，目前伊朗的包装印刷市场的发展空间还是相当可观的。

（摘自《中国印刷》2011年第7期/文）

CO_2吸收标签在日本问世

在日本东京国际展览中心举办的2011纳米技术展上，日本SATO公司和ACTEiiVE公司展示了他们成功研制的新型标签，该标签在焚烧时能吸收自身产生的CO_2。

CO_2吸收标签，是采用了阿部教授研究小组研发的NVC（NanoVesiclesCapsule，中文称为"纳米泡囊"）技术，在标签的黏合剂中添加了CO_2吸收剂，从而达到标签焚烧时吸收自身产生的CO_2的效果。CO_2吸收剂是小于100纳米（$1nm=10^{-9}m$）的胶囊状物质，虽然个头小，但是在以纳米为单位散开的情况下，反应时的接触面积却很大。这种吸收剂中有许多纳米级大小的孔口，即使在高温情况下也不会融化或者蒸发，它们会与燃烧时产生的CO_2反应并起到固定的作用，从而达到大幅抑制CO_2排放的效果。这个实际效果已经被实际试验所证实。

（摘自《中国印刷》2011年第8期/文）

2020年日本印刷市场或将缩减约三成

根据全日本印刷工业组合联合会近期的调研与预测，2010—2020年，日本印刷产业规模还将进一步缩水，销售额、企业数量和职工人数都会大幅减少。对于2020年日本印刷市场规模，该联合会作出了3种预测：乐观的预测值为5.50万亿日元，降幅为10%；悲观的预测值仅为3.80万亿日元，降幅为37%；居中的预测值为4.60万亿日元，降幅为24%。即使取居中的预测值，2020年日本印刷产业规模也将与20世纪80年代前期相当。预测还认为，2020年日本印刷产业企业数量将是现在的7成左右，比2010年减少8 000家，合计降幅为32%，职工人数将减少约10万人，降幅为27%。

2010年，日本印刷市场规模为6万多亿日元，只相当于1986年的水平。与历史最高水平1991年的8.93万亿日元相比，2010年的市场规模合计缩小了约1/3；与2000年的8.14万亿日元相比，合计缩小了1/4。

（摘自《中国印刷》2011年第9期/文）

俄罗斯印刷市场借助平面广告增长18%

2011年俄罗斯印刷市场调查研究报告的数据显示，在最近10年，当俄罗斯印刷市场在印刷和数字模式之间寻找最佳折衷方式时，促进市场价值增长的主要动力之一是报纸上的平面广告。在广告市场结构中，平面媒体为448亿卢布，占广告市场的14%。在国际金融危机危机过后的2010年，平面广告的比重显著下降。相比之下，在国际金融危机爆发之前的2008年，平面媒体的广告市场规模达到753亿卢布，高出2010年近一倍。然而，与2009年相比，俄罗斯的印刷市场增长了18%。

（摘自《中国印刷》2011年第10期/文）

按需印刷即将来临　欧美书店出现快速印书机

英国书店将安装一种类似ATM的快速印书机，这种机器可以根据顾客的要求印刷图书。届时购书者可以在100多万种图书中自由选择，这些书包括很多稀有或停刊的图书，然后将想要的书下载并将它们快速装订成平装本带回家。

英国Blackwell书店安装的首批快速印书机是从美国制造商处租借的快速印书机，该机器长约2.70m，高约1.50m，顾客可以键入所要购买的图书的书名，7min后就可将书打印出，修整，装订。装订质量与常规图书相当，售价和书店书架上的同种图书相同。

（摘自《中国印刷》2011年第11期/文）

欧美纸市场9月需求减弱

2011年9月，北美印刷书写纸的消费量，与去年同期相比，非涂布不含磨木浆纸下降了1%，非涂布机械浆纸下降20%，包装纸行业相对较好。同样，其他纸和纸板，相比2010年发货量也是相对较差，但是差别很大。例如瓦楞纸发货量下降不超过0.50%。欧洲方面，9月份也是较差的月份。季节性的旺季已经不起作用。

根据欧洲出版物纸生产商协会和欧盟文化纸制造业协会数据显示，印刷书写纸9月份总的发货量同比下降3.5%，同样，2011年1月－9月累积发货量小幅下跌，跌幅为2%。出口同样下滑，2011年9月份出口总发货量下跌3.50%，2011年1月－9月累积出口量增加1.70%。部分地区发货量下滑幅度更大，同比下滑4%，累积发货量下跌3.50%。纤维成本逐渐下降。过剩的产能增加了纸张的价格压力。这些价格压力在部分地区受到抵制。

（摘自《中国印刷》2011年第12期/文）

2017年全球印刷油墨市场值将达182亿美元

据全球工业数据分析（GIA）研究机构最新发布的一项研究报告显示：受环保油墨备受市场青睐，UV、喷墨墨水等新市场兴起等因素影响，预计到2017年全球印刷油墨市场值将达到182亿美元。

同时，印刷设备的高速化、自动化加速了印刷油墨的技术升级。注重绿色使得环保油墨、水基油墨再次获得市场欢迎。平版胶印油墨依旧占据最大的市场量，数字印刷油墨也越来越受推崇，凹版印刷、丝网印刷、凸版印刷和特殊印刷油墨同时增长速度也比较快，所有的这些共同促进了全球市场需求量的繁荣。

预计数字印刷油墨市场复合年均增长率将达到3.70%。丝网印刷技术的升级，计算机使用率的普及，图像部门对专业高质量图片要求的降低等因素都使数字印刷油墨的市场需求量有所增加，特别是喷墨印刷市场的扩大更是促进该市场需求的最大因素。此外，射频加工和EB固化油墨技术也带来了大量的商机，促进了整个行业的发展。

（摘自《中国印刷》2012年第1期/文）

中南美洲软包装市场增长迅猛　潜力巨大

据悉，中南美洲的软包装市场值目前已达43亿美元，年增长率约为5.30%。期间，巴西地区软包装需求量增长48%，哥伦比亚及阿根廷合计增加67%。2015年中南美洲的软包装市场值将达53亿美元，年平均增长率预计为4.60%。超市零售业规模不断拓展、人群数量的不断增加、上班女性、年轻消费者对软包装产品的热爱等都在一定程度上促成了软包装市场值的增长。从2005年开始，受当地经济持续增长的影响，中南美洲的基础建设和食品加工业发展迅猛。

目前，巴西软包装的需求量主要依靠本国的生产企业，仅有1%依靠进口，有2%出口到中南美洲其他国家。其中，PET软膜仍旧从中国和印度进口，而当地有大量的BOPP和PE膜的生产企业，但PET膜仅有一个地区生产。

（摘自《中国印刷》2012年第2期/文）

上海出版印刷高等专科学校
SHANGHAI PUBLISHING AND PRINTING COLLEGE

上海版专　全力培养印刷传媒创新人才

相关领导参观版专国家数字印刷实验中心

数字出版体验中心（国家级重点实验室）

上海出版印刷高等专科学校（简称上海版专）是新中国早期出版印刷类专科学校，国内出版印刷高等职业教育的先行者，相关部门与上海市共建的特色院校，国家示范性骨干高职院校，国家专业教学资源库"印刷与数字印刷技术"项目建设的主持单位，并承担了数字版权保护技术研发工程等一批国家重大科技工程项目。作为国家出版印刷行业技术与管理人才的培养基地，上海版专依托行业，构筑全新的职业教育模式，培养具有创新意识、掌握新技术和新技能的印刷传媒创新人才。

上海版专办学特色鲜明，底蕴深厚。秉持部市共建、工学结合、校企合作的办学方式，培养知识型、发展型高端技能人才。2008年、2010年连续两届夺得全国印刷行业职业技能大赛学生组冠军；在第三届全国印刷行业职业技能大赛暨第42届世界技能大赛选拔赛中也取得骄人成绩；数次荣膺相关部门授予的"技能人才培育突出贡献奖"和"全国印刷行业社会责任突出贡献奖"；学生的高质量就业率逐年提升，就业率保持在98%以上。

上海版专依托上海理工大学的大学体系，建立了专本硕连读的通道，每年专升本率在20%左右，给学生提供了深造的途径；同时积极拓展国际化办学大平台，引入国际先进的职业教育资源，培养具有国际视野的高技能人才。

2013年上海版专将迎来60华诞。学校将在国家示范性特色高职院校这一新的起点上，全面提升办学水平和教学质量，为我国文化产业的大发展、大繁荣作出新的贡献。

参加第三届全国印刷行业职业技能大赛暨第42届世界技能大赛选拔赛启动仪式的领导和部分选手

地址：上海市杨浦区水丰路100号　电话：021-65673587　http:// www.sppc.edu.cn

天择彩印
Good-made Printing
天道择优，存真求美
设备实力掌控未来
公司简介
ompany profile
沈阳天择彩色广告印刷有限公司成立于1997年12月1日，是一家由多台国际先进印刷机、世界一流装订成套设备武装的综合性印刷厂，同时也是沈阳印刷业界率先通过ISO9001:2000质量管理体系认证和ISO14001:2004环境管理体系认证的民营企业，我公司已通过中国环境标志产品认证，现已成为东北三省印刷行业中名列前茅的明星企业。
中国环境标志产品认证证书
秋山八色单开印刷机
日本小森印刷机
天择公司厂区印刷车间
胶装联动线
高斯M500商业轮转印刷机
GOD-MADE PRINTING
辽宁天择科技实业发展有限公司
沈阳天择彩色广告印刷有限公司
Liaoning God-made Scientific & Technological Industry Development Co.,Ltd
God-made Color Advertising & Printing Co.,Ltd
地址:沈阳市东陵区万柳塘路103甲　邮编:110015　电话:024-24212102　024-24212406　传真:024-24212287　http://god-made.com

新华与您相印
绿色伴您同行
10 Genius
上海新华印刷有限公司
SHANGHAI XINHUA PRINTING CO.,LTD.
地址：上海市齐齐哈尔路920号　E-mail：xinhua_yinshua@163.com
电话：021-65412603　021-65842318
传真：021-65864636　021-65842438　邮编：200082

浙江双溪印业有限公司

1984年6月18日，企业创始人范兆明在金华郊区上浮桥创建了金华双溪印刷厂，从事铅印业务。

1999年4月，经浙江省新闻出版部门批准，获得书刊准印的许可。

2000年5月，引进1台德国产罗兰五色平版胶印机、2台国产双面胶印机，完成了第二期的印刷技改，工业总产值首次达到1 000余万元。

2004年3月，率先获得“浙江出版联合集团定点印刷单位”。

2004年4月，经有关部门批准，企业升级更名为“浙江双溪印业有限公司”。

2004年5月，董事长范兆明荣获婺城区劳动模范光荣称号。

2007-2012年董事长范兆明相继当选为婺城区第七、第八两届人大代表。

2009年11月，获浙江省“守合同重信用”AA级企业。

2010年4月，董事长范兆明荣获婺城区第三届“草根奖”。

公司历年来被评为市、区级诚信民营企业、劳动关系和谐企业、先进基层党支部、先进基层工会、城东街道的经济工作及安全生产先进单位。我公司现为“金华市印刷行业协会会长单位”、“浙江省包装印刷协会副会长单位”，“金华市知名商号”。

目前，公司建筑面积1.5万m^2多，总资产达8000余万元，现有员工近200人，拥有各种专业人才。主要经营出版物、彩色包装装潢印刷及其他印刷业务。近几年来，公司加大了资金的投入，2007年引进世界级品牌日本小森四色胶印机、2008年购进2台国产双面黑白胶印机及1条配页胶订联动线、2009年购入1台海德堡五色胶印机及1台海德堡双色胶印机，2010年购入配页骑马钉装订裁切联动线、2011年购入CTP无菲林直接出片机及CTP冲版设施等。2010年公司又成立了印前设计部门，真正成为集印前、印中、印后加工于一体的综合性印刷企业，是浙中地区颇具实力的印刷企业之一。

地址：浙江省金华市上浮桥荷塘路1号　邮编：321015　电话：0579-82177008　传真：0579-82177048

北京汇林印务有限公司

北京汇林印务有限公司是中原大地传媒股份有限公司（股票代码000719）旗下的控股子公司，2005年落户北京南六环磁各庄桥南北京印刷包装产业园基地，占地200亩（1亩＝666.6m^2），建筑面积10万m^2，员工1 025人。通过多年的快速发展，公司拥有多条进口的自动化印装设备和完备的后期工艺，生产业务遍及教科书，社会图书，期刊DM等出版领域，合作客户如中原大地传媒股份有限公司，人民教育出版社，高等教育出版社，人民卫生出版社，外语教学与研究出版社，人民出版社，中央文献出版社，北京大学出版社，北京五三金典图书有限公司，金星国际教育集团，读者欣赏，科学世界，旅游，电脑爱好者等80多家，印刷产能达200万令／年。2012 年通过环境标志产品认证，成为“绿色印刷”的先导者和执行者。

电话：+86-10-87645581
传真：+86-10-87645265
E-mail：huilinprinting@huilinprinting.com
http：//www.huilinprinting.com
地址：北京市丰台区成寿寺路四方景园五区1号楼4层
邮编：100164
基地：北京市大兴区黄村镇南六环磁各庄立交桥南200m（中轴路东侧）

法规政策

关于印发《数字印刷管理办法》的通知

新出政法〔2011〕2号

新闻出版总署

2011年1月11日

第一章　总则

第一条　为规范数字印刷经营活动，促进数字印刷健康发展，根据《出版管理条例》、《印刷业管理条例》及相关法律法规，制定本办法。

第二条　本办法适用于采用生产型数字印刷机从事出版物、包装装潢印刷品和其他印刷品印刷的经营活动（以下简称数字印刷经营活动）。本办法所称生产型数字印刷机，是指具备较高的印刷速度，印刷质量稳定，能实现工业化连续、批量生产的数字印刷设备。生产型数字印刷机应当配备数字工作流程；高速数字复合机类设备不属于生产型数字印刷机。

第三条　新闻出版总署负责全国数字印刷监督管理工作，县级以上地方新闻出版行政部门负责本行政区域内数字印刷监督管理工作。县级以上地方新闻出版行政部门应当加强对本行政区域内从事数字印刷经营活动的企业（以下简称数字印刷经营企业）的引导和监督管理，加强对数字印刷经营者有关法律法规的培训。

第四条　国家支持、鼓励数字印刷经营企业采用新技术、开拓新模式、提供新服务。数字印刷经营企业应当建立质量保证体系，印刷产品质量应当符合国家和行业标准。

第二章　企业设立

第五条　国家对数字印刷经营活动实行许可制度；未经许可，任何单位和个人不得从事数字印刷经营活动。

第六条　设立数字印刷企业，应当具备下列条件：

（一）有企业的名称、章程；

（二）有确定的业务范围；

（三）有适应业务范围需要的固定生产经营场所，建筑面积不少于50m2；

（四）有能够维持正常生产经营的资金，注册资本不少于100万元人民币；

（五）有1台以上生产型数字印刷机；

（六）有适应业务范围需要的组织机构和人员；

（七）有关法律、行政法规规定的其他条件。审批设立数字印刷企业，除依照前款规定外，还应当符合国家有关印刷企业总量、结构和布局的规划。

第七条　设立数字印刷企业，应当向所在地省级新闻出版行政部门提出申请，并提交下列申请文件：

（一）申请书。载明申请单位的名称、地址，法定代表人或者主要负责人的姓名、住址，资金来源、数额，资本构成以及申请的主要事项。

（二）企业名称预先核准通知书和章程。

（三）法定验资机构出具的资金信用证明。

（四）可行性研究报告。

（五）经营场所和必备的生产条件证明。

（六）法定代表人或者主要负责人的身份证明和履历证明。

第八条　省级新闻出版行政部门应当自受理申请之日起20日内做出批准或者不批准的决定，并通知申请人。批准设立申请的，由省级新闻出版行政部门颁发《印刷经营许可证》，经营范围栏注明“以数字印刷方式从事出版物、包装装潢印刷品和其他印刷品的印刷”；不批准的，应当说明理由。省级新闻出版行政部门应当自颁发《印刷经营许可证》之日起20日内将批准文件和《印刷经营许可证》（正、副本）复印件报新闻出版总署备案。

第九条　数字印刷经营活动可以采取连锁经营的形式。数字印刷连锁经营企业在连锁经营总部（以下简称连锁总部）的统一管理下开展数字印刷经营活动，实行规范化管理。数字印刷连锁经营企业除应当符合本办法第六条的规定外，还应当符合直营连锁、特许连锁等连锁经营方式的管理要求。从事数字印刷连锁经营活动的企业，应当由5个以上连锁门店组成，连锁总部注册资本不少于500万元人民币。

第十条 设立数字印刷连锁经营企业，应当由连锁总部向所在地省级新闻出版行政部门提交本办法第七条规定的申请材料和连锁总部及连锁门店经营场所名单、运营计划。连锁总部获得许可后，各连锁门店持连锁总部的《印刷经营许可证》（副本）及总部的申请材料到所在地省级新闻出版行政部门备案，领取《印刷经营许可证》（正、副本），经营范围栏注明"以数字印刷连锁经营方式从事出版物、包装装潢印刷品和其他印刷品的印刷"。

第十一条 设立外商投资数字印刷企业的，除符合本办法规定外，中、外方投资比例和权益还应当符合《设立外商投资印刷企业暂行规定》以及补充规定的有关规定。

第十二条 现有从事出版物、包装装潢印刷品或者其他印刷品印刷经营活动的企业在原批准的经营范围内开展数字印刷经营活动的，免于办理数字印刷审批手续。现有从事出版物、包装装潢印刷品或者其他印刷品印刷经营活动的企业超出原批准的经营范围开展数字印刷经营活动的，应当依照本办法第六条至第八条的规定到所在地省级新闻出版行政部门办理数字印刷审批手续。

第三章　经营活动管理

第十三条 数字印刷经营企业必须严格遵守国家有关法律法规，接受所在地新闻出版行政部门的日常监督管理。数字印刷经营企业法定代表人或者主要负责人应当定期接受新闻出版行政部门组织的业务培训，并取得省级新闻出版行政部门颁发的《印刷法规培训合格证书》。

第十四条 数字印刷经营企业应当建立、健全承印委托、承印验证、承印登记、印刷品保管、印刷品交付、印刷活动残次品销毁等制度。

第十五条 数字印刷经营企业应当在经营场所醒目位置悬挂《印刷经营许可证》。通过互联网从事印刷经营活动的，应当在网站首页显著位置公示《印刷经营许可证》。

第十六条 数字印刷经营企业接受委托印刷出版物的，应当按照《印刷业管理条例》有关规定，验证印刷委托书及其他法定文书。

第十七条 数字印刷经营企业接受委托印刷包装装潢印刷品和其他印刷品的，应当按照《印刷业管理条例》办理相关手续。

第十八条 数字印刷连锁经营企业建立了规范、统一的业务管理系统，并在连锁总部的统一组织下接受委托印刷出版物的，由接受委托的连锁总部或者连锁门店验证并留存相关印刷委托书和接受委托印刷的出版物样本备查，其他连锁门店免于办理相关手续。

第四章　法律责任

第十九条 未经批准，擅自从事数字印刷经营活动的，由公安部门、工商行政管理部门依据法定职权予以取缔。

第二十条 数字印刷经营企业违反有关规定的，根据《印刷业管理条例》依法给予行政处罚；情节严重的，由原发证机关吊销许可证；构成犯罪的，依法追究刑事责任。

第二十一条 数字印刷连锁经营企业的连锁总部应当对连锁门店日常经营活动加强管理。连锁门店受到新闻出版行政部门罚款（含罚款）以上行政处罚的，行政处罚实施单位应当将处罚结果向连锁总部所在地省级新闻出版行政部门备案。连锁门店一年内累计受到两次罚款（含罚款）以上的行政处罚的，连锁总部应当撤销该连锁门店或终止与该连锁门店的连锁经营关系，并依照《印刷业管理条例》违法行为"情节严重"的有关规定，由原发证机关吊销该连锁门店的《印刷经营许可证》。一年内三分之一以上的连锁门店受到罚款（含罚款）以上行政处罚的，省级新闻出版行政部门应当责令连锁总部进行整改；若整改不通过，依照《印刷业管理条例》违法行为"情节严重"的有关规定，由原发证机关吊销连锁总部及全部连锁门店的《印刷经营许可证》。

第二十二条 本办法施行前已经从事数字印刷经营活动的企业，应当自本办法施行之日起180日内到省级新闻出版行政部门依照本办法办理相关手续。

第二十三条 本办法自2011年2月1日起施行。

全国印刷复制行政执法报告评价制度实施办法

新出政发〔2011〕1号

新闻出版总署

2011年1月11日

第一条 为落实印刷复制行政执法责任，强化印刷复制业日常执法监督，建立完善长效管理机制，建设印刷复制强国，根据《印刷业管理条例》、《音像制品管理条例》以及《复制管理办法》的有关规定，制定本办法。

第二条 本办法所称的印刷复制行政执法，是指各级新闻出版行政部门以及文化市场行政综合执法部门在其职责范围内，对印刷或者复制经营行为进行监督检查、实施行政处罚的行政管理行为。

第三条 新闻出版总署负责指导全国印刷复制行政执法工作，在全国建立实施印刷复制行政执法报告评价制度。

第四条 印刷复制行政执法报告评价制度是指由各省、自治区、直辖市新闻出版行政部门以及文化市场行政综合执法部门负责向新闻出版总署报送本行政区域内印刷复制行政执法的工作情况，新闻出版总署负责对各地印刷复制行政执法工作开展情况进行评价。

其中，各省、自治区、直辖市新闻出版行政部门以及文化市场行政综合执法部门对日常印刷复制行政检查和实施印刷复制行政处罚情况每两个月汇总报送一次；对印刷复制重大案件在案件立案后两个工作日内报送基本情况。

第五条 各省、自治区、直辖市新闻出版行政部门以及文化市场行政综合执法部门在报送日常印刷复制行政检查和实施印刷复制行政处罚情况时，应当分别按照自身职责，对照《印刷复制行政检查和行政处罚工作情况汇总表》的所有项目，仔细核实并汇总检查人数、检查方式、检查内容和行政处理以及行政处罚情况等，清晰填写有关数据，并于每个奇数月开始的第一个工作日报送上两个月的汇总表。

其中，属于自身职责范围内的填写项目如果没有数据的填报零，不属于自身职责范围内的填写项目不用填写。

第六条 各省、自治区、直辖市新闻出版行政部门以及文化市场行政综合执法部门在报送印刷复制重大案件时，应当填写《印刷复制重大案件报告表》，须在案件立案后两个工作日内报送报告表。

本办法所称的印刷复制重大案件是指对国家和社会危害严重、违法经营行为情节严重、违法经营额巨大、涉案地区或者企业数量较多的案件。具有下列情形之一的，属印刷复制重大案件：

（一）党中央、国务院等有关领导同志批示查办的案件；

（二）违反《印刷业管理条例》第三条、《音像制品管理条例》第三条的规定，可能造成严重社会影响、严重损害国家利益的案件；

（三）依法可能吊销印刷复制经营许可证的案件；

（四）违法经营额3万元以上的案件；

（五）涉案省份3个以上或者涉案印刷复制企业5家以上的案件；

（六）以暴力胁迫方式阻碍执法，导致执法人员伤亡或者其他造成恶劣社会影响的案件；

（七）其他严重扰乱印刷复制市场管理秩序的案件。

第七条 新闻出版总署对各省、自治区、直辖市新闻出版行政部门以及文化市场行政综合执法部门开展印刷复制行政检查和实施行政处罚工作进行跟踪和指导；负责协调有关部门对重点印刷复制重大案件进行督办。

第八条 新闻出版总署根据各省、自治区、直辖市新闻出版行政部门以及文化市场行政综合执法部门报送印刷复制行政检查和实施行政处罚的情况，在核实督查的基础上，对各地印刷复制行政执法工作进行评价。

第九条 印刷复制行政执法工作评价应遵循公正、透明、实效的原则，主要内容包括：

（一）印刷复制监督检查的情况，包括检查的频率、方法、内容、重点等；

（二）印刷复制行政处罚的情况，包括处罚案件的数量以及罚款、停业整顿、吊销许可证的情况等；

（三）印刷复制执法队伍的情况，包括执法队伍的人员编制、经费落实、培训考核等；

（四）印刷复制市场秩序的情况，包括重点地区市场秩序以及出版物印刷、只读类光盘复制情况；

（五）印刷复制执法报告的情况，包括《印刷复制行政检查和行政处罚工作情况汇总表》和《印刷复制重大案件报告表》以及其他执法情况反馈等。

第十条 印刷复制行政执法工作评价采取各地自评、检查核准和公示公布等三个步骤进行。

各地自评是由各省、自治区、直辖市新闻出版行政部门以及文化市场行政综合执法部门在对本年度印刷复制行政执法工作总结的基础上，提交总结评价报告。

检查核准是新闻出版总署对各省、自治区、直辖市新闻出版行政部门以及文化市场行政综合执法部门提交的总结评价报告，综合协会和其他行业组织意见，进行审核，确定评价结果。公示公布是新闻出版总署对印刷复制行政执法工作评价结果在公示7个工作日后，予以公布。

第十一条 印刷复制行政执法工作评价结果分为优秀、合格和不合格三类。

未按照本办法要求报送《印刷复制行政检查和行政处罚工作情况汇总表》和《印刷复制重大案件报告表》以及本年度印刷复制行政执法工作总结评价报告的，评价结果为不合格。

第十二条 印刷复制行政执法工作评价每年进行一次，评价结果原则上在本年度年底前公布。评价结果同时抄送各省、自治区、直辖市人民政府和党委宣传部。

第十三条 新闻出版总署对印刷复制行政执法工作评价确定为优秀的单位以及其他印刷复制行政执法工作成绩突出的单位和个人进行表彰。

第十四条 对在实施印刷复制行政执法报告评价制度工作中有严重弄虚作假或者存在重大违纪等问题的，给予通报批评，评价结果为不合格。

第十五条 本办法由新闻出版总署解释。

第十六条 本办法自发布之日起施行。

关于加快出版传媒集团改革发展的指导意见

新出政发〔2012〕3号

新闻出版总署

2011年2月27日

各省、自治区、直辖市新闻出版局，新疆生产建设兵团新闻出版局，解放军总政治部宣传部新闻出版局，中央和国家机关各部委、各民主党派、各人民团体新闻出版主管部门：

为贯彻落实党的十七届六中全会精神，充分发挥出版传媒集团在新闻出版改革发展中的主导作用，按照《国家“十二五”时期文化改革发展规划纲要》和《新闻出版业“十二五”时期发展规划》要求，现就加快出版传媒集团改革发展提出如下意见。

一、充分认识加快出版传媒集团改革发展的重要性紧迫性

1. 党的十六大以来，新闻出版行业按照中央的部署和要求，积极、稳妥、有序地开展经营性新闻出版单位转企改制，加快资源整合和结构调整，组建了一批出版传媒集团。“十一五”时期，出版传媒集团不断深化改革、加快发展，出版了一大批精品力作，较好地满足了广大人民群众的精神文化需求；一批出版传媒集团完成了公司制改造，初步建立了现代企业制度；一批出版传媒集团相继实现了

股份制改造并上市融资，成长为文化产业的战略投资者；一批出版传媒集团加快了“走出去”步伐，为中华文化走向世界作出了重要贡献。与此同时，出版传媒集团产业规模不断扩大，发展质量不断提高，在新闻出版业中的地位和作用日益凸显，成为新闻出版改革发展的主力军。

2. 面对中央对文化改革发展提出的新要求，面对人民群众对精神文化产品的新期待，面对建设新闻出版强国的新使命，面对新技术带来的新挑战，出版传媒集团改革发展还存在着许多不适应，表现为：体制不顺，机制不活，发展活力不强；集约化程度低，发展同质化，市场竞争力不强；与科技融合程度低，转型升级迟缓，创新能力不强；高层次人才缺乏，经营管理能力不强。同时，地区和行业封锁，布局结构和出版资源配置不合理，诚信体系不健全等问题，制约着出版传媒集团改革发展。

3. 坚持中国特色社会主义文化发展道路，努力建设社会主义文化强国，新闻出版行业承担着重大历史责任。出版传媒集团作为新闻出版体制改革的排头兵、新闻出版产业发展的主力军，在引领社会主义文化前进方向、建设社会主义核心价值体系、传播知识和传承文明、维护国家文化安全等各方面，发挥着重要的作用。加快出版传媒集团改革发展，是发展公益性文化事业，保障人民基本文化权益，满足人民日益增长的精神文化需求的迫切需要；是加快发展新闻出版产业，推动文化产业成为国民经济支柱性产业，服务国家经济社会发展大局的迫切需要；是加快转变新闻出版业发展方式，调整产业结构，增强整体实力的迫切需要；是增强社会主义先进文化对内凝聚力、对外影响力，推动中华文化“走出去”，提升国家软实力的迫切需要。

二、加快出版传媒集团改革发展的指导思想、原则要求和主要目标

4. 加快出版传媒集团改革发展的指导思想是：深入学习贯彻落实党的十七届六中全会精神，以邓小平理论和“三个代表”重要思想为指导，坚持贯彻落实科学发展观，按照高举旗帜、围绕大局、服务人民、改革创新的总要求，以科学发展为主题，以转变发展方式为主线，以深化改革为动力，以科技进步和自主创新为支撑，以改革、改组、改造和加强管理为主攻方向，进一步整合资源、优化结构，构建充满活力、富有效率、更加开放、有利于出版传媒集团科学发展的体制机制，解放和发展新闻出版生产力，推动出版传媒集团改革发展取得新突破。

5. 加快出版传媒集团改革发展的原则要求是：坚持社会主义先进文化的前进方向，全面贯彻“二为”方向和“双百”方针，大力推进社会主义核心价值体系建设；坚持把社会效益放在首位，坚持社会效益与经济效益的有机统一；坚持政府引导和市场调节相结合，充分发挥市场配置资源的积极作用；坚持发展新闻出版主业，兼顾多元化经营；坚持利用好国际国内两个市场、两种资源，努力增强中华文化的影响力和传播力；坚持新闻出版事业和新闻出版产业协调发展，提高出版传媒集团提供公共文化服务和推动文化产业发展能力；坚持扶优扶强，努力打造国际一流的出版传媒企业。

6. 加快出版传媒集团改革发展的主要目标是：着力构建文化产品生产创作新机制，推出更多无愧于历史、无愧于时代、无愧于人民的精品力作；着力进行公司制改造，建立现代企业制度；着力推进文化科技创新，实现出版传媒集团的转型升级；着力加强管理，激发出版传媒集团的发展活力；着力推动联合重组，破除地区封锁和行业壁垒，实现出版传媒集团跨媒体、跨地区、跨行业、跨所有制、跨国界发展；着力推动出版传媒集团“走出去”，提升中华文化的国际影响力。到“十二五”期末，进一步做强做优国家层面人文、教育、科技三大出版传媒集团，培育多个年销售收入超过200亿元的大型骨干出版传媒集团；推动新华书店跨地区兼并重组，组建全国性国有大型发行集团；基本形成核心竞争力强、主业挺拔、品牌突出、管理科学的出版传媒集团集群；基本形成南北与东中西部布局合理，中央与地方、图书出版与报刊出版、单一媒体与多种媒体、综合型与专业型、大型集团与专、精、特、新各类出版传媒企业优势互补、合作竞争的新格局。

三、进一步深化出版传媒集团体制改革

7. 完善法人治理结构。指导和推动出版传媒集团切实规范转制到位，通过有效的制度安排，提高企业的市场竞争能力。健全董事会、监事会和经营管理层，探索建立职业经理人制度，明确所有者、经营者各自职责，形成符合现代企业制度要求、体现文化企业特点的资产组织形式和经营管理模式。

8. 推进股份制改造。指导和推动一批具备条件的出版传媒集团进行股份制改造，引入其他行业大型国有企业作为战略投资者，在国家政策许可范围内允许有序引入非公有制资本；鼓励出版传媒集团之间通过联合重组、参股等方式进行股份制改造，实现股权多元化。

9. 转换内部经营机制。按照市场规则和新闻出版发展规律，推动出版传媒集团继续深化以劳动、人事和分配三项制度为核心的内部改革。建立完善的企业职工考评制度和激励制度，设计合理的薪酬体系，鼓励智力、版权、技术等生产要素参与收益分配。

10. 引导和规范国有出版传媒集团与非公有文化企业开展合作。引导和规范国有出版传媒集团与非公有文化企业开展产品合作、项目合作、资本合作；允许国有出版传媒集团引进具备资质的非公有文化企业作为国有出版传媒集团的一个部门参与出版活动；允许出版传媒集团控股或参股成长性较好的非公有文化企业，实现跨所有制发展。

四、积极推进出版传媒集团战略性改组

11. 支持出版传媒集团兼并重组。鼓励出版传媒集团通过整合报纸、期刊、图书、音像制品、电子出版物、数字出版业务和出版、印刷复制、发行等资源，实现多媒体、全产业链发展；鼓励出版传媒集团对业务相近、资源相通的中央和地方出版企业进行兼并重组，实现跨地区发展；鼓励出版传媒集团兼并重组新闻出版领域以外的其他国有企业，实现跨行业发展。支持主业突出、具有品牌优势的专业性出版传媒集团走特色经营之路。鼓励和支持转企改制到位的新闻出版单位自愿加入各类出版传媒集团。

12. 支持出版传媒集团之间进行战略性合作。支持出版传媒集团采取联合研发、资源共享、平台共建和合作经营等方式进行战略性合作；支持出版传媒集团通过异地设立分支机构、连锁经营、与同类企业进行产品、项目和资本合作等方式，实现跨地区经营；支持出版传媒集团与广播电视、电信等行业的大型企业开展战略合作。

13. 推动出版传媒集团转变发展方式。指导和推动出版传媒集团制定科学的战略规划，调整产业结构，转变经营思路，由主要依靠国内市场、国内资源向依靠国内国际两个市场、两种资源转变，由主要依靠单一出版业态向依靠以出版经营为核心的多元文化服务转变，由主要依靠传统出版业态向依靠传统出版业态与新兴出版业态有机融合转变，由主要依靠资源扩张向主要依靠科技进步、文化创新和提高劳动者素质转变，实现又好又快发展。

五、大力支持出版传媒集团应用高新技术和推动产业升级

14. 支持出版传媒集团应用高新技术。支持出版传媒集团加强核心技术、关键技术、共性技术攻关，加强数字内容加工、存储、传输和阅读等新技术和装备的应用，加快科技创新成果转化，不断提高新闻出版技术装备水平；支持出版传媒集团自主研发和引进吸收高新技术，运用高新技术改造和提升传统生产方式、生产流程和基础设施；推动出版传媒集团加快实现存量出版资源数字化，打造涵盖多种出版资源的数字传播技术和资源库，对内容资源进行全方位、深层次的开发利用；鼓励开发应用互联网、物联网和云计算技术，构建开放式、综合性、多功能集成的流通信息平台；支持出版传媒集团和大型电子商务企业进行战略合作和资源整合，构建线上流通和线下流通相结合的现代化出版物流通体系。

15. 支持出版传媒集团发展数字出版产业。支持出版传媒集团实施数字化战略，加快发展有声阅读、电子书、电子书包、数字报和精品学术期刊数据库等；支持出版传媒集团发展以网络出版、手机出版、云出版等为代表的出版新业态；培育一批以数字化引领、全媒介经营为特征的新型出版传媒集团，加快建立适应数字出版产业发展的市场主体；支持出版传媒集团积极探索数字出版产业发展的新途径。

16. 支持出版传媒集团建立科技创新体系。鼓励和引导企业资本和社会资金投向技术改造，形成面向市场的新产品研发和新技术创新机制；鼓励建立科技工作战略规划，设立科研部门，完善科研制度，加大科研经费投入；支持开展标准化工作，推动企业标准成为行业标准、国家标准和国际标准。

六、切实加强出版传媒集团科学管理

17. 加强出版产品内容创作生产的引导。出版传媒集团要立足发展先进文化，把为人民提供更好更多的精神食粮作为管理的首要任务，要坚持正确的出版导向，把遵循社会主义先进文化前进方向、人民群众满意作为评价出版产品的最高标准，形成以群众评价、专家评议和市场检验相结合的科学评价机制。

18. 健全内部管理机制。以明确范围、规范程序、强化监督和责任追究为重点，建立健全出版传媒集团重大决策、重要人事任免、重大项目安排以及大额度资金运作事项的“三重一大”决策、执行和监督体系。推动企业内部管理创新，强化质量管理和成本核算，形成有效的激励和制约机制。加强领导班子思想政治建设，增强政治敏锐性和政治鉴别力，筑牢思想防线，确保导向正确。充分发挥企业党组织的政治核心作用。推动企业加强自身品牌建设、内部

文化建设，不断提高企业凝聚力，提升企业整体形象，形成体现文化企业特点的经营理念和发展模式。

19. 科学整合内部资源。推动出版传媒集团优化产业结构，做强主业、做大主体，提升核心竞争力；推动出版传媒集团整合同类业务及上下游业务，合理布局产业链、产品链，提高资源集中度和综合效益；推动出版传媒集团围绕主业发展相关文化产业，延伸产业链条，形成新的增长点；推动出版传媒集团建立与业务整合、市场化经营相适应的管控模式和组织架构，提高管理效能；推动出版传媒集团兼并重组后在发展战略、管理、品牌、业务、企业文化等层面实施有效整合，形成综合竞争优势。

20. 建立健全出版传媒集团编委会制度。支持出版传媒集团通过建立健全编委会，加强对内容资源的质量管理、品牌管理、版权管理；支持出版传媒集团加强对内容资源进行有序开发，形成各具特色的优质产品；支持出版传媒集团加强对所属出版机构选题策划、内容创新、产品设计和市场营销的管理协调，努力创作生产内容与形式高度统一的原创精品出版物。

21. 加强人力资源规划与开发。指导和推动出版传媒集团创新人才激励机制，健全人才选拔机制，建立完善培训制度；采取公开招聘、定向培养、业外引进等多种方式，培养、吸引、凝聚一批专业技术人才和复合型高级经营管理人才；支持出版传媒集团培育一支门类齐全、结构合理、梯次分明、素质优良的员工队伍。

七、鼓励和扶持出版传媒集团“走出去”

22. 支持出版传媒集团提升品牌竞争力。支持出版传媒集团深入挖掘民族文化资源，运用符合时代特征的文化表现形式，把传统元素与现代元素有机结合，把民族特色与世界潮流有机结合，生产更多具有自主知识产权和国际竞争力的出版产品，培育一批国际知名品牌。

23. 支持出版传媒集团采取多种方式“走出去”。支持出版传媒集团拓展对重点国家和地区的版权输出；支持有竞争力的传统出版产品和多种形态的数字出版产品进入国际市场；支持有实力的出版传媒集团兼并、收购境外有成长性的优质出版企业；支持有条件的出版传媒集团通过独资、合资、合作等方式，到境外建社建站、办报办刊、开厂开店；支持出版传媒集团参与建设两岸出版交流试验区，在两岸出版交流合作中先行先试，推动两岸新闻出版业共同繁荣发展。

24. 支持出版传媒集团拓展国际传播渠道。支持出版传媒集团通过参与国内外具有国际影响力的重点文化会展活动，提升中国出版产品在国际上的影响力；鼓励出版传媒集团加强与全球性和区域性大型连锁书店合作，进一步拓展国际主流营销渠道，开拓网络书店、在线阅读等新型出版物销售渠道，整合海外华文出版物营销渠道，构建中国出版产品国际立体营销网络和国际交易平台。

八、加快出版传媒集团改革发展的保障措施

25. 进一步理顺管理体制。理顺行业管理和资产管理的关系，形成党委统一领导、党政齐抓共管、党委宣传部门组织协调、行政主管部门依法管理、企业自主经营的格局。新闻出版行政主管部门对出版传媒集团改革发展要负起规划、指导、协调、服务和管理的职责。要严格执行文化资本、文化企业、文化产品市场准入和退出政策，综合运用法律、行政、经济、科技等手段提高管理效能。要切实加强出版传媒集团改革发展中的反腐倡廉建设，严格执行党风廉政建设责任制，推动国有企业领导人廉洁从业有关规定的完善和落实。

26. 制定和落实出版资源向出版传媒集团倾斜的政策。支持条件成熟的出版传媒集团跨行政区设立有出版权的子公司；对跨地区和外向型经营的出版传媒集团，优先配置出版资源；对于面向海外市场的非公有制文化机构，经批准后可以单独配置出版资源。

27. 加大对出版传媒集团重大项目的扶持力度。加快新闻出版改革发展项目库建设步伐，引导和带动出版传媒集团改革发展；支持和鼓励出版传媒集团积极规划、实施重大产业项目，对于出版传媒集团实施的自主创新、转型升级的重大项目优先纳入新闻出版改革发展项目库，优先给予支持。

28. 加大对出版传媒集团改革发展资金支持力度。积极争取各级财政支持，通过文化产业发展专项资金，以贴息、补助、奖励等方式，支持出版传媒集团改革发展；对“走出去”取得突出成绩的出版传媒集团给予专项奖励；对于出版传媒集团实施建设社会主义核心价值体系、积累和传承民族优秀文化的重大出版工程，通过国家出版基金予以重点支持。

29. 推动出版传媒集团拓展融资渠道。支持出版传媒集团实现主营业务整体上市；推荐研发高新技术的出版传媒企业到创业板上市；加强各级新闻出版行政主管部门与金融机构的战略合作，为出版传媒集团信贷融资提供便利条件；推动制定支持出版传媒集团以专利权、商标权、著作

权、自主品牌等无形资产出资、质押贷款等有关政策。

30. 加强市场体系建设。研究制定打破地区封锁和行业壁垒的政策措施，支持和保护出版传媒集团跨地区、跨行业重组和经营。通过政策调节与市场机制相结合的办法，建立完善联通实体书店与网上书店、贯通城市与乡村发行的新闻出版市场服务体系。有序发展新闻出版人才、信息、技术、版权等要素市场，建立健全资产评估体系、产权交易体系，提高要素流通的市场化程度。加大版权保护力度，深入开展“扫黄打非”，规范教材教辅出版市场秩序，着力改善和优化出版物市场环境。加强行业信用体系建设，完善行业标准和行业规范，在全行业开展行业自律和诚信宣传教育，为出版传媒集团加快发展创造统一开放、竞争有序、健康繁荣的市场环境。

31. 加强人才队伍建设。加大国家对出版传媒人力资源的开发投入力度，大力实施“四个一批”人才培养工程和新闻出版名家工程，在全国知名高校建设出版传媒人才培训基地。完善新闻出版专业技术人员职业资格制度。把非公有文化机构的人才队伍纳入行业人才建设体系，积极培养和充分发挥其作用。完善人才流动机制，形成有利于各类人才脱颖而出的体制机制，为出版传媒集团改革发展提供人才支撑。

32. 建立健全科学的评价和激励机制。结合出版传媒集团改革发展实际，统筹社会效益与经济效益、导向要求与利润指标、短期经营目标与长期发展战略等，科学设置评价指标，探索建立有利于出版传媒集团可持续发展的科学统计和业绩考核体系，探索建立激励出版传媒集团经营者、管理层的长效机制，允许条件成熟的出版传媒集团经过批准，探索试行经营管理层股权激励机制。

出版物市场管理规定

中华人民共和国新闻出版总署
中华人民共和国商务部 **令**

第52号

《出版物市场管理规定》已经2011年3月17日新闻出版总署第1次署务会议和商务部通过，现予公布，自公布之日起施行。

新闻出版总署　署长　柳斌杰
商　务　部　部长　陈德铭
2011年3月25日

第一章　总　则

第一条　为规范出版物发行活动及其监督管理，建立全国统一、开放、竞争、有序的出版物市场体系，发展社会主义出版产业，根据《出版管理条例》和有关法律、行政法规，制定本规定。

第二条　本规定适用于出版物发行活动及其监督管理。本规定所称出版物，是指图书、报纸、期刊、音像制品、电子出版物等。

本规定所称发行，包括总发行、批发、零售以及出租、展销等活动。

总发行是指由唯一供货商向其他出版物经营者销售出版物。

批发是指供货商向其他出版物经营者销售出版物。

零售是指经营者直接向消费者销售出版物。

出租是指经营者以收取租金的形式向读者提供出版物。

展销是指主办者在一定场所、时间内组织出版物经营者集中展览、销售、订购出版物。

第三条　国家对出版物发行依法实行许可制度，未经许可，任何单位和个人不得从事出版物发行活动。本规定另有规定的除外。

第四条 新闻出版总署负责全国出版物发行活动的监督管理，负责制定全国出版物发行业发展规划。

省、自治区、直辖市新闻出版行政部门负责本行政区域内出版物发行活动的监督管理，制定本省、自治区、直辖市出版物发行业发展规划。省级以下各级人民政府新闻出版行政部门负责本行政区域内出版物发行活动的监督管理。

制订出版物发行业发展规划须经科学论证，遵循合法公正、符合实际、促进发展的原则。

第五条 发行行业的社会团体按照其章程，在新闻出版行政部门的指导下，实行自律管理。

第二章 出版物发行单位设立

第六条 设立出版物总发行企业或者其他单位从事出版物总发行业务，应当具备下列条件：

（一）有确定的企业名称和经营范围；

（二）以出版物发行为主营业务；

（三）有与出版物总发行业务相适应的组织机构和发行人员，至少一名负责人应当具有高级以上出版物发行员职业资格或者新闻出版总署认可的与出版物发行专业相关的中级以上专业技术资格；

（四）有与出版物总发行业务相适应的设备和固定的经营场所，经营场所的营业面积不少于 1 000m^2；

（五）注册资本不少于 2 000 万元；

（六）具备健全的管理制度并具有符合行业标准的信息管理系统；

（七）最近三年内未受到新闻出版行政部门行政处罚，无其他严重违法记录。

除出版物总发行企业依法设立的从事总发行业务的分公司外，总发行单位应为公司制法人。

第七条 申请设立出版物总发行企业或者其他单位申请从事出版物总发行业务，须向所在地省、自治区、直辖市新闻出版行政部门提交申请材料，经其审核后，报新闻出版总署审批。

新闻出版总署应当自受理申请之日起 60 个工作日内作出批准或者不予批准的决定，并书面告知申请人。批准的，由新闻出版总署颁发《出版物经营许可证》，申请人持《出版物经营许可证》到工商行政管理部门依法办理相关手续；不予批准的，应当书面说明理由。

申请材料包括下列书面材料：

（一）申请书，载明单位基本情况及申请事项；

（二）组织机构和章程；

（三）注册资本信用证明；

（四）经营场所的情况和使用权证明；

（五）法定代表人及主要负责人的身份证明；

（六）负责人的发行员职业资格证书或其他专业技术资格证明材料；

（七）企业信息管理系统情况的证明材料；

（八）其他需要的证明材料。

第八条 设立出版物批发企业或者其他单位从事出版物批发业务，应当具备下列条件：

（一）有确定的企业名称和经营范围；

（二）有与出版物批发业务相适应的组织机构和发行人员，至少 1 名负责人应当具有中级以上出版物发行员职业资格或者新闻出版总署认可的与出版物发行专业相关的中级以上专业技术资格；

（三）有与出版物批发业务相适应的设备和固定的经营场所，其中进入出版物批发市场的单店营业面积不少于 50m^2，独立设置经营场所的营业面积不少于 200m^2；

（四）注册资本不少于 500 万元；

（五）具备健全的管理制度并具有符合行业标准的信息管理系统；

（六）最近三年内未受到新闻出版行政部门行政处罚，无其他严重违法记录。

除出版物发行企业依法设立的从事批发业务的分公司外，批发单位应为公司制法人。

第九条 申请设立出版物批发企业或者其他单位申请从事出版物批发业务，须向所在地地市级新闻出版行政部门提交申请材料，经审核后报省、自治区、直辖市新闻出版行政部门审批。

省、自治区、直辖市新闻出版行政部门自受理申请之日起 20 个工作日内作出批准或者不予批准的决定，并书面告知申请人。批准的，由省、自治区、直辖市新闻出版行政部门颁发《出版物经营许可证》，并报新闻出版总署备案。申请人持《出版物经营许可证》到工商行政管理部门依法办理相关手续。不予批准的，应当书面说明理由。

申请材料包括下列书面材料：

（一）申请书，载明单位基本情况及申请事项；

（二）企业章程；

（三）注册资本信用证明；

（四）经营场所的情况及使用权证明；

（五）法定代表人及主要负责人的身份证明；

（六）负责人的发行员职业资格证书或其他专业技术资格证明材料；

（七）企业信息管理系统情况的证明材料；

（八）其他需要的证明材料。

第十条 设立出版物零售企业或者其他单位、个人从事出版物零售业务，应当具备下列条件：

（一）有确定的名称和经营范围；

（二）至少一名负责人应当具有初级以上出版物发行员职业资格或者新闻出版总署认可的与出版物发行专业相关的初级以上专业技术资格；

（三）有固定的经营场所。

第十一条 申请设立出版物零售企业或者其他单位、个人申请从事出版物零售业务，须向所在地县级人民政府新闻出版行政部门提交申请材料。

县级新闻出版行政部门应当自受理申请之日起20个工作日内作出批准或者不予批准的决定，并书面告知申请人。批准的，由县级人民政府新闻出版行政部门颁发《出版物经营许可证》，并同时报上一级新闻出版行政部门备案，其中营业面积在5 000m^2以上的应同时报省、自治区、直辖市新闻出版行政部门备案。申请人持《出版物经营许可证》到工商行政管理部门依法办理相关手续。不予批准的，应当书面说明理由。

申请材料包括下列书面材料：

（一）申请书，载明单位基本情况及申请事项；

（二）经营场所的使用权证明；

（三）经营者的身份证明和发行员职业资格证书或其他专业技术资格证明材料。

第十二条 设立出版物出租企业或者其他单位、个人从事出版物出租业务，应当于取得营业执照后15日内持营业执照复印件及经营地址、法定代表人或者主要负责人情况等材料到当地县级人民政府新闻出版行政部门备案。

第十三条 设立出版物连锁经营企业或者其他连锁经营企业从事出版物连锁经营业务，应当具备下列条件：

（一）有确定的企业名称和经营范围；

（二）符合连锁经营的组织形式和经营方式；

（三）注册资本不少于300万元，其中从事全国性连锁经营的不少于1 000万元；

（四）有10个以上的直营连锁门店；

（五）有与出版物连锁业务相适应的组织机构和发行人员，至少一名负责人应当具有中级以上出版物发行员职业资格或者新闻出版总署认可的与出版物发行专业相关的中级以上专业技术资格；

（六）有与出版物连锁业务相适应的设备和固定的经营场所，其中样本店的经营面积不少于500m2；

（七）具备健全的管理制度并具有符合行业标准的信息管理系统；

（八）最近三年内未受到新闻出版行政部门行政处罚，无其他严重违法记录。

第十四条 申请设立出版物连锁经营企业或者其他连锁经营企业申请从事出版物连锁经营业务，须向总部所在地地市级新闻出版行政部门提交申请材料。经审核后报省、自治区、直辖市新闻出版行政部门审批；省、自治区、直辖市新闻出版行政部门自受理申请之日起20个工作日内作出批准或者不予批准的决定，并书面告知申请人。批准的，由省、自治区、直辖市新闻出版行政部门颁发《出版物经营许可证》，并报新闻出版总署备案；不予批准的，应当书面说明理由。

申请设立全国性出版物连锁经营企业或者其他连锁经营企业申请从事全国性出版物连锁经营业务，须向总部所在地省、自治区、直辖市新闻出版行政部门提交申请材料，经审核后报新闻出版总署审批。新闻出版总署应当自受理申请之日起60个工作日内作出批准或者不予批准的决定，并书面告知申请人。批准的，由新闻出版总署颁发《出版物经营许可证》。申请人持《出版物经营许可证》到工商行政管理部门依法办理相关手续。不予批准的，应当书面说明理由。申请材料包括下列书面材料：

（一）申请书，载明企业基本情况、申请事项等；

（二）组织机构和章程；

（三）注册资本信用证明；

（四）总部和连锁门店经营场所名单及使用权证明；

（五）法定代表人及主要负责人的身份证明；

（六）负责人的发行员职业资格证书或其他专业技术资格证明材料；

（七）企业信息管理系统使用情况证明材料；

（八）其他需要的证明材料。

第十五条 出版物连锁经营企业设立直营连锁门店不需单独办理《出版物经营许可证》，可以凭出版物连锁经营企业总部的《出版物经营许可证》复印件到门店所在地县级人民政府新闻出版行政部门备案后，到工商行政管理部门依法领取非法人的营业执照。

出版物连锁经营企业开设非直营连锁门店，连锁门店须按照本规定第十条、第十一条的有关规定办理审批手续，已具有《出版物经营许可证》的除外。

第十六条 国家允许设立从事图书、报纸、期刊、电子出版物发行活动的中外合资经营企业、中外合作经营企业和外资企业，允许设立从事音像制品发行活动的中外合作经营企业；其中，从事图书、报纸、期刊连锁经营业务，连锁门店超过30家的，不允许外资控股；外国投资者不得以变相参股方式违反上述有关30家连锁门店的限制。

设立外商投资出版物总发行、批发、零售、连锁经营企业应具备的条件及新闻出版行政部门的审批程序按照本规定第六条至第十五条的有关规定执行；申请人获得新闻出版行政部门批准文件后，还须按照有关法律、法规向商务主管部门提出申请，办理外商投资审批手续，并于获得批准后90天内持批准文件和《外商投资企业批准证书》到原批准的新闻出版行政部门领取《出版物经营许可证》。申请人持《出版物经营许可证》和《外商投资企业批准证书》向所在地工商行政管理部门依法领取营业执照。

第十七条 通过互联网等信息网络从事出版物发行业务的单位或者个人，应当依照本规定取得《出版物经营许可证》，外商投资企业还应按照相关规定办理外商投资审批手续。

已经取得《出版物经营许可证》的出版物发行单位在批准的经营范围内通过互联网等信息网络从事出版物发行业务，应自开展网络出版物发行业务15日内到原批准的新闻出版行政部门备案。

第十八条 申请设立从事出版物发行的书友会、读者俱乐部或者其他类似组织，按照本规定第十条、第十一条的规定办理。

出版物发行企业可以设立不具备法人资格的书友会、读者俱乐部或者其他类似组织，无需审批，但应于设立后15日内持相关材料到原批准的新闻出版行政部门备案。

第十九条 出版物发行单位可在原批准的新闻出版行政部门所辖行政区域一定地点及时间内，设立临时零售点开展其业务范围内的出版物销售活动，但须提前到设点所在地县级新闻出版行政部门履行备案手续，并须遵守所在地其他有关管理规定。

第二十条 出版物总发行单位可以从事出版物批发、零售业务；出版物批发单位可以从事出版物零售业务。

出版物发行单位设立不具备法人资格的发行分支机构，根据拟设分支机构的业务范围，分别按照设立出版物总发行、批发、零售单位的有关规定办理审批手续。

出版单位设立发行本版出版物的不具备法人资格的发行分支机构，出版单位须持《出版物经营许可证》复印件及分支机构设立地址、人员情况等相关材料于分支机构设立后15日内到分支机构所在地省、自治区、直辖市新闻出版行政部门备案。

第二十一条 从事出版物发行业务的单位和个人变更《出版物经营许可证》登记事项，或者兼并、合并、分立的，应当依照本办法到原批准的新闻出版行政部门办理审批手续，并持批准文件到工商行政管理部门办理相应的登记手续，外商投资企业还应按照相关规定办理外商投资审批手续。

从事出版物发行业务的单位和个人终止经营活动的，应当到工商行政管理部门办理注销登记，并向原批准的新闻出版行政部门备案。

第三章 出版物发行活动管理

第二十二条 任何组织和个人不得发行下列出版物：

（一）含有《出版管理条例》禁止内容的违禁出版物；

（二）各种非法出版物，包括：未经批准擅自出版、印刷或者复制的出版物，伪造、假冒出版单位或者报刊名称出版的出版物，非法进口的出版物；

（三）侵犯他人著作权或者专有出版权的出版物；

（四）新闻出版行政部门明令禁止出版、印刷或者复制、发行的出版物。

第二十三条 内部发行的出版物不得公开宣传、陈列、展示、销售。

内部资料性出版物只能在本系统、本行业或者本单位内部免费分发，任何组织和个人不得发行。

第二十四条 从事出版物发行业务的单位和个人在发行活动中应当遵循公平、合法、诚实守信的原则，依法订立供销合同，不得损害消费者的合法权益。

从事出版物发行业务的单位和个人，必须遵守下列规定：

（一）从依法设立的出版发行单位进货；发行进口出版物的，须从依法设立的出版物进口经营单位进货；

（二）将出版物发行进销货清单等有关非财务票据至少保存两年，以备查验；

（三）不得超出新闻出版行政部门核准的经营范围经营；

（四）不得张贴和散发有法律、法规禁止内容的或者有欺诈性文字的征订单、广告和宣传画；

（五）不得擅自更改出版物版权页；

（六）《出版物经营许可证》应在经营场所明显处张挂；利用信息网络从事出版物发行业务的，应在其网站主页面或者从事经营活动的网页醒目位置公开《出版物经营许可证》和营业执照登载的有关信息或链接标识；

（七）不得涂改、变造、出租、出借、出售或者以其他任何形式转让《出版物经营许可证》和批准文件。

第二十五条 出版物发行单位应当建立职业培训制度，按照《中华人民共和国劳动法》和国家确定的职业分类以及出版物发行员职业技能标准，组织本单位从业人员参加经过国家劳动行政部门批准的考核鉴定机构所实施的职业技能鉴定考核。

第二十六条 出版单位对本版出版物具有总发行权。

出版单位不得向无出版物总发行权的单位转让或者变相转让出版物总发行权，不得委托无出版物批发权的单位批发出版物或者代理出版物批发业务，不得委托非出版物发行单位发行出版物。

第二十七条 建立发行出版物的网络交易平台应向所在地省、自治区、直辖市新闻出版行政部门备案，接受新闻出版行政部门的指导与监督管理。

提供出版物发行网络交易平台服务的经营者，应当对申请通过网络交易平台从事出版物发行的经营主体身份进行审查，核实经营主体的营业执照、《出版物经营许可证》，并留存证照复印件备查。不得向无证无照、证照不齐的经营者提供网络交易平台服务。

提供出版物发行网络交易平台服务的经营者，发现在网络交易平台内从事各类违法活动的，应当采取有效措施予以制止，并及时向所在地新闻出版行政部门报告。

第二十八条 省、自治区、直辖市新闻出版行政部门和全国性出版、发行行业协会，可以申请主办全国性的出版物展销活动，并须提前6个月报新闻出版总署审批。

全国性出版、发行行业协会可以主办跨省专业性出版物展销活动；市、县级新闻出版行政部门和省级出版、发行协会可以主办地方性的出版物展销活动；主办单位须提前2个月报所在地省、自治区、直辖市新闻出版行政部门备案。

第二十九条 中学小学教科书发行单位应当具有适应教科书发行业务需要的资金、组织机构和人员等条件，并取得新闻出版总署批准的教科书发行资质。纳入政府采购范围的中学小学教科书，其发行单位还须按照《中华人民共和国政府采购法》的有关规定确定。其他任何单位或者个人不得从事中学小学教科书的发行业务。

中小学教科书发行管理办法由新闻出版总署另行制定。

第三十条 任何单位和个人不得从事本规定第二十二条所列出版物的征订、储存、运输、邮寄、投递、散发、附送等活动。

从事出版物储存、运输、投递活动，应当接受新闻出版行政部门的监督检查。

第三十一条 从事出版物发行业务的单位和个人应当按照新闻出版行政部门的规定接受年度核验，并按照《中华人民共和国统计法》、《新闻出版统计管理办法》及有关规定如实报送统计资料，不得以任何借口拒报、迟报、虚报、瞒报以及伪造和篡改统计资料。

出版物发行单位不再具备行政许可的法定条件的，由新闻出版行政部门责令限期改正；逾期仍未改正的，由原发证机关撤销《出版物经营许可证》。

第四章　罚　则

第三十二条 未经批准，擅自设立出版物发行单位，或者擅自从事出版物发行业务的，依照《出版管理条例》第六十一条处罚。

未经批准擅自设立发行分支机构、出版物批发市场，擅自主办全国性出版物展销活动或者不符合本条例规定的主办单位擅自主办地方性或者跨省专业性出版物展销活动的，按照前款处罚。

第三十三条 发行违禁出版物的，依照《出版管理条例》第六十二条处罚。

发行新闻出版总署禁止进口的出版物，或者发行进口出版物未从依法批准的出版物进口经营单位进货的，依照《出版管理条例》第六十三条处罚。

发行其他非法出版物和新闻出版行政部门明令禁止出版、印刷或者复制、发行的出版物的，依照《出版管理条例》第六十五条处罚。

发行违禁出版物或者非法出版物的，当事人对其来源作出说明、指认，经查证属实的，没收出版物和非法所得，可以减轻或免除其他行政处罚。

第三十四条 违反本规定发行侵犯他人著作权或者专有出版权的出版物的，依照《中华人民共和国著作权法》和《中华人民共和国著作权法实施条例》的规定处罚。

第三十五条 发行未经依法审定的中学小学教科书，或者未经法定方式确定的单位从事中学小学教科书的发行业务的，依照《出版管理条例》第六十五条处罚。

第三十六条 出版物发行单位未依照规定办理变更审批手续的，按照《出版管理条例》第六十七条处罚。

第三十七条 单位违反本规定被吊销《出版物经营许

可证》的，由原发证单位吊销其法定代表人或者主要负责人及直接责任人的出版物发行员职业资格证书；其法定代表人或者主要负责人自许可证被吊销之日起10年内不得担任发行单位的法定代表人或者主要负责人。

第三十八条 违反本规定，有下列行为之一的，由新闻出版行政部门责令停止违法行为，予以警告，并处3万元以下罚款：

（一）未能提供近两年的出版物发行进销货清单等有关非财务票据的；

（二）超出新闻出版行政部门核准的经营范围经营的；

（三）张贴和散发有法律、法规禁止内容的或者有欺诈性文字的征订单、广告和宣传画的；

（四）擅自更改出版物版权页的；

（五）《出版物经营许可证》未在经营场所明显处张挂或未在网页醒目位置公开《出版物经营许可证》和营业执照登载的有关信息或链接标识的；

（六）出售、出借、出租、转让或擅自涂改、变造《出版物经营许可证》的；

（七）发行内部资料性出版物的，或公开宣传、陈列、销售规定应由内部发行的出版物的；

（八）向无总发行权的单位转让或者变相转让出版物总发行权，委托无出版物批发权的单位批发出版物或代理出版物批发业务，委托非出版物发行单位发行出版物的；

（九）提供出版物网络交易平台服务的经营者未按本规定履行有关审查及管理责任的；

（十）应按本规定进行备案而未备案的；

（十一）不按规定接受年度核检的。

第三十九条 征订、储存、运输、邮寄、投递、散发、附送本规定第二十二条所列出版物的，按照本规定第三十三条进行处罚。

第四十条 违反本规定第三十一条未报送统计数据的，按照新闻出版总署《新闻出版统计管理办法》处理。

第五章 附 则

第四十一条 香港特别行政区、澳门特别行政区、台湾地区的投资者在其他省、自治区、直辖市设立出版物发行企业，按照本规定第十六条办理，并作如下补充规定：

（一）允许香港、澳门服务提供者在内地以独资、合资形式提供音像制品（含后电影产品）的发行服务；

（二）对于同一香港、澳门服务提供者在内地从事图书、报纸、期刊连锁经营，允许其控股，但出资比例不得超过65%；

（三）香港、澳门服务提供者应分别符合《内地与香港关于建立更紧密经贸关系的安排》及《内地与澳门关于建立更紧密经贸关系的安排》中关于"服务提供者"定义及相关规定的要求，取得香港、澳门服务提供者证明书。

第四十二条 除已依法设立的出版物批发市场外，各省、自治区、直辖市不得再设立或者变相设立出版物批发市场；进入出版物批发市场的经营单位在出版物销售前，须将出版物样本报送批发市场管理机构审验，报送审验的出版物样本必须与所销售的出版物一致。

第四十三条 本规定所称全国性连锁经营，是指跨省、自治区、直辖市连锁经营。

第四十四条 《出版物经营许可证》正、副本的样式由新闻出版总署规定，由新闻出版总署或者省、自治区、直辖市新闻出版行政部门统一印制。

第四十五条 本规定自公布之日起施行，此前新闻出版总署和有关部门颁布的《出版物市场管理规定》、《音像制品批发、零售、出租管理办法》、《外商投资图书、报纸、期刊分销企业管理办法》和《中外合作音像制品分销企业管理办法》及有关补充规定同时废止，本规定施行前与本规定不一致的其它规定不再执行。

关于学习和贯彻实施国务院修改的《出版管理条例》《音像制品管理条例》的通知

新出字〔2011〕82号

新闻出版总署

2011年3月29日

各省、自治区、直辖市新闻出版局，新疆生产建设兵团新闻出版局，解放军总政治部宣传部新闻出版局，中央和国家机关各部委、各民主党派、各人民团体新闻出版主管部门，署直各单位，署管各社会团体：

2011年3月19日，国务院公布了《国务院关于修改〈出版管理条例〉的决定》（第594号令）和《国务院关于修改<音像制品管理条例>的决定》（第595号令），自公布之日起施行。为做好两个新条例的学习和贯彻实施工作，现就有关事项通知如下：

一、充分认识学习和贯彻实施两个新条例的重要意义

《出版管理条例》和《音像制品管理条例》是我国新闻出版管理的主要行政法规，这两部条例的修订是适应新闻出版业改革全面推进、新媒体新业态加快发展和深化政府职能转变、加强行业监管的需要而进行的，是新闻出版法制建设的一件大事。新修订的《出版管理条例》突出了出版产业发展和新闻出版单位分类改革的精神，明确了新媒体、新业态管理的原则要求和授权条款，进一步落实了《行政许可法》和行政审批制度改革的成果，改革了中小学教科书出版、发行体制，充实了支持、鼓励重点出版物的范围，强化了新闻出版行政部门的监督管理职责，完善了监督管理措施和法律责任。新修订的《音像制品管理条例》调整了音像制品进口、发行制度和监管部门，明确了新闻出版行政部门的职责，简化了复制单位接受委托复制音像制品的程序要求。两个条例的修订对于加快新闻出版业改革发展、完善准入退出制度、规范出版单位依法经营和新闻出版管理部门依法行政，都具有十分重要的意义。各级新闻出版行政部门要充分认识贯彻实施两个新条例的重要意义，采取切实可行的措施，扎实抓好学习和贯彻实施工作。

二、认真组织两个新条例的学习培训工作

各级新闻出版行政部门和各出版单位及其主管、主办部门要把条例的学习作为全国新闻出版系统“六五”普法的重要内容，以培训班、座谈会、问题答卷等形式，有计划、有步骤、分层次地开展学习培训。各级新闻出版行政部门的领导和出版发行单位主要负责人要带头学习、带头参加培训；全国新闻出版从业人员要人手一册，认真学习，准确理解条例的重要意义、条文精神，并结合自身业务工作实际，研究相关管理规定。要通过学习牢固树立遵法守法的意识，严格依法经营；各级新闻出版行政部门的执法人员要在学习中不断提高依法行政的意识和能力，切实加强行业监管水平。

三、尽快制定和完善配套规章和制度

总署已经根据两个新条例修订了《出版物市场管理规定》《音像制品进口管理办法》《订户订购进口出版物管理办法》，还将根据两个新条例的规定和授权，制定或修订中小学教科书出版发行管理办法、接受境外机构或者个人赠送出版物的管理办法、网络出版审批和管理办法等配套规章，完善两个新条例设定的有关行政许可项目的具体办理要求。各地也要根据两个新条例的规定和授权，抓紧清理现有的地方法规、规章和规范性文件，与两个新条例不一致的要尽快修订或废止。

四、切实做好两个新条例的贯彻实施工作

两个新条例对新闻出版行政部门的职责有很多新要求、新表述，特别是在准入退出管理、出版物质量监管、综合评估、出版从业人员管理等方面，强化了新闻出版行政部门的职责。各级新闻出版行政部门要对照新条例，认真梳理本机关、本部门的行政许可、监督管理、行政处罚等各项职责的变化情况，深入研究法规修订后对日常工作程序、工作条件等提出的新要求，落实各项工作职责，完善细化工作流程，加强协调配合，保证新条例的顺利施行。各出版单位的主办单位及其主管机关要按照新条例的要求，加强对所属出版单位出版活动的管理，并配合新闻出版行政部门督促所属出版单位执行各项管理规定。

各地方、各单位要结合贯彻实施条例，对各自职责范围内的履行职责情况及依法行政的情况进行自查，总署将采取适当形式进行督促检查。

国务院关于修改《出版管理条例》的决定

中华人民共和国国务院令

第 594 号

《国务院关于修改〈出版管理条例〉的决定》已经 2011 年 3 月 16 日国务院第 147 次常务会议通过，现予公布，自公布之日起施行。

总理 温家宝

2011 年 3 月 29 日

国务院决定对《出版管理条例》作如下修改：

一、将第一条、第十条、第四十八条中的“出版事业”修改为“出版产业和出版事业”。

二、将第三条修改为：“出版活动必须坚持为人民服务、为社会主义服务的方向，坚持以马克思列宁主义、毛泽东思想、邓小平理论和‘三个代表’重要思想为指导，贯彻落实科学发展观，传播和积累有益于提高民族素质、有益于经济发展和社会进步的科学技术和文化知识，弘扬民族优秀文化，促进国际文化交流，丰富和提高人民的精神生活。”

三、将第六条至第八条、第十条、第十一条、第十四条、第十五条、第十九条、第二十条、第三十二条、第三十四条、第四十三条至第四十五条、第四十七条、第五十三条、第五十五条至第五十七条、第五十九条、第六十一条、第六十二条中的“出版行政部门”修改为“出版行政主管部门”。

四、将第七条中的“可以检查与违法活动有关的物品”修改为“可以检查与涉嫌违法活动有关的物品和经营场所”。

五、将第十二条修改为：“设立出版单位，由其主办单位向所在地省、自治区、直辖市人民政府出版行政主管部门提出申请；省、自治区、直辖市人民政府出版行政主管部门审核同意后，报国务院出版行政主管部门审批。设立的出版单位为事业单位的，还应当办理机构编制审批手续。”

六、将第十四条中的“自收到设立出版单位的申请之日起 90 日内”修改为“自受理设立出版单位的申请之日起 60 日内”。

七、将第十五条第二款修改为：“出版单位领取出版许可证后，属于事业单位法人的，持出版许可证向事业单位登记管理机关登记，依法领取事业单位法人证书；属于企业法人的，持出版许可证向工商行政管理部门登记，依法

领取营业执照。”

八、将第十七条修改为：“出版单位变更名称、主办单位或者其主管机关、业务范围、资本结构，合并或者分立，设立分支机构，出版新的报纸、期刊，或者报纸、期刊变更名称的，应当依照本条例第十二条、第十三条的规定办理审批手续。出版单位属于事业单位法人的，还应当持批准文件到事业单位登记管理机关办理相应的登记手续；属于企业法人的，还应当持批准文件到工商行政管理部门办理相应的登记手续。

“出版单位除前款所列变更事项外的其他事项的变更，应当经主办单位及其主管机关审查同意，向所在地省、自治区、直辖市人民政府出版行政主管部门申请变更登记，并报国务院出版行政主管部门备案。出版单位属于事业单位法人的，还应当持批准文件到事业单位登记管理机关办理变更登记；属于企业法人的，还应当持批准文件到工商行政管理部门办理变更登记。”

九、将第十八条修改为：“出版单位中止出版活动的，应当向所在地省、自治区、直辖市人民政府出版行政主管部门备案并说明理由和期限；出版单位中止出版活动不得超过180日。

“出版单位终止出版活动的，由主办单位提出申请并经主管机关同意后，由主办单位向所在地省、自治区、直辖市人民政府出版行政主管部门办理注销登记，并报国务院出版行政主管部门备案。出版单位属于事业单位法人的，还应当持批准文件到事业单位登记管理机关办理注销登记；属于企业法人的，还应当持批准文件到工商行政管理部门办理注销登记。”

十、将第二十一条改为第四十九条，修改为：“出版行政主管部门应当加强对本行政区域内出版单位出版活动的日常监督管理；出版单位的主办单位及其主管机关对所属出版单位出版活动负有直接管理责任，并应当配合出版行政主管部门督促所属出版单位执行各项管理规定。

“出版单位和出版物进口经营单位应当按照国务院出版行政主管部门的规定，将从事出版活动和出版物进口活动的情况向出版行政主管部门提出书面报告。”

十一、将第二十二条改为第二十一条，增加一款，作为第二款：“出版单位及其从业人员不得利用出版活动谋取其他不正当利益。”

十二、将第二十三条改为第二十二条，修改为：“出版单位应当按照国家有关规定向国家图书馆、中国版本图书馆和国务院出版行政主管部门免费送交样本。”

十三、将第二十九条改为第二十八条，将第一款修改为：“出版物必须按照国家的有关规定载明作者、出版者、印刷者或者复制者、发行者的名称、地址，书号、刊号或者版号，在版编目数据，出版日期、刊期以及其他有关事项。”

增加一款，作为第三款：“出版物使用语言文字必须符合国家法律规定和有关标准、规范。”

十四、将第三十一条改为第三十条，修改为：“中学小学教科书由国务院教育行政主管部门审定；其出版、发行单位应当具有适应教科书出版、发行业务需要的资金、组织机构和人员等条件，并取得国务院出版行政主管部门批准的教科书出版、发行资质。纳入政府采购范围的中学小学教科书，其发行单位按照《中华人民共和国政府采购法》的有关规定确定。其他任何单位或者个人不得从事中学小学教科书的出版、发行业务。”

十五、将第三十二条改为第三十一条，删去第一款中的“公安机关”。

十六、将第三十六条、第三十七条合并后修改，作为第三十五条：“从事出版物总发行业务的单位，经所在地省、自治区、直辖市人民政府出版行政主管部门审核后，报国务院出版行政主管部门批准。国务院出版行政主管部门应当自受理申请之日起60日内，作出批准或者不批准的决定。

“从事出版物批发业务的单位，须经省、自治区、直辖市人民政府出版行政主管部门审核许可。

“从事出版物零售业务的单位和个体工商户，须经县级人民政府出版行政主管部门审核许可。

“从事出版物连锁经营业务的单位，在省、自治区、直辖市范围内经营的，应当经其总部所在地省、自治区、直辖市人民政府出版行政主管部门批准；跨省或者在全国范围内经营的，应当经其总部所在地省、自治区、直辖市人民政府出版行政主管部门审核后，报国务院出版行政主管部门批准。国务院出版行政主管部门应当自受理申请之日起60日内，作出批准或者不批准的决定。

“从事出版物发行业务的单位和个体工商户经出版行政主管部门批准、取得《出版物经营许可证》，并向工商行政管理部门依法领取营业执照后，方可从事出版物发行业务。”

十七、增加一条，作为第三十六条：“通过互联网等信息网络从事出版物发行业务的单位或者个体工商户，应当依照本条例规定取得《出版物经营许可证》。

“提供网络交易平台服务的经营者应当对申请通过网络交易平台从事出版物发行业务的单位或者个体工商户的

经营主体身份进行审查，验证其《出版物经营许可证》。”

十八、增加一条，作为第三十七条：“从事出版物发行业务的单位和个体工商户变更《出版物经营许可证》登记事项，或者兼并、合并、分立的，应当依照本条例第三十五条的规定办理审批手续，并持批准文件到工商行政管理部门办理相应的登记手续。

“从事出版物发行业务的单位和个体工商户终止经营活动的，应当到工商行政管理部门办理注销登记，并向原批准的出版行政主管部门备案。”

十九、将第三十九条修改为：“国家允许设立从事图书、报纸、期刊、电子出版物发行业务的中外合资经营企业、中外合作经营企业、外资企业。”

二十、将第四十一条修改为：“出版物进口业务，由依照本条例设立的出版物进口经营单位经营；其他单位和个人不得从事出版物进口业务。”

二十一、将第四十二条第一款第二项修改为“有符合国务院出版行政主管部门认定的主办单位及其主管机关”，第四项修改为“具有进口出版物内容审查能力”，删去第二款。

二十二、增加一条，作为第四十四条：“出版物进口经营单位变更名称、业务范围、资本结构、主办单位或者其主管机关，合并或者分立，设立分支机构，应当依照本条例第四十二条、第四十三条的规定办理审批手续，并持批准文件到工商行政管理部门办理相应的登记手续。”

二十三、将第四十六条改为第四十七条，修改为：“发行进口出版物的，必须从依法设立的出版物进口经营单位进货。”

二十四、增加一章，作为第六章，章名为“监督与管理”。

二十五、增加一条，作为第五十条：“出版行政主管部门履行下列职责：

（一）对出版物的出版、印刷、复制、发行、进口单位进行行业监管，实施准入和退出管理；

（二）对出版活动进行监管，对违反本条例的行为进行查处；

（三）对出版物内容和质量进行监管；

（四）根据国家有关规定对出版从业人员进行管理。”

二十六、增加一条，作为第五十一条：“出版行政主管部门根据有关规定和标准，对出版物的内容、编校、印刷或者复制、装帧设计等方面质量实施监督检查。”

二十七、增加一条，作为第五十二条：“国务院出版行政主管部门制定出版单位综合评估办法，对出版单位分类实施综合评估。

“出版物的出版、印刷或者复制、发行和进口经营单位不再具备行政许可的法定条件的，由出版行政主管部门责令限期改正；逾期仍未改正的，由原发证机关撤销行政许可。”

二十八、增加一条，作为第五十三条：“国家对在出版单位从事出版专业技术工作的人员实行职业资格制度；出版专业技术人员通过国家专业技术人员资格考试取得专业技术资格。具体办法由国务院人力资源社会保障主管部门、国务院出版行政主管部门共同制定。”

二十九、将第四十九条改为第五十五条，修改为：“国家支持、鼓励下列优秀的、重点的出版物的出版：

（一）对阐述、传播宪法确定的基本原则有重大作用的；

（二）对弘扬社会主义核心价值体系，在人民中进行爱国主义、集体主义、社会主义和民族团结教育以及弘扬社会公德、职业道德、家庭美德有重要意义的；

（三）对弘扬民族优秀文化，促进国际文化交流有重大作用的；

（四）对推进文化创新，及时反映国内外新的科学文化成果有重大贡献的；

（五）对服务农业、农村和农民，促进公共文化服务有重大作用的；

（六）其他具有重要思想价值、科学价值或者文化艺术价值的。”

三十、将第五十二条改为第五十八条，修改为：“对为发展、繁荣出版产业和出版事业作出重要贡献的单位和个人，按照国家有关规定给予奖励。”

三十一、将第五十四条改为第六十条，修改为：“出版行政主管部门或者其他有关部门的工作人员，利用职务上的便利收受他人财物或者其他好处，批准不符合法定设立条件的出版、印刷或者复制、进口、发行单位，或者不履行监督职责，或者发现违法行为不予查处，造成严重后果的，依法给予降级直至开除的处分；构成犯罪的，依照刑法关于受贿罪、滥用职权罪、玩忽职守罪或者其他罪的规定，依法追究刑事责任。”

三十二、将第五十五条至第五十七条、第五十九条中的“并处1万元以上5万元以下的罚款”修改为“可以处5万元以下的罚款”。

三十三、将第五十九条改为第六十五条，增加一项，作为第一项：“出版单位委托未取得出版物印刷或者复制许可的单位印刷或者复制出版物的”。

将第四项改为第五项，修改为：“印刷或者复制单位、发行单位或者个体工商户印刷或者复制、发行未署出版单位名称的出版物的”。

将第五项改为第六项，修改为：“出版、印刷、发行单位出版、印刷、发行未经依法审定的中学小学教科书，或者非依照本条例规定确定的单位从事中学小学教科书的出版、发行业务的”。

三十四、将第六十条改为第六十六条，修改为：“出版单位有下列行为之一的，由出版行政主管部门责令停止违法行为，给予警告，没收违法经营的出版物、违法所得，违法经营额1万元以上的，并处违法经营额5倍以上10倍以下的罚款；违法经营额不足1万元的，可以处5万元以下的罚款；情节严重的，责令限期停业整顿或者由原发证机关吊销许可证：

（一）出售或者以其他形式转让本出版单位的名称、书号、刊号、版号、版面，或者出租本单位的名称、刊号的；

（二）利用出版活动谋取其他不正当利益的。”

三十五、将第六十一条改为第六十七条，删去第一项中的“刊期”；增加一项，作为第六项：“出版单位擅自中止出版活动超过180日的”。

增加一项，作为第七项：“出版物发行单位、出版物进口经营单位未依照本条例的规定办理变更审批手续的”。

增加一项，作为第八项：“出版物质量不符合有关规定和标准的”。

三十六、将第六十四条改为第七十条，修改为：“单位违反本条例，被处以吊销许可证行政处罚的，应当按照国家有关规定到事业单位登记管理机关或者工商行政管理部门办理注销登记或者变更登记；逾期未办理的，由事业单位登记管理机关撤销登记或者由工商行政管理部门吊销营业执照。”

三十七、将第六十五条改为第七十一条，增加一款，作为第二款：“出版从业人员违反本条例规定，情节严重的，由原发证机关吊销其资格证书。”

三十八、将第六十七条改为第七十三条，修改为：“行政法规对音像制品和电子出版物的出版、复制、进口、发行另有规定的，适用其规定。

“接受境外机构或者个人赠送出版物的管理办法、订户订购境外出版物的管理办法、网络出版审批和管理办法，由国务院出版行政主管部门根据本条例的原则另行制定。”

本决定自公布之日起施行。

《出版管理条例》根据本决定作相应的修改并对章的序号和条款顺序作相应调整，重新公布。

出版管理条例

（2001年12月25日中华人民共和国国务院令第343号公布　根据2011年3月19日《国务院关于修改〈出版管理条例〉的决定》修订）

第一章　总　　则

第一条　为了加强对出版活动的管理，发展和繁荣有中国特色社会主义出版产业和出版事业，保障公民依法行使出版自由的权利，促进社会主义精神文明和物质文明建设，根据宪法，制定本条例。

第二条　在中华人民共和国境内从事出版活动，适用本条例。

本条例所称出版活动，包括出版物的出版、印刷或者复制、进口、发行。

本条例所称出版物，是指报纸、期刊、图书、音像制品、电子出版物等。

第三条　出版活动必须坚持为人民服务、为社会主义服务的方向，坚持以马克思列宁主义、毛泽东思想、邓小平理论和“三个代表”重要思想为指导，贯彻落实科学发展观，传播和积累有益于提高民族素质、有益于经济发展和社会进步的科学技术和文化知识，弘扬民族优秀文化，促进国际文化交流，丰富和提高人民的精神生活。

第四条　从事出版活动，应当将社会效益放在首位，实现社会效益与经济效益相结合。

第五条　公民依法行使出版自由的权利，各级人民政府应当予以保障。

公民在行使出版自由的权利的时候，必须遵守宪法和法律，不得反对宪法确定的基本原则，不得损害国家的、社会的、集体的利益和其他公民的合法的自由和权利。

第六条　国务院出版行政主管部门负责全国的出版活动的监督管理工作。国务院其他有关部门按照国务院规定的职责分工，负责有关的出版活动的监督管理工作。

县级以上地方各级人民政府负责出版管理的部门（以下简称出版行政主管部门）负责本行政区域内出版活动的监督管理工作。县级以上地方各级人民政府其他有关部门在各自的职责范围内，负责有关的出版活动的监督管理工作。

第七条　出版行政主管部门根据已经取得的违法嫌疑证据或者举报，对涉嫌违法从事出版物出版、印刷或者复制、进口、发行等活动的行为进行查处时，可以检查与涉嫌违法活动有关的物品和经营场所；对有证据证明是与违法活动有关的物品，可以查封或者扣押。

第八条 出版行业的社会团体按照其章程，在出版行政主管部门的指导下，实行自律管理。

第二章 出版单位的设立与管理

第九条 报纸、期刊、图书、音像制品和电子出版物等应当由出版单位出版。

本条例所称出版单位，包括报社、期刊社、图书出版社、音像出版社和电子出版物出版社等。法人出版报纸、期刊，不设立报社、期刊社的，其设立的报纸编辑部、期刊编辑部视为出版单位。

第十条 国务院出版行政主管部门制定全国出版单位总量、结构、布局的规划，指导、协调出版产业和出版事业发展。

第十一条 设立出版单位，应当具备下列条件：

（一）有出版单位的名称、章程；

（二）有符合国务院出版行政主管部门认定的主办单位及其主管机关；

（三）有确定的业务范围；

（四）有30万元以上的注册资本和固定的工作场所；

（五）有适应业务范围需要的组织机构和符合国家规定的资格条件的编辑出版专业人员；

（六）法律、行政法规规定的其他条件。

审批设立出版单位，除依照前款所列条件外，还应当符合国家关于出版单位总量、结构、布局的规划。

第十二条 设立出版单位，由其主办单位向所在地省、自治区、直辖市人民政府出版行政主管部门提出申请；省、自治区、直辖市人民政府出版行政主管部门审核同意后，报国务院出版行政主管部门审批。设立的出版单位为事业单位的，还应当办理机构编制审批手续。

第十三条 设立出版单位的申请书应当载明下列事项：

（一）出版单位的名称、地址；

（二）出版单位的主办单位及其主管机关的名称、地址；

（三）出版单位的法定代表人或者主要负责人的姓名、住址、资格证明文件；

（四）出版单位的资金来源及数额。

设立报社、期刊社或者报纸编辑部、期刊编辑部的，申请书还应当载明报纸或者期刊的名称、刊期、开版或者开本、印刷场所。申请书应当附具出版单位的章程和设立出版单位的主办单位及其主管机关的有关证明材料。

第十四条 国务院出版行政主管部门应当自受理设立出版单位的申请之日起60日内，作出批准或者不批准的决定，并由省、自治区、直辖市人民政府出版行政主管部门书面通知主办单位；不批准的，应当说明理由。

第十五条 设立出版单位的主办单位应当自收到批准决定之日起60日内，向所在地省、自治区、直辖市人民政府出版行政主管部门登记，领取出版许可证。登记事项由国务院出版行政主管部门规定。

出版单位领取出版许可证后，属于事业单位法人的，持出版许可证向事业单位登记管理机关登记，依法领取事业单位法人证书；属于企业法人的，持出版许可证向工商行政管理部门登记，依法领取营业执照。

第十六条 报社、期刊社、图书出版社、音像出版社和电子出版物出版社等应当具备法人条件，经核准登记后，取得法人资格，以其全部法人财产独立承担民事责任。

依照本条例第九条第三款的规定，视为出版单位的报纸编辑部、期刊编辑部不具有法人资格，其民事责任由其主办单位承担。

第十七条 出版单位变更名称、主办单位或者其主管机关、业务范围、资本结构，合并或者分立，设立分支机构，出版新的报纸、期刊，或者报纸、期刊变更名称的，应当依照本条例第十二条、第十三条的规定办理审批手续。出版单位属于事业单位法人的，还应当持批准文件到事业单位登记管理机关办理相应的登记手续；属于企业法人的，还应当持批准文件到工商行政管理部门办理相应的登记手续。

出版单位除前款所列变更事项外的其他事项的变更，应当经主办单位及其主管机关审查同意，向所在地省、自治区、直辖市人民政府出版行政主管部门申请变更登记，并报国务院出版行政主管部门备案。出版单位属于事业单位法人的，还应当持批准文件到事业单位登记管理机关办理变更登记；属于企业法人的，还应当持批准文件到工商行政管理部门办理变更登记。

第十八条 出版单位中止出版活动的，应当向所在地省、自治区、直辖市人民政府出版行政主管部门备案并说明理由和期限；出版单位中止出版活动不得超过180日。

出版单位终止出版活动的，由主办单位提出申请并经主管机关同意后，由主办单位向所在地省、自治区、直辖市人民政府出版行政主管部门办理注销登记，并报国务院出版行政主管部门备案。出版单位属于事业单位法人的，还应当持批准文件到事业单位登记管理机关办理注销登记；属于企业法人的，还应当持批准文件到工商行政管理部门办理注销登记。

第十九条 图书出版社、音像出版社和电子出版物出版社自登记之日起满180日未从事出版活动的，报社、期刊社自登记之日起满90日未出版报纸、期刊的，由原登记的出版行政主管部门注销登记，并报国务院出版行政主管部门备案。

因不可抗力或者其他正当理由发生前款所列情形的，出版单位可以向原登记的出版行政主管部门申请延期。

第二十条 图书出版社、音像出版社和电子出版物出版社的年度出版计划及涉及国家安全、社会安定等方面的重大选题，应当经所在地省、自治区、直辖市人民政府出版行政主管部门审核后报国务院出版行政主管部门备案；涉及重大选题，未在出版前报备案的出版物，不得出版。具体办法由国务院出版行政主管部门制定。

期刊社的重大选题，应当依照前款规定办理备案手续。

第二十一条 出版单位不得向任何单位或者个人出售或者以其他形式转让本单位的名称、书号、刊号或者版号、版面，并不得出租本单位的名称、刊号。

出版单位及其从业人员不得利用出版活动谋取其他不正当利益。

第二十二条 出版单位应当按照国家有关规定向国家图书馆、中国版本图书馆和国务院出版行政主管部门免费送交样本。

第三章 出版物的出版

第二十三条 公民可以依照本条例规定，在出版物上自由表达自己对国家事务、经济和文化事业、社会事务的见解和意愿，自由发表自己从事科学研究、文学艺术创作和其他文化活动的成果。

合法出版物受法律保护，任何组织和个人不得非法干扰、阻止、破坏出版物的出版。

第二十四条 出版单位实行编辑责任制度，保障出版物刊载的内容符合本条例的规定。

第二十五条 任何出版物不得含有下列内容：

（一）反对宪法确定的基本原则的；

（二）危害国家统一、主权和领土完整的；

（三）泄露国家秘密、危害国家安全或者损害国家荣誉和利益的；

（四）煽动民族仇恨、民族歧视，破坏民族团结，或者侵害民族风俗、习惯的；

（五）宣扬邪教、迷信的；

（六）扰乱社会秩序，破坏社会稳定的；

（七）宣扬淫秽、赌博、暴力或者教唆犯罪的；

（八）侮辱或者诽谤他人，侵害他人合法权益的；

（九）危害社会公德或者民族优秀文化传统的；

（十）有法律、行政法规和国家规定禁止的其他内容的。

第二十六条 以未成年人为对象的出版物不得含有诱发未成年人模仿违反社会公德的行为和违法犯罪的行为的内容，不得含有恐怖、残酷等妨害未成年人身心健康的内容。

第二十七条 出版物的内容不真实或者不公正，致使公民、法人或者其他组织的合法权益受到侵害的，其出版单位应当公开更正，消除影响，并依法承担其他民事责任。

报纸、期刊发表的作品内容不真实或者不公正，致使公民、法人或者其他组织的合法权益受到侵害的，当事人有权要求有关出版单位更正或者答辩，有关出版单位应当在其近期出版的报纸、期刊上予以发表；拒绝发表的，当事人可以向人民法院提起诉讼。

第二十八条 出版物必须按照国家的有关规定载明作者、出版者、印刷者或者复制者、发行者的名称、地址，书号、刊号或者版号，在版编目数据，出版日期、刊期以及其他有关事项。

出版物的规格、开本、版式、装帧和校对等必须符合国家标准和规范要求，保证出版物的质量。出版物使用语言文字必须符合国家法律规定和有关标准、规范。

第二十九条 任何单位和个人不得伪造、假冒出版单位名称或者报纸、期刊名称出版出版物。

第三十条 中学小学教科书由国务院教育行政主管部门审定；其出版、发行单位应当具有适应教科书出版、发行业务需要的资金、组织机构和人员等条件，并取得国务院出版行政主管部门批准的教科书出版、发行资质。纳入政府采购范围的中学小学教科书，其发行单位按照《中华人民共和国政府采购法》的有关规定确定。其他任何单位或者个人不得从事中学小学教科书的出版、发行业务。

第四章 出版物的印刷或者复制和发行

第三十一条 从事出版物印刷或者复制业务的单位，应当向所在地省、自治区、直辖市人民政府出版行政主管部门提出申请，经审核许可，并依照国家有关规定到工商行政管理部门办理相关手续后，方可从事出版物的印刷或者复制。

未经许可并办理相关手续的，不得印刷报纸、期刊、图书，不得复制音像制品、电子出版物。

第三十二条 出版单位不得委托未取得出版物印刷或者复制许可的单位印刷或者复制出版物。

出版单位委托印刷或者复制单位印刷或者复制出版物的，必须提供符合国家规定的印刷或者复制出版物的有关证明，并依法与印刷或者复制单位签订合同。

印刷或者复制单位不得接受非出版单位和个人的委托印刷报纸、期刊、图书或者复制音像制品、电子出版物，不得擅自印刷、发行报纸、期刊、图书或者复制、发行音像制品、电子出版物。

第三十三条 印刷或者复制单位经所在地省、自治区、直辖市人民政府出版行政主管部门批准，可以承接境外出版物的印刷或者复制业务；但是，印刷或者复制的境外出版物必须全部运输出境，不得在境内发行。

境外委托印刷或者复制的出版物的内容，应当经省、自治区、直辖市人民政府出版行政主管部门审核。委托人应当持有著作权人授权书，并向著作权行政管理部门登记。

第三十四条 印刷或者复制单位应当自完成出版物的印刷或者复制之日起2年内，留存一份承接的出版物样本备查。

第三十五条 从事出版物总发行业务的单位，经所在地省、自治区、直辖市人民政府出版行政主管部门审核后，报国务院出版行政主管部门批准。国务院出版行政主管部门应当自受理申请之日起60日内，作出批准或者不批准的决定。

从事出版物批发业务的单位，须经省、自治区、直辖市人民政府出版行政主管部门审核许可。

从事出版物零售业务的单位和个体工商户，须经县级人民政府出版行政主管部门审核许可。

从事出版物连锁经营业务的单位，在省、自治区、直辖市范围内经营的，应当经其总部所在地省、自治区、直辖市人民政府出版行政主管部门批准；跨省或者在全国范围内经营的，应当经其总部所在地省、自治区、直辖市人民政府出版行政主管部门审核后，报国务院出版行政主管部门批准。国务院出版行政主管部门应当自受理申请之日起60日内，作出批准或者不批准的决定。

从事出版物发行业务的单位和个体工商户经出版行政主管部门批准、取得《出版物经营许可证》，并向工商行政管理部门依法领取营业执照后，方可从事出版物发行业务。

第三十六条 通过互联网等信息网络从事出版物发行业务的单位或者个体工商户，应当依照本条例规定取得《出版物经营许可证》。

提供网络交易平台服务的经营者应当对申请通过网络交易平台从事出版物发行业务的单位或者个体工商户的经营主体身份进行审查，验证其《出版物经营许可证》。

第三十七条 从事出版物发行业务的单位和个体工商户变更《出版物经营许可证》登记事项，或者兼并、合并、分立的，应当依照本条例第三十五条的规定办理审批手续，并持批准文件到工商行政管理部门办理相应的登记手续。

从事出版物发行业务的单位和个体工商户终止经营活动的，应当到工商行政管理部门办理注销登记，并向原批准的出版行政主管部门备案。

第三十八条 出版单位可以发行本出版单位出版的出版物，不得发行其他出版单位出版的出版物。

第三十九条 国家允许设立从事图书、报纸、期刊、电子出版物发行业务的中外合资经营企业、中外合作经营企业、外资企业。

第四十条 印刷或者复制单位、发行单位不得印刷或者复制、发行有下列情形之一的出版物：

（一）含有本条例第二十五条、第二十六条禁止内容的；

（二）非法进口的；

（三）伪造、假冒出版单位名称或者报纸、期刊名称的；

（四）未署出版单位名称的；

（五）中学小学教科书未经依法审定的；

（六）侵犯他人著作权的。

第五章 出版物的进口

第四十一条 出版物进口业务，由依照本条例设立的出版物进口经营单位经营；其他单位和个人不得从事出版物进口业务。

第四十二条 设立出版物进口经营单位，应当具备下列条件：

（一）有出版物进口经营单位的名称、章程；

（二）有符合国务院出版行政主管部门认定的主办单位及其主管机关；

（三）有确定的业务范围；

（四）具有进口出版物内容审查能力；

（五）有与出版物进口业务相适应的资金；

（六）有固定的经营场所；

（七）法律、行政法规和国家规定的其他条件。

第四十三条 设立出版物进口经营单位，应当向国务院出版行政主管部门提出申请，经审查批准，取得国务院出版行政主管部门核发的出版物进口经营许可证后，持证到工商行政管理部门依法领取营业执照。

设立出版物进口经营单位，还应当依照对外贸易法律、行政法规的规定办理相应手续。

第四十四条 出版物进口经营单位变更名称、业务范围、资本结构、主办单位或者其主管机关，合并或者分立，设立分支机构，应当依照本条例第四十二条、第四十三条的规定办理审批手续，并持批准文件到工商行政管理部门办理相应的登记手续。

第四十五条 出版物进口经营单位进口的出版物，不得含有本条例第二十五条、第二十六条禁止的内容。

出版物进口经营单位负责对其进口的出版物进行内容审查。省级以上人民政府出版行政主管部门可以对出版物进口经营单位进口的出版物直接进行内容审查。出版物进口经营单位无法判断其进口的出版物是否含有本条例第二十五条、第二十六条禁止内容的，可以请求省级以上人民政府出版行政主管部门进行内容审查。省级以上人民政府出版行政主管部门应出版物进口经营单位的请求，对其进口的出版物进行内容审查的，可以按照国务院价格主管部门批准的标准收取费用。

国务院出版行政主管部门可以禁止特定出版物的进口。

第四十六条 出版物进口经营单位应当在进口出版物前将拟进口的出版物目录报省级以上人民政府出版行政主管部门备案；省级以上人民政府出版行政主管部门发现有禁止进口的或者暂缓进口的出版物的，应当及时通知出版物进口经营单位并通报海关。对通报禁止进口或者暂缓进口的出版物，出版物进口经营单位不得进口，海关不得放行。

出版物进口备案的具体办法由国务院出版行政主管部门制定。

第四十七条 发行进口出版物的，必须从依法设立的出版物进口经营单位进货。

第四十八条 出版物进口经营单位在境内举办境外出版物展览，必须报经国务院出版行政主管部门批准。未经批准，任何单位和个人不得举办境外出版物展览。

依照前款规定展览的境外出版物需要销售的，应当按照国家有关规定办理相关手续。

第六章 监督与管理

第四十九条 出版行政主管部门应当加强对本行政区域内出版单位出版活动的日常监督管理；出版单位的主办单位及其主管机关对所属出版单位出版活动负有直接管理责任，并应当配合出版行政主管部门督促所属出版单位执行各项管理规定。

出版单位和出版物进口经营单位应当按照国务院出版行政主管部门的规定，将从事出版活动和出版物进口活动的情况向出版行政主管部门提出书面报告。

第五十条 出版行政主管部门履行下列职责：

（一）对出版物的出版、印刷、复制、发行、进口单位进行行业监管，实施准入和退出管理；

（二）对出版活动进行监管，对违反本条例的行为进行查处；

（三）对出版物内容和质量进行监管；

（四）根据国家有关规定对出版从业人员进行管理。

第五十一条 出版行政主管部门根据有关规定和标准，对出版物的内容、编校、印刷或者复制、装帧设计等方面质量实施监督检查。

第五十二条 国务院出版行政主管部门制定出版单位综合评估办法，对出版单位分类实施综合评估。

出版物的出版、印刷或者复制、发行和进口经营单位不再具备行政许可的法定条件的，由出版行政主管部门责令限期改正；逾期仍未改正的，由原发证机关撤销行政许可。

第五十三条 国家对在出版单位从事出版专业技术工作的人员实行职业资格制度；出版专业技术人员通过国家专业技术人员资格考试取得专业技术资格。具体办法由国务院人力资源社会保障主管部门、国务院出版行政主管部门共同制定。

第七章 保障与奖励

第五十四条 国家制定有关政策，保障、促进出版产业和出版事业的发展与繁荣。

第五十五条 国家支持、鼓励下列优秀的、重点的出版物的出版：

（一）对阐述、传播宪法确定的基本原则有重大作用的；

（二）对弘扬社会主义核心价值体系，在人民中进行爱国主义、集体主义、社会主义和民族团结教育以及弘扬社会公德、职业道德、家庭美德有重要意义的；

（三）对弘扬民族优秀文化，促进国际文化交流有重大作用的；

（四）对推进文化创新，及时反映国内外新的科学文化成果有重大贡献的；

（五）对服务农业、农村和农民，促进公共文化服务有重大作用的；

（六）其他具有重要思想价值、科学价值或者文化艺术价值的。

第五十六条 国家对教科书的出版发行，予以保障。

国家扶持少数民族语言文字出版物和盲文出版物的出版发行。

国家对在少数民族地区、边疆地区、经济不发达地区和在农村发行出版物，实行优惠政策。

第五十七条 报纸、期刊交由邮政企业发行的，邮政企业应当保证按照合同约定及时、准确发行。

承运出版物的运输企业，应当对出版物的运输提供方便。

第五十八条 对为发展、繁荣出版产业和出版事业作出重要贡献的单位和个人，按照国家有关规定给予奖励。

第五十九条 对非法干扰、阻止和破坏出版物出版、印刷或者复制、进口、发行的行为，县级以上各级人民政府出版行政主管部门及其他有关部门，应当及时采取措施，予以制止。

第八章 法律责任

第六十条 出版行政主管部门或者其他有关部门的工作人员，利用职务上的便利收受他人财物或者其他好处，批准不符合法定设立条件的出版、印刷或者复制、进口、发行单位，或者不履行监督职责，或者发现违法行为不予查处，造成严重后果的，依法给予降级直至开除的处分；构成犯罪的，依照刑法关于受贿罪、滥用职权罪、玩忽职守罪或者其他罪的规定，依法追究刑事责任。

第六十一条 未经批准，擅自设立出版物的出版、印刷或者复制、进口、发行单位，或者擅自从事出版物的出版、印刷或者复制、进口、发行业务，假冒出版单位名称或者伪造、假冒报纸、期刊名称出版出版物的，由出版行政主管部门、工商行政管理部门依照法定职权予以取缔；依照刑法关于非法经营罪的规定，依法追究刑事责任；尚不够刑事处罚的，没收出版物、违法所得和从事违法活动的专用工具、设备，违法经营额1万元以上的，并处违法经营额5倍以上10倍以下的罚款，违法经营额不足1万元的，可以处5万元以下的罚款；侵犯他人合法权益的，依法承担民事责任。

第六十二条 有下列行为之一，触犯刑律的，依照刑法有关规定，依法追究刑事责任；尚不够刑事处罚的，由出版行政主管部门责令限期停业整顿，没收出版物、违法所得，违法经营额1万元以上的，并处违法经营额5倍以上10倍以下的罚款；违法经营额不足1万元的，可以处5万元以下的罚款；情节严重的，由原发证机关吊销许可证：

（一）出版、进口含有本条例第二十五条、第二十六条禁止内容的出版物的；

（二）明知或者应知出版物含有本条例第二十五条、第二十六条禁止内容而印刷或者复制、发行的；

（三）明知或者应知他人出版含有本条例第二十五条、第二十六条禁止内容的出版物而向其出售或者以其他形式转让本出版单位的名称、书号、刊号、版号、版面，或者出租本单位的名称、刊号的。

第六十三条 有下列行为之一的，由出版行政主管部门责令停止违法行为，没收出版物、违法所得，违法经营额1万元以上的，并处违法经营额5倍以上10倍以下的罚款；违法经营额不足1万元的，可以处5万元以下的罚款；情节严重的，责令限期停业整顿或者由原发证机关吊销许可证：

（一）进口、印刷或者复制、发行国务院出版行政主管部门禁止进口的出版物的；

（二）印刷或者复制走私的境外出版物的；

（三）发行进口出版物未从本条例规定的出版物进口经营单位进货的。

第六十四条 走私出版物的，依照刑法关于走私罪的规定，依法追究刑事责任；尚不够刑事处罚的，由海关依照海关法的规定给予行政处罚。

第六十五条 有下列行为之一的，由出版行政主管部门没收出版物、违法所得，违法经营额1万元以上的，并处违法经营额5倍以上10倍以下的罚款；违法经营额不足1万元的，可以处5万元以下的罚款；情节严重的，责令限期停业整顿或者由原发证机关吊销许可证：

（一）出版单位委托未取得出版物印刷或者复制许可的单位印刷或者复制出版物的；

（二）印刷或者复制单位未取得印刷或者复制许可而印刷或者复制出版物的；

（三）印刷或者复制单位接受非出版单位和个人的委托印刷或者复制出版物的；

（四）印刷或者复制单位未履行法定手续印刷或者复制境外出版物的，印刷或者复制的境外出版物没有全部运输出境的；

（五）印刷或者复制单位、发行单位或者个体工商户印刷或者复制、发行未署出版单位名称的出版物的；

（六）出版、印刷、发行单位出版、印刷、发行未经依法审定的中学小学教科书，或者非依照本条例规定确定的单位从事中学小学教科书的出版、发行业务的。

第六十六条 出版单位有下列行为之一的，由出版行政主管部门责令停止违法行为，给予警告，没收违法经营的出版物、违法所得，违法经营额1万元以上的，并处违法经营额5倍以上10倍以下的罚款；违法经营额不足1万元的，可以处5万元以下的罚款；情节严重的，责令限期停业整顿或者由原发证机关吊销许可证：

（一）出售或者以其他形式转让本出版单位的名称、书号、刊号、版号、版面，或者出租本单位的名称、刊号的；

（二）利用出版活动谋取其他不正当利益的。

第六十七条 有下列行为之一的，由出版行政主管部门责令改正，给予警告；情节严重的，责令限期停业整顿或者由原发证机关吊销许可证：

（一）出版单位变更名称、主办单位或者其主管机关、业务范围，合并或者分立，出版新的报纸、期刊，或者报纸、期刊改变名称，以及出版单位变更其他事项，未依照本条例的规定到出版行政主管部门办理审批、变更登记手续的；

（二）出版单位未将其年度出版计划和涉及国家安全、社会安定等方面的重大选题备案的；

（三）出版单位未依照本条例的规定送交出版物的样本的；

（四）印刷或者复制单位未依照本条例的规定留存备查的材料的；

（五）出版进口经营单位未将其进口的出版物目录报送备案的；

（六）出版单位擅自中止出版活动超过180日的；

（七）出版物发行单位、出版物进口经营单位未依照本条例的规定办理变更审批手续的；

（八）出版物质量不符合有关规定和标准的。

第六十八条 未经批准，举办境外出版物展览的，由出版行政主管部门责令停止违法行为，没收出版物、违法所得；情节严重的，责令限期停业整顿或者由原发证机关吊销许可证。

第六十九条 印刷或者复制、批发、零售、出租、散发含有本条例第二十五条、第二十六条禁止内容的出版物或者其他非法出版物的，当事人对非法出版物的来源作出说明、指认，经查证属实的，没收出版物、违法所得，可以减轻或者免除其他行政处罚。

第七十条 单位违反本条例，被处以吊销许可证行政处罚的，应当按照国家有关规定到事业单位登记管理机关或者工商行政管理部门办理注销登记或者变更登记；逾期未办理的，由事业单位登记管理机关撤销登记或者由工商行政管理部门吊销营业执照。

第七十一条 单位违反本条例被处以吊销许可证行政处罚的，其法定代表人或者主要负责人自许可证被吊销之日起10年内不得担任出版、印刷或者复制、进口、发行单位的法定代表人或者主要负责人。

出版从业人员违反本条例规定，情节严重的，由原发证机关吊销其资格证书。

第七十二条 依照本条例的规定实施罚款的行政处罚，应当依照有关法律、行政法规的规定，实行罚款决定与罚款收缴分离；收缴的罚款必须全部上缴国库。

第九章 附 则

第七十三条 行政法规对音像制品和电子出版物的出版、复制、进口、发行另有规定的，适用其规定。

接受境外机构或者个人赠送出版物的管理办法、订户订购境外出版物的管理办法、网络出版审批和管理办法，由国务院出版行政主管部门根据本条例的原则另行制定。

第七十四条 本条例自2002年2月1日起施行。1997年1月2日国务院发布的《出版管理条例》同时废止。

关于实施“十二五”时期（2011—2015年）国家重点图书、音像、电子出版物出版规划的通知

新闻出版总署
2011年4月12日

各省、自治区、直辖市新闻出版局，新疆生产建设兵团新闻出版局，解放军总政治部宣传部新闻出版局，中央和国家机关各部委、民主党派、人民团体新闻出版主管部门，中国出版集团公司，中央直属企业：

“十二五”时期是我国加快转变经济发展方式的攻坚时期，也是出版业由出版大国向出版强国迈进的重要战略机遇期。“‘十二五’时期（2011—2015年）国家重点图书、音像、电子出版物出版规划”（以下简称“规划”）的编制是出版业贯彻落实党的十七大、十七届五中全会精神的重要举措，对于推动文化大发展大繁荣，提升国家文化软实力，满足人民群众不断增长的精神文化需求具有十分重要的意义。

“规划”编制工作从2009年10月开始，经历了前期调研、项目申报、专家论证、征求意见四个阶段，历时一年半，现已全部完成，正式颁布实施。

一、“规划”的框架结构和规模

“规划”由社会科学与人文科学、自然科学与工程技术、子规划三大部分组成。子规划包括：1. 马克思主义理论与研究出版规划；2. 重大出版工程规划；3. 少数民族出版规划；4. 未成年人出版物出版规划；5. 古籍整理出版规划；6. 中国出版“走出去”出版规划。音像制品和电子出版物项目按照骨干工程和社科、科技等类别进行分类。“规划”规模为2 030种，其中图书1 730种、音像制品200种、电子出版物100种。每年还将进行适度调整。

二、编制“规划”的目标和重点

（一）“规划”的目标

编制“规划”的目标是通过国家重点项目规划的实施，推进国家重点项目的出版，发挥国家规划的示范带动作用，形成国家重点出版工程出版机制，实施精品战略，以五年2 000种左右的国家重点出版物的出版，发挥国家规划的导向与杠杆作用，带动高水平、高质量出版物的出版，为迈向世界出版强国打下坚实的基础，为社会主义文化大发展大繁荣贡献力量。

“规划”立足于未来五年国家经济社会发展的目标，以党的十七届五中全会审议通过的《中共中央关于制定国民经济和社会发展第十二个五年规划的建议》和第十一届全国人大四次会议通过的《中华人民共和国国民经济和社会发展第十二个五年规划纲要》为指导，与“十二五”时期国民经济和社会发展的主要任务紧密衔接，服务于国家经济建设、政治建设、文化建设、社会建设、生态文明建设和党的建设，服务于出版业由出版大国向出版强国迈进的宏伟目标。

（二）“规划”的重点

1. 充分反映马克思主义理论研究和建设工程成果、中国特色社会主义理论体系、社会主义核心价值体系理论研究成果；突出“十二五”时期纪念中国共产党建党90周年、辛亥革命100周年、建军85周年等重大活动的主题出版。

2. 坚持科学发展主题，加快转变经济发展方式，促进我国经济平稳较快发展；关注民生，加快社会主义新农村的建设，推动社会和谐发展；唱响各民族共同团结奋斗、共同繁荣发展的主旋律，体现民族地区经济社会和历史文化发展的多样性。

3. 适应国家经济、政治、文化和社会发展的需要，全面反映我国哲学社会科学、自然科学研究的新成果。“规划”包含了国家社会科学基金、自然科学基金、国家“863”计划和“973”计划、国家重大科技攻关，教育部人文社会科学规划等项目成果457种，占规划总数的28%。

4. 推动社会主义文化的大发展大繁荣，发挥精品力作的引导作用，自上而下规划了一批具有文化积累价值、弘扬时代精神、体现国家水准并能传之久远的骨干工程；把握社会文化发展的新特点和人民群众的新期待，文学艺术项目注重反映时代精神和现实生活；传播中华优秀文化的项目，着眼于中国出版“走出去”，提高国际影响力。

三、“规划”的特点

（一）深入贯彻落实十七届五中全会精神，紧扣国民经济和社会发展“十二五”时期发展主题、主线和目标任务；

（二）服务大局，充分体现国家意志和政府导向；

（三）“规划”的编制注重调查研究，采取自上而下和自下而上相结合的办法，体现“规划”的科学性、权威性、广泛性、可操作性；

（四）提倡内容创新，注重高水平原创作品；

（五）实现了出版规划与国家科研成果的对接，突出国家科研成果，体现国家水平；

（六）体现国家精品战略的成果，已形成国家级、省级、出版单位三级重点出版物规划体系。

四、实施“规划”的要求和保障措施

（一）充分认识组织实施国家重点出版物出版规划的重大意义。“规划”是出版界认真贯彻党的十七大和十七届五中全会精神，全面落实科学发展观，发展中国特色社会主义先进文化，丰富人民群众精神文化生活，繁荣出版事业的国家重点文化出版工程，对于传承文明，促进社会主义文化大发展大繁荣，具有重大的文化战略意义。各级出版管理部门和出版单位要充分认识“规划”的重要性，以高度负责的态度做好“规划”的组织和实施工作，将国家重点出版规划项目作为重大工程、品牌工程、骨干工程来抓，通过国家重点规划的落实，对出版物起到引领和带动作用，努力实施精品战略。

（二）加强“规划”的组织领导。各级新闻出版行政部门和出版单位主管部门、各有关出版单位要分工负责、加强监督和管理。要以国家规划为龙头，结合本地区、本部门的重点项目实施，形成重点项目多层面、全覆盖的合理布局，强化重点出版项目带动出版行业发展的基础性作用。充分利用国家级、省级、出版单位三级网络化管理体系，有效实施重点规划项目。

（三）为了有效推动“规划”的实施，充分体现“规划”的示范带动作用，鼓励精品出版，“规划”的实施与国家出版基金等出版资助相衔接，列入“规划”的项目将成为国家出版基金、新闻出版业发展项目库、民族文字出版专项资金、古籍整理出版专项经费、经典中国国际出版工程等资助的重点。同时，要将“规划”的执行情况与出版单位评估考核挂钩，政府评奖要向重点出版物倾斜。

（四）为了保证高质量完成出版规划，各级新闻出版行政部门和出版单位主管部门，对于项目的实施要有一定的配套措施，在资金、人力、时间上给予充分的支持。

（五）各承担项目单位要建立“规划”实施保障机制，做到人员（领导、责任编辑、作者）、资金、时间三落实。要采取有力措施，切实把好书稿内容、编辑加工、装帧印刷等环节的质量关，确保项目的出版质量和出版进度。属于重大选题范围的必须履行重大选题备案程序。

（六）“规划”是一个动态出版工程，为了确保“规划”项目的质量和进度，我署将加强监督管理力度，建立淘汰机制，以保证“规划”的国家水平。每年定期检查“规划”的执行情况，对不能按时完成或质量达不到要求的项目将予以撤销，并适时增补新的项目。

国家新闻出版总署关于进一步加强中小学教辅材料出版发行管理的通知

新出字〔2011〕12号

新闻出版总署
2011年8月16日

各省、自治区、直辖市新闻出版局，新疆生产建设兵团新闻出版局，解放军总政治部宣传部新闻出版局，中央和国家机关各部委、各民主党派、各人民团体出版单位主管部门，中国出版集团公司、中国教育出版传媒集团公司、中国科技出版传媒集团公司：

近年来，各有关出版发行单位积极配合中小学课程改革，出版发行了一批适应课程改革和教学要求的优质教辅材料，较好地满足了中小学生和教师的需要。与此同时，对于市场上出现的中小学教辅材料散滥状况，各级新闻出版行政主管部门会同有关部门，切实加强管理，积极开展专项治理，净化了市场环境，取得了明显成效。但是，当前中小学教辅材料品种多、质量差，部分出版发行单位违规甚至违法出版发行教辅材料的现象仍然存在，侵权盗版和非法出版发行教辅材料案件时有发生，损害了人民群众切身利益。对此，各级新闻出版行政主管部门必须引起高度重视，采取有力措施，进一步加强管理，切实解决存在的问题，给人民群众一个满意的答复。

本通知所称中小学教辅材料是指与教材配套，供中小学生使用的各种学习辅导、考试辅导等方面的出版物，包括中小学教材同步练习类出版物，中小学生暑假、寒假作业类出版物，中小学习题、试卷类出版物，以及省级以上新闻出版行政主管部门认定的其他供中小学生使用的学习辅导、考试辅导类出版物等。其介质形态包括图书、报纸、期刊、音像制品、电子出版物等。为进一步加强中小学教辅材料出版发行管理，根据《中华人民共和国著作权法》、《出版管理条例》、《音像制品管理条例》等相关法律法规，现就有关事项通知如下。

一、进一步加强中小学教辅材料出版管理

各级新闻出版行政主管部门必须严格按照新闻出版总署审核批准的业务范围、办报办刊宗旨，核定出版单位中小学教辅材料出版资质。出版单位出版中小学教辅材料必须符合资质要求，不具备中小学教辅材料出版资质的出版单位，一律不得安排中小学教辅材料选题，不得出版中小学教辅材料。教辅类报刊要严格按照批准的业务范围出版，非教辅类报刊一律不得超越业务范围刊登教辅内容。严格规范出版发行单位对外合作行为，严禁任何形式的买卖书号、买卖刊号、买卖版号和一号多用等违法违规行为。出版单位必须严格执行选题论证制度、稿件“三审”责任制度和“三校一读”制度，确保出版物的内容质量和编校质量。出版单位要加强对作者专业背景的审核，作者情况须存档备案。根据他人享有著作权的教材编写出版中小学教辅材料，必须依法取得著作权人的授权。新闻出版行政主管部门要严把审批关，严禁出版单位通过申请调整业务范围、报刊更名等方式涉入中小学教辅材料出版发行。要定期对中小学教辅材料出版单位进行综合评估，对评估不达标的取消其出版中小学教辅材料的资质。

二、进一步加强中小学教辅材料印刷复制管理

中小学教辅材料应优先选择经国家认定的绿色出版物印刷复制企业进行印刷复制。印刷复制中小学教辅材料，必须严格履行印刷复制委托程序，按照规定办理相关手续。印刷复制单位承接中小学教辅材料印刷复制业务，必须事先核查出版单位的手续是否有效和齐全，手续无效或不齐

的一律不得承接。出版单位跨省印刷复制中小学教辅材料，必须分别在出版单位所在地和印刷复制企业所在地的省、自治区、直辖市新闻出版局备案。

三、进一步加强中小学教辅材料发行管理

中小学教辅材料必须由新闻出版行政主管部门根据有关规定批准的发行企业发行，任何部门、单位和个人未经批准一律不得从事中小学教辅材料的发行活动。对未经批准擅自设立的发行站、工作站必须依法予以取缔。从事中小学教辅材料发行业务的企业必须从依法设立的出版发行单位进货，并依法签订供销合同。中小学教辅类报刊发行严格实行一报一刊一个邮发代号。严禁出版发行单位委托不具有发行资质的部门、单位和个人代理发行销售中小学教辅材料，严禁出版发行单位与教育行政主管部门、学校、老师进行地下交易和一切形式的商业贿赂行为，严禁出版发行单位在中小学教辅材料出版发行活动中违规收取费用或向中小学生和家长统一征订、搭售教辅材料。

四、进一步加强中小学教辅材料质量管理

中小学教辅材料必须符合《中华人民共和国产品质量法》《图书质量管理规定》《报纸质量管理标准（试行）》《期刊出版形式规范》《书刊印刷产品质量监督管理暂行办法》《音像制品质量技术要求》《中华人民共和国图书书名页国家标准》等有关法律法规和标准的要求，规格、开本、版式、装帧、校对等必须符合国家标准和规范要求。各级新闻出版行政主管部门要按照上述要求，加强对中小学教辅材料的质量检查。各省、自治区、直辖市新闻出版局要在每年春季和秋季，组织对本地市场上中小学教辅材料的内容质量、编校质量、印装质量进行专项检查，新闻出版总署每年组织一次中小学教辅材料质量抽样检查，检查结果均向社会公布。对不符合质量规定和标准的中小学教辅材料，由新闻出版行政主管部门依据有关规定，责令停止出版发行、全部召回销毁，并对有关单位给予警告处理，对问题严重的给予限期停业整顿处理或由原发证机关吊销许可证。

五、进一步加强中小学教辅材料价格管理

出版单位要严格执行国家有关价格政策，根据出版发行合理成本，按照保本微利的原则，科学确定中小学教辅材料价格，并主动向社会公示。严禁出版单位采取高定价、低折扣形式推销中小学教辅材料。严禁任何部门、单位和个人在中小学教辅材料编写、出版、印刷复制、发行等环节，以拿取回扣、索要赞助等方式违规收取费用。

六、进一步加强中小学教辅材料市场管理

各级新闻出版行政主管部门要把打击侵权盗版和非法出版中小学教辅材料列为出版物市场监管重点，针对中小学教辅材料市场存在的问题，结合开展保护知识产权工作，每年定期开展专项整治行动。要严查出版物市场，特别是要严查校园周边出版物市场，从中发现、梳理案件线索，并追根溯源、一查到底。要加强领导、协调和督办，加大对侵权盗版和非法出版中小学教辅材料案件查办力度，确保中小学教辅材料市场健康有序发展。

为了确保中小学教辅材料出版发行管理的各项措施落到实处，新闻出版总署建立治理教育乱收费工作联席会议制度，定期研究和通报情况，加强工作指导和协调。各级新闻出版行政主管部门必须建立相应的工作机制，并从以下几个方面加大工作力度。

第一，切实强化管理责任。各级新闻出版行政主管部门和出版单位的主管部门必须进一步提高认识、统一思想，从维护人民群众切身利益出发，严格执行国家有关法律法规，制定有效措施，进一步规范中小学教辅材料的出版、印刷复制和发行秩序。要切实履行出版监管职责，强化管理责任，细化监管职能，建立健全责任制和责任追究制，并形成长效机制，坚决纠正中小学教辅材料出版发行中的各种违法违规行为，彻底改变中小学教辅材料过多过滥的状况。

第二，坚持严格依法行政。加强对中小学教辅材料出版发行管理，必须以国家现行法律法规为准绳，坚持依法行政，做到有法必依、违法必究，绝不允许有法不依、姑息迁就，甚至搞地方保护。新闻出版总署将依据已经修订发布的《出版管理条例》和《出版物市场管理规定》，会同有关部门加快对《中小学教辅材料管理办法》《中小学教辅材料管理办法的实施意见》等规范性文件的修订工作，细化中小学教辅材料出版、印刷复制、发行、质量、价格、市场等方面管理措施，增强可操作性，为进一步加强中小学教辅材料管理完善法制保障。

第三，全面开展清理检查。各省、自治区、直辖市新闻出版局接本通知后，要立即组织对本地区 2010 年以来中小学教辅材料出版、印刷复制和发行情况进行一次全面清理检查，查清本地区中小学教辅材料出版、印刷复制、发

行和市场的基本情况，针对存在问题进行深入整改，并建立健全日常监管工作机制。检查和整改情况于2011年9月底前报新闻出版总署。在此基础上，新闻出版总署采取明查、暗访形式，对检查和整改情况进行一次全面督查。

第四，查办一批重点案件。经过检查和整改，依法对违法违规出版、印刷复制和发行中小学教辅材料的部门、单位和个人进行严肃查处。对买卖书号、买卖刊号、买卖版号和一号多用的，在中小学教辅材料出版发行中的超越出版业务范围、违规征订、搭售和涉嫌商业贿赂的，非法从事中小学教辅材料出版、印刷复制、发行活动的，对侵权盗版和非法出版中小学教辅材料的，该吊销许可证的一律吊销，该依法取缔的一律取缔，构成犯罪的一律移交司法机关依法追究刑事责任。

第五，结合改革深入治理。紧密结合当前深化出版社体制改革、非时政类报刊出版单位体制改革和党报党刊发行体制改革，大力整合和优化出版资源。鼓励导向正确、经营规范、品牌优良、有竞争力的中小学教辅材料出版发行单位，或整合进入大型出版传媒集团公司，或发展成为“专、精、特、新”的出版发行企业。严格市场准入和市场退出制度，关停并转一批不符合市场准入条件、不具备相应资质和违法违规经营的中小学教辅材料出版发行单位。

第六，广泛发动群众参与。要充分利用各类新闻媒体，深入揭露中小学教辅材料过多过滥的危害，积极宣传政府部门大力整治的决心和所做的工作、取得的成效，积极宣传国家有关法律法规和依法查处的重点案件。组织新闻媒体进行深入采访，开展舆论监督，公开曝光存在的问题和工作中的薄弱环节。各级新闻出版行政主管部门要设立社会监督电话和网址，建立信息员队伍，广泛发动群众积极举报中小学教辅材料出版发行中的违法违规行为。要通过加大新闻宣传和发动群众举报，震慑犯罪者，警示违规者，教育从业者，鼓舞广大群众。

关于实施绿色印刷的公告

新闻出版总署
环境保护部
2011年10月8日

为推动我国生态文明、环境友好型社会建设，促进印刷行业可持续发展，根据《中华人民共和国环境保护法》和《印刷业管理条例》的有关规定，新闻出版总署和环境保护部决定共同开展实施绿色印刷工作。现将有关事项公告如下：

一、实施绿色印刷的指导思想

认真贯彻党的十七大、十七届五中全会精神，深入学习实践科学发展观，坚持“以人为本”的宗旨，本着“全面推进、重点突破、创新机制、加强监管”的原则，通过在印刷行业实施绿色印刷战略，促进印刷行业发展方式的转变，加快建设印刷强国，推动生态文明、环境友好型社会建设。

二、实施绿色印刷的范围和目标

（一）实施绿色印刷的范围

绿色印刷是指对生态环境影响小、污染少、节约资源和能源的印刷方式。实施绿色印刷的范围包括印刷的生产设备、原辅材料、生产过程以及出版物、包装装潢等印刷品，涉及印刷产品生产全过程。

（二）实施绿色印刷的目标

通过在印刷行业实施绿色印刷战略，到“十二五”期末，基本建立绿色印刷环保体系，力争使绿色印刷企业数量占到我国印刷企业总数的30%，印刷产品的环保指标达到国际先进水平，淘汰一批落后的印刷工艺、技术和产能，促进印刷行业实现节能减排，引导我国印刷产业加快转型和升级。

三、实施绿色印刷的组织管理

为加强对实施绿色印刷工作的组织领导，新闻出版总署和环境保护部决定共同成立实施绿色印刷工作领导小组，负责统一领导实施工作，统筹协调有关部门，督促检查工作进展。

领导小组组长由两部门主管副部级领导担任，日常工作由新闻出版总署印刷发行管理司和环境保护部科技标准司承担。

四、绿色印刷标准

绿色印刷标准是实施绿色印刷、评价绿色印刷成果的技术依据，绿色印刷标准由环境保护部和新闻出版总署共同组织制定，由环境保护部以国家环境保护标准《环境标志产品技术要求 印刷》的形式发布。绿色印刷标准对印前、印刷和印后过程的资源节约、能耗降低、污染物排放、回收利用等方面以及使用的原辅材料提出相关要求，特别是针对印刷产品中的重金属和挥发性有机化合物等危害人体健康的有毒有害物质提出控制要求。

环境保护部已于 2011 年 3 月 2 日发布了国家环境保护标准《环境标志产品技术要求 印刷 第一部分：平版印刷》（HJ 2503 — 2011）。今后根据工作进展情况，将陆续制定发布相关标准。各级新闻出版和环境保护行政主管部门应做好标准的宣传贯彻工作。

五、绿色印刷认证

实施绿色印刷工作的重要途径是在印刷行业开展绿色印刷环境标志产品认证（以下简称绿色印刷认证）。绿色印刷认证按照“公平、公正和公开”原则进行，在自愿的原则下，鼓励具备条件的印刷企业申请绿色印刷认证。国家对获得绿色印刷认证的企业给予项目发展资金、产业政策和管理措施等的扶持和倾斜。

六、实施绿色印刷的工作安排

（一）启动试点阶段

2011 年，在印刷全行业动员和部署实施绿色印刷工作。各地要深入学习和宣传国家环境保护标准《环境标志产品技术要求 印刷 第一部分 平版印刷》；有条件的地区和企业要针对青少年儿童紧密接触的印刷品特别是在中小学教科书上率先进行绿色印刷试点；鼓励骨干印刷企业积极申请绿色印刷认证。

（二）深化拓展阶段

2012 年至 2013 年，在印刷全行业构筑绿色印刷框架。陆续制定和发布相关绿色印刷标准，逐步在票据票证、食品药品包装等领域推广绿色印刷；建立绿色印刷示范企业，出台绿色印刷的相关扶持政策；基本实现中小学教科书绿色印刷全覆盖，加快推进绿色印刷政府采购。

（三）全面推进阶段

2014 年至 2015 年，在印刷全行业建立绿色印刷体系。完善绿色印刷标准；绿色印刷基本覆盖印刷产品类别，力争使绿色印刷企业数量占到我国印刷企业总数的 30%；淘汰一批落后的印刷工艺、技术和产能，促进印刷行业实现节能减排，引导我国印刷产业加快转型和升级。

七、实施绿色印刷的配套保障

（一）宣传引导

新闻出版总署和环境保护部决定每年 11 月第一周为“绿色印刷宣传周”。各地要结合自身实际，大力宣传我国实施绿色印刷战略、推进绿色印刷的措施和成效，开展多种形式的宣传教育活动，普及绿色印刷知识，提高全社会的绿色印刷意识。引导印刷企业及印刷设备、原辅材料生产企业积极履行社会责任，大力推动节能环保体系建设。统筹协调组织好“绿色印刷在中国”等系列活动。

（二）教育培训

结合绿色印刷标准实施，对相关行政主管部门、行业协会和企业人员开展多层次、多形式的教育培训工作，提高政府行政管理人员的监督管理能力，提高行业协会工作人员的指导协调能力，提高检测机构和企业内部人员的技术保障能力，增强全行业从业人员的绿色印刷意识。

（三）政策扶持

新闻出版总署和环境保护部将与有关部门和地区研究出台绿色印刷的扶持政策，鼓励有关企业、科研机构和高等院校建立产学研相结合的实施绿色印刷的新模式，对实施绿色印刷取得突出业绩的部门和企业进行奖励。各地要结合自身实际，研究出台对绿色印刷的扶持政策。

（四）监督检查

各级新闻出版和环境保护行政主管部门要高度重视实施绿色印刷工作，抓好工作落实；相关检测机构要根据有关标准做好绿色印刷质量检测工作。新闻出版总署和环境保护部将对各地实施绿色印刷工作的情况进行督促检查，建立健全责任制和责任追究制，逐步完善绿色印刷管理的长效机制。

特此公告。

关于开展新闻出版行业科技发展调查的通知

新出厅字〔2011〕368号

新闻出版总署办公厅
2011年10月28日

各省、自治区、直辖市新闻出版局，新疆生产建设兵团新闻出版局，解放军总政治部宣传部新闻出版局，中国出版集团公司，中国教育出版传媒集团有限公司，中国科技出版传媒集团有限公司，其他中央在京图书出版单位，署直各单位，有关协会及著作权集体管理组织：

“十一五”期间，我国新闻出版业科技工作取得了丰硕成果，为全面掌握目前新闻出版行业科技研发与应用、信息化建设、标准研制及贯彻执行的现状和发展趋势，做好《新闻出版业科技“十二五”时期发展规划》的落实工作，进一步加强对新闻出版行业科技发展的指导、管理与调控，经研究，决定在行业范围内开展“新闻出版行业科技发展调查”，现将有关事宜通知如下：

一、调查目的

进一步总结“十一五”期间新闻出版行业在科技研发与应用、信息化、标准化方面取得的重大成果，全面掌握新闻出版行业科技研发与应用现状，信息系统的建设与应用情况及信息系统安全等级保护工作开展情况，已发布标准的贯彻执行情况，行业发展对新闻出版行业标准的需求情况，总结新闻出版业科技工作中存在的问题及发展趋势，为落实《新闻出版业科技“十二五”时期发展规划》、制定科学合理的产业发展扶持政策、加强行业科技工作管理提供决策依据，促进科技创新和产业发展。

二、调查对象

本次调查对象包括各省级新闻出版行政管理部门、各社会公共服务机构、各数字出版基地、传统出版单位、印刷复制单位、发行单位、数字出版单位和版权从业单位等。

三、组织分工

本次调查采取问卷调查、实地走访、召开座谈会等方式，按照分工负责、相互协作、共同参与的原则开展，具体分工如下：

1. 新闻出版总署科技与数字出版司全面负责本次调查工作。

2. 新闻出版总署信息中心负责调查问卷的编制、发放与回收、汇总分析，组织安排实地走访、召开座谈会等具体工作。负责向各省级新闻出版局、中国出版集团公司、中国出版集团公司、中国教育出版传媒集团有限公司、其他中央在京图书出版单位、署直各单位、相关协会和著作权集体管理组织发放问卷及回收；负责与实地走访单位协调联系，做好各项具体安排；负责协调组织调查工作座谈会。

3. 各省级新闻出版局按照“属地管理”原则，负责本地区调查问卷的发放、回收与上报工作。在选取调查对象时，应统筹考虑本地区单位的分布状况，确保调查结果能够全面反映本地区不同发展水平的从业单位的有关情况。各省拟选取调查对象说明见附件1。

4. 各出版集团、期刊集团、报业集团、印刷集团、发行集团、数字出版基地，除填报集团（基地）本级相关信息外，同时组织安排本集团（基地）下属单位（基地内入驻企业）的填报、审核工作，并回收集团（基地）范围内的调查问卷报至所在地的省级新闻出版局。

5. 各调查对象单位应积极参与、密切配合，由本单位负责人或分管科技工作的负责人协调有关部门填写问卷，并由本单位负责人或分管负责人审核、加盖单位公章后上报。

四、调查问卷及填报

1. 调查问卷根据调查对象类型，分为两大类：

第一类为专题问卷，包括行政管理和公共服务专题问卷，由各省级新闻出版局、署直各单位、相关协会和著作权集体管理组织填写；数字出版基地专题问卷，由各数字出版基地填写。

第二类为专项问卷，包括1份基础问卷和5份分项问卷，传统出版单位、印刷复制单位、发行单位、数字出版单位、版权从业单位等五类调查对象均须填写基础问卷，并按照本单位类型选择填写分项问卷。

2. 请各单位访问新闻出版总署网站首页"通知公告"栏目，通过"新闻出版行业科技发展调查填报系统"进行填写、打印，加盖公章后上报。

3. 请各省级新闻出版局确定1名工作联系人，并于2011年11月14日前将《各省级新闻出版局工作联系表》（附件2）反馈至新闻出版总署信息中心工程项目管理部。

国家印刷复制示范企业管理办法

新出政发〔2011〕18号

新闻出版总署

2011年12月6日

第一条 为贯彻落实国务院印发的《文化产业振兴规划》提出的建设一批印刷复制产业示范基地的要求，对印刷复制企业分类实施综合评估，规范国家印刷复制示范企业的建立和管理，充分发挥国家印刷复制示范企业在转变发展方式、调整产业结构、提升行业素质等方面的引导和辐射作用，将我国建设成为世界印刷强国，特制定本办法。

第二条 国家印刷复制示范企业，是指资质合格、遵纪守法、管理规范、技术先进、产品优质、业绩突出、创新节能、人才聚集、诚信经营，在全国具有示范作用的骨干印刷复制企业或者企业集团。

第三条 建立国家印刷复制示范企业的宗旨，是通过对具有示范作用的骨干印刷复制企业或者企业集团的认定、挂牌、扶持和宣传，进一步优化产业结构、培育优势企业，加快自主创新和技术进步，鼓励节能减排，倡导绿色印刷，引导整个产业实现转型和升级。

第四条 新闻出版总署负责制定国家印刷复制示范企业总量、结构、布局的全国规划，对国家印刷复制示范企业进行审核、认定和管理。各省、自治区、直辖市新闻出版行政主管部门负责对国家印刷复制示范企业进行初审、申报和日常管理。

第五条 国家印刷复制示范企业的规划目标，是从2012年开始，到"十二五"期末，在全国范围内建立100家左右"国家印刷示范企业"和10家左右"国家光盘复制示范企业"，国家印刷复制示范企业的引导作用和辐射效应明显显现，骨干印刷复制企业国际竞争力明显增强，产业分工合理，区域协调发展，形成相对完善的现代化印刷复制产业体系。

第六条 国家印刷复制示范企业必须具备的条件：

（一）合法经营方面

印刷复制企业模范遵守《出版管理条例》《印刷业管理条例》《音像制品管理条例》以及《复制管理办法》等法规和规章，没有盗版盗印等不良记录，近三年内未被新闻出版行政主管部门给予过行政处罚。

（二）规模效益方面

印刷复制企业主要经济效益指标及全员劳动生产率居国内同行业前列，在最近3个财务审计年度实现盈利。其中，印刷企业资产总额3亿元以上（主营出版物印刷企业或者数字印刷企业1亿元以上），年度销售收入5亿元以上（主营出版物印刷企业或者数字印刷企业2亿元以上），或者近三年销售总收入10亿元以上（主营出版物印刷企业或者数字印刷企业5亿元以上）且期间年度增长率均值超过20%，年度上缴税收1 000万元以上；只读类光盘复制企业年度产量1亿片以上，销售收入1.2亿元以上，年度上缴税收500万元以上；可录类光盘生产企业年度产量2.5亿片以上，销售收入2.8亿元以上，年度上缴税收1 000万元以上。

（三）技术装备方面

印刷复制企业关键生产设备居行业先进水平。其中，印刷企业拥有多色高速、自动、联动等先进技术设备，或者在数字印刷、柔印、印刷设备数字化自动控制、数字资产管理、数字直接制版、数字化工作流程等方面具备较强实力；光盘复制企业拥有DVD、DVDR或者高清光盘生产线以及配套的检测设备。

（四）创新研发方面

印刷复制企业研发投入达到销售收入的一定比重。其中，印刷企业研发投入占销售收入比重不低于1%，光盘复制企业研发投入占销售收入比重不低于4%。印刷复制企业建有国家级或省级企业技术中心或者研发机构，企业持有授权专利，且持有数量居国内同行业前列。印刷复制企业在新产品拓展、产业链延伸、商业模式探索等方面有实质性创新和相对成熟的创新成果。

（五）管理体系方面

印刷复制企业建立了规范的现代产权制度和科学的管理机制；通过了质量管理体系认证，按照国际与国内先进标准组织生产，产品质量经检测符合有关标准；建立了基于网络的企业管理信息化系统；企业安全生产管理体系完善，责任制健全，近三年内未发生重大安全生产事故。

（六）绿色环保方面

印刷复制企业积极开展绿色生产，通过环境管理体系及相关国际绿色认证；推行清洁生产审核；使用的各种原辅材料符合国际标准，应用节能减排、清洁生产的设备、材料与工艺；排放、节能等指标符合国家环保标准。其中，印刷企业能够达到国家绿色环保印刷标准的要求。

（七）人才队伍方面

印刷复制企业具有较强的经营管理和技术研发队伍。其中，印刷企业大专以上学历或者中级以上（含中级技工以上）职称人员人数比例不低于70%，高级技术人员（含技师以上）比例不低于20%；光盘复制企业大专以上学历或者中级以上职称人员人数比例不低于90%，技术人员比例不低于20%。

（八）地方扶持方面

印刷复制企业所在地省、自治区、直辖市对建立国家印刷复制示范企业给予了切实可行的扶持政策和措施。

第七条 为鼓励印刷企业“走出去”，对具备以下条件的印刷企业可以认定为国家印刷示范企业：印刷企业年度承接境外印刷加工业务占企业全面主营业务量的30%以上，且年度对外加工业务营业额达到2 000万美元；企业的总资产报酬率应高于同期银行贷款利率；企业应不欠税、不欠工资、不欠社会保险金，企业资产负债率一般应低于60%，企业银行信用等级在AA级以上（含AA级）。在同行业中，企业的产品质量、产品科技含量、新产品开发能力居领先水平，原料综合利用率高，主营业务符合国家产业政策、环保政策和质量管理标准体系。

第八条 国家印刷复制示范企业实行自愿申请、初审、终审和认定的程序。凡符合本办法第六条或者第七条要求的印刷复制企业，均可申请建立成为国家印刷复制示范企业。

第九条 印刷复制企业应当向所在地县、市新闻出版行政主管部门提交《国家印刷复制示范企业申请表》，经所在地县、市新闻出版行政主管部门核实确认后，报送所在地省、自治区、直辖市新闻出版行政主管部门初审。审核同意后，由各省、自治区、直辖市新闻出版行政主管部门向新闻出版总署报送书面报告以及有关申请材料。报告要同时载明地方给予的扶持政策和措施。

第十条 新闻出版总署组织评审专家组，对各省、自治区、直辖市新闻出版行政主管部门申报的国家印刷复制示范企业进行考核和终审。

通过考核和终审的印刷复制企业在新闻出版总署门户网站（www.gapp.gov.cn）上进行公示，公示期为7天。

通过公示的印刷复制企业，由新闻出版总署认定为国家印刷复制示范企业，授予“国家印刷示范企业”或者“国家光盘复制示范企业”的称号，颁发牌匾和证书，并通过媒体向社会公告。

第十一条 经过认定的国家印刷复制示范企业，新闻出版总署建议其所在地人民政府给予扶持和奖励。国家印刷复制示范企业享有以下方面的优惠扶持：

（一）项目资金方面

新闻出版总署对认定成为国家印刷复制示范企业的印刷复制企业优先给予产业发展项目和发展资金的支持。

（二）产业政策方面

认定成为国家印刷复制示范企业的中外合资、中外合作出版物印刷企业、其他印刷品印刷企业或者只读类光盘复制企业，外方可以控股或者占主导地位，但中方比例或者权益不得低于30%。

（三）管理措施方面

认定成为国家印刷复制示范企业的印刷复制企业，在接受委托印刷复制境外的印刷复制产品时，各省、自治区、直辖市新闻出版行政主管部门在保证文化安全的基础上，可以根据管理实际，适当简化审批程序，提高审批效率。

（四）评选奖励方面

中国出版政府奖（印刷复制奖）、全国文化重点出口企业、全国文化高新技术企业等的评定，在同等条件下，优先考虑被认定成为国家印刷复制示范企业的印刷复制企业。

（五）进口设备方面

认定成为国家印刷复制示范企业的光盘复制企业，可以进口境外性价比高且使用年限不足3年的光盘复制生产设备，但进口各种类型设备的总数量不得超过企业原有设备总数量的30%，而且进口设备只限于企业自身使用。

第十二条 新闻出版总署和各省、自治区、直辖市新闻出版行政主管部门对国家印刷复制示范企业进行跟踪管理。根据“目标考核、动态管理、能进能退”的原则，建立并完善国家印刷复制示范企业的年度考核机制。年度考核采取书面考核和现场考评相结合的方式。具体程序为：

（一）国家印刷复制示范企业应当于每年1月底前向所在地省、自治区、直辖市新闻出版行政主管部门提交上年度总结。

（二）各省、自治区、直辖市新闻出版行政主管部门对年度总结材料进行审核后，每年2月底前将本地区国家印刷复制示范企业发展情况、审核意见和有关审核材料报送新闻出版总署。

（三）新闻出版总署组织评审专家组对国家印刷复制示范企业进行考核，确定年度考核结果。对考核结果不合格的，撤销国家印刷复制示范企业称号。

第十三条 新闻出版总署对国家印刷复制示范企业年度考核情况予以通报，通过媒体向社会公告，并发布国家印刷复制示范企业年度发展报告。

第十四条 有下列情形之一的，由新闻出版总署直接撤销国家印刷复制示范企业称号并通过媒体向社会公告：

（一）严重违反《出版管理条例》、《印刷业管理条例》和《音像制品管理条例》有关规定且情节严重的。

（二）发生重大生产安全和质量事故，造成严重后果的。

（三）有其他严重违法违规行为的。

第十五条 本办法由新闻出版总署负责解释。

第十六条 本办法自2012年1月1日起施行。

2011年我国出台的其他相关政策法规

1月7日 国家行政管理局出台《工商行政管理机关禁止垄断协议行为的规定》。该规定主要是为了制止经济活动中的垄断行为。规定自2011年2月1日起施行。

2月25日 全国人民代表大会常务委员会公布《中华人民共和国非物质文化遗产法》。该法自2011年6月1日起施行。

3月18日 国家税务总局出台《国家税务局系统预算单位设立、撤销、变更调整管理暂行办法》。

4月18日 国家财政局出台《关于做好2011年中小企业发展专项资金项目申报工作的通知》。

4月18日 国家税务总局根据《中华人民共和国个人所得税法》及其实施条例等规定，发出《关于个人所得税有关问题的公告》。根据该公告，单位是否为离退休人员缴纳社会保险费，不再作为离退休人员再任职的界定条件。

4月20日 为进一步提高我国版权创造、运用、保护和管理能力，全面提升版权工作整体水平，新闻出版总署根据《中华人民共和国国民经济和社会发展第十二个五年规划纲要》及《国家知识产权战略纲要》，编制了版权工作“十二五”规划。

4月21日 国务院办公厅发出《关于进一步加强政府网站管理工作的通知》。通知的目的主要是解决一些地方和部门政府网站存在发布信息和页面更新不及时甚至链接错误等问题。

4月21日 为进一步完善市场价格发现机制，推动债券市场健康发展，根据《中华人民共和国中国人民银行法》、《全国银行间债券市场做市商管理规定》（中国人民银行公告〔2007〕第1号公布）等有关法律法规，中国人民银行财政部联合发出关于新发关键期限国债做市的有关事宜公告。

5月11日 国家税务总局发出《关于税务机关代收工会经费企业所得税税前扣除凭据问题的公告》，该公告是为了进一步加强对工会经费企业所得税税前扣除的管理工作。

6月14日 国家商务部发布《对外援助物资项目实施企业资格管理办法》，办法自2011年7月15日起施行。《对外援助物资项目实施企业资格认定办法（试行）》（商务部2004年第10号令）同时废止。

6月23日 国家发展改革委、科学技术部、工业和信息化部、商务部、国家知识产权局联合研究发布《当前优先发展的高技术产业化重点领域指南（2011年度）》。

7月18日 国家财政局发布《关于下达2011年中小企业服务体系发展专项资金的通知》。

8月18日 国家商务部发出《关于"电子商务示范企业名单"的公告》，根据该公告，凡客诚品（北京）科技有限公司等83家企业为商务部电子商务示范企业。

9月30日 为保护个体工商户合法权益，鼓励、支持和引导个体工商户健康发展，规范个体工商户登记管理行为，国家行政管理局依据《个体工商户条例》，制定《个体工商户登记管理办法》。

11月21日 财政部、工业和信息化部、海关总署、国家税务总局联合发布《关于国家中小企业公共技术服务示范平台适用科技开发用品进口税收政策的通知》，该通知主要是为鼓励中小企业公共技术服务示范平台向中小企业提供科学研究和技术开发类的公共服务，促进中小企业技术进步、提高产品质量。

11月23日 国家行政管理局出台《公司债权转股权登记管理办法》。该办法是为规范公司债权转股权登记管理，根据《公司法》《公司登记管理条例》等法律、行政法规的规定而制定。

12月26日 最高人民法院审判委员会第1 537次会议通过《最高人民法院关于国家赔偿案件案由的规定》。该规定自2012年2月15日起施行。

标准汇编

中华人民共和国国家环境保护标准

环境标志产品技术要求 印刷 第一部分：平版印刷

HJ 2503—2011

Technical requirement for environmental labeling products Printing Part 1: Planographic printing

中华人民共和国环境保护部 发布 2011-03-02 实施

1 适用范围

本标准规定了环境标志产品平版印刷的术语和定义、基本要求、技术内容和检验方法。

本标准适用于采用平版印刷方式的印刷过程及其产品。

2 规范性引用文件

本标准内容引用了下列文件中的条款。凡是不注日期的引用文件，其有效版本适用于本标准。

GB 6675 国家玩具安全技术规范

GB/T 7705 平版装潢印刷品

GB/T 9851.1 印刷技术术语 第1部分：基本术语

GB/T 9851.5 印刷技术术语 第4部分：平版印刷术语

GB/T 18359 中小学教科书用纸、印制质量要求和检验方法

GB/T 24999 纸盒纸板 亮度（白度）最高限量

CY/T 5 平版印刷品质量要求及检验方法

HJ/T 220 环境标志产品技术要求 胶粘剂

HJ/T 370 环境标志产品技术要求 胶印油墨

YC/T 207 卷烟条与盒包装纸中挥发性有机化合物的测定顶空－气相色谱法

3 术语和定义

GB/T 9851.1、GB/T 9851.5 确立的，以及下列术语和定义适用于本标准。

3.1 平版印刷 planographic printing

印刷的图文部分和非图文部分几乎处于同一平面的印刷方式。

3.2 上光油 coating solution

涂布在印刷品表面，增加光泽度、耐磨性和防水性的材料。

3.3 喷粉 spray powder

在印刷过程中，防止印刷品背面粘脏和加速油墨干燥的粉剂。

3.4 润湿液 fountain solution

在印刷过程中使印版非图文部分保持疏墨性水溶液。

3.5 计算机直接制版 computer to plate（CTP）

通过计算机和相应设备直接将图文记录到印版上的过程。所用印版称 CTP 版，其版材种类主要分为银盐型、光聚合型、热敏型以及免化学处理和免处理型。

4 基本要求

4.1 印刷产品质量应符合 GB/T 7705 和 CY/T 5 等国家和行业标准要求。

4.2 生产企业污染物排放应达到国家或地方规定的污染物排放标准要求。

4.3 生产企业应加强清洁生产。

5 技术内容

5.1 印刷用原辅料的要求

5.1.1 油墨、上光油、橡皮布、胶黏剂等原辅料不得添加表1中所列物质。

表1 邻苯二甲酸酯类物质

中文名称	英文名称	缩写
邻苯二甲酸二异壬酯	Di-iso-nonylphthalate	DINP
邻苯二甲酸二正辛酯	Di-n-octylphthalate	DNOP
邻苯二甲酸二（2-乙基已基）酯	Di-（2-ethylhexy）-phthalate	DEHP
邻苯二甲酸二异癸酯	Di-isodecylphthalate	DIDP
邻苯二甲酸丁基苄基酯	Butylbenzylphthalate	BBP
邻苯二甲酸二丁酯	Dibutylphthalate	DBP

5.1.2 纸张亮（白）度应符合 GB/T 24999 的要求，中小学教材所用纸张亮（白）度应符合 GB/T 18359 的要求。

5.1.3 油墨应符合 HJ/T 370 的要求。

5.1.4 上光油应为水基或光固化上光油。

5.1.5 喷粉应为植物类喷粉。

5.1.6 润湿液不得含有甲醇。

5.1.7 即涂膜覆膜胶粘剂应为水基覆膜胶。

5.2 印刷产品有害物限量应符合表2要求。

表2 印刷产品有害物限量

序号	项目	单位	限值
1	锑（Sb）	mg/kg	≤ 60
2	砷（As）	mg/kg	≤ 25
3	钡（Ba）	mg/kg	≤ 1 000
4	铅（Pb）	mg/kg	≤ 90
5	镉（Cd）	mg/kg	≤ 75
6	铬（Cr）	mg/kg	≤ 60
7	汞（Hg）	mg/kg	≤ 60
8	硒（Se）	mg/kg	≤ 500
9	苯	mg/m^2	≤ 0.01
10	乙醇	mg/m^2	≤ 50.0
11	异丙醇	mg/m^2	≤ 5.0
12	丙酮	mg/m^2	≤ 1.0
13	丁酮	mg/m^2	≤ 0.5
14	乙酸乙酯	mg/m^2	≤ 10.0
15	乙酸异丙酯	mg/m^2	≤ 5.0
16	正丁醇	mg/m^2	≤ 2.5
17	丙二醇甲醚	mg/m^2	≤ 60.0
18	乙酸正丙酯	mg/m^2	≤ 50.0
19	4-甲基-2-戊酮	mg/m^2	≤ 1.0
20	甲苯	mg/m^2	≤ 0.5
21	乙酸正丁酯	mg/m^2	≤ 5.0

（续）

序号	项目	单位	限值
22	乙苯	mg/m^2	≤ 0.25
23	二甲苯	mg/m^2	≤ 0.25
24	环已酮	mg/m^2	≤ 1.0

5.3 印刷宜采用表3所要求的原辅材料，其综合评价得分应超过60。

表3 印刷产品所用原辅材料要求

原辅料	要求	分值分配	总分值
承印物	使用通过可持续森林认证的纸张	25	25
	使用再生纸浆占30%以上的纸张	25	
	使用本色的纸张	25	
印版	使用免处理的CTP印版	5	5
橡皮布	大幅面印刷机换下的橡皮布可在单色机上使用	10	10
	大幅面印刷机换下的橡皮布可在小幅面机上使用	10	
润湿液	使用无醇润湿液	20	20
	使用醇类添加量小于5%的润湿液	10	
印版、橡皮布清洗材料	使用专用抹布清洗橡皮布	7	7
热熔胶	使用聚氨酯（PUR）型热熔胶	8	8
	EVA热熔胶符合HJ/T220的要求	5	
印后表面处理	使用预涂膜	25	25
	水基覆膜胶有害物符合HJ/T 220中包装用水基胶黏剂的要求	10	
	水基上光油有害物符合HJ/T 370中技术内容5.4的要求	15	

5.4 印刷过程宜采用表4所要求的环保措施，其综合评价得分应超过60。

表 4 印刷过程中环保措施

<table>
<tr><th>指标</th><th colspan="2">工序</th><th>要求</th><th colspan="2">分值分配</th><th>总分值</th></tr>
<tr><td rowspan="29">资源节约</td><td colspan="2" rowspan="7">印前</td><td>建立实施版面优化设计控制制度</td><td colspan="2">1.0</td><td rowspan="7">12</td></tr>
<tr><td>建立实施长版印件烤版制度</td><td colspan="2">0.6</td></tr>
<tr><td>采用计算机直接制版（CTP）系统和数字化工作流程软件</td><td colspan="2">4.8</td></tr>
<tr><td>采用节省油墨软件，利用底色去除（UCR）工艺减少彩色油墨用量</td><td colspan="2">0.8</td></tr>
<tr><td>通过数字方式进行文件传输</td><td colspan="2">1.2</td></tr>
<tr><td>采用软打样和数码打样</td><td colspan="2">1.8</td></tr>
<tr><td>制版与冲片清洗水过滤净化循环使用</td><td colspan="2">1.8</td></tr>
<tr><td rowspan="18">印刷</td><td rowspan="13">单张纸平印</td><td>建立实施装、卸印版、校正套准规矩时间控制制度</td><td colspan="2">1.6</td><td rowspan="13">16</td></tr>
<tr><td>建立实施纸张加放量的控制程序</td><td colspan="2">1.6</td></tr>
<tr><td>建立实施印版、橡皮布消耗定额控制程序</td><td colspan="2">1.6</td></tr>
<tr><td>建立实施橡皮布的保养程序</td><td colspan="2">1.6</td></tr>
<tr><td>建立实施印刷油墨控制程序，集中配墨，定量发放</td><td colspan="2">1.6</td></tr>
<tr><td>采用墨色预调和水 / 墨快速调节装置</td><td colspan="2">0.8</td></tr>
<tr><td>采用静电喷粉器</td><td colspan="2">1.6</td></tr>
<tr><td>采用喷粉收集装置</td><td colspan="2">1.6</td></tr>
<tr><td>采用中央供墨系统</td><td colspan="2">1.6</td></tr>
<tr><td>采用自动洗胶布装置</td><td colspan="2">0.6</td></tr>
<tr><td>采用无水印刷方式</td><td colspan="2">0.5</td></tr>
<tr><td>根据印刷幅面调节幅面和喷粉量</td><td colspan="2">0.5</td></tr>
<tr><td>上光油使用后废气集中收集处理后排放</td><td colspan="2">0.8</td></tr>
<tr><td rowspan="5">卷筒纸平印</td><td>建立实施装、卸印版、校正套准规矩时间程序</td><td colspan="2">3.8</td><td rowspan="5">16</td></tr>
<tr><td>建立实施橡皮布的保养程序</td><td colspan="2">3.0</td></tr>
<tr><td>建立实施印刷机台全面生产设备管理程序</td><td colspan="2">3.0</td></tr>
<tr><td>采用墨色预调和水 / 墨快速调节装置</td><td colspan="2">3.0</td></tr>
<tr><td>采用中央供墨系统</td><td colspan="2">3.2</td></tr>
<tr><td colspan="2" rowspan="4">印后加工</td><td>建立实施烫箔工艺控制程序</td><td colspan="2">3.0</td><td rowspan="4">12</td></tr>
<tr><td>建立实施印后表面处理材料的控制程序</td><td colspan="2">3.0</td></tr>
<tr><td>建立实施模切控制程序（教材书刊类不实施考核）</td><td colspan="2">2.4</td></tr>
<tr><td>建立实施上光油或覆膜工艺控制程序</td><td colspan="2">3.6</td></tr>
<tr><td rowspan="9">节能</td><td colspan="2" rowspan="4">印前</td><td>采用发光二极管（LED）灯</td><td>6.4</td><td rowspan="2">6.4</td><td rowspan="4">12</td></tr>
<tr><td>采用小直径灯代替大直径灯</td><td>4.8</td></tr>
<tr><td>采用纳米反光片的灯</td><td colspan="2">2.0</td></tr>
<tr><td>在工作空闲时，电脑置于休眠状态</td><td colspan="2">3.6</td></tr>
<tr><td rowspan="5">印刷</td><td rowspan="5">单张纸平印</td><td>建立实施印刷机能耗考核制度</td><td colspan="2">2.0</td><td rowspan="5">16</td></tr>
<tr><td>建立实施减少印刷机空转制度</td><td colspan="2">2.5</td></tr>
<tr><td>采用发光二极管（LED）灯</td><td>4.6</td><td rowspan="2">4.6</td></tr>
<tr><td>采用小直径灯代替大直径灯</td><td>2.4</td></tr>
<tr><td>采用纳米反光片的灯</td><td colspan="2">1.0</td></tr>
</table>

（续）

<table>
<tr><th>指标</th><th colspan="2">工序</th><th>要求</th><th colspan="2">分值分配</th><th>总分值</th></tr>
<tr><td rowspan="16">节能</td><td rowspan="11">印刷</td><td rowspan="3">单张纸平印</td><td>安装自动门，对印刷车间的温度进行有效控制</td><td colspan="2">1.5</td><td rowspan="3"></td></tr>
<tr><td>彩色印件采用多色印刷机印刷</td><td colspan="2">2.4</td></tr>
<tr><td>采用中央真空泵系统</td><td colspan="2">2.0</td></tr>
<tr><td rowspan="8">卷筒纸平印</td><td>建立实施折页机组以及装纸卷和穿纸等准备时间控制制度</td><td colspan="2">2.4</td><td rowspan="8">16</td></tr>
<tr><td>建立实施印刷机能耗考核制度</td><td colspan="2">2.0</td></tr>
<tr><td>建立实施烘干温度控制程序</td><td colspan="2">2.0</td></tr>
<tr><td>采用发光二极管（LED）灯</td><td>4.6</td><td rowspan="2">4.6</td></tr>
<tr><td>采用小直径灯代替大直径灯</td><td>2.4</td></tr>
<tr><td>采用纳米反光片的灯</td><td colspan="2">1.0</td></tr>
<tr><td>安装自动门，对印刷车间的温度进行有效控制</td><td colspan="2">1.5</td></tr>
<tr><td>采用烘干系统加装二次燃烧装置</td><td colspan="2">2.5</td></tr>
<tr><td colspan="2" rowspan="5">印后加工</td><td>建立实施印后加工设备能耗考核制度</td><td colspan="2">2.4</td><td rowspan="5">12</td></tr>
<tr><td>建立实施印后装订工艺制度</td><td colspan="2">3.0</td></tr>
<tr><td>建立实施胶锅温度控制程序</td><td colspan="2">3.0</td></tr>
<tr><td>采用 LED 灯</td><td>3.6</td><td rowspan="2">3.6</td></tr>
<tr><td>采用小直径灯代替大直径灯</td><td>2.4</td></tr>
<tr><td colspan="3" rowspan="10">回收、利用</td><td>建立实施剩余油墨综合利用控制制度</td><td colspan="2">1.0</td><td rowspan="10">20</td></tr>
<tr><td>建立实施电化铝废料回收制度</td><td colspan="2">2.0</td></tr>
<tr><td>建立实施废物管理制度</td><td colspan="2">2.0</td></tr>
<tr><td>建立实施装订用漆布、人造革、纱布等下脚料回收制度</td><td colspan="2">1.0</td></tr>
<tr><td>建立实施装订用胶粘剂残余胶料回收制度</td><td colspan="2">1.0</td></tr>
<tr><td>建立实施废物台帐程序</td><td colspan="2">1.5</td></tr>
<tr><td>建立实施印刷车间空调系统余热回收利用程序</td><td colspan="2">1.5</td></tr>
<tr><td>建立实施废弃物分类收集程序</td><td colspan="2">3.0</td></tr>
<tr><td>建立实施印版隔离纸、卷筒纸外包装纸皮、表层残破纸、剩余纸尾、废纸边分类回收程序</td><td colspan="2">5.0</td></tr>
<tr><td>采用印前印刷的预涂感光印版</td><td colspan="2">2.0</td></tr>
</table>

6 检验方法

6.1 技术内容 5.1.3 的检测按照 HJ/T 370 规定的方法进行。

6.2 技术内容 5. 2 中表 2 中 1 至 8 项的检测按照 GB 6675 规定的方法进行。

6.3 技术内容 5. 2 中表 2 中 9 至 24 项的检测按照 YC/T 207 — 2006 规定的方法进行。

6.4 技术内容中的其他要求通过文件审查和现场检查的方式进行验证。

附加说明

为贯彻《中华人民共和国环境保护法》，减少平版印刷对环境和人体健康的影响，改善环境质量，有效利用和节约资源，制定本标准。

本标准对平版印刷原辅材料和印刷过程的环境控制、印刷产品的有害物限值做出了规定。

本标准为首次发布。

本标准适用于中国环境标志产品认证。

本标准由环境保护部科技标准司组织制订。

本标准主要起草单位：中日友好环境保护中心、中国印刷技术协会、北京绿色事业文化发展中心、鹤山雅图仕印刷有限公司、中华商务联合印刷（广东有限公司）、东莞隽思印刷有限公司、上海烟草包装印刷有限公司、艾派集团（中国）有限公司、天津东洋油墨有限公司、北京康德新复合材料股份有限公司、金东纸业（江苏）股份有限公司、富士胶片（中国）投资有限公司、珠海市洁星洗涤科技有限公司。

本标准由环境保护部解释。

中华人民共和国国家标准

纸质印刷品覆膜过程控制及检测方法 第1部分：基本要求

GB 27934.1—2011

Lamination Process control and testing methods for paper prints-Part 1: General requirements

中华人民共和国国家质量监督检验检疫总局 中国国家标准化管理委员会 2011-12-30发布 2012-06-01实施

1 范围

本部分规定了纸质印刷品覆膜的术语和定义及原材料要求、覆膜质量要求、检测方法和成品储存、运输要求。

本部分适用于纸质印刷品的覆膜过程控制及检测。

2 规范性引用文件

下列文件对于本文件的应用是必不可少的。凡是注日期的引用文件，仅注日期的版本适用于本文件，凡是不注日期的引用文件，其最新版本（包括所有的修改单）适用于本文件。

GB/T 1040.3 塑料 拉伸性能的测定 第3部分：薄膜和薄片的试验条件

GB/T 2410 透明塑料透光率和雾度的测定

GB/T 2918 塑料试样状态调节和试验的标准环境

GB/T 10003—2008 普通用途双向拉伸聚丙烯（BOPP）薄膜

GB/T 14216 塑料 膜和片润湿张力试验方法

GB/T 16958—2008 包装用双向拉伸聚酯薄膜

GB/T 18722 印刷技术 反射密度测量和色度测量在印刷过程控制中的应用

CY/T 3 色评价照明和观察条件

HJ/J 220—2005 环境标志产品技术要求 胶粘剂

3 术语和定义

下列术语和定义适用于本文件。

3.1 覆膜 film laminating

将涂有胶黏剂的塑料薄膜覆合利用到印刷品表面的工艺。

3.2 褶皱 crease

薄膜或覆膜产品出现的重叠或不平整的现象。

3.3 划伤 scratch

薄膜或覆膜产品表面出现的线状痕迹。

3.4 暴筋 gage bands

塑料薄膜卷材沿着圆周方向凸起的条状棱现象。

3.5 雾度 haze

透过试样而偏离入射光方向的散射光通量与透射光通量之比，用百分数表示（对于本方法来说，仅把偏离入射光方向2.5°以上的散射光通量用于计算雾度）。

3.6 粘结强度 adhesive strength

使试样或产品的粘结界面分离所需的力。单位为牛顿每厘米（N/cm）。

3.7 卷曲 curl

在无外力作用的情况下，覆膜产品出现的翘曲现象。

3.8 脱膜 delamination

覆膜后出现的局部或全部的塑料薄膜与印刷品脱离的现象。

3.9 亏膜 short film

指覆膜产品上薄膜的宽度和长度小于要求的现象。

3.10 起泡 bubble

覆膜后塑料薄膜与印刷品之间出现气泡的现象。

3.11 覆膜色差 color variation after lamination

专指纸质印刷品实地部分在覆膜前后颜色上的差异。以CIELAB DE*ab表示。

3.12 覆膜温度 laminating temperature

覆膜时加热辊筒表面的温度。单位为摄氏度（℃）。

3.13 覆膜速度 laminating speed

覆膜时，单位时间内印刷晶与薄膜覆合的长度。单位为米每分（m/min）。

3.14 覆膜压强 laminating pressure

覆膜机覆合部啮合辊筒间单位面积上的相互作用力，单位为兆帕（MPa）。

3.15 放卷张力 unwinding tension

覆膜过程中薄膜纵向所承受的牵引力。单位为牛顿（N）。

3.16 预涂膜 thermal laminating film

预先将热熔胶涂布在薄膜上形成的复合材料。

4 原材料要求

4.1 薄膜要求

4.1.1 覆膜用薄膜外观应符合表 1 规定。

表 1 薄膜外观要求

项 目	外观要求
鱼眼、晶点（白点）	≤ 1.5 mm^2
褶皱	使用过程中能展平
划伤	允许轻微
暴筋	凸起部位与相临低点的差值≤ 2μm
膜卷端面整齐度	≤ 2.0 mm
膜卷的松紧度	搬动、生产时无膜间滑动
接头数	每 1 000 m 不多于 1 个，且需用有色胶带做标记

4.1.2 即涂薄膜物理机械性能应符合表 2 规定。

表 2 即涂薄膜物理机械性能要求

项 目		双向拉伸聚丙烯（BOPP）薄膜		双向拉伸聚酯（BOPET）亮光薄膜
		亮光膜	亚光膜	
润湿张力（mN/m）	处理面	≥ 38	≥ 38	≥ 48
雾度（%）		≤ 2.0	≥ 70	≤ 8.0
拉伸强度（MPa）	纵向	≥ 120	≥ 100	≥ 170
	横向	≥ 200	≥ 160	≥ 170
热收缩率（%）	纵向	≤ 4.5	≤ 4.5	≤ 3.0
	横向	≤ 3.0	≤ 3.0	≤ 3.0

4.1.3 预涂膜物理机械性能应符合表 3 规定。

表 3 预涂膜物理机械性能要求

项 目		双向拉伸聚丙烯（BOPP）预涂膜		双向拉伸聚酯（BOPET）亮光预涂膜
		亮光膜	亚光膜	
润湿张力（mN/m）	涂膜面	≥ 38	≥ 38	≥ 38
雾度（%）		≤ 5.0	70 ± 10	≤ 10.0
拉伸强度（MPa）	纵向	≥ 70	≥ 60	≥ 70
	横向	≥ 130	≥ 100	≥ 70
热收缩率（%）	纵向	≤ 4.0	≤ 4.0	≤ 2.0
	横向	≤ 2.0	≤ 2.0	≤ 1.0

4.2 胶黏剂环保要求

4.2.1 胶黏剂内苯、甲苯、二甲苯的总含量应小于1 000 mg/kg，其中苯的含量应小于100 mg/kg。

4.2.2 胶黏剂内卤代烃的含量应小于1 000 mg/kg

4.3 纸质印刷品要求

4.3.1 表面清洁、平整。

4.3.2 印刷品含水量与覆膜环境湿度、温度相适应。

4.3.3 印刷品油墨层应充分干燥后再覆膜。

4.3.4 覆膜前印刷品油墨的润湿张力不小于38mN/m。

5 覆膜质量要求

5.1 覆膜粘结强度

符合下列条件之一，即认为粘结强度合格：

a）当薄膜与印刷品剥离时，油墨大部或全部转移到薄膜胶面上。

b）覆膜产品粘结强度符合后加工要求。

5.2 外观要求

5.2.1 图文清晰、表面干净、平整、无明显卷曲。

5.2.2 无褶皱、划伤、胶膜、亏膜、起泡。

5.3 覆膜色差

覆膜后四色实地油墨的CIELAB ΔE^*_{ab} 色差值应符合表4的要求。

表4 覆膜后四色实地油墨 CIELAB DE^*_{ab} 色差值

膜光型	黑	品红	青	黄
亮光膜	≤ 3.0	≤ 3.0	≤ 3.0	≤ 3.0
亚光膜	≤ 10.0	≤ 7.0	≤ 7.0	≤ 7.0

5.4 稳定性要求

覆膜后在与覆膜环境相匹配的条件下放置24 h以上，应符合本部分5.1、5.2、5.3的要求。

5.5 工艺要求

如对覆膜产品表面有后加工的要求（如烫印、UV上光、压纹等），应在覆膜前做样品试验，满足使用要求后方可批量生产。

6 检测方法

6.1 试样状态调节和试验的标准环境

按GB/T 2918规定的标准环境和允许偏差范围进行，温度为（23 ± 2）℃，相对湿度为（50 ± 10）%，状态调节时间不少于4 h，并在此条件试验。

6.2 薄膜物理机械性能的检测

6.2.1 雾度检测方法按照GB/T 2410标准执行。

6.2.2 拉伸强度的检测方法按照GB/T 1040.3标准执行。试验速度及取样方法，BOPP薄膜按照GB/T 10003—2008中5.6执行，BOPET薄膜按照GB/T 16958—2008中6.5.1执行。

6.2.3 润湿张力检测方法按照GB/T 14216标准执行。

6.2.4 BOPP薄膜的热收缩率检测方法按照GB/T 10003—2008中5.7执行，BOPET薄膜按照GB/T 16958—2008中6.5.2执行。

6.3 预涂膜的检测

6.3.1 雾度检测方法

按照GB/T 2410标准执行前，需对样品进行处理。处理方法是：膜卷的宽度方向为试样的横向，在受检样品上沿横向均匀依次裁取120mm × 120mm的正方形试样5片，将裁好的试样有序悬挂在特制的支架上（见图1）置于120 ~ 123℃（BOPP预涂膜）、150 ~ 153℃（BOPET预涂膜）烘干箱中，每个样品间隔25mm ~ 30mm，在样品的下面放一块300mm × 300mm的隔热板，防止局部受热。试验是不鼓风，加热30s后立即取出，冷却至试验环境温度检测。试样表面不能污染和粘连。

单位为mm

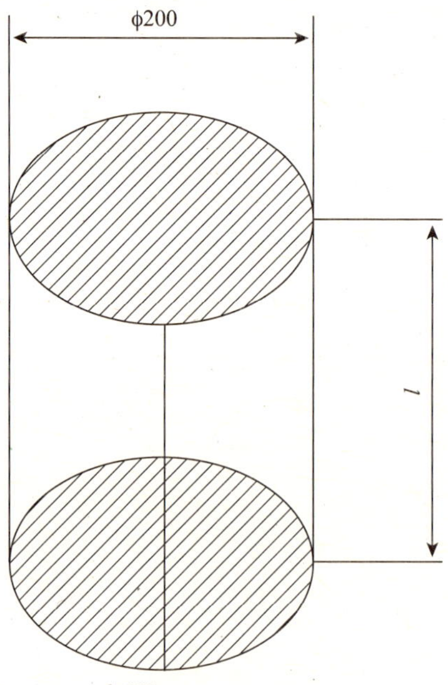

图1 支架

6.3.2 热收缩率的检测方法

膜卷的长度方向和宽度方向分别为试样的纵向和横向。在受检样品上沿横向均匀依次裁取 120 mm×120 mm 的正方形试样 5 片，取样要正，正方形的边应分别平行、垂直于膜卷的纵向方向，标记纵、横方向，在试样纵横向中间做 100 mm 的标记（见图 2），将试样有序地悬挂在特制的支架上（见图 1），置于 120 ～ 123℃（BOPP 预涂膜）、150 ～ 153℃（BOPET 预涂膜）烘干箱中，每个样品间隔 25 ～ 30 mm，在样品的下面放一块 300mm×300mm 的隔热板，防止局部受热。试验时不鼓风，加热 30s 后立即取出，冷却至试验环境温度后，测量纵横向的标记长度（准确到 0.5 mm）。按照下式分别计算纵横向热收缩率，取 5 个试样的算数平均值。

$T=(L-L_1)/L\times100\%$

式中：

T——试样的热收缩率，以%表示；

L——加热前标记直线的长度，单位为 mm（mm）；

L_1——加热后标记直线的长度，单位为 mm（mm）。

单位为 mm

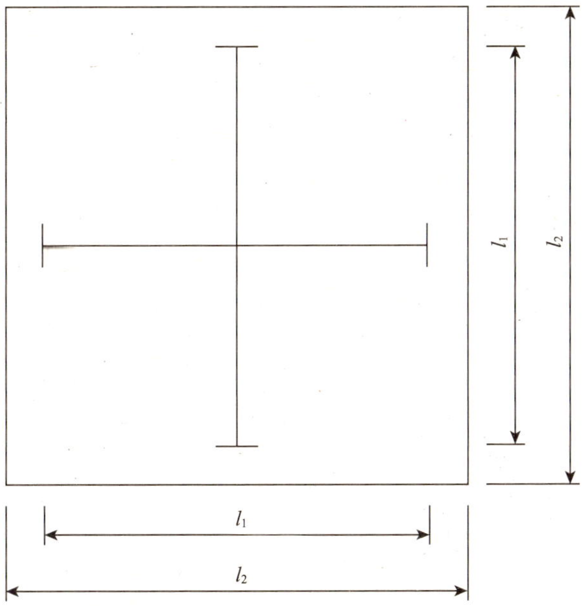

l_1	l_2
100	120

图 2 样品标记示意图

6.3.3 其他的检验项目同 6.2。

6.4 胶黏剂的检测

按照 HJ/T 220—2005 附录 A 的相关内容进行测试。

6.5 纸质印刷品的检测

覆膜前纸质印刷品上油墨层的润湿张力检测按照 GB/T 14216 执行。

6.6 覆膜产品质量的检测

6.6.1 外观检测

按照 CY/T 3 的规定进行检测。

6.6.2 覆膜色差检测

覆膜前后纸质印刷品的色差按照 GB/T 18722 中的要求和方法进行测量。

7 成品储存、运输要求

7.1 储存环境应洁净。

7.2 储存环境温度 5 ～ 40℃。

7.3 成品避免阳光直射，与热源保持 2 m 以上间隔，防止潮湿。

7.4 运输时应防止碰撞或接触锐利的物体，轻装轻卸，避免日晒雨淋。

附加说明

本部分第 4 章的 4.2 为强制性的，其余为推荐性的。

国家标准《纸质印刷品覆膜过程控制及检测方法》为多部分标准，已经或计划发布以下部分：

——第 1 部分：基本要求；

——第 2 部分：乙烯－醋酸乙烯共聚物（EVA）热熔胶预涂覆膜；

——第 3 部分：水基胶黏剂即涂干式覆膜；

——第 4 部分：反应型聚氨酯（PUR）热熔胶即涂覆膜；

——第 5 部分：水基胶黏剂即涂湿式覆膜。

本部分为国家标准《纸质印刷品覆膜过程控制及检测方法》的第 1 部分。

本部分按照 GB/T 1.1—2009 给出的规则起草。

请注意本文件的某些内容可能涉及专利。本文件的发布机构不承担识别这些专利的责任。

本部分由新闻出版总署提出。

本部分由全国印刷标准化技术委员会（SAC/TC 170）归口。

本部分起草单位：北京康得新复合材料股份有限公司、新闻出版总署出版产品质量监督检测中心、东莞市星宇高分子材料有限公司、鹤山雅图仕印刷有限公司、深圳市三上实业有限公司、无锡市万力粘合材料有限公司、恒昌涂料（惠阳）有限公司、东莞市隽思产品检测有限公司、温州金海岸化工有限公司。

本部分主要起草人：徐曙、卢明、涂晓林、王淮珠、赖淦荷、冯庆民、周其平、纪小宾、杨爱军、陈德财、池正毅。

中华人民共和国国家标准

纸质印刷品覆膜过程控制及检测方法 第2部分：乙烯—醋酸乙烯共聚物（EVA）热熔胶预涂覆膜

GB/T 27934.2—2011

Lamination Process control and testing methods for paper prints-Part 2: Lamination with EVA adhesive

中华人民共和国国家质量监督检验检疫总局
中国国家标准化管理委员会
2011-12-30发布
2012-06-01实施

1 范围

本部分规定了乙烯－醋酸乙烯共聚物（EVA）热熔胶预涂覆膜的术语和定义及原材料要求、工艺要求、设备要求、环境要求、操作要求、成品质量要求、检测方法和成品储存、运输要求。

本部分适用于乙烯－醋酸乙烯共聚物（EVA）热熔胶预涂覆膜与纸质印刷品覆合的工艺过程控制。

2 规范性引用文件

下列文件对于本文件的应用是必不可少的。凡是注日期的引用文件，仅注日期的版本适用于本文件，凡是不注日期的引用文件，其最新版本（包括所有的修改单）适用于本文件。

GB/T 1227 精密压力表

GB/T 8808—1988 软质复合塑料材料剥离试验方法

GB 27934.1—2011 纸质印刷品覆膜过程控制及检测方法 第1部分：基本要求

HG/T 3949 美纹纸压敏胶粘带

3 术语和定义

GB 27934.1—2011 界定的术语和定义适用于本文件。

4 原材料要求

4.1 预涂膜应符合 GB 27934.1—2011 中 4.1 的表 1、表 3 的规定。

4.2 纸质印刷品应符合 GB 27934.1—2011 中 4.3 的规定。

5 工艺要求

5.1 覆膜准备

覆膜前预涂膜与纸质印刷品在覆膜的环境中至少要放置 4h，使之与现场环境相适应后再进行覆膜加工。

5.2 覆膜温度

5.2.1 根据覆膜速度及纸质印刷品材质、定量设定覆膜温度，应控制在 95 ~ 120℃。

5.2.2 同批次产品覆膜温度应稳定。

5.3 覆膜速度

5.3.1 根据覆膜设备及纸质印刷品材质、定量设定覆膜速度，应控制在 15 ~ 80m/min。

5.3.2 同批次产品覆膜速度应稳定。

5.4 覆膜压强

5.4.1 覆膜压强应控制在 10 ~ 20 MPa。

5.4.2 同批次产品覆膜压强应稳定。

5.5 放卷张力

均匀、适度，薄膜平整和覆膜后成品不卷曲。

6 设备要求

6.1 确保温控传感器的灵敏、准确和稳定。

6.2 加热辊的表面轴向和径向温度应均匀，轴向等分 3 个点的温度允差均≤ 5℃，径向（同一圆周）等分 3 个点的温度允差均≤ 3℃。

6.3 确保覆膜压力表灵敏、准确和稳定。

6.4 挤压辊轴向和径向覆膜压强应均匀稳定，啮合处美纹纸压敏胶粘带压痕宽度差均≤ 1 mm。

6.5 加热辊筒表面状态良好。

7 环境要求

7.1 覆膜现场的温度应控制在（23±7）℃。

7.2 覆膜现场的相对湿度应控制在（60±20）%。

7.3 覆膜环境应洁净。

8 操作要求

8.1 纸质印刷品的宽度应大于使用预涂膜的宽度，两侧应多出 2 mm。

8.2 纸质印刷品纵向应有搭口（叠加），搭口部分为 3 ~ 8mm。

8.3 输纸正确，避免歪斜。

9 成品质量要求

9.1 覆膜粘结强度不小于 2.2 N/cm 或符合 GB 27934.1—2011 中 5.1 的要求。

9.2 成品其他质量要求符合 GB 27934.1 中第 5 章的要求。

10 检测方法

10.1 原材料的检测

按照 GB 27934.1—2011 中第 6 章相应条款的要求检测。

10.2 覆膜温度检测

10.2.1 使用检定的温度检测仪，检测覆膜设备加热辊传感器测温点温度，使其与设备控制器显示温度差异恒定。

10.2.2 使用检定的温度检测仪，检测加热辊的温度，在轴向左、中、右 3 个位置沿圆周方向 3 等分点，共测定 9 个点的温度。

10.3 覆膜速度检测

采用单位时间覆膜的张数乘以每张输送长度的方法计算速度。

10.4 覆膜压强检测

10.4.1 压力表稳定性检测

使用符合 GB/T 1227 要求的压力表，检测覆膜设备压力，使其与覆膜设备压力显示数值差异恒定。

10.4.2 轴向压强均匀性的测量

在啮合部位两个辊子之间，轴向左、中、右 3 个位置各放置一条长 150 mm× 宽 15 mm 的符合 HG/T 3949 要求的美纹纸压敏胶粘带，两个辊子啮合后泄压，分别测量 3 条胶粘带的压痕，其压痕宽度差均应≤ 1.0 mm。

10.4.3 径向压强均匀性的测量

在挤压辊轴向左、中、右 3 个位置沿圆周方向 3 等分，共确定 9 个位置。分别对同一轴向上的 3 个等分位置按轴向压强均匀性的测量方法进行测量，共测量 3 次，同一圆周上 3 个美纹纸压敏胶粘带压痕宽度差均应≤ 1.0 mm。

10.5 环境温湿度检测

使用检定的温湿度计检测。

10.6 粘结强度检测

取覆膜后成品，按照覆膜纵向或横向取长 200 mm× 宽 15 mm 样条，用手将薄膜和印刷品剥开 50 mm 长度，按照 GB/T 8808—1988 中第 6 章的 A 法和第 7 章的规定执行。

11 成品储存、运输要求

按照 GB 27934.1—2011 中第 7 章的规定执行。

附加说明

国家标准《纸质印刷品覆膜过程控制及检测方法》为多部分标准，已经或计划发布以下部分：

——第 1 部分：基本要求；

——第 2 部分：乙烯－醋酸乙烯共聚物（EVA）热熔胶预涂覆膜；

——第 3 部分：水基胶黏剂即涂干式覆膜；

——第 4 部分：反应型聚氨酯（PUR）热熔胶即涂覆膜；

——第 5 部分：水基胶黏剂即涂湿式覆膜。

本部分为国家标准《纸质印刷品覆膜过程控制及检测方法》的第 2 部分。

本部分按照 GB/T 1.1—2009 给出的规则起草。

请注意本文件的某些内容可能涉及专利。本文件的发布机构不承担识别这些专利的责任。

本部分由新闻出版总署提出。

本部分由全国印刷标准化技术委员会（SAC/TC 170）归口。

本部分起草单位：北京康得新复合材料股份有限公司、北京市印刷技术研究所。

本部分主要起草人：徐曙、王淮珠、王子秋、卢明、赵红霞。

中华人民共和国国家标准

纸质印刷品覆膜过程控制及检测方法 第3部分：水基胶黏剂即涂干式覆膜

GB/T 27934.3—2011

Lamination Process control and testing methods for paper prints-Part 3: Drying lamination with water-based adhesive

中华人民共和国国家质量监督检验检疫总局
中国国家标准化管理委员会
2011-12-30发布
2012-06-01实施

1 范围

本部分规定了水基胶黏剂即涂干式覆膜的术语和定义及原材料要求工艺要求、设备要求、成品质最要求、检测方法和成品储存、运输要求。

本部分适用于水基胶黏剂将薄膜与纸质印刷品复合的工艺过程控制。

2 规范性引用文件

下列文件对于本文件的应用是必不可少的。凡是注日期的引用文件，仅注日期的版本适用于本文件。凡是不注日期的引用文件，其最新版本（包括所有的修改单）适用于本文件。

GB/T 2793 胶黏剂不挥发物含量的测定

GB/T 1723 涂料粘度测定法

GB/T 14518 胶黏剂的 pH 值测定

GB 27934.1—2011 纸质印刷品覆膜过程控制及检测方法 第 1 部分：基本要求

GB/T 27934.2—2011 纸质印刷品覆膜过程控制及检测方法 第 2 部分：乙烯－醋酸乙烯共聚物（EVA）热熔胶预涂覆膜

3 术语和定义

GB 27934.1—2011 界定的以及下列术语和定义适用于本文件。

3.1 水基胶黏剂 water-based adhesive

以水为溶剂或分散介质的高分子聚合物作为主要粘结料的胶黏剂。

3.2 即涂干式覆膜 on-site coating type dry lamination

薄膜涂胶后立即进行烘干复合的工艺。

3.3 烘干温度 drying temperature

覆膜过程烘干装置的温度。单位为摄氏度（℃）。

4 原材料要求

4.1 水基胶黏剂

4.1.1 环保要求符合 GB 27934.1—2011 中 4.2 的规定。

4.1.2 固含量：≥ 40.0%。

4.1.3 黏度：≥ 12.0 s，（25 ± 1）℃。

4.1.4 酸碱度（pH 值）：8.0 ± 1.0。

4.2 薄膜应符合 GB 27934.1—2011 中 4.1 的表 1、表 2 的规定。

4.3 纸质印刷品应符合 GB 27934.1—2011 中 4.3 的规定。

5 工艺要求

5.1 覆膜准备

覆膜前，薄膜、水基胶黏剂与纸质印刷品在覆膜环境中至少要放置 4h，使之与现场温湿度相适应后再进行覆膜。

5.2 覆膜环境

5.2.1 覆膜车间的温度应控制在（23 ± 7）℃。

5.2.2 覆膜车间的相对湿度应控制在（60 ± 20）%。

5.2.3 覆膜环境应洁净。

5.3 覆膜工艺温度

5.3.1 根据纸质印刷品的材质、定量、涂胶量和烘干装置长度及覆膜速度设定烘干温度，应控制在 60 ~ 90℃；设定覆膜温度，应控制在 50 ~ 90℃。

5.3.2 同批次产品覆膜工艺温度应稳定。

5.4 覆膜速度

5.4.1 根据覆膜设备及纸质印刷品材质、定量设定覆膜速度，应控制在 8 ～ 50m/min。

5.4.2 同批次产品覆膜速度应稳定。

5.5 覆膜压强

5.5.1 根据纸质印刷品材质与覆膜速度设定覆膜压强，应控制在 5 ～ 20MPa。

5.5.2 同批次产品覆膜压强应稳定。

5.6 放卷张力

均匀、适度，薄膜平整和覆膜后成品不卷曲。

5.7 涂胶量

5.7.1 根据纸质印刷品材质设定涂胶量，应控制在 12 ～ 20g/m^2。

5.7.2 同批次产品涂胶量应均匀一致。

5.8 操作要求

5.8.1 纸质印刷晶应除粉、压平。

5.8.2 纸质印刷品纵向应有搭口（叠加），搭口部分为 3 ～ 8mm。

5.8.3 输纸正确，避免歪斜。

5.8.4 水基胶黏剂容器应加盖，应有循环过滤、搅拌装置。

6 设备要求

6.1 应确保温控传感器的灵敏、准确和稳定。

6.2 烘干装置状态良好。

6.3 热压辊的表面温度应均匀，温度允差≤ 5℃。

6.4 挤压辊轴向和径向覆膜压强应均匀稳定，啮合处美纹纸压敏胶粘带压痕宽度差均≤ 1.0mm。

6.5 确保覆膜压力表灵敏、准确和稳定。

6.6 加热辊筒表面状态良好。

6.7 涂胶装置需密封。

7 成品质量要求

符合 GB 27934.1—2011 中第 5 章的规定。

8 检测方法

8.1 原材料的检测

8.1.1 水基胶黏剂固含量按 GB/T 2793 的要求检测。

8.1.2 水基胶黏剂黏度使用涂 -4 杯按 GB/T 1723 中粘度杯法的要求检测。

8.1.3 水基胶黏剂酸碱度（pH 值）按 GB/T 14518 的要求检测。

8.1.4 薄膜性能按 GB 27934.1—2011 中 6.2 的要求检测。

8.1.5 纸质印刷品按 GB 27934.1—2011 中 6.5 的要求检测。

8.2 环境温湿度检测

使用检定的温湿度计检测。

8.3 覆膜工艺温度检测

使用检定的温度测试仪检测烘干装置和热压辊的温度，使其与设备上控制器显示温度差异恒定。

8.4 覆膜压强检测

按照 GB/T 27934.2—2011 中 10.4 的要求检测。

8.5 覆膜速度检测

采用单位时间覆膜的张数乘以每张输送长度的方法计算速度。

8.6 热压辊表面温度允差检测

使用检定的温度检测仪沿轴向左、中、右 3 个位置进行测量。

8.7 涂胶量检测

用定量的水基胶黏剂重量除以覆膜的总面积得出涂胶量，单位为 g/m^2。

9 成品储存、运输要求

按照 GB 27934.1—2011 中第 7 章的规定执行。

附加说明

国家标准《纸质印刷品覆膜过程控制及检测方法》为多部分标准，已经或计划发布以下部分：

——第 1 部分：基本要求；

——第 2 部分：乙烯—醋酸乙烯共聚物（EVA）热熔胶预涂覆膜；

——第 3 部分：水基胶黏剂即涂干式覆膜；

——第 4 部分：反应型聚氨酯（PUR）热熔胶即涂覆膜；

——第 5 部分：水基胶黏剂即涂湿式覆膜。

本部分为国家标准《纸质印刷品覆膜过程控制及检测方法》的第 3 部分。

本部分按照 GB/T 1.1—2009 给出的规则起草。

注意本文件的某些内容可能涉及专利。本文件的发布机构不承担识别这些专利的责任。

本部分由新闻出版总署提出。

本部分由全国印刷标准化技术委员会（SAC/TC 170）归口。

本部分起草单位：东莞市星宇高分子材料有限公司、深圳市三上实业有限公司、鹤山雅图仕印刷有限公司、山东临沂新华印刷物流集团有限责任公司。

本部分主要起草人：赖淦荷、王淮珠、邓国康、孟庆方、冯庆民、郑牧湘、纪小宾、张联聪、杨振翔、孙运飞。

中华人民共和国国家标准

纸质印刷品覆膜过程控制及检测方法 第4部分：反应型聚氨酯（PUR）热熔胶即预涂覆膜

GB/T 27934.4—2011

Lamination Process control and testing methods for paper prints-Part 4: Lamination with polyurethane reactive hot melt adhesive

中华人民共和国国家质量监督检验检疫总局
中国国家标准化管理委员会 2011-12-30发布 2012-06-01实施

1 范围

本部分规定了反应型聚氨酯（PUR）热熔胶即涂覆膜的术语和定义及原材料要求、工艺要求、设备要求、环境要求、成品质量要求、检测方法和成品储存、运输要求。

本部分适用于反应型聚氨酯（PUR）热熔胶即涂覆膜与纸质印刷品复合的工艺过程控制。

2 规范性引用文件

下列文件对于本文件的应用是必不可少的。凡是注日期的引用文件，仅注日期的版本适用于本文件。凡是不注日期的引用文件，其最新版本（包括所有的修改单）适用于本文件。

GB/T 1227 精密压力表

GB/T 18446—2009 色漆和清漆用漆基 异氰酸酯树脂中二异氰酸酯单体的测定

GB 27934.1—2011 纸质印刷品覆膜过程控制及检测方法 第1部分：基本要求

3 术语和定义

GB 27934.1—2011 界定的以及下列术语和定义适用于本文件。

3.1 反应型聚氨酯（PUR）热熔胶 polyurethane reactive hot melt adhesive

由异氰酸酯与多元醇反应而生成的一种具有氨基甲酸酯链段重复结构单元的聚合物，能与空气中的湿气反应形成稳定化学结构的热熔胶，简称PUR热熔胶。

4 原材料要求

4.1 PUR热熔胶

4.1.1 无沉淀、均相、有一定光泽。

4.1.2 有害物质限量符合GB 27934.1—2011中4.2的规定。

4.1.3 游离甲苯二异氰酸酯（TDI）不检出。

4.2 薄膜

符合GB 27934.1—2011中4.1的规定。

4.3 纸质印刷品

符合GB 27934.1—2011中4.3的规定。

5 工艺要求

5.1 覆膜准备

应使薄膜、纸质印刷品与现场环境的温湿度相匹配。

5.2 覆膜环境

5.2.1 覆膜现场的温度应控制在（23±5）℃。

5.2.2 覆膜车间的相对湿度应保持在（60±10）%。

5.2.3 覆膜环境应洁净。

5.3 PUR热熔胶的使用温度

5.3.1 使用温度应为（80±10）℃。

5.3.2 同批次产品覆膜过程的使用温度应稳定。

5.4 覆膜速度

5.4.1 应控制在12～80m/min。

5.4.2 同批次产品的覆膜速度应稳定。

5.5 覆膜压强

5.5.1 应控制在0.2～0.6MPa。

5.5.2 覆膜压强应稳定。

5.6 放卷张力

均匀、适度，薄膜平整和覆膜后成品不卷曲。

5.7 涂胶量

5.7.1 根据纸质印刷品的材质，定量确定涂胶量，应控制在 2.0g/m^2 ~ 5.0g/m^2。

5.7.2 同批次产品涂胶量应稳定。

5.8 稳定性要求

5.8.1 膜、纸复合后应在温度为（23 ± 5）℃、相对湿度为（60 ± 10）%的环境中继续放置不少于 8h。

5.8.2 覆膜成品应符合 GB 27934.1—2011 中 5.5 的规定再进行后序加工。

6 设备要求

6.1 应确保温控传感器的灵敏、准确和稳定。

6.2 覆膜速度应连续可调。

6.3 加热辊筒表面状态良好。

6.4 涂胶装置的精度符合使用要求。

6.5 具有自动除粉装置。

6.6 熔胶装置应密封。

7 成品质量要求

符合 GB 27934.1—2011 中第 5 章的要求。

8 检测方法

8.1 原材料的检测

8.1.1 PUR 热熔胶中有害物质含量按照 GB 27934.1—2011 中 6.4 检测。

8.1.2 游离甲苯二异氰酸酯（TDI）含量的测试按照 GB/T 18446—2009 的规定进行。

8.1.3 薄膜按照 GB 27934.1—2011 中 6.2 检测。

8.1.4 纸质印刷品按照 GB 27934.1—2011 中 6.5 检测。

8.2 环境温湿度检测

使用检定的温湿度计检测。

8.3 PUR 热熔胶的使用温度检测

使用检定的温度检测仪检测，使其与设备控制器上显示的温度差异恒定。

8.4 覆膜速度检测

依靠设备速度控制装置进行。

8.5 覆膜压强检测

使用符合 GB/T 1227 要求的压力表，检测覆膜设备压力。

8.6 涂胶量检测

可以采用以下两种方法之一：

a）用定量的胶黏剂重量除以覆膜的总面积得出涂胶量，单位为克每 m^2（g/m^2）。

b）使用检定的电子天平（精确度为 0.000 1g，仪器公差应小于 ± 0.000 2g）分别称取同样面积涂胶和未涂胶薄膜的重量，用所得重量差除以该薄膜的面积得出涂胶量，单位为克每 m^2（g/m^2）。

8.7 覆膜成品质量检测

按照 GB 27934.1—2011 中 6.6 的要求检测。

9 成品储存、运输要求

按照 GB 27934.1—2011 中第 7 章的要求检测。

附加说明

国家标准《纸质印刷品覆膜过程控制及检测方法》为多部分标准，已经或计划发布以下部分：

——第 1 部分：基本要求；

——第 2 部分：乙烯 – 醋酸乙烯共聚物（EVA）热熔胶预涂覆膜；

——第 3 部分：水基胶粘剂即涂干式覆膜；

——第 4 部分：反应型聚氨酯（PUR）热熔胶即涂覆膜；

——第 5 部分：水基胶黏剂即涂湿式覆膜。

本部分为国家标准《纸质印刷品覆膜过程控制及检测方法》的第 4 部分。

本部分按照 GB/T 1.1—2009 给出的规则起草。

请注意本文件的某些内容可能涉及专利。本文件的发布机构不承担识别这些专利的责任。

本部分由新闻出版总署提出。

本部分由全国印刷标准化技术委员会（SAC/TC 170）归口。

本部分起草单位：无锡市万力粘合材料有限公司、史丹利蒙（上海）机械有限公司、汉高股份有限公司、东莞市星宇高分子材料有限公司、东莞市隽思产品检测有限公司、北京尚唐印刷包装有限公司。

本部分主要起草人：周其平、王淮珠、刘小丽、尚忠春、余广强、赖淦荷、陈德财、黄技元、谢世忠、唐穗敏、张振辉。

中华人民共和国机械行业标准

印刷机械　上光机

JB/T 8586—2010
代替 JB/T 8586—1997

Printing machinery-Coating machine

中华人民共和国工业和信息化部　2010-02-11发布　2010-07-01实施

1　范围

本标准规定了上光机的术语和定义、型式、基本参数、型号和名称、要求、试验方法、检验规则、标志、包装、运输与贮存。

本标准适用于单张纸紫外线固化和红外线干燥的涂布上光机。

本标准不适用于局部上光机。

2　规范性引用文件

下列文件中的条款通过本标准的引用而成为本标准的条款。凡是注日期的引用文件，其随后所有的修改单（不包括勘误的内容）或修订版均不适用于本标准，然而，鼓励根据本标准达成协议的各方研究是否可使用这些文件的最新版本。凡是不注日期的引用文件，其最新版本适用于本标准。

GB/T 191　包装储运图示标志（GB/T 191—2008，ISO 780：1997，MOD）

GB/T 1184—1996　形状和位置公差未注公差值（eqv ISO 2768：1989）

GB 2894　安全标志及其使用导则

GB/T 4728　（所有部分）电气简图用图形符号

GB/T 4879—1999　防锈包装

GB 5226.1—2008　机械电气安全　机械电气设备　第1部分：通用技术条件（IEC 60204-1：2005，IDT）

GB/T 6388　运输包装收发货标志

GB/T 9969　工业产品使用说明书　总则

GB/T 10335.1—2005　涂布纸和纸板　涂布美术印刷纸（铜版纸）

GB/T 13306　标牌

GB/T 13384　机电产品包装通用技术条件

GB/T14436　工业产品保证文件 总则

JB/T3090　印刷机械产品命名与型号编制方法

IS0216　书写裁切尺寸和印刷晶确定等级—A 系列和B 系列

3　术语和定义

下列术语和定义适用于本标准。

3.1　上光机 coating machine

将纸张表面涂布一层无色透明涂料，经流平、固化后，可在纸张表面形成薄而均匀的透明光亮层的机器。

4　型式、基本参数、型号和名称

4.1　型式

按自动化程度分：

a）自动机——能够自动完成输纸、涂布、固化、收纸过程的机器；

b）手动机——通过手工输纸、收纸操作，自动完成涂布、固化的机器。

4.2　基本参数

上光机基本参数应按表1的规定。

表1　基本参数

型式	纸张定量（g/m^2）	最大纸张宽度（mm）	最高上光速度（张/h）
自动机	80 ~ 200	（> 1020）~ 1440	≥ 3000
		500 ~ 1020	≥ 3600
	200 ~ 450	（> 1020）~ 1440	≥ 4500
		500 ~ 1020	≥ 5500
手动机	80 ~ 600	500 ~ 1440	≥ 2500

注：符合 IS0216 书写裁切尺寸和印刷品确定等级—A 系列和 B 系列。

4.3　型号和名称

产品型号和名称应按 JB/T 3090 的规定。

5 要求

5.1 一般要求

5.1.1 上光机应按本标准的规定，并应按经规定程序批准的图样和技术文件制造。

5.1.2 上光机应能完成对其规定的纸张上光的要求，保证从输纸、上光、固化到收纸的连续完成。

5.2 传动系统

传动系统应运输平稳、工作正常、无异常噪声。

5.3 操作与执行机构

操作机构应灵敏可靠，执行机构动作协调正确，无卡阻和自发性移动。

5.4 润滑系统

润滑系统应油路畅通、各润滑点供油充分，管路无泄漏。

5.5 安全要求

5.5.1 气动系统的设计及元件的选择、使用、安装和调整应保证系统能不间断地工作、一旦出现故障，首先考虑人员的安全，并尽量减少对设备和环境的损害。

5.5.2 机器应配备防爆型风扇，软管和管路应进行导电和静电接地（软管整个长度范围内的电阻小于 $10^6\Omega$）；泵用电动机应装有保护开关。

5.5.3 机器上可接触部件的表面温度不应大于 63℃。

5.5.4 机器向外发出的人体可接触的紫外线照射量不应超过 $10W/m^2$ 的限定值。

5.5.5 当操作者视线受阻不能全面观察其他人员的情况时，操作系统应采用声响报警。

5.5.6 造成人身危害的危险部位应采取相应的安全措施。作相对运动的部件，如夹紧、剪切等运动部件之间应保证安全距离，以防操作人员被夹伤或剪伤。可造成危险的传运装置应尽可能置于机体内。外露的影响人身安全的旋转、移动或往复运动的零部件应对其采取防护措施。运动部件上外露的定位件或突出部分应平滑或施加防护。

5.5.7 机器运转中有可能松脱的零部件应有可靠的防松措施。

5.5.8 经常开启的防护装置应与机器驱动部分联锁，保证防护装置开启状态下，机器保持静止或只能点动。

5.5.9 应设有排废气装置。

5.5.10 整机应设计有紧急停止装置，并保证其灵活可靠。

5.6 电气质量

5.6.1 电气系统应布线整齐，排列有序、接头牢固；各种标记应齐全、清晰和正确，电气简图用图形符号应按 GB/T 4728（所有部分）的规定。

5.6.2 电气系统应安全、灵敏、可靠。

5.6.3 所有外露可导电部分都应按 GB 5226.1—2008 中 8.2.1 的要求连接到保护联结电路上。保护联结电路的连续性应按 GB 5226.1—2008 中 8.2.3 的规定。

5.6.4 在动力电路导线和保护联结电路间施加 500Vd.c 时，测得的绝缘电阻不应小于 1Mω。

5.6.5 在动力电路导线和保护联结电路之间施加 1 000V 的电压近似 1s 时间，不应出现击穿放电现象。

5.7 轴承工作温升

轴承工作温升不应大于 35℃。

5.8 装配质量

上光机中计量、涂布、压印等主要轴、辊间的平行度和主要轴、辊工作表面径向圆跳动应按表 2 的规定。

表 2 主要部件公差等级

型式	主要轴、辊间的平行度	主要轴、辊 工作表面径向圆跳动
自动机	按 GB/T 1184—1996 中表 B3 和表 B4 的公差等级 6 级	
手动机	按 GB/T 1184—1996 中表 B3 和表 B4 的公差等级 7 级	

5.9 噪声

自动上光机工作噪声不应大于 85dB（A），手动上光机工作噪声不应大于 80dB（A）。

5.10 外观质量

5.10.1 外露加工表面不允许有磕碰、划伤等缺陷。

5.10.2 外露非加工表面不允许有气孔、凸瘤、凹陷等有损美观的缺陷。

5.10.3 涂漆层应平整、光滑，颜色、光泽要均匀一致，无明显突出颗粒、粘附物、砂纸印迹和刀痕。漆膜不允许有流挂、起泡、失光等现象。

5.10.4 电气线路、气路及油路管道应排列有序。

5.11 输纸机构

5.11.1 输纸时不允许出现非正常给纸中断、卡住纸张、乱纸等任一情况。

5.11.2 应保证可靠、准确和周期性地将不同规格，不同定量的纸张分离并输送到上光部位。

5.11.3 输纸过程中，应移动有序，无明显歪斜，不允许有非正常停车现象。

5.11.4 当出现双张或多张时，应能够自动停止输纸。

5.11.5 堆纸台自动升纸的灵敏度应在一次升纸的距离 2 ~ 10mm 范围内可调。

5.11.6 吸嘴的提升力以及吸嘴对纸张的吸力，应满足表 1 规定纸张定量对应的最大纸张幅面的输纸要求，在连续输纸状态下不允许出现纸张脱落现象。

5.12 涂布上光

5.12.1 上光后的印品表面应干净、平整、完好、光滑、无花斑、无皱折等。

5.12.2 根据不同的纸张和油墨性质，光油涂层成膜物的含量不应低于 3.85g/m^2。

5.12.3 上光后纸张白度降低率不应高于 20%。

5.12.4 上光后纸张的光泽度数值应在 90° 以上。

5.12.5 对于印品涂布层均匀度，应按表 3 光泽度的差值规定。

表 3 光泽度的差值

型 式	最大纸张宽度（mm）	光泽度的差值（%）
自动机	（＞1 020）～ 1 440	＜10
	500 ～ 1 020	＜7
手动机	（＞1 020）～ 1 440	＜6
	500 ～ 1 020	＜4

5.13 烘干装置

5.13.1 烘干输纸装置应传送平稳，不应出现纸张跑偏现象。

5.13.2 UV 固化箱应无漏光现象。

5.13.3 安装连接到室外的排气系统应工作正常。

5.13.4 辐射热源与传送带之间不应有堵纸现象，堵纸时应能自动关闭辐射热源，防止烧焦印刷品。

5.13.5 固化后的印刷品表面上光层和纸张应无粘坏现象。

5.13.6 印刷品上光后表面光层应附着牢固。

5.13.7 印刷品上光层经压痕后折叠应无断裂。

5.14 收纸机构

5.14.1 收纸台升降应自如，安全保护齐全，可靠。

5.14.2 齐纸动作应准确。

5.14.3 装有吹风装置的产品，应做到吹风工作正常、风量可调。

5.14.4 收纸应顺畅、纸堆整齐、无皱折。

5.15 使用说明书和产品合格证

5.15.1 使用说明书的编写应按 GB/T 9969 的规定。

5.15.2 产品合格证的编写应按 GB/T 14436 的规定。

6 试验方法

6.1 空运转试验

每台产品应进行不少于 120min 的空运转试验，其中高速运转不应少于 15min。目视检查空运转情况，应按 5.2、5.3、5.4 的规定。

6.2 安全检验

6.2.1 目视检查气动系统，应按 5.5.1 的规定。

6.2.2 目视检查风扇、泵用电动机，用万用表测量软管电阻，应按 5.5.2 的规定。

6.2.3 用点温计测量烘干装置在工作状态下的表面温度，应按 5.5.3 的规定。

6.2.4 用紫外辐照计测量紫外线照射量，应按 5.5.4 的规定。

6.2.5 目视检查各安全防护装置和安全隐患，应按 5.5.5 ～ 5.5.10 的规定。

6.3 电气质量检验

6.3.1 切断电源，目测检查电气系统布线排列、接头、标记，应按 5.6.1 的规定。

6.3.2 用一个适当速度，反复进行启动、停止（包括制动、正反点动）动作，再进行速度变换操作，检查电气系统工作情况，应按 5.6.2 的规定。

6.3.3 按 GB 5226.1—2008 中 18.2.2 的试验方法，检验保护联结电路的连续性，应按 5.6.3 的规定。

6.3.4 按 GB 5226.1—2008 中 18.3 的试验方法，检验动力装置的绝缘电阻，应按 5.6.4 的规定。

6.3.5 按 GB 5226.1—2008 中 18.4 的试验方法进行耐压试验，应按 5.6.5 的规定。

6.4 轴承工作温升检验

空运转试验后，用点温计测量轴承工作温度并计算其温升，应按 5.7 的规定。

6.5 装配质量检验

空运转试验后，用塞尺和百分表分别测量上光机中计量、涂布等主轴、辊间的平行度和主要轴、辊工作表面的径向圆跳动，其值应按表 2 的规定。

6.6 噪声测量

上光机以最高速度进行空运转时，开动上光机所有噪声源，用普通声级计测量上光机的 A 声压级噪声，测量点水平位置（见图 1），噪声测点距地面高度为 1.5m，距上光机四周外轮廓线 1m 处，测量点之间的距离为 2m 左右，图示测量点为参考点，可根据测量轨迹长短增加或减少测量点，其中第 i 点为巡回测量最大噪声点，上光机噪声以算术平均值计算，其计算结果应按 5.9 的规定。

6.7 外观质量检验

目视检查产品外观质量，应按 5.10 的规定。

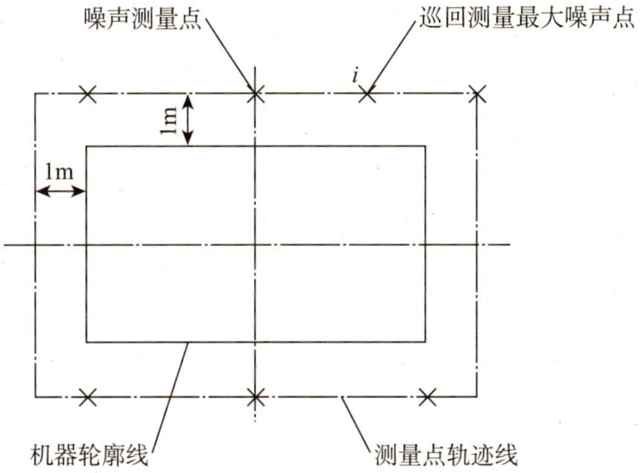

图 1　噪声测量点位置图

6.8　输纸试验

6.8.1　用表 1 规定的纸张定量的最大纸张，以机器额定的最高输纸速度进行连续输纸 2 000 张，其检验结果应按 5.11.1 ~ 5.11.4 的规定。

6.8.2　以堆纸台每上升一次输出纸张的数量与单张纸的厚度的乘积为堆纸台自动升纸的灵敏度，应按 5.11.5 的规定。

6.8.3　用机器最大额定纸张定量进行输纸试验，检验吸嘴的提升力和吸嘴对纸张的吸力，应按 5.11.6 的规定。

6.9　印品涂布上光试验

6.9.1　试验条件：

a）用纸：以机器额定的最大纸张幅面，采用 GB/T 10335.1—2005 规定的 80 ~ 250g/m^2 铜版纸；

b）用油：采用型号为 209 的 UV 上光油；

c）速度：自动机以机器额定最高上光速度 80%下进行涂布上光，手动机以机器额定最高上光速度 90%下进行涂布上光。

试验使用仪器及测量范围精度表参见附录 A。

6.9.2　抽样方法：在连续 100 张样张中，以连续张分为 10 组，每组随机抽取 1 张，共抽取样张 10 张。

6.9.3　检验

6.9.3.1　印品涂布外观质量

用目测检验印品涂布外观质量，应按 5.12.1 的规定。

6.9.3.2　光油涂层成膜物的含量

根据上光前与上光后纸张重量的差值，检测光油涂层成膜物的含量，应按 5.12.2 的规定。

6.9.3.3　白度测试

在印刷品无图纹的空白部位，采用白度仪进行上光前后的白度对比测试，应按 5.12.3 的规定。

6.9.3.4　光泽度测试

在印刷品上光前后的相同部位，采用 75℃光泽度计测试，应按 5.12.4 的规定。

6.9.3.5　印品涂布层的均匀度测试

在印刷品上光前，采用光泽度仪分别测量 10 张样张四角（纸张边缘 20mm 处）及中心五个部位的光泽度值，然后将十张样张任意插入 100 张上光用纸中进行上光试验。上光后，再分别测量样张上五个相同部位的光泽度值，按下式计算光泽度值，其值应按表 3 中的规定。

$$\Delta A_{ij} = A_{ij\text{上光后}} - A_{ij\text{上光前}} \quad (1)$$

$$\Delta A_i = \Delta A_{ij\max} - \Delta A_{ij\min} \quad (2)$$

$$\Delta\bar{A} = 1/n\Sigma\Delta A_i \quad (3)$$

式中：

i——样张序号，$i = 1, 2 \cdots\cdots n$；

j——测量部位序号，$j = 1, 2 \cdots\cdots 5$；

n——取样张数，$n = 10$；

ΔA_{ij}——i 号样张 j 部位上光前后的光泽度差值；

ΔA_i——i 号样张上光前后的光泽度差值；

$\Delta\bar{A}$——n 张样张光泽度差值的算术平均值。

6.10　烘干装置检验

6.10.1　装置检查

目测检查输纸装置、UV 固化箱、排气系统、辐射热源与传送带，其检验结果应按 5.13.1 ~ 5.13.4 的规定。

6.10.2　耐粘连性

印刷品上光后，取不少于 200 张纸张，在温度 30℃，压力 200kg/m^2 的条件下，经 24h 叠放，进行耐粘性测试，其结果应按 5.13.5 的规定。

6.10.3　牢度

用普通粘胶带与印刷品成大于 170° 角缓慢粘拉，无粘坏现象。其检验结果应按 5.13.6 的规定。

6.10.4　耐折性

印刷品上光后，经对折后用 5kg 重压辊与折痕处滚一次无断裂，其检验结果应按 5.13.7 的规定。

6.11　收纸机构检验

目测检验收纸机构，其检验结果应按 5.14 的规定。

7　检验规则

7.1　出厂检验

7.1.1　每台产品应经制造厂质量检验部门检验合格后方可出厂。

7.1.2　每台产品出厂前，应按 6.1 ~ 6.5、6.7、6.8、6.11 的规定检验，每批产品抽一台，应按 6.6、6.9、6.10 的规定进行检验。

7.1.3　对全检项检验，有一项不合格，即为不合格品；对抽检项，有一项不合格，则再抽两台对该项进行检验，再不合格则对该批该项全检。

7.2 型式检验

7.2.1 有下列情况之一时，应在首台、首批中抽一台或生产批中抽一台进行型式检验：

a）新产品和老产品转厂生产的试制定型鉴定；

b）正式生产后，如结构、材料、工艺有较大改变、可能影响产品性能时；

c）停产一年以上又恢复生产时；

d）连续生产时，每年至少一次例行检验；

e）出厂检验结果与上次型式检验发生较大差异时。

7.2.2 型式检验项目应按第5章的规定。

8 标志、包装、运输和贮存

8.1 标志

8.1.1 每台产品应在明显部位固定标牌，其要求应按GB/T 13306的规定。其内容应包括：

a）制造厂名称、产品原产地；

b）产品型号、名称；

c）产品执行标准编号；

d）产品主要技术参数；

e）出厂编号；

f）出厂日期。

8.1.2 安全标志：应按GB 2894的规定，凡是有安全隐患处应制定安全标志。如：当心触电、注意安全、当心机械伤人、当心烫伤等标志。

8.1.3 包装储运图示标志，应按GB/T 191的规定正确选用。

8.1.4 运输包装收发货标志应按GB/T 6388的规定。

8.2 包装

8.2.1 产品装箱前，机件、工具备件、附件的外露加工面应按GB/T 4879—1999中防锈包装等级的3级包装，出口包装选用2级包装。

8.2.2 产品包装箱的制造与装箱要求，应按GB/T 13384的规定。

8.2.3 产品分多箱包装时，随机文件应放在主机箱内，分装箱单应放在相应的包装箱内。

8.2.4 每台产品出厂时应附有下列随机文件：

a）产品合格证；

b）使用说明书；

c）装箱单（含总装箱单和分装箱单）。

8.3 运输

产品在运输起吊时，应按包装箱外壁箱面的标志稳起轻放，防止碰撞。

8.4 贮存

8.4.1 包装箱应贮存在干燥、通风的地方，避免受潮。室外贮存时应有防雨措施。

8.4.2 贮存期超过一年应在出厂前进行开箱检验，若包装损坏不符合有关规定时，应重新包装。

附录A
（资料性附录）
试验使用仪器及测量范围精度表

试验使用仪器及测量范围精度表参见表A.1。

表A.1 试验使用仪器及测量范围精度表

序 号	名 称	精 度
1	白度仪	0.1
2	光泽度计	±1 Gs
3	噪声计	±2.0dB（A）
4	红外温度计	±2℃
5	紫外辐照计	1μW/cm^2

附加说明

本标准代替 JB/T 8586—1997《上光机》。

本标准与 JB/T 8586—1997 相比，主要变化如下：

——将“本标准适用于紫外线、红外线上光机，也适用于印刷上光机组”修改为“本标准适用于单张纸紫外线固化和红外线干燥的涂布上光机。本标准不适用于局部上光机”（1997 年版的 1；本版的 1）；

——将“引用标准”修改为“规范性引用文件”，并增加了相关文件（1997 年版的 2；本版的 2）；

——将“技术要求”修改并增加了相关内容（1997 年版的 4；本版的 5）；

——将“试验方法”修改并增加了相关内容（1997 年版的 5；本版的 6）；

——增加了“上光机的定义”（本版的 3.1）；

——增加了“基本参数”中的纸张定量及对应的最大纸张宽度与最高上光速度（1997 年版的 3.2；本版的 4.2）；

——增加了“输纸机构”与“收纸机构”的要求（本版的 5.11、5.14）。

请注意本标准的某些内容有可能涉及专利。本标准的发布机构不应承担识别这些专利的责任。

本标准的附录 A 是资料性附录。

本标准由中国机械工业联合会提出。

本标准由全国印刷机械标准化技术委员会（SAC/TC 192）归口。

本标准负责起草的单位：上海德拉根印刷机械有限公司、瑞安市华威印刷机械有限公司、北京印刷机械研究所。

本标准主要起草人：刘树清、陈波、余孝池、严珠。

本标准所代替标准的历次版本发布情况为：

——JB/T 8586—1997。

中华人民共和国机械行业标准

印刷机械　切纸机

JB/T 8115—2010
代替 JB/T 8115.1—2000

Printing machinery-Cutting machine

中华人民共和国工业和信息化部　2010-02-11发布　　2010-07-01实施

1　范围

本标准规定了切纸机的型式、主参数、型号和名称、要求、试验方法、检验规则、标志、包装、运输与贮存。

本标准适用于裁切各种平板纸和其他类似纸质的软性材料的切纸机。

2　规范性引用文件

下列文件中的条款通过本标准的引用而成为本标准的条款。凡是注日期的引用文件，其随后所有的修改单（不包括勘误的内容）或修订版均不适用于本标准，然而，鼓励根据本标准达成协议的各方研究是否可使用这些文件的最新版本。凡是不注日期的引用文件，其最新版本适用于本标准。

GB/T 191　包装储运图示标志（GB/T 191—2008，ISO 780：1997，MOD）

GB 2894　安全标志及其使用导则

GB/T 4728（所有部分）　电气简图用图形符号

GB/T 4879—1999　防锈包装

GB 5226.1—2008　机械电气安全　机械电气设备　第1部分：通用技术条件（IEC 60204—1：2005，IDT）

GB/T 6388　运输包装收发货标志

GB/T 9969　工业产品使用说明书　总则

GB/T 13306　标牌

GB/T 13384　机电产品包装通用技术条件

GB/T 14436　工业产品保证文件　总则

JB/T 3090　印刷机械产品命名与型号编制方法

3　型式、主参数、型号和名称

3.1　型式

型式分为：

a）液压切纸机——压纸器为液压传动的切纸机；

b）全液压切纸机——刀床、压纸器为液压传动的切纸机；

c）数字显示切纸机——推纸器的位置尺寸通过位置传感器和读数仪以数字方式显示的切纸机；

d）程序控制切纸机——按输入程序循环工作的切纸机。

3.2　主参数

切纸机产品规格以裁切最大宽度为主参数。主参数优先采用以下规格（单位为 mm）：2 600、2 200、1 860、1 760、1 660、1 550、1 370、1 300、1 150、920、780、660 等。

3.3　型号和名称

产品型号和名称应按 JB/T 3090 的规定。

4　要求

4.1　一般要求

切纸机应按本标准要求，并应按照经规定程序批准的图样和技术文件制造。

4.2　基本参数

切纸机基本参数应按表 1 的规定。

表 1　基本参数

序号	项目	基本参数						
1	最大裁切宽度（mm）	≥1860	（＜1860）～1760	（＜1760）～1550	（＜1550）～1150	（＜1150）～920	（＜920）～780	（＜780）～660
2	最大裁切长度（mm）	≥最大裁切宽度						
3	最小裁切长度（mm）	≤40	≤35	≤30		≤25		≤20

（续）

序号	项目	基本参数			
4	最大裁切高度（mm）	≥ 165		≥ 120	≥ 100
5	工作台前部伸出长度（光电保护装置有侧开口）（mm）	≥ 640			
6	工作台前部伸出长度（光电保护装置无侧开口）（mm）	≥ 640			≥ 550
7	工作台距地面高度（mm）	750 ~ 960			
8	工作台刀槽尺寸（宽 × 深）（mm）	10 × 4.5			
9	压纸器最大压力（N）	≥ 60 000	≥ 40 000	≥ 30 000	≥ 20 000
10	裁切速度（次 /min）	液压式 ≥ 30	≥ 40		
		全液压式 ≥ 20			

4.3 主要装配精度

切纸机主要装配精度，应按表 2 的规定。

表 2 主要装配精度

单位：mm

序号	项目	装配精度			
		＜ 1 150	（≥ 1 150）~ 1 550	（＞ 1 550）~ 1 860	＞ 1 860
1	压纸器前表面与切刀间隙	0.10 ~ 0.40			
2	推纸器冲撞后的位移量	≤ 0.20	≤ 0.30		
3	压纸器前表面对机架滑导面低陷量	0.10 ~ 0.30			
4	刀床和机架的配合间隙	保证刀床上下运动灵活			
		≤ 0.09	≤ 0.12	≤ 0.18	

4.4 工作台气垫装置

工作台应装有气垫装置，规格≥ 1 150mm 的切纸机的辅助工作台也应装有气垫装置。

4.5 传动系统

4.5.1 机器运转应平稳、传动正常、无异常噪声。

4.5.2 操纵机构应动作准确，灵活、可靠，无卡阻和自发性移动。

4.5.3 制动机构应灵敏、可靠，保证机器运转至任意位置都能停止裁切，不允许有连刀和明显的滑刀。

4.6 液压系统

4.6.1 液压系统应工作可靠，无泄漏现象。

4.6.2 液压、全液压切纸机的压纸器的压力应能方便调整。

4.7 润滑系统

润滑系统应工作可靠，油路畅通，各润滑点供油充分，无渗漏现象。

4.8 轴承工作温升

轴承工作温升不应大于 30℃。

4.9 噪声

整机噪声不应大于 82 dB（A）。

4.10 安全要求

4.10.1 切纸机应装有以下安全装置，并保证可靠有效：

a）过载保护装置，过载时应达到有效；

b）单次裁切停车装置，刀床完成一次裁切运动后，应自动停在安全位置，即使双手不释放切刀按钮，刀床也不允许有第二次裁切动作；

c）裁切区内安装光电保护装置作为进入危险区的防护措施。光电保护装置的光束被遮挡后，刀床应停止向下运动或返回上极限位置并不能起动，只有重新操纵起动，才允许继续裁切循环；

d）双手联锁操作装置，只有确保双手在 0.5s 内同时操作，刀床才允许有裁切动作；

e）机器外露运动件应安装防护罩或警示标志；

f）切纸机（不包括全液压式）应安装保证刀床安全运行的机械装置。

4.10.2　急停装置：

能够以自动模式运行的切纸机，在操作者一侧的控制面板上应设有急停装置，并且标志明显、易于操作；按动急停装置后刀床、压纸器和推纸器应立即停止运动并导致电动机停止转动。

4.11　电气

4.11.1　电气系统应布线整齐，排列有序、接头牢固；各种标记应齐全、清晰和正确，电气简图用图形符合应按 GB/T 4728（所有部分）的规定。

4.11.2　电气系统应安全、灵敏、可靠。

4.11.3　所有外露可导电部分都应按 GB 5226.1—2008 中 8.2.1 的要求连接到保护联结电路上。保护联结电路的连续性应按 GB 5226.1—2008 中 8.2.3 的规定。

4.11.4　在动力电路导线和保护联结电路间施加 500Vd.c 时，测得的绝缘电阻不应小于 1MΩ。

4.11.5　在动力电路导线和保护联结电路之间施加 1000V 的电压近似 1s 时间，不应出现击穿放电现象。

4.12　外观质量

4.12.1　外露加工表面不允许有锈蚀、磕碰、划痕等有损质量的缺陷。

4.12.2　外露非加工表面不允许有凸瘤、凹陷、气孔等影响质量的缺陷。

4.12.3　外露镀件镀层应均匀一致，不允许有剥落、起泡、局部无镀层等缺陷。

4.12.4　涂漆层应光滑平整，颜色、光泽应均匀一致。漆膜外观要求清洁，无明显突出颗粒和粘附物，不允许有明显的凹陷不平、砂纸道痕、流挂、起泡、发白及失光。

4.13　裁切精度

裁切精度应按表 3 规定。

4.14　使用说明书和产品合格证

4.14.1　使用说明书的编写应按 GB/T 9969 的规定。

4.14.2　产品合格证的编写应按 GB/T 14436 的规定。

表 3　裁切精度

序号	项　目		精　度	
			≥ 1 150	<1 150
1	裁切边直线度公差		0.20/1 000	
2	裁切邻边垂直度公荤		0.20/1 000	
3	连续裁切平行度公差		0.20/1 000	
4	连续裁切长度公差	程序控制式	125 ± 0.15	
		数字显示式	125 ± 0.20	
5	裁切高度内等长度公差		0.30/100	0.25/100

5 试验方法

5.1 基本参数检验

基本参数的检验应符合表 4 的规定。

表 4　基本参数的检验

序号	项目	检验方法	示 意 图	检验仪器
1	最大裁切宽度	前、后两个位置测量工作台的宽度均应按表 1 中的序号 1 的规定	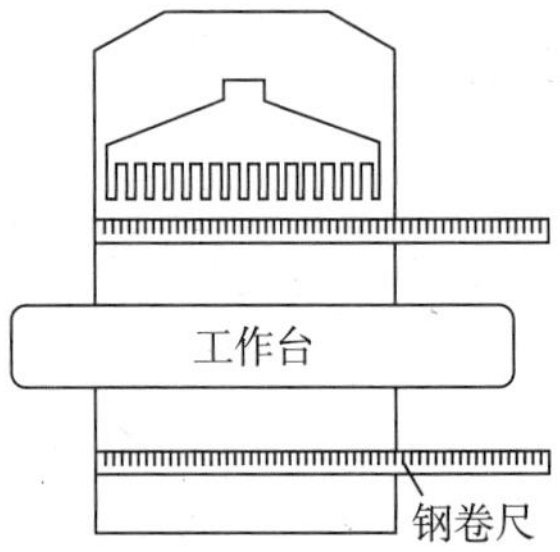	钢卷尺
2	最大裁切长度	左、中、右三个位置测量压纸器前表面至推纸器前表面的最大长度均应按表 1 中序号 2 的规定	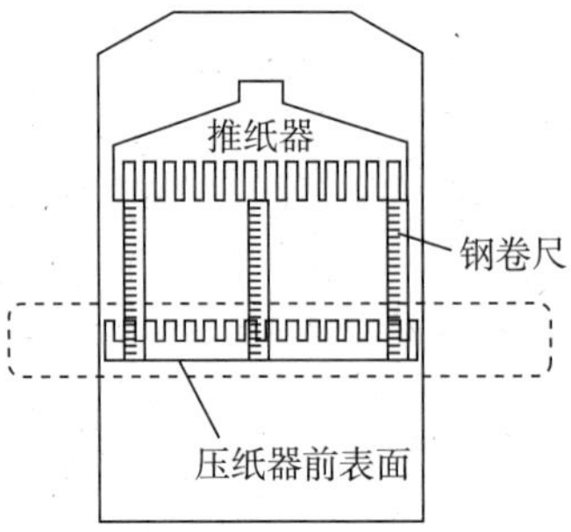	钢卷尺

（续）

序号	项目	检验方法	示 意 图	检验仪器
3	最小裁切长度	左、中、右三个位置测量压纸器前表面至推纸器前表面的最小长度均应按表1中序号3的规定	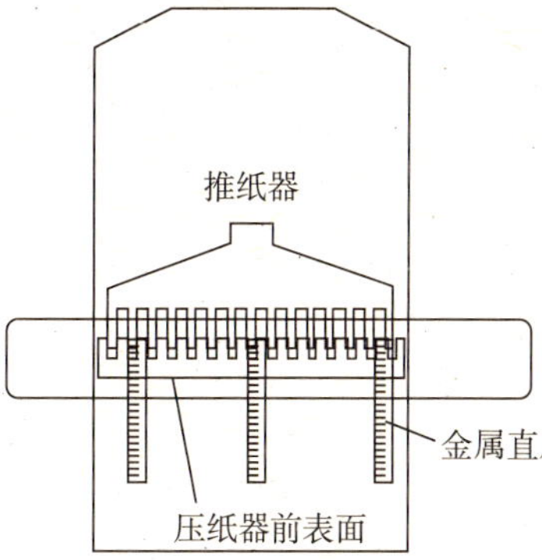	金属直尺
4	最大裁切高度	左、中、右三个位置测量压纸器底部至工作台台面的最大高度均应按表1中序号4的规定	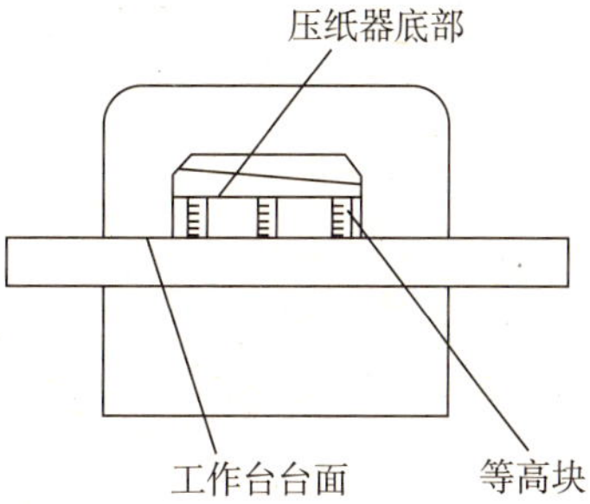	等高块（等高块游标卡尺复测）
5	工作台前部伸出长度	左、中、右三个位置测量压纸器前表面至工作台前端面的长度均应按表1中序号5的规定	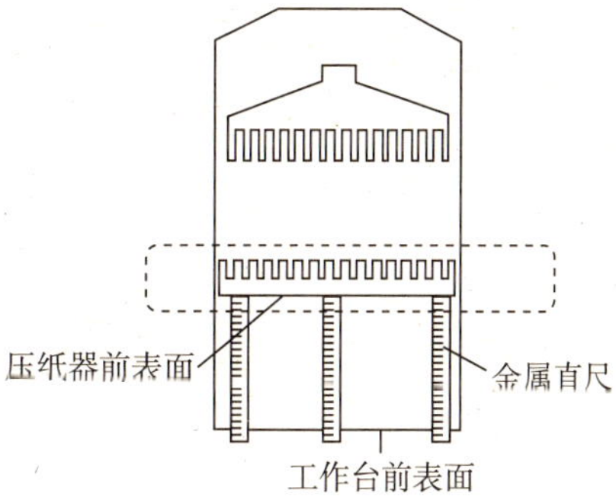	金属直尺
6	工作台距地面高度	前、后两个位置测量工作台距地面的高度均应按表1中序号6的规定	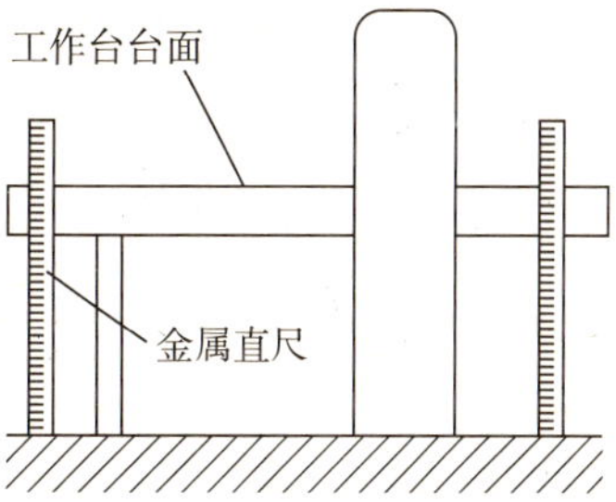	金属直尺
7	工作台刀槽尺寸	左、中、右三个位置测量工作台刀槽尺寸均应按表1中序号7的规定	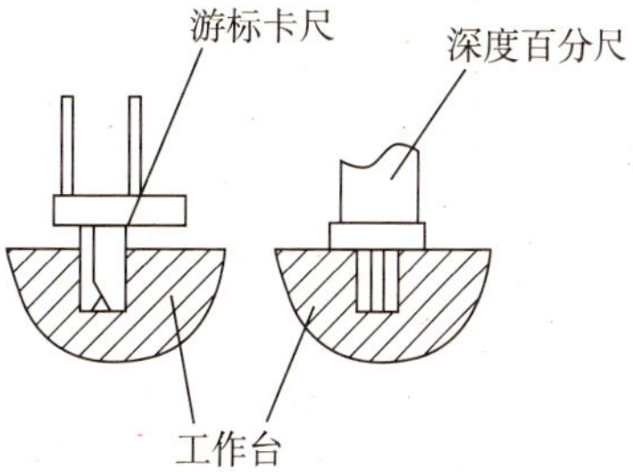	游标卡尺 深度百分尺

（续）

序号	项目	检验方法	示 意 图	检验仪器
8	压纸器最大压力	将压力测量装置放在压纸器下方，下降压纸器使其压紧压力测量装置，测得的最大值应按表 1 中序号 8 的规定	—	压力测量装置
9	裁切速度	空载情况下不计压纸器运动时间，测量刀床的运动速度应按表 1 中序号 9 的规定	—	非接触式周期计数器 精度：±1 次 /min

5.2 主要装配精度检验

主要装配精度的检验应按表 5 的规定。

表 5 主要装配精度检验

序号	项目	检验方法	示 意 图	检验仪器
1	压纸器前表面与切刀间隙	测量压纸器前表面与切刀之间的间隙，应按表 2 中序号 1 的规定	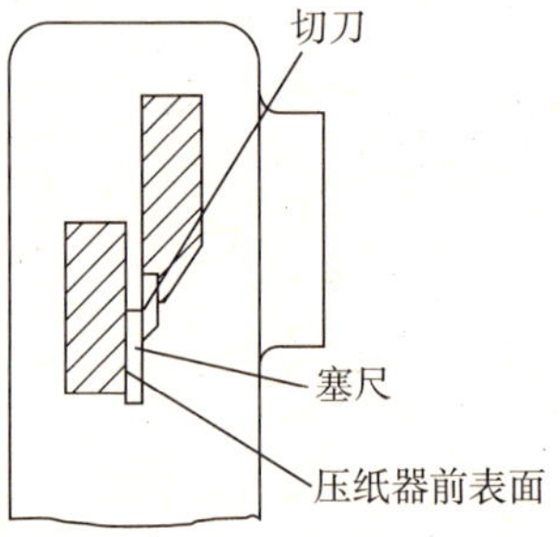	塞尺
2	推纸器冲撞后的位移量	推纸器向裁切区方向移动后停止，在该位置上用拉力弹簧秤向推纸器施加 200N 拉力，拉力方向与推纸器移动方向相反，在推纸器的工作面上取左、中、右三点分别用百分表测得的位移量应按表 2 中序号 2 的规定	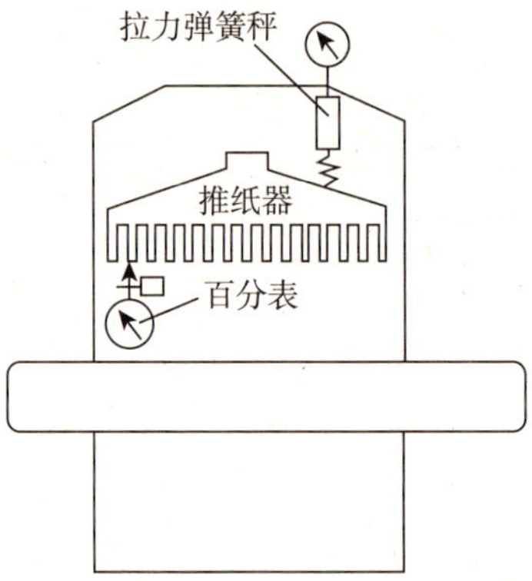	拉力弹簧秤、百分表
3	压纸器前表面对机架滑导面低陷量	测量压纸器前表面对机架滑导面低陷量应按表 2 中序号 3 的规定	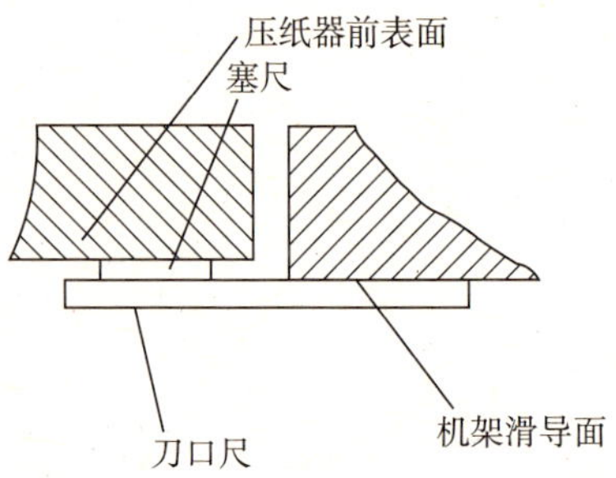	塞尺、刀口尺

（续）

序号	项目	检验方法	示 意 图	检验仪器
4	刀床和机架的配合间隙	目测刀床运动灵活程度，然后测量刀床和机架配合的最大间隙应按表 2 中序号 4 的规定	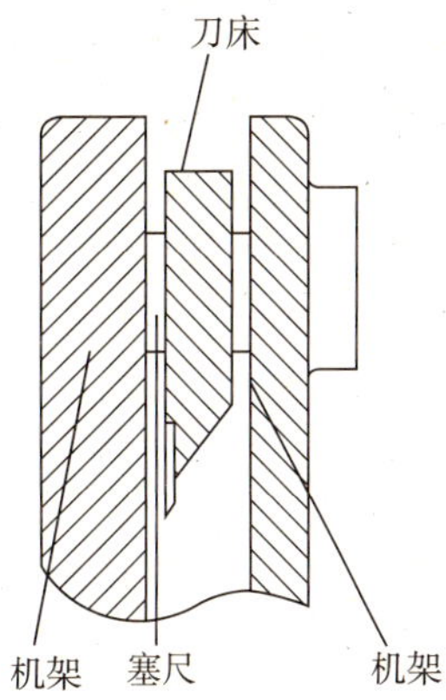	塞尺

5.3 空运转试验

每台切纸机产品应进行不少于 60min 的空运转试验。

5.3.1 工作状态

目测和操纵试验机器空运转情况，应按 4.4—4.7 的规定。

5.3.2 轴承工作温升检验

在空运转试验后，用点温计测量轴承工作温度并计算其温升，应按 4.8 的规定。

5.3.3 噪声测量

空运转时，压纸器下放置软性材料，开动切纸机所有噪声源，用普通声级计测量切纸机的 A 声压级噪声，测量点水平位置（见图 1），噪声测点距地面高度为 1.5m，距切纸机四周外轮廓线 1m 处，测量点之间的距离为 2m 左右，图示测量点为参考点，可根据测量轨迹长短增加或减少测量点，其中第 *i* 点为巡回测量最大噪声点，切纸机噪声以算术平均值计算，其计算结果应按 4.9 的规定。

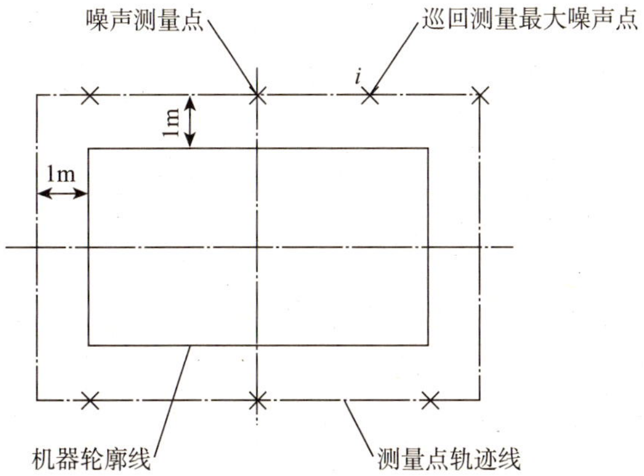

图 1 噪声测量点位置图

5.4 安全检验

5.4.1 安全装置检验

5.4.1.1 去掉刀片，将一定高度的硬物放置于刀床的刀片槽下面，开机检查过载装置的有效性应 4.10.1 中 a）的规定。

5.4.1.2 双手按下且不释放切刀按钮，应按 4.10.1 中 b）的规定。

5.4.1.3 用非透光物体检查每个光束，分别采用启动后遮挡和遮挡后启动，应按 4.10.1 中 c）的规定。

5.4.1.4 分别进行单手操作和双手操作单手停机试验，应按 4.10.1 中 d）的规定。

5.4.1.5 目测机器外露运动件的防护与警示标志，应按 4.10.1 中 e）的规定。

5.4.1.6 目测切纸机刀床运动情况，应按 4.10.1 中 f）的规定。

5.4.2 急停装置检验

能够以自动模式运行的切纸机，目测和操纵检查急停装置，应按 4.10.2 的规定。

5.5 电气试验

5.5.1 目测电气系统的装配质量与标记应按 4.11.1 的规定。

5.5.2 对切纸机进行启动、停机各五次以上，检查电气系统运行情况应按 4.11.2 的规定。

5.5.3 按 GB 5226.1—2008 中 18.2.2 的试验方法，检验保护联结电路的连续性，应按 4.11.3 的规定。

5.5.4 按 GB 5226.1—2008 中 18.3 的试验方法，检验动力装置的绝缘电阻，应按 4.11.4 的规定。

5.5.5 按 GB 5226.1—2008 中 18.4 的试验方法进行耐

压试验，应按 4.11.5 的规定。

5.6 外观质量检验

目测机器外观质量应按 4.12 的规定。

5.7 裁切精度检验

裁切精度的检验应按表 6 的规定进行，裁切精度应按 4.13 中表 3 的规定。

表 6 裁切精度检验

序号	项目	检验方法	示 意 图	检验仪器
1	裁切边直线度公差	以机器（或纸张）规定的最大裁切幅面的 100 ~ 120g/m^2 胶版纸，高度选取 10mm，裁切一边，从中间取出相邻两张，以裁切边翻转相对，用读数显微镜测出 a 值，按下式计算出直线度误差 f 应按表 4 中序号 1 的规定： $f=\dfrac{1000a/2}{c}$	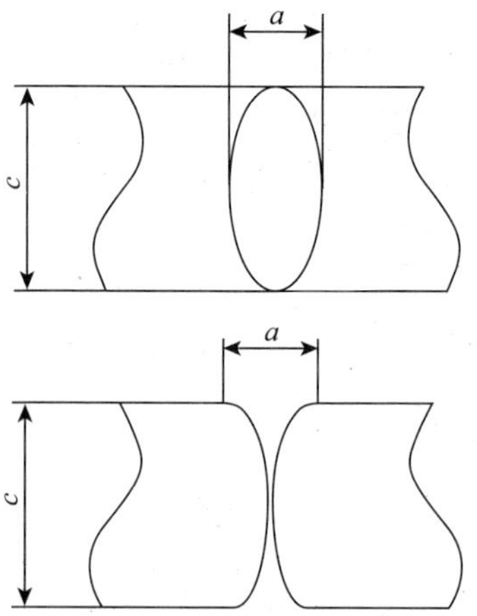	读数显微镜
2	裁切邻边垂直度公差	以机器（或纸张）规定的最大裁切幅面的 100 ~ 120g/m^2 胶版纸，高度选取 10mm，以推纸器定位裁切两平行边，以其中一边为基准用一侧规定位，裁切一邻边，取相邻两张，其中一张翻转，使两平行边相对，O 点和 b 边（平行边）分别对齐，用读数显微镜测出 a 值，按下式计算出垂直度误差 f 应按表 4 中序号 2 的规定： $f=\dfrac{1000a/2}{c}$	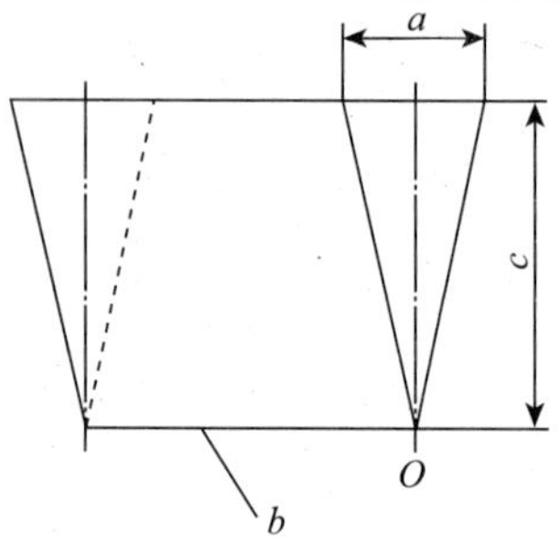	读数显微镜
3	连续裁切平行度公差	以机器（或纸张）规定的最大裁切幅面的 100 ~ 120g/m^2 胶版纸，裁切高度选取 20mm，每 125mm 裁一刀，连续裁完为止，用游标卡尺测量每刀两端长度差即为测点范围内的平行度误差，按下式计算出每一刀的平行度误差 f 应按表 4 中序号 3 的规定： $f=\dfrac{1000(a-a')}{c}$	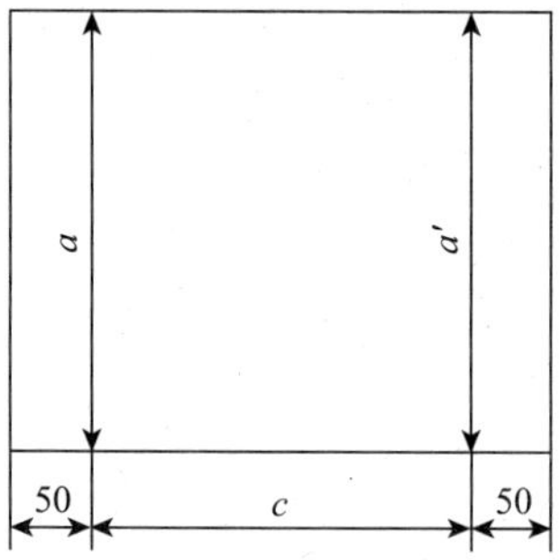	游标卡尺
4	连续裁切长度公差	以机器规定的最大裁切长度的 100 ~ 120g/m^2 胶版纸，裁切高度选取 20mm，宽度不限，按推纸器给定的指示进行连续裁切，每刀长度为 125 mm，以游标卡尺分别检查每刀同一位置的实际长度误差应按表 4 中序号 4 的规定	—	游标卡尺
5	裁切高度内等长度公差	以机器规定的最大宽度的 100 ~ 120g/m^2 胶版纸，裁切高度选取机器额定高度的 80% 连续裁切，长度为 125mm，距上下各 2mm 和中间取出三张纸样，以读数显微镜测出同一部位长度尺寸，最大差值即为等长度误差应按表 4 中序号 5 的规定	—	读数显微镜

6 检验规则

6.1 不合格分类及合格的判定原则

6.1.1 不合格的分类

不合格的分类按表7的规定。

6.1.2 合格品的判定原则

不合格项没有A类项，或不合格项不多于一个B类项，或不合格项不多于两个C类项，符合该条件即为合格。

6.2 出厂检验

6.2.1 每台产品应经制造厂质量检验部门检验合格后方可出厂。

6.2.2 每台产品应按表7中A类项进行检验。若有一项不合格，该产品为不合格产品。

6.2.3 每批产品抽10%（不少于两台）应按表7的B类和C类进行检验。若不符合6.1.2合格要求，应加倍检查；若仍不符合要求，则应对该批产品逐台进行检验。

6.3 型式检验

6.3.1 有下列情况之一时，应在首台、首批中抽一台或生产批中抽一台进行型式试验：

a）新产品或老产品转厂生产的试制定型鉴定；

b）正式生产后，如结构、材料、工艺有较大改变，可能影响产品性能时；

c）停产一年以上又恢复生产时；

d）连续生产时，每年至少一次例行检验；

e）出厂检验结果与上次型式检验发生较大差异时。

6.3.2 型式检验项目应按本标准第4章的规定。

表7 不合格分类

条 款	要 求	不合格分类
4.2 基本参数		
表1序号1	最大裁切宽度	B
表1序号2	最大裁切长度	B
表1序号3	最小裁切长度	B
表1序号4	最大裁切高度	B
表1序号5	工作台前部伸出长度（光电保护装置有侧开口）	B
表1序号6	工作台前部伸出长度（光电保护装置无侧开口）	B
表1序号7	工作台距地面高度	C
表1序号8	工作台刀槽尺寸	B
表1序号9	压纸器最大压力	A
表1序号10	裁切速度	B
4.3 主要装配精度		
表2序号1	压纸器前表面与切刀间隙	B
表2序号2	推纸器冲撞后的位移量	A
表2序号3	压纸器前表面对机器滑导面低陷量	B
表2序号4	刀床和机架的配合间隙	B
4.4 工作台气垫装置		A
4.5 传动系统		
4.5.1	机器运转平稳性	A
4.5.2	操纵机构正确性	A
4.5.3	制动机构可靠性	A
4.6 液压系统		
4.6.1	液压系统工作可靠性	A
4.6.2	压纸器的压力可调整	A
4.7	润滑系统	B

（续）

条 款	要 求	不合格分类
4.8	轴承工作温升	A
4.9	噪声	A
4.10 安全要求		
4.10.1 a）	过载保护装置	A
4.10.1 b）	单次裁切停车装置	A
4.10.1 c）	光电保护装置	A
4.10.1 d）	双手联锁操作装置	A
4.10.1 e）	防护罩或警示区标志	A
4.10.1 f）	保证刀床安全运行的机械装置	A
4.10.2	急停装置	A
4.11 电气		
4.11.1	电气系统布线、接头及各种标记	B
4.11.2	电气系统安全、灵敏、可靠性	A
4.11.3	保护接地电路的连续性	A
4.11.4	绝缘电阻	A
4.11.5	耐压试验	A
4.12 外观质量		
4.12.1	外露加工表面质量	C
4.12.2	外露非加工表面质量	C
4.12.3	外露镀件镀层质量	C
4.12.4	涂漆层质量	C
4.13 裁切精度		
表 3 序号 1	裁切边直线度公差	A
表 3 序号 2	裁切邻边垂直度公差	A
表 3 序号 3	连续裁切平行度公差	A
表 3 序号 4	连续裁切长度公差	A
表 3 序号 5	裁切高度内等长度公差	A

7 标志、包装、运输与贮存

7.1 标志

7.1.1 每台产品应在明显部位固定标牌，其要求应按 GB/T 13306 的规定。其内容应包括：

a）制造厂名称、产品原产地；

b）产品型号、名称；

c）产品执行标准编号；

d）产品主要技术参数；

e）出厂编号；

f）出厂日期。

7.1.2 安全标志：应按 GB 2894 的规定，凡是有安全隐患处应制定安全标志。如：当心触电、注意安全、当心机械伤人、当心烫伤等标志。

7.1.3 包装储运图示标志，应按 GB/T 191 的规定正确选用。

7.1.4 运输包装收发货标志应按 GB/T 6388 的规定。

7.2 包装

7.2.1 产品装箱前，机件、工具备件、附件的外露加工面应按 GB/T 4879—1999 中防锈包装等级的 3 级包装，出口包装选用 2 级包装。

7.2.2 产品包装箱的制造与装箱要求，应按 GB/T 13384 的规定。

7.2.3　产品分多箱包装时，随机文件应放在主机箱内，分装箱单应放在相应的包装箱内。

7.2.4　每台产品出厂时应附有下列随机文件：

a）产品合格证；

b）使用说明书；

c）装箱单（含总装箱单和分装箱单）。

7.3 运输

产品在运输起吊时，应按包装箱外壁箱面的标志稳起轻放，防止碰撞。

7.4　贮存

7.4.1　包装箱应贮存在干燥、通风的地方，避免受潮。室外贮存时应有防雨措施。

7.4.2　贮存期超过一年应在出厂前进行开箱检验，若包装损坏不符合有关规定时，应重新包装。

附加说明

本标准代替JB/T 8115.1—2000《切纸机》。

本标准与JB/T 8115.1—2000相比，主要变化如下：

——增加了标准名称引导要素“印刷机械”，将原《切纸机》修改为《印刷机械　切纸机》；

——修改了范围（2000年版的l；本版的1）；

——修改了规范性引用文件（2000年版的2；本版的2）；

——将原“分类与命名”修改为“型式、主参数、型号和名称”，（2000年版的3；本版的3）；

——修改了表1基本参数内容，（2000年版的4.2表1；本版的4.2表1）；

——将原“装配精度”，修改为“主要装配精度”（2000年版的4.4，5.2；本版的4.3，5.2）；

——增加了自动模式运行切纸机紧急停机装置要求与检验（本版的4.10.2、5.4.2》；

——重新规定了主要装配精度中大规格切纸机的刀床和机架的配合间隙公差（2000年版的4.4表3；本版的4.3表2）；

——删除了产品成套供应范围（2000年版的4.16）；

——增加了不合格分类及合格的判定原则（本版的6.1）。

请注意本标准的某些内容有可能涉及专利。本标准的发布机构不应承担识别这些专利的责任。

本标准由中国机械工业联合会提出。

本标准由全国印刷机械标准化技术委员会（SAC/TC 192）归口。

本标准负责起草的单位：上海申威达机械有限公司、长春印刷机械有限责任公司、德阳市利通印刷机械有限公司、浙江华岳包装机械有限公司、瑞安市质量技术监督检测院、北京印刷机械研究所、浙江国威印刷机械有限公司。

本标准参加起草的单位：上海爱凯思机械刀片有限公司。

本标准主要起草人：郑燕萍、车文春、严珠、金玉文、黄永生、吴侠、林孝国、骆瑞华、徐峰。

本标准所代替标准的历次版本发布情况：

——GB 3902—1983；

——JB/T 8115.1—1995、JB/T 8115.1—2000。

中华人民共和国机械行业标准

印刷机械　三面切书机

JB/T 9110—2010
代替 JB/T 9110—1999

Printing machinery-Three-knife trimmers

中华人民共和国工业和信息化部　2010-02-11发布　2010-07-01实施

1　范围

本标准规定了三面切书机的型式、基本参数、型号和名称、要求、试验方法、检验规则、标志、包装、运输与贮存。

本标准适用于裁切书籍的三面切书机。

2　规范性引用文件

下列文件中的条款通过本标准的引用而成为本标准的条款。凡是注日期的引用文件，其随后所有的修改单（不包括勘误的内容）或修订版均不适用于本标准，然而，鼓励根据本标准达成协议的各方研究是否可使用这些文件的最新版本。凡是不注日期的引用文件，其最新版本适用于本标准。

GB/T 191　包装储运图示标志（GB/T 191—2008，ISO 780：1997，MOD）

GB 2894　安全标志及其使用导则

GB/T 4728（所有部分）　电气简图用图形符号

GB/T 4879—1999　防锈包装

GB 5226.1—2008　机械电气安全　机械电气设备第 1 部分：通用技术条件（IEC 60204—1：2005，IDT）

GB/T 6388　运输包装收发货标志

GB/T 9969　工业产品使用说明书　总则

GB/T 13306　标牌

GB/T 13384　机电产品包装通用技术条件

GB/T 14436　工业产品保证文件　总则

JB/T 3090　印刷机械产品命名与型号编制方法

3　型式、基本参数、型号和名称

3.1　型式

按自动化程度分为：

a）自动型——自动输入待裁切书籍进行裁切加工的机器；

b）半自动型——由手工输送待裁切书籍进行裁切加工的机器。

3.2　基本参数

三面切书机的基本参数应按表 1 的规定。

表 1　基本参数

项目内容		基本参数
裁切幅面（mm）	最大	260 × 380
	最小	92 × 126
最大裁切高度（mm）	自动型	70
	半自动型	100
最高裁切速度（次 /min）	自动型	50
	半自动型	25
工作台面高度（mm）		750 ～ 960
压力器压力（kN）		≥ 5

3.3　型号和名称

产品型号和名称应按 JB/T 3090 的规定。

4　要求

4.1　一般要求

三面切书机应按本标准的规定，并应按经规定程序批准的图样和技术文件制造。

4.2　传动系统

机器传动系统应运转平稳，工作正常，无异常声音。

4.3　操作机构和执行机构

操作机构应灵敏可靠，执行机械动作协调准确，无卡阻及自发性移动。电气控制系统、制动机构应灵敏、可靠，当发生故障时能自动停机。

4.4　润滑系统

润滑系统应工作可靠，油路畅通、各润滑点供油充分，无渗漏油现象。

4.5　轴承工作温升

轴承工作温升不应大于 30℃。

4.6　安全防护

4.6.1　应随机配备更换切书刀片及运送切书刀片时使用的刀片防护罩（套）。

4.6.2　操作部位防护罩应有联锁装置，开启防护罩只能“止—动”控制机器低速运转。

4.6.3　对三面切书机危险部位应进行安全防护。根据具体情况，可以采用固定式安全防护罩、移动护罩或者其他防护方法进行安全防护。

4.7　电气质量

4.7.1　电气系统应布线整齐，排列有序、接头牢固；各种标记应齐全、清晰和正确，电气简图用图形符号应按 GB/T 4728（所有部分）的规定。

4.7.2　电气系统应安全、灵敏、可靠。

4.7.3　所有外露可导电部分都应按 GB 5226.1—2008 中 8.2.1 的要求连接到保护联结电路上。保护联结电路的连续性应按 GB 5226.1—2008 中 8.2.3 的规定。

4.7.4　在动力电路导线和保护联结电路间施加 500Vd.c 时，测得的绝缘电阻不应小于 1MΩ。

4.7.5　在动力电路导线和保护联结电路之间施加 1 000V 的电压近似 1s 时间，不应出现击穿放电现象。

4.8　裁切精度

4.8.1　各裁切边尺寸偏差不应大于 0.50mm。

4.8.2　相对裁切边的平行度公差应为 0.15mm/100mm。

4.8.3　相邻裁切边的垂直度公差应为 0.10mm/100mm。

4.8.4　各裁切面应平整、光滑、无刀花。

4.9　噪声

整机噪声自动型不应大于 85dB（A），半自动型整机噪声不应大于 82dB（A）。

4.10　外观质量

4.10.1　外露加工表面不允许有磕碰、划伤和锈斑等缺陷。

4.10.2　外露镀件镀层应细致、均匀，无剥落、起泡、局部无镀层等缺陷。

4.10.3　外露氧化件氧化膜应均匀致密、色泽一致，不允许有未氧化的斑点等缺陷。

4.10.4　外露非加工表面不允许有气孔、凸瘤、凹陷等有损美观的缺陷。

4.10.5　涂漆件涂层应光滑、平整，颜色、光泽要均匀一致。若采用美术漆，其花纹要均匀一致，漆膜丰满，无明显突出颗粒和粘附物，漆膜不允许有流挂、起泡等缺陷。

4.10.6　气路及油路管道应排列有序。

4.11　使用说明书和产品合格证

4.11.1　使用说明书的编写应按 GB/T 9969 的规定。

4.11.2　产品合格证的编写应按 GB/T 14436 的规定。

5　试验方法

5.1　试验条件

5.1.1　待裁切书籍：

a）书芯纸张定量 52 ～ 70g/m²；

b）书籍单本厚度 8 ～ 20mm；

c）胶粘封面书籍经过定型后，书背平直，岗线＜ 1mm；

d）书芯压实，书面平整不发泡；

e）裁切书籍毛边尺寸为 5 ～ 10mm。

5.1.2　测试仪器精度：试验测量使用仪器及范围精度参见附录 A。

5.2　空运转试验

以机器额定最高速度 50%（低速）运转不应少于 30min；以机器额定最高速度 75%（中速）运转不应少于 60min；再以机器额定最高速度（高速）运转不应少于 30min，应按 4.2 ～ 4.4 的规定。

5.3　轴承工作温升检验

在空运转试验后，用点温计测量轴承工作温度并计算其温升，应按 4.5 的规定。

5.4　安全检验

刀片防护、操作部位及危险部位防护应按 4.6 的规定。

5.5　电气试验

5.5.1　目视检验电气系统质量，应按 4.7.1 的规定。

5.5.2　对三面切书机进行启动、停车各五次，检查其运行情况，应按 4.7.2 的规定。

5.5.3　按 GB 5226.1—2008 中 18.2.2 的试验方法，检验保护联结电路的连续性，应按 4.7.3 的规定。

5.5.4　按 GB 5226.1—2008 中 18.3 的试验方法，检验动力装置的绝缘电阻，应按 4.7.4 的规定。

5.5.5　按 GB 5226.1—2008 中 18.4 的试验方法进行耐压试验，应按 4.7.5 的规定。

5.6　裁切试验

5.6.1　自动型

5.6.1.1　常规幅面裁切：

a）裁切幅面 148mm × 210mm（32K）；

b）额定最大裁切高度（单本不少于三本）；

c）机器额定最高速度的 90%；

d）连续裁切不少于 20 次。

5.6.1.2　最大规格幅面裁切：

a）机器额定最大规格裁切幅面；

b）不小于额定裁切高度 70%（单本不少于三本）；

c）机器额定最高速度的 50%；

d）连续裁切不少于 20 次。

5.6.1.3　最小规格幅面裁切：

a）机器额定最小规格裁切幅面；

b）不小于额定裁切高度 60%（单本不少于三本）；

c）机器额定最高速度的 60%；

d）连续裁切不少于 20 次。

5.6.2　半自动型

5.6.2.1　常规幅面裁切：

a）裁切幅面 148mm × 210mm（32K）；

b）额定最大裁切高度（单本不少于三本）；

c）机器额定最高速度的 90%；

d）连续裁切不少于 20 次。

5.6.2.2　最大规格幅面裁切：

a）机器额定最大规格裁切幅面；

b）不小于额定裁切高度 70%（单本不少于三本）；

c）机器额定最高速度的 50%；

d）连续裁切不少于 20 次。

5.6.2.3　最小规格幅面裁切：

a）机器额定最小规格裁切幅面；

b）不小于额定裁切高度 60%（单本不少于三本）；

c）机器额定最高速度的 60%；

d）连续裁切不少于 20 次。

5.6.3　裁切精度检测

5.6.3.1　检测条件：在连续裁切不少于 20 次情况下，随机抽样 10 次。

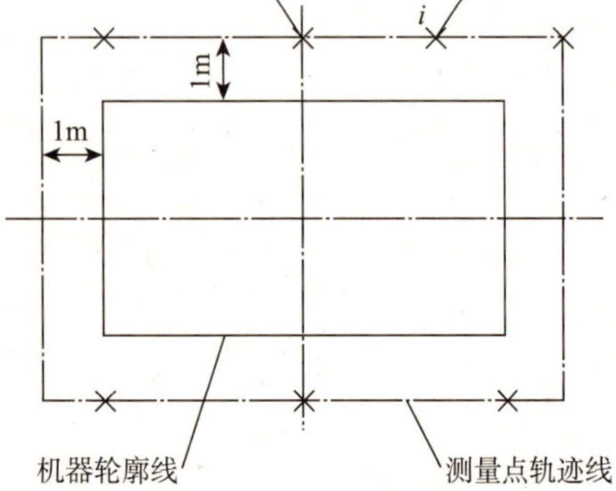

图 1　噪声测量点位置图

5.6.3.2　检测方法：应按附录 B 裁切成品的检测方法对每次裁切抽取的样本（包括每本）进行精度检验，应按 4.8 的规定。

5.7　压书器压力

在静态下，用压力测量装置测量压书器压力，检验结果应按表 1 的规定。

5.8　噪声测量

在进行 5.6 中常规裁切时，开动所有噪声源，用普通声级计测量三面切书机的 A 声压级噪声，测量点水平位置（见图 1），噪声测点距地面高度为 1.5m，距三面切书机四周外轮廓线 1m 处，测量点之间的距离为 2m 左右，图示测量点为参考点，可根据测量轨迹长短增加或减少测量点，其中第 i 点为巡回测量最大噪声点，三面切书机噪声以算术平均值计算，其计算结果应按 4.9 的规定。

5.9　外观质量检验

目测检查产品外观质量应按 4.10 的规定。

6　检验规则

6.1　出厂检验

6.1.1　每台产品应经制造厂质检部门检验合格并附有合格证方可出厂。

6.1.2　每台产品出厂前，应按 5.2 ~ 5.5、5.6.1.1、5.6.2.1、5.6.3 和 5.9 的规定检验，每批产品抽一台，应按 5.8 的规定进行检验。

6.1.3　对全检项检验，有一项不合格，即为不合格品；对抽检项，有一项不合格，则再抽两台对该项进行检验，再不合格则对该批该项全检。

6.2　型式检验

6.2.1　有下列情况之一时，应在首件、首批中抽一件或生产批中抽一件进行型式检验：

a）新产品和老产品转厂生产的试制定型鉴定；

b）正式生产后，如结构、材料、工艺有较大改变、可能影响产品性能时；

c）停产一年以上又恢复生产时；

d）连续生产时，每年至少一次例行检验；

e）出厂检验结果与上次型式检验发生较大差异时。

6.2.2　型式检验项目应按第 4 章、表 1 和 5.6.1.2、5.6.1.3、5.6.2.2、5.6.2.3 的规定。

7　标志、包装、运输与贮存

7.1　标志

7.1.1　每台产品应在明显部位固定标牌，其要求应按 GB/T 13306 的规定。其内容应包括：

a）制造厂名称、产品原产地；

b）产品型号、名称；

c）产品执行标准编号；

d）产品主要技术参数；

e）出厂编号；

f）出厂日期。

7.1.2 安全标志：应按 GB 2894 的规定，凡是有安全隐患处应制定安全标志。如：当心触电、注意安全、当心机械伤人、当心烫伤等标志。

7.1.3 包装储运图示标志，应按 GB/T 191 的规定正确选用。

7.1.4 运输包装收发货标志应按 GB/T 6388 的规定。

7.2 包装

7.2.1 产品装箱前，机件、工具备件、附件的外露加工面应按 GB/T 4879—1999 中防锈包装等级的 3 级包装，出口包装选用 2 级包装。

7.2.2 产品包装箱的制造与装箱要求，应按 GB/T 13384 的规定。

7.2.3 产品分多箱包装时，随机文件应放在主机箱内，分装箱单应放在相应的包装箱内。

7.2.4 每台产品出厂时应附有下列随机文件：

a）产品合格证；

b）使用说明书；

c）装箱单（含总装箱单和分装箱单）。

7.3 运输

产品在运输起吊时，应按包装箱外壁箱面的标志稳起轻放，防止碰撞。

7.4 贮存

7.4.1 包装箱应贮存在干燥、通风的地方，避免受潮。室外贮存时应有防雨措施。

7.4.2 贮存期超过一年应在出厂前进行开箱检验，若包装损坏不符合有关规定时，应重新包装。

附录 A
（资料性附录）
试验使用仪器及测量范围精度

A.1 使用方法

根据本标准试验项目，参见自 A.1 直接选用符合规定的试验用仪器仪表及设备。

A.2 相关仪器仪表及设备使用

未被列举仪器仪表及设备可使用经过计量鉴定，认可精度相同（或高于）的器具进行试验测量。

表 A.1 试验使用仪器及测量范围精度

试验项目	仪器名称	测量范围	读数精度
轴承工作温升	温度测量仪	（0 ~ 250）℃	0.5℃
机械速度	转速表	（0 ~ 10 000）r/min	1 r/min
	秒表	（0 ~ 10）min	0.01 s
尺寸误差	游标卡尺	（0 ~ 150）mm	0.02 mm
平行度误差			
垂直度误差	直角尺	400mm	1 级
	普通过塞尺		
工作噪声	声级计	（40 ~ 120）dB（A）	0.5dB（A）
绝缘电阻	绝缘电阻表	（0 ~ 500）V	0.10MΩ
接地电阻	压降仪	（0 ~ 2.00）Ω	0.01MΩ
耐压试验	耐压试验仪	（0 ~ 5 000）V	100V
压书器压力	压力检测仪	（0 ~ 50）kN	10N

附录 B

（规范性附录）

裁切成品检测方法

应按表 B.1 规定的裁切成品检测项目及方法进行检验。

表 B.1　裁切成品检测方法

项目	检验方法	示 意 图	检验仪器
各裁切边尺寸误差	取上、中、下三本书，检查实测尺寸与基本尺寸之差为尺寸误差	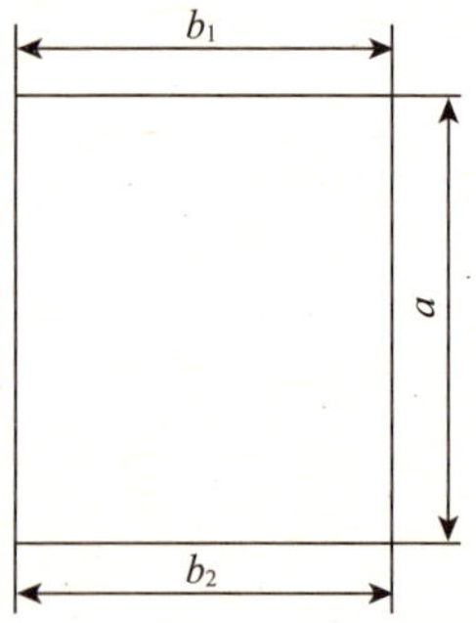	游标卡尺
相对裁切边的平行度误差	取上、中、下三本，按图示测量，并按下式计算每本平行度误差 P_i $P_i=\frac{1000(a_i-a_{i+1})}{c}$ 式中： $i=1,2,\cdots,n$。	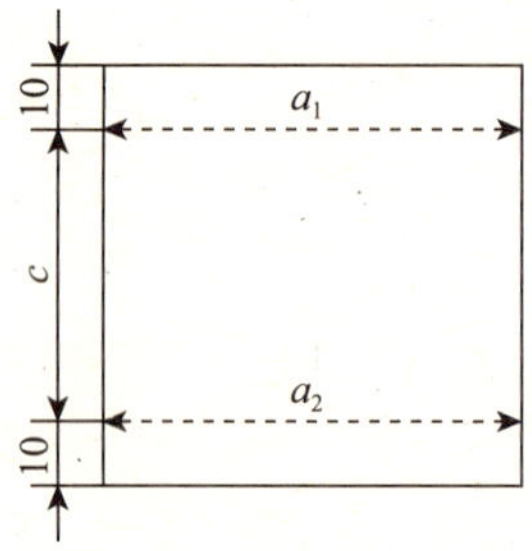	游标卡尺
相邻裁切边的垂直度误差	取上、中、下三本，按图示测出 h 值，并按下式计算每本垂直度误差 V_i $V_i=\frac{100h}{a}$ 式中： $i=1,2,\cdots,n$。	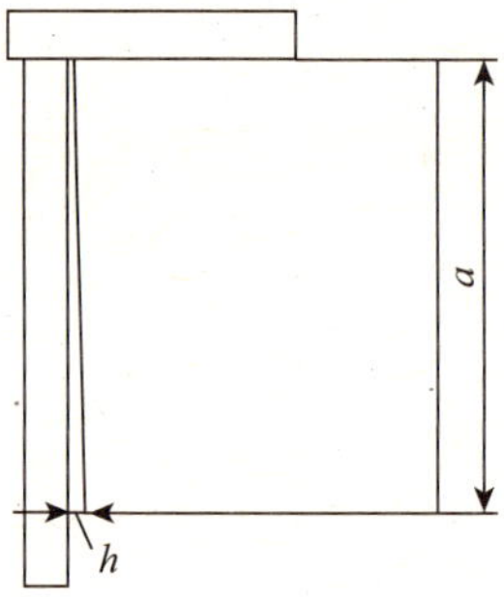	直角尺普通塞尺

附加说明

本标准代替 JB/T 9110—1999《三面切书机》。

本标准与 JB/T 9110—1999 相比，主要变化如下：

——增加了标准名称引导要素“印刷机械”，将原标准名称《三面切书机》改为《印刷机械　三面切书机》；

——修改范围（1999 年版的 1；本版的 1）；

——修改了引用标准文件（1999 年版的 2；本版的 2）；

——将“分类”修改为“型式、基本参数、型号和名称”（1999 年版的 3；本版的 3）；

——增加安全防护内容（本版的 4.6）；

——修改了电气质量内容（1999 年版的 4.9；本版的 4.7）；

——删除了“产品成套供应范围”（1999 年版的 4.11）；

——修改试验方法，增加了试验条件、安全检验（1999 年版的 5；本版的 5）；

——修改标志、包装、运输、贮存内容（1999 年版的 7；本版的 7）；

——增加了附录 A，将原附录 A 改为附录 B。

请注意本标准的某些内容有可能涉及专利。本标准的发布机构不应承担识别这些专利的责任。

本标准的附录 B 为规范性附录，附录 A 为资料性附录。

本标准由中国机械工业联合会提出。

本标准由全国印刷机械标准化技术委员会（SAC/TC 192）归口。

本标准负责起草的单位：上海紫宏机械有限公司、北京印刷机械研究所。

本标准参加起草的单位：上海爱凯思机械刀片有限公司。

本标准主要起草人：冯斌、严珠、骆瑞华、徐峰。

本标准所代替标准的历次版本发布情况：

——ZBJ 87 003—1988；

——JB/T 9110—1999。

绿“印”

——记录中国绿色印刷之路

绿色印刷是指对生态环境影响小、污染少、节约资源和能源的印刷方式。作为全球印刷业发展的主流，不仅是国家提出的可持续发展战略的重要一环，作为产业结构调整、淘汰落后产能的主要手段，更是印刷企业集聚优势、实现差异化竞争的必由之路。

2007 年 5 月，国家新闻出版总署发布《印刷业贯彻落实〈新闻出版业“十一五”发展规划〉实施意见》，将环保要求明确列入印刷行业发展的指导方针，在接下来的几年间，又相继出台了一系列绿色印刷的有关政策、标准，大力推动了我国绿色环保印刷的发展。

我们将时间定格在 2010 年 9 月 14 日这一天，两部委正式签署了“实施绿色印刷战略合作协议”，标志着绿色印刷实施工作迈出了实质性的一步。从政府到企业，再到个人，大家都用不同的方式积极地推动着，从政策的制定，通知的颁布，到具体工作的落实，每个人为绿色印刷的有利实施做着贡献。

自 2011 年初，绿色印刷宣贯及企业认证工作的全面铺开，一年有余，已有百余家企业正式通过绿色印刷认证。此专题，记录了自“实施绿色印刷战略合作协议”的正式签署到推动绿色印刷实施开展的系列活动，再到目前绿色印刷认证工作所取得的阶段性成果，每一步的迈出，都为后续工作的顺利开展奠定了坚实的基础。让我们再度回首，共同追忆那些曾经发生在绿色印刷道路上的事件。因为我们相信，回望是为了更好地前行，在未来的绿色印刷征程中，让我们满怀信念，一路向前！

2010 年 9 月 14 日，国家新闻出版总署署长柳斌杰与环境保护部部长周生贤在京正式签署“实施绿色印刷战略合作协议”，此举标志着我国推进绿色印刷实施工作的正式启动。根据协议，国家新闻出版总署和环境保护部共同成立实施绿色印刷战略工作领导小组，研究制定绿色印刷行动方案，制定发布印刷环境标志标准，完善绿色印刷评价体系，在印刷企业中推广执行绿色印刷标准，优先开展中小学教材绿色印刷工作，并逐步向政府采购产品印刷、食品药品包装印刷等领域推广，同时加强对印刷企业实施绿色印刷的政策扶持，淘汰落后印刷工艺、技术和产能，推动印刷业转型升级。

绿“印”

——记录中国绿色印刷之路

中国绿色印刷之路

2011年5月13日—16日，由新闻出版总署主办、中国印刷技术协会承办的“中国绿色印刷展”在第七届中国（深圳）国际文化产业博览交易会期间成功举办。展区共规划了1 275m²，由中国印刷技术协会邀请了在国内外绿色印刷领域影响大，创新能力强的18家企业，参展内容各具特色，既体现了世界绿色印刷发展的潮流，又代表了当今中国绿色印刷的发展水平。由国家新闻出版总署印刷发行管理司主办，中国印刷技术协会承办的“绿色印刷技术交流会”同期举行。这是继2010年4月于东莞成功举办的主题为“绿色经济下包装印刷业创新发展之路”首届绿色印刷研讨会后，又一次在印刷行业召开的绿色印刷交流盛会。此次会议上，中国印刷技术协会携手百家印刷及相关企业在会上发出倡议，牢固树立绿色印刷理念，发展低碳经济，改进生产模式，实现清洁生产。

2011 年 1 月—3 月，由国家新闻出版总署委托和指导、中国印刷技术协会主办、环保部环境发展中心协办的绿色印刷宣贯会相继召开了北方区、西北区、华中区、华东区、华南西南区 5 场会议，共有来自几百家印刷企业的 700 余人参与。

2011 年 3 月 2 日，环境保护部发布了国家环境保护标准《环境标志产品技术要求　印刷　第一部分：平版印刷》。绿色印刷标准对印前、印刷和印后过程的资源节约、能耗降低、污染物排放、回收利用等方面以及使用的原辅材料提出相关要求，特别针对印刷产品中的重金属和挥发性有机化合物等危害人体健康的有毒有害物质提出控制要求。成为我国印刷行业首个绿色印刷标准，针对印刷企业的绿色印刷环境标志产品认证工作随之展开。（标准的具体内容详见本卷年鉴“标准汇编”栏目）

2011 年 4 月 20 日，国家新闻出版总署印发《印刷业“十二五”时期发展规划》。规划提出，以中小学教科书、政府采购产品和食品药品包装为重点，大力推动绿色印刷发展。到“十二五”期末，基本建立绿色印刷体系，力争绿色印刷企业数量占到印刷企业总数的 30%。

中国绿色印刷之路

为进一步在全行业推进绿色印刷的稳步实施，推动绿色环保新技术、新材料的广泛应用，再次掀起一股推广绿色低碳理念、学习绿色印刷企业经验的热潮，2012年5月19日，借助第八届文博会召开的良好契机，由国家新闻出版总署印刷发行管理司、环境保护部科技标准司主办，中国印刷技术协会、环境保护部环境发展中心联合承办的第三届绿色印刷技术交流会在深圳成功举办。来自全国各地的印刷及相关企业代表300余人出席会议。这是继前两届成功举办交流会后，在印刷界再一次成功搭建的绿色印刷交流平台。作为第三届绿色印刷技术交流会，在继承并发扬前两届会议经验的基础上，内容做到更为具体全面并贴合当前印刷企业的实际需要。

会议宣布了2011年11月1日至2012年4月1日期间，新取得绿色印刷认证的43家企业名单，并举行了隆重的绿色印刷认证颁证仪式。部分获证企业代表做了经验介绍。会议上宣读了《中国绿色印刷企业联盟宣言》征求意见稿。

中国绿色印刷之路

2011年10月8日，国家新闻出版总署和环境保护部联合印发了《关于实施绿色印刷的公告》。公告明确了实施绿色印刷的指导思想、范围目标、组织管理、绿色印刷标准、绿色印刷认证、工作安排及配套保障措施等，对推进绿色印刷实施作出了全面部署。公告还规定在“十二五”期间每年11月的第一周为“绿色印刷宣传周”。（公告具体内容详见本卷年鉴“法规政策”栏目）

2011年11月1日，国家新闻出版总署印刷发行管理司和环境保护部科技标准司在北京联合召开了绿色印刷推进会。首次发布了《绿色印刷手册》，对全国首批获得绿色印刷认证的60家印刷企业颁发了认证证书，并现场展示了该批企业生产的各类绿色印刷产品。

中国绿色印刷企业联盟宣言

绿色印刷是全球印刷业未来发展的主流，也是我国印刷业现阶段发展的主攻方向，绿色印刷战略的实施，对我国印刷业未来的发展意义重大。一方面，目前世界上许多国家和地区的印刷业都在为保护环境做出不懈努力，绿色环保印刷的国际标准体系日益完善，生产符合国际环保要求的印刷产品是印刷企业参与国际竞争的准入门槛。随着我国印刷产业与国际市场接轨，我国印刷企业推进绿色印刷，向绿色环保生产方向发展成为打破国际贸易“绿色壁垒”的唯一选择。另一方面，绿色印刷是印刷企业调整经营战略、提升核心竞争力的内在需求，无论从改善我国的自然环境造福子孙后代来看，还是从适应国家环保要求推动印刷业实现节能减排与低碳经济的目标来看，均有利于企业的长远发展。否则，企业的发展壮大和印刷业的可持续发展将无从谈起。

经过国家新闻出版总署、环境保护部、中国印刷技术协会、环保部环境发展中心以及相关部门的共同努力，我国印刷行业实施绿色印刷取得阶段性成果。目前，我国绿色印刷环境标志产品认证工作已经进入实质推进阶段，通过绿色印刷环境标志产品认证的印刷企业已达 103 家。为了更好地推动印刷行业绿色化进程，最大限度地保障绿色印刷企业的利益，按照市场经济优质优价的基本要求，建议绿色印刷企业顺应印刷行业市场发展要求，在一个适度的范围内保障绿色印刷环境标志认证产品的印刷工价。近年来，环境标志产品已得到社会公众的认可和欢迎，并且成为人民群众选择绿色产品、环保产品的主要依据。在这个大环境下，印刷企业给绿色印刷环境标志产品确定一个合理的印刷工价，是市场经济条件下企业发展的基本要求。同时，绿色印刷环境标志产品合理的印刷工价，也将促使印刷企业把更多的资金、技术投入到绿色印刷项目中去，形成发展我国绿色印刷事业的良性循环局面。

为更好推动我国生态文明，推进资源节约型、环境友好型社会建设，加快实施绿色印刷战略，促进印刷行业可持续发展，实现印刷强国梦想，让绿色印刷与我们的美好生活同行，中国印刷技术协会协同获得绿色印刷环境标志产品认证的印刷企业，向全行业同仁发出“全国绿色印刷企业联盟宣言”，正文如下：

一、实施绿色印刷战略，做绿色印刷的实践者。根据《中华人民共和国环境保护法》和《印刷业管理条例》的有关规定，严格按照国家相关法律政策文件的要求，全面实施绿色印刷工作。

二、坚持“绿色·创意·和谐”发展理念，做绿色印刷的倡导者。以绿色印刷为基点，贯彻可持续发展的战略，坚持不懈地在全行业从业人员中宣传和树立绿色印刷意识和理念，使之成为印刷从业人员的行为规范，为实施绿色印刷奠定深厚的思想基础。

三、贯彻落实科学发展观，做绿色印刷技术创新的实践者。对印刷设备、工艺、材料等进行绿色印刷技术升级，推广绿色环保印刷技术，提高印刷产品科技含量，开发使用环保材料，降低对生态环境的影响和污染，节约资源能源，实现环境效益和经济效益相接轨，实现环保事业与市场经济双赢。

四、坚持“以人为本”的宗旨，做绿色印刷人才队伍建设的实施者。提高企业员工素质，改善印刷职工的工作环境和生活环境，加大绿色印刷人才队伍的培养力度，大力实施素质工程、领军人才工程和高技能人才工程，加强对专业技术人才的系统化、专业化培训。

五、构建绿色环保生产体系，做印刷产业绿色转型的领航者。按照环境保护部颁发的印刷环境标志标准的各项要求，建立起从原材料采购到印刷生产，直至产成品用后回收的全程绿色环保体系，全面将绿色环保元素融入到企业生产经营的各个环节，全方位推行绿色印刷，生产出让消费者放心、用户满意的印刷产品。

六、遵循诚实守信原则，做印刷行业诚信经营的履行者。严格按照绿色印刷标准加工生产印刷产品，不以非环境标志产品冒充绿色印刷产品，为全社会提供具有现实意义的绿色印刷服务。实行绿色印刷优质优价，不进行损害同行的低价竞争，保证绿色印刷持续发展能力。

七、加强合作共同发展，做创立印刷新业态的合作者。进一步加强企业间的合作，集中同行的智慧和力量，共同开发新的国际市场，抢占发展新业态的先机，利用各自的优势提高中国印刷业在国际上的竞争力，开拓我国绿色印刷发展的广阔空间。

中国首批获得绿色印刷环境标志产品认证企业

2012 年 5 月

黑龙江新华印刷二厂有限责任公司简介

黑龙江新华印刷二厂有限责任公司始建于1953年，前身系前苏联援建中国156项重点工程之一——亚麻原料厂，1984年转产为国家大型书刊印制企业，注册资金1 015万元，现有职工706人，固定资产9 000多万元，是全省中小学教材、教辅印装量较大的生产基地之一。公司位于古都金上京美丽的阿什河畔，哈尔滨市阿城区，占地39万m^2，现年销售收入3 800余万元，利税700余万元，2009年-2011年，连续三年在全国大型书刊印装企业综合竞争力排行中遥遥领先。公司先后荣获省级文明单位、省级重合同守信誉单位、黑龙江省十佳印刷企业、全国诚信示范企业、黑龙江省诚信示范企业、东北四省（区）诚信示范企业及黑龙江省先进出版单位等殊荣，奠定了公司在黑龙江省印刷行业中的龙头地位。

质量是企业永恒的主题。公司实行精品战略，印装产品合格率达99.8%、教材合格率100%。近3年来，公司承印的12个品种教材获得人教社国优称号，为稳固我省印刷排名在全国铜牌地区位置奠定了基础。其中《诗录年华》、《赵习羽画集》、《中华龙纹镜》、《四大名著》、《上下五千年》、《京剧脸谱》、《动画形象大全》等产品以其印刷精美、装饰精致分别荣获黑龙江省相关部门授予的优秀印刷复制品奖及优秀印刷复制品提名奖等诸多奖项。公司实行精品战略以来，严把生产质量关，责任到人，严格要求不允许一件瑕疵印品流向市场。在制度的执行过程中，印品质量得到很大提高，精品不断，年均获得省优质产品达120余品种以上，合格率、优质率双提高，稳定了产品的整体质量。

公司在全面完成省内中、小学教材教辅印制业务的同时，通过上乘质量、科学管理、优质服务，赢得了省内外广大客户的赞誉和信赖。积极拓展省内外发展空间，实现走出去，跨地域的抢占市场份额，承揽了大量的省外印制业务。

随着业务量的不断增加，公司陆续投资3 000余万元，引进了多台海德堡对开四色/五色机、高宝对开四色印刷机、东芝八色商务轮转印刷机和马天尼自动化胶订、紫光平装胶订联动生产线、免冲洗CTP制版系统等先进的印前、印中、印后设备，实现了年印装能力50万令纸，彩色印刷300万色令的生产能力。

公司在管理上实行科学化、规范化、制度化。通过了ISO 9001：2008版国际质量体系认证。同时，重视员工的培训、提高、再教育工作，使之全体员工的职业技能水平同步提高，中级以上技术、技能水平达到70%以上。

绿色印刷从我做起，全员贯彻“绿色现在、绿色未来”的观念。2011年公司获得了全国首批绿色印刷企业资质，对全国深入开展绿色印刷工作起到了引领和示范作用。绿化生产环境、美化生活环境、名副其实地达到了工业化的绿色印刷，生活化的绿色环境，使全体员工在温馨、和谐的心态下愉悦地完成各自的工作任务，为关系国计民生的印刷业打造绿色生态环境贡献了一份力量。

立足当代，着眼未来，在文化大发展、大繁荣的背景下，新的发展蓝图在二厂人胸中构建。作为黑龙江省印刷行业领军企业，公司为进一步提高在国内同行业的知名度在不断地努力。计划在2013年投资2 000万元，引进八色商业轮转机、八色书刊轮转机、高速胶订生产线、高速锁线生产线及其他配套设备，并进一步扩建厂房6 000m^2，向打造黑龙江省大规模的中小学教材、教辅和图书印制加工生产基地，跻身全国百强印刷行列大踏步前行。

地址：黑龙江省哈尔滨市
阿城区通城街
电话：0451-53755904
传真：0451-53755913

深圳中華商務安全印務股份有限公司

C & C SECURITY PRINTING CO., (SHENZHEN) LTD.

安全 保密 优质 高效

ISO9001:2008 Certificate NO:0108129 | ISO 14001:2004 Certificate NO:120811009 | BS-OHSMS18001:2007 Certificate NO:7597 | ISO/IEC 27001:2005 Registration NO:U006609I0011R0M | 中国环境标志 05511P1083014R0M | The mark of responsible forestry FSC® C104048

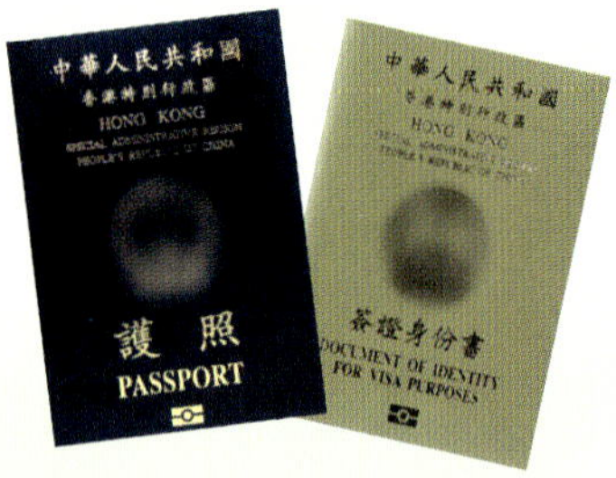

深圳中华商务安全印务股份有限公司是中华商务联合印刷（香港）有限公司的全资子公司，是中华商务在华南地区安全印刷及商业印刷的重要生产基地。

公司全面贯彻“安全、保密、优质、高效”的质量方针和“以客为尊，优质高效，以人为本，安健至上，保护环境，追求卓越”的综合管理方针，先后通过了ISO9001:2008国际质量认证、ISO14001:2004环境管理认证、OHSMS18001:2007职业健康安全认证、ISO27001:2005信息安全管理体系认证、FSC®-COC认证和绿色印刷中国环境标志产品认证。公司在全面实施科学、有效管理的同时，取得了持续健康的发展。

公司的主要产品为各类有价证券、保密印件及商业印件，例如各种证照、支票、礼券、存折、保险单证、胶卡、银行票证以及各种年报、商业票据、产品说明书、高档防伪包装和图书画册等。

近年来，公司引进先进装备，成立了胶卡中心，生产电信卡、储值卡、入闸卡、门票、刮刮卡、RFID卡、IC卡等胶卡产品。公司还发展了安全印件和商业印件相结合的个性化数码印刷和按需印刷业务，包括财经印刷、股票印刷、直邮服务和物流服务等，通过传统印刷和数码印刷相结合的现代印刷，为客户提供高效、快捷、安全和个性化的全面印刷解决方案。公司的产品也多次获得全球印刷奖项之一——美国富兰克林印制大奖Benny Award。

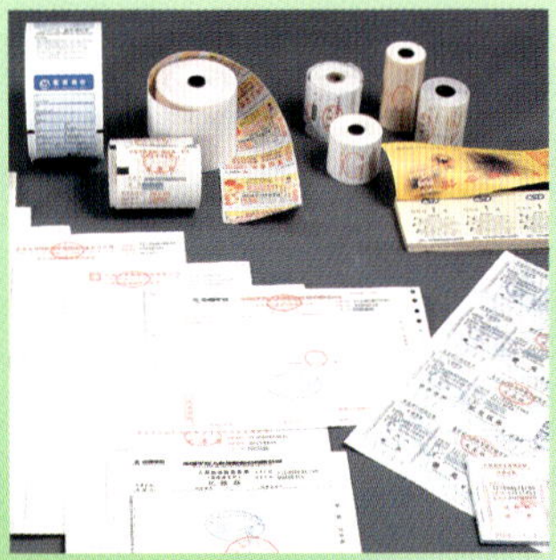

公司从成立至今，经历了艰苦岁月，取得了持续发展。回顾走过的历程，公司一直伴随着绿色印刷一起发展，一路推进，我们关注环境保护，意识到环保、节能、减废的重要性和我们肩负的社会责任，坚持做到“五不忘”：

一、公司发展不忘社会责任；

二、基本建设不忘环境保护；

三、引进设备不忘节能减废；

四、制作过程不忘清洁生产；

五、教育员工不忘树立环保意识。

正因为我们一直的坚持与努力，公司率先成为绿色印刷环境标志产品认证企业之一。取得认证是我们在绿色印刷事业万里长征中迈出的第一步，今后我们还将继续推进，持续改善，为开创绿色印刷的新局面，打造中国印刷业灿烂、美好的明天而努力。

地址：深圳市龙岗区平湖街道万福工业区　　电话：86-755-8468 6888

传真：0755-84686611　　http: // www.candcprinting.com　　邮编：518111

山东荣成三星印刷有限公司

RONGCHENG SANXING PRINTING CO., LTD.

荣成三星印刷有限公司地处胶东半岛最东端美丽富饶的海滨城市—荣成市，公司厂区占地面积达3万m^2，厂房面积达1万多m^2，库房5 000多平米，办公区1 000多m^2，固定资产6 000多万元。公司拥有先进的激光排版系统，印刷设备一应俱全。

主要印刷设备有：

★德国海德堡对开四色胶印机2台
★日本三菱对开四色胶印机1台
★BEIREN300对开四色胶印机1台
★BEIREN200四开四色胶印机1台
★北人双色胶印机2台
★上海紫明全开双面双色机1台
★上海紫明对开双面机1台
★北人八色轮转机1台
★对开双面双色轮转机2台

主要装订设备有：

★全自动JMD胶订联动线一条
★日本TSK全自动胶订联动线一条
★骑马联动线1套
★起凸、烫金机、自动高速配粘机
★配书机、折页机、三面切书机、程控刀 UV上光机、复膜机等装订设备

主要精装设备有：

★全套德国柯尔布斯精装龙流水线

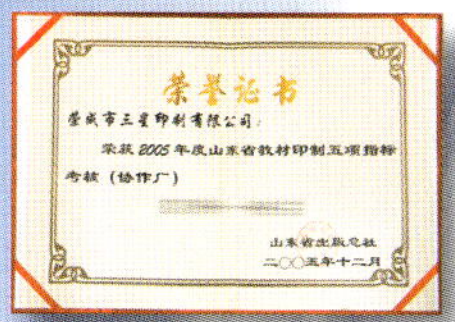

公司主要从事各种精装、胶订、骑订等书刊、杂志的印装，其产品多次被国家新闻出版部门、山东出版总社、山东省印刷技术协会、山东省有关单位评为省优、部优产品。

2012年1月公司获得了中国环境标志产品认证，证明了我公司提供的单张纸、卷筒纸平版印刷服务及其产品符合有关部门的规定。2010年公司获得ISO9001质量管理体系认证，我公司印刷的产品质量绝对可以得到保障。

目前，公司坚持以“优质产品、优质服务、优惠价格、交货快捷”的经营方针，努力开拓市场，真诚为客户服务，按照“走名牌、品牌之路，建百年、千年基业”的发展战略，正向着国内知名印刷企业的宏伟目标迈进。

地址：山东省荣成市石岛开发区东山南路251号
邮编：264309　传真：0631-7384308
E-mail：sanxingcaiyin@yeah.net
电话：0631-7381322
0631-7373238
0631-7362002

爱信达印务
绿色印刷 保护生态
全国民族用品定点生产企业
全国中小学蒙古文教科书定点印制基地
2011年度自治区行业优秀企业
内蒙古自治区高新技术企业
内蒙古出版集团直属企业
ISO 9001 质量管理体系认证企业
ISO 14001 环境管理体系认证企业
绿色环保印刷企业
周期 质量 沟通 服务 拓展
全国民族用品
定点生产企业
内蒙古爱信达教育印务有限责任公司
企业发展进步奖
呼和浩特地区印刷协会
全区新闻出版行业
文明单位
第一届精密达杯印后装订明星企业
2011年度全区印刷行业
优秀企业
内蒙古爱信达教育印务有限责任公司
地址：内蒙古呼和浩特市金桥开发区惠民街48号（原世纪十一路） 电话：0471-3364222 传真：0471-3364833

中華商務聯合印刷（香港）有限公司

C & C JOINT PRINTING CO., (H.K.) LTD.

环保生产

- 购置新商业轮转印刷机，其 CCS（色彩控制系统）工具在烘干炉前面，可以减少纸张加放，减少调校机器时间，提高效率
- 轮转印刷自动套准系统升级
- 平张、轮转机器加装色彩控制系统
- 使用预涂覆膜机
- 使用新的清洁液代替传统的火水
- 购置平张印刷自动清洗系统及润版液过滤系统
- 印刷车间采用非挥发性和高沸点清洁液代替白电油
- 印刷机采用湿布清洗滚筒技术
- 引入水性过胶机
- 以塑料卡板代替木卡板，减少使用木材
- 以电瓶叉车逐步淘汰燃油叉车

制版

- 引进 CTP 计算机直接制版生产线和数码生产流程，逐渐代替传统菲林晒锌版，2009年CTP出版量达到 97%
- 购置CTP免处理板材和CTP废液循环装置
- 化学废料包括废化学溶剂、废油墨桶及废抹布由供应商或由回收商回收

纸张

- 采购符合国际环境保护要求的纸张物料，2007 年开始采购从受管制和可持续发展植林区来源的纸张，例如 FSC 纸、PEFC 纸、脱氯、脱酸及脱木质素纸张
- 妥善处理废料，统一收集及分类回收废纸
- 提供按需印刷服务
- 利用剩下的纸边、菲林桶辅以艺术的设计，做成便签本、便签盒、笔记本、礼品盒等，实现边角余料的再利用

油墨

- 使用大豆油墨
- 使用可重复使用油墨桶，配合中央供墨系统，减省大量金属油墨罐的使用
- 平张印刷车间使用中央供墨；平张车间使用中央供水

节能照明

- 采用节能型照明灯具
- 新厂房在设计上，充分考虑了生产的流程的合理性，整个大厂房房顶设有采光条，充分考虑了光照的需求，充分利用天然光线，白天生产基本不用照明灯

善用资源

- 於轮转印刷机烘乾炉加装二次燃烧装置，以减少轮转机烘乾炉燃烧石油气产生的苯酚类有害气体排放，使其达到欧洲排放标准
- 利用轮转印刷机废烟气的余热制热和制冷
- 轮转车间中央供气系统
- 引用空温式汽化器，有效地节约了能源，也增加了石油气使用的安全性

屡获殊荣

中国环境标志
CHINA ENVIRONMENTAL LABELLING

- 广东公司从2007年开始连续两届获得多家单位联合颁发的“国家文化出口重点企业”奖项；2008年，中华商务获得深圳鹏城减废卓越企业大奖
- 通过“中国环境标志”认证
- 2009年11月，中华商务获得粤港清洁生产伙伴证书
- 作为2011年3月2日颁布的《环境标志产品技术要求印刷 第一部分：平版印刷》的参编单位之一，中华商务广东生产基地早在2010年12月，就已成为新标准认证的试点单位。随着北京基地华联印刷于2011年3月24日现场检查以高分获得认证中心的认可，中华商务在绿色印刷道路的实践已向更深更广的领域延伸。
- 上海公司荣获了“上海市工人先锋号”、“上海市职工节能减排活动三项优秀合理化建议奖”、上海市外商投资企业协会颁发的“企业社会责任入围案例奖”

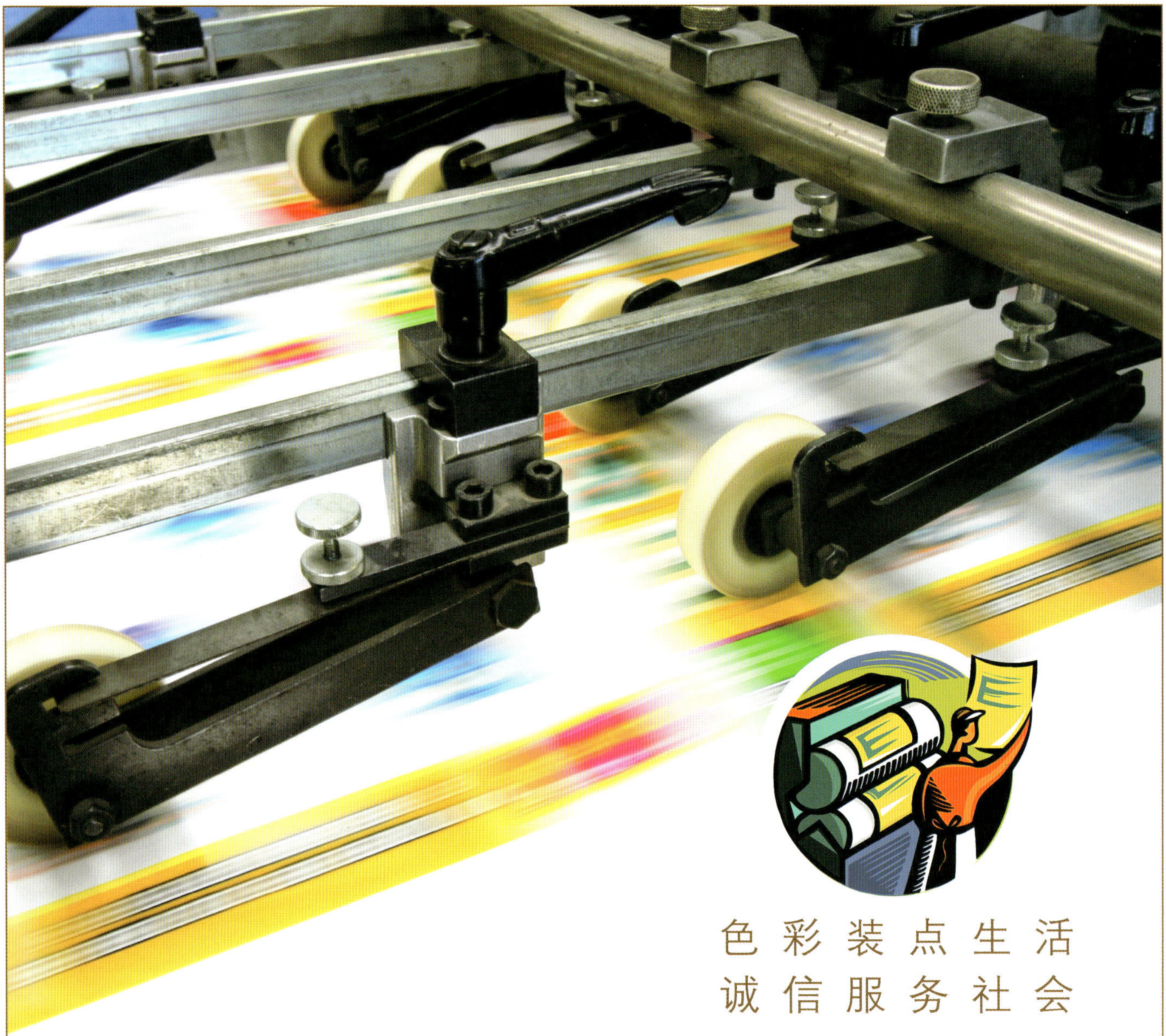

四川新华彩色印务有限公司

Sichuan Xinhua Colour Printing Co., Ltd.

简介 | Introduction >>

四川新华彩色印务有限公司位于成都市锦江区创意产业商务区，是新华文轩出版传媒股份有限公司旗下控股子公司。占地面积100亩（1亩＝666.6m²），厂房面积30 000m²余，总投资2亿元，年生产能力达700万对开色令。公司印前工序拥有5套卫星传版系统，两套CTP直接制版系统等印前现代高端设备，领先引进畅流自动处理流程和色彩管理软件；印刷工序拥有罗兰、海德堡、高斯等品牌的平版印刷机、商务轮转机以及北人书报轮转机等书、报、刊、商务印刷全套现代化印刷设备；印后工序拥有柯尔布斯全自动精装联动线、马天尼和精密达胶装联动线，以及日本山光骑马订联动线、全自动锁线机、智能折页机、环保覆膜机及其他印后辅助设备等印后自动化程度极高的装订设备生产线。公司硬件设施基本实现了向“高速、多色、绿色环保、数字化印刷”转型。

公司理念

公司始终坚持“客户至上，质量第一，以人为本，精细管理”的企业理念，秉承“诚信赢取市场，责任铸就精品，印刷就是服务，满意才符标准”的服务宗旨，走“思路清晰化、营销服务化、生产标准化、管理精细化”经营之路。

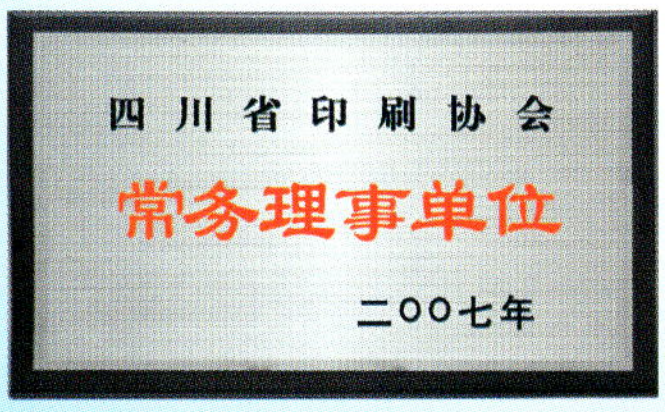

产品产绍 | Product introduction >>

公司近年市场覆盖遍及北京、上海、西安、深圳、兰州、湖北等地。成功开发了《读者》、《爱人》、《知音漫客》、《半月谈》、《兵工科技》、《环球人物》、《民主与法制》等20多种期刊长单业务；《家乐福》、《伊藤洋华堂》、《互惠超市》、《沃尔玛》、《可口可乐》等10多种DM商务印刷业务；以及《解放军报》、《中国武警报》、《经济观察报》等10多种报纸业务。多次获得全国、省市教材印制工作、优质产品奖等各类奖项20余次；2011年企业积极响应“绿色印刷”号召，首批获得中国环境标志产品认证；2012年被有关部门确定为文化产业发展重点扶持企业。

地址：四川省成都市锦江区创意产业商务区金石路239号

邮编：610063　电话：028-85916939

四川新华彩色印务有限公司

Sichuan XinHua Colour Printing CO. LTD

新华文轩中国西部印务基地

WANNANHAIFENG
安徽省著名商标

皖南海峰

◀公司董事长、总经理高建国出席安徽省劳动模范先进工作者和先进集体表彰大会

▶ 公司董事长、总经理高建国参加“中国品牌领袖活动”

▼ 2012年4月在省城合肥合资创办了“安徽锦屏文化传媒有限公司”并举行了揭牌仪式

皖南海峰印刷包装（集团）有限公司

Wanan Haifeng Printing And Packaging Co.,LTD.

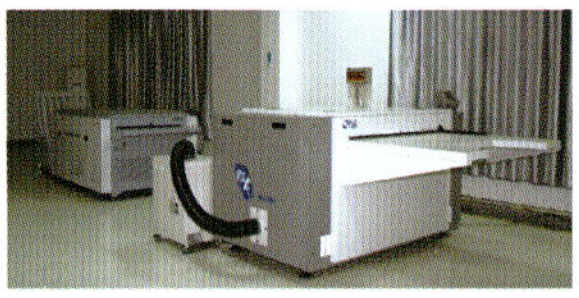

皖南海峰印刷包装(集团)有限公司位于安徽省绩溪县境内，是一家集书刊印刷、彩印包装和特种印刷以及物资供应、旅游服务为一体的综合型骨干企业。公司现有总资产1.4亿元，2011年实现销售收入1亿元，总占地面积10万平方米，员工450人，并通过ISO9001质量管理体系、ISO14001环境管理体系和ISO27001信息安全管理体系认证。

企业分别在绩溪和宣城经济技术开发区投资设立了特种印刷、海峰营销二个分公司和宣城海峰印刷包装、海峰物资供应、海峰山庄、海峰旅行社四个子公司，并在合肥市投资设立了“锦屏文化传媒有限公司”，在上海市投资合办了“上海泓湫文化传播有限公司”。近年来公司被相继评为“安徽省印刷企业‘十强’”、“安徽省模范职工之家”、“安徽省先进集体”、“安徽省印刷产业十大影响力品牌”和“安徽省著名商标”单位、宣城市“新成长型20强企业”、绩溪县“县长质量奖”单位。

公司所属的两个生产公司主要承担国家秘密载体复制业务及书刊、报纸、商标标识印刷，各类信息卡、贺卡及各类彩印包装箱盒印制服务。主要生产设备有：CTP系统、苹果电脑、数码打样机、晒版机等印前设备；小森大对开五色机、小森大对开四色机、四开四色胶印机、号码印刷机等印刷设备；全自动上光机、模切机，全自动信封、信卡机、特快专递信封机、程控切纸机等印后设备。多年来海峰以创新为先导，以质量为根本，以品牌为灵魂，做大做强产业，使名牌产品有核心技术支撑。建立以技术标准为主体，管理标准与工作标准相协调的科学合理先进标准体系，提升企业管理水平和市场竞争力。

在新的起点上，海峰人在新中国百名杰出贡献印刷企业家、安徽省劳动模范、公司董事长兼总经理高建国的带领下向更高的目标迈进：以特种印刷、邮资票品印刷、包装装潢为主业，力求在秘密载体复制和邮资票品印刷领域做成国家产业龙头，把海峰建设成具有坚强实力的集团公司，以回报社会各界新老朋友和广大客户对海峰的信任和支持。

地址：安徽省绩溪县扬溪镇　　联系电话：86-0563-8350019　　传真：86-0563-8350020　　http: // www.wnhf.com

天津新华二印刷有限公司

天津新华二印刷有限公司是由原天津新华印刷二厂经整体改制而成立的从事出版物印刷的专业公司，隶属天津出版传媒集团。现有职工300余人，固定资产4 700余万元，主要承印图书、期刊、中小学教材及各种彩色、商业印刷。

1950年建厂的天津新华印刷二厂，经过半个多世纪的发展，拥有从制版到书刊装订的全套生产设备及技术工艺。形成了年产单色印刷20万令，彩色印刷50万色令，装订20万令的生产能力。目前主要生产设备有：单张纸系列印刷机包括对开单色双面、三菱四色、五色、八色，卷筒纸系列包括单色、四色和八色，装订设备主要有骑马联动订书机、马天尼胶订联动线、精密达胶订联动线以及折页机、配页机、折口机、三面切书机等配套设备。

我公司从2002年开始通过了ISO9 000质量管理体系认证，并一直得到有效保持。产品多次荣获有关部门优质产品奖。2011年率先通过了绿色印刷认证。

目前企业已整体搬迁至东丽开发区，新厂址占地70亩（1亩=666.6m^2），一期建筑面积2万m^2。

企业东移后，技术装备水平有了明显提高，引进的单张纸八色胶印机处于世界领先水平，胶订生产线处于国内印后设备的领先水平。使企业在出版物印刷上形成了规模、上了水平。

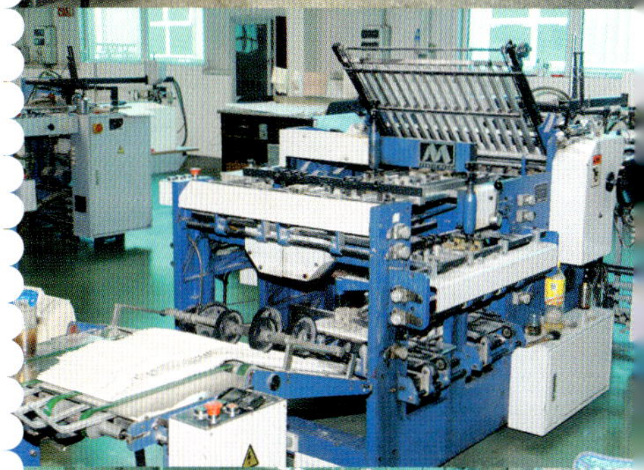

企业地址：天津市东丽开发区五经路21号
邮政编码：300300
电　　话：022－58160260　58160261
传　　真：022－58160260
http：//www.xhegx.com

质量认证

全国诚信印刷企业

中国环境标识产品认证

青年文明号

2010中国印刷100强

2010年度十佳企业

北京印刷集团有限责任公司
Beijing Printing Group Co., Ltd.

北京印刷集团有限责任公司印刷二厂
Beijing Printing Group Co., Ltd. Printing 2nd Factory

◎●团结 奋进 求实 求精 求发展◎●

诚信至上 顾客为本 精心制作 奉献精品

北京印刷集团有限责任公司有两个绿色印刷生产基地，北京印刷集团有限责任公司印刷一厂和北京印刷集团有限责任公司印刷二厂。北京印刷集团有限责任公司确定的“十二五”期间的发展主题是：创意设计引领，技术进步支撑，绿色环保发展。其中绿色环保发展，是适应首都功能定位，而制定的采用绿色环保材料和工艺，降低单位能耗，走资源节约型环境友好型的可持续发展之路。

北京印刷集团有限责任公司印刷二厂，位于北京市朝阳区CBD国际商务中心区内，是一家国有独资综合性印刷企业。企业占地面积22 000平方米，员工450余人，资产总额1.34亿元。我厂连续多年被评为“重合同、守信用”单位、北京市质量管理十佳企业、守信企业。取得了质量管理体系认证证书、环境体系认证证书、信息安全体系认证证书、中国环境标志产品认证证书。

彩票 作为一家高保安刮开式彩票印刷企业，我们致力于提供安全、优质的即开型彩票印制服务。

票据 我们可以为您印制银行票据、商业促销券、有价证券及税务有奖发票。常年为金融、保险、税务等各行各业印制大量的防伪票据。

卡证 我们可以印制国有土地使用证、机动车出厂合格证等各类证书，储值卡、电话卡、网卡及商业促销卡等各类防伪印刷产品。

其他 可以印制不同品种、不同规格的高档画册、商标、精品纸袋、书刊、杂志、无碳复写表格、进行二维条码喷印或UV上光的各类社会印件。

●中国・北京市朝阳区建国门外郎家园10号 ●Add:No.10,Langjiayuan,Jianguomen Outer Street,Chaoyang District,Beijing,China
●电话(Tel): 86-10-85897613(85895972) ●传真(Fax):86-10-85893400 ●邮编(P.C.):100022 ●邮箱(E-mail):printing2nd@yahoo.com.cn

云南国防印刷厂

云南国防印刷厂于1950年5月1日组建成立。60多年来在各级首长、社会各界朋友的大力支持和帮助下，工厂获得了长足发展，由资产不足10万元的小厂发展成为资产达1亿三千多万元的各级书刊印刷定点厂。

工厂先后接收了百余名大中专毕业生充实到管理和生产岗位，职工素质有了明显提高，技术水平在不断的技改中始终保持先进地位。工厂目前拥有国内外较先进的制印装设备，使工厂的技术水平和产品质量跃上了新台阶。业务覆盖精品图书、高档画册、书刊、报纸、中小学教科书、各类包装装潢、票据、有价证券等，在市场上享有较高的声誉并占有相应的份额。目前，工厂承担着省内外40多种报纸、10多种刊物的印刷任务，并承担着全省近30%的中小学教科书以及大量各类图书的印刷装订任务。

多年来，我厂本着“质量是企业生命”的宗旨，致力于不断提高印品质量。其间，代印大报多次得到省报协、印协的好评，《解放军报》、《中国青年报》、《参考消息》等报纸被评为金质奖和优质奖。承印的图书、教科书质量评比获优产品也逐年提高。在产品质量稳步提高的同时，向现代化企业管理迈进。

云南国防印刷厂2001年由军队移交地方管理，现隶属云南出版集团公司，是云南省颇具综合实力的骨干企业，于2010年5月通过ISO9001：2008国际质量管理体系认证，并于2011年首批获得绿色印刷环境标志产品认证。

企业类别：出版物印刷企业、中小学教材指定印刷企业

企业特色：图书、教材、期刊、报纸印刷

荣誉：1. 书刊印刷产品质量管理金奖单位；　2. 1999－2010年度“书刊印刷产品质量管理先进单位”；
3. 云南省相关部门授予“省级先进企业”；4. 昆明市相关部门授予“文明单位”

地址：云南省昆明市青年路242号　邮编：650021

电话：0871-3129646　3129954　3195022

传真：0871-3129954　3128606

重庆旭阳印务有限公司

Chongqing Xuyang Printing Co., Ltd.

公司简介

重庆旭阳印务有限公司是专门从事书刊印刷加工的生产企业，公司创建于2002年，位于重庆市南岸区茶园工业园区，拥有自建标准生产厂房7 300m^2；占地面积18 480m^2。

公司拥有一批高素质的管理和技术人才，具有丰富的印刷从业经验；曾有多名技术骨干荣获重庆市劳模和先进青年突击手。

公司秉承“科学技术是第一生产力”的理念，先后引进台湾“大祥”全自动电脑晒版、冲版机、烤版机；德国“罗兰”600D型四色小全开胶印机；台湾“铋晟”全自动1080模切机；北人YP4890八色轮转机；北人YP4787J八色轮转机；上海“紫宏”电子刀折页机、骑马联动线、三面刀；日本TSK胶订联动线等先进设备。

公司是重庆市印刷企业中书刊印刷加工设备力量雄厚的民营企业。同时也是全国率先引进北人机械厂八色书刊轮转印刷机，重庆市率先引进日本TSK全自动胶订联动生产线等大型、先进设备的民营企业。

公司一贯奉行“以质量求生存，靠科技求发展”的目标；本着务实、服务的宗旨。为广大客户提供了大量服务，公司已获得ISO9001质量管理体系认证；于2011年底开展绿色印刷，目前已通过了现场认证和教材质量的检测；争取在2012年8月全面通过绿色印刷认证，并获取资质认证书。公司印刷加工的产品曾多次获得“市优、署优”称号。公司是重庆出版集团、西南大学出版社、四川教育出版社、人民教育出版社等企业的主要配套生产企业。

重庆旭阳印务有限公司是重庆书刊印刷加工行业中的一个领航者，带动着重庆书刊印刷业的发展；公司真诚希望能与各界携手共创未来。

地址：重庆市南岸区牡丹路16号（茶园工业园区）

E-mail：1397337981@qq.com

电话：023-62455865　62455658

传真：023-62455856

印證良品
證券印刷
YIN ZHENG LIANG PIN ZHENG QUAN YIN SHUA
公司集设计、制版、数码、胶印、表面处理、装帧于一体，承制各类发票、票据、凭证、书刊、画册、样本、杂志等印刷品。
企业宗旨：忠诚印刷，服务社会。
企业精神：艰苦创业，科技创新。
企业理念：诚为本、德为先、天人合一、构建和谐。
无锡证印始终为您提供优质产品、优质服务。
与您长期合作，同发展、共进步。
中国环境标志产品认证证书
证券印刷 ZHENG QUAN YIN SHUA
無錫市證券印刷有限公司
无锡市证券印刷有限公司 WU XI SECURITIES PRINTING CO., LTD.
地址:江苏省无锡市扬名高新技术产业园B区75号 邮编:214024 / 总机:+86-510-85435000
销售业务部:+86-510-85435666/85405888 / 生产技术部:+86-510-85435777 / 制作中心:+86-510-85435111
传真:+86-510-85435222 / QQ:413824038 / http:// www.wuxiprint.cn / E-mail:a5435000@126.com

中闻集团福州印务有限公司

人民日报社张研农社长等领导来公司视察并与公司领导合影

“品质优良、服务一流、顾客满意、精益求精”的经营理念
坚持“诚信、敬业、创新、奉献”的企业精神

中闻集团福州印务有限公司前身是“中国人民解放军第七二二八工厂”，始建于1949年2月18日，2001年由军队移交人民日报社管理，2010年企业改制为有限责任公司，是中闻印务投资集团有限公司（系人民日报社独资设立的有限责任公司）所属8家全资子公司之一。

中闻集团福州印务有限公司位于海峡西岸省会城市中心区——福建省福州市鼓楼区鼓屏路33号，是国家定点的书、报、刊、包装印刷企业，是福建省印刷业历史悠久的企业。现有员工270名，注册资金7 087.88万元。公司拥有国际先进的卫星传版及CTP输出系统、高斯、北轮卷筒轮转机、进口四色机、胶装（骑马）联动线、模切机、制杯机、制袋机等印刷包装专业设备200台（套），组成报纸、期刊、课书、包装印刷品等生产线。常年承担国内知名报纸、期刊在福建省的定点印刷业务和省级出版社图书的印刷业务，印刷生产技术、专业化管理经验积淀深厚，特别是在省内外期报刊与图书的业务市场上享有盛誉。报纸印刷品主要有《人民日报》、《经济日报》、《人民法院报》、《环球时报》、《中国安全生产报》、《中国剪报》等15种；期刊印刷品有《读者》、《知音》、《特别关注》、《家庭》、《家庭医生》、《故事会》、《半月谈》等13种；图书印刷品有150余种；社会印刷品有电信、电力、银行、广告公司等业务;包装业务有：纸杯、纸袋、食品包装纸盒等业务。

公司始终贯彻“品质优良、服务一流、顾客满意、精益求精”的经营理念，坚持“诚信、敬业、创新、奉献”的企业精神。在新的发展时期，公司根据印刷行业发展变化的新特点与规律，借鉴国内同行先进管理经验，推行ISO9000质量管理体系及绿色印刷标准、食品QS标准，将企业逐步打造成为综合性、多元化的高科技印刷企业。

地址：福州市鼓屏路33号　电话：0591-87624506、87556829、87563178
传真：0591-87556754　E-mail：pdpcfz@163.com　邮编：350001

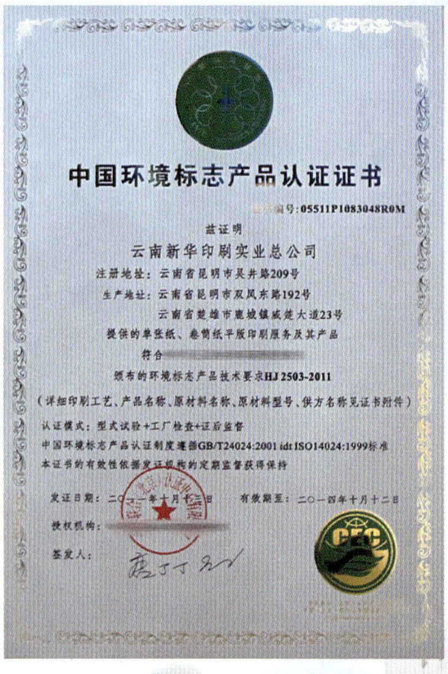

云南新华印刷实业总公司

云南新华印刷实业总公司是云南省颇具规模的以书刊印刷为主的综合性印刷企业。2005 年进入“云南出版集团公司”以来，经过重组后的云南新华印刷实业总公司，经济实力更强、设备技术力量更加雄厚，印刷的适应性更加广泛，以书刊印刷为主带动文字排版、彩色图文制作，彩色画刊、商标、包装、票据和保密件等印刷。目前公司拥有 3 个专业印刷厂、1 个公司，有职工 900 余名、各类专业技术管理人员 200 余名。占地 99732.9 平方米，建筑面积 74886.85 平方米。现有彩色制版数字化工作流程、CTP 直接制版、进口和国产八色胶印轮转机、海德堡四色机、罗兰五色胶印机、柯尔布斯、精密达、紫光胶订联动线、精装联动机等各种生产设备 400 余台（套）。

1991 年荣获云南省先进企业称号；1992 年被评为昆明市文明单位、讲信誉、重质量单位；2002 年通过 ISO2001 国际质量认证并取得证书；2003年、2004年连续获国家新闻出版部门书刊印刷铜奖。被国家定为用高新技术改造传统产业示范企业。2011 年通过中国环境标志产品认证，成为首批绿色印刷企业。

公司地址：云南省昆明市吴井路 130 号

法人代表：王毅

联系电话：0871－3122808

河北省
零五印刷厂

地址：河北省保定市满城县环城北路

电话：0312-7199050

传真：0312-7199050

河北省零五印刷厂位于保定市满城县眺山脚下，地处京津石三角中心，地理位置优越，环境优美，交通运输便利。河北省零五印刷厂为国有中型监狱企业，也是一家集保密试卷印制和书刊印刷的综合性印刷企业。拥有固定资产13 039万元，年生产能力40万令和10万对开色令，销售收入12 012万元，利税达2 690.3万元。

目前，我厂下设保密、书刊和工人三个分厂，拥有管理及生产人员1 100多人，具有大专以上学历的占80%以上。保密分厂承印试卷客户涉及全国十多个省、市和中央相关的70家单位，承印种类总计达300多种，年承印量达7万多令纸，答题卡印制量7 000万份；书刊分厂主要承印与各类考试有关的考试用书、教材及驻京各大出版社出版发行的图书，年承印业务量达15万令纸。拥有先进设备和先进技术，已经实现了印前电子分色技术和激光照排技术，印刷与装订的自动化。我厂基本实现了管理科学化、设备现代化、环境花园化、教育多样化、生产生活娱乐的一体化。因此，在不同阶段受到各级主管部门和领导同志的表彰和肯定，赢得了许多荣誉，并在行业内信誉卓著。

1998年被有关单位命名为河北省书刊印刷省级定点企业。

2003年，认定为国家统一考试试卷定点印制单位。

2005年，通过国家统一考试试卷印制资质审查。

2006年，顺利通过国家统一考试试卷印制资质审查。

我厂的经营理念是“高起点、高标准，求精品”，零五人将以务实、创新、执着、奉献的作风和理念，为客户提供更优质的服务。

东莞市翔盈印务有限公司

东莞市翔盈印务有限公司成立于2005年初，是一家拥有高科技生产设备及现代化管理模式的印刷包装企业，主要经营出版物、包装、及其他各类印刷品。公司临近榴花公园，环境优美，工厂占地面积40多亩（1亩＝666.6m^2），拥有独立厂房，厂房面积50 000m^2。2005年底，我公司引进一大批当时国内外极先进的印刷设备，包括连线上油的德国“海德堡”CD102–5+L五色印刷机1台，计算机控制的德国“海德堡”CD102–4四色印刷机1台，北人YP4787J 八色卷筒纸轮转胶印机1台，北人J890八色卷筒纸张胶印轮转机1台，ZMB94A对开单色双面胶印机1台，并配备一整套印前设备以及折页机、自动粘盒机、三面切书机、骑马钉联动生产线两条（带有自动检测多张装置）、无线胶装机、计算机控制切纸机和啤机等一系列印后包装生产线。

另外，东莞市翔盈印务有限公司与瑞峰纸业、东建纸浆是兄弟公司，瑞峰纸业和东建纸浆都是东莞代理全国各大纸张企业的大公司之一，代理的供应商包括晨鸣纸业，金欧纸业等知名纸商，月销售额达到了15 000t。所以，东莞市翔盈印务有限公司的印刷用纸，无论是从供应，价格还是质量上面来说都是有相当优势的。

经营范围：书刊、报纸、课本、彩盒的印刷和装订。
公司性质：私营企业
公司规模：150人
公司地址：广东省东莞市东城区莞龙路柏洲边路段
联系电话：0769–22766809
传　　真：0769–22766806

湖北新华印务有限公司

公司简介

湖北新华印务有限公司是长江出版传媒股份有限公司全资子公司，是湖北省大型综合型书刊印刷企业，第二届中国出版政府奖先进单位。承担中小学教材及教辅、少儿读物、精品图书、彩页广告、期刊画册、彩色报纸、纸质包装品等印制任务。

公司现有员工700多人。拥有印前CTP制版等制版设备10余台套，3台8色商业轮转印刷机、8台八色报业轮转印刷机、10余台海德堡和高宝等多色平张胶印机，多台套骑马钉、胶订联动生产线，以及相关配套设备。公司业务、生产流程实行ERP管理，坚持绿色、低碳、可持续发展的理念，致力于做一个对员工负责，对客户负责，对社会负责的有责任感的企业，公司已通过中国环境标志产品认证、ISO9000认证、ISO14000认证和清洁生产企业验收。

公司依靠技术进步、强化内部管理、推进机制创新，不断提高员工队伍整体素质，在面向市场转轨变型中，大力进行市场开拓、产品结构调整和产业转型。努力成为具有良好社会声誉、优质客户群体、优秀员工队伍、良好管理基础，有责任感的绿色印刷企业。

公司地址：湖北省武汉市硚口区解放大道145号　邮编：430034　电话：027–83831753、83411836　传真：027–83848853

启东市人民印刷有限公司是一个历史悠久的印刷企业，坐落于启东市经济开发区新洪路518号。周围交通便利，随着2011年底崇启大桥的开通，启东经济开发区紧邻上海只有1h车程，真正实现了“全方位、多层次、全天候”的无缝对接。

公司积极响应国家号召，严格遵守《中华人民共和国环境保护法》的规定，有效利用和节约资源，走绿色生产印刷的道路。公司“以创新转型求发展，以优质高效求生存”，全面实施企业管理制度化和产品绿色标准化，并获得绿色产品印刷标志证书，且已通过ISO 9001:2008和ISO 14001:2004 质量/环境管理体系认证，使企业在具备规模化生产能力和现代化管理水平的前提下，确保为客户提供优良的服务和高质量的产品。

公司经营：出版物印刷、包装装潢印刷品印刷和其他印刷品印刷。

公司每年有20多种产品被国家相关部门评为优质产品，也赢得了上海和江苏等20多家出版社的喜爱和支持。

公司将始终坚持“以质量求生存，以信誉求发展”的诚信经营理念，更好地服务于社会，服务于客户。不断产生出更好的企业经济效益，为社会改革开放做出应有的贡献。

启东市人民印刷有限公司

地　址：江苏省启东市经济开发区新洪路518号　邮编：226200
电　话：0513-83349365　传真：0513-83100882
董事长：施洪生　13901466533

京师印务：“传统”“数字”皆环保

企业标签：北京京师印务有限公司2002年成立，2009年完成股份制改造与技术改造，现隶属于北京师范大学出版集团控股有限责任公司。公司现有员工近400人，年加工产值4 000多万元。公司占地面积2.7万m^2，建筑面积1.7万m^2。公司拥有先进的制版、印刷和装订设备，印刷产品以教材、教辅、期刊、广告画册为主。公司2010年通过ISO9001质量管理体系认证，2010年、2011年连续两年荣获北京质量协会印刷分会颁发的《质量管理先进企业》证书，是有关部门定点印刷采购项目中标供应商，是北京市昌平区安全生产标准化达标单位，是北京市绿色印刷工程标兵示范单位。

绿色成就：公司2011年通过中国环境标志产品认证，在原材料采购、“三废”处理、废物回收利用等方面坚持绿色环保。公司将力争在两年内引进4套喷墨数字印刷系统，做到更彻底的环保。

蓝白相间的厂房，林立道旁的绿树，郁郁葱葱的花坛，绿毯一般的草地，来到北京京师印务有限公司，映入眼帘的景物是这样赏心悦目。当然，京师印务不只有绿色的工厂环境，更有绿色的原辅材料、绿色的生产流程和绿色的印刷产品。早在2010年全国中小学秋季教材绿色印刷试点时，京师印务就是积极参与的印刷厂之一。2011年，京师印务顺利通过中国环境标志产品认证。“我们董事长胡建祥常常说，绿色印刷是利国利民的大事，我们宁肯少挣点钱，也要把绿色印刷工作做好。”京师印务的工作人员告诉《中国新闻出版报》记者。

绿色遍及全流程：京师印务从原辅材料采购开始，就按规定购买有环保资质的绿色材料，用环保油墨代替普通油墨，用洗车水代替汽油清洗墨辊，从源头保证产品的环保。

京师印务对于“三废”有一套严格的处理办法。在危险废弃物处理方面，京师印务和北京金隅红树林环保技术有限责任公司签订了《危险废物无害化处置技术服务协议》，定期把废机油、废擦机布、废药水、废显影液、废定影液、废油墨等危险废弃物按规定转移。在废气处理方面，每个印刷车间都安装了活性炭空气净化装置，经有关单位认可的奥达清环境质量检测有限公司检测，车间里排放空气、噪声标准数值均合格，达到了国家规定的要求。在废水处理方面，京师印务按有关部门要求，与昌平区有关单位签订了协议书，定期清掏污水，改变过去污水随地排放的状况，保持了厂区周围卫生清洁。

京师印务的环保观念还体现在各种细节中。节约能源，使用空调时控制温度和时间，正在装修的新车间安装了节能灯；废物利用，胶皮布是大规格机器用完了再放小机器上用；关心职工健康，为员工配发防毒口罩和防噪声耳塞，定期对职工进行职业卫生体检；减少工艺流程，专门购买了CTP设备，减少了药水和胶片的使用。

数字印刷更环保：在全力保证传统印刷符合环保标准外，京师印务推崇更高层次的环保印刷方式——数字印刷。“从印刷业发展的潮流来看，我认为环保有效的方式是数字印刷。因为数字印刷省略了中间所有的制版和晒版环节，既不用版材，又不用水。同时，用数字印刷的方式印刷图书可以实现按需印刷，可以大大减少出版社的库存，减少纸张、油墨各种资源的浪费。”京师印务副总黄伯泉在接受《中国新闻出版报》记者采访时说。

未来的印刷，一定是数字印刷和传统印刷相结合的印刷。正是看到了这样的发展前景，京师印务制定了发展数字印刷的目标和规划——打造北方大型的喷墨数字印刷生产基地，力争在两年内引进4条喷墨数字印刷生产线（黑白和彩色各2条），数字印刷年生产能力达到10万令纸。这个规划即将开始实施，黄伯泉说：“我们正在装修一个数字印刷车间，2012年6月份就要引进本企业第一条方正的数字喷墨印刷生产线。之后我们不仅要做图书的按需印刷，还计划开展高仿真印刷业务。”

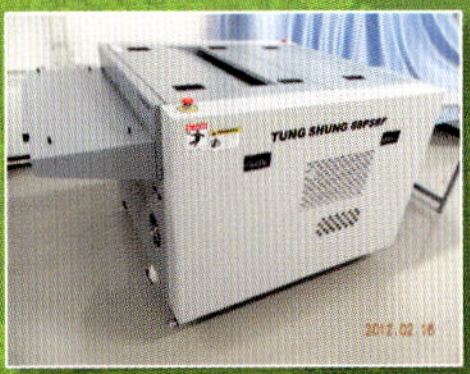

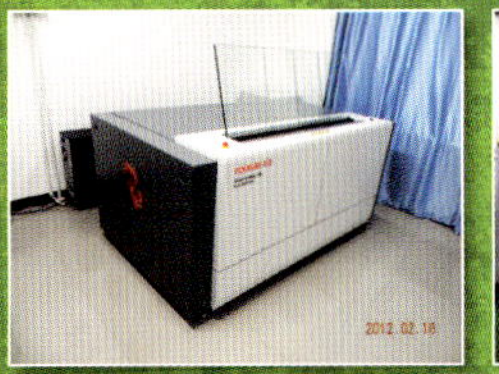

地址：北京市昌平区崔村镇工业开发区
邮编：102212　电话：60725960
传真：60725960　http: //www.bnupg.com.cn
E-mail: bjjsyw@sina.com

统计

2011年1月—12月全国规模以上印刷

地区	企业数（家）	亏损企业数（家）	资产总计	产成品	流动资产平均余额	负债合计	主营业务收入	主营业务成本	主营业务税金及附加
全国	3 576	346	30 192 755.10	1 364 364.30	16 268 161.20	14 026 740.80	36 652 030.50	30 016 312.30	212 964.80
北京市	130	28	1 854 639.20	73 932.50	983 037.50	777 562.80	1 247 627.60	955 282.50	7 374.50
天津市	52	11	484 617.10	10 811.00	240 184.90	304 564.80	394 379.60	335 235.90	1 916.10
河北省	92	8	824 659.90	57 260.40	390 404.80	308 437.50	1 447 578.00	1 223 142.80	5 605.80
山西省	18	5	148 185.00	5 200.80	82 622.60	87 019.70	112 286.30	94 192.00	468.80
内蒙古自治区	12	1	62 981.20	1 746.90	24 194.80	31 236.60	97 347.20	73 363.20	503.30
辽宁省	116	13	655 818.80	20 999.00	265 181.60	259 446.00	1 182 498.50	990 936.70	4 929.70
吉林省	39	1	392 780.60	7 469.10	105 031.30	158 327.40	340 693.30	290 450.90	6 619.30
黑龙江省	24	5	170 402.00	7 160.30	98 834.30	75 408.70	153 758.90	127 537.70	561.30
上海市	183	37	2 213 694.80	85 852.50	1 227 338.70	905 206.30	1 890 235.50	1 504 693.00	6 349.50
江苏省	307	35	2 467 537.00	99 013.20	1 375 056.30	1 244 982.10	2 640 045.30	2 135 109.70	13 522.80
浙江省	344	31	3 503 064.70	95 292.10	2 056 401.40	2 075 010.60	2 749 215.90	2 321 530.20	13 786.90
安徽省	139	0	1 118 200.80	87 505.60	582 522.10	541 780.90	1 434 370.10	1 179 502.40	7 024.70
福建省	115	17	702 606.80	35 345.10	338 616.80	307 889.90	989 903.80	783 032.60	5 373.00
江西省	66	2	604 906.90	17 486.00	223 642.70	179 737.70	955 156.10	754 350.30	5 814.00
山东省	338	17	1 642 452.90	77 171.90	739 492.70	696 535.70	3 699 859.60	3 062 621.30	30 966.80
河南省	168	3	961 056.20	35 481.30	436 801.50	328 358.60	1 750 716.00	1 444 852.30	12 501.90
湖北省	116	10	996 000.20	83 349.10	562 520.20	519 719.70	1 250 073.60	1 007 977.80	8 395.80
湖南省	128	1	708 698.50	54 630.50	388 043.20	357 267.20	1 509 143.00	1 189 629.70	17 213.40
广东省	813	91	6 821 558.80	281 934.60	4 214 086.50	3 391 337.70	8 307 832.10	7 050 717.30	32 603.50
广西壮族自治区	65	7	555 631.10	25 234.20	204 996.40	170 061.70	669 110.00	532 895.40	3 570.60
海南省			17 887.20	408.70	15 223.90	2 532.60	15 576.40	8 048.50	135.50
重庆市	48	2	452 958.80	22 700.70	213 166.10	229 253.50	587 547.30	492 563.20	2 549.50
四川省	150	6	1 070 867.20	73 390.70	554 438.40	429 168.50	1 874 060.40	1 500 945.30	14 112.10
贵州省	10	2	160 920.60	3 492.30	88 430.90	45 794.40	106 514.30	68 666.40	987.30
云南省	46	4	722 130.20	60 540.20	439 137.70	268 555.10	554 084.20	384 664.80	3 893.60
西藏自治区			4 646.50		1 887.50	1 472.80	3 528.20	3 242.20	12.80
陕西省	27	5	653 138.20	27 449.30	311 273.10	220 918.00	535 634.50	380 729.90	5 504.00
甘肃省	8	2	77 019.20	7 325.10	34 627.60	28 997.80	39 606.10	29 019.80	410.90
青海省	4	1	35 549.40	745.20	20 408.40	21 915.10	33 904.40	23 480.40	60.10
宁夏回族自治区	5	0	37 441.80	3 476.10	19 912.60	22 113.10	33 412.70	28 870.60	45.20
新疆维吾尔自治区	10	1	70 703.50	1 959.90	30 644.70	36 128.30	46 331.60	39 027.50	152.10

注：企业数少于4家，企业数和亏损企业数栏目不填报。

行业企业主要经济指标统计表

（印刷业、传媒、复制业）

（单位：万元）

营业费用	管理费用	利润总额	亏损企业亏损额	利税总额（利润总额＋应缴增值税）	从业人员平均人数（人）	资产负债率（%）	成本费用利润率（%）	资金利润率（%）	资本保值增值率（%）	人均主营业务收入（元/人）
846 731.10	1 959 727.60	3 070 233.90	129 430.20	4 221 585.50	693 778.00	46.46	9.27	10.17	115.11	528 296.23
39 077.00	167 440.70	107 126.10	28 159.70	170 707.70	30 015.00	41.93	9.20	5.78	110.06	415 668.03
11 580.80	28 893.20	21 172.00	2 409.30	33 834.10	9 495.00	62.85	5.60	4.37	101.16	415 355.03
22 442.00	59 738.70	144 278.20	1 546.10	203 976.60	23 135.00	37.40	11.00	17.50	116.10	625 709.10
2 708.00	11 172.90	3 362.20	1 294.40	6 466.50	4 110.00	58.72	3.07	2.27	98.38	273 202.68
884.30	3 476.00	16 297.70	97.60	16 968.10	1 521.00	49.60	20.87	25.88	137.45	640 021.04
33 584.50	67 649.70	76 291.00	7 984.30	99 022.70	14 544.00	39.56	6.95	11.63	132.17	813 049.02
10 276.30	18 576.80	25 457.00	192.20	33 315.20	5 104.00	40.31	7.80	6.48	87.43	667 502.55
1 901.00	12 601.70	11 737.60	677.50	16 762.60	4 229.00	44.25	8.21	6.89	134.49	363 582.17
50 896.00	167 133.50	179 511.20	18 084.80	248 423.00	33 906.00	40.89	10.34	8.11	109.13	557 492.92
67 376.10	150 908.10	258 479.50	11 872.30	348 307.90	55 520.00	50.45	10.83	10.48	117.58	475 512.48
67 559.90	150 295.50	172 146.30	7 580.70	245 172.80	49 894.00	59.23	6.63	4.91	108.45	551 011.32
41 559.80	63 941.40	124 364.80		154 961.60	22 053.00	48.45	9.58	11.12	117.35	650 419.49
24 350.30	49 756.00	73 942.00	2 428.60	108 155.20	19 687.00	43.82	8.52	10.52	138.05	502 821.05
16 344.80	41 076.60	94 440.00	142.10	127 835.10	12 202.00	29.71	11.56	15.61	120.40	782 786.51
85 616.00	115 187.60	264 671.20	5 979.00	383 544.40	51 079.00	42.41	8.04	16.11	116.34	724 340.65
33 273.00	55 914.50	197 507.00	190.60	260 037.90	29 091.00	34.17	12.76	20.55	126.04	601 806.74
37 021.20	65 643.50	100 341.00	1 015.10	140 125.00	21 712.00	52.18	8.94	10.07	127.80	575 752.39
21 982.30	51 438.60	139 316.70	139.30	192 392.30	18 353.00	50.41	10.96	19.66	94.17	822 286.82
173 605.00	388 661.80	518 711.30	32 163.40	711 655.40	211 710.00	49.71	6.77	7.60	107.63	392 415.67
12 429.40	32 275.40	72 327.50	628.10	91 558.90	8 983.00	30.61	12.32	13.02	256.09	744 862.52
333.60	2 110.00	5 146.40		6 281.40	369.00	14.16	49.80	28.77	140.23	422 124.66
10 989.20	22 775.10	53 353.80	998.20	71 134.60	9 580.00	50.61	10.02	11.78	127.00	613 306.16
48 174.80	101 748.50	185 099.30	2 350.50	254 797.80	26 920.00	40.08	11.12	17.28	129.13	696 159.14
1 238.20	8 683.60	28 725.20	421.20	38 052.10	2071.00	28.46	36.23	17.85	124.54	514 313.38
10 280.50	46 372.90	112 252.80	578.60	145 810.80	11 004.00	37.19	25.22	15.54	117.81	503 529.81
	695.20	11.10		108.10	238.00	31.70	0.00	0.24	100.35	148 243.70
18 340.40	54 848.50	75 083.30	2 421.20	99 561.90	10 709.00	33.82	16.28	11.50	115.46	500 172.28
1 242.40	9 745.90	173.00	39.30	1 316.00	2 699.00	37.65	0.43	0.22	109.01	146 743.61
703.40	3 320.90	5 347.00	15.10	6 007.70	915.00	61.65	19.40	15.04	135.11	370 539.89
389.20	1 980.20	1 695.90		2150.00	1 384.00	59.06	5.27	4.53	140.79	24 1421.24
571.70	5 664.60	1 865.80	21.00	3 142.10	1 546.00	51.10	4.07	2.64	111.03	299 686.93

2011 年 1 月—12 月全国规模以上印刷

地区	企业数（家）	亏损企业数（家）	资产总计	产成品	流动资产平均余额	负债合计	主营业务收入	主营业务成本	主营业务税金及附加
全国	3 378	317	28 229 937.00	1 294 234.60	15 211 917.20	13 329 914.10	34 804 001.00	28 551 273.70	202 649.70
北京市	119	23	1 739 783.20	69 560.90	926 519.10	739 277.90	1 208 300.30	924 357.40	7 254.50
天津市	48	10	466 293.00	10 304.80	230 995.40	296 478.50	378 863.00	322 978.60	1 634.90
河北省	88	8	809 302.20	56 028.50	383 727.40	302 712.20	1 429 428.20	1 207 551.50	5 596.60
山西省	18	5	148 185.10	5 200.80	82 622.60	87 019.70	112 286.00	94 192.00	468.80
内蒙古自治区	12	1	62 981.40	1 746.90	24 194.80	31 236.60	97 347.40	73 363.20	503.30
辽宁省	111	13	634 067.40	20 389.70	253 229.60	255 433.50	1 149 483.30	96 5914.20	4 658.10
吉林省	35	1	332 637.30	6 706.70	72 616.60	128 896.50	302 168.00	260 037.10	6 537.70
黑龙江省	24	5	170 402.10	7 160.30	98 834.30	75 408.70	153 758.00	127 537.70	561.30
上海市	161	30	1 692 798.20	70 606.60	927 305.50	774 960.50	1 518 443.40	1 241 985.00	4 142.70
江苏省	289	34	2 263 175.30	90 585.40	1 293 099.10	1 196 600.10	2 523 041.50	2 043 142.40	13 070.80
浙江省	328	29	3 390 200.30	93 789.20	1 993 837.90	2 012 352.40	2 680 684.30	2 264 236.70	13 369.90
安徽省	136		1 106 511.20	87 463.10	577 433.10	534 784.60	1 414 516.00	1 160 874.10	6 993.80
福建省	114	17	700 638.10	35 345.10	336 935.40	306 606.90	986 789.00	780 038.20	5 351.90
江西省	63	1	582 482.20	16 814.00	212 716.30	172 004.40	917 574.20	724 277.70	5 619.60
山东省	319	16	1 549 037.10	71 566.20	687 404.20	648 719.70	3 510 066.20	2 896 682.30	30 264.70
河南省	161	3	919 851.50	35 195.20	420 744.10	322 904.70	1 684 044.30	1 388 844.90	12 289.30
湖北省	111	8	962 048.00	78 510.30	537 406.30	509 111.20	1 217 053.30	985 291.50	8 091.60
湖南省	123	1	683 475.10	53 341.30	376 474.50	344 523.80	1 480 415.20	1 165 357.50	16 989.00
广东省	755	83	6 274 413.20	261 217.70	3 899 517.20	3 163 886.70	7 742 438.20	6 590 486.40	30 444.20
广西壮族自治区	62	6	525 902.40	22 956.50	191 265.20	149 253.80	578 738.40	464 877.80	2 675.90
海南省			17 887.10	408.70	15 223.90	2 532.60	15 576.00	8 048.50	135.50
重庆市	47	2	446 465.10	22 127.10	210 009.20	224 327.80	571 106.30	478 033.30	2 549.50
四川省	142	6	996 389.20	72 221.50	517 921.10	405 123.80	1 781 661.20	1 427 233.10	12 405.30
贵州省	10	2	160 920.50	3 492.30	88 430.90	45 794.40	106 514.30	68 666.40	987.30
云南省	45	4	715 587.10	60 540.20	434 699.60	268 418.00	551 279.10	382 895.80	3 868.40
西藏自治区			4 646.00		1 887.50	1 472.80	3 528.00	3 242.20	12.80
陕西省	27	5	653 138.20	27 449.30	311 273.10	220 918.00	535 634.20	380 729.90	5 504.00
甘肃省	8	2	77 019.30	7 325.10	34 627.60	28 997.80	39 606.30	29 019.80	410.90
青海省	4	1	35 549.10	745.20	20 408.40	2 1915.10	33 904.40	23 480.40	60.10
宁夏回族自治区	5	0	37 441.20	3 476.10	19 912.60	22 113.10	33 412.50	28 870.60	45.20
新疆维吾尔自治区	10	1	70 703.00	1 959.90	30 644.70	36 128.30	46 331.40	39 027.50	152.10

注：企业数少于 4 家，企业数和亏损企业数栏目不填报。

行业企业主要经济指标统计表

（综合印刷）

（单位：万元）

营业费用	管理费用	利润总额	亏损企业亏损额	利税总额（利润总额+应缴增值税）	从业人员平均人数（人）	资产负债率（%）	成本费用利润率（%）	资金利润率（%）	资本保值增值率（%）	人均主营业务收入（元/人）
800 566.60	1 845 657.50	2 890 453.50	116 999.50	3 986 643.70	661 228.00	47.22	9.18	10.24	115.36	526 354.01
36 922.50	161 432.30	107 506.30	23 843.00	170 207.60	28 722.00	42.49	9.56	6.18	109.59	420 688.08
10 833.00	27 631.50	20 590.20	2 325.70	32 871.20	9 075.00	63.58	5.66	4.42	101.19	417 479.89
21 814.70	58 634.40	143 469.20	1 546.10	202 704.60	22 801.00	37.40	11.08	17.73	116.46	626 914.70
2 708.00	11 172.90	3 362.30	1 294.40	6 466.60	4 110.00	58.72	3.07	2.27	98.38	273 201.95
884.30	3476.00	16 297.20	97.60	16 967.60	1 521.00	49.60	20.87	25.88	137.45	640 022.35
32 263.10	65 271.50	72 375.30	7 984.30	94 199.20	13 718.00	40.28	6.77	11.41	130.98	837 937.96
9 156.90	15 273.50	23 785.40	192.20	30 729.70	4 369.00	38.75	8.17	7.15	97.71	691 618.22
1 901.00	12 601.70	11 737.30	677.50	16 762.30	4 229.00	44.25	8.21	6.89	134.49	363 580.04
42 807.70	126 914.90	118 031.00	16 070.10	167 934.10	28 862.00	45.78	8.29	6.97	110.92	526 104.71
62 616.60	140 369.10	245 749.20	11 433.50	332 903.70	53 098.00	52.87	10.78	10.86	117.39	475 166.96
65 773.80	144 699.40	170 531.10	6 016.80	241 168.50	47 746.00	59.36	6.74	5.03	109.01	561 446.89
41 242.80	63 626.10	123 802.50		154 146.00	21 808.00	48.33	9.68	11.19	117.50	648 622.52
24 340.60	49 696.70	73 907.40	2 428.60	107 944.70	19 500.00	43.76	8.54	10.55	138.13	506 045.64
15 475.00	4 0391.30	93 299.20	33.90	125 651.60	11 848.00	29.53	11.88	16.02	121.35	774 454.93
81 078.50	110 138.70	252 543.20	5 974.70	365 668.80	48 761.00	41.88	8.10	16.30	116.00	719 851.15
32 761.60	55 168.30	187 524.20	190.60	249 786.30	28 228.00	35.10	12.58	20.39	126.16	596 586.47
34 508.30	62 734.40	95 295.40	495.80	133 113.70	20 778.00	52.92	8.71	9.91	130.11	585 741.31
20 759.40	49 784.90	137 528.20	139.30	190 001.90	17 759.00	50.41	11.06	20.12	93.45	833 614.05
164 024.50	367 336.40	472 910.30	28 805.30	654 619.40	200 156.00	50.43	6.60	7.54	106.81	386 820.19
11 334.20	27 949.00	61 418.00	605.00	79 373.80	8 619.00	28.38	12.08	11.68	254.01	671 468.15
333.60	2 110.00	5 146.20		6 281.20	369.00	14.16	49.79	28.77	140.24	422 113.82
10 440.70	22 043.90	52 729.40	998.20	7 0510.20	9 452.00	50.25	10.21	11.81	126.11	604 217.41
44 046.40	96 210.50	176 238.00	2 350.50	241 232.00	25 258.00	40.66	11.15	17.69	122.15	705 384.91
1 238.20	8 683.60	28 725.30	421.20	38 052.20	2 071.00	28.46	36.23	17.85	124.54	514 313.38
10 054.10	46 051.20	111 771.10	578.60	145 056.50	10 879.00	37.51	25.24	15.62	117.98	506 736.92
	695.20	11.40		108.40	238.00	31.70		0.25	100.35	148 235.29
18 340.40	54 848.50	75 083.40	2 421.20	99 562.00	10 709.00	33.82	16.28	11.50	115.46	500 172.00
1 242.40	9 745.90	173.20	39.30	1 316.20	2 699.00	37.65	0.43	0.22	109.01	146 744.35
703.40	3 320.90	5 347.40	15.10	6 008.10	915.00	61.65	19.40	15.04	135.10	370 539.89
389.20	1 980.20	1 695.00		2 149.10	1 384.00	59.06	5.26	4.53	140.79	241 419.80
571.70	5 664.60	1 865.40	21.00	3 141.70	1 546.00	51.10	4.07	2.64	111.03	299 685.64

2011年1月—12月全国规模以上印刷

地区	企业数（家）	亏损企业数（家）	资产总计	产成品	流动资产平均余额	负债合计	主营业务收入	主营业务成本	主营业务税金及附加
全国	804	117	7 504 445.30	246 250.30	3 798 163.40	3 724 913.50	8 278 467.30	7 044 035.70	43 369.40
北京市	67	16	887 865.10	29 742.50	462 919.30	513 863.70	512 344.50	441 029.90	2 063.10
天津市	11	2	55 580.20	714.90	21 027.40	29 878.60	45 245.20	41 028.80	295.70
河北省	40	2	276 016.30	21 037.10	116 525.00	100 569.40	791 428.00	699 336.50	2 374.40
山西省	8	3	63 665.30	2 846.20	30 755.80	39 347.90	49 219.10	41 908.00	248.30
内蒙古自治区	6	1	36 584.30	1 254.20	11 176.30	18 647.70	27 888.20	18 947.00	204.60
辽宁省	31	5	235 694.40	5 508.90	106 028.30	85 401.70	336 190.10	300 632.60	1 698.60
吉林省	6	1	23 436.40	1 863.00	9 589.10	8 597.00	57 123.10	48 315.00	2 098.50
黑龙江省	9	2	57 589.00	2 069.50	26 371.10	24 449.40	53 329.20	43 883.80	291.20
上海市	24	5	297 251.50	6 047.60	149 512.90	152 563.30	190 245.50	166 986.70	473.20
江苏省	71	13	482 105.40	17 238.20	229 369.90	277 377.80	464 946.40	391 862.20	2 479.00
浙江省	48	6	497 126.40	9 426.10	254 853.60	292 677.70	348 761.30	292 086.10	3 401.20
安徽省	27		232 852.20	11 725.60	110 169.50	131 527.40	250 040.00	215 028.00	1 112.90
福建省	36	7	206 309.40	8 689.50	106 438.00	96 941.20	378 431.20	303 322.90	2 055.20
江西省	20	1	288 583.00	4 610.80	100 596.60	98 493.00	264 451.40	216 666.30	1 240.70
山东省	60	8	383 341.30	12 506.30	179 326.90	176 350.90	696 348.20	585 132.00	4 515.10
河南省	41	0	201 385.10	7 796.80	70 771.60	74 102.30	332 145.10	270 263.80	1 876.50
湖北省	39	4	255 331.40	9 133.40	110 628.80	137 965.30	320 845.30	266 378.00	2 420.80
湖南省	29		179 444.10	4 364.30	77 112.90	98 320.00	324 326.10	266 056.00	3 212.10
广东省	126	23	1 863 188.30	45 955.20	1 148 164.20	873 956.50	1 765 549.20	1 560 174.50	4 524.90
广西壮族自治区	25	4	237 281.40	12 161.40	92 313.00	81 908.30	219 365.30	174 484.40	748.70
海南省			5 743.10		4551.20	1 843.50	7 116.20	4 357.90	
重庆市	12	1	83 940.30	3 374.80	43 900.60	57 720.30	143 228.40	129 347.20	269.20
四川省	32	3	237 131.30	7 743.40	144 437.30	143 588.40	449 907.10	374 949.30	2 819.80
贵州省		1	25 052.30	855.80	13 799.50	14 398.30	15 792.30	12 386.40	100.10
云南省	6	3	50 262.10	2 620.90	25 068.80	26 366.40	33 184.10	27 856.70	105.80
西藏自治区			4 646.30		1 887.50	1 472.80	3 528.30	3 242.20	12.80
陕西省	8	2	192 460.10	7 512.60	87 786.70	101 512.60	118 413.20	88 797.80	2 202.20
甘肃省	8	2	77 019.10	7 325.10	34 627.60	28 997.80	39 606.30	29 019.80	410.90
青海省		1	12 799.40	316.90	7 538.40	9 776.70	12 516.10	8 462.20	15.10
宁夏回族自治区			10 009.40		4 796.60	3 885.90	5 913.10	4 619.80	11.80
新疆维吾尔自治区	5	1	44 746.40	1 809.30	16 119.00	22 411.70	21 029.20	17 473.90	87.00

注：企业数少于4家，企业数和亏损企业数栏目不填报。

行业企业主要经济指标统计表

（出版物印刷）

（单位：万元）

营业费用	管理费用	利润总额	亏损企业亏损额	利税总额（利润总额＋应缴增值税）	从业人员平均人数（人）	资产负债率（%）	成本费用利润率（%）	资金利润率（%）	资本保值增值率（%）	人均主营业务收入（元/人）
174 963.60	510 830.00	423 078.20	51 996.80	660 557.00	198 550.00	49.64	5.43	5.64	110.49	416 946.23
15 576.10	80 236.00	−3 437.00	22 129.10	15 161.90	17 799.00	57.88	−0.64	−0.39	112.06	287 850.16
1 316.10	4 214.60	1 199.40	338.50	3 002.70	1 579.00	53.76	2.57	2.16	95.64	286 543.38
7 510.00	21 062.70	68 076.10	675.50	106 578.40	12 155.00	36.44	9.32	24.66	109.97	651 113.12
237.70	6 861.20	51.00	1 041.80	1 450.00	2 469.00	61.80	0.10	0.08	95.70	199 348.32
399.70	2 100.00	4 769.10	97.60	5 055.00	948.00	50.97	22.17	13.04	125.25	294 179.32
6 203.90	15 086.10	7 875.40	4 511.80	14 732.90	5 244.00	36.23	2.43	3.34	124.37	641 094.77
2 151.70	2 704.00	2 204.10	192.20	3 792.40	1 035.00	36.68	4.12	9.40	114.33	551 914.01
304.10	5 771.50	2 764.50	248.80	5 162.90	2 579.00	42.45	5.48	4.80	96.98	206 782.47
5 538.40	14 871.30	7 714.40	878.90	12 536.90	4 246.00	51.32	4.06	2.60	94.71	448 058.17
9 716.80	32 306.10	26 612.10	5 246.30	43 664.10	13 986.00	57.53	6.03	5.52	108.37	332 437.01
12 441.20	21 742.90	23 987.10	1 799.80	29 060.80	6 251.00	58.87	7.19	4.83	104.88	557 928.81
3 546.00	15 660.10	11 900.10		17 248.20	5 980.00	56.49	5.01	5.11	103.12	418 127.09
9 574.50	18 744.10	19 840.10	1 084.50	35 228.80	6 119.00	46.99	5.91	9.62	131.11	618 452.69
6 704.40	14 129.10	19 989.20	33.90	29 359.70	4 169.00	34.13	8.31	6.93	129.70	634 328.14
13 540.60	24 055.10	31 349.10	2 287.80	52 565.40	10 724.00	46.00	4.98	8.18	111.40	649 336.26
8 875.60	13 133.10	37 982.40		49 375.70	7 014.00	36.80	12.91	18.86	129.59	473 545.91
8 273.50	19 017.10	16 553.50	143.50	23 956.40	7 498.00	54.03	5.59	6.48	107.56	427 907.84
4 552.70	12 020.50	20 552.40		34 084.70	6 116.00	54.79	7.19	11.45	82.08	530 291.20
32 792.30	109 868.40	43 129.30	5 160.10	74 349.70	60 193.00	46.91	2.53	2.31	104.00	29 3314.70
4 199.50	12 978.60	21 154.40	601.50	27 271.10	4 843.00	34.52	10.88	8.92	190.05	452 953.33
51.50	464.60	2274.10		2 274.10	131.00	32.10	46.71	39.60	250.10	543 221.37
1 188.20	4734.60	5 792.40	986.90	6 972.50	2 591.00	68.76	4.25	6.90	95.32	552 791.97
12 307.60	21 097.70	36 006.40	1 546.10	46 297.80	4 973.00	60.55	8.76	15.18	124.42	904 699.58
112.30	3 117.40	437.30	255.00	1 563.00	929.00	57.47	2.76	1.75	102.14	169 992.47
386.60	5 451.20	464.40	453.60	1 333.80	1 386.00	52.46	1.37	0.92	107.55	239 423.52
	695.20	11.00		108.00	238.00	31.70	0.00	0.24	100.36	148 247.90
5 715.90	11 566.00	11 905.30	2 208.20	14 084.40	2 925.00	52.74	10.97	6.19	101.80	404 831.45
1 242.40	9 745.90	173.30	39.30	1 316.30	2 699.00	37.65	0.43	0.23	109.01	146 744.35
200.00	2 086.30	1 009.30	15.10	1 409.30	425.00	76.38	9.37	7.89	90.84	294 496.47
61.90	877.60	348.10		456.10	201.00	38.82	6.21	3.48	98.18	294 184.08
242.40	4 431.00	387.10	21.00	1 101.20	1 105.00	50.09	1.72	0.87	111.14	190 309.50

2011 年 1 月—12 月全国规模以上印刷

地区	企业数（家）	亏损企业数（家）	资产总计	产成品	流动资产平均余额	负债合计	主营业务收入	主营业务成本	主营业务税金及附加
全国	221	11	1 934 858.20	72 379.40	948 334.60	833 773.00	2 477 845.00	2 074 475.70	13 760.60
北京市		1	27 552.00	5 610.00	13 982.80	18 755.30	18 488.00	15 685.00	39.00
天津市			644.50	9.30	273.50	558.10	2 683.40	2 656.40	2.40
河北省	8		80 285.30	4 605.30	44 518.60	34 936.80	56 924.20	43 701.30	431.20
内蒙古自治区			11 884.30		9 191.80	6 823.10	3 903.10	1 877.60	51.80
辽宁省	14		38 632.10	899.70	13 174.40	11 616.90	118 915.50	94 700.00	502.00
吉林省			7 640.20	7.80	2 478.00	2 598.10	41 959.10	35 253.10	2 153.80
黑龙江省			26 337.20	1 830.10	18 388.80	10 572.60	26 758.30	24 106.50	49.00
上海市	9	1	125 735.20	5 672.90	77 003.40	56 381.50	90 341.50	78 107.00	93.00
江苏省	16	2	200 450.10	7 728.10	121 161.80	85 909.00	200 122.00	156 429.30	1 169.60
浙江省	21	1	222 277.00	7 052.30	110 988.10	108 151.30	304 326.40	274 693.40	982.10
安徽省	12		20 459.30	1 222.90	12 347.10	7 244.90	64 818.00	56 554.30	120.10
福建省			117 928.10	2 615.80	37 560.80	28 143.60	63 594.20	52 730.70	196.50
江西省	9		45 610.20	1 201.00	21 254.70	23 851.10	108 437.00	90 432.60	462.70
山东省	31		231 862.20	4 661.20	85 015.40	65 065.40	426 201.50	356 079.10	2 108.50
河南省	10		24 938.10	961.90	13 384.20	8 963.70	81 298.10	65 823.10	586.00
湖北省	5	1	106 650.00	1 780.50	52 864.30	62 001.60	109 022.10	91 665.50	496.40
湖南省	16		44 781.20	2 579.60	12 572.80	20 353.20	158 920.30	127 104.40	1 402.80
广东省	31	5	419 319.00	15 782.00	221 918.00	259 830.60	365 285.30	319 213.60	775.10
广西壮族自治区	7		103 716.30	2 779.60	30 404.10	4 805.70	84 878.00	66 640.00	293.30
海南省			12 143.10	408.70	10 672.70	689.10	8 460.40	3 690.60	135.50
重庆市			31 395.30	854.10	19 326.90	3 973.10	20 515.30	15 206.30	81.10
四川省	14		30 538.20	4 116.60	16 717.10	9 804.20	107 922.30	89 182.40	1 625.40
陕西省			4 071.30		3 135.30	2 744.10	14 067.40	12 943.50	3.30

注：企业数少于 4 家，企业数和亏损企业数栏目不填报。

行业企业主要经济指标统计表

（本册印刷）

（单位：万元）

营业费用	管理费用	利润总额	亏损企业亏损额	利税总额（利润总额＋应缴增值税）	从业人员平均人数（人）	资产负债率（%）	成本费用利润率（%）	资金利润率（%）	资本保值增值率（%）	人均主营业务收入（元／人）
60 065.50	116 173.30	183 897.10	6 809.20	239 143.10	51 103.00	43.09	8.09	9.50	129.58	484 872.71
815.80	1 375.60	−13.20	70.20	457.20	517.00	68.07	−0.07	−0.05	100.41	357 601.55
7.90	12.20	15.30		34.70	60.00	86.59	0.57	2.37	115.20	447 233.33
1 960.40	7 689.10	2 940.10		5 560.30	1 781.00	43.52	5.47	3.66	122.96	319 619.31
36.00	595.80	1 382.20		1 532.20	94.00	57.41	52.15	11.63	135.07	415 223.40
2 814.70	6 269.50	13 112.00		14 408.10	1 328.00	30.07	12.58	33.94	139.01	895 448.04
1 317.90	1 769.20	302.10		1 009.70	201.00	34.01	0.78	3.95	252.60	2 087 517.41
305.60	1 011.90	519.40		911.50	239.00	40.14	2.03	1.97	118.30	1 119 594.14
3 475.60	6 711.70	2 561.40	274.50	3 459.30	2 239.00	44.84	2.85	2.04	109.32	403 490.40
6 196.00	12 154.30	23 123.50	1 762.00	27 174.50	4 877.00	42.86	13.10	11.54	102.35	410 338.32
3 756.50	12 941.10	13 533.50	54.90	18 630.90	5 964.00	48.66	4.60	6.09	106.68	510 272.30
688.20	1 655.00	5 314.30		5 458.00	746.00	35.41	8.97	25.97	114.13	868 873.99
2 431.20	3 277.20	10 127.40		11 979.10	2 269.00	23.87	17.00	8.59	176.04	280 274.13
1 144.20	1 958.70	6 451.20		8 244.20	1 214.00	52.29	6.88	14.14	139.38	893 220.76
8 710.30	15 033.40	44 554.00		55 251.60	6 041.00	28.06	11.63	19.22	128.47	705 514.82
2 162.20	1 814.30	10 383.40		13 139.80	918.00	35.94	14.76	41.64	105.83	885 600.22
4 303.40	3 500.50	6 240.20	2.00	8 870.70	2 187.00	58.14	6.12	5.85	129.25	498 500.69
2 184.00	4 116.60	7 028.20		9 709.30	1 767.00	45.45	5.24	15.69	98.79	899 379.17
9 451.70	21 152.50	11 009.30	4 645.60	16 941.50	15 337.00	61.96	3.10	2.63	111.86	238 172.59
2 742.50	4 377.10	10 634.30		13 310.90	775.00	4.63	14.38	10.25	1 162.67	1 095 200.00
282.10	1 645.40	2 871.30		4 006.30	238.00	5.67	52.52	23.65	121.98	355 478.99
1 141.90	1 860.20	2 835.00		3 792.20	542.00	12.66	15.45	9.03	116.52	378 511.07
4 135.90	4 584.30	8 892.00		15 152.70	1 694.00	32.10	9.04	29.12	157.82	637 085.60
1.50	667.70	76.40		104.60	75.00	67.40	0.54	1.88	36.69	1 875 653.33

2011年1月—12月全国规模以上印刷

地区	企业数（家）	亏损企业数（家）	资产总计	产成品	流动资产平均余额	负债合计	主营业务收入	主营业务成本	主营业务税金及附加
全国	2 353	189	18 790 633.20	975 604.90	10 465 419.20	8 771 227.60	24 047 688.20	19 432 762.30	145 519.70
北京市	49	6	824 365.10	34 208.40	449 617.00	206 658.90	677 467.20	467 642.50	5 152.40
天津市	36	8	410 068.30	9 580.60	209 694.50	266 041.80	330 934.10	279 293.40	1 336.80
河北省	40	6	453 000.20	30 386.10	222 683.80	167 206.00	581 075.20	464 513.70	2 791.00
山西省	10	2	84 519.30	2 354.60	51 866.80	47 671.80	63 066.40	52 284.00	220.50
内蒙古自治区	5		14 512.40	492.70	3 826.70	5 765.80	65 555.00	52 538.60	246.90
辽宁省	66	8	359 740.00	13 981.10	134 026.90	158 414.90	694 378.30	570 581.60	2 457.50
吉林省	26		301 560.30	4 835.90	60 549.50	117 701.40	203 084.40	176 469.00	2 285.40
黑龙江省	12	3	86 475.10	3 260.70	54 074.40	40 386.70	73 670.10	59 547.40	221.10
上海市	128	24	1 269 811.40	58 886.10	700 789.20	566 015.70	1 237 856.00	996 891.30	3 576.50
江苏省	202	19	1 580 620.20	65 619.10	942 567.40	833 313.30	1 857 972.50	1 494 850.90	9 422.20
浙江省	259	22	2 670 796.10	77 310.80	1 627 996.20	1 611 523.40	2 027 595.40	1 697 457.20	8 986.60
安徽省	97		853 199.20	74 514.60	454 916.50	396 012.30	1 099 658.20	889 291.80	5 760.80
福建省	76	10	376 401.20	24 039.80	192 936.60	181 522.10	544 763.20	423 984.60	3 100.20
江西省	34		248 288.30	1 1002.20	90 865.00	49 660.30	544 684.00	417 178.80	3 916.20
山东省	228	8	933 833.30	54 398.70	423 061.90	407 303.40	2 387 517.20	1 955 471.20	23 641.10
河南省	110	3	693 527.10	26 436.50	336 588.30	239 838.70	1 270 600.10	1 052 758.00	9 826.80
湖北省	67	3	600 066.40	67 596.40	373 913.20	309 144.30	787 185.40	627 248.00	5 174.40
湖南省	78	1	459 249.10	46 397.40	286 788.80	225 850.60	997 167.00	772 197.10	12 374.10
广东省	598	55	3 991 906.40	199 480.50	2 529 435.00	2 030 099.60	5 611 603.10	4 711 098.30	25 144.20
广西壮族自治区	30	2	184 904.50	8015.50	68 548.10	62 539.80	274 495.10	223 753.40	1 633.90
重庆市	32	1	331 128.40	17 898.20	146 781.70	162 634.40	407 362.00	333 479.80	2 199.20
四川省	96	3	728 720.30	60 361.50	356 766.70	251 731.20	1 223 832.30	963 101.40	7 960.10
贵州省	7	1	135 868.10	2 636.50	74 631.40	31 396.10	90 722.40	56 280.00	887.20
云南省	39	1	665 324.10	57 919.30	409 630.80	242 051.60	518 095.30	355 039.10	3 762.60
陕西省	18	3	456 606.20	19 936.70	220 351.10	116 661.30	403 154.40	278 988.60	3 298.50
青海省			22 749.30	428.30	12 870.00	12 138.40	21 387.10	15 018.20	45.00
宁夏回族自治区	4		27 432.30	3 476.10	15 116.00	18 227.20	27 499.40	24 250.80	33.40
新疆维吾尔自治区	5		25 957.30	150.60	14 525.70	13 716.60	25 302.40	21 553.60	65.10

注：企业数少于4家，企业数和亏损企业数栏目不填报。

行业企业主要经济指标统计表

（包装装潢及其他印刷）

（单位：万元）

营业费用	管理费用	利润总额	亏损企业亏损额	利税总额（利润总额 + 应缴增值税）	从业人员平均人数（人）	资产负债率（%）	成本费用利润率（%）	资金利润率（%）	资本保值增值率（%）	人均主营业务收入（元 / 人）
565 537.50	1 218 654.20	2 283 477.10	58 193.50	3 086 942.50	411 575.00	46.68	10.66	12.15	115.89	584 284.47
20 530.60	79 820.70	110 956.10	1 643.70	154 588.10	10 406.00	25.07	19.58	13.46	108.29	651 035.17
9 509.00	23 404.70	19 375.20	1 987.20	29 833.50	7 436.00	64.88	6.17	4.72	102.24	445 043.17
12 344.30	29 882.60	72 451.30	870.60	90 564.20	8 865.00	36.91	14.19	15.99	119.80	655 471.18
2 470.30	4 311.70	3 310.20	252.60	5 015.50	1 641.00	56.40	5.53	3.92	100.24	384 316.88
448.60	780.20	10 145.40		10 379.90	479.00	39.73	18.81	69.91	173.99	1 368 580.38
23 244.50	43 915.90	51 386.30	3 472.50	65 056.60	7 146.00	44.04	8.02	14.28	135.30	971 702.07
5 687.30	10 800.30	21 279.30		25 927.70	3 133.00	39.03	10.72	7.06	95.00	648 210.66
1 291.30	5 818.30	8 453.30	428.70	10 687.80	1 411.00	46.70	12.63	9.78	199.22	522 112.69
33 793.70	105 331.90	107 755.50	14 916.70	151 938.20	22 377.00	44.57	9.42	8.49	115.14	553 182.29
46 703.80	95 908.70	196 013.40	4 425.20	262 064.90	34 235.00	52.72	11.80	12.40	122.96	542 711.41
49 576.10	110 015.40	133 011.00	4 162.10	193 477.30	35 531.00	60.34	7.00	4.98	110.11	570 655.32
37 008.60	46 311.00	106 588.30		131 440.00	15 082.00	46.41	10.85	12.49	121.35	729 119.61
12 334.90	27 675.40	43 939.40	1 344.10	60 736.30	11 112.00	48.23	9.35	11.67	129.20	490 247.66
7 626.40	24 303.50	66 858.10		88 047.00	6 465.00	20.00	14.83	26.93	112.81	842 511.99
58 827.60	71 050.20	176 640.30	3 686.90	257 852.00	31 996.00	43.62	8.39	18.92	114.34	746 192.40
21 723.80	40 220.90	139 158.40	190.60	187 270.80	20 296.00	34.58	12.36	20.07	126.08	626 034.74
21 931.40	40 216.80	72 501.00	350.30	100 285.90	11 093.00	51.52	10.41	12.08	142.30	709 623.55
14 022.70	33 647.80	109 947.10	139.30	146 207.40	9 876.00	49.18	13.35	23.94	97.59	1 009 687.12
121 780.50	236 315.50	418 772.10	18 999.60	563 328.60	124 626.00	50.86	8.20	10.49	107.88	450 275.47
4 392.20	10 593.30	29 629.20	3.50	38 791.70	3 001.00	33.82	12.34	16.02	210.91	914 678.77
8 110.60	15 449.10	44 101.10	11.30	59 744.60	6 319.00	49.12	12.19	13.32	134.68	644 662.13
27 602.90	70 528.50	131 340.10	804.40	179 782.00	18 591.00	34.54	12.25	18.02	120.53	658 292.88
1 125.90	5 566.20	28 287.00	166.20	36 488.20	1 142.00	23.11	44.59	20.82	127.39	794 416.81
9 667.50	40 600.00	111 306.50	125.00	143 722.50	9 493.00	36.38	27.23	16.73	118.63	545 765.62
12 623.00	42 614.80	63 101.50	213.00	85 372.80	7 709.00	25.55	18.64	13.82	120.81	522 965.88
503.40	1 234.60	4 338.20		4 598.90	490.00	53.36	25.83	19.07	156.86	436 471.43
327.30	1 102.60	1 347.10		1 693.20	1 183.00	66.44	5.07	4.91	197.98	232 454.78
329.30	1 233.60	1 478.30		2 040.50	441.00	52.84	6.36	5.70	110.84	573 750.57

2011 年 1 月—12 月全国规模以上印刷

地区	企业数（家）	亏损企业数（家）	资产总计	产成品	流动资产平均余额	负债合计	主营业务收入	主营业务成本	主营业务税金及附加
全国	133	10	1 080 926.40	41 041.40	603 919.80	347 798.40	1 222 253.40	959 425.40	8 073.20
北京市		1	7 108.50		2 086.60	3 997.90	2 778.40	2 518.10	15.30
天津市			8 444.30	44.80	5 178.90	3 671.50	10 529.10	8 291.70	277.70
河北省			1 644.10		399.00	952.00	5 032.30	4 883.30	1.60
辽宁省	5		21 751.50	609.30	11 952.00	4 012.50	33 014.30	25 022.50	271.60
吉林省			7 790.10	557.70	2 974.60	4 610.00	15 734.10	10 805.20	50.00
上海市	12	4	343 048.30	8 538.20	14 6736.10	78 121.10	292 774.00	208 005.80	2 053.40
江苏省	12	1	65 986.40	4 746.50	37 662.20	19 499.20	47 574.20	39 334.70	270.90
浙江省	14	1	65 341.10	1 096.80	30 156.10	33 169.70	49 232.20	39 827.50	382.10
安徽省			11 689.20	42.50	5 089.00	6 996.30	19 853.40	18 628.30	30.90
福建省			1 968.00		1 681.40	1 283.00	3 114.20	2 994.40	21.10
江西省			549.50	97.60	439.60	190.10	5 183.30	4 831.60	7.70
山东省	15		73 573.00	5 329.70	44 473.50	37 307.60	156 237.10	136 512.30	403.60
河南省	7		41 204.10	286.10	16 057.40	5 453.90	66 671.40	56 007.40	212.60
湖北省	4	1	29 182.50	3 677.70	21 997.90	9 102.90	29 408.40	18 931.50	301.50
湖南省			18 346.20	626.00	8 369.60	6 568.40	19 299.10	16 482.20	152.30
广东省	37	1	301 731.40	14 219.30	227 449.70	108 238.40	367 595.40	287 873.00	1 888.50
广西壮族自治区		1	545.40		260.80	442.10	3 014.20	2 994.70	0.40
四川省	8		74 477.30	1 169.20	36 517.30	24 044.70	92 398.30	73 712.20	1 706.80
云南省			6 542.20		4 438.10	137.10	2 804.10	1 769.00	25.20

注：① 表格中所提“规模以上印刷行业企业”是指全部年主营业务收入在 2 000 万元及以上的工业法人企业。

② 企业数小于 4 家，不做填报。

③ 表中数据为 2011 年 1 月—12 月快报数。

④ 数据由国家统计局信息咨询中心提供。

行业企业主要经济指标统计表

（装订及其他印刷服务）

（单位：万元）

营业费用	管理费用	利润总额	亏损企业亏损额	利税总额（利润总额+应缴增值税）	从业人员平均人数（人）	资产负债率（%）	成本费用利润率（%）	资金利润率（%）	资本保值增值率（%）	人均主营业务收入（元/人）
29 680.40	73 960.90	137 975.30	2 864.20	182 795.90	23 041.00	32.18	12.94	12.76	114.73	530 468.90
162.80	291.60	−222.50	306.90	−83.10	130.00	56.24	−7.43	−3.13	89.65	213 723.08
576.90	744.40	665.20		1 019.70	267.00	43.48	6.90	7.88	108.45	394 348.31
	17.20	132.30		164.30	24.00	57.90	0.00	8.05	100.48	2 096 791.67
1 321.40	2 378.20	3 915.20		4 823.00	826.00	18.45	13.60	18.00	164.09	399 688.86
669.80	682.50	1 180.10		1 966.80	201.00	59.18	9.67	15.15	12.32	782 791.04
4 261.30	33 385.90	46 187.40	818.60	63 425.10	3 783.00	22.77	18.73	13.46	102.98	773 920.17
2 130.50	3 545.00	2 309.30	438.80	4 048.60	1 051.00	29.55	5.08	3.50	115.22	452 656.52
1 478.20	3 629.70	2 411.10	677.40	4 703.00	1 993.00	50.76	5.17	3.69	94.62	247 025.59
317.00	315.30	562.10		815.40	245.00	59.85	2.91	4.81	101.66	810 342.86
9.70	59.30	34.40		210.30	187.00	65.19	1.12	1.75	103.33	166 534.76
9.00	10.60	146.10		164.00	95.00	34.60	3.01	26.59	90.53	545 610.53
4 112.00	4 594.90	9 757.50		13 770.00	1 976.00	50.71	6.67	13.26	133.54	790 673.58
511.40	746.20	9 982.00		10 250.80	863.00	13.24	17.38	24.23	123.97	772 553.88
2 256.00	2 644.50	5 532.30	32.50	7 498.00	854.00	31.19	23.14	18.96	102.51	344 360.66
932.80	894.90	1 654.10		2 078.80	449.00	35.80	8.96	9.02	118.86	429 824.05
6 576.80	14 118.50	44 406.00	566.90	53 638.00	8 273.00	35.87	14.46	14.72	127.23	444 331.44
	42.50	−23.10	23.10	−19.70	37.00	81.06	0.00	−4.24	83.85	814 648.65
4 128.40	5 538.00	8 860.10		13 564.60	1 662.00	32.28	10.57	11.90	391.94	555 946.45
226.40	321.70	481.40		754.00	125.00	2.10	20.77	7.36	107.48	224 328.00

2011年全国119家骨干书刊印刷（含其他印刷）

单位名称	工业经济效益综合指数(%)		总资产贡献率(%)		资产保值增值率(%)	
	2011年	2010年	2011年	2010年	2011年	2010年
北京隆达印刷包装集团	114.4	110.9	5.4	5.9	94.1	97.4
北京印刷一厂	66.8	72.6	3.3	3.3	35.3	100.1
北京印刷二厂	131.4	113.2	8.4	6.7	111.3	109.6
北京北人羽新胶印有限公司	36.6	16.3	1.0	0.1	1.0	9.0
北京利丰雅高长城印刷公司	125.4	132.4	3.9	6.7	97.1	106.5
北京宝岛包装有限公司	138.6	120.0	13.6	6.9	109.5	100.1
天津新闻出版局	-53.0	-21.3	-8.5	-7.0	72.5	85.2
天津新华一印刷有限公司	-97.2	-53.6	-11.6	-12.7	66.9	100.0
天津新华二印刷有限公司	-40.8	-120.8	-10.6	-15.6	207.7	-76.0
天津新华印刷三厂	-41.7	72.6	-6.5	7.1	85.8	101.2
天津金彩美术印刷有限公司	6.6	84.6	-4.1	1.3	91.8	100.8
天津高教出版社印刷厂	131.9	118.9	12.5	11.9	105.5	104.3
上海印刷（集团）公司	85.3	177.7	2.9	1.2	70.0	678.7
上海新华印刷有限公司	58.4	166.3	-0.1	4.6	71.7	100.0
上海市印刷三厂	153.1	129.7	6.7	4.1	87.2	99.8
上海中华印刷有限公司	76.0		2.7	0.7	68.8	
上海市印刷四厂	67.0	123.3	3.3	5.7	44.7	110.4
北京新华印刷有限公司	56.5	-10.5	1.6	0.3	96.2	123.4
中印南方印刷有限公司	98.5	105.3	10.0	5.7	4.3	87.4
北京一二〇一印刷厂	105.9	80.5	1.7	2.7	63.0	98.7
解放军一二〇五工厂	115.7	105.4	1.7	2.1	101.7	101.4
解放军报印刷厂	171.2	157.7	6.2	5.8	100.0	97.6
北京凌奇印刷有限公司	73.0	79.7	2.3	4.2	100.5	100.6
北京金盾印刷厂	136.3	126.8	5.3	2.4	101.1	101.7
海军政治部印刷厂	128.2	89.7	-0.3	-3.1	82.4	71.5
廊坊一二〇六印刷厂	102.3	106.6	3.5	4.4	102.0	101.7
北京国防印刷厂	92.5	98.4	3.2	4.6	100.8	100.0
北京交通印务实业公司	90.1	80.1	5.7	5.4	94.0	94.4
人民教育出版社印刷厂	-13.9	112.7	-26.4	5.0	95.2	102.5
人民日报社印刷厂	161.0	137.7	1.6	4.0	133.7	45.3
煤炭工业出版社印刷厂	83.9	90.7	2.0	0.4	91.1	100.0
中国农业出版社印刷厂	72.1	78.3	5.2	4.0	99.8	100.1
北京建筑工业印刷厂	92.7		4.8	0.7	93.1	
北京机工印刷厂	119.0	108.3	13.8	11.5	139.7	78.5

企业经济效益完成情况汇总表（一）

资产负债率 (%)		流动资产周转率 (%)		成本费用利润率 (%)		全员劳动生产率 (元 / 人)		产品销售率 (%)	
2011 年	2010 年	2011 年	2010 年	2011 年	2010 年	2011 年	2010 年	2011 年	2010 年
65.1	56.8	1.6	1.4	2.2	3.2	70 519	60 025	97.1	96.9
82.8	57.7	1.4	1.0	0.1	0.1	26 121	28 435	100.0	100.0
59.3	63.4	1.8	1.5	3.6	2.6	73 433	60 643	97.2	95.1
100.0	95.5	0.2	0.4	−2.0	−5.8	21 230	10 836	111.0	103.0
64.1	50.1	1.7	1.5	1.6	4.9	94 090	78 009	96.2	96.1
43.0	47.4	1.8	1.8	5.4	0.1	58 098	83 198	100.0	100.0
75.6	65.7	0.4	0.5	−26.8	−19.1	40 439	36 378	100.0	100.0
75.8	64.9	0.4	0.5	−39.1	−26.2	55 412	42 037	100.0	100.0
121.7	112.3	0.6	0.6	−28.2	−35.3	43 453	33 087	100.0	100.0
42.0	29.5	0.6	0.8	−19.2	1.1	−421	13 857	100.0	100.0
48.6	46.0	0.4	0.4	−15.1	2.2	49 089	50 904	100.0	100.0
25.3	22.3	1.5	1.7	8.7	6.7	35 743	24 383	100.0	100.0
65.4	55.6	0.6	0.7	−0.4	0.1	67 369	86 162	100.0	96.7
43.7	35.9	1.2	2.0	−7.3	−1.4	64 458	173 049	104.4	97.6
31.1	44.7	1.3	1.1	0.5	0.1	146 901	119 019	100.0	100.0
67.6	56.8	0.5	0.6	0.1	0.0	51 389	50 958	99.6	95.5
81.5	66.3	0.4	0.6	0.3	9.1	40 253	53 494	97.6	100.7
33.5	22.6	1.5	0.3	−6.1	−16.1	39 986	7 410	94.7	100.0
98.6	82.0	1.8	1.8	1.5	3.4	48 098	41 165	111.9	112.9
78.7	51.0	6.4	2.0	0.3	1.8	7 609	15 982	100.0	100.0
20.2	15.5	1.0	0.9	6.1	6.9	69 329	47 891	91.6	88.6
15.0	14.3	1.4	1.3	1.2	2.2	168 272	143 872	100.0	100.0
44.0	45.0	0.8	0.9	0.5	0.8	33 102	33 981	99.6	102.5
20.4	22.8	2.0	1.2	2.6	2.0	94 961	105 596	100.0	100.0
78.1	73.3	1.9	1.5	0.9	−3.8	115 413	98 122	100.0	100.0
59.8	53.7	0.9	1.0	1.9	1.9	64 375	65 831	110.8	112.8
34.5	34.8	2.4	2.0	0.6	0.3	35 375	50 099	100.0	100.0
19.1	24.4	1.1	1.2	0.2	0.0	48 036	33 065	100.0	100.0
26.1	23.9	0.7	0.8	−16.4	0.2	86 047	92 373	100.0	100.0
15.1	14.6	1.1	0.5	−1.7	−4.1	181 367	179 211	100.0	100.0
66.0	64.3	1.0	1.4	−6.4	−6.8	94 603	100 030	97.6	118.6
82.7	83.5	1.0	1.1	0.1	0.1	11 785	24 603	145.4	141.6
106.9	107.3	0.5	0.5	1.5	−9.0	58 843	49 008	100.0	100.0
34.0	55.3	3.3	3.6	0.1	0.1	26 575	23 773	100.0	100.0

单位名称	工业经济效益综合指数 (%)		总资产贡献率 (%)		资产保值增值率 (%)	
	2011年	2010年	2011年	2010年	2011年	2010年
中青印刷厂	-24.1	0.7	-10.3	-8.4	83.0	86.1
文物出版社印刷厂	51.1	59.5	3.0	3.9	101.4	101.4
北京中科印刷有限公司	138.7	165.3	7.6	5.8	100.3	385.6
北京外文印刷厂	13.7	26.6	-0.4	-5.9	95.6	89.4
北京人卫印刷厂	102.7	101.6	4.8	4.8	101.4	100.0
新华通讯社印刷厂	235.4	386.7	4.0	15.2	102.8	108.5
北京京安印刷厂	206.0	-0.5	22.4	-4.6	168.0	86.1
中国电影出版社印刷厂	157.0	151.3	8.3	5.5	80.9	102.2
北京轻工印刷厂	32.3	21.4	1.4	0.3	79.3	100.5
北京和平印刷有限公司	133.1	130.0	12.1	12.3	100.5	100.5
北京中兴印刷有限公司	98.7	100.6	5.4	5.9	100.8	100.7
清华大学印刷厂	121.2	123.2	10.3	12.2	102.7	102.8
北京大学印刷厂	5.1	-149.8	-2.4	-18.1	98.2	72.8
北京华诚彩印厂	93.0	77.6	1.2	4.4	126.1	70.7
北京华联印刷有限公司	120.0	147.1	5.1	7.7	102.4	105.5
北京日邦印刷有限公司	71.1	176.4	-10.8	4.6	83.5	101.1
北京画中画印刷有限公司	100.4	98.6	1.1	2.2	100.3	98.7
北京雅昌彩色印刷有限公司	198.4	200.2	14.0	15.0	105.0	135.4
北京顶佳世纪印刷有限公司	128.3	126.9	0.6	1.4	151.8	102.1
化学工业出版社印刷厂	-136.3	-58.6	-5.7	-2.6	90.0	79.5
北京盛通印刷股份有限公司	236.6	241.1	8.0	13.6	255.4	122.8
中国铁道出版社印刷厂	54.7	52.0	3.3	1.5	100.2	92.1
北京东港安全印刷有限公司	344.6	300.4	31.6	25.2	107.7	171.6
北京印刷学院实习工厂	140.2	-364.7	37.0	32.0	102.4	-126.3
北京联兴盛业印刷股份公司	115.4	110.3	3.1	2.3	119.8	148.8
山东新华印刷厂	89.6	18.0	-0.9	-1.3	444.6	78.9
山东临沂新华印刷物流集团	147.8	142.2	10.6	9.9	102.6	185.4
山东新华印刷厂潍坊厂	-22.3	41.4	-6.2	0.5	57.3	87.5
山东德州新华印务有限公司	96.4	105.0	9.4	9.8	123.3	104.1
中闻集团济南印务有限公司	88.3	86.6	3.6	2.0	97.6	126.3
河北新华第一印刷有限公司	89.0	97.4	4.9	4.9	103.7	177.5
河北新华第二印刷有限公司	71.5	67.3	4.8	5.9	97.7	101.7
中国标准社秦皇岛印刷厂	143.9	143.5	18.2	17.0	100.1	100.8
保定五四三印刷厂	219.0	184.5	22.1	17.8	123.1	120.9
山西新华印业有限公司	93.2	89.0	3.0	2.0	100.4	97.4
山西人民印刷有限公司	145.6	142.8	10.9	11.6	104.4	103.5
辽宁美术印刷厂	-121.6		20.7	15.2	109.7	

（续）

资产负债率 (%)		流动资产周转率 (%)		成本费用利润率 (%)		全员劳动生产率（元 / 人）		产品销售率 (%)	
2011 年	2010 年	2011 年	2010 年	2011 年	2010 年	2011 年	2010 年	2011 年	2010 年
44.8	35.1	1.4	1.7	−16.9	−13.4	13 492	22 153	101.8	100.0
20.4	20.8	0.3	0.3	0.4	0.5	3 226	2 824	102.5	151.5
48.4	54.7	1.7	1.2	5.4	5.0	79 957	77 791	100.0	100.0
11.5	10.8	0.7	1.1	−10.0	−11.7	13 865	40 396	93.3	168.3
8.5	8.6	0.1	0.1	5.0	6.1	57 710	48 582	100.0	104.0
20.5	19.7	0.5	0.6	8.0	37.2	252 803	284 704	100.0	100.0
42.9	62.5	1.3	1.5	20.6	−16.8	41 790	31 747	100.0	100.0
84.7	82.5	5.6	6.3	0.4	0.7	84 257	52 095	79.4	136.1
43.8	36.5	0.9	0.7	−5.3	−6.4	7 110	−553	99.0	99.0
21.6	24.3	2.3	2.7	1.8	1.8	69 474	57 000	100.0	100.0
16.7	19.6	1.0	1.1	2.4	2.7	49 742	48 451	100.0	100.0
50.8	52.1	1.2	1.3	2.0	2.1	71 429	67 116	99.9	97.6
31.2	37.9	0.6	0.5	−12.7	−43.5	12 700	8 039	138.1	123.5
43.0	48.1	0.5	1.0	2.3	4.6	56 800	11 944	100.0	100.0
30.2	33.9	1.9	1.9	2.5	6.9	67 385	76 162	118.0	115.6
25.7	23.3	1.3	1.3	−13.5	1.9	152 140	179 034	99.9	102.0
63.4	66.3	1.7	1.2	0.1	−0.6	70 373	76 423	100.0	100.0
68.9	56.5	1.4	1.8	12.3	10.6	117 388	117 365	110.8	99.8
53.9	54.6	0.8	1.2	1.3	2.7	113 333	103 860	100.0	100.0
29.0	24.2	1.3	0.8	−52.7	−31.8	40 398	36 390	89.4	103.1
35.4	63.1	1.5	1.6	11.4	14.2	149 595	151 632	200.9	189.7
60.4	60.0	0.8	0.5	0.2	1.6			104.3	106.0
28.6	37.6	2.3	1.9	29.7	27.6	188 464	127 954	70.9	132.4
246.6	242.8	2.3	0.3	1.9	−116.6	3 600	−114	97.8	128.6
39.8	49.4	1.5	1.5	0.9	1.5	79 592	66 581	109.7	94.5
61.0	91.6	0.8	0.4	−6.3	−9.2	37 258	24 258	100.0	100.0
79.4	79.8	1.3	1.3	8.0	8.0	75 716	48 266	101.1	109.9
74.1	63.2	2.3	2.1	−22.3	−9.3	29 637	30 333	100.2	91.1
54.4	67.7	1.7	1.6	1.5	2.5	24 578	35 391	95.6	106.2
52.8	51.3	2.2	2.7	−2.2	−5.1	49 322	53 889	100.0	100.0
35.8	39.4	1.7	1.4	1.9	0.8	26 822	37 500	100.0	100.0
40.4	28.9	1.4	1.2	2.7	1.3			100.0	100.0
15.3	19.8	4.2	4.3	0.2	0.4	47 588	47 272	100.0	100.0
34.3	36.9	2.2	2.0	9.7	9.9	126 553	87 750	106.7	94.3
65.7	49.0	1.4	1.7	0.3	−1.9	54 653	60 874	100.0	100.0
33.8	33.1	1.8	1.8	4.0	3.4	90 225	87 833	88.0	87.1
806.8	654.8	0.7	1.1	−60.9	−25.1	38 908	57 452	89.5	112.7

单位名称	工业经济效益综合指数 (%)		总资产贡献率 (%)		资产保值增值率 (%)	
	2011 年	2010 年	2011 年	2010 年	2011 年	2010 年
沈阳新华印刷厂	51.4	39.8	1.5	0.3	93.7	93.4
东北印刷厂	3.9	69.1	-4.9	1.6	88.0	96.5
长春新华印刷集团有限公司	131.3	144.9	6.7	8.4	103.9	109.0
延边新华印刷有限公司	120.4	116.5	10.6	9.1	100.8	103.8
长春第二新华印刷有限公司	90.5	144.5	6.4	8.9	100.1	105.1
黑龙江新华印刷二厂	131.9	109.7	10.7	8.8	104.6	100.0
安徽新华印刷股份公司	122.0	134.7	9.3	9.4	113.0	207.5
合肥远东印务有限公司	217.5	231.6	7.3	7.0	115.1	91.4
江西新华印刷集团有限公司	104.2	58.5	4.7	1.5	110.7	107.1
江西新华九江印刷总厂	150.5	94.6	18.1	13.4	116.0	41.9
皖南海峰印刷包装有限公司	217.2	225.2	13.3	15.9	116.1	118.7
江苏新华印刷厂	122.0	129.3	6.9	8.0	98.3	101.8
江苏淮阴新华印刷厂	41.0	55.0	4.6	5.5	90.5	95.0
江苏徐州新华印刷厂	0.6	27.5	-3.7	2.7	44.8	60.3
丹阳市教育印刷厂	48.0	53.5	7.3	6.8	10.2	22.7
南通韬奋印刷有限公司	84.7	66.7	4.2	2.1	93.8	95.8
南京爱德印刷有限公司	238.7	169.8	11.3	7.9	102.3	109.1
浙江印刷集团有限公司	160.4	190.6	6.1	5.2	101.8	101.3
常熟市华通印刷有限公司	99.5	104.4	4.8	3.8	128.9	189.6
福建新华印刷有限公司	128.6	123.6	4.8	3.8	99.5	123.9
中闻集团福州印务有限公司	81.0	182.9	3.1	4.1	99.4	720.7
湖北新华印务有限公司	128.0	159.9	5.1	7.8	96.3	99.1
中闻集团武汉印务有限公司	102.4	152.5	2.9	3.4	100.0	427.1
河南新华印刷集团有限公司	140.1	117.4	7.6	7.1	99.3	130.3
湖南天闻新华印务有限公司	242.3	217.1	14.5	15.9	123.0	105.0
广东新华印刷有限公司	347.5	266.8	25.0	18.0	134.2	124.9
广州华南印刷厂有限公司	112.9	112.0	4.7	5.4	94.9	106.2
东莞金杯印刷有限公司	109.7	103.1	2.8	1.2	104.0	110.3
广西民族印刷厂	102.8	116.9	5.0	5.9	99.0	101.4
重庆新华印刷厂	141.4	-94.9	5.9	-9.4	70.4	68.5
成都君区印务有限公司	180.3	204.4	13.8	1.9	318.5	96.5
四川新华印刷有限公司		-254.6	-0.5	-2.9		7.1
自贡兴华印务有限公司	12.5	18.1	-1.9	0.7	114.9	108.4
云南新华印刷实业总公司	137.5	151.7	5.4	5.9	87.6	120.5
云南国防印刷厂	162.6	161.1	8.0	8.0	115.9	114.7
贵州新华印刷厂	87.8	63.0	5.8	0.9	98.2	98.1
西安新华印务有限公司	88.4	95.4	3.9	4.5	94.0	100.1

（续）

资产负债率 (%)		流动资产周转率 (%)		成本费用利润率 (%)		全员劳动生产率 (元 / 人)		产品销售率 (%)	
2011 年	2010 年	2011 年	2010 年	2011 年	2010 年	2011 年	2010 年	2011 年	2010 年
35.9	34.4	1.1	1.2	−9.6	−10.3	58 756	45 528	103.7	106.1
29.8	28.6	2.1	2.0	−17.5	−5.5	33 178	48 216	106.3	96.9
71.7	67.1	2.1	2.0	6.1	8.5	58 288	59 316	103.9	105.4
29.2	33.9	1.1	1.3	5.1	5.6	51 500	43 416	97.8	103.0
49.7	55.2	0.9	1.1	0.0	11.4	47 722	54 022	115.7	111.7
12.1	13.5	1.5	1.6	7.3	5.0	47 296	34 493	111.3	94.6
43.7	45.5	2.0	2.1	11.7	11.5			100.0	100.0
74.7	75.1	0.9	1.2	8.9	9.1	201 327	223 929	89.2	89.1
53.3	51.0	0.6	0.7	7.7	−2.9	32 120	32 071	102.5	100.6
19.6	31.0	4.5	1.6	8.3	6.1			100.0	100.0
68.1	65.4	1.5	1.7	14.0	17.4	137 584	117 618	100.0	100.0
35.2	33.7	2.2	2.0	0.6	3.1	78 431	73 195	92.3	93.7
48.9	53.0	1.0	0.9	−6.0	−3.1	15 542	17 727	85.0	85.0
94.3	85.6	1.8	1.9	−16.3	−12.6	31 188	26 241	104.2	113.7
99.1	92.6	1.2	1.1	−2.5	−1.5	10 000	12 000	95.6	93.4
82.9	81.7	1.8	1.4	−1.2	−1.4	37 433	27 048	119.0	94.8
52.7	52.4	2.3	1.9	9.3	6.3	198 289	119 880	101.9	96.0
27.7	26.5	2.1	2.1	3.4	3.4	125 943	178 103	100.6	102.9
69.1	63.3	1.0	1.3	1.0	0.6	62 101	56 725	77.7	77.7
45.5	37.4	2.1	2.3	−1.3	−6.9	110 174	127 464	88.1	105.6
27.7	31.2	1.9	2.0	−1.3	0.1	38 045	54 638	96.2	98.7
40.3	49.8	2.1	1.4	2.5	11.6	82 793	81 480	100.0	100.0
10.2	9.0	1.6	2.1	0.0	0.7	69 398	66 323	100.0	100.0
9.0	6.1	1.3	1.5	7.0	5.0	79 145	42 075	97.6	118.8
51.7	47.7	1.9	2.2	10.3	11.3	190 979	138 229	96.7	100.0
29.2	35.2	0.8	1.0	39.8	27.7	164 685	127 274	96.7	92.4
56.3	55.7	1.2	1.6	3.0	5.6	74 598	41 766	85.4	100.3
12.7	17.4	1.4	1.7	4.1	1.2	56 934	65 554	110.6	99.3
55.2	49.6	1.6	1.8	1.7	1.1	52 929	72 993	100.0	100.0
86.4	75.8	0.3	0.5	21.6	−29.9	9 473	3 988	137.0	50.3
17.5	77.9	0.1	0.1	19.6	36.0		25 522	181.4	174.6
93.9	99.9	0.8	0.7	−22.3	−90.3	73 275	107 324	76.7	100.9
284.9	253.9	1.5	1.8	−15.8	−15.1	32 918	25 551	100.0	100.8
47.7	50.7	1.0	1.2	6.9	11.3	87 996	73 906	110.9	99.9
43.2	40.2	1.4	1.9	6.0	6.7	116 477	101 790	100.0	99.9
48.7	45.6	1.4	1.4	−1.3	−5.6	48 373	53 115	99.6	84.5
91.6	91.3	1.4	1.2	0.5	1.3	45 714	52 032	96.5	94.7

单位名称	工业经济效益综合指数 (%)		总资产贡献率 (%)		资产保值增值率 (%)	
	2011 年	2010 年	2011 年	2010 年	2011 年	2010 年
中闻集团西安印务有限公司	89.1	84.6	2.3	1.8	110.2	88.4
甘肃新华印刷厂	89.1	83.0	4.4	2.1	101.9	101.4
兰州新华印刷厂	117.4	109.3	7.0	5.7	101.0	100.0
天水新华印刷厂	66.5	67.0	4.9	4.4	103.1	100.8
青海新华印刷厂	80.5	74.6	3.4	3.3	102.2	100.0
新疆新华印刷厂	97.3	109.1	4.1	5.8	105.9	99.3
新疆八艺印刷厂	1.3	78.8	–0.6	1.5	90.7	101.3
新疆新华印刷二厂	17.9	6.5	–0.8	–2.4	94.3	94.8
西藏新华印刷厂	92.6	87.8	0.4	0.2	100.5	118.3
拉萨明鑫印刷有限责任公司	164.2	184.0	11.2	11.4	143.5	347.6
内蒙古爱信达教育印务公司	255.0	528.5	13.3	14.2	105.4	108.6

数据来源：中国印刷设备及器材工业协会书刊印刷专业委员会。

（续）

资产负债率 (%)		流动资产周转率 (%)		成本费用利润率 (%)		全员劳动生产率（元 / 人）		产品销售率 (%)	
2011 年	2010 年	2011 年	2010 年	2011 年	2010 年	2011 年	2010 年	2011 年	2010 年
60.1	62.5	1.3	1.4	-2.3	-2.0	66 129	61 685	101.1	97.2
56.0	55.5	1.8	1.9	0.8	0.6	36 157	32 845	95.5	95.2
54.1	52.2	2.8	2.8	0.3	0.3	52 405	44 184	134.3	127.1
70.0	67.8	0.5	0.6	0.3	0.3	19 684	20 997	97.6	99.8
41.6	42.1	1.2	1.6	0.1	0.0	37 742	22 672	100.0	100.0
52.3	50.7	1.0	1.1	1.8	2.4	54 875	65 290	101.1	101.7
89.7	86.8	0.2	0.3	-13.1	2.1	20 000	42 952	100.0	100.0
28.3	27.6	0.9	0.5	-11.1	-13.1	23 109	28 151	100.8	100.3
42.4	32.4	1.3	1.2	0.5	0.0	63 333	56 707	100.0	100.0
75.3	77.6	1.8	1.8	11.1	9.2	64 545	62 800	100.0	100.0
33.4	39.8	6.2	34.5	15.8	14.2	115 765	115 451	100.0	85.5

2011年全国119家骨干书刊印刷（含其他印刷）

单位名称	实现利税（万元）			利润总额（万元）		
	2011年	2010年	同比（%）	2011年	2010年	同比（%）
北京隆达印刷包装集团	3 644.7	3 427.4	106.3	1 291	1 408	91.7
北京印刷一厂	177.9	202.1	88.0	2	2	100.0
北京印刷二厂	1 002.3	821.8	122.0	383	200	191.5
北京北人羽新胶印有限公司	46.5	4.5	1 033.3	–21	–90	
北京利丰雅高长城印刷公司	1 548	1 962	78.9	596	1 290	46.2
北京宝岛包装有限公司	870	437	199.1	330	6	5 500.0
天津新闻出版局	–1 915	–1 562.8		–2 065	–1 589	
天津新华一印刷有限公司	–907	–1 056		–925	–855	
天津新华二印刷有限公司	–590	–742		–630	–785	
天津新华印刷三厂	–129	135		–191	11	
天津金彩美术印刷有限公司	–289	100.2		–319	40	
天津高教出版社印刷厂	689	595	115.8	293	217	135.0
上海印刷（集团）公司	1 096.7	889	123.4	–134	41	
上海新华印刷有限公司	–3.3	128.1		–175	–56	
上海市印刷三厂	334.9	266.9	125.5	21	7	300.0
上海中华印刷有限公司	696.1	347	200.6	17	8	212.5
上海市印刷四厂	69	147	46.9	2	82	2.4
北京新华印刷有限公司	377	81	465.4	–959	–612	
中印南方印刷有限公司	349.1	378.4	92.3	63	135	46.7
北京一二〇一印刷厂	290.3	318	91.3	17	102	16.7
解放军一二〇五工厂	297.8	307.9	96.7	233	227	102.6
解放军报印刷厂	946	856	110.5	130	214	60.7
北京凌奇印刷有限公司	311.5	568.1	54.8	36	57	63.2
北京金盾印刷厂	326	152	214.5	104	60	173.3
海军政治部印刷厂	–8	–74		25	–95	
廊坊一二〇六印刷厂	373.3	373.7	99.9	87	86	101.2
北京国防印刷厂	45	65	69.2	9	5	180.0
北京交通印务实业公司	216	234	92.3	6	1	600.0
人民教育出版社印刷厂	–3 299	633		–4 058	8	
人民日报社印刷厂	426.6	800.8	53.3	–248	–471	
煤炭工业出版社印刷厂	44.6	9.1	490.1	–75	–88	
中国农业出版社印刷厂	407.2	321.6	126.6	3	3	100.0
北京建筑工业印刷厂	179	31	577.4	21	–133	
北京机工印刷厂	197	173.2	113.7	2	3	66.7

企业经济效益完成情况汇总表（二）

全部从业人员平均人数(人)			流动资产累计平均余额(万元)			固定资产净值累计平均余额(万元)		
2011 年	2010 年	同比(%)	2011 年	2010 年	同比(%)	2011 年	2010 年	同比(%)
2 095	1 992	105.2	35 362	30 935	114.3	24 036	19 780	121.5
381	395	96.5	1 536	2 484	61.8	4 130	4 369	94.5
386	356	108.4	5 475	4 496	121.8	3 408	3 460	98.5
122	165	73.9	3 526	3 560	99.0	901	990	91.0
1 022	879	116.3	21 213	17 266	122.9	13 187	8 606	153.2
184	197	93.4	3 612	3 129	115.4	2 410	2 355	102.3
1 039	1 193	87.1	13 335	13 203	101.0	8 396	7 136	117.7
340	432	78.7	5 339	5 061	105.5	2 294	2 747	83.5
307	321	95.6	2 459	2 347	104.8	2 463	1 630	151.1
190	210	90.5	1 302	1 282	101.6	644	622	103.5
202	230	87.8	4 235	4 513	93.8	2 995	2 137	140.1
296	324	91.4	2 294	1 878	122.2	5 125	3 956	129.6
1 049	973	107.8	48 997	40 899	119.8	26 290	27 813	94.5
166	164	101.2	1 846	1 975	93.5	504	664	75.9
162	206	78.6	3 622	4 713	76.9	2 356	2 165	108.8
642	520	123.5	41 884	32 465	129.0	21 895	24 209	90.4
79	83	95.2	1 645	1 746	94.2	1 535	775	198.1
706	363	194.5	9 747	9 908	98.4	15 462	3 625	426.5
368	369	99.7	2 340	2 133	109.7	1 142	2 078	55.0
414	453	91.4	1 029	2 874	35.8	3 859	4 552	84.8
143	137	104.4	3 134	2 390	131.1	11 055	11 012	100.4
287	296	97.0	7 392	7 622	97.0	5 376	5 682	94.6
448	488	91.8	6 987	6 094	114.7	5 186	6 418	80.8
330	329	100.3	2 632	2 955	89.1	3 089	4 004	77.1
109	123	88.6	1 430	1 461	97.9	933	948	98.4
256	213	120.2	5 158	4 386	117.6	2 993	3 089	96.9
160	101	158.4	676	772	87.6	644	870	74.0
112	186	60.2	1 650	1 780	92.7	1 940	2 288	84.8
344	434	79.3	6 654	5 754	115.6	4 958	6 009	82.5
474	498	95.2	12 397	20 303	61.1	8 681	7 765	111.8
121	132	91.7	1 113	1 060	105.0	1 022	1 180	86.6
362	431	84.0	3 333	3 162	105.4	4 180	4 350	96.1
121	121	100.0	2 158	2 094	103.1	201	2 161	9.3
254	269	94.4	463	416	111.4	1 004	1 289	77.9

单位名称	实现利税（万元）			利润总额（万元）		
	2011 年	2010 年	同比（%）	2011 年	2010 年	同比（%）
中青印刷厂	–665.8	–558		–883	–847	
文物出版社印刷厂	121.1	154.5	78.4	5	5	100.0
北京中科印刷有限公司	1 703	1 329	128.1	512	452	113.3
北京外文印刷厂	–29	–530.5		–510	–1 134	
北京人卫印刷厂	523	513	101.9	181	207	87.4
新华通讯社印刷厂	1 473	4 700	31.3	865	3 396	25.5
北京京安印刷厂	606	–152		333	–286	
中国电影出版社印刷厂	165	93	177.4	10	14	71.4
北京轻工印刷厂	29.5	7	421.4	–63	–70	
北京和平印刷有限公司	69	68	101.5	13	15	86.7
北京中兴印刷有限公司	77.9	88.6	87.9	13	12	108.3
清华大学印刷厂	227	268	84.7	37	37	100.0
北京大学印刷厂	–33	–327		–95	–372	
北京毕诚彩印厂	15	47	31.9	7	30	23.3
北京华联印刷有限公司	2 269	3 602	63.0	1 052	2 457	42.8
北京日邦印刷有限公司	–2 348	1 160.1		–3 094	388	
北京画中画印刷有限公司	146.7	170.8	85.9	19	–70	
北京雅昌彩色印刷有限公司	13 261	9 437	140.5	7 871	5 632	139.8
北京顶佳世纪印刷有限公司	77	125	61.6	75	112	67.0
化学工业出版社印刷厂	–508	–232		–657	–413	
北京盛通印刷股份有限公司	6 360	7 570	84.0	4 905	5 589	87.8
中国铁道出版社印刷厂	539	236	228.4	10	45	22.2
北京东港安全印刷有限公司	3 790.3	3 094	122.5	2 774	2 263	122.6
北京印刷学院实习工厂	46.9	40.7	115.2	5	–41	
北京联兴盛业印刷股份公司	844	397	212.6	69	95	72.6
山东新华印刷厂	–332	–440		–514	–591	
山东临沂新华印刷物流集团	2 395	2 281	105.0	1 325	1 262	105.0
山东新华印刷厂潍坊厂	–512	–93		–810	–398	
山东德州新华印务有限公司	859	1 036	82.9	97	150	64.7
中闻集团济南印务有限公司	226.7	118.6	191.1	–102	–243	
河北新华第一印刷有限公司	1 016	1 009	100.7	254	85	298.8
河北新华第二印刷有限公司	716	867	82.6	201	106	189.6
中国标准社秦皇岛印刷厂	162	157.6	102.8	3	8	37.5
保定五四三印刷厂	4 194.5	2 870	146.1	2 401	1 726	139.1
山西新华印业有限公司	547	231	236.8	32	–175	
山西人民印刷有限公司	1 082.8	1 091	99.2	385	302	127.5
辽宁美术印刷厂	332	461	72.0	–1 912	–848	

（续）

全部从业人员平均人数（人）			流动资产累计平均余额（万元）			固定资产净值累计平均余额（万元）		
2011 年	2010 年	同比（%）	2011 年	2010 年	同比（%）	2011 年	2010 年	同比（%）
372	393	94.7	2 588	2 822	91.7	3 840	4 295	89.4
124	131	94.7	1 875	1 773	105.8	1 184	1 352	87.6
700	670	104.5	5 840	8 079	72.3	16 936	17 914	94.5
565	543	104.1	4 063	6 864	59.2	4 666	5 339	87.4
393	409	96.1	46 684	40 925	114.1	71 505	76 853	93.0
346	372	93.0	20 749	21 361	97.1	7 416	7 235	102.5
162	166	97.6	802	762	105.2	1 296	1 124	115.3
101	105	96.2	453	364	124.5	1 687	1 659	101.7
118	94	125.5	758	802	94.5	1 314	1 352	97.2
38	50	76.0	325	310	104.8	203	289	70.2
89	91	97.8	667	621	107.3	781	830	94.1
175	215	81.4	1 530	1 382	110.7	599	745	80.4
100	102	98.0	1 069	1 280	83.5	407	488	83.4
25	36	69.4	659	609	108.2	314	372	84.4
589	581	101.4	22 600	19 564	115.5	22 682	24 939	90.9
228	232	98.3	14 660	15 579	94.1	8 779	9 308	94.3
378	369	102.4	9 034	9 655	93.6	4 904	5 529	88.7
2 320	1 958	118.5	55 472	32 316	171.7	23 005	21 040	109.3
72	57	126.3	7 578	3 683	205.8	2 692	2 977	90.4
251	254	98.8	962	1 756	54.8	5 640	3 479	162.1
988	974	101.4	32 049	27 688	115.8	36 937	26 283	140.5
238	313	76.0	7 683	7 802	98.5	8 383	8 386	100.0
140	131	106.9	7 011	7 271	96.4	2 605	2 293	113.6
30	35	85.7	112	102	109.6	15	26	57.7
392	389	100.8	4 840	4 075	118.8	20 072	20 137	99.7
671	667	100.6	9 209	15 137	60.8	12 361	8 735	141.5
880	946	93.0	14 845	12 495	118.8	8 245	7 164	115.1
487	546	89.2	1 338	1 223	109.4	3 751	5 919	63.4
784	781	100.4	3 545	3 742	94.7	5 355	5 423	98.7
407	407	100.0	2 573	2 083	123.5	3 905	3 349	116.6
1 103	1 117	98.7	7 857	8 079	97.3	7 600	7 015	108.3
888	918	96.7	5 345	6 217	86.0	5 885	7 390	79.6
233	228	102.2	476	472	100.9	433	487	88.9
705	809	87.1	12 303	9 447	130.2	4 638	4 556	101.8
692	721	96.0	6 691	4 887	136.9	5 328	5 986	89.0
632	669	94.5	6 253	5 143	121.6	3 142	3 336	94.2
293	310	94.5	2 942	3 298	89.2	6 546	7 342	89.2

单位名称	实现利税（万元）			利润总额（万元）		
	2011 年	2010 年	同比（%）	2011 年	2010 年	同比（%）
沈阳新华印刷厂	131	–41		–701	–782	
东北印刷厂	–377	98		–633	–191	
长春新华印刷集团有限公司	1 414	1 503	94.1	701	1 039	67.5
延边新华印刷有限公司	464	423	109.7	131	150	87.3
长春第二新华印刷有限公司	190	345	55.1		126	
黑龙江新华印刷二厂	690	557	123.9	261	178	146.6
安徽新华印刷股份公司	7 387.38	6 715.8	110.0	4 639	4 217	110.0
合肥远东印务有限公司	639	612	104.4	421	417	101.0
江西新华印刷集团有限公司	3 440	123.1	2 794.5	2 191	–733	
江西新华九江印刷总厂	742	485	153.0	455	303	150.2
皖南海峰印刷包装有限公司	1 786	1 824	97.9	949	1 060	89.5
江苏新华印刷厂	3 033	3 841	79.0	203	873	23.3
江苏淮阴新华印刷厂	120	208	57.7	–213	–107	
江苏徐州新华印刷厂	–83	55		–285	–190	
丹阳市教育印刷厂	100	120	83.3	–25	–18	
南通韬奋印刷有限公司	100	51	196.1	–25	–19	
南京爱德印刷有限公司	2 230	1 461	152.6	1 980	1 345	147.2
浙江印刷集团有限公司	3 864	3 284	117.7	1 936	1 617	119.7
常熟市华通印刷有限公司	268.2	28.6	937.8	47	29	162.1
福建新华印刷有限公司	406	284	143.0	–24	–123	
中闻集团福州印务有限公司	271	404	67.1	–47	5	
湖北新华印务有限公司	1 461	3 256	44.9	630	2 514	25.1
中闻集团武汉印务有限公司	361	434	83.2	1	37	2.7
河南新华印刷集团有限公司	2 904.3	2 622	110.8	1 169	743	157.4
湖南天闻新华印务有限公司	12 867	10 753.7	119.7	8 048	7 505	107.2
广东新华印刷有限公司	5 126	3 015	170.0	3 518	2 230	157.8
广州华南印刷厂有限公司	778	918	84.7	203	451	45.0
东莞金杯印刷有限公司	678.3	293.8	230.9	564	187	301.6
广西民族印刷厂	807	864	93.4	185	132	140.2
重庆新华印刷厂	727	–1 499		987	–1 470	
成都君区印务有限公司	1 607	391	411.0	162	215	75.3
四川新华印刷有限公司	–372	–1 552		–575	–1 945	
自贡兴华印务有限公司	–168	–129		–306	–382	
云南新华印刷实业总公司	913	1 356	67.3	340	419	81.1
云南国防印刷厂	1 337	1 102	121.3	660	638	103.4
贵州新华印刷厂	662	118	561.0	–113	–456	
西安新华印务有限公司	431	528	81.6	40	95	42.1

（续）

全部从业人员平均人数（人）			流动资产累计平均余额（万元）			固定资产净值累计平均余额（万元）		
2011 年	2010 年	同比（%）	2011 年	2010 年	同比（%）	2011 年	2010 年	同比（%）
595	606	98.2	5 816	5 456	106.6	9 404	10 518	89.4
428	370	115.7	1 850	1 983	93.3	5 099	5 409	94.3
555	570	97.4	6 189	6 226	99.4	6 738	7 182	93.8
280	322	87.0	2 319	2 200	105.4	2 443	2 758	88.6
158	184	85.9	1 879	1 631	115.2	2 122	2 491	85.2
514	503	102.2	2 561	2 316	110.6	3 724	3 742	99.5
1 568	1 586	98.9	30 135	25 276	119.2	25 121	22 306	112.6
196	196	100.0	6 056	4 181	144.8	4 349	4 386	99.2
1 500	1 492	100.5	43 781	35 108	124.7	19 689	17 855	110.3
334	330	101.2	1 332	3 200	41.6	1 504	2 283	65.9
356	361	98.6	5 267	4 225	124.7	7 475	6 117	122.2
1 957	1 928	101.5	15 932	14 280	111.6	29 170	27 475	106.2
323	352	91.8	2 365	2 482	95.3	1 954	2 278	85.8
421	431	97.7	1 220	1 054	115.7	982	869	113.0
120	150	80.0	862	1 108	77.8	949	1 151	82.5
187	210	89.0	1 070	910	117.6	1 292	1 288	100.3
456	498	91.6	11 393	11 706	97.3	12 692	11 401	111.3
636	585	108.7	27 433	23 340	117.5	19 249	20 468	94.0
288	306	94.1	5 720	4 077	140.3	6 032	5 762	104.7
471	509	92.5	3 857	3 104	124.3	3 073	3 113	98.7
358	276	129.7	1 703	1 715	99.3	4 296	4 436	96.8
802	784	102.3	11 933	16 935	70.5	14 708	15 782	93.2
349	359	97.2	3 012	2 405	125.2	4 592	4 732	97.0
1229	1 220	100.7	13 603	10 783	126.2	10 545	11 192	94.2
1706	1 728	98.7	45 107	34 400	131.1	31 018	28 772	107.8
508	591	86.0	14 619	10 351	141.2	2 850	3 042	93.7
348	419	83.1	6 256	5 848	107.0	2 809	3 931	71.5
737	650	113.4	12 108	10 251	118.1	11 784	12 113	97.3
676	705	95.9	7 708	6 304	122.3	8 809	9 226	95.5
759	820	92.6	9 874	6 065	162.8	5 717	6 134	93.2
69	67	103.0	4 285	5 118	83.7	2 654	2 052	129.3
229	213	107.5	2 934	3 544	82.8	14 494	13 370	108.4
257	272	94.5	974	974	100.0	2 169	2 239	96.9
494	832	59.4	9 518	11 609	82.0	6 835	8 610	79.4
352	391	90.0	8 343	5 354	155.8	4 957	5 241	94.6
719	748	96.1	5 787	5 006	115.6	5 604	5 453	102.8
525	502	104.6	5 314	5 490	96.8	2 575	2 728	94.4

单位名称	实现利税（万元）			利润总额（万元）		
	2011年	2010年	同比（%）	2011年	2010年	同比（%）
中闻集团西安印务有限公司	260	68.1	381.8	-155	-133	
甘肃新华印刷厂	420	204	205.9	59	42	140.5
兰州新华印刷厂	584.9	456.6	128.1	16	13	123.1
天水新华印刷厂	466	345	135.1	17	14	121.4
青海新华印刷厂	117.5	116.1	101.2	1	1	100.0
新疆新华印刷厂	751	1 150	65.3	144	189	76.2
新疆八艺印刷厂	-120	217		-293	39	
新疆新华印刷二厂	-35	-93		-156	-176	
西藏新华印刷厂	17	1	1 700.0	16	1	1 600.0
拉萨明鑫印刷有限责任公司	185	148	125.0	148	88	168.2
内蒙古爱信达教育印务公司	1 637	1 613	101.5	720	612	117.6

（续）

全部从业人员平均人数（人）			流动资产累计平均余额（万元）			固定资产净值累计平均余额（万元）		
2011 年	2010 年	同比（%）	2011 年	2010 年	同比（%）	2011 年	2010 年	同比（%）
402	372	108.1	5 024	4 574	109.8	6 744	7 078	95.3
791	805	98.3	4 380	3 786	115.7	6 073	5 477	110.9
711	741	96.0	3 130	2 768	113.1	5 826	5 475	106.4
602	612	98.4	10 150	8 885	114.2	4 315	4 341	99.4
217	247	87.9	889	714	124.6	2 772	2 905	95.4
519	569	91.2	6 741	6 164	109.4	15 041	15 634	96.2
157	166	94.6	8 917	5 567	160.2	2 487	2 784	89.3
119	146	81.5	1 089	2 000	54.5	2 661	2 743	97.0
246	249	98.8	2 760	2 629	105.0	2 627	2 049	128.2
55	50	110.0	828	575	144.0	362	328	110.4
255	255	100.0	808	143	565.0	9 445	9 967	94.8

2011 年全国 119 家骨干书刊印刷（含其他印刷）

单位名称	工业总产值（万元）			工业销售产值（万元）		
	2011 年	2010 年	同比（%）	2011 年	2010 年	同比（%）
北京隆达印刷包装集团	57 128	43 789	130.5	55 500	42 422	130.8
北京印刷一厂	2 201	2 527	87.1	2 201	2 527	87.1
北京印刷二厂	10 091	6 937	145.5	9 808	6 599	148.6
北京北人羽新胶印有限公司	699	1 452	48.1	775	1 495	51.8
北京利丰雅高长城印刷公司	37 729	27 328	138.1	36 307	26 256	138.3
北京宝岛包装有限公司	6 408	5 546	115.5	6 408	5 546	115.5
天津新闻出版局	5 998	6 713	89.4	5 998	6 713	89.4
天津新华一印刷有限公司	2 047	2 480	82.5	2 047	2 480	82.5
天津新华二印刷有限公司	1 480	1 415	104.6	1 480	1 415	104.6
天津新华印刷三厂	808	1 017	79.4	808	1 017	79.4
天津金彩美术印刷有限公司	1 663	1 801	92.4	1 663	1 801	92.4
天津高教出版社印刷厂	3 073	2 817	109.1	3 073	2 817	109.1
上海印刷（集团）公司	28 521	31 122	91.6	28 517	30 094	94.8
上海新华印刷有限公司	2 090	4 001	52.2	2 181	3 905	55.9
上海市印刷三厂	4 633	5 058	91.6	4 633	5 058	91.6
上海中华印刷有限公司	21 084	21 032	100.2	21 006	20 093	104.5
上海市印刷四厂	714	1 031	69.3	697	1 038	67.1
北京新华印刷有限公司	14 093	885	1 592.4	13 351	885	1 508.6
中印南方印刷有限公司	3 517	3 666	95.9	3 934	4 139	95.0
北京一二〇一印刷厂	3 500	3 758	93.1	3 500	3 758	93.1
解放军一二〇五工厂	2 911	2 203	132.1	2 667	1 952	136.6
解放军报印刷厂	10 685	10 050	106.3	10 685	10 050	106.3
北京凌奇印刷有限公司	5 471	5 370	101.9	5 448	5 505	99.0
北京金盾印刷厂	6 358	5 698	111.6	6 358	5 698	111.6
海军政治部印刷厂	2 750	2 264	121.5	2 750	2 264	121.5
廊坊一二〇六印刷厂	4 261	4 092	104.1	4 723	4 616	102.3
北京国防印刷厂	1 644	1 510	108.9	1 644	1 510	108.9
北京交通印务实业公司	2 010	2 217	90.7	2 010	2 217	90.7
人民教育出版社印刷厂	4 560	4 472	102.0	4 560	4 472	102.0
人民日报社印刷厂	14 022	10 874	129.0	14 022	10 874	128.9
煤炭工业出版社印刷厂	1 112	1 224	90.9	1 085	1 451	74.8
中国农业出版社印刷厂	2 294	2 537	90.4	3 337	3 593	92.9
北京建筑工业印刷厂	1 092	1 070	102.1	1 092	1 070	102.1
北京机工印刷厂	1 534	1 512	101.5	1 534	1 512	101.5

企业经济效益完成情况汇总表（三）

工业增加值（万元）			主营业务收入（万元）			成本费用总额（万元）		
2011 年	2010 年	同比（%）	2011 年	2010 年	同比（%）	2011 年	2010 年	同比（%）
14 774	11 957	123.6	55 500	42 422	130.8	57 670	44 390	129.9
995	1 123	88.6	2 201	2 527	87.1	3 286	3 377	97.3
2 835	2 159	131.3	9 808	6 599	148.6	10 698	7 555	141.6
259	179	144.9	775	1 495	51.8	1 038	1 559	66.6
9 616	6 857	140.2	36 307	26 256	138.3	36 548	26 413	138.4
1 069	1 639	65.2	6 408	5 546	115.5	6 100	5 486	111.2
4 202	4 340	96.8	5 998	6 713	89.4	7 699	8 299	92.8
1 884	1 816	103.7	2 047	2 480	82.5	2 367	3 259	72.6
1 334	1 062	125.6	1 480	1 415	104.6	2 231	2 227	100.2
-8	291		808	1 017	79.4	995	1 007	98.8
992	1 171	84.7	1 663	1 801	92.4	2 106	1 807	116.6
1 058	790	133.9	3 391	3 251	104.3	3 387	3 237	104.6
7 067	8 384	84.3	28 498	30 062	94.8	33 558	32 967	101.8
1 070	2 838	37.7	2 181	3 905	55.9	2 382	3 997	59.6
2 380	2 452	97.1	4 633	5 058	91.6	4 604	5 054	91.1
3 299	2 650	124.5	21 006	20 093	104.5	25 951	23 011	112.8
318	444	71.6	678	1 006	67.4	621	905	68.6
2 823	269	1 049.4	14 553	3 218	452.2	15 603	3 804	410.2
1 770	1 519	116.5	4 114	3 837	107.2	4 260	3 940	108.1
315	724	43.5	6 578	5 856	112.3	6 168	5 555	111.0
991	656	151.1	2 998	2 149	139.5	3 792	3 296	115.1
4 829	4 259	113.4	10 685	10 050	106.3	10 746	9 902	108.5
1 483	1 658	89.4	5 448	5 505	99.0	6 924	7 073	97.9
3 134	3 474	90.2	5 313	3 536	150.2	3 935	3 066	128.4
1 258	1 207	104.2	2 750	2 264	121.5	2 788	2 490	112.0
1 648	1 402	117.5	4 723	4 577	103.2	4 603	4 464	103.1
566	506	111.9	1 644	1 510	108.9	1 635	1 578	103.6
538	615	87.5	1 886	2 089	90.3	2 542	2 686	94.6
2 960	4 009	73.8	4 560	4 472	102.0	24 787	4 938	502.0
8 597	8 925	96.3	14 022	10 874	129.0	14 636	11 614	126.0
1 145	1 320	86.7	1 085	1 451	74.8	1 170	1 300	90.0
427	1 060	40.3	3 337	3 593	92.9	4 165	3 843	108.4
712	593	120.1	983	1 000	98.3	1 426	1 477	96.5
675	640	105.6	1 534	1 512	101.5	2 496	2 444	102.1

单位名称	工业总产值（万元）			工业销售产值（万元）		
	2011年	2010年	同比（%）	2011年	2010年	同比（%）
中青印刷厂	3 427	4 348	78.8	3 490	4 348	80.3
文物出版社印刷厂	563	388	145.1	577	588	98.1
北京中科印刷有限公司	8 146	8 195	99.4	8 146	8 195	99.4
北京外文印刷厂	2 934	4 403	66.6	2 736	7 412	36.9
北京人卫印刷厂	3 596	3 228	111.4	3 596	3 357	107.1
新华通讯社印刷厂	11 376	11 774	96.6	11 376	11 774	96.6
北京京安印刷厂	1 060	1 178	90.0	1 060	1 178	90.0
中国电影出版社印刷厂	2 091	1 697	123.2	1 660	2 309	71.9
北京轻工印刷厂	642	579	110.9	635	573	110.8
北京和平印刷有限公司	747	836	89.4	747	836	89.4
北京中兴印刷有限公司	747	667	112.0	747	667	112.0
清华大学印刷厂	1 831	1 756	104.3	1 829	1 714	106.7
北京大学印刷厂	554	609	91.0	765	752	101.7
北京毕诚彩印厂	453	686	66.0	453	686	66.0
北京华联印刷有限公司	35 627	32 400	110.0	42 034	37 454	112.2
北京日邦印刷有限公司	19 629	19 823	99.0	19 614	20 225	97.0
北京画中画印刷有限公司	14 940	11 527	129.6	14 940	11 527	129.6
北京雅昌彩色印刷有限公司	74 346	58 068	128.0	82 387	57 947	142.2
北京顶佳世纪印刷有限公司	6 156	4 470	137.7	6 156	4 470	137.7
化学工业出版社印刷厂	1 617	1 530	105.6	1 446	1 578	91.6
北京盛通印刷股份有限公司	23 884	23 692	100.8	47 976	44 939	106.8
中国铁道出版社印刷厂	5 478	3 476	157.6	5 714	3 683	155.1
北京东港安全印刷有限公司	10 980	4 956	221.5	7 786	6 560	118.7
北京印刷学院实习工厂	193	143	135.0	189	184	102.7
北京联兴盛业印刷股份公司	6 767	6 665	101.5	7 421	6 296	117.9
山东新华印刷厂	9 570	7 901	121.1	9 570	7 901	121.1
山东临沂新华印刷物流集团	18 705	14 490	129.1	18 915	15 931	118.7
山东新华印刷厂潍坊厂	2 997	3 288	91.2	3 003	2 995	100.3
山东德州新华印务有限公司	5 338	5 322	100.3	5 104	5 653	90.3
中闻集团济南印务有限公司	5 463	5 620	97.2	5 463	5 620	97.2
河北新华第一印刷有限公司	7 967	7 793	102.2	7 967	7 793	102.2
河北新华第二印刷有限公司	7 124	7 204	98.9	7 124	7 204	98.9
中国标准社秦皇岛印刷厂	2 003	2 036	98.4	2 003	2 036	98.4
保定五四三印刷厂	25 006	20 355	122.8	26 675	19 192	139.0
山西新华印业有限公司	10 042	8 256	121.6	10 042	8 256	121.6
山西人民印刷有限公司	11 208	10 460	107.2	9 866	9 112	108.3
辽宁美术印刷厂	2 371	3 204	74.0	2 122	3 611	58.8

（续）

工业增加值（万元）			主营业务收入（万元）			成本费用总额（万元）		
2011 年	2010 年	同比（%）	2011 年	2010 年	同比（%）	2011 年	2010 年	同比（%）
502	871	57.6	3 619	4 729	76.5	5 229	6 321	82.7
40	37	108.1	477	495	96.4	1 092	994	109.9
5 597	5 212	107.4	10 078	9 459	106.5	9 560	9 039	105.8
783	2 194	35.7	2 736	7 412	36.9	5 077	9 680	52.4
2 268	1 987	114.1	3 596	3 357	107.1	3 591	3 418	105.1
8 747	10 591	82.6	11 376	11 774	96.6	10 851	9 136	118.8
677	527	128.5	1 060	1 178	90.0	1 614	1 700	94.9
851	547	155.6	2 539	2 309	110.0	2 500	1 875	133.3
84	–5	0.0	707	534	132.5	1 201	1 097	109.5
264	285	92.6	747	835	89.5	731	812	90.0
443	441	100.4	699	689	101.4	549	426	128.9
1 250	1 443	86.6	1 829	1 777	102.9	1 835	1 727	106.3
127	82	154.9	654	643	101.7	748	855	87.5
142	43	330.2	345	615	56.1	300	656	45.7
3 969	4 425	89.7	42 034	37 454	112.2	41 422	35 822	115.6
3 469	4 154	83.5	19 614	20 225	97.0	22 974	20 220	113.6
2 660	2 820	94.3	14 940	11 527	129.6	13 947	11 525	121.0
27 234	22 980	118.5	77 033	57 299	134.4	64 062	53 148	120.5
816	592	137.8	6 156	4 470	137.7	5 943	4 156	143.0
1 014	924	109.7	1 235	1 348	91.6	1 247	1 299	96.0
14 780	14 769	100.1	48 052	44 939	106.9	43 114	39 255	109.8
			6 455	3 725	173.3	4 818	2 878	167.4
2 639	1 676	157.4	16 469	13 804	119.3	9 329	8 201	113.8
11			258	31	832.3	266	35	760.0
3 120	2 590	120.5	7 421	6 296	117.9	7 476	6 203	120.5
2 500	1 618	154.5	7 254	6 395	113.4	8 133	6 456	126.0
6 663	4 566	145.9	18 915	15 934	118.7	16 578	15 789	105.0
1 443	1 656	87.1	3 038	2 617	116.1	3 625	4 300	84.3
1 927	2 764	69.7	6 072	5 906	102.8	6 463	6 057	106.7
2 007	2 193	91.5	5 566	5 697	97.7	4 622	4 768	97.0
2 959	4 189	70.6	13 583	10 919	124.4	13 434	10 888	123.4
			7 395	7 760	95.3	7 362	8 265	89.1
1 109	1 078	102.9	2 003	2 036	98.4	1 441	2 001	72.0
8 922	7 099	125.7	26 675	19 192	139.0	24 637	17 505	140.7
3 782	4 389	86.2	9 676	8 484	114.0	10 099	8 985	112.4
5 702	5 876	97.0	11 136	9 112	122.2	9 634	8 995	107.1
1 140	1 781	64.0	2 122	3 611	58.8	3 142	3 385	92.8

单位名称	工业总产值（万元）			工业销售产值（万元）		
	2011 年	2010 年	同比（%）	2011 年	2010 年	同比（%）
沈阳新华印刷厂	6 040	6 129	98.5	6 264	6 500	96.4
东北印刷厂	3 760	4 079	92.2	3 996	3 951	101.1
长春新华印刷集团有限公司	12 346	12 083	102.2	12 823	12 738	100.7
延边新华印刷有限公司	2 486	2 624	94.7	2 431	2 704	89.9
长春第二新华印刷有限公司	1 413	1 590	88.9	1 635	1 776	92.1
黑龙江新华印刷二厂	3 415	3 834	89.1	3 802	3 628	104.8
安徽新华印刷股份公司	69 602	60 524	115.0	69 602	60 524	115.0
合肥远东印务有限公司	8 865	8 753	101.3	7 910	7 802	101.4
江西新华印刷集团有限公司	30 049	29 690	101.2	30 790	29 880	103.0
江西新华九江印刷总厂	3 136	2 644	118.6	3 136	2 644	118.6
皖南海峰印刷包装有限公司	8 218	7 453	110.3	8 218	7 453	110.3
江苏新华印刷厂	38 183	30 614	124.7	35 250	28 696	122.8
江苏淮阴新华印刷厂	1 925	2 198	87.6	1 636	1 868	87.6
江苏徐州新华印刷厂	2 171	1 842	117.9	2 263	2 094	108.1
丹阳市教育印刷厂	1 360	1 520	89.5	1 300	1 420	91.5
南通韬奋印刷有限公司	1 448	1 350	107.3	1 723	1 280	134.6
南京爱德印刷有限公司	26 506	23 883	111.0	27 008	22 929	117.8
浙江印刷集团有限公司	33 991	30 737	110.6	34 206	31 642	108.1
常熟市华通印刷有限公司	7 052	6 844	103.0	5 479	5 318	103.0
福建新华印刷有限公司	8 913	6 488	137.4	7 853	6 852	114.6
中闻集团福州印务有限公司	3 342	3 554	94.0	3 216	3 508	91.7
湖北新华印务有限公司	24 067	20 729	116.1	24 067	20 729	116.1
中闻集团武汉印务有限公司	5 711	5 295	107.9	5 711	5 295	107.9
河南新华印刷集团有限公司	15 616	11 462	136.2	15 236	13 612	111.9
湖南天闻新华印务有限公司	87 674	72 444	121.0	84 764	72 444	117.0
广东新华印刷有限公司	13 821	13 710	100.8	13 370	12 662	105.6
广州华南印刷厂有限公司	8 540	8 636	98.9	7 293	8 665	84.2
东莞金杯印刷有限公司	15 306	17 053	89.8	16 934	16 932	100.0
广西民族印刷厂	12 214	12 269	99.6	12 214	12 269	99.6
重庆新华印刷厂	2 238	5 899	37.9	3 067	2 966	103.4
成都君区印务有限公司	334	342	97.7	606	597	101.5
四川新华印刷有限公司	3 140	2 538	123.7	2 408	2 560	94.1
自贡兴华印务有限公司	1 746	1 732	100.8	1 746	1 746	100.0
云南新华印刷实业总公司	8 342	13 105	63.7	9 248	13 088	70.7
云南国防印刷厂	10 445	10 013	104.3	10 445	10 000	104.5
贵州新华印刷厂	8 191	8 329	98.3	8 155	7 037	115.9
西安新华印务有限公司	8 170	7 157	114.2	7 881	6 781	116.2

（续）

工业增加值（万元）			主营业务收入（万元）			成本费用总额（万元）		
2011 年	2010 年	同比（%）	2011 年	2010 年	同比（%）	2011 年	2010 年	同比（%）
3 496	2 759	126.7	6 264	6 500	96.4	7 313	7 578	96.5
1 420	1 784	79.6	3 960	3 971	99.7	3 610	3 452	104.6
3 235	3 381	95.7	12 823	12 738	100.7	11 457	12 169	94.1
1 442	1 398	103.1	2 647	2 758	96.0	2 552	2 698	94.6
754	994	75.9	1 635	1 776	92.1	1 106	1 103	100.3
2 431	1 735	140.1	3 802	3 628	104.8	3 583	3 580	100.1
			60 474	52 586	115.0	39 549	36 761	107.6
3 946	4 389	89.9	5 367	5 215	102.9	4 718	4 587	102.9
4 818	4 785	100.7	28 286	25 942	109.0	28 599	25 032	114.2
			5 997	5 003	119.9	5 511	4 953	111.3
4 898	4 246	115.4	8 135	7 375	110.3	6 789	6 100	111.3
15 349	14 112	108.8	35 250	28 940	121.8	34 629	27 934	124.0
502	624	80.4	2 420	2 354	102.8	3 525	3 482	101.2
1 313	1 131	116.1	2 218	20 08	110.5	1 751	1 504	116.4
120	180	66.7	1 006	1 274	79.0	987	1 220	80.9
700	568	123.2	1 960	1 275	153.7	2 076	1 406	147.7
9 042	5 970	151.5	26 506	22 500	117.8	21 327	21 236	100.4
8 010	10 419	76.9	57 409	48 720	117.8	56 719	47 696	118.9
1 789	1 736	103.0	5 479	5 318	103.0	4 756	4 867	97.7
5 189	6 488	80.0	8 129	7 042	115.4	1 780	1 786	99.7
1 362	1 508	90.3	3 216	3 508	91.7	3 651	3 906	93.5
6 640	6 388	103.9	24 811	23 189	107.0	25 509	21 744	117.3
2 422	2 381	101.7	4 916	5 118	96.1	5 363	5 515	97.2
9 727	5 133	189.5	17 931	15 909	112.7	16 694	14 993	111.3
32 581	23 886	136.4	87 673	74 803	117.2	78 260	66 637	117.4
8 366	7 522	111.2	11 460	10 786	106.2	8 831	8 053	109.7
2 596	1 750	148.3	7 293	9 267	78.7	6 854	8 017	85.5
4 196	4 261	98.5	16 934	16 932	100.0	13 858	15 037	92.2
3 578	5 146	69.5	12 525	11 637	107.6	10 698	11 642	91.9
719	327	219.9	3 148	3 061	102.8	4 570	4 924	92.8
	171		606	506	119.8	825	597	138.2
1 678	2 286	73.4	2 408	2 560	94.1	2 576	2 153	119.6
846	695	121.7	1 478	1 795	82.3	1 935	2 536	76.3
4 347	6 149	70.7	9 248	13 758	67.2	4 954	3 720	133.2
4 100	3 980	103.0	11 337	9 927	114.2	10 953	9 498	115.3
3 478	3 973	87.5	8 209	7 093	115.7	8 735	8 079	108.1
2 400	2 612	91.9	7 565	6 784	111.5	8 050	7 113	113.2

单位名称	工业总产值(万元)			工业销售产值(万元)		
	2011年	2010年	同比(%)	2011年	2010年	同比(%)
中闻集团西安印务有限公司	6 348	6 796	93.4	6 415	6 604	97.1
甘肃新华印刷厂	7 347	6 194	118.6	7 020	5 895	119.1
兰州新华印刷厂	6 852	6 313	108.5	9 200	8 022	114.7
天水新华印刷厂	5 699	5 432	104.9	5 561	5 420	102.6
青海新华印刷厂	1 170	800	146.3	1 170	800	146.3
新疆新华印刷厂	6 499	6 446	100.8	6 568	6 556	100.2
新疆八艺印刷厂	1 630	1 544	105.6	1 630	1 544	105.6
新疆新华印刷二厂	1 004	1 009	99.5	1 012	1 012	100.0
西藏新华印刷厂	3 839	3 163	121.4	3 839	3 163	121.4
拉萨明鑫印刷有限责任公司	1 489	1 054	141.3	1 489	1 054	141.3
内蒙古爱信达教育印务公司	5 500	5 485	100.3	5 500	4 688	117.3

（续）

工业增加值（万元）			主营业务收入（万元）			成本费用总额（万元）		
2011 年	2010 年	同比（%）	2011 年	2010 年	同比（%）	2011 年	2010 年	同比（%）
2 658	2 295	115.8	6 645	6 604	100.6	6 803	6 824	99.7
2 860	2 644	108.2	7 809	7 152	109.2	7 685	7 260	105.9
3 726	3 274	113.8	8 800	7 869	111.8	4 917	4 016	122.4
1 185	1 285	92.2	5 561	5 420	102.6	5 544	5 406	102.6
819	560	146.3	1 069	1 132	94.5	1 243	1 211	102.7
2 848	3 715	76.7	6 632	6 556	101.2	8 049	7 789	103.3
314	713	44.0	1 744	1 689	103.3	2 241	1 861	120.4
275	411	66.9	1 012	1 012	100.0	1 402	1 346	104.2
1 558	1 412	110.3	3 528	3 077	114.7	3 336	2 770	120.4
355	314	113.1	1 489	1 054	141.3	1 337	9 58	139.6
2 952	2 944	100.3	4 987	4 935	101.1	4 567	4 323	105.6

2011年全国119家骨干书刊印刷（含其他印刷）

单位名称	工业企业中间投入（万元）			工资总额（万元）		
	2011年	2010年	同比（%）	2011年	2010年	同比（%）
北京隆达印刷包装集团	43 016	33 426	128.7	8 482	6 401	132.5
北京印刷一厂	1 299	1 520	85.5	1 095	947	115.6
北京印刷二厂	7 609	5 132	148.3	1 641	1 298	126.5
北京北人羽新胶印有限公司	500	1 359	36.8	379	478	79.2
北京利丰雅高长城印刷公司	28 842	21 140	136.4	4 259	3 039	140.1
北京宝岛包装有限公司	4 765	4 275	111.5	1 107	639	173.2
天津新闻出版局	2 422	3 032	79.9	2 464	2 448	100.6
天津新华一印刷有限公司	291	800	36.4	825	886	93.1
天津新华二印刷有限公司	689	722	95.4	666	619	107.7
天津新华印刷三厂	872	839	103.9	324	340	95.3
天津金彩美术印刷有限公司	570	670	85.0	649	603	107.5
天津高教出版社印刷厂	2 268	2 277	99.6	1 017	818	124.3
上海印刷（集团）公司	22 538	23 756	94.9	5 015	4 233	118.5
上海新华印刷有限公司	1 143	1 547	73.9	646	501	128.9
上海市印刷三厂	2 548	2 848	89.4	948	1 020	93.0
上海中华印刷有限公司	18 391	18 714	98.3	3 103	2 431	127.7
上海市印刷四厂	457	647	70.6	318	281	113.2
北京新华印刷有限公司	11 425	635	1 800.1	2 749	659	417.1
中印南方印刷有限公司	1 936	2 294	84.4	1 181	1 098	107.5
北京一二〇一印刷厂	3 185	3 088	103.1	1 586	1 415	112.1
解放军一二〇五工厂	1 963	1 605	122.3	835	696	120.0
解放军报印刷厂	6 588	6 079	108.4	1 672	1 325	126.2
北京凌奇印刷有限公司	4 263	3 980	107.1	1 814	1 779	102.0
北京金盾印刷厂	3 401	2 136	159.2	1 216	975	124.8
海军政治部印刷厂	1 124	1 076	104.5	396	367	107.9
廊坊一二〇六印刷厂	2 869	2 948	97.3	852	766	111.2
北京国防印刷厂	1 102	1 057	104.3	341	316	107.9
北京交通印务实业公司	1 561	1 747	89.4	640	557	114.9
人民教育出版社印刷厂	2 084	983	212.0	1 549	1 541	100.5
人民日报社印刷厂	6 012	3 090	194.6	4 402	4 546	96.8
煤炭工业出版社印刷厂	1 124	1 345	83.5	412	467	88.2
中国农业出版社印刷厂	2 163	1 751	123.5	1 174	1 215	96.6
北京建筑工业印刷厂	545	546	99.8	493	456	108.1
北京机工印刷厂	966	954	101.2	746	739	100.9

企业经济效益完成情况汇总表（四）

资产总额（万元）			负债总额（万元）			期末所有者权益（万元）			应交增值税（万元）		
2011 年	2010 年	同比（%）	2011 年	2010 年	同比（%）	2011 年	2010 年	同比（%）	2011 年	2010 年	同比（%）
68 048	58 427	116.5	44 309	33 190	133.5	23 739	25 237	94.1	1 660	1 594	104.1
5 407	6 229	86.8	4 477	3 594	124.5	931	2 635	35.3	93	117	79.8
12 268	12 249	100.2	7 271	7 761	93.7	4 998	4 489	111.3	352	354	99.6
4 487	4 372	102.6	4 485	4 176	107.4	2	196	1.0	61	86	70.7
39 571	29 314	135.0	25 364	14 688	172.7	14 207	14 626	97.1	728	670	108.7
6 315	6 262	100.8	2 713	2 971	91.3	3 602	3 291	109.5	426	368	115.8
22 569	22 128	102.0	17 073	14 545	117.4	5 496	7 583	72.5	82	226	36.3
7 844	8 083	97.0	5 942	5 242	113.4	1 902	2 841	66.9	128	136	94.1
5 616	4 757	118.1	6 834	5 343	127.9	−1 218	−587			−64	
1 988	1 907	104.2	834	562	148.4	1 154	1 345	85.8	56	113	49.6
7 121	7 381	96.5	3 463	3 398	101.9	3 658	3 983	91.8	−102	40	0.0
5 504	5 016	109.7	1 394	1 119	124.6	4 110	3 897	105.5	253	250	101.2
85 929	95 745	89.7	56 162	53 220	105.5	29 767	42 526	70.0	1 119	817	136.9
2 251	2 762	81.5	983	993	99.0	1 268	1 770	71.7	153	184	83.1
4 685	6 696	70.0	1 458	2 994	48.7	3 227	3 702	87.2	300	242	123.8
76 889	83 710	91.9	52 006	47 526	109.4	24 883	36 184	68.8	606	332	182.7
2 104	2 578	81.6	1 715	1 708	100.4	389	870	44.7	60	59	101.7
35 507	31 732	111.9	11 878	7 157	166.0	23 629	24 575	96.2	155	49	316.3
3 498	6 630	52.8	3 447	5 437	63.4	51	1 193	4.3	189	147	128.7
16 954	11 677	145.2	13 350	5 957	224.1	3 604	5 720	63.0	51	81	63.0
14 692	13 650	107.6	2 962	2 119	139.8	11 730	11 531	101.7	43	58	74.1
16 585	16 473	100.7	2 481	2 363	105.0	14 104	14 110	100.0	732	614	119.4
12 977	13 146	98.7	5 706	5 913	96.5	7 271	7 234	100.5	171	268	63.7
6 196	6 320	98.0	1 265	1 441	87.8	4 931	4 879	101.1	181	88	205.9
2 403	2 387	100.7	1 877	1 749	107.3	526	638	82.4	31	19	161.9
8 805	7 496	117.5	5 267	4 029	130.7	3 537	3 467	102.0	256	258	99.2
1 401	1 398	100.2	483	487	99.2	918	911	100.8	24	53	45.3
3 684	4 192	87.9	705	1 022	69.0	2 979	3 170	94.0	134	145	92.4
12 514	12 754	98.1	3 264	3 042	107.3	9 250	9 712	95.2	484	520	93.1
26 711	19 875	134.4	4 026	2 904	138.7	22 685	16 971	133.7	586	1140	51.4
2 247	2 352	95.6	1 484	1 513	98.0	764	839	91.1	95	97	97.6
7 765	8 127	95.5	6 422	6 782	94.7	1 343	1 345	99.8	357	274	130.2
4 145	4 206	98.5	4 430	4 512	98.2	−285	−306	0.0	166	169	98.2
1 427	1 507	94.7	485	833	58.2	942	674	139.7	107	73	146.4

单位名称	工业企业中间投入（万元）			工资总额（万元）		
	2011年	2010年	同比（%）	2011年	2010年	同比（%）
中青印刷厂	3 068	3 715	82.6	1 188	1 088	109.2
文物出版社印刷厂	490	460	106.5	353	350	100.9
北京中科印刷有限公司	3 494	3 699	94.5	2 174	1 737	125.2
北京外文印刷厂	2 332	2 504	93.1	1 727	1 500	115.1
北京人卫印刷厂	1 328	1 241	107.0	1 153	987	116.8
新华通讯社印刷厂	3 168	2 337	135.6	3 707	2 886	128.4
北京京安印刷厂	485	752	64.5	547	527	103.8
中国电影出版社印刷厂	1 378	1 219	113.0	420	376	111.7
北京轻工印刷厂	599	607	98.7	408	381	107.1
北京和平印刷有限公司	534	598	89.3	98	114	86.0
北京中兴印刷有限公司	285	285	100.0	218	190	114.7
清华大学印刷厂	731	612	119.4	781	784	99.6
北京大学印刷厂	489	572	85.5	379	396	95.7
北京毕诚彩印厂	146	656	22.3	76	108	70.4
北京华联印刷有限公司	32 610	36 674	88.9	3 120	2 724	114.5
北京日邦印刷有限公司	16 837	16 363	102.9	1 428	1 436	99.4
北京画中画印刷有限公司	12 759	10 364	123.1	1 575	1 454	108.3
北京雅昌彩色印刷有限公司	48 858	36 815	132.7	12 368	9 601	128.8
北京顶佳世纪印刷有限公司	5 496	4 010	137.1	203	101	201.0
化学工业出版社印刷厂	705	734	96.0	615	536	114.7
北京盛通印刷股份有限公司	35 736	31 360	114.0	4 420	3 320	133.1
中国铁道出版社印刷厂				1 447	1 049	137.9
北京东港安全印刷有限公司	3 937	3 347	117.6	651	451	144.3
北京印刷学院实习工厂				131	137	95.6
北京联兴盛业印刷股份公司	4 224	4 185	100.9	1 251	976	128.2
山东新华印刷厂	7 174	6 382	112.4	1 627	1 439	113.1
山东临沂新华印刷物流集团	9 321	8 737	106.7	2 628	2 274	115.6
山东新华印刷厂潍坊厂	1 867	1 867	100.0	900	903	99.7
山东德州新华印务有限公司	3 411	3 197	106.7	1 503	1 494	100.6
中闻集团济南印务有限公司	3 692	3 691	100.0	934	869	107.5
河北新华第一印刷有限公司	5 850	4 352	134.4	2 200	1 952	112.7
河北新华第二印刷有限公司				2 153	1 943	110.8
中国标准社秦皇岛印刷厂	1 013	1 068	94.9	687	557	123.3
保定五四三印刷厂	20 717	13 611	152.2	3 068	2 215	138.5
山西新华印业有限公司	4 652	4 168	111.6	1 666	1 634	102.0
山西人民印刷有限公司	5 185	5 294	97.9	1 998	1 665	120.0
辽宁美术印刷厂	1 854	2 055	90.2	896	978	91.6

（续）

资产总额（万元）			负债总额（万元）			期末所有者权益（万元）			应交增值税（万元）		
2011 年	2010 年	同比（%）	2011 年	2010 年	同比（%）	2011 年	2010 年	同比（%）	2011 年	2010 年	同比（%）
6 499	6 658	97.6	2 911	2 337	124.6	3 588	4 321	83.0	143	237	60.3
4 002	3 964	101.0	818	825	99.2	3 184	3 139	101.4	46	1	4 600
24 801	28 124	88.2	12 015	15 375	78.1	12 786	12 749	100.3	971	715	135.8
9 076	9 420	96.3	1 041	1 014	102.7	8 036	8 406	95.6	181	295	61.4
10 416	10 271	101.4	889	879	101.1	9 527	9 392	101.4	314	292	107.5
29 530	28 427	103.9	6 044	5 588	108.2	23 486	22 839	102.8	539	659	81.8
2 883	2 611	110.4	1 238	1 632	75.9	1 645	979	168.0	102	101	101.0
2 231	2 417	92.3	1 889	1 994	94.7	342	423	80.9	138	69	200.0
2 067	2 305	89.7	906	842	107.6	1 161	1 464	79.3	42	23	182.6
560	577	97.1	121	140	86.4	439	437	100.5	51	47	108.5
1 449	1 489	97.3	242	292	83.0	1 207	1 198	100.8	51	65	78.5
2 179	2 180	100.0	1 107	1 136	97.4	1 072	1 044	102.7	169	210	80.5
1 647	1 858	88.6	514	704	73.0	1 133	1 154	98.2	62	45	137.8
1 236	1 077	114.8	531	518	102.5	705	559	126.1	7	13	53.8
45 822	47 253	97.0	13 819	16 005	86.3	32 003	31 248	102.4	952	935	101.8
21 996	25 509	86.2	5 652	5 946	95.1	16 344	19 563	83.5	677	693	97.7
16 213	17 557	92.3	10 273	11 636	88.3	5 940	5 921	100.3	88	183	48.1
98 887	67 211	147.1	68 176	37 959	179.6	30 712	29 252	105.0	4804	3422	140.4
13 077	8 734	149.7	7 054	4 766	148.0	6 023	3 968	151.8	156	132	118.2
8 302	8 648	96.0	2 405	2 095	114.8	5 897	6 553	90.0	103	128	80.5
86 735	59 354	146.1	30 742	37 428	82.1	55 993	21 926	255.4	983	751	130.9
16 351	16 164	101.2	9 881	9 705	101.8	6 470	6 459	100.2	457	109	419.3
12 000	12 742	94.2	3 433	4 791	71.7	8 567	7 952	107.7	741	570	130.0
127	127	99.8	313	309	101.3	−186	−182		22	17	129.4
30 218	30 051	100.6	12 023	14 860	80.9	18 195	15 191	119.8	577	110	524.5
28 470	29 800	95.5	17 355	27 300	63.6	11 115	2 500	444.6	104	99	105.1
29 707	29 543	100.6	23 593	23 585	100.0	6114	5 958	102.6	826	791	104.4
6 162	7 554	81.6	4 569	4 772	95.7	1 593	2 782	57.3	314	236	133.1
10 094	11 535	87.5	5 496	7 806	70.4	4 598	3 729	123.3	628	309	203.2
8 637	8 590	100.5	4 558	4 409	103.4	4 079	4 181	97.6	236	265	89.1
24 218	24 758	97.8	8 668	9 761	88.8	15 550	14 997	103.7	893	895	99.8
19 194	16 458	116.6	7 755	4 755	163.1	11 439	11 703	97.7	354	516	68.6
908	959	94.8	139	190	73.2	769	769	100.1	119	109	109.2
18 618	15 749	118.2	6 385	5 815	109.8	12 233	9 934	123.1	1 357	888	152.8
20 786	13 923	149.3	13 652	6 817	200.3	7 134	7 106	100.4	322	340	94.7
9 826	9 316	105.5	3 323	3 088	107.6	6 503	6 228	104.4	479	710	67.5
9 208	10 694	86.1	74 293	70 028	106.1	−65 085	−59 334		1 485	3 121	47.6

单位名称	工业企业中间投入（万元）			工资总额（万元）		
	2011年	2010年	同比（%）	2011年	2010年	同比（%）
沈阳新华印刷厂	3 779	3 925	96.3	1 563	1 635	95.6
东北印刷厂	2 501	2 476	101.0	959	893	107.4
长春新华印刷集团有限公司	9 508	9 046	105.1	1 534	1 501	102.2
延边新华印刷有限公司	1 320	1 451	91.0	722	739	97.7
长春第二新华印刷有限公司	810	699	115.9	381	380	100.3
黑龙江新华印刷二厂	1 819	2 347	77.5	916	913	100.3
安徽新华印刷股份公司				4 590	4 007	114.5
合肥远东印务有限公司	4 219	3 913	107.8	372	364	102.2
江西新华印刷集团有限公司	25 972	25 095	103.5	4 899	4 448	110.1
江西新华九江印刷总厂				970	634	153.0
皖南海峰印刷包装有限公司	4 232	4 455	95.0	860	680	126.5
江苏新华印刷厂	24 717	19 002	130.1	7 543	6 281	120.1
江苏淮阴新华印刷厂	1 617	1 793	90.2	766	752	101.9
江苏徐州新华印刷厂	1 035	917	112.9	854	796	107.3
丹阳市教育印刷厂	952	1 060	89.8	230	282	81.6
南通韬奋印刷有限公司	839	836	100.4	389	352	110.5
南京爱德印刷有限公司	1 7464	17 913	97.5	2 604	1 948	133.7
浙江印刷集团有限公司	27 320	21 571	126.7	2 901	2 728	106.3
常熟市华通印刷有限公司	76	80	95.1	887	615	144.4
福建新华印刷有限公司	6 805	5 117	133.0	1 340	1 175	114.0
中闻集团福州印务有限公司	2 071	2 163	95.7	629	610	103.1
湖北新华印务有限公司	18 057	14 987	120.5	3 508	2 726	128.7
中闻集团武汉印务有限公司	3 544	3 133	113.1	973	1 006	96.7
河南新华印刷集团有限公司	7 057	8 407	83.9	5 230	4 639	112.7
湖南天闻新华印务有限公司	58 897	51 394	114.6	7 726	6 984	110.6
广东新华印刷有限公司	6 608	6 509	101.5	2 208	2 142	103.1
广州华南印刷厂有限公司	4 980	4 500	110.7	1 335	1 332	171.5
东莞金杯印刷有限公司	11 109	12 791	86.9	2 579	2 145	120.2
广西民族印刷厂	9 027	7 568	119.3	2 242	1 996	112.3
重庆新华印刷厂	1 981	1 990	99.5	974	910	107.0
成都君区印务有限公司	221	183	120.8	205	186	110.2
四川新华印刷有限公司	1 950	1 824	106.9	1 376	2 764	49.8
自贡兴华印务有限公司	1 000	1 205	83.0	754	601	125.5
云南新华印刷实业总公司	4 269	7 832	54.5	1 422	2 617	54.3
云南国防印刷厂	6 719	7 075	95.0	1 588	1 455	109.1
贵州新华印刷厂	4 713	4 356	108.2	1 885	1 897	99.4
西安新华印务有限公司	4 580	4 820	95.0	1 266	1 095	115.6

（续）

资产总额（万元）			负债总额（万元）			期末所有者权益（万元）			应交增值税（万元）		
2011 年	2010 年	同比（%）	2011 年	2010 年	同比（%）	2011 年	2010 年	同比（%）	2011 年	2010 年	同比（%）
16 215	16 931	95.8	5 817	5 832	99.7	10 398	11 099	93.7	625	555	112.6
6 628	7 410	89.4	1 973	2 122	93.0	4 655	5 288	88.0	161	180	89.4
25 462	21 083	120.8	18 268	14 157	129.0	7 194	6 926	103.9	397	279	142.3
4 763	5 065	94.0	1 389	1 718	80.8	3 374	3 347	100.8	276	226	122.1
3 785	4 250	89.1	1 881	2 347	80.1	1 904	1 903	100.1	151	169	89.3
6 380	6 195	103.0	773	835	92.6	5 607	5 360	104.6	362	272	133.1
79 919	73 054	109.4	34 946	33 257	105.1	44 972	39 798	113.0	3 357	3 052	110.0
12 650	11 163	113.3	9 448	8 382	112.7	3 202	2 781	115.1	138	157	87.9
78 127	67 275	116.1	41 658	34 342	121.3	36 469	32 933	110.7	610	550	110.9
4 095	4 115	99.5	801	1 276	62.8	3 294	2 839	116.0	27	40	67.5
16 239	12 900	125.9	11 058	8 437	131.1	5 181	4 463	116.1	509	564	90.2
50 251	49 904	100.7	17 713	16 803	105.4	32 538	33 101	98.3	1 883	1 981	95.1
3 993	4 788	83.4	1 954	2 536	77.1	2 039	2 252	90.5	194	219	88.6
2 261	2 011	112.4	2 131	1 721	123.8	130	290	44.8	177	206	85.9
1 810	2 269	79.8	1 793	2 102	85.3	17	167	10.2	93	109	85.3
2 380	2 381	100.0	1 972	1 946	101.3	408	435	93.8	91	56	162.5
25 690	24 931	103.0	13 546	13 064	103.7	12 144	11 867	102.3	22		
66 546	64 312	103.5	18 417	17 019	108.2	48 129	47 293	101.8	1 339	1253	106.9
15 685	10 272	152.7	10 832	6 506	166.5	4 854	3 766	128.9	221		
8 536	7 465	114.3	3 887	2 792	139.2	4 649	4 673	99.5	308	296	104.1
10 938	11 557	94.6	3 030	3 601	84.1	7 908	7 956	99.4	186	204	91.2
33 668	41 549	81.0	13 571	20 680	65.6	20 097	20 869	96.3	630	612	102.9
12 637	12 475	101.3	1 291	1 127	114.6	11 346	11 348	100.0	255	287	88.9
38 070	37 180	102.4	3 422	2 285	149.7	34 649	34 895	99.3	1 168	1 332	87.7
95 720	71 879	133.2	49 476	34 290	144.3	46 244	37 588	123.0	3 805	2 836	134.1
20 533	16 713	122.9	6 003	5 883	102.0	14 530	10 830	134.2	1 153	698	165.2
16 470	17 115	96.2	9 273	9 532	97.3	7 197	7 583	94.9	282	238	118.5
24 522	24 929	98.4	3 106	4 333	71.7	21 416	20 596	104.0	−260		
20 408	18 331	111.3	11 261	9 089	123.9	9 147	9 242	99.0	391	445	87.9
16 961	13 570	125.0	14 650	10 286	142.4	2 311	3 284	70.4	179	204	87.7
11 142	13 073	85.2	1 946	10 186	19.1	9 196	2 887	318.5	62	13	476.9
23 281	22 542	103.3	21 855	22 523	97.0	1 426	19	7 505.3	−1 260	−7	
3 078	3 218	95.6	8 769	8 172	107.3	−5 691	−4 954		100	168	59.5
21 739	26 335	82.5	10 365	13 357	77.6	11 374	12 978	87.6	−3	576	
16 638	13 637	122.0	7 180	5 476	131.1	9 458	8 161	115.9	394	350	112.6
11 942	11 483	104.0	5 812	5 241	110.9	6 130	6 242	98.2	536	281	190.7
12 636	12 969	97.4	11 572	11 837	97.8	1 064	1 132	94.0	229	275	83.3

单位名称	工业企业中间投入（万元）			工资总额（万元）		
	2011 年	2010 年	同比（%）	2011 年	2010 年	同比（%）
中闻集团西安印务有限公司	3 978	4 397	90.5	1 273	1 133	112.4
甘肃新华印刷厂	4 793	3 683	130.1	1 829	1 664	109.9
兰州新华印刷厂	5 644	4 748	118.9	1 903	1 699	112.0
天水新华印刷厂	4 455	3 877	114.9	1 295	1 231	105.2
青海新华印刷厂				482	439	109.8
新疆新华印刷厂	3 932	3 367	116.8	1 922	1 749	109.9
新疆八艺印刷厂	1 366	962	142.0	573	493	116.2
新疆新华印刷二厂	729	619	117.8	280	298	94.0
西藏新华印刷厂	2 281	1 751	130.3	1 010	1 114	90.7
拉萨明鑫印刷有限责任公司	1 102	794	138.8	156	123	126.8
内蒙古爱信达教育印务公司	2 603	2 541	102.4	956	829	115.3

（续）

资产总额（万元）			负债总额（万元）			期末所有者权益（万元）			应交增值税（万元）		
2011 年	2010 年	同比（%）	2011 年	2010 年	同比（%）	2011 年	2010 年	同比（%）	2011 年	2010 年	同比（%）
15 026	14 501	103.6	9 034	9 066	99.6	5 992	5 435	110.2	289	80	360.1
10 408	10 097	103.1	5 828	5 602	104.0	4 580	4 495	101.9	306	133	230.1
8 998	8 573	105.0	4 864	4 479	108.6	4 134	4 094	101.0	431	350	123.1
16 115	14 538	110.8	11 282	9 852	114.5	4 833	4 686	103.1	382	279	136.9
3 666	3 621	101.2	1 524	1 526	99.9	2 143	2 095	102.2	117	116	100.9
24 893	22 716	109.6	13 029	11 516	113.1	11 864	11 200	105.9	281	636	44.2
18 338	15 841	115.8	16 441	13 749	119.6	1 897	2 092	90.7	50	131	38.2
3 637	3 820	95.2	1 028	1 054	97.5	2 609	2 766	94.3	94	59	159.3
5 519	4 680	117.9	2 340	1 517	154.3	3 179	3 163	100.5	-15	94	
1 693	1 302	130.0	1 274	1 010	126.1	419	292	143.5	32	54	59.3
12 297	12 910	95.3	4 104	5 134	79.9	8 193	7 776	105.4	55		

分类统计

2011年全国119家骨干书刊印刷（含其他印刷）

单位名称	人均利税（元/人）			人均工资（元/人）		
	2011年	2010年	同比（%）	2011年	2010年	同比（%）
北京隆达印刷包装集团	17 397	17 206	101.1	40 484	32 135	126.0
北京印刷一厂	4 669	5 116	91.3	28 748	23 982	119.9
北京印刷二厂	25 966	23 084	112.5	42 516	36 449	116.6
北京北人羽新胶印有限公司	3 811	273	1 396.0	31 074	28 994	107.2
北京利丰雅高长城印刷公司	15 147	22 321	67.9	41 673	34 573	120.5
北京宝岛包装有限公司	47 283	22 183	213.2	60 163	32 437	185.5
天津新闻出版局	-18 431	-13 100		23 710	20 517	115.6
天津新华一印刷有限公司	-26 676	-24 444		24 265	20 509	118.3
天津新华二印刷有限公司	-19 218	-23 115		21 694	19 271	112.6
天津新华印刷三厂	-6 789	6 429		17 053	16 190	105.3
天津金彩美术印刷有限公司	-14 307	4 357		32 104	26 222	122.4
天津高教出版社印刷厂	23 277	18 364	126.8	34 358	25 247	136.1
上海印刷（集团）公司	10 455	9 137	114.4	47 811	43 503	109.9
上海新华印刷有限公司	-199	7 811		38 916	30 549	127.4
上海市印刷三厂	20 673	12 956	159.6	58 531	49 505	118.2
上海中华印刷有限公司	10 843	6 673	162.5	48 336	46 750	103.4
上海市印刷四厂	8 734	17 711	49.3	40 253	33 855	118.9
北京新华印刷有限公司	5 340	2 231	239.3	38 938	18 154	214.5
中印南方印刷有限公司	9 486	10 255	92.5	32 090	29 764	107.8
北京一二〇一印刷厂	7 012	7 020	99.9	38 309	31 236	122.6
解放军一二〇五工厂	20 825	22 474	92.7	58 371	50 774	115.0
解放军报印刷厂	32 962	28 919	114.0	58 240	44 750	130.1
北京凌奇印刷有限公司	6 952	11 642	59.7	40 485	36 455	111.1
北京金盾印刷厂	9 879	4 620	213.8	36 861	29 620	124.4
海军政治部印刷厂	-734	-6 016		36 330	29 837	121.8
廊坊一二〇六印刷厂	14 582	17 545	83.1	33 297	35 981	92.5
北京国防印刷厂	2 813	6 436	43.7	21 313	31 287	68.1
北京交通印务实业公司	19 286	12 581	153.3	57 143	29 946	190.8
人民教育出版社印刷厂	-95 901	14 585		45 029	35 507	126.8
人民日报社印刷厂	9 000	16 080	56.0	92 863	91 293	101.7
煤炭工业出版社印刷厂	3 686	689	535.0	34 074	35 364	96.4
中国农业出版社印刷厂	11 249	7 462	150.8	32 434	28 200	115.0
北京建筑工业印刷厂	14 793	2 562	577.4	40 744	37 686	108.1

企业经济效益完成情况汇总表（五）

排字						书刊印刷					
产量（万字）			产值（万元）			产量（万令）			产值（万元）		
2011 年	2010 年	同比（%）	2011 年	2010 年	同比（%）	2011 年	2010 年	同比（%）	2011 年	2010 年	同比（%）
						8.9	10.4	85.6	374	403	92.8
						5.5	6.5	84.6	175	202	86.6
						3.4	3.9	87.2	199	201	99.0
2 371	3 625	65.4	19	41	46.3	8.8	8.1	108.6	319	228	139.9
						2.0	2.0	100.0	36	28	128.6
2 318	3 293	70.4	16	25	64.0	6.0	5.7	105.3	274	196	139.8
53	332	16.0	3	16	18.8	0.8	0.4	200.0	9	5	180.0
						23.0	24.0	95.8	594	582	102.1
503	431	116.7	5	4	125.0	8.2	6.9	118.8	315	264	119.3
503	431	116.7	5	4	125.0	6.2	4.9	126.5	177	140	126.4
						2.0	2.0	100.0	138	124	111.3
54 460	7 786	699.5	567	52	1 090.4	27.1	1.2	2 258.3	641	49	1 308.2
						34.0	35.4	96.0	758	791	95.8
5 000	4 502	111.1	83	27	307.4	13.0	9.0	144.4	332	275	120.7
1 466	1 435	102.2	78	110	70.9	25.95	30.02	86.4	956	1 006	95.0
9 128	10 776	84.7	215	142	151.4	16.5	15.3	107.8	535	433	123.6
2 890	2 960	97.6	40	42	95.2	5.5	5.1	107.8	252	248	101.6
1 200	1 900	63.2	98	79	124.1	7.0	8.0	87.5	210	580	36.2
						5.0	6.0	83.3	300	287	104.5
148	1 284	11.5	9	14	64.3	34.0	32.0	106.3	743	650	114.3
4 939	4 908	100.6	62	57	108.8	1.0	0.6	166.7	32	11	290.9
	1		1	3	33.3	5.0	4.8	104.2	233	210	111.0
12 724	11 914	106.8	173	115	150.4	22.5	27.3	82.4	1 019	1 202	84.8
						8.0	5.0	160.0	668	539	123.9

单位名称	人均利税（元/人）			人均工资（元/人）		
	2011 年	2010 年	同比（%）	2011 年	2010 年	同比（%）
北京机工印刷厂	7 756	6 439	120.5	29 370	27 476	106.9
中青印刷厂	–17 898	–14 198		31 930	27 677	115.4
文物出版社印刷厂	9 766	11 794	82.8	28 468	26 718	106.6
北京中科印刷有限公司	24 329	19 836	122.7	31 057	25 925	119.8
北京外文印刷厂	–513	–9 770		30 568	27 617	110.7
北京人卫印刷厂	13 308	12 543	106.1	29 338	24 132	121.6
新华通讯社印刷厂	42 572	126 344	33.7	107 139	77 581	138.1
北京京安印刷厂	37 407	–9 157		33 765	31 747	106.4
中国电影出版社印刷厂	16 337	8 857	184.5	41 584	35 810	116.1
北京轻工印刷厂	2 500	745	335.6	34 585	40 564	85.3
北京和平印刷有限公司	18 158	13 600	133.5	25 789	22 800	113.1
北京中兴印刷有限公司	8 753	9 736	89.9	24 483	20 824	117.6
清华大学印刷厂	12 971	12 465	104.1	44 629	36 465	122.4
北京大学印刷厂	–3 300	–32 059		37 900	38 824	97.6
北京毕诚彩印厂	6 000	13 056	46.0	30 400	30 000	101.3
北京华联印刷有限公司	38 523	61 997	62.1	52 971	46 885	113.0
北京日邦印刷有限公司	–102 982	50 004		62 614	61 914	101.1
北京画中画印刷有限公司	3 881	4 629	83.8	41 664	39 415	105.7
北京雅昌彩色印刷有限公司	57 159	48 197	118.6	53 310	49 035	108.7
北京顶佳世纪印刷有限公司	10 694	21 930	48.8	28 194	17 719	159.1
化学工业出版社印刷厂	–20 239	–9 134		24 502	21 102	116.1
北京盛通印刷股份有限公司	64 372	77 721	82.8	44 737	34 086	131.2
中国铁道出版社印刷厂	22 647	7 540	300.4	60 798	33 514	181.4
北京东港安全印刷有限公司	270 736	236 183	114.6	46 493	34 412	135.1
北京印刷学院实习工厂	15 633	11 629	134.4	43 633	39 257	111.1
北京联兴盛业印刷股份公司	21 531	10 206	211.0	31 913	25 090	127.2
山东新华印刷厂	–4 948	–6 597		24 247	21 574	112.4
山东临沂新华印刷物流集团	27 216	24 112	112.9	29 864	24 038	124.2
山东新华印刷厂潍坊厂	–10 513	–1 703		18 478	16 538	111.7
山东德州新华印务有限公司	10 957	13 265	82.6	19 171	19 129	100.2
中闻集团济南印务有限公司	5 570	2 914	191.1	22 951	21 351	107.5
河北新华第一印刷有限公司	9 211	9 033	102.0	19 947	17 478	114.1
河北新华第二印刷有限公司	8 063	9 444	85.4	24 245	21 166	114.6
中国标准社秦皇岛印刷厂	6 953	6 912	100.6	29 481	24 434	120.7
保定五四三印刷厂	59 496	35 476	167.7	43 519	27 379	158.9
山西新华印业有限公司	7 905	3 204	246.7	24 075	22 663	106.2

（续）

排字						书刊印刷					
产量（万字）			产值（万元）			产量（万令）			产值（万元）		
2011 年	2010 年	同比（%）	2011 年	2010 年	同比（%）	2011 年	2010 年	同比（%）	2011 年	2010 年	同比（%）
14 672	4 721	310.8	277	142	195.4	10.7	11.2	95.5	711	81	877.8
						16.3	18.3	89.1	340	364	93.4
						5.0	3.0	166.7	135	81	166.7
						49.0	47.0	104.3	2 208	2 090	105.6
76	79	96.2	1	1	87.5	20.4	25.5	80.0	675	834	80.9
22 690	20 581	110.2	355	360	98.6	27.0	26.0	103.8	796	761	104.6
7 049	6 270	112.4	508	453	112.1	23.0	21.0	109.5	996	1 284	77.6
6 991	6 218	112.4	112	100	112.5	1.3	1.8	72.2	29	44	65.9
						57.0	38.0	150.0	2 539	2 309	110.0
3 800	4 300	88.4	60	68	88.2	6.0	6.8	88.2	320	360	88.9
800	488	163.9	6	4	150.0	5.7	5.8	98.3	287	301	95.3
			359	370	97.0	18.0	16.0	112.5	332	290	114.5
						5.0	4.0	125.0	100	99	101.0
						6.0	18.0	33.3	102	284	35.9
						55.1	46.0	119.8	16 597	13 831	120.0
6 254	7 925	78.9	63	84	74.9	13.3	13.2	100.8	813	74	1098.6
6 791	6 383	106.4	58	51	114.5	1.5	1.0	150.0	26	17	152.9
100	80	125.0	10	9	111.1	5.0	4.8	104.2	100	88	113.6
						178.4	195.0	91.5	4 260	4 605	92.5
11 370	8 228	138.2				14.0	11.6	120.7			
8 795	8 359	105.2	126	119	105.9	25.0	21.0	119.0	480	370	129.7
3 695	4 601	80.3	33	36	91.7	5.8	5.7	101.8	111	104	106.7
4 138	3 987	103.8	702 957	678 395	103.6	13.2	14.1	93.6	297	342	86.8
951	1 043	91.2	8	8	100.0	29.4	33.6	87.5	1 062	1 224	86.8
2 361	2 307	102.3	19	31	61.3	28.1	25.0	112.4	595	578	102.9
4 116	4 105	100.3	75	33	227.3	19.0	12.0	158.3	510	574	88.9
878	699	125.6	140	69	204.2	9.4	9.5	98.9	523	678	77.1
7 974	5 697	140.0	115	98	117.3	7.0	10.0	70.0	165	189	87.3

单位名称	人均利税（元/人）			人均工资（元/人）		
	2011年	2010年	同比（%）	2011年	2010年	同比（%）
山西人民印刷有限公司	17 133	16 308	105.1	31 620	24 888	127.0
辽宁美术印刷厂	11 331	14 871	76.2	30 580	31 548	96.9
沈阳新华印刷厂	2 202	–677		26 269	26 980	97.4
东北印刷厂	–8 808	2 649		22 407	24 135	92.8
长春新华印刷集团有限公司	25 477	26 368	96.6	27 640	26 333	105.0
延边新华印刷有限公司	16 571	13 137	126.1	25 786	22 950	112.4
长春第二新华印刷有限公司	12 025	18 750	64.1	24 114	20 652	116.8
黑龙江新华印刷二厂	13 424	11 074	121.2	17 821	18 151	98.2
安徽新华印刷股份公司	47 108	42 344	111.2	29 267	25 266	115.8
合肥远东印务有限公司	32 602	31 224	104.4	18 980	18 571	102.2
江西新华印刷集团有限公司	22 933	825	2 779.6	32 660	29 812	109.6
江西新华九江印刷总厂	22 216	14 697	151.2	29 042	19 212	151.2
皖南海峰印刷包装有限公司	50 169	50 526	99.3	24 157	18 837	128.2
江苏新华印刷厂	15 498	19 922	77.8	38 544	32 578	118.3
江苏淮阴新华印刷厂	3 715	5 909	62.9	23 715	21 364	111.0
江苏徐州新华印刷厂	–1 971	1 276		20 285	18 469	109.8
丹阳市教育印刷厂	8 333	8 000	104.2	19 167	18 800	102.0
南通韬奋印刷有限公司	5 348	2 429	220.2	20 802	16 762	124.1
南京爱德印刷有限公司	48 904	29 337	166.7	57 105	39 116	146.0
浙江印刷集团有限公司	60 755	56 137	108.2	45 613	46 632	97.8
常熟市华通印刷有限公司	9 313	935	996.4	30 809	20 082	153.4
福建新华印刷有限公司	8 620	5 580	154.5	28 450	23 084	123.2
中闻集团福州印务有限公司	7 570	14 638	51.7	17 570	22 101	79.5
湖北新华印务有限公司	18 217	41 531	43.9	43 741	34 770	125.8
中闻集团武汉印务有限公司	10 344	12 089	85.6	27 880	28 022	99.5
河南新华印刷集团有限公司	23 631	21 492	110.0	42 554	38 022	111.9
湖南天闻新华印务有限公司	75 422	62 232	121.2	45 288	40 418	112.1
广东新华印刷有限公司	100 906	51 015	197.8	43 465	36 244	119.9
广州华南印刷厂有限公司	22 356	21 909	102.0	38 362	31 790	206.5
东莞金杯印刷有限公司	9 204	4 520	203.6	34 993	33 000	106.0
广西民族印刷厂	11 938	12 255	97.4	33 166	28 312	117.1
重庆新华印刷厂	9 578	–18 280		12 833	11 098	115.6
成都君区印务有限公司	232 899	58 358	399.1	29 710	27 761	107.0
四川新华印刷有限公司	–16 245	–72 864		60 087	129 765	46.3
自贡兴华印务有限公司	–6 537	–4 743		29 339	22 096	132.8
云南新华印刷实业总公司	18 482	16 298	113.4	28 785	31 454	91.5

（续）

排字						书刊印刷					
产量（万字）			产值（万元）			产量（万令）			产值（万元）		
2011 年	2010 年	同比（%）	2011 年	2010 年	同比（%）	2011 年	2010 年	同比（%）	2011 年	2010 年	同比（%）
297			13			11.8	12.6	93.7	507	389	130.3
9 738	15 046	64.7	61	98	62.2	30.0	31.0	96.8	607	626	97.0
23	202	11.4	29	20	145.0	17.0	18.0	94.4	291	313	93.0
40	59	67.8	6	10	60.0	18.0	18.0	100.0	345	369	93.5
2 863	3 430	83.5	10	12	83.3	7.0	9.0	77.8	135	180	75.0
20	20	100.0	1	1	100.0	7.0	7.0	100.0	155	176	88.1
						5.0	6.0	83.3	307	231	132.9
						344.9	348.4	99.0	23 892	24 138	99.0
						44.0	41.0	107.3	1 871	1 745	107.2
1 1260	11 250	100.1	150	146	102.7	56.0	55.0	101.8	1 040	1 035	100.5
						21.9	19.1	114.7			
1 060	1 030	102.9	61	58	105.2	17.6	16.9	104.1	4 214	4 049	104.1
20 023	14 361	139.4	501	316	158.5	113.0	179.0	63.1	4 615	7 310	63.1
						9.4	10.0	94.0	932	1 131	82.4
						16.0	18.0	88.9	223	254	87.8
						14.0	15.0	93.3	600	660	90.9
						3.5	3.0	116.7	123	105	116.7
						68.0	83.0	81.9	1 030	1 165	88.4
						21.0	20.0	105.0	683	562	121.5
						12.9	12.2	105.7	1 140	1 086	105.0
						30.0	30.0	100.0	1 308	1 188	110.1
2 378	2 523	94.3	33	35	94.3	25.0	28.0	89.3	559	626	89.3
						102.0	90.0	113.3	7 475	6 768	110.4
81 531	77 503	105.2	243	215	113.0	43.0	42.0	102.4	3 335	3 200	104.2
4 558	4 878	93.4	29	41	70.7	83.2	67.9	122.5	6 346	5 555	114.2
15 287	15 095	101.3	74	73	101.4	171.0	156.0	109.6	6 841	6 241	109.6
127						71.1	74.9	94.9			
1 154	906		17	14	121.4	15.0	215.0	7.0	386	1 772	21.8
						198.3	188.1	105.4			
205	530	38.7	19	49	38.8	49.0	42.0	116.7	2 697	2 625	102.7
1	2	50.0	19	38	50.0	66.0	68.0	97.1	1 848	1 876	98.5
						2.8					
1 541	288	535.1				7.0	7.0	100.0			
380	540	70.4	3	5	60.0	4.0	3.0	133.3	231	196	117.9
						18.0	22.0	81.8	1 224	3 696	33.1

单位名称	人均利税（元/人）			人均工资（元/人）		
	2011 年	2010 年	同比（%）	2011 年	2010 年	同比（%）
云南国防印刷厂	37 983	28 184	134.8	45 114	37 212	121.2
贵州新华印刷厂	9 207	1 578	583.6	26 217	25 361	103.4
西安新华印务有限公司	8 210	10 518	78.1	24 114	21 813	110.6
中闻集团西安印务有限公司	6 468	1 831	353.3	31 657	30 452	104.0
甘肃新华印刷厂	5 310	2 534	209.5	23 123	20 671	111.9
兰州新华印刷厂	8 226	6 162	133.5	26 765	22 928	116.7
天水新华印刷厂	7 741	5 637	137.3	21 512	20 114	106.9
青海新华印刷厂	5 415	4 700	115.2	22 230	17 765	125.1
新疆新华印刷厂	14 470	20 211	71.6	37 033	30 738	120.5
新疆八艺印刷厂	−7 643	13 072		36 497	29 699	122.9
新疆新华印刷二厂	−2 941	−6 370		23 529	20 411	115.3
西藏新华印刷厂	691	40	1 720.7	41 057	44 739	91.8
拉萨明鑫印刷有限责任公司	33 636	29 600	113.6	28 364	24 600	115.3
内蒙古爱信达教育印务公司	64 196	63 255	101.5	37 490	32 510	115.3

（续）

排字						书刊印刷					
产量（万字）			产值（万元）			产量（万令）			产值（万元）		
2011 年	2010 年	同比（%）	2011 年	2010 年	同比（%）	2011 年	2010 年	同比（%）	2011 年	2010 年	同比（%）
2 500	2 410	103.7	43	41	104.9	52.0	45.0	115.6	5 165	4 470	115.5
4 375	3 220	135.9	36	26	138.5	3.5	8.0	43.8	66	152	43.4
						8.0	8.0	100.0	549	493	111.4
						52.5	48.7	107.8	1 361	681	199.7
5 115	5 528	92.5	29	18	161.1	38.0	35.0	108.6	1 887	1 787	105.6
1 610	3 543	45.4	24	53	45.3	33.0	27.0	122.2	2 214	1 486	149.0
387	165	234.5	27	39	69.2	25.0	24.0	104.2	1 612	1 619	99.6
						1.3	1.2	108.3			
14 252	16 587	85.9	78	88	88.6	4.0	4.0	100.0	90	86	104.7
931	767	121.4	39	29	134.5	11.6	12.9	89.9	605	617	98.1
586	700	83.7	6	7	85.7	20.0	26.0	76.9	480	561	85.6
5 426	4 454	121.8				2.6	2.3	113.0			
						15.0	2.0	750.0	1 191	843	141.3
						6.5	6.2	104.8	236	225	104.9

2011年全国119家骨干书刊印刷（含其他印刷）

单位名称	胶印印刷					
	产量（万对开色令）			产值（万元）		
	2011年	2010年	同比（%）	2011年	2010年	同比（%）
北京隆达印刷包装集团	814.5	646.2	126.0	12 107	9 254	130.8
北京印刷一厂	16.3	17.8	91.6	464	511	90.7
北京印刷二厂	16.3	11.4	143.0	2 699	1 529	176.5
北京北人羽新胶印有限公司	27.6	34.5	80.0	476	1 187	40.1
北京利丰雅高长城印刷公司	679.0	516.0	131.6	8 469	6 027	140.5
北京宝岛包装有限公司	75.3	66.5	113.2			
天津新闻出版局	78.3	76.8	102.0	2 587	2 667	97.0
天津新华一印刷有限公司	18.0	16.0	112.5	523	432	121.1
天津新华二印刷有限公司	30.0	35.1	85.5	797	833	95.7
天津新华印刷三厂	7.4	7.6	97.4	185	190	97.4
天津金彩美术印刷有限公司	22.9	18.1	126.5	1 082	1 212	89.3
天津高教出版社印刷厂	48.0	48.0	100.0	982	989	99.3
上海印刷（集团）公司	523.5	452.3	115.7	7 483	7 321	102.2
上海新华印刷有限公司	26.2	34.1	76.8	681	887	76.8
上海市印刷三厂						
上海中华印刷有限公司	488.3	408.2	119.6	6 567	6 139	107.0
上海市印刷四厂	9.0	10.0	90.0	235	296	79.4
北京新华印刷有限公司	184.4	18.1	1 018.8	2 882	533	540.7
中印南方印刷有限公司	23.6	22.9	103.1	545	530	102.9
北京一二〇一印刷厂	7.0	6.0	116.7	216	194	111.5
解放军一二〇五工厂	22.9	17.4	131.6	757	653	116.0
解放军报印刷厂						
北京凌奇印刷有限公司	37.43	38.4	97.5	1 253	1 257	99.7
北京金盾印刷厂	45.9	40.5	113.3	934	917	101.9
海军政治部印刷厂	2.4	2.2	109.1	65	62	104.8
廊坊一二〇六印刷厂	38.9	37.2	104.6	1 272	1 205	105.6
北京国防印刷厂		72.0			420	
北京交通印务实业公司	4.0	6.0	66.7	129	173	74.6
人民教育出版社印刷厂	57.0	62.0	91.9	2 802	3 280	85.4
人民日报社印刷厂	0.1	0.1	100.0	31	26	117.3
煤炭工业出版社印刷厂	6.2	11.4	54.4	213	377	56.5
中国农业出版社印刷厂	15.9	19.9	79.9	600	724	82.9
北京建筑工业印刷厂						

企业经济效益完成情况汇总表（六）

书刊装订						照相制版					
产量（万令）			产值（万元）			产量（四开）			产值（万元）		
2011 年	2010 年	同比（%）	2011 年	2010 年	同比（%）	2011 年	2010 年	同比（%）	2011 年	2010 年	同比（%）
70.0	57.3	122.2	5 579.3	3 985.0	140.0	170 327	127 702	133.4	2 913	2 183	133.4
6.0	6.3	95.2	170.3	146.0	116.6						
64.0	51.0	125.5	5 409.0	3 839.0	140.9	170 327	127 702	133.4	2 913	2 183	133.4
16.1	14.8	108.8	372.2	368.5	101.0	15 781	18 033	87.5	133	153	87.2
4.0	3.0	133.3	59.0	39.0	151.3	3 276	6 032	54.3	8	13	61.5
8.0	7.9	101.3	216.0	232.3	93.0	4 415	4 715	93.6	78	97	80.2
1.5	1.6	93.8	16.1	17.1	94.2						
2.6	2.3	113.0	81.1	80.1	101.2	8 090	7 286	111.0	47	42	111.1
16.0	19.0	84.2	551.0	416.0	132.5	2 686	1 663	161.5	53	33	160.6
51.1	44.6	114.6	2 139.7	1 561.6	137.0	183 369	191 438	95.8	121	205	58.9
6.6	7.2	91.7	151.8	165.6	91.7	400	510	78.4	7	8	79.3
44.5	37.4	119.0	1987.9	1 396.0	142.4	179 219	183 554	97.6	72	156	46.4
						3 750	7 374	50.9	42	41	102.4
51.3	6.8	754.4	2 032.0	208.0	975.3						
34.6	31.8	108.8	733.0	674.0	108.9						
4.0	3.0	133.3	154.0	109.0	141.2	3 765	4 355	86.5	75	80	94.3
						10 250	8 498	120.6	199	151	131.5
28.34	29.3	96.7	701.0	682.0	102.7	13 495	12 606	107.1	175	164	107.1
20.7	17.1	121.1	727.0	640.0	113.6	13 999	12 161	115.1	88	74	118.9
2.8	2.3	121.7	46.0	40.0	115.0	39 200	38 200	102.6	80	77	103.9
0.1	0.9	11.1	6.0	47.0	13.0	66 512	62 624	106.2	333	313	106.2
1.2	2.0	60.0	36.0	82.0	43.9		1 800				
28.0	19.0	147.4	1 112.0	472.0	235.6				159	789	20.2
4.8	4.5	106.7	45.0	38.0	117.7	4 841	4 392	110.2	34	30	114.8
1.4	2.4	58.3	50.0	71.0	70.5	1	1	100.0	19	27	67.9
16.3	20.8	78.4	801.0	894.0	89.7						

单位名称	胶印印刷					
	产量（万对开色令）			产值（万元）		
	2011年	2010年	同比（%）	2011年	2010年	同比（%）
北京机工印刷厂						
中青印刷厂	34.5	38.8	88.9	1 268	1 473	86.1
文物出版社印刷厂	15.0	18.0	83.3	188	225	83.6
北京中科印刷有限公司	105.0	103.0	101.9	3 208	3 251	98.7
北京外文印刷厂	14.0			397		
北京人卫印刷厂	49.0	46.0	106.5	1 455	1 443	100.8
新华通讯社印刷厂	1.0	1.0	100.0	13	23	56.5
北京京安印刷厂	2.2	3.1	71.0	35	56	62.4
中国电影出版社印刷厂						
北京轻工印刷厂						
北京和平印刷有限公司	5.1	5.8	87.9	194	220	88.2
北京中兴印刷有限公司	0.3	0.3	100.0	38	37	103.0
清华大学印刷厂	10.0	11.0	90.9	371	345	107.5
北京大学印刷厂	10.0	13.0	76.9	220	252	87.3
北京毕诚彩印厂	8.0	20.0	40.0	186	316	58.9
北京华联印刷有限公司	1 090.2	1 019.5	106.9	35 627	32 400	110.0
北京日邦印刷有限公司	639.3	701.6	91.1	19 629	19 823	99.0
北京画中画印刷有限公司						
北京雅昌彩色印刷有限公司	212.9	177.4	120.0	16 597	13 831	120.0
北京顶佳世纪印刷有限公司						
化学工业出版社印刷厂	3.3	3.7	89.2	193	210	91.9
北京盛通印刷股份有限公司	1 250.0	886.0	141.1			
中国铁道出版社印刷厂	29.4	8.4	350.0	369	504	73.1
北京东港安全印刷有限公司						
北京印刷学院实习工厂	6.0	5.3	113.2	120	100	120.0
北京联兴盛业印刷股份公司	178.4	195.0	91.5	4 260	4 605	92.5
山东新华印刷厂	186.9	169.9	110.0			
山东临沂新华印刷物流集团	259.0	246.0	105.3	4 806	4 515	106.4
山东新华印刷厂潍坊厂	104.2	114.3	91.2	2 243	2 302	97.4
山东德州新华印务有限公司	175.2	162.7	107.7	2 842	2 700	105.3
中闻集团济南印务有限公司	40.7	41.1	99.0	864	915	94.5
河北新华第一印刷有限公司	204.2	216.5	94.3	3 639	5 150	70.7
河北新华第二印刷有限公司	227.0	235.0	96.6	4 438	4 470	99.3
中国标准社秦皇岛印刷厂	9.7	12.7	76.4	303	381	79.5
保定五四三印刷厂	99.4	76.0	130.8	24 919	20 300	122.8
山西新华印业有限公司	203.0	1 954.0	10.4	2 952	2 988	98.8

（续）

书刊装订						照相制版					
产量（万令）			产值（万元）			产量（四开）			产值（万元）		
2011 年	2010 年	同比（%）	2011 年	2010 年	同比（%）	2011 年	2010 年	同比（%）	2011 年	2010 年	同比（%）
10.5	11.6	90.5	230	233	98.8	7 468	7 081	105.5	99	95	104.4
1.0	0.8	125.0	40	32	125.0						
44.0	41.0	107.3	2 259	1 912	118.1						
18.0	19.6	91.8	674	662	101.8				197	201	98.2
18.0	20.0	90.0	444	486	91.4	26 552	27 436	96.8	43	43	100.0
6.0	5.0	120.0	110	220	50.0	36 868	28 819	127.9	737	576	128.0
1.0	1.1	90.9	13	14	91.5						
5.3	5.8	91.4	125	137	91.2	9 600	10 000	96.0	48	50	96.0
6.6	5.8	113.8	186	155	119.8						
11.0	9.5	115.8	272	203	134.0						
									293	334	87.7
5.5	20.0	27.5	54	120	45.0	3 000	3 200	93.8	59	64	92.2
						9 279	11 103	83.6	186	222	83.6
55.1	45.9	120.0	17 427	14 522	120.0	2 256 424	1 880 354	120.0	9 128	7 607	120.0
9.7	10.3	94.2	360	359	100.3						
7.7	7.3	105.5	223	217	102.8	94 140	53 938	174.5	322	167	192.1
10.0	8.0	125.0	40	35	114.3	5 000	4 800	104.2	10	10	100.0
36.8	29.6	124.3	1 946	1 565	124.3	28 100	24 750	113.5	562	495	113.5
38.7	35.6	108.7									
70.0	64.0	109.4	2 600	1 997	130.2	41 749	39 758	105.0	298	280	106.4
20.4	22.1	92.3	536	780	68.8	38 142	36 704	103.9	74	67	110.5
38.3	37.3	102.7	778	754	103.1	22 891	20 934	109.3	138	126	109.6
19.8	20.7	95.7	312	329	94.7	360	698	51.6	3	4	75.0
56.1	54.2	103.5	1 398	1 358	103.0	41 776	50 351	83.0	345	313	110.2
48.0	42.0	114.3	1 064	847	125.6	21 061	20 974	100.4	118	133	88.7
6.7	6.9	97.1	249	250	99.7		480			15	
						1 367	1 207	113.3	21	55	37.6
28.0	29.0	96.6	627	566	110.8	6 741	10 696	63.0	21	40	52.5

单位名称	胶印印刷					
	产量（万对开色令）			产值（万元）		
	2011 年	2010 年	同比（%）	2011 年	2010 年	同比（%）
山西人民印刷有限公司	168.7	158.5	106.4	9 082	6 050	150.1
辽宁美术印刷厂	74.0	100.0	74.0	1 364	1 769	77.1
沈阳新华印刷厂	165.0	149.0	110.7	2 923	2 722	107.4
东北印刷厂	18.0	19.0	94.7	364	391	93.1
长春新华印刷集团有限公司	196.0	212.0	92.5	3 091	3 478	88.9
延边新华印刷有限公司	47.0	49.0	95.9	808	856	94.4
长春第二新华印刷有限公司	37.0	45.0	82.2	756	910	83.1
黑龙江新华印刷二厂	86.0	103.0	83.5	1 970	2 118	93.0
安徽新华印刷股份公司	675.83	620.51	108.9	20 951	19 236	108.9
合肥远东印务有限公司	61.0	63.0	96.8	2 180	2 214	98.5
江西新华印刷集团有限公司	1 227.0	1 212.0	101.2	24 533	24 237	101.2
江西新华九江印刷总厂						
皖南海峰印刷包装有限公司	10.5	9.6	109.4	3 153	2 889	109.1
江苏新华印刷厂	283.0	345.0	82.0	12 111	14 765	82.0
江苏淮阴新华印刷厂	22.3	22.8	97.8	473	526	89.9
江苏徐州新华印刷厂	28.0	27.0	103.7	554	561	98.8
丹阳市教育印刷厂	18.6	21.6	86.1	360	500	72.0
南通韬奋印刷有限公司	35.0	32.0	109.4	805	736	109.4
南京爱德印刷有限公司	28.8	26.0	110.8	504	421	119.7
浙江印刷集团有限公司	468.0	453.0	103.3	17 404	15 690	110.9
常熟市华通印刷有限公司	48.2	46.4	103.9	3 417	3 291	103.8
福建新华印刷有限公司	31.0	29.0	106.9	1 263	1 073	117.7
中闻集团福州印务有限公司	33.0	33.0	100.0	669	669	100.0
湖北新华印务有限公司	74.0	66.0	112.1	1 460	1 297	112.6
中闻集团武汉印务有限公司	24.0	21.0	114.3	1 691	1 500	112.7
河南新华印刷集团有限公司	110.9	79.7	139.1	3 472	2 516	138.0
湖南天闻新华印务有限公司	1 629.8	1 541.5	105.7	27 970	26 455	105.7
广东新华印刷有限公司	27.1	29.3	92.5			
广州华南印刷厂有限公司	129.0	30.0	430.0	1 371	550	249.3
东莞金杯印刷有限公司	191.3	180.9	105.7			
广西民族印刷厂	43.0	36.0	119.4	1 053	894	117.8
重庆新华印刷厂	14.0	13.0	107.7	322	294	109.5
成都君区印务有限公司	2.3					
四川新华印刷有限公司	70.0	54.0	129.6			
自贡兴华印务有限公司	54.0	53.0	101.9	1 134	1 142	99.3
云南新华印刷实业总公司	64.0	136.0	47.1	1 514	4 080	37.1

（续）

书刊装订						照相制版					
产量（万令）			产值（万元）			产量（四开）			产值（万元）		
2011 年	2010 年	同比（%）	2011 年	2010 年	同比（%）	2011 年	2010 年	同比（%）	2011 年	2010 年	同比（%）
38.0	34.0	111.8	1 606	1 120	143.4						
9.0	13.0	69.2	257	345	74.5						
49.0	57.0	86.0	1 243	1 511	82.3	6	5	120.0	289	227	127.3
15.0	14.0	107.1	241	350	68.9	1 652	1 929	85.6	24	24	100.0
36.0	39.0	92.3	996	1 066	93.4	87 640	86 468	101.4	210	216	97.2
16.0	19.0	84.2	332	372	89.2		3 973		22	24	91.7
11.0	12.0	91.7	279	347	80.4	100	100	100.0	3	3	100.0
17.0	21.0	81.0	611	555	110.1	19 248	21 712	88.7	191	214	89.3
319.23	310.56	102.8	4 508	4 386	102.8	325 534	310 967	104.7	2 466	2 349	105.0
48.0	46.0	104.3	1 047	1 003	104.4						
224.0	221.0	101.4	4 146	4 097	101.2	26 200	25 900	101.2	180	175	102.9
22.8	11.9	191.6	686	357	192.0	86 372	83 276	103.7	104	100	103.7
301.0	110.0	273.6	7 640	2 792	273.6	66 213	69 871	94.8	1 040	937	111.0
11.0	11.0	100.0	325	339	95.9	24 000	25 000	96.0	84	88	96.0
11.0	12.0	91.7	304	382	79.6						
14.0	15.0	93.3	480	500	96.0						
6.5	6.0	108.3	156	145	107.6						
62.0	93.0	66.7	1 473	2 046	72.0	157 986	136 094	116.1	2 218	1 769	125.4
71.0	69.0	102.9	2 045	2 194	93.2						
12.9	12.2	105.7	520	494	105.3						
27.2	29.0	93.8	637	605	105.3	25 178	5 063	497.3	108	104	103.8
9.0	10.0	90.0	170	189	89.9	6 017	4 245	141.7	11	8	137.5
52.0	44.0	118.2	1 057	828	127.7	180 856	161 577	111.9	460	309	148.9
18.0	16.0	112.5	195	160	121.9	21 733	19 819	109.7	247	220	112.3
95.5	78.2	122.1	2 931	2 160	135.7	94 135	80 094	117.5	320	350	91.4
233.7	204.4	114.3	4 113	3 597	114.3	105 627	98 125	107.6	1 162	1 079	107.6
63.5	71.4	88.9									
28.0	34.0	82.4	567	624	90.9	28 338	30 424	93.1	459	498	92.2
66.3	64.4	103.0									
56.0	45.0	124.4	915	729	125.5	7 203	8 722	82.6	147	178	82.6
19.0	20.0	95.0	437	454	96.3	916	881	104.0	33	32	103.1
15.0	14.0	107.1				124	211	58.8			
15.0	13.0	115.4	372	358	103.9	7 100	8 970	79.2	6	9	66.7
25.0	38.0	65.8	906	2 145	42.2						

单位名称	胶印印刷					
	产量（万对开色令）			产值（万元）		
	2011年	2010年	同比（%）	2011年	2010年	同比（%）
云南国防印刷厂	85.0	75.0	113.3	4 325	3 772	114.7
贵州新华印刷厂	230.9	191.6	120.5	4 696	4 038	116.3
西安新华印务有限公司	150.0	164.0	91.5	6 440	5 459	118.0
中闻集团西安印务有限公司	35.9	38.9	92.3	675	729	92.7
甘肃新华印刷厂	41.0	36.0	113.9	828	800	103.5
兰州新华印刷厂	37.0	48.0	77.1	709	945	75.0
天水新华印刷厂	117.0	116.0	100.9	646	407	158.7
青海新华印刷厂	34.4	33.0	104.2			
新疆新华印刷厂	124.5	144.7	86.0	3 342	3 936	84.9
新疆八艺印刷厂	20.7	19.9	104.0	652	563	115.8
新疆新华印刷二厂	3.0	0.4	750.0	26	8	325.0
西藏新华印刷厂	32.8	34.6	94.8			
拉萨明鑫印刷有限责任公司	24.0	4.0	600.0	1 489	1 054	141.3
内蒙古爱信达教育印务公司	175.5	164.0	107.0	3 963	3 945	100.5

注：1. 参加资料汇编企业的情况。本资料共汇集了全国 119 家书刊印刷（含其他印刷）企业 2011 年主要经济效益指标完成情况。这些企业分布在全国 31 个省、自治区、直辖市。其中：北京隆达印刷包装集团 6 家，天津新闻出版局 5 家，上海印刷（集团）有限公司 4 家，在京部队印刷企业 8 家，中央在京各部委印刷企业及其他在京印刷企业 35 家，分布在各省、自治区的印刷企业 61 家。

2. 主要经济指标总量完成情况。工业总产值（现价）：107 亿元，工业销售产值（现价）：110 亿元，工业增加值（生产法）：36 亿元，主营业务收入：113 亿元，实现利税：10.6 亿元，实现利润：3.8 亿元，人均创利税：20425 元 / 人，人均工资：35296 元 / 人。

3. 主要产品产量完成情况。照相排字：39.6 亿字，书刊印刷：2904 万令，胶印印刷：14390 万对开色令，书刊装订：3197 万令。

4. 印刷企业盈利情况。盈利企业 82 家，占 71%，其中：100 万元以上的 45 家，200 万元以上 37 家，300 万元以上 30 家，500 万元以上 23 家，1 000 万元以上 13 家。实现利税 1 000 万元以上的 26 家，500 万元以上的 48 家。

（供稿单位：中国印刷设备及器材工业协会书刊印刷专业委员会、北京印刷协会、中国人民解放军印刷协会）

（续）

书刊装订						照相制版					
产量（万令）			产值（万元）			产量（四开）			产值（万元）		
2011 年	2010 年	同比（%）	2011 年	2010 年	同比（%）	2011 年	2010 年	同比（%）	2011 年	2010 年	同比（%）
16.0	13.0	123.1	603	490	123.1	683	766	89.2	47	52	90.4
29.8	35.7	83.5	858	1051	81.7	26 039	24 447	106.5	144	157	91.6
25.0	30.0	83.3	423	499	84.8	70 000	58 574	119.5	218	213	102.3
17.7	18.4	96.2	230	234	98.3	623	1 328	46.9	8	17	46.8
28.0	27.0	103.7	527	468	112.6	38 444	103 707	37.1	99	235	42.1
37.0	34.0	108.8	713	609	117.1	19 287	17 298	111.5	250	230	108.7
23.0	19.0	121.1	463	387	119.6	4 043	2 264	178.6	40	136	29.4
3.5	3.3	106.1									
23.3	24.5	95.1	562	613	91.7	51 013	45 135	113.0	284	236	120.3
4.9	5.4	90.7	103	111	92.8	21 991	28 921	76.0	205	203	101.0
7.0	8.0	87.5	103	118	87.3	774	1 059	73.1	5	6	83.3
6.6	5.7	115.8				2	2	100.0			
10.0	5.0	200.0									
28.4	28.6	99.3	1 301	1315	98.9						

2011 年全国 125 家包装印刷企业经济效益调查汇总表

（单位：万元）

企业名称	职工人数	工业总产值	工业增加值	销售收入	利税总额	利润	资产总额	出口总额	负债
浙江广博集团股份有限公司	4 986	290 458	58 466	591 893	40 748	31 434	569 652		337 891
上海界龙集团有限公司	2 768	213 421	31 795	202 037	13 016	2 364	322 249	2 043	
四川省宜宾丽彩集团有限公司	851	68 508	25 813	125 944	16 934		83 856		
力嘉包装（深圳）有限公司	2 154	48 134	3 985	48 751	2 574	1 100	28 869	43 773	
温州康尔达印刷器材有限公司	386	35 321	5 784	44 836	3 813	1 002	47 626		25 774
北京利丰雅高长城印刷有限公司	987	37 419.6	9 305.8	36 306.6	1 725.3	595.9	39 570.8		14 688
湖州天外绿色包装印刷有限公司	496	36 219.7	18 542.2	34 927.8	11 923.4	9 091.9	61 989.6	309	
浙江新大力电光源科技有限公司	380	35 254	9 871	28 389	1 725	1 289	22 507		
桐乡印刷有限公司	80	27 159		27 267	5 210	5 031	15 545		6 461
宁波三 A 集团有限公司	710	25 899	5 383	25 663	1 655	804.6	53 489		40 672
宁波成路纸品制造有限公司	926	25 704	17 196	25 610	974	731	21 848		13 425
直立汽配有限公司	275	26 160	2 929	25 115	1 507	835	529 090		59 581
宁波报业印刷发展有限公司	414	26 443	8 042	24 807	2 653	1 989	24 987		16 350
天津环球磁卡股份有限公司	1 122	27 110	11 326	23 523	−5 531	−8 884	92 245	156.6	
浙江万盛达实业公司	510	23 354	2 707	23 432	673	304	22 200		13 999.3
浙江新雅投资集团有限公司	719	22 706	3 750	22 706	2 424	−601	81 201		60 300
浙江富康包装印刷有限公司	316	20 010	6 117	20 010	2 911	2 001	27 324		7 530
曙光印业集团有限公司	343	17 945	2 537	17 945	1 235	1 061	72 223		
温州日报有限公司印务分公司	226	16 428	6 223	16 316	3 863	3 863	2 902		
浙江伟博包装印刷有限公司	229	16 150	5 354	16 132	3 698	2 631	17 381		5 746
北京德宝商三包装印刷有限公司	243	16 677.6	4 193.7	14 566	1 570.1	844	14 000		
浙江三浃包装有限公司	500	12 227	1 675	14 138	397	298	17 104		10 628
嘉兴海鸥纸品有限公司	272	13 267	2 412	14 114	731	362	9 273		5 478
上海古林国际印务有限公司	342	13 703.7	4 750	13 703.7	1 798.1	870	11 279		
浙江东经包装有限公司	237	13 432	1 259	13 432	496	311	27 908		18 279
浙江金石包装有限公司	216	14 067	3 286	12 928	676	260	12 967		4 070
兰溪凯迪恩印刷有限公司	175	12 222	2 403	12 187	760	261			17 711.6
湖州达多塑料制品有限公司	182	11 587	4 280	11 453	146	−79	29 641		14 075
宁波长江印业发展有限公司	317	10 330	2 929	10 186	614	121	15 071		9 522
北京印刷集团有限责任公司印刷二厂	436	10 091.3	2 934.5	9 808.1	1 002.3	383.4	12 268.1		7 761
上海人民塑料印刷厂	193	9 444	1 723	9 444	387.2	221.3	14 383	284.8	
上海人民印刷八厂	377	8 817	1 675	8 816.9	438.2	−1 438.3	29 425		
浙江德冠金属包装有限公司	139	9 821	534	8 392	106	163	8 536		

（续）

企业名称	职工人数	工业总产值	工业增加值	销售收入	利税总额	利润	资产总额	出口总额	负债
温州新华印刷有限公司	127	9 011	1 521	8 126	235	105	9 559		7 756
平湖汇诚通用印刷有限公司	235	8 035	1 921	7 947	398	8.3	13 432		7 793.1
浙江百汇包装有限公司	53	8 528	32	7 158	–28	–231	21 485		21 632
北京宝岛包装印刷有限公司	188	6 408	2 071	6 407.8	825	330	6 296.6		2 971
浙江永通彩印有限公司	153	8 676	1 205	5 622	852	387	8 910		7 419
北京轻联富文新特印刷有限公司	163	5 340	16.6	5 507.8	235.7	20	9 204.2		
浙江文华印业有限公司	215	5 189.3	1 556.3	5 189.3	258.8	112.3	4 479.2		2 875
海宁华联印刷有限公司	163	5 710	830	5 046	197	70	4 316		3 053
湖州金杰实业有限公司	108	4 385.7	685.3	4 750.1	275.0	161.0	16 860.6		
金华新风景塑料印刷有限公司	157	4 670	490	4 690	211	17.5	7 562		3 794
温州天虹印业有限公司	163	4 625	1 180	4 625	10	10	3 167		1 681
嘉兴市嘉报印务有限公司	70	4 547	2 790	4 532	1647	1394	5 027		
嘉善人民印刷包装有限公司	115			4 222	209.3	46.3	5 963.5		2 209.5
浙江南方印业有限公司	62	4 186	902	4 186	285	101	2 371		2 279
浙江嘉盛特种印刷有限公司	139	4 262	1 039	4 086	325	90	3 820		1 389
宁波群英印务有限公司	125	3 999	1 300	3 999	380	128	4 000		2 696
宁波德邦印务有限公司	175	3 675	1 166	3 756	332	24	14 284		8 758
宁波三和印刷有限公司	84	3 890	6 618	3 739	105.2	101.5	4 745		3 564
金华光华印务制衣	105	4 963	769	3 663	–26	–230	9 285		5 646.5
嘉兴市南湖纸品厂	218	3 667	810	3 602	915	2	379		
上海凹凸世知印务有限公司	210	3 601.4	924	3 601.4	–923.4	–1 013.8	5 106		
上海永新塑料制品有限公司	102	2 730.7	922	2 730.7	353.6	182.8	2 224	433.7	
温州宋氏印刷包装有限公司	81	2 628	2 611	2 606	62	46	4 047		3 973
上海画中画包装印刷有限公司	27	2 458	517	2 570.9	227.6	80.1	3 208		
浙江宝光印业有限公司	110	2 539	628	2 566	211	90	4 235		2 835
宁波美达柯式印刷有限公司	52	2 472	425	2 529	7	7	4 213		1 272
金华日报印务中心	90	7 018	1 605	2 486	840	779	3 021		815
宁波大梁山彩印有限公司	116	2 471	682	2 461	201	49	5 101		3 685
湖州日报印务有限公司	84	2 399	1 736	2 399	244	152	1 562		489
温州市北大方印务有限公司	90	2 281	435	2 281	70	54	5 407		3 141
北京印刷集团有限责任公司印刷一厂	383	2 201.4	995.2	2 201.4	178.5	2.3	5 407.4		3 594
宁波新华印刷有限公司	59	2 394	8 360	2 195	348	202	17 408		9 868
浙江双溪印业有限公司	90	2 062	523	2 062	264	134	3 079		930
上海人民印刷二厂有限公司	59	1 935	707	1 935	251.2	70.9	1 937		
金华天翔包装彩印厂	72	1 788	180	1 878	–57	–146	2 672		2 228.5
湖州立方实业有限公司	67	1 845	416	1 845	470	361	4 765		1 332
宁波港舜现代印务有限公司	61	2 088	748	1 725	377	283	2 030		249

（续）

企业名称	职工人数	工业总产值	工业增加值	销售收入	利税总额	利润	资产总额	出口总额	负债
金华环球包装公司	54	1 760		1 698	53	12	700		
宁波银行印刷厂	66	1 649	584	1 644	193.4	82.4	6 971		43
安吉盛宇彩印包装有限公司	49	1 880	225	1 604	146	72	1 796		1 031
德清县力科包装有限公司	19	1 571.9	393	1 571.9	82.7	35.8	984.4		
浙江黄龙纸塑包装有限公司	62	1 512.6	18.8	1 499.6	15.1	12.1	2 380.9		1 751
金华远大印刷有限公司	53	1 445	197	1 445	152	74	2 123		1 623
金华金东彩印厂	68	1 413	212	1 413	54	5	1 529		440
绍兴市越生彩印有限公司	57	1 400	619	1 400	110	75	1 250		450
慈溪日报报业有限公司	145	1 355	312	1 355	51	51	3 497		1 649
嘉兴市大雪印刷有限公司	45	1 326		1 324		19.5	909.1		600.4
浙江康乐彩印有限公司	72	1 387	80	1 322	58	43	2 181		833
浙江三彩印业有限公司	57	1 309	315	1 309	105.2	62.8	1 174		309
北京印刷集团有限责任公司京华印刷厂	210	1 304.7	845.9	1 304.7	105.1	9.9	10 470.7		
宁波大港印务有限公司	67	1 255.9	455	1 255.9	75.3	−45.7	4 289.9		4 301.9
安吉科达印刷有限公司	135	1 182	302	1 182	192	167	10 036		2 767
温州家族印务有限公司	45	1 175	255	1 175	56	31	685		350
嘉兴新海纸品厂	93	1 150	50.3	1 150	66.1	16.7	1 175.2		99.2
金华方正印刷有限公司	51	1 012	221	1 115	54.3	12.2	1 104		460
嘉兴德伊印刷厂	103	1 112		1 112	59	30	3 578		2 505
宁波天臣印务实业有限公司	37	1 065	228	1 064	103	64	1 307		796
宁波海曙德利印刷有限公司	44	1 062	242	1 062	32	−9	991		812
浦江华鑫印务有限公司	41	1 174	348	993	57	41	1 401		1 049
宁波江北丰穗纸制品厂	53	847	862	950	3.6	4.7	1 161		409
金华三箭印业公司	35			881	25		1 055		
北京轻联富诚彩色印刷有限公司	146	865	744	865.1	351.7	201.7	9 905.5		
舟山海力生包装有限公司	31	894.4		864.9	27	−14.8	264.1		194.5
湖州忠诚印刷有限公司	30	857.6	169.7	857.6	16.2	6.1	1 248.5		
宁波东钱湖度假区达华包装厂	25	810	189	819	172	153	1 086		
定海同润印刷中心	54	921	480	797	73	24	1 883		70
宁波天华印刷有限公司	73	912	291	785	10	8	2 667		2 454
北京北人羽新胶印有限责任公司	121	698.6	259	775.1	9.2	−61.8	4 764.3		
绍兴市财税印刷厂	56	769	850	769	102	77	850		366
舟山人民印刷有限公司	41	746	138	726	40	14	1 298		596
温州鹿城东方印刷厂	30	724	151	705	44	15	2 010		1 683
浦江求真印务有限公司	55	693	0	693.6	62.6	33.3	658.4		243
金华婺西印务有限公司	27	649	104	663	51.2	24.8	1 101		629
金华金点子广告公司	11			659	60	9.2	203		118

（续）

企业名称	职工人数	工业总产值	工业增加值	销售收入	利税总额	利润	资产总额	出口总额	负债
金华曙光印务有限公司	32	885	485	650	19	0.3	865		842
金华精美印刷有限公司	24	832	624	614	12	–14	1 109		814
定海和平海洋生物制品厂	30	513	553	553	10	6.2	682		766.9
金华科教彩印厂	50	544	138	548	20	2.3	524		251
绍兴邮电印刷厂	40	622	174	515	71.8	22.1	270		167
温州市一村印务有限公司	60	500	30	500	28	21	1 002		818
嘉兴市云豪印刷有限公司	30	465	105	465	50	41	776		
绍兴义鸣彩印包装厂	45	457	56.1	457	32.2	21.3	1 110.7		201.7
平湖鼎力印刷工贸有限公司	28	437	155	437	34.2	0.8	370		258
宁波甬贸包装有限公司	23	353	120	353	16.2	–8	808		385
北京市纸箱厂	28		–116.7	342.4	–107	–120.2	6 946.3		
宁波公运集团股份有限公司	19	260	172	237	43.9	11	178		126
瑞安印刷总厂	16	170	25	154.4	8	–7.3	231		35
兰溪信大包装印刷公司	24	575		150	24	1.5	867		556.8
北京印刷集团有限责任公司制版厂	68	101.3	–49.5	101.3	99.6	6.3	2 412.1		
舟山市金融印刷厂	22	87	80	87	13	–37	335		303
嘉兴市嘉大印刷厂	10	96	44	44	–0.4	–2.2	55		
北京乾洋印刷有限公司	151		–81.5		77.9	0.9	5 218.9		
合计	30 139	1 390 953	331 150.7	1 722 723	136 939	65 096.8	2 683 626	47 000.1	844 025.9

注：1. 本统计资料汇集了全国 126 家包装印刷企业 2011 年经济效益指标完成情况。

2. 本统计资料以销售收入额进行排序。

（供稿单位：中国印刷及设备器材工业协会包装印刷分会）

2011 年全国报纸印刷厂报纸年印刷量统计表（一）

（年印刷量在 10 亿印张以上的单位）

编号	单位	年印刷量			
		2011 年		2010 年	
		印量（亿印张）	比上年增长（%）	印量（亿印张）	比上年增长（%）
1	广州日报社印务中心	64.11	-2.75	65.92	-1.39
2	广东南方报业传媒控股有限公司印务分公司	45.82	4.88	43.69	1.56
3	半岛都市报社印刷厂	42.24	1.44	41.64	4.00
4	浙江日报报业集团印务有限公司	38.86	7.35	36.20	26.80
5	辽宁新闻印刷集团有限公司	36.10	1.69	35.50	7.58
6	文汇新民联合报业集团印务中心	34.47	-3.72	35.80	13.69
7	杭报集团盛元印务有限公司	31.09	4.40	29.78	5.38
8	成都博瑞传播股份有限公司印务分公司	30.40	1.00	30.10	36.82
9	湖北日报传媒集团楚天印务总公司	28.88	-4.24	30.16	5.05
10	四川日报报业集团印务公司	26.77	1.44	26.39	18.29
11	深圳报业集团印务有限公司	25.71	1.50	25.33	11.00
12	河南日报报业集团有限公司印务中心	23.50	2.44	22.94	13.56
13	羊城晚报社印刷厂	22.10	-4.74	23.20	41.98
14	华商数码信息股份有限公司	20.41	-2.39	20.91	14.99
15	福建日报报业集团印务中心	20.09	11.92	17.95	11.70
16	长江日报报业集团印务总公司	19.20	4.86	18.31	7.96
17	人民日报印刷厂	17.82	4.82	17.00	0.59
18	山东大众华泰印务有限责任公司	17.80	16.26	15.31	16.43
19	今晚报印刷厂	17.79	2.36	17.38	12.56
20	浙江省广育爱多印务有限公司	15.32	-1.98	15.63	
21	重庆重报传媒有限公司印务中心	15.01	4.24	14.40	13.39
22	江西日报社印务中心	14.61	9.85	13.30	25.47
23	南京时代传媒股份有限公司印务分公司	14.32	25.61	11.40	12.87
24	大连报业集团印务公司	14.22	1.50	14.01	1.67
25	新华通讯社印刷厂	14.15	1.80	13.90	-2.80
26	青岛日报报业集团印务中心	13.60	13.33	12.00	25.26
27	新华报业传媒集团印务中心	13.55	3.44	13.10	3.97
28	云南报业传媒集团印务中心	13.46	4.26	12.91	12.46
29	解放军报印刷厂	13.19	1.70	12.97	13.28
30	解放日报报业集团印刷厂	13.08	6.34	12.30	-15.17
31	黑龙江龙江传媒有限责任公司	12.30	4.33	11.79	14.47
32	宁波报业印刷发展有限公司	12.28	4.07	11.80	14.45
33	广西日报社印刷厂	11.97	1.44	11.80	1.72
34	北京日报印务中心	11.31	2.35	11.05	6.66
35	哈尔滨报达印务股份有限公司	11.20	9.80	10.20	4.08
36	天津北方报业印务股份有限公司	10.32	7.05	9.64	1.26
总计	36 家	787.05	2.79	765.71	10.06

2011年全国报纸印刷厂报纸年印刷量统计表（二）

（年印刷量在5亿～10亿印张的单位）

编号	单位	年印刷量			
		2011年		2010年	
		印量（亿印张）	比上年增长（%）	印量（亿印张）	比上年增长（%）
37	温州日报报业集团有限公司	9.92	3.77	9.56	8.88
38	新安传媒有限公司印务公司	9.62	22.70	7.84	0.77
39	湖南日报报业集团印务中心	9.60	0.73	9.53	10.17
40	苏州日报印务中心	9.50	8.82	8.73	18.61
41	吉林华商数码印务有限公司	9.18	23.72	7.42	11.08
42	贵州日报印刷厂	8.97	9.79	8.17	6.24
43	上海解放传媒印刷有限公司	8.86	-1.01	8.95	-11.91
44	甘肃日报社印务中心	8.35	10.89	7.53	8.35
45	合肥报业传媒有限公司印务分公司	8.16	14.13	7.15	13.49
46	无锡报业发展有限公司印务分公司	7.95	-5.36	8.40	23.53
47	海南日报社印刷厂	7.83	4.68	7.48	7.63
48	山西太报传媒有限公司印务分公司	7.70	1.32	7.60	8.57
49	华商数码信息股份有限公司重庆分公司	7.57	9.39	6.92	58.72
50	中国青年报社印刷厂	7.50	3.31	7.26	23.47
51	厦门日报社印务中心	7.43	7.99	6.88	5.36
52	新疆日报社印务中心	7.30	4.29	7.00	-3.31
53	济南日报社印刷厂	6.99	27.79	5.47	3.21
54	石家庄日报社印务公司	6.90	4.55	6.60	13.79
55	河北日报报业集团印务中心	6.74	2.43	6.58	-0.15
56	经济日报印刷厂	6.66	-3.62	6.91	-10.14
57	山西闻兴印务有限责任公司	6.60	3.13	6.40	-1.54
58	沈阳日报报业集团印务中心	6.53	-18.88	8.05	43.75
59	重庆商报印务有限公司	6.50	6.91	6.08	7.04
60	贵阳日报传媒集团印务中心	6.43	31.22	4.90	2.04
61	工人日报社印刷厂	6.20	6.90	5.80	5.07
62	长沙晚报报业集团印务公司	6.08	1.33	6.00	0.17
63	泉州晚报社印务中心	6.07	-3.65	6.30	14.55
64	烟台报捷新闻印刷有限责任公司	5.79	16.27	4.98	5.51
65	西安日报社印务中心	5.50	3.77	5.30	4.13
66	郑州日报社印刷厂	5.44	11.25	4.89	-1.21
67	成都日报社印刷厂	5.40	2.47	5.27	17.63
68	陕西日报社印刷厂	5.38	13.50	4.74	8.70
69	中国日报社印刷厂	5.29	-2.04	5.40	22.45
70	扬州日报印刷有限责任公司	5.11	16.14	4.40	10.00
总计	34家	245.05	6.32	230.49	10.22

2011 年全国报纸印刷厂报纸年印刷量统计表（三）

（年印刷量在 2 亿～ 5 亿印张的单位）

编号	单位	年印刷量			
		2011 年		2010 年	
		印量（亿印张）	比上年增长（%）	印量（亿印张）	比上年增长（%）
71	昆明日报印刷厂	4.85	11.49	4.35	15.38
72	吉林日报社印刷厂	4.76	–5.56	5.04	–1.95
73	台州日报印务有限公司	4.17	0.72	4.14	7.81
74	金华日报社印刷厂	4.05	6.58	3.80	11.76
75	内蒙古日报社印务中心	4.04	8.89	3.71	8.16
76	泰州日报社印务有限公司	3.95	21.54	3.25	1.56
77	海门市海门日报印务中心	3.81	19.44	3.19	–21.23
78	劳动报社印务中心	3.76	–4.33	3.93	3.15
79	长春市美程印刷有限公司	3.50	55.56	2.25	–2.17
80	大庆日报社印刷厂	3.50	22.38	2.86	7.92
81	洛阳市报业印刷有限责任公司	3.37	6.31	3.17	21.92
82	福州晚报印刷厂	3.36	1.82	3.30	6.45
83	浙江嘉报设计印刷有限公司	3.31	–2.93	3.41	5.57
84	常州日报社印刷厂	3.30	57.14	2.10	5.00
85	新疆乌鲁木齐晚报社印务中心	3.30	6.45	3.10	14.81
86	镇江报业印务有限公司	3.23	–19.25	4.00	–4.76
87	东莞日报印刷厂	3.22	–6.12	3.43	10.65
88	光明日报社印厂	3.12	20.00	2.60	–8.77
89	湛江日报社印刷厂	3.10	5.08	2.95	13.03
90	汕头经济特区报社印务中心	2.88	–0.69	2.90	5.84
91	佛山珠江传媒印务有限公司	2.80	7.69	2.60	9.70
92	宁夏报业传媒印刷有限公司	2.72	10.57	2.46	10.93
93	珠海特区报社印务中心	2.70	4.25	2.59	5.28
94	上海证券报印务中心	2.65	3.11	2.57	52.98
95	临沂日报社印刷厂	2.60	23.81	2.10	–4.55
96	保定日报社印刷厂	2.55	–0.39	2.56	4.07
97	南宁日报社印刷厂	2.50	7.30	2.33	2.64
98	中国体育报印刷厂	2.30	43.75	1.60	0.00
99	泸州日报社印刷厂	2.10	11.11	1.89	45.38
100	湖北日报传媒集团三峡印务有限公司	2.01	–1.47	2.04	2.00
101	衢州日报印务有限责任公司	2.00	10.50	1.81	
总计	31 家	99.51	8.13	92.03	5.39

2011年全国报纸印刷厂报纸年印刷量统计表（四）

（年印刷量在1亿～2亿印张的单位）

编号	单位	年印刷量			
		2011年		2010年	
		印量（亿印张）	比上年增长（%）	印量（亿印张）	比上年增长（%）
102	青海日报社印刷厂	1.92	12.28	1.71	17.93
103	法制日报社印刷厂	1.80	0.00	1.80	5.88
104	邯郸日报印刷厂	1.80	5.88	1.70	6.25
105	绍兴日报报业印务有限公司	1.76	-2.22	1.80	2.86
106	农民日报社印刷厂	1.73	26.28	1.37	28.04
107	沧州日报社印务中心	1.70	11.11	1.53	6.67
108	中山日报社印务中心	1.60	6.67	1.50	7.24
109	宜宾日报社印刷中心	1.58	3.95	1.52	-17.39
110	唐山劳动日报社印刷厂	1.58	8.97	1.45	5.07
111	商丘京九印务有限公司	1.56	5.41	1.48	4.35
112	新乡市新报商务彩印有限公司	1.52	-1.30	1.54	
113	北京人铁报印刷厂	1.50	20.97	1.24	0.00
114	河北经济日报社印务中心	1.48	2.78	1.44	-4.64
115	南阳日报社印刷厂	1.39	13.93	1.22	-29.89
116	秦皇岛日报社印刷厂	1.29	18.35	1.09	-3.54
117	三峡日报传媒集团印刷厂	1.28	9.40	1.17	
118	芜湖日报报业集团印务有限公司	1.26	5.00	1.20	0.00
119	宜兴报业印务有限公司	1.20	-4.76	1.26	16.67
120	枣庄日报社印刷厂	1.18	11.32	1.06	
121	青海西宁印刷厂	1.10	12.24	0.98	3.45
122	西藏日报社印刷厂	1.06	17.78	0.90	36.36
123	桂林日报印刷厂	1.02	-1.92	1.04	-4.65
总计	22家	32.31	7.70	30.00	3.28

2011 年全国报纸印刷厂报纸年印刷量统计表（五）

（年印刷量在 1 亿印张以下的单位）

编号	单位	年印刷量			
		2011 年		2010 年	
		印量（亿印张）	比上年增长（%）	印量（亿印张）	比上年增长（%）
124	呼和浩特日报社印刷厂	0.94	4.44	0.90	5.56
125	许昌日报社印务中心	0.85	4.94	0.81	30.65
126	衡水日报社印刷厂	0.85	6.25	0.80	11.11
127	包头日报社印刷厂	0.76	26.67	0.60	20.00
128	廊坊报业印务有限公司	0.70	−12.50	0.80	14.29
129	襄阳日报社印刷厂	0.67	11.67	0.60	9.52
130	承德日报社印刷厂	0.62	−24.39	0.82	0.00
131	长治日报印刷厂	0.59	13.46	0.52	30.00
132	新疆日报社南疆印务中心	0.56	−30.00	0.80	38.46
133	周口日报社印务中心	0.53	12.77	0.47	0.00
134	张家口市报印刷厂	0.49	−7.55	0.53	60.47
135	上海一众印务中心	0.47	−7.84	0.51	−8.93
136	延边报捷印务有限公司	0.47	2.17	0.46	9.52
137	赤峰日报印刷厂	0.45	12.50	0.40	−4.76
138	南平市武夷美彩印中心	0.37	5.71	0.35	−7.89
139	呼伦贝尔日报社出版印务中心	0.30	0.00	0.30	0.00
140	信阳日报社印刷厂	0.29	3.57	0.28	3.70
141	齐齐哈尔日报社印刷厂	0.29	11.54	0.26	−7.27
142	漯河日报社印刷厂	0.28	7.69	0.26	
143	延安日报社印刷厂	0.23	0.00	0.23	4.55
144	汉中日报社印刷厂	0.16	14.29	0.14	0.00
145	景德镇日报社印刷厂	0.07	0.00	0.07	
总计	22 家	10.94	0.27	10.91	12.06

数据来源：中国报协报纸印刷工作委员会。

2011 年全国各省、市报纸印刷厂报纸年印刷量统计情况

编号	单位名称	年印刷量			
		2011 年		2010 年	
		印量（亿印张）	比上年增长（%）	印量（亿印张）	比上年增长（%）
北京市（包括中央各报印刷厂）		92.57	4.13	88.90	4.63
1	人民日报印刷厂	17.82	4.82	17.00	0.59
2	新华通讯社印刷厂	14.15	1.80	13.90	-2.80
3	解放军报印刷厂	13.19	1.70	12.97	13.28
4	北京日报印务中心	11.31	2.35	11.05	6.66
5	中国青年报社印刷厂	7.50	3.31	7.26	23.47
6	经济日报印刷厂	6.66	-3.62	6.91	-10.14
7	工人日报社印刷厂	6.20	6.90	5.80	5.07
8	中国日报社印刷厂	5.29	-2.04	5.40	22.45
9	光明日报社印厂	3.12	20.00	2.60	-8.77
10	中国体育报印刷厂	2.30	43.75	1.60	0.00
11	法制日报社印刷厂	1.80	0.00	1.80	5.88
12	农民日报社印刷厂	1.73	26.28	1.37	28.04
13	北京人铁报印刷厂	1.50	20.97	1.24	0.00
天津市		28.11	4.03	27.02	8.25
1	今晚报印刷厂	17.79	2.36	17.38	12.56
2	天津北方报业印务股份有限公司	10.32	7.05	9.64	1.26
河北省		26.70	3.09	25.90	6.05
1	石家庄日报社印务公司	6.90	4.55	6.60	13.79
2	河北日报报业集团印务中心	6.74	2.43	6.58	-0.15
3	保定日报社印刷厂	2.55	-0.39	2.56	4.07
4	邯郸日报印刷厂	1.80	5.88	1.70	6.25
5	沧州日报社印务中心	1.70	11.11	1.53	6.67
6	唐山劳动日报社印刷厂	1.58	8.97	1.45	5.07
7	河北经济日报社印务中心	1.48	2.78	1.44	-4.64
8	秦皇岛日报社印刷厂	1.29	18.35	1.09	-3.54
9	衡水日报社印刷厂	0.85	6.25	0.80	11.11
10	廊坊报业印务有限公司	0.70	-12.50	0.80	14.29
11	承德日报社印刷厂	0.62	-24.39	0.82	0.00
12	张家口市报印刷厂	0.49	-7.55	0.53	60.47

（续）

编号	单位名称	年印刷量			
		2011 年		2010 年	
		印量（亿印张）	比上年增长（%）	印量（亿印张）	比上年增长（%）
山西省		14.89	2.55	14.52	4.46
1	山西太报传媒有限公司印务分公司	7.70	1.32	7.60	8.57
2	山西闻兴印务有限责任公司	6.60	3.13	6.40	–1.54
3	长治日报印刷厂	0.59	13.46	0.52	30.00
内蒙古自治区		6.49	9.81	5.91	7.39
1	内蒙古日报社印务中心	4.04	8.89	3.71	8.16
2	呼和浩特日报社印刷厂	0.94	4.44	0.90	5.56
3	包头日报社印刷厂	0.76	26.67	0.60	20.00
4	赤峰日报印刷厂	0.45	12.50	0.40	–4.76
5	呼伦贝尔日报社出版印务中心	0.30	0.00	0.30	0.00
辽宁省		56.85	–1.23	57.56	9.83
1	辽宁新闻印刷集团有限公司	36.10	1.69	35.50	7.58
2	大连报业集团印务公司	14.22	1.50	14.01	1.67
3	沈阳日报报业集团印务中心	6.53	–18.88	8.05	43.75
吉林省		17.91	18.06	15.17	4.33
1	吉林华商数码印务有限公司	9.18	23.72	7.42	11.08
2	吉林日报社印刷厂	4.76	–5.56	5.04	–1.95
3	长春市美程印刷有限公司	3.50	55.56	2.25	–2.17
4	延边报捷印务有限公司	0.47	2.17	0.46	9.52
黑龙江省		27.29	8.68	25.11	9.23
1	黑龙江龙江传媒有限责任公司	12.30	4.33	11.79	14.47
2	哈尔滨报达印务股份有限公司	11.20	9.80	10.20	4.08
3	大庆日报社印刷厂	3.50	22.38	2.86	7.92
4	齐齐哈尔日报社印刷厂	0.29	11.54	0.26	–7.27
上海市		63.29	–1.20	64.06	2.99
1	文汇新民联合报业集团印务中心	34.47	–3.72	35.80	13.69
2	解放日报报业集团印刷厂	13.08	6.34	12.30	–15.17
3	上海解放传媒印刷有限公司	8.86	–1.01	8.95	–11.91
4	劳动报社印务中心	3.76	–4.33	3.93	3.15
5	上海证券报印务中心	2.65	3.11	2.57	52.98
6	上海一众印务中心	0.47	–7.84	0.51	–8.93

（续）

编号	单位名称	年印刷量			
		2011 年		2010 年	
		印量（亿印张）	比上年增长（%）	印量（亿印张）	比上年增长（%）
江苏省		65.92	10.18	59.83	8.02
1	南京时代传媒股份公司印务分公司	14.32	25.61	11.40	12.87
2	新华报业传媒集团印务中心	13.55	3.44	13.10	3.97
3	苏州日报印刷中心	9.50	8.82	8.73	18.61
4	无锡报业发展有限公司印务分公司	7.95	–5.36	8.40	23.53
5	扬州日报印刷有限责任公司	5.11	16.11	4.40	10.00
6	泰州日报社印务有限公司	3.95	21.54	3.25	1.56
7	海门市海门日报印务中心	3.81	19.44	3.19	–21.23
8	常州日报社印刷厂	3.30	57.14	2.10	5.00
9	镇江报业印务有限公司	3.23	–19.25	4.00	–4.76
10	宜兴报业印务有限公司	1.20	–4.76	1.26	16.67
浙江省		122.76	4.10	117.93	14.04
1	浙江日报报业集团印务有限公司	38.86	7.35	36.20	26.80
2	杭报集团盛元印务有限公司	31.09	4.40	29.78	5.38
3	浙江省广育爱多印务有限公司	15.32	–1.98	15.63	
4	宁波报业印刷发展有限公司	12.28	4.07	11.80	14.45
5	温州日报报业集团有限公司印务分公司	9.92	3.77	9.56	8.88
6	台州日报印务有限公司	4.17	0.72	4.14	7.81
7	金华日报社印刷厂	4.05	6.58	3.80	11.76
8	浙江嘉报设计印刷有限公司	3.31	–2.93	3.41	5.57
9	衢州日报印务有限责任公司	2.00	10.50	1.81	
10	绍兴日报报业印务有限公司	1.76	–2.22	1.80	2.86
安徽省		19.04	17.60	16.19	5.96
1	新安传媒有限公司印务公司	9.62	22.70	7.84	0.77
2	合肥报业传媒有限公司印务分公司	8.16	14.13	7.15	13.49
3	芜湖日报报业集团印务有限公司	1.26	5.00	1.20	0.00
福建省		37.32	7.30	34.78	10.43
1	福建日报报业集团印务中心	20.09	11.92	17.95	11.70
2	厦门日报社印务中心	7.43	7.99	6.88	5.36
3	泉州晚报社印务中心	6.07	–3.65	6.30	14.55
4	福州晚报印刷厂	3.36	1.82	3.30	6.45
5	南平市武夷美彩印中心	0.37	5.71	0.35	–7.89

（续）

编号	单位名称	年印刷量			
		2011 年		2010 年	
		印量（亿印张）	比上年增长（%）	印量（亿印张）	比上年增长（%）
江西省		14.68	9.80	13.37	25.47
1	江西日报社印务中心	14.61	9.85	13.30	25.47
2	景德镇日报社印刷厂	0.07	0.00	0.07	
山东省		90.20	9.25	82.56	8.68
1	半岛都市报社印刷厂	42.24	1.44	41.64	4.00
2	山东大众华泰印务有限责任公司	17.80	16.26	15.31	16.43
3	青岛日报报业集团印务中心	13.60	13.33	12.00	25.26
4	济南日报社印刷厂	6.99	27.79	5.47	3.21
5	烟台报捷新闻印刷有限责任公司	5.79	16.27	4.98	5.51
6	临沂日报社印刷厂	2.60	23.81	2.10	-4.55
7	枣庄日报社印刷厂	1.18	11.32	1.06	
河南省		38.73	4.51	37.06	9.42
1	河南日报报业集团有限公司印务中心	23.50	2.44	22.94	13.56
2	郑州日报社印刷厂	5.44	11.25	4.89	-1.21
3	洛阳市报业印刷有限责任公司	3.37	6.31	3.17	21.92
4	商丘京九印务有限公司	1.56	5.41	1.48	4.35
5	新乡市新报商务彩印有限公司	1.52	-1.30	1.54	
6	南阳日报社印刷厂	1.39	13.93	1.22	-29.89
7	许昌日报社印务中心	0.85	4.94	0.81	30.65
8	周口日报社印务中心	0.53	12.77	0.47	0.00
9	信阳日报社印刷厂	0.29	3.57	0.28	3.70
10	漯河日报社印刷厂	0.28	7.69	0.26	
湖北省		52.04	-0.46	52.28	6.01
1	湖北日报传媒集团楚天印务总公司	28.88	-4.24	30.16	5.05
2	长江日报报业集团印务总公司	19.20	4.86	18.31	7.96
3	湖北日报传媒集团三峡印务有限公司	2.01	-1.47	2.04	2.00
4	三峡日报传媒集团印刷厂	1.28	9.40	1.17	
5	襄阳日报社印刷厂	0.67	11.67	0.60	9.52
湖南省		15.68	0.97	15.53	6.08
1	湖南日报报业集团印务中心	9.60	0.73	9.53	10.17
2	长沙晚报报业集团印务公司	6.08	1.33	6.00	0.17

（续）

编号	单位名称	年印刷量			
		2011 年		2010 年	
		印量（亿印张）	比上年增长（%）	印量（亿印张）	比上年增长（%）
广东省		174.04	-0.04	174.11	6.35
1	广州日报社印务中心	64.11	-2.75	65.92	-1.39
2	广东南方报业传媒控股有限公司印务分公司	45.82	4.88	43.69	1.56
3	深圳报业集团印务有限公司	25.71	1.50	25.33	11.00
4	羊城晚报社印刷厂	22.10	-4.74	23.20	41.98
5	东莞日报印刷厂	3.22	-6.12	3.43	10.65
6	湛江日报社印刷厂	3.10	5.08	2.95	13.03
7	汕头经济特区报社印务中心	2.88	-0.69	2.90	5.84
8	佛山珠江传媒印务有限公司	2.80	7.69	2.60	9.70
9	珠海特区报社印务中心	2.70	4.25	2.59	5.28
10	中山日报社印务中心	1.60	6.67	1.50	7.24
广西壮族自治区		15.49	2.11	15.17	1.32
1	广西日报社印刷厂	11.97	1.44	11.80	1.72
2	南宁日报社印刷厂	2.50	7.30	2.33	2.64
3	桂林日报印刷厂	1.02	-1.92	1.04	-4.65
海南省		7.83	4.68	7.48	7.63
1	海南日报社印刷厂	7.83	4.68	7.48	7.63
重庆市		29.08	6.13	27.40	20.49
1	重庆重报传媒有限公司印务中心	15.01	4.24	14.40	13.39
2	华商数码信息股份有限公司重庆分公司	7.57	9.39	6.92	58.72
3	重庆商报印务有限公司	6.50	6.91	6.08	7.04
四川省		66.25	1.66	65.17	25.50
1	成都博瑞传播股份有限公司印务分公司	30.40	1.00	30.10	36.82
2	四川日报报业集团印务公司	26.77	1.44	26.39	18.29
3	成都日报社印刷厂	5.40	2.47	5.27	17.63
4	泸州日报社印刷厂	2.10	11.11	1.89	45.38
5	宜宾日报社印刷中心	1.58	3.95	1.52	-17.39

（续）

编号	单位名称	年印刷量			
		2011 年		2010 年	
		印量（亿印张）	比上年增长（%）	印量（亿印张）	比上年增长（%）
贵州省		15.40	17.83	13.07	4.26
1	贵州日报印刷厂	8.97	9.79	8.17	6.24
2	贵阳晚报印刷厂	6.43	31.22	4.90	2.04
云南省		18.31	6.08	17.26	13.15
1	云南报业传媒集团印务中心	13.46	4.26	12.91	12.46
2	昆明日报印刷厂	4.85	11.49	4.35	15.38
西藏自治区		1.06	17.78	0.90	36.36
1	西藏日报社印刷厂	1.06	17.78	0.90	36.36
陕西省		31.68	1.15	31.32	11.69
1	华商数码信息股份有限公司	20.41	–2.39	20.91	14.99
2	西安日报社印务中心	5.50	3.77	5.30	4.13
3	陕西日报社印刷厂	5.38	13.50	4.74	8.70
4	延安日报社印刷厂	0.23	0.00	0.23	4.55
5	汉中日报社印刷厂	0.16	14.29	0.14	0.00
甘肃省		8.35	10.89	7.53	8.35
1	甘肃日报社印务中心	8.35	10.89	7.53	8.35
青海省		3.02	12.27	2.69	13.79
1	青海日报社印刷厂	1.92	12.28	1.71	17.93
2	青海西宁印刷厂	1.10	12.24	0.98	3.45
宁夏回族自治区		2.72	10.57	2.46	10.93
1	宁夏报业传媒印刷有限公司	2.72	10.57	2.46	10.93
新疆维吾尔自治区		11.16	2.39	10.90	3.87
1	新疆日报社印务中心	7.30	4.29	7.00	–3.31
2	新疆乌鲁木齐晚报社印务中心	3.30	6.45	3.10	14.81
3	新疆日报社南疆印务中心	0.56	–30.00	0.80	38.46

数据来源：中国报协报纸印刷工作委员会。

2011 年全国各地区报纸印刷量分布统计表

地区	省市	企业数量		年印刷量（省市分别）			年印刷量（地区合计）		
		各省市	地区	2011 年印量（亿印张）	比上年增长（%）	2010 年印量（亿印张）	2011 年印量（亿印张）	比上年增长（%）	2010 年印量（亿印张）
华北地区	北京	13	35	92.57	4.13	88.90	168.76	4.01	162.25
	天津	2		28.11	4.03	27.02			
	河北	12		26.70	3.09	25.90			
	山西	3		14.89	2.55	14.52			
	内蒙古	5		6.49	9.81	5.91			
东北地区	辽宁	3	11	56.85	−1.23	57.56	102.05	4.30	97.84
	吉林	4		17.91	18.06	15.17			
	黑龙江	4		27.29	8.68	25.11			
华东地区	上海	6	43	63.29	−1.20	64.06	413.21	6.30	388.72
	江苏	10		65.92	10.18	59.83			
	浙江	10		122.76	4.10	117.93			
	安徽	3		19.04	17.60	16.19			
	福建	5		37.32	7.30	34.78			
	江西	2		14.68	9.80	13.37			
	山东	7		90.20	9.25	82.56			
中南地区	河南	10	31	38.73	4.51	37.06	303.81	0.72	301.63
	湖北	5		52.04	−0.46	52.28			
	湖南	2		15.68	0.97	15.53			
	广东	10		174.04	−0.04	174.11			
	广西	3		15.49	2.11	15.17			
	海南	1		7.83	4.68	7.48			
西南地区	重庆	3	13	29.08	6.13	27.40	130.10	5.09	123.80
	四川	5		66.25	1.66	65.17			
	贵州	2		15.40	17.83	13.07			
	云南	2		18.31	6.08	17.26			
	西藏	1		1.06	17.78	0.90			
西北地区	陕西	5	12	31.68	1.15	31.32	56.93	3.70	54.90
	甘肃	1		8.35	10.89	7.53			
	青海	2		3.02	12.27	2.69			
	宁夏	1		2.72	10.57	2.46			
	新疆	3		11.16	2.39	10.90			
总计	31	145					1 174.86	4.05	1 129.14

数据来源：中国报协报纸印刷工作委员会。

2011年全国69家骨干印刷机械制造企业

单位名称	工业总产值	工业销售产值	工业增加值	平均人数（人）	产品销售收入	实现利税	利润总额	利息支出
北人集团公司	101 270	99 664	22 026	1 969	103 523	7 347	2 431	1 683
上海电气集团印刷包装机械有限公司	146 279	143 426	32 977	2 154	158 122	11 281	6 924	1 047
北京北人富士印刷机械有限公司	7 187	6 828	2 730	130	6 828	419	204	51
海门北人印刷机械有限公司	1 034	1 934	–1 629	130	1 960	–1 993	–2 048	73
陕西北人印刷机械有限责任公司	37 481	37 481	10 272	1191	37 165	2 939	1 216	492
高斯图文印刷系统（中国）有限公司	60 248	60 033	17 547	602	60 165	8 633	7 354	–110
上海光华印刷机械有限公司	41 488	40 007	4 725	630	42 178	494	–458	446
上海紫明印刷机械有限公司	5 841	5 841	886	197	5 841	228	–446	149
上海申威达机械有限公司	9 852	9 257	3 034	225	9 050	852	404	10
上海亚华印刷机械有限公司	19 209	18 572	4 795	324	18 539	1 013	503	99
上海紫宏机械有限公司	9 441	9 278	3 734	213	10 471	1 255	736	–66
上海德拉根印刷机械有限公司	7 865	7 865	965	185	7 865	564	246	
上海紫光机械有限公司	13 741	13 709	4 380	302	13 767	2 277	1 159	–38
上海爱凯思机械刀片有限公司	7 648	7 097	2 560	119	7 095	1 156	742	43
上海新星印刷器材有限公司	7 305	6 877	1 205	120	6 828	1 044	888	58
上海华太数控技术有限公司	12 524	6 356	1 539	220	10 620	637	425	184
好利旺机械（上海）有限公司	4 848	6 433	1 899	57	6 433	1 481	1 107	0
天津长荣印刷设备股份有限公司	58 958	58 958	24 889	533	57 366	19 940	17 609	149
江苏昌昇集团股份有限公司	20 409	22 224	5 250	702	21 596	1 512	559	664
中外合资镇江斯伊格机械有限公司	750	873	300	161	879		–901	67
常州市永盾机械有限公司	3 679	3 578	715	72	3 578	241	145	45
南通海盟罗兰机械有限公司	1 717	1 686	660	33	1 686	202	96	22
无锡长城机器制造有限公司	2 179	1 973	532	108	2 064	44	–58	
无锡光华印刷机械有限公司	1 411	1 402	582	116	1 377	50	–46	2
江西中景集团有限公司	26 868	26 811	9 856	532	24 186	3 865	3 047	54
江西通达印刷机有限公司	766	725	320	146	831	54		38
神力集团有限公司	9 602	9 603	528	164	9 603	651	224	55
温州市瑞龙机械成套有限公司	370	366	78	23	366	30	11	
浙江通业印刷机械有限公司	6 531	6 361	2 350	153	7 176	574	295	396
浙江飞云机械有限公司	1 681	1 656	402	77	1 656	78	30	51
浙江蓝宝机械有限公司	9 669	9 411	2 997	148	9 252	1 160	470	305
浙江华岳包装机械有限公司	2 970	2 829	165	143	2 829	259	37	42
浙江国威印刷机械有限公司	2 380	2 380	1 800	75	2 400	160	95	18
杭州吴泰印刷包装机械有限公司	11 609	9 806	3 134	210	9 706	515	388	448

综合经济指标完成情况统计表（一）

（单位：万元）

平均固定资产净值	平均流动资产	平均资产总额	成本费用总额	本期末所有者权益	上期末所有者权益	期末负债总额	期末资产总额	工资总额	人均收入（元/人）
72 290	119 932	274 997	110 646	163 647	158 535	111 951	275 598	9 152	46 480.45
28 216	142 137	233 241	153 163	123 524	126 678	127 960	251 484	16 260	75 487.47
345	7 550	7 895	6 631	2 621	2 417	5 144	7 765	866	66 615.38
1 307	3 910	5 661	2 335	2 672	952	3 047	5 719	285	21 923.08
14 547	21 334	40 175	36 247	13 517	13 015	26 838	40 355	4 615	38 748.95
4 172	64 820	70 770	53 612	29 922	28 962	51 419	81 341	5 641	93 704.32
13 497	29 791	44 446	40 280	12 716	16 704	33 704	46 420	4 094	64 984.13
2 491	6 226	8 761	4 563	2 801	3 040	5 652	8 453	603	30 609.14
1 283	7 486	8 651	8 781	3 910	3 809	4 725	8 635	1 211	53 822.22
2 978	13 186	17 875	18 517	7 848	8 028	10 871	18 719	1 905	58 796.30
1 060	11 022	12 556	9 686	9 465	8 704	2 954	12 419	1 129	53 004.69
4 325	1 650	4 530	7 301	4 325	4 200	377	4 702	795	42 972.97
929	14 547	16 448	13 615	12 089	11 049	4 710	16 799	2 094	69 337.75
3 287	4 342	8 458	6 516	5 100	4 962	3 108	8 208	708	59 495.80
1 094	4 508	7 426	6 005	5 098	5 075	2 936	8 034	411	34 250
2 736	9 432	15 641	10 195	6 025	5 663	4 496	10 521	805	36 590.91
654	5 439	6 102	5 233	4 795	4 476	1 496	6 291	306	53 684.21
14 480	73 473	97 738	39 757	119 782	116 702	29 235	149 017	2 997	56 228.89
6 128	16 006	26 573	21 158	8 283	7 989	18 966	27 249	2 230	31 766.38
621	1 783	2 287	1 036	853	−750	3 164	2 311	319	19 813.66
743	1 468	2 830	1 834	772	770	3 129	3 901	264	36 666.67
818	588	1 406	1 575	1 045	989	352	1 397	98	29 696.97
907	1 461	2 754	2 131	1 542	1 658	1 280	2 822	321	29 722.22
347	861	1 622	1 412	728	771	917	1 645	353	30 431.03
7 723	11 478	31 451	16 428	27 986	25 381	4 041	32 027	1 786	33 571.43
391	3 409	3 880	873	1 903	1 989	1 771	3 674	310	21 232.88
11 713	6 243	24 757	9 379	13 758	13 716	10 269	24 027	485	29 573.17
22	161	183	353	110	107	87	197	55	23 913.04
4 896	4 129	9 025	6 881	4 734	4 681	4 189	8 923	600	39 215.69
672	2 684	3 358	1 598	1 026	1 025	2 409	3 435	167	21 688.31
1 722	3 756	7 231	8 234	2 466	1 805	4 862	7 328	1 024	69 189.19
1 576	1 642	3 296	2 800	827	760	2 469	3 296	348	24 335.66
1 780	1 442	3 302	1 843	2 238	2 182	900	3 138	199	26 533.33
16 000	9 321	24 174	10 682	12 038	12 032	14 822	26 860	491	23 380.95

单位名称	工业总产值	工业销售产值	工业增加值	平均人数（人）	产品销售收入	实现利税	利润总额	利息支出
方帮机械有限公司（浙江、江苏）	12 750	10 414	1 919	261	9 327	794	622	98
瑞安市华威印刷机械有限公司	5 837	4 907	1 056	172	4 907	601	343	62
温州正博印刷机械有限公司	6 277	5 526	1 199	173	5 526	501	324	14
潍坊华光精工设备有限公司	18 898	18 676	7 672	554	18 577	2 866	2 196	357
潍坊东航印刷科技股份有限公司	11 873	10 887	5 325	322	9 385	2 156	1 491	492
潍坊华田精工设备有限公司	3 033	2 473	1 322	53	2 473	210	180	
青岛瑞普电气有限责任公司	10 691	10 703	1 791	397	10 497	845	718	
菏泽生建机械有限责任公司	11 873	12 024	2 327	574	11 919	723	60	19
威海印刷机械有限公司	13 440	14 378	7 582	310	12 415	1 766	936	260
威海滨田印刷机械有限公司	4 550	6 346	3 379	150	6 346	772	408	74
晋城市天泽太行机械制造有限公司	4 474	3 906	1 378	275	4 245	333	87	
渭南科赛机电设备有限责任公司	1 399	1 332	274	123	1 332	207	82	27
咸阳印刷包装机械厂	3 62	374		54	301	–350	–349	7
咸阳超越离合器有限公司	5 732	4 942	2 293	208	4 942	1 038	495	15
湖南新邵印刷机器有限公司	5 405	4 918	1 351	248	4 702	280	46	131
辽宁大族冠华印刷科技股份有限公司	44 732	43 102	17 998	712	35 631	6 759	4 727	668
长春印刷机械有限责任公司	5 192	5 093	2 079	267	5 352	517	304	161
白山市轻工机械厂	652	670	115	83	686	25	–2	
哈尔滨三环印刷包装机械有限责任公司	5 027	4 948	2 020	325	3 021	335	300	–9
德阳市利通印刷机械有限公司	6 195	6 052	2 313	162	6 132	912	374	261
舞阳雷世奥印刷机械有限责任公司	1 730	1 667	586	113	1 659	137	32	12
中山市松德包装机械股份有限公司	29 388	28 945	8 988	458	24 739	6 448	4 656	390
广东汕樟轻工机械有限公司	12 985	12 076	1 280	159	12 076	2 099	1 232	2
深圳市精密达机械有限公司	12 563	10 954	6 565	300	10 954	3 778	2 754	48
深圳嘉洛激光工艺有限公司	480	351	500	61	475	50	10	3
汕头韩江实业（集团）公司	1 120	800	720	118	824	34	–25	
汕头市欧格包装机械有限公司	1 906	1 906	191	56	1 906	203	187	3
平凉亨达机械制造有限责任公司	1 460	1 488	200	270	1 488	75	12	
宜昌市东方印刷机械有限公司	897	1 041	583	49	1 041	–33	–43	27
河北海贺胜利印刷机械集团有限公司	15 777	14 448	5 680	270	13 817	2 369	1 681	249
河北玉田兴业印刷机械有限公司	4 040	3 750	1 210	202	3 208	232	115	
淮南光华光神机械电子有限公司	9 953	8 566	3 032	265	8 754	1 531	1 102	323
淮南市鑫盛印刷包装机械厂	120	118		12	118	4	2	
淮南市耀华机械厂	858	807	165	48	790	111	93	6
南宁七彩虹印刷机械有限责任公司	1 103	1 042	284	79	765	–148	–148	
总计	927 582	900 930	261 580	20 047	903 331	107 142	68 390	10 177

（续）

平均固定资产净值	平均流动资产	平均资产总额	成本费用总额	本期末所有者权益	上期末所有者权益	期末负债总额	期末资产总额	工资总额	人均收入（元/人）
2 617	3 346	5 914	8 705	3 355	3 245	3 049	6 404	1 113	42 643.68
1 031	1 793	3 696	4 564	2 363	2 251	1 194	3 557	398	23 139.53
1 154	1 701	2 768	4 266	1 705	1 602	1 279	2 984	570	32 947.98
6 029	11 439	19 549	16 381	9 896	7 744	10 580	20 476	1 553	28 032.49
4 531	15 007	18 604	9 035	9 964	9 041	9 318	19 282	1 130	35 093.17
290	910	1 191	1 848	1 070	1 154	121	1 191	135	25 471.70
13 967	29 235	41 303	9 664	6 662	6 545	34 271	40 933	1 550	39 042.82
3 872	11 102	16 078	9 631	8 933	6 050	7 143	16 076	2 940	51 219.51
3 180	11 590	17 025	9 228	10 649	10 832	6 357	17 006	812	26 193.55
1 665	7 979	18 770	5 938	12 722	12 564	6 964	19 687	664	44 266.67
647	4 350	5 014	3 343	2 548	2 539	2 567	5 115	754	27 418.18
285	2 966	3 251	1 238	835	813	3 017	3 852	188	15 284.55
5 107	388	5 728	592	334	683	5 400	5 734	133	24 629.63
724	2 256	3 374	3 151	2 238	2 128	1 291	3 529	549	26 394.23
331	2 426	6 043	4 425	2 846	3 133	3 780	6 626	589	23 750
15 129	31 849	49 839	24 603	32 942	28 566	20 311	53 253	4 112	57 752.81
5 303	3 274	9 859	4 725	5 689	4 918	4 238	9 927	576	21 573.03
83	290	732	654	8	9	740	748	145	17 469.88
1 350	11 140	12 696	2 717	10 883	10 759	6 751	17 634	633	19 476.92
1 775	3 528	7 279	5 656	4 260	4 190	2 966	7 226	499	30 802.47
6 942	3 673	7 983	1 240	3 603	3 622	4 499	8 102	178	15 752.21
16 986	25 833	36 706	20 203	18 954	17 213	20 391	39 345	2 017	44 039.30
2 186	5 897	8 113	10 344	5 295	5 286	2 991	8 286	614	38 616.36
1 529	11 643	14 801	8 038	8 525	6 101	9 436	17 962	1 736	57 866.68
600	350	890	600	589	616	301	890	108	17 704.92
1 227	1 326	2 844	849	1 165	1 224	1 599	2 764	307	26 016.95
17	786	829	1 730	818	794	156	974	124	22 142.86
990	1 446	2 459	910	607	597	1 825	2 432	400	14 814.81
726	1 280	2 485	1 097	935	939	2 152	3 086	133	27 142.86
4 140	7 589	12 015	8 642	6 163	5 036	6 519	12 682	932	34 518.52
1 815	4 032	6 531	3 509	4 666	4 573	2 248	6 914	678	33 564.36
2 681	5 361	13 181	8 005	3 925	3 445	9 259	13 181	830	31 320.76
2	106	107	103	1	2	105	106	20	16 666.67
611	499	1 218	549	741	725	469	1 210	92	19 166.67
414	2 734	9 071	1 064	757	906	7 733	8 490	209	26 455.70
335 686	836 341	1 397 446	818 547	796 812	767 921	705 270	1 500 374	90 348	2 485 859.64

2011年全国69家骨干印刷机械制造企业

单位名称	经济效益综合指数（%）	总资产贡献率（%）	资本保值增值率（%）	资产负债率（%）	流动资产周转率（次）
北人集团公司	126.85	3.28	103.22	40.62	0.86
上海电气集团印刷包装机械有限公司	168.04	5.29	97.5	50.88	1.11
北京北人富士印刷机械有限公司	198.30	5.95	108.44	66.25	0.90
海门北人印刷机械有限公司	-390.27	-33.92	280.67	53.28	0.50
陕西北人印刷机械有限责任公司	137.52	8.54	103.86	66.50	1.74
高斯图文印刷系统（中国）有限公司	299.89	12.04	103.31	63.21	0.93
上海光华印刷机械有限公司	97.64	2.11	76.13	72.61	1.42
上海紫明印刷机械有限公司	47.78	4.30	92.14	66.86	0.94
上海申威达机械有限公司	167.84	9.96	102.65	54.72	1.21
上海亚华印刷机械有限公司	164.06	6.22	97.76	58.07	1.41
上海紫宏机械有限公司	195.45	9.47	108.74	23.79	0.95
上海德拉根印刷机械有限公司	144.42	12.45	102.98	8.02	4.77
上海紫光机械有限公司	189.41	13.61	109.41	28.04	0.95
上海爱凯思机械刀片有限公司	250.65	14.18	102.78	37.87	1.63
上海新星印刷器材有限公司	193.65	14.84	100.45	36.54	1.51
上海华太数控技术有限公司	109.11	5.25	106.39	42.73	1.13
好利旺机械（上海）有限公司	376.99	24.27	107.13	23.78	1.18
天津长荣印刷设备股份有限公司	528.32	20.55	102.64	19.62	0.78
江苏昌昇集团股份有限公司	124.05	8.19	103.68	69.60	1.35
中外合资镇江斯伊格机械有限公司	-330.16	2.93	-113.73	136.91	0.49
常州市永盾机械有限公司	168.31	10.11	100.26	80.21	2.44
南通海盟罗兰机械有限公司	235.60	15.93	105.66	25.20	2.87
无锡长城机器制造有限公司	71.06	1.60	93.00	45.36	1.41
无锡光华印刷机械有限公司	77.98	3.21	94.42	55.74	1.60
江西中景集团有限公司	258.00	12.46	110.26	12.62	2.11
江西通达印刷机有限公司	56.19	2.37	95.68	48.20	0.24
神力集团有限公司	85.40	2.85	100.31	42.74	1.54
温州市瑞龙机械成套有限公司	122.22	16.39	102.80	44.16	2.27
浙江通业印刷机械有限公司	183.45	10.75	101.13	46.95	1.74
浙江飞云机械有限公司	90.04	3.84	100.10	70.13	0.62
浙江蓝宝机械有限公司	239.65	20.26	136.62	66.35	2.46
浙江华岳包装机械有限公司	83.72	9.13	108.82	74.91	1.72
浙江国威印刷机械有限公司	225.26	5.39	102.57	28.68	1.66
杭州吴泰印刷包装机械有限公司	158.45	3.98	100.05	55.18	1.04

综合经济指标完成情况统计表（二）

成本费用利润率（%）	全员劳动生产率（元/人）	产品销售率（%）	新产品产值（万元）	出口交货值（万元）	自营出口创汇（万美元）
2.20	111 864	98.41	31 292	6401.6	1 002.7
4.52	153 096.6	98.05	122 734	26 150	3 457
3.08	210 000.0	95.00	397	19	3
−87.71	−125 307.7	187.04			
3.35	86 246.9	100.00	29 985	3 288	508
13.72	291 478.4	99.64	56 263	12 725	1 968
−1.14	75 000.0	96.43	39 472	2 418	
−9.77	44 974.6	100.00	486	503.3	78.3
4.60	134 844.4	93.96	5 970	347	55
2.72	147 993.8	96.68	12 255	4 570	595
7.60	175 305.2	98.27		843	134
3.37	52 162.2	100.00	3 450	2 100	308
8.51	145 033.1	99.77	8 774	233	36
11.39	215 126.1	92.80	626	1 049.9	162
14.79	100 416.7	94.14		1 439	226
4.17	69 954.5	50.75	7 514		
21.15	333 157.9	132.69		718	112
44.29	466 960.6	100.00	40 685	5 515	875
2.64	74 786.3	108.89	18 363		
−86.97	18 633.5	116.40	7		
7.91	99 305.6	97.25	1 236	421	65
6.10	200 000.0	98.19	1 270		
−2.72	49 259.3	90.55			
−3.26	50 172.4	99.36			
18.55	185 263.2	99.79	24 131		
0.00	21 917.8	94.65	91		
2.39	32 195.1	100.01	5 349	3 132	497
3.12	33 913.0	98.92			
4.29	153 594.8	97.40	4 767	13.2	2
1.88	52 207.8	98.51			
5.71	202 500.0	97.33	9 217	1 147	178
1.32	11 538.5	95.25	2 021	982	152
5.15	240 000.0	100.00	1 600	554	85
3.63	149 238.1	84.47			

单位名称	经济效益综合指数（%）	总资产贡献率（%）	资本保值增值率（%）	资产负债率（%）	流动资产周转率（次）
方帮机械有限公司（浙江、江苏）	162.33	15.08	103.39	47.61	2.79
瑞安市华威印刷机械有限公司	158.96	17.94	104.98	33.57	2.74
温州正博印刷机械有限公司	172.98	18.61	106.43	42.86	3.25
潍坊华光精工设备有限公司	223.01	16.49	127.79	51.67	1.62
潍坊东航印刷科技股份有限公司	232.88	14.23	110.21	48.32	0.63
潍坊华田精工设备有限公司	273.88	17.63	92.72	10.16	2.72
青岛瑞普电气有限责任公司	97.53	2.05	101.79	83.72	0.36
菏泽生建机械有限责任公司	89.34	4.62	147.65	44.43	1.07
威海印刷机械有限公司	255.36	11.90	98.31	37.38	1.07
威海滨田印刷机械有限公司	219.45	4.51	101.26	35.37	0.80
晋城市天泽太行机械制造有限公司	98.26	6.64	100.35	50.19	0.98
渭南科赛机电设备有限责任公司	92.30	7.20	102.71	78.32	0.45
咸阳印刷包装机械厂	–201.81	–5.99	48.90	94.18	0.78
咸阳超越离合器有限公司	239.84	31.21	105.17	36.58	2.19
湖南新邵印刷机器有限公司	105.44	6.80	90.84	57.05	1.94
辽宁大族冠华印刷科技股份有限公司	301.52	14.90	115.32	38.14	1.12
长春印刷机械有限责任公司	138.59	6.88	115.68	42.69	1.63
白山市轻工机械厂	64.19	3.42	88.89	98.93	2.37
哈尔滨三环印刷包装机械有限责任公司	122.17	2.57	101.15	38.28	0.27
德阳市利通印刷机械有限公司	194.63	16.11	101.67	41.05	1.74
舞阳雷世奥印刷机械有限责任公司	87.40	1.87	99.48	55.53	0.45
中山市松德包装机械股份有限公司	289.45	18.63	110.11	51.83	0.96
广东汕樟轻工机械有限公司	196.36	25.90	100.17	36.10	2.05
深圳市精密达机械有限公司	361.25	25.85	139.73	52.53	0.94
深圳嘉洛激光工艺有限公司	110.57	5.96	95.62	33.82	1.36
汕头韩江实业（集团）公司	68.81	1.20	95.18	57.85	0.62
汕头市欧格包装机械有限公司	163.22	24.85	103.02	16.02	2.42
平凉亨达机械制造有限责任公司	62.91	3.05	101.68	75.04	1.03
宜昌市东方印刷机械有限公司	105.48	–0.24	99.57	69.73	0.81
河北海贺胜利印刷机械集团有限公司	299.42	21.79	122.38	51.40	1.82
河北玉田兴业印刷机械有限公司	96.68	3.55	102.03	32.51	0.80
淮南光华光神机械电子有限公司	201.78	14.07	113.93	70.25	1.63
淮南市鑫盛印刷包装机械厂	46.63	3.74	50.00	99.06	1.11
淮南市耀华机械厂	153.30	9.61	102.21	38.76	1.58
南宁七彩虹印刷机械有限责任公司	–2.14	–1.63	83.55	91.08	0.28
总计	10 136.83	638.76	7 031.71	3 558.36	97.86

数据来源：中国印刷及设备器材工业协会印刷机械分会

（续）

成本费用利润率（%）	全员劳动生产率（元/人）	产品销售率（%）	新产品产值（万元）	出口交货值（万元）	自营出口创汇（万美元）
7.15	73 524.9	81.68	5 704	3 401	533
7.52	61 395.3	84.07	3 942	892	89
7.59	69 306.4	88.04	2 804	1 205	
13.41	138 483.8	98.83	16 754	599	127.1
16.50	165 372.7	91.70	10 471	574.6	91.2
9.74	249 434.0	81.54	680	500	78
7.43	45 113.4	100.11	4 686	4 500	
0.62	40 540.1	101.27			
10.14	244 580.6	106.98	9 480	5.9	0.9
6.87	225 266.7	139.47	3 298	425	66.4
2.60	50 109.1	87.30	1 709		
6.62	22 276.4	95.21			
−58.95		103.31			
15.71	110 240.4	86.22	4 586		
1.04	54 475.8	90.99	4 325		
19.21	252 780.9	96.36	3 3976	2 793	417
6.43	77 865.2	98.09	1 453	57	9.1
−0.31	13 855.4	102.76			
11.04	62 153.8	98.43	1 393		
6.61	142 777.8	97.69	5 545	422	67
2.58	51 858.4	96.36			
23.05	196 244.5	98.49	8 022	2 164	323
11.91	80 503.1	93.00	8 933	2 136	338
34.26	21 8833.3	87.19	8 216	281	45
1.67	81 967.2	73.13	62		
−2.94	61 016.9	71.43			
10.81	34 107.1	100.00		634	103.7
1.32	7 407.4	101.92	70		
−3.92	118 979.6	116.05	240		
19.45	210 370.4	91.58	8 361	1 205	188
3.28	59 901.0	92.82	680	220	
13.77	114 415.1	86.06	8 856	90	14
1.94		98.33			107.1
16.94	34 375.0	94.06	343.5		
−13.91	35 949.4	94.47			
237.75	7 668 313.6	6 735.56	582 544.5	96 673.5	13 096.5

2011 年全国印刷机械制造主要企业产品完成情况汇总表

单位名称	产品型号及名称	产量（台/t）	产品型号及名称	产量（台/t）	产品型号及名称	产量（台/t）	产量合计（台/t）
北人集团公司	平张纸单双色胶印机	241/2 325	卷筒纸胶印机	79/3 024	其他印刷机械	26/310	392/6 636
	平张纸多色胶印机	40/857	TSK 型系列联动线	6/120			
高斯图文印刷系统（中国）有限公司	SSC 系列卷筒纸胶印机	101/5 232	WS-B 型系列胶印机	2/30	WS-E 型系列胶印机	1/25	114/5 569
	WS-A 型胶印机	4/54	WS-C 型系列胶印机	6/228			
北京北人富士印刷机械有限公司	BF 系列表格印刷机	157 色组	BFF 系列柔版机	23 色组			180 色组
上海光华印刷机械有限公司	单、双色胶印机	33/188	多色胶印机	151/3 589			184/3 777
上海紫明印刷机械有限公司	平版印刷机	45/649	其他辅机	8/85			53/734
江西中景集团有限公司	单色胶印机	300 台	双色胶印机	50 台	四色胶印机	150 台	500 台
江苏昌昇集团股份有限公司	YP 系列胶印机	40/560	CS 系列胶印机	149/3 597			189/4 157
	其中：双色机	40/560	其中：多色机	23/1 047			
			双色机	126/2 550			
江西通达印刷机有限公司	J2108-II 对开单色胶印机	34/289	J2205- I 型对开双色胶印机	4/44			38/333
陕西北人印刷机械有限责任公司	AZJ 系列机组式塑凹机	101/3 233	TAZJ 系列机组式纸凹机	32/945	GFH 系列复合机系列	62/1409	215/5 679
	QFZ 系列分切机系列	20/92					
海门北人印刷机械有限公司	PZ1740 型四开单色胶印机	2/8	N325 型双色酒精	5/55			21/170
	J4105 型四开单色胶印机	9/27	YP4B2B 型四开胶印机	5/80			
无锡长城机器制造有限公司	PSL4604A 型四开六色轮转机	1/8	PSL2606A 型对开六色轮转机	1/12	YP4787 型对开四色轮转机	1/12	5/84
	YP787 型塔式轮转机	1/40	YP8787 对型开八色书报轮转机	1/12			
青岛瑞普电气有限责任公司	25 系列单色胶印机	7/13	25 系列双色胶印机	16/55	25 系列四色胶印机	43/425	68/513
	25 系列多色胶印机	2/20					
浙江飞云机械有限公司	FYS102A 型胶印机	24 台	YPS1A1-G 型列胶印机	25 台			49 台
哈尔滨三环印刷包装机械有限责任公司	YPS1AC1E 型对开双面胶印机	31/264	ZP65 型糊盒机	6/18	680 型混合式折页机	16/40	106/697
	YPS1B1 型对开双面胶印机	14/140	Z65 型糊盒机	17/59	YPS11A1G 型硬压软	1/12	
	YPS1A1B 型对开双面胶印机	5/35	Z65D 型糊盒机	3/8	YPS1B1A1 型硬压软	1/14	
	YPS1A1F 型对开双面胶印机	1/9	Z900 型糊盒机	4/10	模切机	7/88	

（续）

单位名称	产品型号及名称	产量（台/t）	产品型号及名称	产量（台/t）	产品型号及名称	产量（台/t）	产量合计（台/t）
潍坊华光精工设备有限公司	WF47 系列胶印机	286/172	HG452 系列多色胶印机	170/1 359	印后设备	56/10	623/2 492
	HG452 以上系列多色胶印机	75/777	HG52 系列单色胶印机	16/32	WF62 系列胶印机	2/2	
	HG252 双色胶印机	18/140	其中：多色机	245/2 136			
辽宁大族冠华印刷科技股份有限公司	GH47 系列胶印机	93/187	GH 66 系列胶印机	69/1 030	GH52 系列胶印机	290/3 180	1 179/4 578
	GH18 系列胶印机	98/56	其中：多色机	387 台	打孔机等	629/125	
			单色机	163 台			
威海印刷机械有限公司	WIN50 系列胶印机	147/1 192	DK 系列打孔机	3/5			150/1 197
	其中：单色胶印机	17 台	多色胶印机	130 台			
威海滨田印刷机械有限公司	WH30 系列胶印机	26/28	WH66 系列胶印机	22/236	52 系列胶印机	4/83	175/835
	WH47 系列胶印机	93/174	WH452 系列胶印机	17/112	WH466 系列系列胶印机	13/202	
潍坊东航印刷科技股份有限公司	DH47NP 系列胶印机	74/56	DH47 Ⅱ S–NP 胶印机	20/18	DH66 系列胶印机	3/9	561/1 447
	DH47 Ⅱ 系列胶印机	74/44	DH47L 型胶印机	10/6	DH56 Ⅱ 系列胶印机	51/31	
	DH47 Ⅱ –NP 系列胶印机	135/101	DH56 Ⅱ SNP 型胶印机	10/8	柔版印刷机	39/390	
	DH56 Ⅱ NP 系列胶印机	40/32	DH452 型四色胶印机	52/390	DH456 型胶印机	45/351	
	DH47 Ⅱ S 系列胶印机	1/1	DH56 Ⅱ S 型胶印机	4/3	XY47SNP 型胶印机	1/1	
	DH252 系列胶印机	2/6					
潍坊华田精工设备有限公司	CF47I 系列胶印机	30 台	CF56II 型胶印机	13 台	CF56I 型胶印机	5 台	482 台
	CF47 Ⅱ 系列胶印机	16 台	CF620C 型胶印机	22 台	CF450PY 型配页机	8 台	
	CF47I–NP 系列胶印机	125 台	CF56II–NP 型胶印机	16 台	CP500D 型打孔机	8 台	
	CF47II–NP 系列胶印机	94 台	CF56 Ⅰ –NP 型胶印机	2 台	CF470–4PY 型配页机	40 台	
	CF47 Ⅱ NP–2 型打码胶印机	4 台	CF470SPJ 型追印机	8 台	CF470–4PYNP、–4PY、–2NP4PY 系列打码机	89 台	
	CF47 Ⅱ –2 型打码胶印机	2 台					
南宁七彩虹印刷机械有限责任公司	YPIB2A 型单色胶印机	1/4	YPIB2B 单色胶印机	3/11	YPS1920 型对开双色机	1/11	2012.5.26
晋城市天泽太行机械制造有限公司	LYNQ4230–01 型标签机	4/15	MWS300 模切机	14/42	YT300W	21/147	73/374
	LYBQ4230S–01 型标签数控	9/33	YZP390	6/66	YT4210	12/30	
	MQ230 型模切机	3/4	8250	1/9	460	1/6	
			6250	2/22			

（续）

单位名称	产品型号及名称	产量（台/t）	产品型号及名称	产量（台/t）	产品型号及名称	产量（台/t）	产量合计（台/t）
上海申威达机械有限公司	QZX、QZK 系列切纸机	619/2 164	工矿配件	288			
宜昌市东方印刷机械有限责任公司	QZX1300 型数显切纸机	36/144	QZK920 型数显切纸机	30/120	YBQ 系列标签印刷机	1/3	197/633
	QZK1300 型数显切纸机	25/150	QZX920 型数显切纸机	104/208	QZK1550 型数显切纸机	1/8	
长春印刷机械有限责任公司	QZKB 系列切纸机	2/6	QZKC 系列切纸机	105/416	QZF1400 型分切机	12/144	380/1 419
	QZKA 系列切纸机	81/284	QZKX 系列切纸机	102/389	包本机系列	21/16	
	QZH 系列切纸机	54/162	其他	3/2			
德阳市利通印刷机械有限公司	QZY1370 系列切纸机	223/1 004	QZY920 系列切纸机	121/363	QZY780 系列切纸机	8/22	474/1 832
	QZY1150 系列切纸机	116/406	QZY1680 系列切纸机	3/20	QZY1550 系列切纸机	3/17	
南通海盟罗兰机械有限公司	QZX1300 型液压数显切纸机	76/240	QZK1300 型程控切纸机	70/210	QZK205 型程控切纸机	12/24	221/573
	QZX205 型液压数显切纸机	44/88	DQB440 型半自动订书机	15/1	QS90D 型三面切纸机	4/10	
平凉亨达机械制造有限责任公司	QZ-202 型对开切纸机	31/62	QZJ1300 型切纸机	10/30	QZYXS920E 型切纸机	20/40	214/632
	QZYXK920A、920 型切纸机	58/148	QZYXK1300A、1300 型切纸机	70/230	QZYXK1150 型切纸机	4/16	
	QZYXK1370 型切纸机	15/75	QZYXK1660 型切纸机	5/30	SJ100-4 型升降机	1/1	
浙江华岳包装机械有限公司	程控切纸机	312 台	辅助设备（磨刀）	6 台			318 台
上海亚华印刷机械有限公司	TYMB 系列半自动烫印模切机	109/1 150	MW 自动模切机	354/3 172			463/4 322
天津长荣印刷设备股份有限公司	模切机	174 台	模烫机	150 台	糊盒机	56 台	404 台
	检品机	24 台					
上海紫宏机械有限公司	折页机系列	544/1 262	三面切书机系列	138/374	精装类系列	55/128	737/1 764
湖南新邵印刷机械有限公司	ZYH660D 型折页机	11/39	ZYH490B 型折页机	37/93	ZK335 型折页机	30/129	428/1 385
	ZYH680 型折页机	199/697	ZYH680A 型折页机	62/217	QSB100 型三面切纸机	5/15	
	YR660 型折页机	3/0	ZYH490C 型折页机	33/66	G460 型配页机	5/18	
	QSB100 型三面切纸机	2/6	YR660A 型压平机	10/4	ZYHD66A 型折页机	21/80	
	ZYH780 型收纸机	2/8	ZYH780 型折页机	1/1	XYS680 型折页机	3/5	
	ZYS490C 型折页机	2/4	ZYS440 型折页机	1/1	ZYJ440 型折页机	1/2	
淮南光华光神机械电子有限公司	DQ404 型骑马订书机	360 台	LQD8E 型联动线	72 台	PYG450A 型配页机	30 台	503 台
	ZYH660A 型折页机	15 台	JB450/10A 型胶订机	26 台			

（续）

单位名称	产品型号及名称	产量（台/t）	产品型号及名称	产量（台/t）	产品型号及名称	产量（台/t）	产量合计（台/t）
瑞安市华威印刷机械有限公司	复膜机	94 台	上光过油机	22 台	水胶机	78 台	423 台
	除粉机	25 台	UV 全面上光机	12 台	UV 局部上光机	7 台	
	分条配牌机	9 台	液压压光机	25 台	自动复膜机—桥式	21 台	
	水溶性复印膜机	16 台	纸盒联机	6 台	自动全面上光机	25 台	
	配牌喷码平台	77 台	复膜吹膜机	5 台	宽幅上光机	1 台	
广东汕漳轻工机械有限公司	SGF 型全自动彩印机	46 台	SDP 型全自动复合机	30 台	YS 型彩印机	13 台	105 台
	STB 型自动涂布机	16 台					
浙江蓝宝机械有限公司	YXR2 930 1020 型柔版印线机	8/78	H1600 糊盒机	1/4	联动线	45/1 106	938/1 343
	QS380\QS420 三型面切纸机	15/48	其 他	863/48	笔记本联动线	1/34	
	CKCZ330 穿线机	5/25					
方帮机械有限公司（浙江、江苏）	凹版印刷机	19 台	机组式柔印机	19 台	分切机	30 台	179 台
	凸版印刷机	40 台	卷筒方底纸袋机	35 台	三边封制袋机	26 台	
	压花机组	7 台	全自动卷筒纸袋机	3 台			
菏泽生建机械有限责任公司	QS 型三面切纸机	58/145	PJR 平装胶订机	5/8			63/153
上海德拉根印刷机械有限公司	上光机	150 台	贴面机	156 台	糊盒机	85 台	481 台
	喷码机	90 台					
汕头韩江实业（集团）公司	复膜压合机	80/312	上、压光机	37/156			117/468
浙江通业印刷机械有限公司	SP 型小全张输纸机	402/1 005	四开系列输纸机	319/510	对开系列输纸机	302/604	1023/2 119
无锡光华印刷机械有限公司	PZX1020 型水墨部套	30/18	BT40 收纸部套	34/102	PZ4650 型滚筒部套	64/32	188/254
	PZ4650 型收纸部套	60/102					
淮南市鑫盛印刷包装机械厂	JS700 型胶水机	32 台	电动切园角机	1 台	多用冲孔机	53 台	107 台
	骑马订书机	5 台	装订机（加长）	12 台	双头订书机	2 台	
	电动压圈机	2 台					
神力集团有限公司	涂布机类	45/2 162	分切机类	158/896			203/3 058
白山市轻工机械厂	YP480–02 型压平机	1/4	MDD1600B 型磨刀机	16/31	MDD3500S 型磨刀机	4/14	103/205
	MDS1700 型磨刀机	4/8	MDD2200B 型磨刀机	8/14	MDD1700A 型磨刀机	14/28	
	MDD1700C 型磨刀机	27/54	MDD1600–02 型电动磨刀机	10/15	MDD2200A 型磨刀机	6/11	
	MDD1700B 型磨刀机	13/26					

（续）

单位名称	产品型号及名称	产量（台/t）	产品型号及名称	产量（台/t）	产品型号及名称	产量（台/t）	产量合计（台/t）
温州市瑞龙机械成套有限公司	1650A 型磨刀机	21/25	1650C 磨刀机	28/40	1650E 型磨刀机	16/38	104/171
	1650B 型磨刀机	20/26	抛光机	5/10	2200E 型磨刀机	8/20	
	2200C 型磨刀机	6/12					
深圳嘉洛激光工艺有限公司	自动弯刀机	12 台	激光切割机	20 台	清废机	78 台	170 台
	手动设备	60 台					
上海紫光机械有限公司	铁丝机	50/392	卷筒印刷机	5/35	胶订机	53/773	141/1 383
	商用表格机	14/154	锁线机	19/29			
河北海贺胜利印刷机械集团有限公司	折页机	35 台	模切机	176 台	裱纸机	53 台	264 台
河北玉田兴业印刷机械有限公司	MY1050AP 型自动模切压痕机	15/255	MY1050A 型自动模切压痕机	10/180	MY1020H 型自动模切压痕机	10/150	60/1 025
	TYM1020H 型自动烫金模切机	20/400	MY800 型自动模切压痕机	5/40			
温州正博印刷机械有限公司	ZB1100A 型手提袋机	71/213	50B 型手提袋糊底机	78/144	960C 型成形机	7/70	263/808
	ZB1100B 型手提袋	57/261	ZB80B 型糊底机	17/45	ZB60B 型糊底机	21/51	
	1200A 型上胶机	12/24					
深圳市精密达机械有限公司	胶订机系列	184/515	订书机系列	48/88	锁线机系列	39/39	
	其 他	19 台					
上海华太数控技术有限公司	胶印机控制系列	681 台	遥控系列	181 台	其他电器类	545 台	1 407 台
浙江国威印刷机械有限公司	切纸机	310 台	单面包机	1 台	升降机	7 台	335 台
	闯纸机	4 台	折入机	3 台	四面包机	1 台	
	卸纸机	1 台	上糊机	6	贴角机	1 台	
	封面机	1 台					
淮南市耀华机械厂	JT-4 型装订机头	1 800 套	JTY-4 型圆环挂钩机头	80 套	DQB604-A 型多头订书机	50 台	
	JT-8 型装订机头	205 套	DT4-15 型多头订书机	62 台	DQB404-C 型多头订书机	40 台	
	JT-15 型装订机头	278 套	DT4-4 型多头订书机	75 台	DT4-8 型多头订书机	25 台	
	JT-4-6 型装订机头	60 套	DQB604-B 型多头骑马订书机	21 台	DTP4-6 型多头订书机	15 台	
	JT-4-9 型装订机头	61 套					

（续）

单位名称	产品型号及名称	产量（台/t）	产品型号及名称	产量（台/t）	产品型号及名称	产量（台/t）	产量合计（台/t）
杭州吴泰印刷包装机械有限公司	凹版印刷机	575	柔版印刷机	26 台	干式复合机	42 台	575 台
	立式覆膜机	24 台	无胶覆膜机	38 台	覆膜机	56 台	
	分条机	19 台	平压平膜切机	16 台	切纸机	45 台	
	收纸机	51 台	上光机	26 台	送纸机	76 台	
	自动轧盒机	100 台	全自动糊盒机	33 台	全自动糊箱机	11 台	
上海爱凯思机械刀片有限公司	工矿配件	2 222t					2 222t
上海新星印刷器材有限公司	印刷机械产品	13/4					13/4
汕头市欧格包装机械有限公司	印刷制袋机	8 台	自动折边机	6 台	双面柔版印刷机	1 台	27 台
	单面印刷机	2 台	全自动制袋机	1 台	PCB 型胶电生产线	1 台	
	卫星式柔版印刷机	1 台	宽幅卫星式柔版印刷机	2 台	载切机	2 台	
	编织袋印刷机	1 台	自动缝纫机组	1 台	薄膜涂布机	1 台	
中外合资镇江斯伊格机械有限公司	有油泵	627/72	无油泵	1 268/126	旋涡泵	689/17	2 762/219
	小 泵	178/4					
常州市永盾机械有限公司	ZYBW 系列气泵	4 268 台	各种气泵配件	11 216 件	印刷机械部件	475 台套	
咸阳超越离合器有限公司	离合器	86 926 台	联结套	107 730 套			
渭南科赛机电设备有限公司	自动套色控制系统	205 台	图像监测系统	170 台			375 台
好利旺机械（上海）有限公司	无油式真空气泵	7 980 台	过滤器	1 299 台	散热器、空气箱等	144 997 个	
	干燥机	795 台					

数据来源：中国印刷及设备器材工业协会印刷机械分会。

2011年我国进口印刷机械（分类）海关统计

表1　计算机直接制版设备

共进口493台，总金额为50 413 514美元								
来源地	数量（台）	金额（美元）	来源地	数量（台）	金额（美元）	来源地	数量（台）	金额（美元）
中国香港	2	159 123	比利时	48	5 992 631	波兰	2	820 037
以色列	3	963 005	丹麦	2	15 231	瑞士	5	722 818
日本	66	5 836 341	英国	94	4 034 734	斯洛伐克	9	226 898
韩国	1	115 000	德国	147	20 916 213	墨西哥	26	4 141 216
中国	50	3 272 844	希腊	1	84 720	加拿大	7	360 698
中国台湾	1	4 000	奥地利	6	874 715	美国	23	1 873 290
进口企业性质	国有	中外合作	中外合资	外商独资	集体	私营	个体工商户	其他
进口数量（台）	181		36	162	4	110		
进口金额（美元）	15 026 334		3 243 800	17 027 038	380 787	14 735 555		

表2　单张纸单色胶印机

共进口5台，总金额为125 362美元								
来源地	数量（台）	金额（美元）	来源地	数量（台）	金额（美元）	来源地	数量（台）	金额（美元）
日本	2	52 949	中国台湾	3	72 413			
进口企业性质	国有	中外合作	中外合资	外商独资	集体	私营	个体工商户	其他
进口数量（台）				5				
进口金额（美元）				125 362				

表3　单张纸双色胶印机

共进口21台，总金额为8 501 670美元								
来源地	数量（台）	金额（美元）	来源地	数量（台）	金额（美元）	来源地	数量（台）	金额（美元）
日本	4	3 186 350	英国	1	629 382	德国	8	4 680 418
韩国	8	5 520						
进口企业性质	国有	中外合作	中外合资	外商独资	集体	私营	个体工商户	其他
进口数量（台）	1		2	5		13		
进口金额（美元）	1 243 101		1 276 671	3 594 220		2 387 678		

表4　单张纸四色胶印机

共进口801台，总金额为443 847 427美元								
来源地	数量（台）	金额（美元）	来源地	数量（台）	金额（美元）	来源地	数量（台）	金额（美元）
以色列	1	64 694	中国台湾	1	610 000	荷兰	1	736 000
日本	312	197 346 662	德国	478	240 371 844	捷克	8	4 718 227
进口企业性质	国有	中外合作	中外合资	外商独资	集体	私营	个体工商户	其他
进口数量（台）	210	1	5	240	7	338		
进口金额（美元）	150 866 153	964 050	4 375 240	60 972 778	3 526 582	223 142 624		

表 5　其他单张纸胶印机

共进口 416 台，总金额为 561 448 025 美元								
来源地	数量（台）	金额（美元）	来源地	数量（台）	金额（美元）	来源地	数量（台）	金额（美元）
日本	87	80 629 568	德国	325	477 715 382	捷克	4	3 103 075
进口企业性质	国有	中外合作	中外合资	外商独资	集体	私营	个体工商户	其他
进口数量（台）	120	3	20	54	9	210		
进口金额（美元）	173 828 479	5 120 291	36 293 943	79 077 298	10 971 316	256 156 698		

表 6　未列名胶印机

共进口 92 台，总金额为 39 057 822 美元								
来源地	数量（台）	金额（美元）	来源地	数量（台）	金额（美元）	来源地	数量（台）	金额（美元）
印度	1	42 071	中国	3	70 601	意大利	2	1 236 693
日本	32	15 619 007	中国台湾	13	36 400	瑞士	1	25 617
韩国	18	658 023	英国	7	7 808 319	美国	8	9 372 730
泰国	1	359 240	德国	6	3 829 121			
进口企业性质	国有	中外合作	中外合资	外商独资	集体	私营	个体工商户	其他
进口数量（台）	11		1	55	1	24		
进口金额（美元）	7 928 056		1 442 314	16 042 595	42 071	13 602 786		

表 7　办公室用胶印机

共进口 3 台，总金额为 26 182 美元								
来源地	数量（台）	金额（美元）	来源地	数量（台）	金额（美元）	来源地	数量（台）	金额（美元）
日本	3	26 182						
进口企业性质	国有	中外合作	中外合资	外商独资	集体	私营	个体工商户	其他
进口数量（台）				2		1		
进口金额（美元）				21 770		4 412		

表 8　卷筒纸胶印机

共进口 34 台，总金额为 57357877 美元								
来源地	数量（台）	金额（美元）	来源地	数量（台）	金额（美元）	来源地	数量（台）	金额（美元）
中国香港	1	1 301	德国	4	16 175 639	荷兰	2	472 129
印度	3	382 544	法国	3	12 779 045	瑞典	2	1 822 318
日本	15	23 566 917	意大利	1	1 438 774	美国	2	652 800
韩国	1	66 410						
进口企业性质	国有	中外合作	中外合资	外商独资	集体	私营	个体工商户	其他
进口数量（台）	12		2	7		13		
进口金额（美元）	23 822 100		5 711 877	2 502 652		25 321 248		

表 9 卷筒纸凸版印刷机

共进口 124 台，总金额为 16 036 803 美元								
来源地	数量（台）	金额（美元）	来源地	数量（台）	金额（美元）	来源地	数量（台）	金额（美元）
日本	40	9 158 153	中国台湾	69	4 909 397	意大利	5	146 430
韩国	4	221 269	英国	1	119 817	美国	2	40 245
中国	1	43 500	德国	2	1 397 992			
进口企业性质	国有	中外合作	中外合资	外商独资	集体	私营	个体工商户	其他
进口数量（台）	42		2	50		30		
进口金额（美元）	516 630		166 073	9 282 428		6 071 672		

表 10 其他凸版印刷机

共进口 93 台，总金额为 13 161 763 美元								
来源地	数量（台）	金额（美元）	来源地	数量（台）	金额（美元）	来源地	数量（台）	金额（美元）
日本	11	221 017	中国台湾	37	7 412 352	意大利	7	60 297
韩国	13	57 400	德国	1	1 053	美国	20	5 387 979
中国	4	21 665						
进口企业性质	国有	中外合作	中外合资	外商独资	集体	私营	个体工商户	其他
进口数量（台）		5	16	59		13		
进口金额（美元）		43 830	1 727 523	10 131 498		1 258 912		

表 11 柔性版印刷机

共进口 69 台，总金额为 44 764 858 美元								
来源地	数量（台）	金额（美元）	来源地	数量（台）	金额（美元）	来源地	数量（台）	金额（美元）
印度	1	50 967	丹麦	1	972 422	西班牙	1	617 797
日本	4	297 996	德国	6	8 554 894	奥地利	1	28 825
马来西亚	1	19 500	意大利	16	13 539 023	瑞士	3	5 849 286
新加坡	1	51 902	荷兰	1	955 617	美国	10	4 477 817
中国台湾	23	9 348 812						
进口企业性质	国有	中外合作	中外合资	外商独资	集体	私营	个体工商户	其他
进口数量（台）	10		7	27		25		
进口金额（美元）	5 175 676		5 723 790	18 347 396		15 517 996		

表 12 凹版印刷机

共进口 92 台，总金额为 137 215 300 美元								
来源地	数量（台）	金额（美元）	来源地	数量（台）	金额（美元）	来源地	数量（台）	金额（美元）
中国香港	1	80 000	中国	3	129 648	德国	2	131 508
日本	7	10 933 493	中国台湾	23	651 313	意大利	7	14 386 951
新加坡	1	6 228	比利时	1	294 981	瑞士	10	89 731 964
韩国	24	14 464 518	丹麦	1	24 029	巴西	1	347 840
泰国	1	87	英国	2	2 172 860	美国	8	3 859 880
进口企业性质	国有	中外合作	中外合资	外商独资	集体	私营	个体工商户	其他
进口数量（台）	8		32	43		9		
进口金额（美元）	85 462 318		36 365 014	5 274 859		10 113 109		

表 13　圆网印刷机

共进口 77 台，总金额为 26 745 997 美元								
来源地	数量（台）	金额（美元）	来源地	数量（台）	金额（美元）	来源地	数量（台）	金额（美元）
日本	30	13 195 889	英国	8	1 043 738	荷兰	12	4 099 080
韩国	1	86 920	德国	1	1 127	奥地利	15	7 154 535
中国台湾	4	571 475	意大利	5	199 153	瑞士	1	394 080
进口企业性质	国有	中外合作	中外合资	外商独资	集体	私营	个体工商户	其他
进口数量（台）	10	2	4	30		31		
进口金额（美元）	4 459 867	63 830	2 258 113	7 631 796		12 332 391		

表 14　平网印刷机

共进口 1 756 台，总金额为 88 661 571 美元								
来源地	数量（台）	金额（美元）	来源地	数量（台）	金额（美元）	来源地	数量（台）	金额（美元）
中国香港	1	6 878	中国	17	833 600	奥地利	4	367 609
日本	150	34 016 240	中国台湾	1 470	43 515 911	瑞士	6	3 142 197
菲律宾	6	381 590	德国	4	212 328	斯洛文尼亚	4	410 000
新加坡	1	13 044	意大利	6	882 969	美国	16	1043530
韩国	65	3 113 663	西班牙	3	419 030	澳大利亚	3	302 982
进口企业性质	国有	中外合作	中外合资	外商独资	集体	私营	个体工商户	其他
进口数量（台）	15		96	1 412	5	228		
进口金额（美元）	795 960		10 377 512	56 060 364	555 364	20 872 371		

表 15　可与数字处理设备及网络连接的数字式喷墨印刷机

共进口 202 055 台，总金额为 226 288 262 美元								
来源地	数量（台）	金额（美元）	来源地	数量（台）	金额（美元）	来源地	数量（台）	金额（美元）
中国香港	11	121 758	中国台湾	88	2 807 349	奥地利	5	1 787 792
印度尼西亚	47 953	11 831 320	埃及	5	186	匈牙利	2	37 615
以色列	45	7 379 769	比利时	1	1 317 229	挪威	2	698
日本	16 082	76 931 739	丹麦	19	411 469	波兰	186	412 809
马来西亚	44 266	20 421 022	英国	533	3 133 377	瑞典	37	100 013
沙特阿拉伯	1	1 409	德国	568	5 378 084	瑞士	18	2 038 305
新加坡	84	4 615 427	法国	3 777	17 074 331	斯洛伐克		11
韩国	115	3 520 277	意大利	22	5 371 212	加拿大	37	4 781 977
泰国	65 935	10 081 401	荷兰	61	840 432	美国	2 504	23 340 063
中国	19 688	21 283 258	西班牙	5	915 471	澳大利亚	4	347 130
国（地）别不详	1	5 329						
进口企业性质	国有	中外合作	中外合资	外商独资	集体	私营	个体工商户	其他
进口数量（台）	3 986	2	93	191 578	5	6 388		3
进口金额（美元）	43 853 954	16 560	4 039 866	150 002 851	1 100 193	27 272 894		1 944

表 16　可与数字处理设备及网络连接的数字式激光印刷机

共进口 2 742 台，总金额为 73 810 710 美元								
来源地	数量（台）	金额（美元）	来源地	数量（台）	金额（美元）	来源地	数量（台）	金额（美元）
以色列	103	22 991 469	中国台湾	11	290 227	意大利	2	226 189
日本	316	21 387 517	比利时	1	369 290	荷兰	89	4 502 470
马来西亚	380	2 497 378	丹麦	4	1 449	西班牙	10	107 026
韩国	2	57 461	英国	3	9 288	美国	713	12 449 419
中国	1 075	6 749 059	德国	33	2 172 468			
进口企业性质	国有	中外合作	中外合资	外商独资	集体	私营	个体工商户	其他
进口数量（台）	86		153	1 909		594		
进口金额（美元）	19 617 817		719 335	45 500 638		7 972 920		

表 17　可与数字处理设备及网络连接的其他数字式印刷机

共进口 5 314 台，总金额为 13 687 810 美元								
来源地	数量（台）	金额（美元）	来源地	数量（台）	金额（美元）	来源地	数量（台）	金额（美元）
中国香港	1	1 782	中国台湾	8	382 001	芬兰	1	67
印度	3	1 625	丹麦	8	1 623 600	挪威	6	486 415
印度尼西亚	3	880	英国	133	1 287 531	瑞典	7	36 734
以色列	9	747 078	德国	107	824 292	瑞士	1	10 089
日本	818	3 343 424	法国	208	918 647	捷克	309	1 411 904
马来西亚	182	12 677	意大利	1	18 607	美国	81	1 058 335
韩国	22	830 972	荷兰	3	401 254	澳大利亚	1	2 081
泰国	4	18 920	西班牙	2	2 129			
中国	3 394	147 095	奥地利	2	119 671			
进口企业性质	国有	中外合作	中外合资	外商独资	集体	私营	个体工商户	其他
进口数量（台）	30		19	1 794	6	3 465		
进口金额（美元）	2 804 794		249 760	8 007 501	486 415	2 139 340		

表 18　其他数字式喷墨印刷机

共进口 4 122 台，总金额为 10 476 335 美元								
来源地	数量（台）	金额（美元）	来源地	数量（台）	金额（美元）	来源地	数量（台）	金额（美元）
日本	112	907 107	南非	1	537	西班牙	19	2 651
马来西亚	3 450	69 000	丹麦	2	712 511	奥地利	9	4 322 234
韩国	141	1 701 794	英国	42	411 424	瑞典	5	16 751
泰国	1	3 045	德国	17	351 020	俄罗斯	40	120 511
中国	25	122 718	法国	4	94 824	美国	202	877 288
中国台湾	21	196 184	意大利	29	552 182			
布隆迪	1	854	荷兰	1	13 700			
进口企业性质	国有	中外合作	中外合资	外商独资	集体	私营	个体工商户	其他
进口数量（台）	81		127	3 681	5	228		
进口金额（美元）	714 623		1 959 146	3 946 435	33 047	3 823 084		

表 19　其他数字式激光印刷机

共进口 1 台，总金额为 365 444 美元								
来源地	数量（台）	金额（美元）	来源地	数量（台）	金额（美元）	来源地	数量（台）	金额（美元）
韩国	1	365 444						
进口企业性质	国有	中外合作	中外合资	外商独资	集体	私营	个体工商户	其他
进口数量（台）				1				
进口金额（美元）				365 444				

表 20　其他数字式印刷设备

共进口 6 988 台，总金额为 2 801 799 美元								
来源地	数量（台）	金额（美元）	来源地	数量（台）	金额（美元）	来源地	数量（台）	金额（美元）
中国香港	1	4 987	中国	5 711	210 559	德国	12	774 375
以色列	1	143 800	中国台湾	11	175 407	意大利	6	138 325
日本	19	173 645	比利时	2	690	西班牙	32	129 517
马来西亚	1	22 179	丹麦	20	5 865	保加利亚	408	30 408
韩国	499	50 252	英国	1	38 747	美国	264	903 043
进口企业性质	国有	中外合作	中外合资	外商独资	集体	私营	个体工商户	其他
进口数量（台）	10	10	14	6 682		272		
进口金额（美元）	50 962	41 036	441 087	1 410 749		857 965		

表 21　锁线装订机

共进口 53 台，总金额为 7 198 714 美元								
来源地	数量（台）	金额（美元）	来源地	数量（台）	金额（美元）	来源地	数量（台）	金额（美元）
中国香港	7	2 100	德国	12	2 613 300	瑞士	1	78 938
日本	1	19 931	意大利	21	3 522 653			
中国台湾	9	955 808	美国	2	5 984			
进口企业性质	国有	中外合作	中外合资	外商独资	集体	私营	个体工商户	其他
进口数量（台）	17		1	12		23		
进口金额（美元）	3 339 541		186 531	257 513		3 415 129		

表 22　切纸机

共进口 4 585 台，总金额为 135 058 828 美元								
来源地	数量（台）	金额（美元）	来源地	数量（台）	金额（美元）	来源地	数量（台）	金额（美元）
中国香港	1	22 949	中国台湾	962	19 273 284	芬兰	7	15 366 469
日本	227	4 988 621	比利时	1	6 703	波兰	1	248
马来西亚	2	7 604	丹麦	2	246 920	瑞典	11	1 278 232
尼泊尔	2	1 869	英国	31	2 384 273	瑞士	36	1 794 743
菲律宾	2	80 000	德国	242	21 048 169	拉脱维亚	19	86 389
新加坡	6	301	法国	1	126 000	巴西	1	420
韩国	783	2 961 438	意大利	106	10 187 606	加拿大	2	311 861

（续）

共进口 4 585 台，总金额为 135 058 828 美元								
来源地	数量（台）	金额（美元）	来源地	数量（台）	金额（美元）	来源地	数量（台）	金额（美元）
越南	2	70 942	荷兰	6	97 059	美国	391	9 493 436
中国	1 707	46 103	西班牙	30	44 120 509	澳大利亚	4	1 056 680
进口企业性质	国有	中外合作	中外合资	外商独资	集体	私营	个体工商户	其他
进口数量（台）	1 941	1	98	1 961	16	568		
进口金额（美元）	6 974 743	271 250	50 439 270	60 218 471	515 076	16 640 018		

表 23　胶订机

共进口 236 台，总金额为 26 752 081 美元								
来源地	数量（台）	金额（美元）	来源地	数量（台）	金额（美元）	来源地	数量（台）	金额（美元）
日本	34	4 852 650	比利时	5	91 654	瑞典	1	319
韩国	1	111 338	德国	18	5 637 007	瑞士	51	11 206 480
美国	14	4 671 130	法国	1	7 069			
中国	110	157 684	匈牙利	1	16 750			
进口企业性质	国有	中外合作	中外合资	外商独资	集体	私营	个体工商户	其他
进口数量（台）	143		3	33	1	56		
进口金额（美元）	9 465 287		1 324 414	8 624 006	13 496	7 324 878		

表 24　其他书本装订机器

共进口 1 912 台，总金额为 37 152 827 美元								
来源地	数量（台）	金额（美元）	来源地	数量（台）	金额（美元）	来源地	数量（台）	金额（美元）
印度尼西亚	2	1 013	德国	138	13 669 070	瑞典	2	41 000
日本	1 158	4 302 026	法国	111	953 996	瑞士	120	9 526 342
韩国	14	103 561	意大利	26	994 152	捷克	2	31 078
中国	6	74 965	荷兰	13	121 795	加拿大	10	55
中国台湾	110	846 193	葡萄牙	122	4 738 187	美国	49	1 311 598
英国	28	437 687	芬兰	1	109			
进口企业性质	国有	中外合作	中外合资	外商独资	集体	私营	个体工商户	其他
进口数量（台）	111		29	750	33	989		
进口金额（美元）	5 023 228		1 860 891	14 351 132	269 235	15 648 341		

2011年我国进口印刷器材（分类）海关统计

表1　CTP版（计算机用热敏版材，任一边> 255mm）

共进口 1 241 270m²，总金额为 10 687 613 美元								
来源地	数量（m²）	金额（美元）	来源地	数量（m²）	金额（美元）	来源地	数量（m²）	金额（美元）
中国香港	20 873	73 384	中国台湾	28	1 689	意大利	96	2 458
日本	153 332	1 996 909	比利时	2 827	24 637	荷兰	1	70
新加坡	1 582	8 867	英国	836	5 910	西班牙	39	741
韩国	560	8 950	德国	822 264	5 065 017	美国	50 976	1 823 923
中国	84 955	844 053	法国	96 393	769 231	澳大利亚	6 508	61 774
进口企业性质	国有	中外合作	中外合资	外商独资	集体	私营	个体工商户	其他
进口数量（m²）	10 999	5 147	40 755	1 179 085		5 284		
进口金额（美元）	79 657	52 836	1 481 205	9 003 547		70 368		

表2　PS版（任一边> 255mm）

共进口 914 124m²，总金额为 8 767 871 美元								
来源地	数量（m²）	金额（美元）	来源地	数量（m²）	金额（美元）	来源地	数量（m²）	金额（美元）
缅甸		53	中国	4 729	55 525	西班牙	3 547	13 137
中国香港	1 000	6 459	中国台湾	718 386	4 752 590	保加利亚	261	743
印度	89	1 027	丹麦	380	3 532	瑞士	8 131	235 321
日本	155 442	1 698 745	德国	21 551	1 969 233	巴西	14	800
马来西亚	1	14 505	意大利	386	2 461	美国	43	12 240
新加坡	95	842	荷兰	69	658			
进口企业性质	国有	中外合作	中外合资	外商独资	集体	私营	个体工商户	其他
进口数量（m²）	30 434		732	124 058		758 900		
进口金额（美元）	2 210 536		7 594	1 305 893		5 243 848		

表3　其他照相制版用硬片及软片（任一边> 255mm）

共进口 2 532 129m²，总金额为 78 987 456 美元								
来源地	数量（m²）	金额（美元）	来源地	数量（m²）	金额（美元）	来源地	数量（m²）	金额（美元）
中国香港	48	780	韩国	2 852	2 449 489	意大利	765	12 660
印度	1	158	中国	13 713	675 607	瑞士	90 530	2 211 988
以色列	8 424	4 700 110	中国台湾	5 524	1 131 744	美国	1 569 426	29 606 027
日本	462 214	26 340 901	德国	376 802	11 834 877	澳大利亚	1 830	23 115
进口企业性质	国有	中外合作	中外合资	外商独资	集体	私营	个体工商户	其他
进口数量（m²）	372 471		157 392	926 550		1 075 716		
进口金额（美元）	11 897 627		14 960 700	24 938 116		27 191 013		

表4　激光照排片（任一边> 255mm）

共进口 728 640m^2，总金额为 14 932 961 美元								
来源地	数量（m^2）	金额（美元）	来源地	数量（m^2）	金额（美元）	来源地	数量（m^2）	金额（美元）
日本	473 433	10 283 168	比利时	168 144	2 849 796	阿根廷	2 460	39 528
韩国	3 547	124 893	法国	50	2 269	美国	48 578	1 043 732
中国台湾	141	2 758	瑞士	32 287	586 817			
进口企业性质	国有	中外合作	中外合资	外商独资	集体	私营	个体工商户	其他
进口数量（m^2）	1 268		223 145	356 441		147 786		
进口金额（美元）	28 241		4 005 892	7 786 955		3 111 873		

表5　黑色印刷油墨

共进口 4 615 164kg，总金额为 68 825 324 美元								
来源地	数量（kg）	金额（美元）	来源地	数量（kg）	金额（美元）	来源地	数量（kg）	金额（美元）
中国香港	71 898	211 938	中国台湾	548 984	3 246 227	奥地利	358	11 232
印度	151 627	524 619	南非	589	9 056	芬兰	567	16 820
印度尼西亚	24 609	274 863	比利时	2 577	40 534	匈牙利	5	5 517
以色列	14 399	273 344	丹麦	3	227	波兰	170	8 616
日本	1 430 135	25 702 477	英国	57 621	2 007 131	瑞典	6 543	129 253
约旦	1 000	2 000	德国	336 628	6 160 792	瑞士	24 899	639 262
马来西亚	17 030	748 476	法国	106 309	4 111 214	俄罗斯	10	694
菲律宾	62 898	2 326 431	爱尔兰	543	5 375	捷克	20	605
新加坡	96 046	4 113 639	意大利	108 331	1 638 645	巴西	105	691
韩国	608 413	5 301 123	荷兰	20 270	659 184	墨西哥	1 373	22 966
泰国	1 283	13 681	葡萄牙	312	11 782	波多黎各	174	18 858
中国	389 564	1 502 372	西班牙	12 749	97 868	加拿大	455	3 800
美国	476 569	8 883 285	澳大利亚	8 898	44 464	新西兰	31 200	56 263
进口企业性质	国有	中外合作	中外合资	外商独资	集体	私营	个体工商户	其他
进口数量（kg）	379 635	12 151	895 802	2 312 851	98 042	916 683		
进口金额（美元）	5 744 403	189 454	10 702 554	39 444 978	2 524 576	10 219 046	313	

表 6　其他印刷油墨

共进口 27 980 591kg，总金额为 342 966 502 美元								
来源地	数量（kg）	金额（美元）	来源地	数量（kg）	金额（美元）	来源地	数量（kg）	金额（美元）
中国香港	788 699	4 060 602	中国	3 531 930	26 432 129	芬兰	421	5 763
印度	722 479	2 372 086	中国台湾	6 529 386	56 660 871	挪威	145	1 754
印度尼西亚	6 089	66 899	南非	5 814	47 876	波兰	268	4 165
伊朗	11	445	比利时	41 632	672 749	瑞典	127 529	1 728 947
以色列	72 341	1 779 197	丹麦	54	2 690	瑞士	239 445	5 085 972
日本	6 712 415	133 422 867	英国	455 241	8 666 845	俄罗斯	126	7 063
约旦	9 000	40 392	德国	2 231 904	21 205 683	捷克		65
马来西亚	153 955	2 539 365	法国	120 963	2 795 495	巴西	1 335	25 565
巴基斯坦	50	334	爱尔兰	2 158	30 284	墨西哥	3 598	22 621
菲律宾	111 545	5 583 411	意大利	100 173	1 350 309	波多黎各	1 344	121 458
新加坡	236 759	7 563 421	荷兰	20 736	764 771	加拿大	1 061	17 308
韩国	3 507 103	36 185 132	西班牙	11 206	160 078	美国	1 877 193	22 192 995
泰国	21 256	213 352	奥地利	2 233	91 003	澳大利亚	56 830	269 473
土耳其	10 188	70 486	保加利亚	12	66	新西兰	265 964	704 515
进口企业性质	国有	中外合作	中外合资	外商独资	集体	私营	个体工商户	其他
进口数量（kg）	3 264 461	203 287	6 193 582	13 895 370	363 542	4 060 348	1	
进口金额（美元）	22 671 684	2 098 484	65 449 052	202 769 537	7 860 256	42 116 447	1 042	

2011年全国进口印刷机械、器材数量、金额统计总表

类别	产品名称	单位	数量	金额（美元）	占分项比重（%）	占印刷机比重（%）	占比（%）		占进口总额（%）
印刷器材				1 045 586 837					29.16
印刷设备				2 539 553 536					70.84
合计				3 585 140 373					100.00
印刷器材	印刷油墨	kg	32 596 475	411 781 247			39.38	占印刷器材比重	11.49
	胶印版材	m^2	1 744 635	19 474 972			1.86		0.54
	制版软片	m^2	92 844 583	614 330 618			58.75		17.14
	合计			1 045 586 837			100.00		29.16
印刷油墨	黑色印刷油墨	kg	4 615 218	68 818 772	16.71		6.58		1.92
	其他印刷油墨	kg	27 981 257	342 962 475	83.29		32.80		9.57
	合计	kg	32 596 475	411 781 247	100.00		39.38		11.49
胶印版材	PS版	m^2	340 063	8 788 296	45.13		0.84		0.25
	CTP版	m^2	1 404 572	10 686 676	54.87		1.02		0.30
	合计	m^2	1 744 635	19 474 972	100.00		1.86		0.54
制版软片	合计	m^2	93 105 050	614 330 618			58.75		17.14
印刷设备	印前设备	台		100 981 013			3.98	占印刷设备比重	2.82
	印后设备	台		244 385 902			9.62		6.82
	印刷机	台	236 013	1 909 482 052			75.19		53.26
	辅机、零附件	kg		284 704 569			11.21		7.94
	合计			2 539 553 536			100.00		70.84
印前设备	铸字机	台	11	71 928	0.07				
	计算机直接制版设备	台	493	50 413 514	49.92		1.99		1.41
	其他制版机器、器具及设备	台	177	7 150 757	7.08		0.28		0.20
	品目8442其他的机器、器具及设备	台	26	1 016 823	1.01		0.04		0.03
	制版用机器、器具及设备的零件	kg	287 463	18 143 584	17.97		0.71		0.51
	印版、滚筒等制成供印刷用的板	kg	886 406	24 184 407	23.95		0.95		0.67
	合计			100 981 013	100.00		3.98		2.82
印后设备	锁线装订机	台	53	7 198 714	2.95		0.28		0.20
	胶订机	台	236	26 752 081	10.95		1.05		0.75
	其他书本装订机器	台	1 916	37 064 191	15.17		1.46		1.03
	书本装订机器的零件	kg	109 752	5 831 210	2.39		0.23		0.16
	切纸机	台	4 585	135 058 828	55.26		5.32		3.77
	制造包、袋或信封的机器	台	46	10 613 302	4.34		0.42		0.30
	切纸机零件	kg	913 943	21 867 576	8.95		0.86		0.61
	合计			244 385 902	100.00		9.62		6.82

（续）

类别	产品名称	单位	数量	金额（美元）	占分项比重（%）	占印刷机比重（%）	占比（%）		占进口总额（%）
印刷机	胶印机	台	1 364	1 111 415 203		58.21	43.76		31.00
	其他常规印刷机	台	13 426	469 855 418		24.61	18.50		13.11
	数码印刷机	台	221 223	328 211 431		17.19	12.92		9.15
	合计	台	236 013	1 909 482 052		100.00	75.19		53.26
胶印机	卷取进料式胶印机	台	34	57 357 877	5.16	3.00	2.26		1.60
	办公室用片取进料式胶印机	台	3	26 182					
	平张纸进料式单色胶印机	台	5	125 362	0.01	0.01			
	平张纸进料式双色胶印机	台	13	8 496 150	0.76	0.44	0.33		0.24
	平张纸进料式四色胶印机	台	801	443 847 427	39.94	23.24	17.48		12.38
	其他平张纸进料式胶印机	台	416	562 504 383	50.61	29.46	22.15		15.69
	未列名胶印机	台	92	39 057 822	3.51	2.05	1.54		1.09
	合计	台	1 364	1 111 415 203	100.00	58.21	43.76		31.00
其他常规印刷机	卷取进料式凸版印刷机（不包括苯）	台	124	16 036 803	3.41	0.84	0.63		0.45
	非卷取进料式凸版印刷机	台	93	13 161 763	2.80	0.69	0.52		0.37
	苯胺印刷机	台	69	44 639 003	9.50	2.34	1.76		1.25
	凹版印刷机	台	92	137 215 300	29.20	7.19	5.40		3.83
	圆网印刷机	台	80	26 746 136	5.69	1.40	1.05	占印刷设备比重	0.75
	平网印刷机	台	1 757	88 701 752	18.88	4.65	3.49		2.47
	其他网式印刷机	台	2 064	98 082 151	20.87	5.14	3.86		2.74
	未列名印刷机	台	9 147	45 272 510	9.64	2.37	1.78		1.26
	合计	台	13 426	469 855 418	100.00	24.61	18.50		13.11
数码印刷机	数字式喷墨印刷机（可连接自动数据处理设备或网络）	台	202 055	226 294 833	68.95	11.85	8.91		6.31
	数字式静电照相印刷机（激光印刷机，可与自动数据处理设备或网络连接）	台	2 742	73 810 710	22.49	3.87	2.91		2.06
	其他数字式印刷设备（可连接自动数据处理设备或网络）	台	5 314	13 687 810	4.17	0.72	0.54		0.38
	数字式喷墨印刷机	台	4 123	11 250 835	3.43	0.59	0.44		0.31
	数字式静电照相印刷机（激光印刷机）	台	1	365 444	0.11	0.02	0.01		0.01
	其他数字式印刷设备	台	6 988	2 801 799	0.85	0.15	0.11		0.08
	合计	台	221 223	328 211 431	100.00	17.19	12.92		9.15
辅机、零附件	卷筒料给料机	kg	65 177	2 148 513	0.75		0.08		0.06
	其他印刷用辅助机器	kg	1 204 797	12 587 147	4.42		0.50		0.35
	用 8442 所列印版等印刷的机器	kg	4 157 790	64 993 795	22.83		2.56		1.81
	数字印刷设备用辅助机器	kg	63 054	2 986 320	1.05		0.12		0.08
	数字印刷设备的其他零件及附件	kg	1 966 102	201 988 794	70.95		7.95		5.63
	合计		7 456 920	284 704 569	100.00		11.21		7.94

2011 年全国出口印刷机械、器材数量、金额统计总表

类别	产品名称	单位	数量	金额（美元）	占分项比重（%）	占印刷机比重（%）	占比（%）		占进口总额（%）
印刷器材				658 373 948					34.48
印刷设备				1 251 006 863					65.52
合计				1 909 380 811					100.00
印刷器材	印刷油墨	kg	27 097 535	116 207 161			17.65	占印刷器材比重	6.09
	胶印版材	m^2	111 439 832	463 528 012			70.40		24.28
	制版软片	m^2	17 484 204	78 638 775			11.94		4.12
	合计			658 373 948			100.00		34.48
印刷油墨	黑色印刷油墨	kg	4 686 069	21 608 443	18.59		3.28		1.13
	其他印刷油墨	kg	22 411 466	94 598 718	81.41		14.37		4.95
	合计	kg	27 097 535	116 207 161	100.00		17.65		6.09
胶印版材	PS 版	m^2	65 189 850	210 078 510	45.32		31.91		11.00
	CTP 版	m^2	46 249 982	253 449 502	54.68		38.50		13.27
	合计	m^2	111 439 832	463 528 012	100.00		70.40		24.28
制版软片	合计			78 638 775	100.00		11.94		4.12
印刷设备	印前设备	台		150 620 171			12.04	占印刷器设备比重	7.89
	印后设备	台		187 181 397			14.96		9.80
	印刷机	台	312 092	757 879 249			60.58		39.69
	辅机、零附件	kg		155 326 046			12.42		8.13
	合计			1 251 006 863			100.00		65.52
印前设备	铸字机	台	1 211	803 408	0.53		0.06		0.04
	计算机直接制版设备	台	1 763	84 602 024	56.17		6.76		4.43
	其他制版机器、器具及设备	台	2 199	8 736 549	5.80		0.70		0.46
	品目 8442 其他的机器、器具及设备	台	1 086	1 244 841	0.83		0.10		0.07
	制版用机器、器具及设备的零件	kg	135 321	5 086 793	3.38		0.41		0.27
	印版、滚筒等制成供印刷用的板	kg	6 754 611	50 146 556	33.29		4.01		2.63
	合计			150 620 171	100.00		12.04		7.89
印后设备	锁线装订机	台	4 899	1 573 263	0.84		0.13		0.08
	胶订机	台	64 617	5 645 240	3.02		0.45		0.30
	其他书本装订机器	台	126 632	15 356 801	8.20		1.23		0.80
	书本装订机器的零件	kg	242 883	1 451 652	0.78		0.12		0.08
	切纸机	台	2 771 983	126 663 623	67.67		10.12		6.63
	制造包、袋或信封的机器	台	1 553	21 050 491	11.25		1.68		1.10
	切纸机零件	kg	2 060 694	15 440 327	8.25		1.23		0.81
	合计			187 181 397	100.00		14.96		9.80

（续）

类别	产品名称	单位	数量	金额（美元）	占分项比重（%）	占印刷机比重（%）	占比（%）		占进口总额（%）
印刷机	胶印机	台	1 623	73 657 264		9.72	5.89	占印刷器设备比重	3.86
	其他常规印刷机	台	110 101	201 331 026		26.57	16.09		10.54
	数码印刷机	台	200 368	482 890 959		63.72	38.60		25.29
	合计	台	312 092	757 879 249		100.00	60.58		39.69
胶印机	卷取进料式胶印机	台	152	24 615 469	33.42	3.25	1.97		1.29
	办公室用片取进料式胶印机	台	32	18 181	0.02				
	平张纸进料式单色胶印机	台	371	3 180 824	4.32	0.42	0.25		0.17
	平张纸进料式双色胶印机	台	82	1 556 497	2.11	0.21	0.12		0.08
	平张纸进料式四色胶印机	台	57	10 445 485	14.18	1.38	0.83		0.55
	其他平张纸进料式胶印机	台	120	25 211 405	34.23	3.33	2.02		1.32
	未列名胶印机	台	809	8 629 403	11.72	1.14	0.69		0.45
	合计	台	1 623	73 657 264	100.00	9.72	5.89		3.86
其他常规印刷机	卷取进料式凸版印刷机（不包括苯）	台	950	14 758 285	7.33	1.95	1.18		0.77
	非卷取进料式凸版印刷机	台	336	14 288 187	7.10	1.89	1.14		0.75
	苯胺印刷机	台	682	18 317 766	9.10	2.42	1.46		0.96
	凹版印刷机	台	1 801	33 341 842	16.56	4.40	2.67		1.75
	圆网印刷机	台	396	5 588 893	2.78	0.74	0.45		0.29
	平网印刷机	台	20 743	23 467 498	11.66	3.10	1.88		1.23
	其他网式印刷机	台	1 742	9 003 011	4.47	1.19	0.72		0.47
	未列名印刷机	台	83 451	82 565 544	41.01	10.89	6.60		4.32
	合计	台	110 101	201 331 026	100.00	26.57	16.09		10.54
数码印刷机	数字式喷墨印刷机（可连接自动数据处理设备或网络）	台	173 576	431 522 663	89.36	56.94	34.49		22.60
	数字式静电照相印刷机（激光印刷机，可与自动数据处理设备或网络连接）	台	2 023	10 937 456	2.26	1.44	0.87		0.57
	其他数字式印刷设备（可连接自动数据处理设备或网络）	台	6 900	2 597 000	0.54	0.34	0.21		0.14
	数字式喷墨印刷机	台	7 722	27 114 497	5.62	3.58	2.17		1.42
	数字式静电照相印刷机（激光印刷机）	台	3	42 814	0.01	0.01			
	其他数字式印刷设备	台	10 144	10 676 529	2.21	1.41	0.85		0.56
	合计	台	200 368	482 890 959	100.00	63.72	38.60		25.29
辅机、零附件	卷筒料给料机	kg	36 684	136 345	0.09	0.02	0.01		0.01
	其他印刷用辅助机器	kg	3 483 300	25 830 167	16.63	3.41	2.06		1.35
	用 8442 所列印版等印刷的机器	kg	4 148 273	29 438 466	18.95	3.88	2.35		1.54
	数字印刷设备用辅助机器	kg	215 266	3 194 942	2.06	0.42	0.26		0.17
	数字印刷设备的其他零件及附件	kg	2 480 026	96 726 126	62.27	12.76	7.73		5.07
	合计	kg	10 363 549	155 326 046	100.00	20.49	12.42		8.13

2011年全国印刷设备、器材进出口数据分析

刘万瑞

2011年印刷设备、器材进出口总额为54.94亿美元，较上年的49.49亿美元增长11.01%。其中，进口金额为35.85亿美元，较上年的32.55亿美元增长10.14%；出口金额为19.09亿美元，较上年的16.93亿美元增长12.76%。详见表1。

表1　2011年、2010年全国印刷设备、器材进出口情况对比

（单位：亿美元）

项目	进口			出口		
	2011年	2010年	同比增长（%）	2011年	2010年	同比增长（%）
印刷设备	25.40	22.95	10.68	12.51	10.96	14.14
印刷器材	10.46	9.59	9.07	6.58	5.97	10.22
合计	35.86	32.55	10.14	19.09	16.93	12.76

印刷设备、器材按历年分类项目进行整理，其进出口数量、金额及增长情况见表2和表3。

表2　2011年、2010年全国印刷设备、器材进口情况对比

项目	2010年		2011年		金额同比增长（%）
	数量	金额（亿美元）	数量	金额（亿美元）	
印刷设备		22.95		25.39	10.68
印前设备		1.06		1.01	-4.72
印后设备		1.45		2.44	68.28
印刷机	261 196台	17.15	236 013台	19.09	11.31
辅机、零件		3.29		2.85	-13.37
印刷器材		9.59		10.45	9.07
油墨	3.70万t	4.07	3.26万t	4.12	1.23
胶印版材	170万m^2	0.17	174万m^2	0.19	11.76
制版软片	9 784万m^2	5.35	9 284万m^2	6.14	14.77
合计		32.55		35.85	10.14

表3　2011年、2010年全国印刷设备、器材出口情况对比

项目	2010年		2011年		金额同比增长（%）
	数量	金额（亿美元）	数量	金额（亿美元）	
印刷设备		10.96		12.51	14.14
印前设备		1.20		1.51	25.83
印后设备		1.63		1.87	14.72
印刷机	234 706台	6.14	312 092台	7.58	23.45
辅机、零件		1.99		1.55	-22.11
印刷器材		5.97		6.58	10.22
油墨	2.87万t	1.09	2.71万t	1.16	6.42
胶印版材	10 717万m^2	4.31	11 144万m^2	4.64	7.66
制版软片	1 122万m^2	0.57	1 748万m^2	0.79	38.60
合计		16.93		19.09	12.76

由表2和表3看出，2011年同2010年相比，除辅机、零件的进出口额有较大幅度下降、印前设备进口额与上年基本持平外，其他各类均有不同幅度的上升。

表4则显示了各类商品在进出口总金额中所占比例及走势。

表4　2011年、2010年全国印刷设备各类商品进出口金额占总金额比例对比及走势

项目	进口比例（%）			出口比例（%）		
	2010年	2011年	走势	2010年	2011年	走势
印刷设备	70.52	70.84	→	64.73	65.52	↑
印前设备	3.27	2.82	↓	7.10	7.89	→
印后设备	4.47	6.82	↑	9.63	9.80	→
印刷机	52.68	53.26	↑	36.26	39.69	↑
辅机、零件	10.10	7.94	↓	11.73	8.13	↓
印刷器材	29.48	29.16	→	35.27	34.48	↓
印刷油墨	12.51	11.49	↓	6.46	6.09	→
胶印版材	0.53	0.54	→	25.45	24.28	↓
制版软片	16.44	17.14	↑	3.36	4.12	↑

由表 4 可以看出，仅有印刷机和制版软片的进出口额所占比例处于全面上升趋势，又由于软片的特殊性，并非全部用于印刷，可将其剔除（具体原因下面会交代），故仅有印刷机的进出口全面“走红”。

下面分别加以介绍。

一、印刷设备

1. 印刷机

其归类还是同于往年，将其分成胶印机、其他传统印刷机和数字式印刷机。2011 年、2010 年全国印刷机进口情况对比见表 5、出口情况对比见表 6。

表 5　2011 年、2010 年全国印刷机进口情况对比

项目	2010 年		2011 年		同比增长（%）	
	数量（台）	金额（亿美元）	数量（台）	金额（亿美元）	数量	金额
胶印机	1 450	10.89	1 364	11.11	−5.93	2.02
其他传统印刷机	11 138	3.31	13 426	4.70	20.54	41.99
数字式印刷机	248 608	2.94	221 223	3.28	−11.02	11.56
合计	261 196	17.15	236 013	19.09	-9.64	11.31

表 6　2011 年、2010 年全国印刷机出口情况对比

项目	2010 年		2011 年		同比增长（%）	
	数量（台）	金额（亿美元）	数量（台）	金额（亿美元）	数量	金额
胶印机	1 500	0.59	1623	0.74	8.20	25.42
其他传统印刷机	93 321	2.07	110 101	2.01	17.98	−2.90
数字式印刷机	139 885	3.47	200 368	4.83	43.24	39.19
合计	234 706	6.14	312 092	7.58	32.97	23.45

从进口金额所占比例来看，胶印机占第一位，其他印刷机占第二位，数字式印刷机占第三位；但出口则呈现相反的格局，数字式印刷机占第一位，其他印刷机仍占第二位，胶印机占第三位。

从同比增长数据来判断各类印刷机的发展速度，无论是进口还是出口，数字式印刷机远超过胶印机。

其他传统印刷机则是进口大幅增加，出口反倒稍有下降，这一点值得我们关注。

①胶印机进出口情况

2011 年、2010 年全国胶印机的进出口情况对比见表 7、表 8。

表 7　2011 年、2010 年全国胶印机进口情况对比

项目	2010 年		2011 年		同比增长（%）	
	数量（台）	金额（亿美元）	数量（台）	金额（亿美元）	数量	金额
卷取进料式胶印机	39	0.9132	34	0.5736	−12.82	−37.19
办公室用片取进料式胶印机	16	0.0011	3	0.0003	−81.25	−76.20
平张纸进料式单色胶印机	9	0.0038	5	0.0013	−44.44	−67.01
平张纸进料式双色胶印机	9	0.0499	13	0.0850	44.44	70.26
平张纸进料式四色胶印机	883	4.7517	801	4.4385	−9.29	−6.59
其他平张纸进料式胶印机	407	4.8717	416	5.6250	2.21	15.46
未列名胶印机	87	0.2964	92	0.3906	5.75	31.77
合计	1 450	10.8878	1 364	11.1142	-5.93	2.08

表 8　2011 年、2010 年全国胶印机出口情况对比

项目	2010 年		2011 年		同比增长（%）	
	数量（台）	金额（亿美元）	数量（台）	金额（亿美元）	数量	金额
卷取进料式胶印机	221	0.2172	152	0.2462	−31.22	13.36
办公室用片取进料式胶印机	19	0.0003	32	0.0002	68.42	−32.28
平张纸进料式单色胶印机	427	0.0337	371	0.0318	−13.11	−5.70
平张纸进料式双色胶印机	78	0.0205	82	0.0156	5.13	−23.98
平张纸进料式四色胶印机	65	0.0896	57	0.1045	−12.31	16.57
其他平张纸进料式胶印机	89	0.1624	120	0.2521	34.83	55.25
未列名胶印机	601	0.0701	809	0.0863	34.61	23.16
合计	1 500	0.5937	1623	0.7366	8.20	24.07

由表 7、表 8 可以看出进出口金额差距巨大，2010 年进口金额是出口金额的 18 倍，2011 年是 15 倍。2011 年进口以平张纸进料式四色胶印机、其他平张纸进料式胶印机为主；出口则以卷取进料式胶印机、其他平张纸进料式胶印机为主，即使是我们出口主打产品之一的卷取进料式胶印机，其进口金额仍是出口金额的 2.3 倍。

胶印机的大量进口既说明国内胶印机制造业提供的商品不能满足国内市场需求，同时也说明印刷市场、尤其是

胶印市场还被商家看好；但也难免有一丝忧虑：在“数字化风起云涌”的当今如此大量进口是否有“潜在的风险”。

②其他传统印刷机进出口情况见表 9、表 10。

表 9　2011 年、2010 年全国其他传统印刷机进口情况对比

项目	2010 年		2011 年		同比增长（%）	
	数量（台）	金额（亿美元）	数量（台）	金额（亿美元）	数量	金额
卷取进料式凸版印刷机①	69	0.0746	124	0.1604	79.71	115.03
非卷取进料式的凸版印刷机①	89	0.2084	93	0.1316	4.4	-36.83
苯胺印刷机	53	0.2490	69	0.4464	30.19	79.26
凹版印刷机	67	0.4264	92	1.3722	37.31	221.80
圆网印刷机	82	0.2482	80	0.2675	-2.44	7.76
平网印刷机	1 666	0.9520	1 757	0.8870	5.46%	-6.82
其他网式印刷机	1 342	0.7682	2 064	0.9808	53.80	27.68
未列名印刷机	7 770	0.3879	9 147	0.4527	17.72	16.71
合计	11 138	3.3146	13 426	4.6986	20.54	41.75

① 该类印刷机不包含苯胺（柔版）印刷机。

表 10　2011 年、2010 年全国其他传统印刷机出口情况对比

项目	2010 年		2011 年		同比增长（%）	
	数量（台）	金额（亿美元）	数量（台）	金额（亿美元）	数量	金额
卷取进料式凸版印刷机①	723	0.1490	950	0.1476	31.40	-0.97
非卷取进料式的凸版印刷机①	361	0.1347	336	0.1429	-6.93	6.05
苯胺印刷机	487	0.1461	682	0.1832	40.04	25.42
凹版印刷机	1 810	0.3014	1 801	0.3334	-0.50	10.61
圆网印刷机	312	0.0641	396	0.0559	26.92	-12.81
平网印刷机	7 242	0.3304	20 743	0.2347	186.43	-28.96
其他网式印刷	981	0.0626	1 742	0.0900	77.57	43.74
未列名印刷机	81 405	0.8854	83 451	0.8257	2.51	-6.75
合计	93 321	2.0738	110 101	2.0133	17.98	-2.92

① 该类印刷机不包含苯胺（柔版）印刷机。

该类印刷机最值得关注的是进口数量、金额的大幅上扬，出口数量上升而金额的下跌。进口商品中金额增幅最大的分别是凹版印刷机、卷取进料式凸版印刷机和苯胺（柔版）印刷机。

这反映出我国印刷方式（或称印刷工艺）的改进仍在持续，且其过程正在加速。

柔版印刷机的大量引进也说明在印刷领域人们环保意识的不断增强。

③ 2011 年、2010 年全国数字式印刷机进出口情况对比见表 11、表 12。

表 11　2011 年、2010 年全国数字式印刷机进口情况对比

项目	2010 年		2011 年		同比增长（%）	
	数量（台）	金额（亿美元）	数量（台）	金额（亿美元）	数量	金额
喷墨印刷机（可接）	206 656	1.9693	202 055	2.2629	-2.23	14.91
静电照相（激光）印刷机（可接）	3 042	0.6242	2 742	0.7381	-9.86	18.25
其他印刷设备（可接）	5 120	0.2080	5 314	0.1369	3.79	-34.18
喷墨印刷机	24 554	0.1135	4 123	0.1125	-83.21	-0.89
静电照相（激光）印刷机	17	0.0066	1	0.0037	-94.12	-44.74
其他印刷设备	9 219	0.0224	6 988	0.0280	-24.20	25.08
合计	248 608	2.9440	221 223	3.2821	-11.02	11.49

注:（可接）是指该印刷机可与数据处理装置或网络连接。

表 12　2011 年、2010 年全国数字式印刷机出口情况对比

项目	2010 年		2011 年		同比增长（%）	
	数量（台）	金额（亿美元）	数量（台）	金额（亿美元）	数量	金额
喷墨印刷机（可接）	118 543	2.8523	173 576	4.3152	46.42	51.29
静电照相（激光）印刷机（可接）	1 248	0.0835	2 023	0.1094	62.10	30.95
其他印刷设备（可接）	631	0.0144	6 900	0.0260	993.50	80.72
喷墨印刷机	17 386	0.4907	7 722	0.2711	-55.5	-44.74
静电照相（激光）印刷机	2	0.0002	3	0.0004	50.00	184.55
其他印刷设备	2 075	0.0332	10 144	0.1068	388.87	221.49
合计	139 885	3.4742	200 368	4.8289	43.24	38.99

总体来讲：一是数字印刷机进出口发展速度均超过其他两种印刷机；二是在绝对数量上，可与数据处理装置或网络连接的数字式印刷机多于不可连接式印刷机；三是喷墨式印刷机（无论是否可连接）进出口绝对量均大大超过其他两种类型印刷设备。

数字式印刷机的发展的确很“辉煌”，可我们不要忽略一个事实：制造（或组装）喷墨印刷机的元器件中最重要、最关键的基本元件——喷墨头现在是百分之百地依赖进口，无疑是喷墨式印刷机发展的最大“障碍”。

2. 印前设备

2011 年、2010 年全国印前设备的进出口情况对比见表 13、表 14。

表 13　2011 年、2010 年全国印前设备进口情况对比

项目	2010 年		2011 年		同比增长（%）	
	数量	金额（亿美元）	数量	金额（亿美元）	数量	金额
铸字机	11 台	0.0029	11 台	0.0007	0.00	−75.5
计算机直接制版设备	586 台	0.5522	493 台	0.5041	−15.87	−8.71
其他制版机器、器具及设备	202 台	0.0692	177 台	0.0715	−12.38	3.35
品目 8442 其他机器、器具及设备	2 429 台	0.0162	26 台	0.0102	−98.9	−37.10
制版用机器、器具及设备的零件	345 t	0.2100	287 t	0.1814	−16.72	−13.60
印版、滚筒等；制成供印刷用的版	814 t	0.2129	886 t	0.2418	8.90	13.61
合计		1.0634		1.0098		-5.04

表 14　2011 年、2010 年全国印前设备出口情况对比

项目	2010 年		2011 年		同比增长（%）	
	数量	金额（亿美元）	数量	金额（亿美元）	数量	金额
铸字机	554 台	0.0027	1 211 台	0.0080	118.59	200.35
计算机直接制版设备	1 469 台	0.7164	1 763 台	0.8460	20.01	18.10
其他制版机器、器具及设备	2 389 台	0.0939	2 199 台	0.0874	−7.95	−7.00
品目 8442 其他机器、器具及设备	1 751 台	0.0132	1 086 台	0.0124	−37.98	−6.03
制版用机器、器具及设备的零件	125 t	0.0428	135 t	0.0509	7.88	18.76
印版、滚筒等；制成供印刷用的版	5 056 t	0.3339	6 754 t	0.5015	33.59	50.20
合计		1.2029		1.5062		25.21

值得关注的是计算机直接制版设备，因为它是目前胶印印刷实现“印刷数字化”的一个重要手段。由于国内的技术进步，2011 年进口数量和总价均有较大幅度降低：2011 年数量降低 15.87%，总价降低 8.71%；而出口数量上升 20.01%，总价上升 18.10%。计算机直接制版设备占了印前设备进口总额的 50%，占了印前设备出口总额的 56.2%。

3. 印后设备

2011 年、2010 年全国印后设备进出口情况对比见表 15、表 16。

表 15　2011 年、2010 年全国印后设备进口情况对比

项目	2010 年		2011 年		同比增长（%）	
	数量	金额（亿美元）	数量	金额（亿美元）	数量	金额
锁线装订机	50 台	0.0763	53 台	0.0720	6.00	−5.63
胶订机	89 台	0.1104	236 台	0.2675	165.17	142.24
其他书本装订机器	1 238 台	0.3518	1 916 台	0.3706	54.77	5.36
书本装订机器的零件	83t	0.0452	110t	0.0583	32.53	29.06
切纸机	20 847 台	0.6410	4 585 台	1.3506	−78.01	110.71
制造包、袋或信封的机器	60 台	0.0962	46 台	0.1061	−23.33	10.35
切纸机零件	395 t	0.1335	914 t	0.2187	131.39	63.79
合计		1.4543		2.4439		68.04

表 16　2011 年、2010 年全国印后设备出口情况对比

项目	2010 年		2011 年		同比增长（%）	
	数量	金额（亿美元）	数量	金额（亿美元）	数量	金额
锁线装订机	8 141 台	0.0163	4 899 台	0.0157	−39.82	−3.48
胶订机	3 400 台	0.0554	64 617 台	0.0565	1 800.50	1.94
其他书本装订机器	343 191 台	0.1537	12 632 台	0.1536	−63.10	−0.06
书本装订机器的零件	195 t	0.0133	243 t	0.0145	24.62	9.21
切纸机	2 808 297 台	1.0653	2 771 983 台	1.2666	−1.29	18.90
制造包、袋或信封的机器	1 457 台	0.1845	1 553 台	0.2105	6.59	14.09
切纸机零件	2 181 t	0.1424	2 061 t	0.1544	−5.50	8.41
合计		1.6308		1.8718		14.78

印后设备最值得关注的是切纸机，一是进出口数量巨大，尤其是出口；二是出口与进口单台设备存在巨大的价差。

2011年印后设备进口有一个有趣的现象：进口数量下降78%，总价上升110.7%。仔细考察发现是“由中国进口”这一因素影响造成的。2010年由中国进口18 620台，总价153 870美元，单台价格8.26美元；2011年由中国进口1 707台，总价46 103美元，单台价格27美元。剔除该因素，2010年境外进口2 227台，总价6 394万美元，平均单价2.87万美元；2011年境外进口2 878台，总价13 501万美元，平均单价4.19万美元。从单价上判断，商品档次应有较大提高。

切纸机的出口也有可喜进步，尽管数量下降1.29%，但总价却上升了18.9%，说明其技术水平也在提高。再有就是作为印刷设备的出口，单项商品出口过亿美元的除了排在第一位的可与数据处理装置或网络连接的数字式喷墨印刷机外，第二位就是切纸机，2011年达到1.27亿美元。

4. 重要设备进出口金额省份排名

2011年全国重要设备进出口金额省份排名情况见表17。

表17　2011年全国重要设备进出口金额省份排名情况

进口部分						出口部分					
省份	数量（台）	金额（美元）	数量（%）	金额增长（%）	平均单价（美元）	省份	数量（台）	金额（美元）	数量（%）	金额增长（%）	平均单价（美元）
计算机直接制版设备											
上海市	140	13 688 370	28%	27%	97 774	上海市	1 415	63 651 467	80%	75%	44 983
广东省	66	10 020 778	13%	20%	151 830	浙江省	267	17 221 265	15%	20%	64 499
北京市	120	8 005 336	24%	16%	66 711	广东省	50	2 832 623	3%	3%	56 652
江苏省	36	4 584 829	7%	9%	127 356	四川省	6	354 000	0%	0%	59 000
天津市	40	4 399 907	8%	9%	109 998	辽宁省	4	200 464	0%	0%	50 116
平张纸进料式四色胶印机											
广东省	144	108 151 086	18%	24%	751 049	上海市	19	7 932 286	33%	76%	417 489
上海市	265	77 820 029	33%	17%	293 660	辽宁省	8	1 330 000	14%	13%	166 250
浙江省	76	51 766 677	9%	12%	681 140	广东省	13	513 136	23%	5%	39 472
北京市	74	32 698 788	9%	7%	441 876	山东省	4	282 471	7%	3%	70 618
江苏省	46	32 373 569	6%	7%	703 773	新疆自治区	1	200 000	2%	2%	200 000
其他平张纸进料式胶印机											
广东省	126	180 180 504	30%	32%	1 430 004	广东省	103	23 230 132	86%	92%	225 535
浙江省	84	93 950 745	20%	17%	1 118 461	辽宁省	7	1 263 411	6%	5%	180 487
江苏省	43	66 128 984	10%	12%	1 537 883	北京市	1	468 008	1%	2%	468 008
上海市	30	40 652 232	7%	7%	1 355 074	山东省	3	200 000	3%	1%	66 667
北京市	29	36 706 401	7%	7%	1 265 738	新疆自治区	3	27 920	3%	0%	9 307
未列名胶印机											
广东省	19	6 856 626	21%	18%	360 875	广东省	461	4 645 172	57%	54%	10 076
天津市	6	6 782 806	7%	17%	1 130 468	江苏省	122	3 288 689	15%	38%	26 956
福建省	3	5 151 809	3%	13%	1 717 270	浙江省	91	355 883	11%	4%	3 911
浙江省	6	4 298 620	7%	11%	716 437	山东省	30	135 689	4%	2%	4 523
江苏省	34	3 732 914	37%	10%	109 792	福建省	15	111 524	2%	1%	7 435

（续）

进口部分						出口部分					
省份	数量（台）	金额（美元）	数量（%）	金额增长（%）	平均单价（美元）	省份	数量（台）	金额（美元）	数量（%）	金额增长（%）	平均单价（美元）
苯胺印刷机											
广东省	16	14 087 923	22%	29%	880 495	浙江省	318	8 285 383	47%	45%	26 055
江苏省	12	6 012 837	16%	12%	501 070	山东省	146	2 940 573	21%	16%	20 141
上海市	9	5 126 941	12%	11%	569 660	广东省	136	2 180 517	20%	12%	16 033
山东省	4	5 079 949	5%	10%	1 269 987	江苏省	9	1 983 387	1%	11%	220 376
内蒙古自治区	1	4 047 747	1%	8%	4 047 747	上海市	42	1 862 297	6%	10%	44 340
凹版印刷机											
上海市	10	33 950 518	11%	25%	3 395 052	广东省	1 126	8 949 022	63%	27%	7 948
四川省	3	26 907 132	3%	20%	8 969 044	浙江省	178	8 474 524	10%	25%	47 610
北京市	2	25 084 668	2%	18%	12 542 334	上海市	29	5 262 139	2%	16%	181 453
天津市	19	13 058 347	20%	10%	687 281	陕西省	18	4 875 704	1%	15%	270 872
浙江省	10	10 681 270	11%	8%	1 068 127	江苏省	76	4 152 258	4%	12%	54 635
平网印刷机											
广东省	825	31 277 379	47%	35%	37 912	江苏省	1 074	6 060 663	5%	26%	5 643
江苏省	383	20 073 454	22%	23%	52 411	广东省	17 829	5 691 413	86%	24%	319
福建省	160	13 186 778	9%	15%	82 417	天津市	79	3 731 667	0%	16%	47 236
浙江省	29	6 772 107	2%	8%	233 521	浙江省	495	3 316 776	2%	14%	6 701
上海市	71	5 382 370	4%	6%	75 808	上海市	74	3 039 955	0%	13%	41 080
其他网式印刷机											
广东省	1 045	49 838 403	50%	51%	47 692	广东省	455	3 478 910	26%	39%	7 646
湖南省	744	33 235 567	36%	34%	44 671	浙江省	939	2 474 459	54%	27%	2 635
江苏省	162	6 361 689	8%	6%	39 270	上海市	61	1 435 570	4%	16%	23 534
福建省	32	2 189 575	2%	2%	68 424	福建省	119	688 085	7%	8%	5 782
上海市	25	1 974 201	1%	2%	78 968	辽宁省	10	424 620	1%	5%	42 462
数字式喷墨印刷机（可连接数据处理装置或网络）											
上海市	146 158	143 963 823	72%	64%	985	广东省	101 603	222 237 720	59%	52%	2 187
北京市	26 686	38 548 222	13%	17%	1445	江苏省	53 799	104 154 253	31%	24%	1 936
广东省	28 624	26 041 789	14%	12%	910	上海市	10 103	64 777 402	6%	15%	6 412
江苏省	264	7 295 476	0%	3%	27 634	浙江省	3 299	16 151 067	2%	4%	4 896
浙江省	141	3 901 873	0%	2%	27 673	辽宁省	239	6 821 083	0%	2%	28 540
切纸机											
广东省	252	53 911 702	5%	40%	213 935	浙江省	1 807 311	41 594 020	65%	33%	23
上海市	1 193	13 032 967	26%	10%	10 925	广东省	604 211	33 584 686	22%	27%	56
山东省	33	12 908 849	1%	10%	391 177	上海市	214 411	19 712 775	8%	16%	92
江苏省	104	10 413 600	2%	8%	100 131	天津市	5 745	8 384 216	0%	7%	1 459

（续）

进口部分						出口部分					
省份	数量（台）	金额（美元）	数量（%）	金额增长（%）	平均单价（美元）	省份	数量（台）	金额（美元）	数量（%）	金额增长（%）	平均单价（美元）
天津市	756	9 570 828	16%	7%	12 660	江苏省	20 573	7 684 440	1%	6%	374
计算机直接制版设备											
上海市	140	13 688 370	28%	27%	97 774	上海市	1 415	63 651 467	80%	75%	44 983
广东省	66	10 020 778	13%	20%	151 830	浙江省	267	17 221 265	15%	20%	64 499
北京市	120	8 005 336	24%	16%	66 711	广东省	50	2 832 623	3%	3%	56 652
江苏省	36	4 584 829	7%	9%	127 356	四川省	6	354 000	0%	0%	59 000
天津市	40	4 399 907	8%	9%	109 998	辽宁省	4	200 464	0%	0%	50 116

二、印刷器材

这里印刷器材主要指的是印刷油墨、胶印版材和制版软片。2011 年、2010 年全国印刷器材进出口情况对比见表 18、表 19。

表 18　2011 年、2010 年全国印刷器材进口情况对比

项目	2010 年		2011 年		同比增长（%）	
	数量	金额（亿美元）	数量	金额	数量	金额
印刷油墨	37 023 t	4.0712	32 596 t	4.1178	−12.0	1.14
黑色印刷油墨	5 160 t	0.6787	4 615 t	0.6882		
其他印刷油墨	31 863 t	3.3926	27 981 t	3.4296		
胶印版材	170 万 m^2	0.1722	174 万 m^2	0.1947	2.35	13.07
PS 版	33.8 万 m^2	0.0742	34 万 m^2	0.088		
CTP 版	136.1 万 m^2	0.0980	140 万 m^2	0.1069		
制版软片	9 784 万 m^2	5.3512	9 284 万 m^2	6.1433	−5.11	14.80
合计		9.5945		10.4559		8.98

表 19　2011 年、2010 年全国印刷器材出口情况对比

项目	2010 年		2011 年		同比增长（%）	
	数量	金额	数量	金额	数量	金额
印刷油墨	28 677 t	1.0937	27 098 t	1.1621	−5.51	6.25
黑色印刷油墨	5 300 t	0.2178	4 686 t	0.2161		
其他印刷油墨	23 376 t	0.8759	22 411 t	0.9460		
胶印版材	10 717 万 m^2	4.3106	11 144 万 m^2	4.6353	3.98	7.53
PS 版	6 705 万 m^2	2.1002	6 519 万 m^2	2.1008		
CTP 版	4 012 万 m^2	2.2105	4 625 万 m^2	2.5345		
制版软片	1 122 万 m^2	0.5697	1 748 万 m^2	0.7864	55.79	38.04
合计		5.9741		6.5837		10.20

印刷油墨进出口数量均有下滑，幅度为 12% 和 5.5%，但总价均有上升。截止到目前我国仍是印刷油墨净进口国，一般在 1 万 t 左右，近两年持续下降，2010 年降到 8300t，2011 年又下降到 5500t。进出口平均单价差距较大，2011 年进口单价为 12.6 美元 /kg，出口为 4.3 美元 /kg。

胶印版材进出口数量金额均有不同幅度上升；CTP 版材占胶印版材出口数量比例由 2010 年的 37.4% 上升到 2011 年的 41.5%，总价由 2010 年的 51.3% 上升到 2011 年的 54.7%。

相当数量的出口企业表示，PS 版的出口利润已经很低，基本上无利可图，但货款到位相对及时。

国际驰名的版材生产企业 KODAK、FUJI、AGFA 均已在国内建厂，2011 年的 CTP 版材出口，其中两家 CTP 版材出口之和在数量上已占 56%，金额上占了 62%，单价也远高出其他出口企业。故在分析 CTP 版材大量出口时要注意到这个因素。

关于印刷制版软片，之所以把这一类商品称为制版软片是因为该商品有三个用途：印刷制版、医疗、线路板制作。尽管我们无法作出精确的区分，但可以按进口单价作出大体的推断：如果对其进口单价作图则可明显看出三个不同单价“区域”，结合市场因素，第一区域应属制版软片。大体结论是：2011 年用于印刷的制版软片的进口数量应在 4 800 万 m^2 左右，较 2010 年的 6 200 万 m^2 降低 21%。

（作者系中国印刷及设备器材工业协会副秘书长）